普通高等教育“十三五”规划教材

全国普通高等教育基础医学类系列教材

供基础、临床、预防、口腔、护理等医学类专业使用

U0786638

医学遗传学

（第二版）

马用信　税青林　主编

科学出版社
北京

内 容 简 介

本书系统介绍了医学遗传学的基础理论、基本技术及其在临床医学中的应用。全书分20章，各部分内容和编排体系均在第一版基础上做了不同程度的修改和调整，加强了基础研究进展与临床应用的联系和结合，力求反映医学遗传学近年来研究的新进展、新成果，同时加强基础与临床的联系和结合，以适应目前医学遗传学教学的需要。

本书可供医学院校各专业本科、研究生及其他各层次教学使用，也可供临床医生及科研人员等参考。

图书在版编目(CIP)数据

医学遗传学／马用信，税青林主编. —2版. —北京：科学出版社，2017.6

普通高等教育"十三五"规划教材　全国普通高等教育基础医学类系列教材

ISBN 978-7-03-053105-6

Ⅰ.①医…　Ⅱ.①马…　②税…　Ⅲ.①医学遗传学-高等学校-教材　Ⅳ.①R394

中国版本图书馆CIP数据核字(2017)第122648号

责任编辑：潘志坚　闵　捷
责任印制：谭宏宇/封面设计：殷　靓

科学出版社 出版
北京东黄城根北街16号
邮政编码：100717
http://www.sciencep.com
南京展望文化发展有限公司排版
广东虎彩云印刷有限公司印刷
科学出版社发行　各地新华书店经销

*

2013年8月第　一　版　开本：889×1194　1/16
2017年6月第　二　版　印张：16
2021年2月第八次印刷　字数：494 000

定价：52.00元

(如有印装质量问题，我社负责调换)

专家指导委员会

《医学遗传学》(第二版)
编辑委员会

主　编

马用信　税青林

副主编

潘克俭　白　云　何俊琳　阿周存

编　委

(以姓氏笔画为序)

马用信(四川大学)
白　云(第三军医大学)
刘运强(四川大学)
李　亚(成都医学院)
李学英(遵义医学院)
杨　元(四川大学)
杨　芳(昆明医科大学)
杨　明(贵州医科大学)
何俊琳(重庆医科大学)
张　坤(成都医学院)
张　政(重庆医科大学)
阿周存(大理大学)
罗　兰(昆明医科大学)
陶宏凯(成都中医药大学)
税青林(西南医科大学)
曾永秋(西南医科大学)
曾　梅(川北医学院)
蔡晓明(川北医学院)
潘克俭(成都医学院)

学术秘书

刘运强　卢亦路

第二版前言

《医学遗传学》自 2013 年作为科学出版社普通高等教育"十二五"规划教材出版后，受到各用书院校师生的欢迎，同时也收到了许多师生提出的意见和建议。这些，使我们备受鼓舞的同时，也感受到教材修订的紧迫性。另外，近年来医学遗传学学科发展迅速，作为一本好的教材和参考书，理应对学科发展作出较为全面的综合性反映。鉴于此，我们启动了第二版教材的编写工作。

《医学遗传学》(第二版)保持了第一版的基本框架，在遵从教材的"三基"和"五性"的同时，系统展现了医学遗传学的新发展、新成果，力求使本教材内容让教师好用，学生易读。在第二版教材编写的过程中，我们认真总结了第一版教材中存在的问题，对各章节内容和编排体系等方面做了不同程度的修改和调整，部分图表制作也作了相应的更新。例如，我们在绪论部分增加了"精准医学"的相关内容，体现医学遗传学在临床应用方面的重要任务和意义。同时，根据美国医学遗传学与基因组学学会(American College of Medical Genetics，ACMG)新发布的遗传变异的分类指南，我们增加了基因变异辨析的相关内容。另外，我们还对"表观遗传学""免疫遗传学""药物遗传学""遗传病诊断""遗传病治疗"五章内容也都做了一定程度的修改，使表述更严谨、文理更通顺。

本教材可供不同学时、不同教学要求的本科生及研究生教学选择使用，亦可供医学遗传相关学科临床参考。

参与本教材编写的四川大学、西南医科大学等 11 个高等医学院校的教授、专家都长期从事医学遗传学的医、教、研的一线工作，学术造诣深厚、教学经验丰富。同时，第二版教材编写是在第一版基础上进行的，在此，谨向所有参加第一版编写工作的各位专家表达我们崇高的敬意和衷心的感谢，感谢他们对医学遗传学教材建设的支持。

医学遗传学是一个不断发展的学科，由于编者学识和水平的限制，本教材难免有不足之处，希望使用本教材的师生们一如既往地提出宝贵的意见和建议，使它能不断完善，以更好地推动医学遗传学的教学和学科发展。

主　编

2017 年 4 月

目　录

第三章 人类染色体 030

第四章 染色体畸变与染色体病 042

第五章 单基因遗传病 058

第六章 多基因遗传病 071

第十五章 行为遗传学 179

第十六章 出生缺陷 190

第十七章 遗传病诊断 201

第十八章 遗传病的治疗 210

绪　论

医学遗传学(medical genetics)是医学与遗传学相结合的一门交叉学科，是遗传学知识在医学领域中的应用。医学遗传学以人类疾病为研究对象，研究人类疾病的发生发展与遗传因素的关系，通过人类疾病遗传规律和物质基础的认识，为诊断、预防、治疗遗传病和与遗传有关疾病提供科学根据及手段，从而改善人类健康水平。

医学遗传学现今已发展成一门涉及基础医学和临床医学的综合学科，是现代医学发展的重要基础。医学遗传学不仅与细胞生物学、生物化学、微生物及免疫学、病理学、药理学、组织胚胎学、卫生学等基础医学密切有关，而且已经渗入各临床学科之中。

第一节　医学遗传学的研究内容

遗传学新概念、新理论和新技术的不断出现和发展，促进了医学遗传学的迅猛发展。医学遗传学的研究内容和涉及范围越来越广泛，目前，主要包括了下列领域。

1. *细胞遗传学*(cytogenetics)　主要研究人类染色体的数目和结构畸变类型、发生机制及其与疾病的关系。细胞遗传学又可分为：① 临床细胞遗传学(clinical cytogenetics)，侧重研究染色体畸变与临床疾病的关系；② 群体细胞遗传学(population cytogenetics)，主要研究染色体畸变和染色体多态在人群中的发生率；③ 微细胞遗传学(microcytogenetics)，应用高分辨显带技术探讨染色体的细微变化；④ 分子细胞遗传学(molecular cytogenetics)，将分子生物学和细胞生物学技术相结合，从染色体深入到基因水平上揭示疾病的本质，是细胞遗传学最新研究领域。

2. *生化遗传学*(biochemical genetics)　主要研究人类遗传物质的理化特性、蛋白质的生物合成及遗传调控、基因突变的机制，以及由于基因突变而产生的分子病和遗传性代谢病。

3. *分子遗传学*(molecular genetics)　是生化遗传学的深入和发展。主要从DNA分析入手，在分子水平上研究人类遗传物质的结构和功能，探索疾病的基因诊断和基因治疗的途径和方法。

4. *群体遗传学*(population genetics)　研究群体中的遗传组成及其演变规律，包括群体中各种基因频率、基因型频率的分布，以及影响群体基因频率的因素。而临床群体遗传学(clinical population genetics)或遗传流行病学(genetic epidemiology)则侧重于通过对人群中遗传病的种类、发病率、致病基因频率、携带者频率、突变率及其影响因素进行研究，为遗传病的群体监控和预防制定措施。

5. *免疫遗传学*(immunogenetics)　主要研究抗原、抗体、补体和干扰素等免疫活性物质的遗传控制，以及免疫反应的遗传机制，同时阐明人类有关免疫性疾病的遗传背景。

6. *肿瘤遗传学*(cancer genetics)　研究肿瘤发生和发展的遗传学原理。现已认识到恶性肿瘤的发生是以遗传变异为基础的，恶变细胞以克隆的方式获得增殖优势而形成恶性肿瘤。近年来，癌基因和抗癌基因的研究进一步从分子水平揭示了恶性肿瘤的发生机制，这将为人类有效防治肿瘤奠定基础。

7. *药物遗传学*(pharmacogenetics)　主要研究药物代谢的遗传差异和个体对药物不同反应的遗传基础。它对疾病治疗中的合理用药，减少不良反应，达到有效的治疗目的具有极为重要的意义。

8. 体细胞遗传学(somatic cell genetics) 是以体外培养的二倍体细胞为材料,研究DNA复制、基因突变、基因调控形成机制等遗传学基本问题。细胞培养、细胞杂交和基因转移等已成为体细胞遗传学的主要研究技术,而且是个体发育、细胞分化、基因定位、单克隆抗体制备、肿瘤发生以及基因治疗等方面的重要研究手段。

9. 发育遗传学(developmental genetics) 主要研究遗传因素对发育过程的控制,阐明基因在发育不同阶段的表达及调控机制。

10. 临床遗传学(clinical genetics) 是遗传学理论和技术在临床的具体运用,主要研究临床各种遗传病的发病机制、临床表现、诊断、预防和治疗等。

11. 表观遗传学(epigenetics) 是研究不涉及DNA序列改变的基因表达和调控的可遗传变化,如DNA甲基化,组蛋白的修饰,染色质高级结构的重建等。表观遗传学是继人类基因组测序以后人类遗传学的重要研究方向之一,它的研究和应用不仅对阐明基因表达、调控、遗传有重要作用,而且在肿瘤、免疫等许多疾病的发生和防治以及干细胞定向分化研究、基因芯片中亦具有十分重要的意义。

第二节 医学遗传学的发展简史

一、早期对遗传现象的认识

关于遗传的概念至少可追溯到古希腊希波克拉底(Hippocrates)时代之前,当时人们就已经认识到某些疾病可能在家族中传递。大约1 500年之前,犹太教法典就有对"易出血者"的某些男性家属免除割礼的规定,表明人们已经认识到了血友病具有一定的遗传规律。18世纪,Maupertuis研究了多指(趾)及皮肤和毛发缺乏色素者(白化症)的家系,指出这两种症状有各自不同的遗传方式。

1866年,奥地利人孟德尔(Mendel)通过豌豆杂交实验首先提出遗传性状由成对的遗传因子决定。在生殖细胞形成时,成对的遗传因子彼此分离,分别进入两个生殖细胞;而在同一个生殖细胞中,不同对的遗传因子可以自由组合。孟德尔的遗传因子学说在当时并未引起人们的注意,直到1900年荷兰人Hugo de Vries、德国人Carl Correns和奥地利人Eric Von Tschermak分别在不同的植物中证实了孟德尔的发现,重新认识并总结了孟德尔定律。从此遗传学开始形成,也为医学遗传学的形成和发展奠定了基础。

1900年,Landsteiner首先报道了人类的ABO血型系统。1924年Bernstein在此基础上阐明了ABO血型的遗传规律,这被认为是孟德尔定律在医学中的首次应用。

1901年,Garrod报道了4个家系共11人患尿黑酸尿症。他注意到尿黑酸尿症表现出明显的家族性,且11位患者中至少有3人的父母是表亲,据此猜测尿黑酸尿症是隐性遗传病。Garrod于1908年出版了《先天性代谢缺陷》一书,认为人体内某一代谢环节出现先天性差错可导致遗传病。

1903年,Sutton和Boveri分别注意到孟德尔遗传因子的行为跟生殖细胞形成和受精过程中染色体的行为完全平行,提出遗传因子就在染色体上。1909年Johannsen将遗传因子改称为基因(gene),并首次提出了基因型(genotype)和表现型(phenotype)的概念。

1908年,Hardy和Weinberg研究人类群体中基因频率的变化,共同提出了Hardy-Weinberg定律即遗传平衡定律。该定律指出,在一个随机婚配的大群体中,在没有突变、没有选择也没有迁移的条件下,基因频率和基因型频率世代保持不变。并指出,如果是一个遗传不平衡的群体,只要经过一代的随机婚配,就可达到遗传平衡。Hardy-Weinberg定律是群体遗传学的基本理论。同年,Nilsson-Ehle对数量性状的遗传进行研究,提出了多基因遗传理论,用多对基因积累效应和环境因素的共同作用来阐明多基因遗传的发生机制。

1910年,摩尔根(Morgan)和他的学生开始研究果蝇性状的遗传方式,发现果蝇的性状分为4个遗传连锁群,这与其染色体对数相吻合。摩尔根认为,染色体是遗传的传递单位,位于一条染色体上的连锁基因也伴随染色体一起传递给子代。但在生殖细胞形成中,同源染色体之间可发生部分交换,使连锁基因发生重组。这就是摩尔根的连锁与交换定律(law of linkage and crossing-over),染色体遗传学由此产生。

二、医学遗传学的发展

医学遗传学的发展离不开染色体技术的发展。1923 年,Painter 采用睾丸组织制备了人类染色体标本并进行了观察,认为人的染色体是 48 条。这个错误结论一直被沿用到 20 世纪 50 年代中期。1952 年,美籍华人徐道觉等建立了低渗法制片技术,通过对分裂细胞进行低渗处理,使细胞膨胀、染色体分散,便于观察。染色体研究方法因此得到重大改进。1956 年,另一位美籍华人蒋有兴(Tjio)和 Levan 使用秋水仙素处理分裂中的细胞,阻止细胞进入分裂后期,使中期分裂象的数目增多。他们采用人胚胎肺组织为研究材料,首次正确地鉴定人类体细胞的染色体数目是 46 条,纠正了 48 条的错误结论。1960 年,Nowell 等应用植物血球凝集素(PHA),促使体外培养的人淋巴细胞进入分裂期。同年,Moorhead 等综合运用各项新技术,建立了人体外周血体外培养和染色体制片等一系列简便可靠的实验技术。由于染色体分析技术迅速应用于临床,一批学者相继发现了人类的某些疾病与染色体异常有关。

1959 年,Lejeune 发现先天愚型患者的体细胞中有 47 条染色体,比正常人多出一条第 21 号染色体;Jacob 等发现先天性睾丸发育不全患者的性染色体组成是 XXY;Ford 发现性腺发育不全症患者的性染色体组成是 XO。这些发现首次确认了染色体病的存在。1960 年美国费城地区一个研究小组在慢性粒细胞性白血病患者的细胞中发现了特定的染色体结构畸变,将其命名为费城染色体(Philadelphia chromosome, Ph chromosome)。这种恶性肿瘤细胞的标记染色体(marker chromosome)的发现,推动了染色体异常与肿瘤关系的研究。同年在美国丹佛召开了第一届国际染色体研究会议,制定了染色体的丹佛体制,这不仅对染色体的研究发展起了重要作用,而且开辟了染色体病的研究领域。

1969 年,Caspersson 用荧光染料喹吖因处理细胞,使每对染色体上沿纵轴显现出不同荧光强度的带纹,称为 Q 显带,开辟了染色体显带的研究。以后相继出现了 C 显带和 G 显带技术,提高了人们对染色体分析的精确性。1975 年,Yunis 应用同步培养法,使细胞分裂的晚前期和早中期的染色体上显示出高分辨带。这种高分辨显带技术,使染色体上被观察到的带纹由 320 条提高到 1 000 条以上,对染色体的分析达到了亚带的水平,这既有助于发现染色体结构的细微改变,也有助于深入研究染色体疾病。

与此同时,医学遗传学的迅速发展也与生物化学实验技术发展紧密相连。20 世纪 50 年代以来,生化实验技术和分析方法的发展,提高了对先天性代谢病的研究和临床诊断水平。例如借助电泳技术检出异常血红蛋白分子;通过层析法检出尿液中的异常代谢产物等。1949 年,Pauling 在研究镰状细胞贫血症患者的血红蛋白分子后提出了分子病(molecular disease)的概念。1956 年,Ingram 证实了镰状细胞贫血症患者的血红蛋白(HbS)与正常人的血红蛋白(HbA)相比只有一个氨基酸的差异,即 HbS 分子中 β 链的第 6 位氨基酸是缬氨酸而不是谷氨酸。此外,由葡萄糖-6-磷酸脱氢酶(G6PD)缺乏所引起的溶血性贫血的阐明,以及用饮食控制疗法治疗苯丙酮尿症(PKU)的开展,使遗传性代谢病的防治达到了新的水平。

20 世纪 70 年代以来,由于分子生物学的迅速兴起,医学遗传学的发展进入了一个新的阶段,对遗传病进行分子水平的研究分析已成为医学遗传学新近发展的主要方向。新兴的分子生物学技术,如 DNA 序列分析、限制性内切酶的应用、重组 DNA 技术、核酸分子杂交技术、DNA 聚合酶链反应(PCR)等,在人类遗传病的基因诊断和基因治疗等方面的研究中都已取得了一些重要的成果。1976 年,简悦威等利用胎儿羊水细胞 DNA 实现了对 α-地中海贫血的产前诊断,后又于 1978 年实现镰状细胞贫血症的产前诊断。近年来,包括苯丙酮尿症、血友病等在内的多种遗传病都已能在 DNA 水平上作出诊断。

20 世纪 70 年代中期通过 DNA 标记连锁分析等医学遗传学手段,能够在不知道某种遗传病蛋白质异常的情况下,直接寻找致病的 DNA 变异,进而揭示这种变异所导致的蛋白质异常,如杜氏肌营养不良(DMD)的致病基因即是通过这一方法定位得到。

70 年代以来发展的肿瘤遗传学阐明了癌基因和肿瘤抑制基因的突变是肿瘤发生的分子基础,从而确定肿瘤是一种体细胞遗传病。而发生在体细胞的遗传物质改变也可能是自身免疫性疾病和衰老过程的分子基础。对体细胞遗传病和表观遗传病的认识,扩大了医学遗传学的研究领域和涉及范围。遗传因素不仅是一些基因的直接致病原因,也可与环境因素一起在疾病的发生、发展和转归过程中起关键作用。

随着分子遗传学的进一步发展,20 世纪 90 年代初,基因治疗进入了临床试验阶段。所谓基因治疗就是将某个正常基因导入患者体内细胞中使之表达,对患者缺乏的或异常的某种蛋白质提供其正常的表达产物,从而起到治疗作用。虽然基因治疗技术目前尚未成熟,但在一些临床试验中已得到令人鼓舞的治疗效果。

三、我国医学遗传学的发展

我国医学遗传学的研究始于 20 世纪 60 年代。1962 年,项维、吴旻等首次报道了中国人染色体组型。1963 年,报道了血红蛋白病和葡萄糖-6-磷酸脱氢酶(G6PH)缺乏症的一些研究成果。1978 年,我国成立了中国遗传学会;1979 年成立了人类和医学遗传学专业委员会;1980 年,出版了我国第一本医学遗传学论著《医学遗传学纲要》(李璞主编);1983 年,出版了专著《医学遗传学》(杜传书、刘祖洞主编)。1986 年,中国医学遗传学会成立,标志着我国医学遗传学研究发展到了一个新的阶段。随着高分辨染色体显带、荧光原位杂交(FISH)和比较基因组杂交(CGH)等技术的引进、普及和推广,我国的医学遗传学进入分子细胞遗传时代,对于分子病、遗传代谢病、血友病等遗传性疾病,具备了在基因水平上进行诊断研究的能力。

进入 21 世纪以来,我国在基因组领域的研究取得了重要进展,不但分离克隆了许多疾病相关新基因,还参与人类基因组有关的国际合作项目,承担并完成了人类基因组 1%的测序、国际人类基因组单体型图计划(The International HapMap Project)10%的构建;并先后启动了人类肝脏蛋白组计划(2003 年)和肿瘤基因组计划(2006 年)。这些成果表明我国在人类遗传学和医学遗传学领域已跻身于研究大国的行列。

随着以高密度基因芯片和高通量测序为核心的基因组学技术迅速发展,特别是 2005 年以来新一代测序技术的问世,这种以大规模数据为导向的研究模式,极大地提高了疾病研究的效率,对于阐明疾病的病因、解析疾病发生的分子机制、寻找疾病特异的生物标志和药物靶点进而提升疾病的预防、诊断和治疗水平具有重要意义。我国在这一领域的研究虽起步较晚,但也取得了多项重要的成果。国内运用基因芯片和全基因组关联分析(genome wide association study,GWAS)等技术,对精神类、代谢类和自身免疫性疾病进行了遗传易感性的研究,达到了与国际同步的水平,当前,我国医学遗传学的发展已出现了突飞猛进的新局面。

第三节 医学遗传学在现代医学中的地位

医学遗传学作为现代医学教育中的一门重要课程,它与细胞生物学、分子生物学、神经生物学、免疫生物学被誉为现代医学的五大支柱课程。该课程在国内外引起重视的原因有以下几个方面:

第一,遗传病对人类健康威胁日益严重。随着现代医学的发展,一些威胁人类健康的传染病已得到控制而逐渐下降,而遗传病的相对发病率则显著上升。据《中国出生缺陷防治报告(2012)》提供的数据显示,我国 2011 年围产期出生缺陷总发生率为 1.53%,其中以先天性心脏病、多指(趾)、唇腭裂、神经管缺陷、先天性脑积水等最为常见。出生缺陷在全国婴儿死因中的构成比顺位由 2000 年的第 4 位(12.5%)上升至 2011 年的第 2 位(19.1%)。而这些出生缺陷绝大多数与遗传因素有关。

第二,严重危害人类健康的某些常见病与遗传因素有关。随着研究的不断深入,现已证明一些严重危害人类健康的常见疾病,如冠心病、糖尿病、高血压、动脉粥样硬化、恶性肿瘤等,与遗传因素有关。这类疾病发病机制的进一步阐明,将有助于人们从遗传和环境两个方面制定防治措施。

第三,优生优育是关系人口素质提高的大事。应用遗传学原理、方法和技术进行预防、诊断和治疗遗传病,从而达到改善和增强人类子孙遗传素质的目的,也是医学遗传学的一项极其重要的艰巨任务。

在我国,由于历史原因,不少医务工作者缺乏医学遗传学的理论和知识,因此在对疾病的认识和开展临床服务过程中,包括遗传咨询、进行产前诊断、预防遗传病患儿出生、推广优生优育措施时,十分渴求医学遗传学知识与技术的指导和帮助。不难看出,在大力普及遗传学知识的同时,在高等医学院校加强医学遗传学的教学,已成为培养新一代医务工作者的重要任务。

第四节 遗传病概述

一、遗传病的概念

遗传病(genetic disorder)是指因遗传物质结构和功能异常而导致的疾病，这种异常既可能发生在生殖细胞，也可以发生在体细胞。

随着现代医学的发展，特别是对表观遗传等的认识，遗传病的范围有所扩大。遗传因素不仅是一些疾病的病因，也可与环境因素一起在疾病的发生、发展和转归过程中起关键作用。综合来看，任何疾病的发生都是遗传因素与环境因素共同作用的结果，但在不同的疾病中它们所起的作用不尽相同，可归纳为：

(1) 完全由遗传因素决定发病，几乎看不出环境因素的作用。例如一些染色体病和单基因病。

(2) 基本上由遗传因素决定，但需要环境中一定诱因的作用。例如单基因遗传病中的苯丙酮尿症，摄入含苯丙氨酸量多的食物可诱发本病；蚕豆病除有遗传基础外，食用蚕豆会诱发溶血性贫血。

(3) 遗传因素和环境因素共同决定发病。在这类疾病中，不同的疾病遗传因素所占的比重不同，例如唇裂、腭裂、先天性幽门狭窄等的遗传度为70%～80%，说明遗传因素对这些疾病的发生较为重要，但环境因素也起了一定作用。另一些疾病如先天性心脏病、十二指肠溃疡和某些糖尿病的遗传度为30%～40%，说明环境因素的作用比较重要，但也具备发病的遗传基础。还有些疾病如脊柱裂、无脑儿、高血压、冠心病等，遗传度为50%～60%，遗传因素和环境因素对发病具有几乎等同的作用。此外，感染性疾病虽然环境因素起主要作用，但不同个体之间也存在着易感性的差异，而这种差异也是受遗传因素影响的。

(4) 发病完全取决于环境因素，与遗传基本无关。例如外伤等。

二、遗传病的分类

通常可将人类遗传病分为下列五大类。

1. 染色体病　人类正常体细胞具有二倍体数46条染色体。如果在生殖细胞发生或受精卵早期发育过程中染色体发生了差错，就会产生染色体数目或结构异常，表现为各种先天发育异常，例如Down综合征即由于第21号染色体多了一条，成为21-三体。

2. 单基因病　单基因病(single-gene disorders)主要由单个基因异常引起的疾病。由于在一对同源染色体上，可能其中一条带有突变基因，也可能两条染色体对应位点都带有突变基因，突变基因的性质也有不同，单基因病通常呈现特征性的家系模式。单基因病通常发病率较低，最高也仅为2‰左右，但由于发现的病种越来越多，总体而言危害性很大。

3. 多基因病　多基因病(polygenic disorders)是多个基因和环境因素相互作用而形成的复杂疾病，包括一些先天性发育异常及若干人类常见病，如高血压、糖尿病、哮喘、癫痫、精神分裂等。

4. 线粒体遗传病　线粒体DNA编码部分呼吸链蛋白及rRNA和tRNA。这些线粒体基因突变可导致线粒体遗传病(mitochondrial genetic disorders)，随同线粒体传递，呈细胞质遗传。

5. 体细胞遗传病　已知肿瘤起源于遗传物质的突变，体细胞癌肿病灶具有克隆性，其形成必以体细胞遗传物质突变为直接原因，故肿瘤属于体细胞遗传病(somatic cell genetic disorders)。有些先天畸形也属于此类遗传病。

三、遗传病的特征

遗传病通常具有下列特征。

1. 遗传性　遗传病具有由亲代向子代垂直传递的特征。但需要说明的是，由亲代传递给子代的并非现成的疾病，而是某种疾病的遗传基础。

2. *先天性* 所谓先天性疾病是指婴儿出生时即显示症状或表型特征，如白化病是一种常染色体隐性遗传病，新生的患儿就表现有“白化”体征。但并非所有的遗传病都是先天性发病，如亨廷顿病(Huntington disease)是一种典型的常染色体显性遗传病，虽然患者先天即带有致病基因，但发病时间一般在25～45岁。

3. *家族性* 遗传病的致病基因在家系中传递，因而一般表现有发病的家族聚集。但并非所有的家族性疾病都是遗传病。由于生活条件相同，共同的环境因素引起家族聚集的疾病，如长期缺乏维生素C饮食造成的坏血病等，虽然具有家族性，但不是遗传病。

除此之外，遗传病还往往有罕见性、终生性等特点，一些遗传病可通过治疗改善症状或改变疾病的表型特征，但目前所采用的治疗方法尚不能修复或改变发生突变的遗传物质而根治遗传病。

四、识别疾病遗传因素的方法

识别疾病的遗传基础，可以采取以下方法。

1. *群体筛查法* 采用一种或几种高效、简便并有一定准确性的方法，对某一人群进行某种遗传病或性状的普查。这种普查需在一般人群和特定人群(例如患者亲属)中进行。通过患者亲属发病率与一般人群发病率比较，从而确定该病与遗传是否有关。

2. *系谱分析法* 通常用以辨别单基因病或是多基因病、确定其遗传方式、开展遗传咨询及产前诊断、探讨遗传异质性等。

3. *双生子法* 同卵双生(monozygotic twins, MZ)是受精卵在第一次卵裂后，每个子细胞各发育成一个胚胎，故而同卵双生子有完全相同的先天遗传背景；异卵双生(dizygotic twins, DZ)是来源于两个卵子分别与精子受精而发育成的两个胚胎，相同的遗传基因只有50%，因此，同卵双生子在不同环境中的发育成长显示了不同环境对表型的影响；异卵双生子在同一环境中的发育成长显示了不同的基因型的表型效应。通过比较同卵双生子和异卵双生子中某一疾病发生的一致性，可以估计该疾病发生中遗传因素所起作用的大小，一般用同病率(concordance rate)来表示。例如结核病的MZ同病率为74%，DZ同病率为28%，则可认为结核病的发生有一定的遗传背景。

4. *种族差异比较* 种族是繁殖上隔离的群体，也是在地理和文化上相对隔离的人群。各种族的基因库彼此不同，种族间的差异具有遗传学基础。如果某种疾病在生活于同一地区的不同种族中的发病率、临床表现、发病年龄、性别比和合并症有显著性差异，则应考虑该病与遗传因素密切相关。

5. *疾病组分分析* 对于比较复杂的疾病，特别是其发病机制未完全弄清的疾病，如果需要研究其遗传因素，可以将疾病“拆开”来对其某一发病环节(组分)进行单独的遗传学研究。这种研究方法又称为亚临床标记(subclinical marker)研究。如果证明所研究的疾病组分受遗传控制，则可认为这种疾病也有遗传因素控制。

6. *伴随性状研究* 在疾病的研究中，如果某一疾病经常伴随另一已经确定由遗传因素决定的性状或疾病出现，则说明该病和遗传有关。性状的伴随出现可以是由于基因连锁(linkage)，即两个基因座位于同一条染色体上；也可以是由于关联(association)，即两种遗传上无关的性状非随机地同时出现。

除上述经典的医学遗传学方法外，还可以通过染色体分析、动物模型建立，以及新兴的分子生物学和生物信息学手段，对疾病的遗传基础进行分析。

五、遗传病的研究策略

医学遗传学是以遗传病为研究对象，因而对遗传病研究的策略也就要围绕遗传病的病理、诊断、治疗和预防等内容来进行。就目前的研究水平和技术手段而言，疾病相关基因的定位与克隆是首要的任务，因为只有真正从基因组中分离出疾病的相关基因，才能从根本上研究遗传病的病理基础，并找出相应的预防和治疗对策。随着对遗传病研究的不断深入，人们发现不同的遗传病在遗传方式和发病率上都有着巨大的差别，因此在疾病相关基因的分离方法和策略上也要有所区别。对临床上已经明确的遗传病，首先要进行遗传规律的研究，判断是常染色体遗传还是性染色体遗传，单基因遗传还是多基因遗传，显性遗传还是隐性遗传。然后根据此遗传病是否有可检测到的生化指标或蛋白质异常，是否和某一遗传标记共分离等资料，决定对疾病相关基因进行定位和克隆。

1. *单基因遗传病的研究* 单基因遗传病是最先被认识和研究的遗传病。对于已知特定蛋白质生化功能异常所引起的遗传病，可通过设计核酸探针筛选特定的文库，获得相应遗传病的致病基因，这就是所谓的功能克隆(functional cloning)。然而迄今发现的六千多种单基因病绝大多数基因产物不明，因此需要借助位置克隆(positional cloning)的方法，通过染色体定位、连锁分析等方法筛选并确定候选基因。目前，运用位置克隆策略克隆的人类疾病基因已有很多成功的范例，如慢性肉芽肿基因、Huntington 舞蹈病基因等。

2. *多基因遗传病的研究*　多基因疾病虽具有一定程度的家族聚集倾向，但并不表现出典型的孟德尔遗传，通常由多个基因和外源因素共同作用而形成。因此多基因疾病相关基因的定位相当困难。目前较为理想的多基因疾病的分析方法，包括患病同胞对法(affected sib-pair，ASP)和由此演化出的患病家系成员法(affected pedigree member，APM)。多基因疾病相关基因定位的另一方法是建立于群体水平上，即在病例和对照群体中寻找某一遗传标记与疾病表型的关联。

近年来，生物信息学的迅速发展，特别是新一代测序技术(next-generation sequencing，NGS)和全基因组关联分析(genome-wide association study，GWAS)技术的应用，为人们打开了一扇通往研究复杂疾病的大门。从基因组水平上对患者所有的 SNP 位点进行分析，从而避免了像候选基因策略一样需要预先假设疾病相关基因，为复杂疾病的发病机制提供了更多的线索。

以 Illumina 公司的 Solexa 技术和 ABI 公司的 SOLiD 技术为标志的新一代测序技术是对传统测序一次革命性的改变，能够一次对几十万到几百万条 DNA 分子进行序列测定，具有划时代的意义，同时它使得对物种的转录组和基因组进行细致全貌的分析成为可能。自 NGS 技术问世以来，利用外显子组测序(exome sequencing)等手段在临床疾病致病基因的鉴定研究中取得前所未有的成果。这些成果不仅集中在单基因遗传疾病，还在多基因影响的复杂疾病中获得大量相关基因的发现。在单基因遗传性疾病中，如视网膜色素变性、终端骨发育不良等发现新的基因或已知基因新突变。在一些罕见的疾病中，如 Kabuki 综合征、家族性混合型低脂血症和脊髓小脑共济失调症等疾病中发现新的致病基因。同时，在小细胞肺癌、慢性淋巴细胞性白血病等肿瘤研究和诸如肥胖症、脑皮质发育不良等复杂疾病的研究中也取得丰硕成果。

随着人类基因组计划和国际人类基因组单体型图计划的完成以及高通量生物芯片技术的成功研发，人们广泛利用高通量全基因组生物芯片的技术手段，进行全基因组关联研究来筛选复杂疾病易感基因。与以往的候选基因关联分析策略明显不同的是，GWAS 不再需要在研究之前构建任何假设，即不需要预先依据那些尚未充分阐明的生物学基础来假设某些特定的基因或位点与疾病相关联。而是通过对大规模的群体(病例/对照)DNA 样本进行包括单核苷酸多态性变异(SNP)、拷贝数变异在内的全基因组高密度遗传标记分型，从而寻找与复杂疾病相关的遗传因素的研究方法。自 2005 年 *Science* 杂志首次报道了年龄相关性视网膜黄斑变性的 GWAS 结果以来，已对多种常见疾病进行了 GWAS 研究，发现和重复验证了近 2 000 个 SNP 或位点，其中包括以前未检测到的而与疾病密切相关的基因及部分未知基因。

由于多基因疾病致病因素的复杂性，易感基因的克隆只是揭示疾病发生机制的开端，其致病机制要通过基因之间及基因与环境间相互作用的网络结构关系来研究。从目前的研究水平来看，对多基因疾病的风险预测和产前诊断还相当困难。

3. *染色体病的研究*　由于染色体病往往涉及数十乃至上百个基因的增减或位置改变，故常表现为多发的先天性异常或畸形，在治疗上具有极大困难，因而防止患儿的出生被提到首要位置，这就需要准确的产前诊断技术。对于染色体病的产前诊断而言，最常用的是通过羊水、绒毛和胎儿血检查胎儿染色体有无异常。

近年来随着对一些发病率较高的染色体疾病如 21 -三体综合征的研究的进一步深入，开始具体探讨染色体不分离过程中所涉及的分子机制、生理途径及环境诱因，以期找出可靠的指标对有关人群出生患儿的风险进行预测和评估。

第五节　医学遗传学的任务和展望

医学遗传学的任务在于揭示各种遗传性疾病的遗传规律、发病机制、诊断和防治措施，为遗传病患者提供临床服务,包括遗传病的诊断、治疗、筛查、预防、咨询、随访等。其最终目的在于尽可能减少遗传病的发生和患者的痛苦,提高他们的生活质量。

遗传医学的临床服务内容随着医学及遗传学知识的进步而不断扩展。在现阶段,医学遗传服务主要涵盖遗传病和遗传相关的先天畸形的诊断、治疗和预防,包括以下几个方面。

1. *遗传病的诊断* 包括对某种病症是否是遗传性疾病及疾病类型作出确切诊断。

2. *遗传病的治疗* 是对遗传病患者采取一定的措施以纠正或改善机体的病理性状的医学措施,包括普通的临床治疗和基因治疗。

3. *遗传咨询* 通过询问和检查,收集有关的家庭成员患病情况并加以分析,然后回答患者或询问者关心的各种问题。这些问题不仅与疾病的诊断治疗有关,还常常影响到咨询者本人或其亲属在婚姻和生育方面的选择。

4. *遗传病的预防* 主要是利用遗传学原理和技术,防止遗传病患儿的出生。

近年来,随着现代遗传学与分子生物学领域取得的巨大进步,医学遗传学也扩展了新的内容,同时提出了许多新的研究课题,例如:

1. *人类疾病相关基因及其变异的研究* 人类基因组计划(human genome project, HGP)揭示了人体遗传物质的全部核苷酸序列。但是当阅读这个由30亿对核苷酸代码组成的序列时发现要理解这些序列所代表的意义还需要付出更艰巨的努力。已经确定编码蛋白质的基因序列仅占整个基因组序列的不到10%。因此为了有效地发现在医学上有重要意义的基因,首先必须确定基因及其在染色体上的位置,确定基因的表达调控元件,由此绘制出人类基因定位图。在此基础上才有可能找出与疾病有关的基因和基因突变,进一步研究这些基因如何通过指导蛋白质的合成来实现其正常或异常的功能。同时还必须了解基因的转录和剪接的规律、基因编码蛋白质的多样性、蛋白质翻译后修饰的方式等对这些基因功能的影响。

2. *疾病的表观遗传学研究* 除了隐藏在DNA序列之中的传统意义遗传信息外,近年来,科学家们发现了大量隐藏在DNA序列之外更高层次的遗传信息。DNA序列的变异确实是疾病的基础,但是许多研究发现在DNA序列不发生变异的情况下的疾病发生机制。基因的DNA序列没有发生改变的情况下基因功能发生了可遗传的变化导致了病理性表型即疾病,它不完全符合孟德尔遗传规律的核内遗传。目前认为,这些高层次基因组信息主要包括非编码RNA(non-coding RNA)、DNA甲基化(DNA methylation)和组蛋白(histone)共价修饰等表观遗传学信息(epigenetic information)。

3. *疾病的系统生物学研究* 系统生物学(systems biology)是研究一个生物系统中所有组成成分(基因、mRNA、蛋白质等)的构成,以及在特定条件下这些组分间的相互关系的学科。也就是说,系统生物学不同于以往的实验生物学仅关心个别的基因和蛋白质,它要研究所有的基因、所有的蛋白质、组分间的所有相互关系。显然,系统生物学是以整体性研究为特征的一门学科。

多基因病涉及多个基因的效应以及环境因素的综合作用,可以看成是一个复杂的系统。用系统生物学的方法首先对多基因病的组分(基因、mRNA、蛋白质、环境因子等)进行了解和确定,通过数据整合描绘出该病理系统的结构和相互作用网络,观察系统结构和功能的相应变化,包括基因表达、蛋白质表达和相互作用、代谢途径等的变化,最终设计可以对系统进行干预的参数和条件。

4. *药物基因组学和个体化用药* 药物基因组学的研究是研究遗传因素对药物体内代谢和生物学效应的影响,确定药物作用的靶点,研究从表型到基因型的药物反应的个体多样性。药物基因组学的核心目的是通过对个体基因遗传多态性的研究,预测其对某种药物的反应性以及可能发生的毒性,把基因检测用于指导个体化药物使用。由于它可以使得真正意义上的个体化治疗成为现实而受到全世界遗传学家和临床学家的广泛关注。

由于每个人的基因方面的0.5%左右的微小差异,使每个人对药物的反应有很大的不同。例如有的人对青霉素高度过敏,误用会导致死亡。又如用同一个药治疗同样的癌症,对有的人有效,对有的人不但没有疗效反而显示明显的毒副作用。通过对选定的基因进行检测,可为检测对象的个性化用药和个性化治疗指导提供重要依据。

5. *精准医学* 精准医学(precision medicine)是应用现代遗传技术、分子影像技术、生物信息技术,结合患者生活环境和临床数据，实现精准的疾病分类及诊断，制定具有个性化的疾病预防和治疗方案。

随着人类基因组计划的完成和生物信息学技术的迅速发展，生物治疗及个体化诊疗技术不仅是公众的需求，更是临床发展的需求，包括对风险的精准预测、对疾病的精准诊断、对疾病的精准分类、对药物的精准应用、对疗效的精准评估、对预后的精准预测。

2011 年，美国国家科学院(NAS)、美国国家工程院(NAE)、美国国立卫生研究院(NIH)及美国国家科学委员会(NSB)共同发出迈向精准医学的倡议，提出了通过遗传关联研究和与临床医学紧密接轨，来实现人类疾病精准治疗和有效预警。

我国也对精准医学十分重视，提出并启动了我国的"精准医学研究"计划。2015 年 3 月，科技部举办首届国家精准医疗战略专家会议，计划 2030 年前在精准医疗领域投入 600 亿元。当前我国精准医学研究主要涉及：新一代的临床用生命组学技术的研发；大规模人群队列研究；精准医学大数据的资源整合、存储、利用与共享平台建设；疾病防诊治方案的精准化研究；精准医疗集成应用示范体系工程。

医学遗传学是医学科学领域十分活跃的前沿学科，分子生物学方法的引入及人类基因组计划的推动促进了医学遗传学的飞速发展。目前，人们对遗传病的认识已达到了新的高度，不仅对单基因遗传病和多基因遗传病的诊断、发病机制、治疗和预防达到了分子水平，对染色体病的诊断也已深入到相关基因片段的水平；癌基因及肿瘤抑制基因的深入研究使人们对肿瘤发生、发展的机制有了更深入的理解；表观遗传学和精准医学的研究进展，以及基因治疗的各种策略为战胜遗传病、肿瘤、心血管疾病等展示了光明的前景，必将引导 21 世纪的生物医学结出丰硕成果，造福于人类。

(马用信)

第一章

人类基因与基因组

基因(gene)是遗传信息的结构和功能单位。人类基因以脱氧核糖核酸(DNA)的化学形式存在于细胞核和线粒体中,决定和控制着生物体的各种性状,并通过生殖细胞从亲代向子代传递。基因组(genome)是细胞内一套完整遗传信息的总和,人类基因组包含了核基因组与线粒体基因组(见第八章线粒体遗传病)。核基因组结构和功能庞大,包含了细胞的绝大部分遗传信息,如无特别注明,人类基因组通常指核基因组,本章介绍核基因组。

第一节 人类基因组的组成

人类基因组计划完成的数据信息显示每个核基因组的DNA约有32亿个bp,编码蛋白质的结构基因数目20 000~25 000个。人类基因组按DNA序列的拷贝数不同,可分为单拷贝序列和拷贝数不等的重复序列(图1-1)。

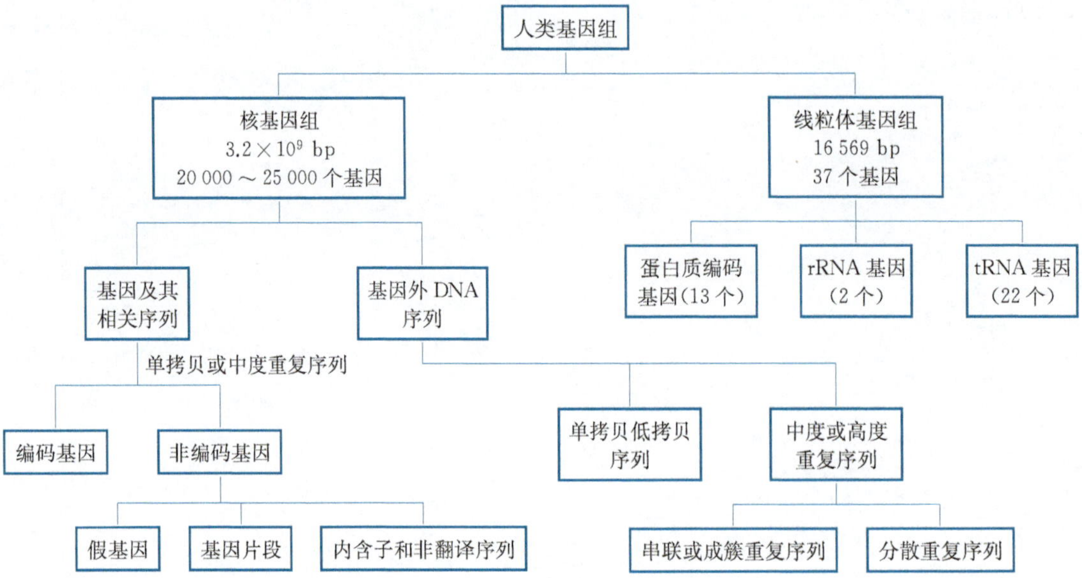

图1-1 人类基因组的组成

一、单拷贝序列

单拷贝序列(single copy sequences)在基因组中仅有一个拷贝或少数几个拷贝,大多数为蛋白质编码基因。在人类基因组中,单拷贝序列占60%~70%,往往分散在重复序列中。由于多数单拷贝序列为蛋白质编码基因,体现了生物的各种功能,其序列变异通常与人类疾病密切相关,因此这些DNA序列的研究对医学实践有特别重要的意义。

二、重复序列

人类基因组DNA存在大量重复序列,重复单元长度不等,短的仅两个碱基,长的多达数百、乃至上千个碱基。重复频率也多样化,可分为:中度重复序列(moderately repetitive sequences),在基因组中有几十至几万个拷贝;高度重复序列(highly repetitive sequences),在基因组中有几十万至几百万个拷贝。人类基因组的30%～40%是中度和高度重复DNA序列。另外,根据重复序列在基因组中重复频率的特征又可将其分为:串联重复序列(tandem repetitive sequence)和分散重复序列(interspersed repeated sequence)。

(一) 串联重复序列

串联重复序列指不同长度核苷酸序列的重复单位串联在一起而形成的重复序列。根据重复单位大小可分为三种:卫星DNA,小卫星DNA和微卫星DNA。

1. *卫星DNA*(satellite DNA) 卫星DNA由很大的串联重复DNA排列组成,分布在100 kb至数个Mb范围内。当基因组DNA经氯化铯密度梯度离心时,卫星DNA可以与总基因组DNA分开,可见DNA主带之外还有小的卫星带,这是由于卫星DNA中GC含量少于主带所致。人类基因组中卫星DNA占5%～6%,多聚集在染色体着丝粒异染色质区。已知α卫星DNA存在于所有染色体上,由一个171 bp重复单位的串联组成,并构成着丝粒异染色质的主体,其重复单位通常含有一个着丝粒蛋白的特异结合位点。

2. *小卫星DNA*(minisatellite DNA) 小卫星DNA由重复单位在6～64个核苷酸的串联重复序列组成,这些序列常在0.1～20 kb范围内,分布于所有染色体的端粒,绝大部分不转录。其中端粒DNA是"TTAGGG"六核苷酸串联重复形成3～20 kb的序列,由特异的端粒酶添加在染色体末端,担负着端粒的功能。另外,由于小卫星DNA可变的串联重复次数造成了许多等位基因,因此又称为可变数量串联重复(variable number tandem repeat,VNTR),其在人群中存在多态性现象,是一种重要的遗传学分析的遗传标记(genetic marker)。

3. *微卫星DNA*(microsatellite DNA) 微卫星DNA由一类重复单位2～6个核苷酸组成的串联排列。它们数量众多,分散于基因组中,又称为短串联重复序列(short tandem repeat,STR),在人群中也存在多态性现象,是一种重要的遗传标记。微卫星DNA一般构成染色体着丝粒、端粒和Y染色体长臂的染色质区,大多由复制滑动产生的。双核苷酸重复排列是最常见的类型,约占基因组的0.5%,出现频率依次是:CA/TG重复为1/36 kb,AT/TA重复为1/50 kb,AG/TC重复为1/125 kb,CG/GC重复为1/10 Mb。有些微卫星DNA位于基因的编码序列,由于复制滑动而成为突变热点,如(CAG)*n*等三核苷酸重复的动态突变(dynamic mutation)导致了一些神经肌肉系统的疾病。

(二) 分散重复序列

分散重复序列是指分布于基因组中散在的重复序列,与单拷贝基因间隔排列,多为中度重复序列。依据重复序列的长度,可分为:短分散核元件(short interspersed nuclear segment,SINE)和长分散核元件(long interspersed nuclear segment,LINE)。

1. *短分散核元件* 短分散核元件重复序列的平均长度为100～500 bp,与平均长度约为1 kb的单拷贝序列间隔排列,拷贝数可达10万以上。例如,Alu序列是人基因组中含量最丰富的一种中度重复序列,平均每5 kb DNA就有一个Alu序列,重复达30万～50万次,占人基因组的3%～6%。Alu家族每个成员的长度约300 bp,由于每个单位长度中有一个限制性内切酶*Alu* I的切点(AG|CT),从而将其切成长130 bp和170 bp的两段,因而命名为Alu序列(或Alu家族)。Alu序列可由RNA聚合酶转录成RNA分子,再经反转录酶(reverse transcriptase)的作用形成互补DNA(complementary DNA,cDNA),然后重新插入基因组中。Alu序列存在于人类和一些灵长类基因组中,具有种属特异性,因而可作为遗传标记使用。

2. *长分散核元件* 该重复序列的平均长度为3.5～5 kb,与平均长度为13 kb(个别长几万bp)的单拷贝序列间隔排列。*Kpn* I家族(LINE1)是一类长分散核元件,是人类基因组中仅次于Alu家族的第二大家族。用限制性内切酶*Kpn* I消化人类DNA,在电泳谱上可以看到4个不同长度的DNA序列片段,分别为1.2 kb、1.5 kb、1.8 kb和1.9 kb,这就是所谓的*Kpn* I家族。与Alu家族相似,*Kpn* I家族中有一部分是通过*Kpn* I序列的RNA转录产物的cDNA拷贝重新插入到人基因组DNA中产生的。这些序列构成可转座元件(transposable elements),使 DNA 可在基因组内由一个染色体转移至另一染色体。

三、多基因家族与假基因

人类基因组的另一结构特点是存在多基因家族(multigene family)。多基因家族是指由某一祖先基因经过重复和变异所产生的一组基因。多基因家族大致可分为两类:一类是基因家族成簇地分布在某一条染色体上,它们可同时发挥作用,合成某些蛋白质,如组蛋白基因家族就成簇地集中在第 7 号染色体长臂 3 区 2 带到 3 区 6 带区域内;另一类是一个基因家族的不同成员成簇地分布于不同染色体上,这些不同成员编码一组功能上紧密相关的蛋白质,如珠蛋白基因家族。一个多基因家族中可有多个基因,根据结构与功能的不同又可以分为亚家族(subfamily),例如人的低分子质量小 G 蛋白家族至少有 50 多个成员,其中又进一步分为 Ras、Rab、Rho、Arf 和 Ran 等亚家族。

人类基因组中存在假基因(pseudogene)。假基因是基因组中存在的一段与正常基因非常相似但不能表达的 DNA 序列。这类基因可能曾经有过功能,但在进化中获得的一个或几个突变,造成了序列上的细微改变从而阻碍了正常的转录或翻译功能,使它们不再能编码蛋白质产物。与相应的正常基因相比,假基因往往缺少正常基因的内含子,两侧有顺向重复序列。人们推测,假基因的来源之一可能是基因经过转录后生成的 mRNA 经反转录产生 cDNA,再整合到基因组 DNA 中去,便可能成为假基因。

第二节 人类基因的结构与功能

一、基因的结构

大多数真核生物的蛋白质编码基因序列是不连续的,由非编码序列将编码序列隔开,形成割裂基因(split gene)。编码序列称外显子(exon),间隔于编码序列之间的非编码序列称内含子(intron)。每个结构基因在第一个和最后一个外显子的外侧都有一段不被转录的非编码区,称侧翼序列(flanking sequence),它对基因的表达起着调控作用。图 1-2 为人类 β 珠蛋白基因的结构,它由 3 个外显子、2 个内含子和上下游调控序列组成。

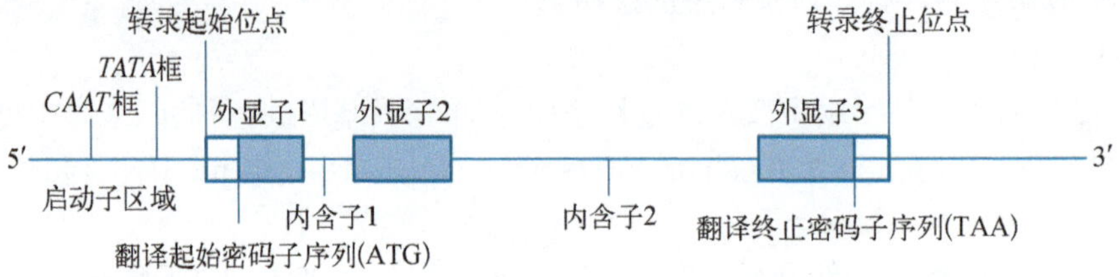

图 1-2 人 β 珠蛋白编码基因的结构示意图

(一) 外显子和内含子

在结构基因中,外显子是直接为多肽链的氨基酸编码的 DNA 序列,而不编码的内含子虽也能转录成为初始 hnRNA,但在 hnRNA 加工时被剪切掉,不存在于成熟的 mRNA 序列中。每个外显子与内含子的接头部位,都有一段高度保守的 DNA 序列,称剪接识别信号,每个内含子 5′端的两个核苷酸都是 GT,3′端的两个核苷酸都是 AG,这种连接方式称为 GT-AG 法则,是真核细胞中基因表达时剪切内含子和拼接外显子的共同机制。

基因一般有若干外显子和内含子组成,外显子的数目总是内含子的数目加 1。但有些人类基因没有内含子,如干扰素基因和组蛋白基因,而另一些基因又有数十个内含子,例如,胶原蛋白基因 *COL2A1* 有 50 多个内含子,Duchenne 型肌营养不良基因 *DYSTROPHIN* 有 70 余个内含子。一般而言,没有内含子的基因较小,较大的基因有较多的内含子,由于内含子的长序列在转录时会消耗时间和能量,因此,对于表达水平高的基因来说，自然选择短的内含子。

（二）启动子

启动子（promoter）是由一组短序列元件簇集在一个结构基因的上游构成的，一般位于基因转录起始位点上游 100～200 bp 范围内，转录因子与启动子结合能够激活 RNA 聚合酶，在特定位置起始 RNA 合成。真核生物主要有三类启动子，分别对应细胞内三种不同的 RNA 合成酶和相关蛋白质。

1. Ⅰ类启动子　Ⅰ类启动子富含 GC 碱基对，主要调控 rRNA 基因的编码。它包括核心元件（core element）和上游调控元件（upstream control element，UCE）两部分，前者位于−45 bp 到+20 bp，转录起始效率低，后者位于−156 bp 到−107 bp，能增强转录的起始。

2. Ⅱ类启动子　Ⅱ类启动子具有 TATA 盒特征结构，主要是调控蛋白质和一些小 RNA 基因，是占绝大多数的一种启动子。TATA 盒一般位于转录起始位点上游−25 bp，有一核心序列 TATA(A/T)A(A/T)，与转录因子 TFⅡ结合，再与 RNA 聚合酶Ⅱ形成复合物，决定着 RNA 合成的起始位点。有的Ⅱ类启动子在 TATA 盒的上游还存在 CAAT 盒、GC 盒等特征序列。CAAT 盒有一段保守序列 GGC(T)CAATCT，能够与转录因子 CTF 结合，提高转录效率。GC 盒由 GGCGGG 组成，能够与转录因子 Sp1 结合，促进转录过程。

3. Ⅲ类启动子　Ⅲ类启动子包括 A、B、C 盒，能够调控包括 5S rRNA、tRNA、U6 snRNA 等 RNA 分子的编码基因。它在基因中的位置较独特，如 tRNA 基因的启动子 A、B、C 三盒部分分别位于+10 bp 到+20 bp以及+50 bp 到+60 bp 两个区域。

（三）增强子

增强子（enhancer）是可以增强真核基因启动子转录效率的顺式作用元件（*cis*-acting element），其特异性地与反式作用因子（*trans*-acting factor）结合，在启动子和增强子之间形成 DNA 环，促使增强子的结合蛋白与启动子的结合蛋白相互作用，或者与 RNA 聚合酶相互作用，增强基因的转录活性。增强子可以位于基因的任何位置，且其功能与在基因中的位置和序列方向无关，可以是 5′→3′方向，也可以是 3′→5′方向。

（四）沉默子

沉默子（silencer）是与增强子具有相似性质的特定 DNA 序列，但是其结合一些反式作用因子时对基因的转录起阻遏作用，使基因沉默。

（五）终止子

终止子（terminator）位于结构基因末端，由多聚腺苷酸附加信号 AATAAA 和一段回文序列组成，转录后能够形成发夹结构，阻遏 RNA 聚合酶继续移动，终止转录。

（六）隔离子

隔离子（insulator）是处于抑制状态与活化状态的染色质结构域之间，阻止不同状态染色质结构域的结构特征向两侧扩散的 DNA 序列。隔离子可以保护基因免受邻近凝缩染色质沉默效应的影响，位于增强子和启动子之间的隔离子也可以干扰它们之间的相互作用，维持基因的时空表达特性。

二、基因的功能

（一）基因的复制

基因的复制即 DNA 复制，是在细胞分裂周期的 S 期，以 DNA 分子自身为模板，按照碱基互补原则，在 DNA 聚合酶的作用下，合成新 DNA 分子的过程。DNA 复制过程具有半保留性、不对称性、不连续性等特点。

（二）基因的表达

如图 1-3 所示，基因的表达包括两个过程：以 DNA 为模板合成核糖核酸（RNA）的过程称为转录（transcription）；以 mRNA 为模板合成蛋白质的过程为翻译（translation）。

1. 转录　RNA 是由 4 种核糖核苷酸：腺嘌呤核糖核苷酸（AMP）、鸟嘌呤核糖核苷酸（GMP）、胞嘧啶核糖核苷酸（CMP）和尿嘧啶核糖核苷酸（UMP）组成，通过 3′,5′-磷酸二酯键连接而成多核苷酸长链。转录是在 RNA 聚合酶的催化下，以 DNA 的一条链为模板，按照碱基互补原则，以 ATP、CTP、GTP 和 UTP 为原料合成 RNA 的过程。转录产物根据其生物学功能分为：蛋白质翻译的模板——信使 RNA（mRNA）、氨基酸转运的载体——转运 RNA(tRNA)、蛋白质翻译的场所——核糖体 RNA(rRNA)以及一些非编码 RNA。

其中,mRNA 是转录基因组 DNA 遗传信息的碱基排列顺序,它指导蛋白质合成中的氨基酸排列顺序。在 mRNA 分子中,中间的一部分序列是一个特定多肽链的序列信息,这一段核苷酸序列称为多肽链编码区或开放阅读框(open reading frame, ORF),此段核苷酸序列决定着多肽链分子的一级结构。ORF 通常从 mRNA 分子 5′端的第一个 AUG 开始,每 3 个核苷酸决定肽链上一个氨基酸,称为三联体密码(triplet code)或密码子(codon),直到终止密码子结束。在开放阅读框的 5′端上游和 3′端下游的核苷酸序列没有编码功能,称为非翻译区(untranslated region, UTR)。mRNA 是初始 hnRNA 转录本经过一系列的加工而形成的,这个加工过程一般包括剪接(splicing)、戴帽(capping)和加尾(tailing)。

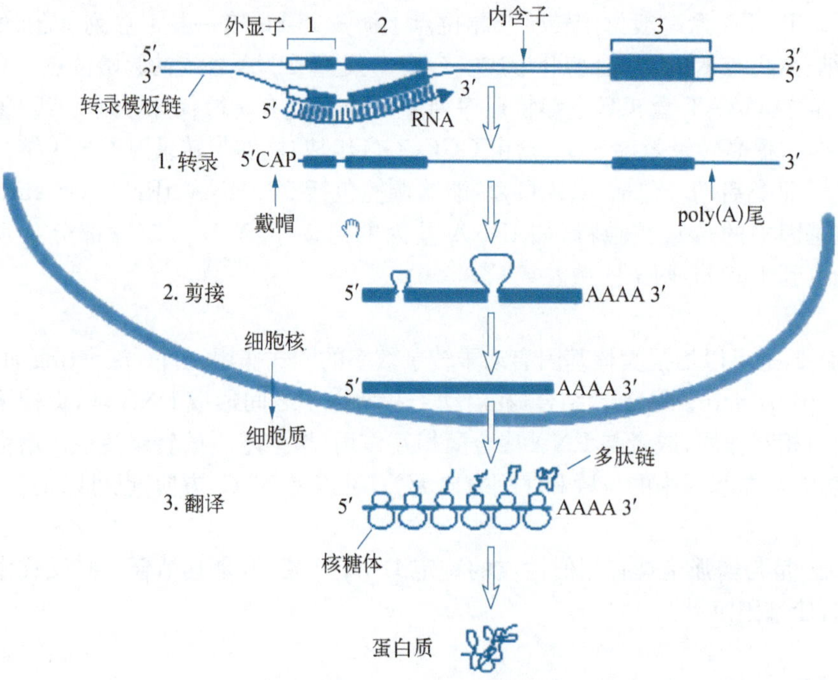

图 1-3 基因表达示意图

(1) 剪接:在剪接酶的作用下,将转录产生的包括外显子和内含子的初始 hnRNA 中的内含子切除,再将外显子序列由连接酶逐段连接起来的过程称为剪接。剪接识别保守位点"GU-AG"是 RNA 剪接酶复合体的识别信号,在 RNA 剪接过程中具有重要的作用。

(2) 戴帽:mRNA 的 5′末端以 7-甲基鸟嘌呤-三磷酸鸟苷为起始结构,这种 $m^7G_{ppp}N$ 结构被称为帽子结构(cap sequence),是在初始 hnRNA 转录本的基础上添加的。帽子结构中的鸟苷酸及相邻的 A 或 G 都可以发生甲基化,由于甲基化位置的差别可产生数种不同的帽结构。帽子结构与一类帽结合蛋白(cap binding proteins, CBPs)分子结合,对 mRNA 从细胞核向细胞质的转运、与核糖体的结合、与翻译起始因子的结合以及 mRNA 稳定性的维系等均有着重要意义。

(3) 加尾:mRNA 的 3′末端有一段由数十个至百余个腺苷酸连接形成的多腺苷酸结构,称为多聚(A)尾[poly(A) tail]。poly(A)结构是在转录完成后额外加入的。poly(A)在细胞内与 poly(A)结合蛋白[poly(A)-binding protein, PABP]相结合,与 5′端帽结构一起负责 mRNA 从核内向胞质转位、mRNA 的稳定性维系以及翻译起始和终止的调控。去除 poly(A)和帽结构是细胞内 mRNA 降解的重要步骤。

2. 翻译 翻译是以 mRNA 为模板指导多肽链合成的过程,是在 mRNA、tRNA 和核糖体协同作用下进行的。核糖体小亚基识别 mRNA5′端帽结构,沿着 mRNA 序列移动到起始密码子 AUG,识别起始密码子后,多种 tRNA 携带特定的氨基酸依据 tRNA 上的反密码子逐一识别 mRNA 上互补的密码子,核糖体的大亚基结合小亚基开始精确的合成多肽链,整个过程按进位、转肽、移位和脱落等步骤不断重复,直到终止密码子(UAA、UAG 或 UGA),使多肽链从核糖体上释放出来。

三、基因表达的调控

人类基因表达的特点是能在特定时间和特定细胞中激活特定的基因,从而实现机体有序地生长发育过程,即基因的表达具有时空性。不当的基因表达可能与疾病的发生、发展有关。因此,认识基因表达的调控机制对了解人类生命本质以及疾病发生机制都是十分重要的。真核生物的基因表达调控是通过多阶段实现的,包括转录、转录后、翻译和翻译后等。其中,转录水平的调控是基因表达的重要控制环节,也是研究最深入的。转录水平的调控因素主要包括顺式作用元件和转录因子、基因组 DNA 的表观修饰、一系列非编码 RNA 的作用等。

1. *顺式作用元件和转录因子* 前面提到真核基因启动子具有顺式作用元件和其特异性的反式作用因子——转录因子。真核细胞中的 RNA 聚合酶本身不能启动转录,必须有许多转录因子特异结合在顺式作用元件上后才激活 RNA 聚合酶,从转录起始位点开始合成 RNA。在已知的众多转录因子的结构中都有一些相似的结构域基序,这些基序是蛋白质与 DNA 特定序列结合的部位,它们分为 4 种结构:螺旋-转角-螺旋(helix-turn-helix)、锌指(zinc finger)、亮氨酸拉链(leucine zipper)和螺旋-环-螺旋(helix-loop-helix)结构。转录因子不仅与 DNA 靶序列结合,而且它们之间也相互作用,正是它们这些相互作用共同决定了人类基因表达的复杂调控过程。

2. *基因组 DNA 的表观修饰* 真核细胞 DNA 需要与组蛋白结合,形成核小体(nucleosome),然后进一步形成染色质。细胞内的染色质分为有转录活性和无转录活性两种,无转录活性的染色质呈高密度,在细胞周期的 S 期晚期复制,DNA 甲基化(methylation)程度高,与组蛋白紧密结合。有转录活性的染色质较松散,在 S 期早期复制,DNA 甲基化相对少,与组蛋白结合较弱。目前研究表明:① 基因启动子区 CpG 岛序列的胞嘧啶的甲基化可以阻碍基因的表达,造成基因的沉默。在特定条件下的 DNA 去甲基化可以启动相应基因的转录。② 组蛋白的修饰与基因表达的水平也有关,这些修饰包括乙酰化、甲基化、磷酸化、泛素化和蛋白 SUMO 化修饰等。DNA 的表观修饰与基因表达更多的内容将在第十三章表观遗传学中详细介绍。

3. *非编码 RNA 的调控* 非编码 RNA(non-coding RNA,ncRNA)泛指不翻译蛋白质的 RNA。除了前面介绍的 rRNA 和 tRNA 外,近年来其他 ncRNA 的研究日趋增多,逐渐变成研究热点。这些 ncRNA 根据 RNA 分子大小又分为:小非编码 RNA(small non-coding RNA,sncRNA)包括 miRNA、siRNA 和 piRNA 等;长非编码 RNA(long non-coding RNA, lncRNA)。它们在染色质构象的形成、转录水平调控、RNA 的加工与转运、mRNA 的稳定与翻译以及蛋白质翻译后的修饰等过程中发挥作用,具有调控基因表达的功能。

第三节 人类基因组 DNA 多态性

人类个体间在形态和机能上的差异都是由遗传决定的,它反映了个体基因组的差异,这种基因组间的个体差异称为遗传多态现象或多态性。确切地说,遗传多态性(genetic polymorphism)是指群体中存在两种或两种以上常见的变异型或等位基因,其中罕见的一种在人群中的比率不少于 1%。

人类的遗传多态现象普遍存在,除一卵双生子外,没有两个个体的基因组 DNA 是完全相同的。这些 DNA 变异是长期进化过程形成的,是一种分子水平的多态(molecular polymorphism)。

一、人类基因组 DNA 多态性的类型

人类基因组 DNA 多态性有多种类型,包括单核苷酸多态性(single nucleotide polymorphisms, SNPs)、插入/缺失多态性(insertion/deletion polymorphisms)和 DNA 片段拷贝数多态性(copy number polymorphisms,CNPs)或拷贝数变异(copy number variations,CNVs)。

1. *单核苷酸多态性* 单核苷酸多态性是指基因组特定位置的两个等位基因存在两种不同碱基排列。SNP 广泛存在于人类基因组中,平均约 300 bp 内出现 1 个,人类基因组 DNA 序列中共有 1 000 万以上的 SNP。

SNP 涉及的单个碱基的变异可由单个碱基的转换(transition)或颠换(transversion)所引起。理论上,基因组 DNA 的任何碱基均有可能发生变异,因此 SNP 既有可能在基因序列内,也有可能在基因以外。根据 SNP 在基因中的位置,可分为基因编码区 SNPs(coding-region SNPs,cSNPs)、基因周边 SNPs(perigenic SNPs,pSNPs)以及基因间 SNPs(intergenic SNPs,iSNPs)三类。因为外显子内的碱基变异率仅及周围序列的 1/5,所以 cSNP 比较少,但是,它在遗传性疾病研究中却具有重要意义。

人类基因组中,相邻近的 SNP 等位位点倾向于以一个整体遗传给后代。位于一条染色体上或某一区域的一组相关联的 SNP 等位位点被称作单体型(haplotype)。如果一个单体型有 n 个变异位点,理论上就可能有 2^n 种可能的单体型。实际上,大多数染色体区域只有少数几种常见的单体型(每个常见单体型具有至少 5%的频率),它们代表了一个群体中人与人之间的大部分多态性。一个染色体区域可以有很多 SNP 位点,但是只用少数几个标签 SNPs,就能够提供该区域内大多数的遗传多态模式。目前已经确定和分类了全世界人群的几百万个 SNP,其中约 10%的常见 SNP 被选为高密度人类基因组图谱——人类基因组单体型图(Haplotype map, HapMap,http://hapmap.ncbi.nlm.nih.gov/)的遗传标记。

2. 插入/缺失多态性　在人类基因组中,存在一类 DNA 多态性,它是由 2～100 个核苷酸插入或缺失引起的,称为插入/缺失多态性。这种 DNA 多态性有成百上千个,其中一半只存在一对等位基因,另外的为复等位基因型,即插入/缺失的 DNA 片段在特定位置串联重复,重复数目在个体间差异很大,该类型 DNA 多态性多指由微卫星 DNA 和小卫星 DNA 等重复序列形成的可变数量串联重复 VNTR。

3. 拷贝数多态性　人类基因组中还存在一些较大 DNA 节段(segment)的拷贝数是可变的,它们每个拷贝的大小从 200 bp 到 2 Mb 不等,称为拷贝数多态性。CNV 可能存在两种形式:DNA 节段存在或丢失,也可能与插入/缺失多态性一样,存在复等位基因。研究认为 CNV 是一种主要的基因组结构变异(structural variation),可能导致基因组病(genomic disorders)的产生。

二、人类基因组 DNA 多态性的医学意义

随着全面深入地了解人类基因组 DNA 的多态性,人们发现某些 DNA 多态性具有可遗传性和可识别性的特征,可以作为遗传标记(genetic marker)用于人类基因的鉴定,也可以解释个体间的表型差异、不同群体对疾病特别是复杂疾病的易感性以及对各种药物的耐受性和对环境因子的反应。

1. 连锁分析与关联分析　SNP、微卫星序列等都可以作为遗传标记。利用遗传标记,通过家系的连锁分析(linkage analysis)或比较病例组和对照组候选遗传标记位点序列差异的关联分析(association analysis),可以找到与某一人类性状或疾病连锁或关联的遗传标记,进行该性状或疾病致病基因的定位和鉴别。

2. 疾病发生分子机制的阐明　遗传病研究中已经积累了大量碱基置换或 CNV 引起基因功能或表型异常的病例。如果能系统地鉴定和记录基因的变异,那么通过病例——对照的 DNA 变异的功能分析,就有可能明确 DNA 多态性与异常表型之间的关系,从而阐明疾病发病的遗传机制。

3. 环境因子易感基因的检出　个体或群体对环境致病因子的易感性不同,这是由遗传基础差异决定的。人类基因组 DNA 多态性有助于阐明这些差异。绝大多数 SNP 本身虽不是易感性的原因,但在全基因组范围内比较易感和非易感人群之间的 SNP 图谱,则可显示易感人群基因组的结构特点,并通过关联分析或连锁不平衡分析寻找易感基因。

当然,个体或群体的易感性并不完全由其基因型决定。在环境致病因子作用下的基因表达往往起着更重要的作用。因为即使基因型一致,基因表达还会受到 DNA 甲基化、组蛋白修饰、体细胞突变、X 染色体的随机失活等影响。随着 DNA 微阵列芯片在基因表达研究中的应用,如果能够确定易感基因的关键组织或细胞,那么理论上只需有限的个体或标本就可确定环境因子对基因组表达的影响,并找出相应的易感基因。

4. 指导用药和药物设计　同一药物在不同个体产生的效果不是完全相同的。这种不同是由于药物本身在不同个体体内活化、代谢、清除方面的差异所决定的,而这种差异也是由遗传基础差异决定的。人类基因组 DNA 多态性,尤其是 SNP 能充分地反映个体间的遗传差异。通过研究个体遗传多态性与药物敏感性或耐受性的相关性,可以阐明遗传因素对药物效用的影响,从而为医生针对性的用药和药物的开发提供指导和依据(详见第十四章)。

5. 法医学应用 人类基因组 DNA 多态性作为遗传标记可以用于基因分型，从而在个人识别、亲权鉴定中发挥作用。其中，DNA 指纹（DNA finger print）就是指具有完全个体特异性的人类 DNA 多态性，通常指一些小卫星多态 STR。除一卵双生子外，人群中找不到 DNA 指纹图谱完全相同的个体，又由于其是严格按照孟德尔方式传递的，可同时考查基因组中多个位点（有时多达 20 个），子女的每条带纹必定来自父亲或母亲，因此 DNA 指纹图谱在个人识别和亲权鉴定中非常有用。

第四节 人类基因组计划

人类基因组计划（human genome project，HGP）是人类基因组学研究中的全球性重要研究项目，它由美国提出并启动，随后英国、日本、法国、德国、中国等国家相继加入，与“曼哈顿原子弹计划”“阿波罗登月计划”一起被誉为 20 世纪自然科学史上“最伟大的三个计划”。它实现了人类基因组的破译和解读，对于认识各种基因的结构和功能，了解基因表达及调控方式，理解生物进化的基础，进而阐明所有生命活动的分子基础具有十分重要的意义。

一、人类基因组计划的研究内容

人类基因组计划具体的研究内容主要包括对组成人类基因组的 32 亿个碱基对序列进行测定，并鉴定出存在于其中的基因。同时计划还完成了一些模式生物（包括大肠杆菌、酵母、果蝇、线虫、小鼠、水稻、拟南芥等）基因组的序列测定。此外，HGP 还建立了数据库存储测序结果，供所有人免费访问。计划内容还包括了基因组研究技术的开发和创新以及一些与人类基因组相关的伦理学、法学和社会议题的研究。其中，HGP 的主要任务是通过制作人类高分辨率的基因组遗传图、物理图，最终完成人类基因组全序列测定，即序列图的绘制（图 1-4）。

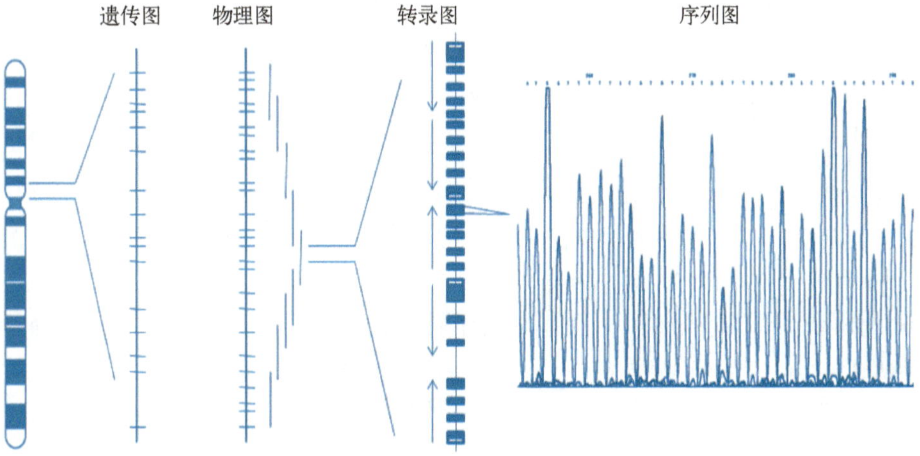

图 1-4 人类基因图谱

1. 遗传图 遗传图（genetic map）又称连锁图（linkage map），通过计算连锁的遗传标记之间的重组频率，确定它们的相对遗传距离，即以具有遗传多态性的遗传标记作为“位标”，遗传距离作为“图距”的基因图谱。

2. 物理图 物理图（physical map）是通过测定遗传标志的排列顺序与位置而绘制成的，即以一段已知核苷酸序列片段为“位标”，以 DNA 实际长度（Mb 或 kb）为“图距”的基因图谱。HGP 在整个基因组染色体每隔一定距离标上序列标签位点（sequence tagged site，STS）之后，随机将每条染色体酶切为大小不等的 DNA 片段，以酵母人工染色体（yeast artificial chromosome，YAC）或细菌人工染色体（bacterial artificial chromosome，BAC）等作为载体构建 YAC 或 BAC 邻接克隆系，确定相邻 STS 间的物理联系，绘制以 Mb、

kb、bp 为图距的人类全基因组物理图谱。

3. *转录图* 转录图(transcriptional map)又称 cDNA 图或表达图(expression map),是一种以表达序列标签(expressed sequence tags,EST)为位标绘制的分子遗传图谱。通过从 cDNA 文库中随机挑取的克隆进行测序所获得的部分 cDNA 的 5′或 3′端序列称为表达序列标签。将 mRNA 反转录合成的 cDNA 或 EST 的部分 cDNA 片段作为探针与基因组 DNA 进行分子杂交,标记转录基因,绘制出可表达基因的转录图,最终绘制出人体所有组织、所有细胞以及所有发育阶段的全基因组转录图谱。EST 不仅为基因组遗传图谱的构建提供了大量的分子标记,而且来自不同组织和器官的 EST 也为基因的功能研究提供了有价值的信息。此外,EST 还有助于基因的鉴定,通过分析基因组序列能够获得基因组结构的完整信息,如基因在染色体上的排列顺序、基因间的间隔区结构、启动子的结构以及内含子的分布等。

4. *序列图* 序列图(sequence map)即人类基因组核苷酸序列图,是分子水平上最高层次、最详尽的物理图。其绘制方法是在遗传图谱和物理图谱基础上,精细分析各克隆的物理图谱,将其切割成易于操作的小片段,构建 YAC 或 BAC 文库,得到 DNA 测序模板,测序得到各片段的碱基序列,再根据重叠的核苷酸顺序将已测定序列依次排列,获得人类全基因组的序列图谱。

二、功能基因组学

人类基因组计划于 1990 年启动,2003 年 4 月,在 DNA 双螺旋结构发表 50 周年之际,宣布基本完成。2004 年 10 月,国际人类基因组测序联盟在 *Nature* 杂志上公布了人类基因组的完成图,认为人类只有 2 万~2.5 万个基因。

人类基因组完成图的公布使我们对基因组的结构特征有了一个相对全面的认识,但是我们对基因组的功能仍然知之甚少。于是,又启动了一个大型的国际合作计划——“DNA 元件百科全书”计划(Encyclopedia of DNA Elements,简称 ENCODE),该计划的目标是鉴定人类基因组序列中所有的功能元件,为人类基因组做进一步的注释。2007 年 6 月,ENCODE 研究详尽地描述 1%人类基因组的全部生理功能基础,随后又揭示了人类基因组不是由孤立的基因和大量“垃圾 DNA 片段”组成的,而是一个复杂的网络系统,包括单个基因、调控元件以及与编码蛋白无关的其他类型的 DNA 序列一道,以交叠的方式相互作用,共同控制着人类的生理活动。

三、人类基因组计划与医学

人类基因组计划的直接动因是要解决包括肿瘤在内的人类疾病的遗传学问题,因此,人类基因组计划大大促进了疾病相关基因的鉴定,以及基因诊断和靶向治疗的发展。

1. *疾病相关基因的鉴定* 在人类基因组计划的遗传与物理作图技术的推动下,基因鉴定与克隆技术已经从传统的“表型→蛋白质→基因”功能克隆(functional cloning)方式转向“反求遗传学(reverse genetics)”或“定位克隆方式(positional cloning)”。人类基因组序列图的完成,大量的人类基因被精确地定位在染色体的各个区域。目前,一旦某个疾病位点被定位,即可从局部的序列中筛选出结构、功能相关的候选基因进行分析,即“定位候选克隆(positional candidate cloning)”的策略。迄今,通过定位克隆和定位候选克隆方式,发现了一大批单基因遗传病的相关基因。

随着人类基因组计划的完成或人类基因组 DNA 多态性研究的进展,对诸如心血管疾病、糖尿病和精神类疾病等多基因复杂性疾病的相关基因研究可以进行全基因组的扫描分析,使得疾病易感基因的识别变得更加容易。

2. *疾病的基因诊断* 人类基因组计划的实施不仅促进疾病相关基因的序列和表达模式确定,而且众多研究技术和数据库的建立,极大地促进了遗传病的诊断技术。迅速增加的基因诊断方法使得许多单基因疾病得以精确诊断。至于多基因疾病,虽然它们的遗传因素来自多个基因的共同作用,难以通过单个基因进行诊断,但是,随着测序技术的发展,基因诊断已经应用于一系列肿瘤的临床分型中。

3. *疾病的基因靶向治疗* 以疾病相关基因或其蛋白表达产物作为药物靶点,是新药开发的有效手段。人类基因组计划及功能基因组学研究大大扩展了药物靶点的范围。同时,疾病发生的分子机制阐明也为药物的更好疗效提供了理论基础。基因微阵列技术用于确定新药的特异性和作用机制，可以更为精确地评价药物在分子水平的作用。

另外，疾病相关基因的鉴定与克隆也为基因治疗提供了更多的靶基因。随着功能基因与疾病相关基因的进一步阐明，个体化基因治疗将成为临床医学的重要组成部分。

小　结

基因是细胞内遗传信息的结构和功能单位。人类基因组是人所有遗传信息的总和，包括核基因组和线粒体基因组。核基因组约32亿碱基对，编码结构基因2万～2.5万个，含有单一序列、大量的高度和中度重复序列及一些基因家族和假基因。

人类蛋白质编码基因通常包含外显子和内含子序列，以及表达这些结构基因所需要的启动子、增强子等调控区序列。人类基因通过自我复制将遗传信息稳定、忠实地传递给子代，并通过表达过程将所携带的遗传信息表现出来，生产各种RNA和蛋白质，行使生物学功能，以维持机体的正常生长和发育。

人类基因组DNA具有多态性，包括单个碱基变异形成的单核苷酸多态性、碱基插入或缺失引起的插入/缺失多态性和DNA片段拷贝数多态性。DNA多态性具有可遗传性和可识别性，可作为遗传标记用于人类基因的鉴别和定位，也可以解释不同群体对疾病特别是复杂疾病的易感性以及对各种药物的耐受性和对环境因子的反应。

人类基因组计划完成了基因组作图及序列分析，进行了一系列基因的鉴定、基因组研究技术的建立与创新。为人类疾病相关基因的识别、基因诊断和基因靶向治疗提供了理论基础和新的思路。

（刘运强）

【复习思考题】

1. 简述人类基因的结构特征及功能。
2. 简述人类基因组的组成及其功能。
3. 人类基因组DNA多态性的类型及其医学意义是什么？
4. 说明人类基因组计划的主要研究内容及其在医学研究中的意义。

第二章

基因突变

突变(mutation)是指生物体在一定的内、外环境因素的作用和影响之下,其遗传物质发生的任何可检测的,且能遗传的改变,通常不包括遗传重组。它是生物界普遍存在的遗传学现象之一。广义的突变,既包括在细胞水平上的染色体数目异常和结构畸变,也包括发生在分子水平上的DNA碱基对的组成和序列改变,前者称为染色体畸变(chromosomal aberration),而后者称为基因突变(gene mutation)。狭义的突变即指基因突变。

基因突变既可发生在生殖细胞,也可发生在体细胞中。发生在生殖细胞中的基因突变,可以通过有性生殖而传递给后代;发生在体细胞中的基因突变,即体细胞突变(somatic mutation),虽然不能传递给后代个体,但是却可以通过突变细胞的分裂增殖,在所产生的子细胞中传递,形成突变的细胞克隆(cellular clone)。体细胞突变形成的克隆可构成细胞癌变的基础。

第一节　基因突变的类型

常见的基因突变是单个碱基的置换、缺失或插入,也可出现多个碱基的变化,如大小不同片段的缺失、插入、重排或重组等。

一、碱基置换

碱基置换(base substitution)是指DNA分子多核苷酸链中的某一碱基被另一个碱基所替代,又称点突变(point mutation)。碱基置换包括转换(transition)和颠换(transversion)两种方式。同类碱基之间的置换为转换,即一种嘌呤被另外一种嘌呤所取代,或一种嘧啶被另一种嘧啶碱基所取代;不同类碱基之间的置换为颠换,即嘌呤被嘧啶所取代,或嘧啶被嘌呤所取代(图2-1)。

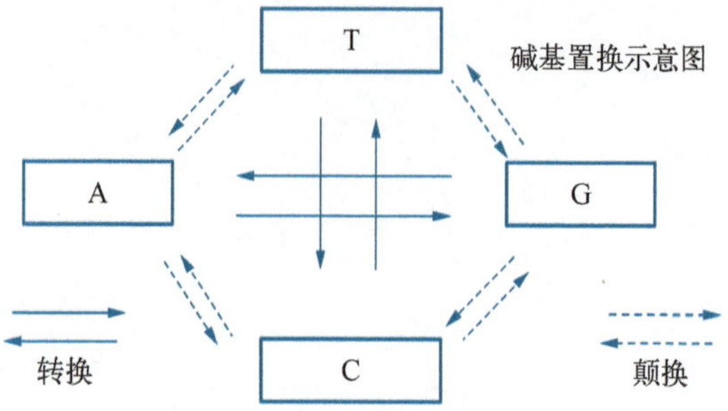

图2-1　碱基的转换与颠换

碱基置换后可引起以下几种不同的遗传学效应。

1. 同义突变(synonymous mutation)　由于存在遗传密码子的兼并性,碱基置换发生后,虽然改变了原有三联体遗传密码子的碱基组成,但新、旧密码子编码同一氨基酸,具有完全相同的编码意义(图2-2)。同义突变虽不改变蛋白质的氨基酸顺序,但是在一定的条件下也会对个体表型产生影响,例如,突变破坏了一个内在的调控元件,可影响了基因的表达水平;突变恰好产生或者删除了一个隐秘的剪切位点,影响了功能转录本的产生。因此这种突变也可能具有生物学意义。

2. 错义突变(missense mutation)　DNA分子中单个碱基置换后,编码某种氨基酸的密码子变成了编码另一种氨基酸的密码子,从而在翻译后使多肽链的氨基酸种类和序列发生改变(图2-3)。错义突变通常能使多肽链原有功能发生异常或导致原有功能的丧失,人类的许多分子病和代谢病就是由此而造成的。

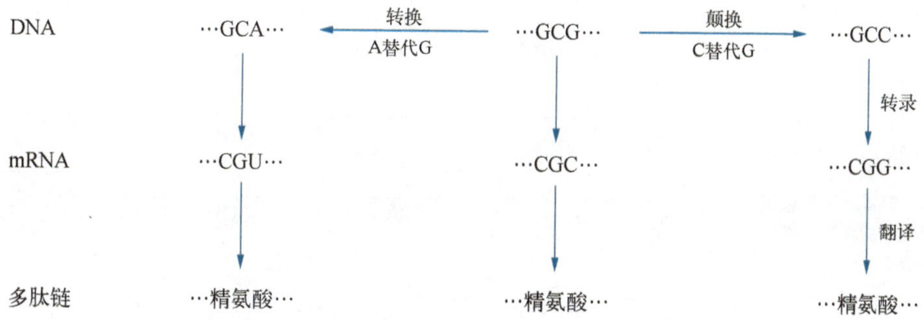

图 2-2　同义突变

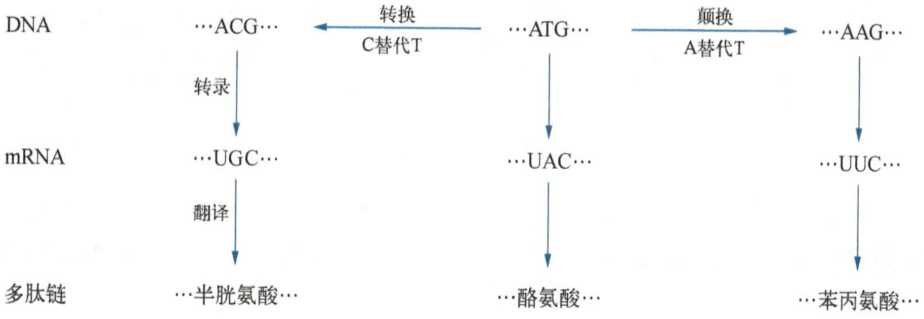

图 2-3　错义突变

3. *无义突变*(nonsense mutation)　DNA 分子中单个碱基置换后，编码某一种氨基酸的遗传密码子变成为不编码任何氨基酸的终止密码(UAA、UAG 或 UGA)，从而引起多肽链合成提前终止(图 2-4)。这种突变可造成蛋白质功能异常或丧失。

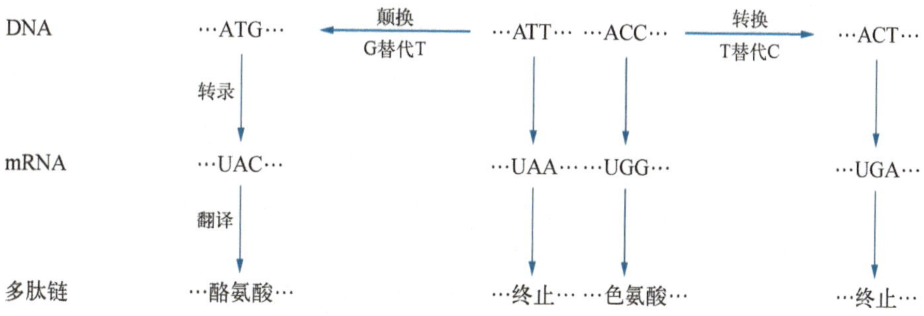

图 2-4　无义突变

4. *终止密码突变*(terminatorcodon mutation)　DNA 分子中某一终止密码子发生单个碱基置换后，变成具有氨基酸编码功能的遗传密码子，导致多肽链的合成非正常地继续进行(图 2-5)。这样形成的多肽链比正常的多肽链分子长，其结果也可能形成功能异常的蛋白质。

	精	(终止)					
正常	CGU	UAA	GCU	GGA	……	GAA	UAA
终止密码突变	CGU	CAA	GCU	GGA	……	GAA	UAA
	精	谷胺	丙	甘	……	谷	(终止)

图 2-5　终止密码突变

5. *剪切位点突变*(splice site mutation)　在任意外显子和内含子连接位置，发生碱基的置换，导致转录后加工异常，不能形成正确的 mRNA，从而使多肽链的合成发生障碍。

二、移码突变和整码突变

1. *移码突变*(frame-shift mutation)　是指基因组 DNA 多核苷酸链中插入或缺失一个或多个碱基对，导致插入或缺失点下游的DNA读码序列发生移动(图2-6),从而改变密码子的编码意义。移码突变的遗传学效应是导致其所编码的多肽链的氨基酸在组成种类和顺序上的改变。

① 正常	苏	赖	丝	脯	丝	缬	脯	亮	
	—ACG	AAA	AGU	CCA	UCA	GUU	CCU	CUU	
② 插入一个碱基	门冬	谷	赖	丝	异	丝	丝	丝	
	—AAC ↑	GAA	AAG	UCC	AUC	AGU	UCC	UCU	U—
③ 插入三个碱基	苏	门冬	脯	丝	脯	丝	缬	脯	亮
	—ACG	AAC	CCA ↑	AGU	CCA	UCA	GUU	CCU	CUU—
④ 缺失一个碱基	精	赖	缬	组	谷	苯	亮		
	—A↓GA	AAA	GUC	CAU	CAG	UUC	CUC	UU	
⑤ 缺失三个碱基	苏	赖	苏	丝	缬	脯	亮		
	—ACG	AAA	A↓CA GUC	UCA	GUU	CCU	CUU		

图2-6 移码突变

2. 整码突变(codon mutation) 是在基因组DNA多核苷酸链的密码子之间插入或缺失三或三的倍数个碱基,即以三联体密码的方式增加或减少,不造成读码框的改变,结果导致多肽链中增加或减少一个或几个氨基酸(图2-7)。

① 正常	苏	赖	丝	脯	丝	缬	脯	亮	
	—ACG	AAA	AGU	CCA	UCA	GUU	CCU	CUU	
② 第2与第3密码子间插入UUU	苏	赖	苯	丝	脯	丝	缬	脯	亮
	—ACG	AAA	UUU	AGU	CCA	UCA	GUU	CCU	CUU
③ 第四个密码子CCA缺失	苏	赖	丝	丝	缬	脯	亮		
	—ACG	AAA	AGU	UCA	GUU	CCU	CUU		

图2-7 整码突变

三、片段突变

片段突变(fragment mutation)是指在基因组DNA分子中某些小的序列片段发生的改变,包括缺失、重复或重排等。在减数分裂中,同源染色体的错误配对和不等交换是造成缺失、重复和重组的主要原因,而DNA断裂后断片的倒位重接则是重排的分子基础。

1. 缺失(deletion) 是基因组DNA分子中某段核苷酸序列的丢失。若缺失的碱基对位于基因开放阅读框内,则缺失部位下游的密码子要重新组合,将导致移码突变;若造成多个密码子缺失则导致其编码的多肽链若干个氨基酸的缺少。

2. 重复(duplication) 是在基因组DNA分子中增加了某一段同源的核苷酸序列。结果导致编码的多肽链中增加了若干个重复的氨基酸序列,这种增加也可能打乱基因组的读码框,造成移码突变。

3. 重排(rearrangement) 当基因组DNA分子中发生两处或者两处以上的断裂,所形成的核苷酸片段两端颠倒重接,或者不同的断裂片段改变原来的结构顺序重新连接,从而形成重排。基因编码序列发生重排,会引起多肽链中某些氨基酸的排列顺序发生改变,进而影响蛋白质的功能。

4. 重组(recombination) 是指在基因组DNA分子中两种不同基因的核苷酸片段相互拼接或融合,又称为融合突变(fusion mutation)。发生重组后的核苷酸片段称为融合基因,它可编码融合多肽或蛋白质,融合蛋白可能表现非正常的生物学功能。

四、动态突变

动态突变(dynamic mutation)是指在基因组DNA分子中,短串联重复序列(short tandem repeat, STR),尤其是三核苷酸重复序列的重复次数可随着世代传递而逐代递增,这种增加达到一定程度后会产生突变效应，从而引起某些疾病。

动态突变是一种导致某些人类遗传病新的基因突变机制，由动态突变所引起的疾病统称为三核苷酸重复扩增病(trinucleotide repeat expansion diseases，TREDs)。例如，脆性 X 染色体(fragile X chromosome，Fra X)综合征患者的致病基因 *FMR-1*(fragile X mental retardation 1)的 5′上游序列中，$(CGG)_n$ 重复序列的拷贝数达到 200～4 000，而正常人的 $(CGG)_n$ 拷贝数仅为 6～54 个。表 2-1 列出了部分 TREDs 及其相关的遗传学特征。

表 2-1　部分已知 TREDs 的临床及其遗传学特征

疾　病	基因定位	所在位置	重复单位	正常值	异常值	异常蛋白
脆性 X 染色体	Xq27.3	5′端非翻译区	CGG	6～54	200～4 000	FMRP
亨廷顿病	4p16.3	编码区	CAG	9～35	36～121	huntingtin
脊髓延髓肌萎缩	Xq11～q12	编码区	CAG	11～33	36～66	雄激素受体
脊髓小脑共济失调(SCA)1 型	6p22～p23	编码区	CAG	6～39	40～81	ataxin-1
脊髓小脑共济失调(SCA)2 型	12q24.1	编码区	CAG	15～29	35～59	ataxin-2
马查多-约瑟夫病(Machado-Joseph disease)	14q24.3～q31	编码区	CAG	16～36	68～82	ataxin-3
齿状核-红核-苍白球-丘脑下部萎缩(dentatorubral-pallidoluysian atrophy，DRPLA)	12pter～p12	编码区	CAG	3～28	49～75	atrophin
强直性肌营养不良	19q13.3	3′端非翻译区	CTG	5～35	50～4 000	DMPK
弗里德赖希共济失调(Friedreich ataxia)	9q13～q21.1	内含子	GAA	7～22	200～1 186	frataxin

第二节　基因突变的诱发因素及作用机制

根据突变发生的原因不同，基因突变可分为自发突变(spontaneous mutation)和诱发突变(induced mutation)。自发突变是指在自然条件下发生的突变。而诱发突变则是指在人为干涉的情况下导致的基因突变。

凡是能够诱发基因突变的各种内外环境因素均被称为诱变剂。诱变剂的种类复杂而多样，就其性质和对 DNA 的作用方式而言，可分为物理、化学或生物因素等几种类型。

一、物理因素

1. 紫外线(ultraviolet ray)　紫外线作用于细胞内的 DNA，导致其结构发生改变，主要表现为 DNA 序列中相邻的嘧啶类碱基结合形成嘧啶二聚体，如胸腺嘧啶二聚体(TT)。嘧啶二聚体的形成使 DNA 局部结构变形，从而影响 DNA 的复制和转录，引起新合成的 DNA 或 RNA 链的碱基改变。

2. 核辐射(nuclear radiation)　各种放射性物质(如 α、β、γ 射线)以波或微粒形式发射出的波长或粒子流带有很高的能量，当其作用于细胞的染色体或 DNA 分子多核苷酸链时，引起染色体或 DNA 的断裂性损伤，断裂后的染色体或 DNA 序列片段发生重排。

二、化学因素

1. 亚硝酸盐　亚硝酸可使碱基发生氧化脱氨作用，从而造成原有碱基分子结构及化学性质的改变。例如，它能使腺嘌呤(A)被氧化脱氨后衍生为次黄嘌呤(H)；H 将不能与胸腺嘧啶(T)正常配对，转而形成了与胞嘧啶(C)的互补结合。经过 DNA 复制之后，即由原来正常的 T-A 碱基对变成了突变的 C-G 碱基对(图 2-8)。

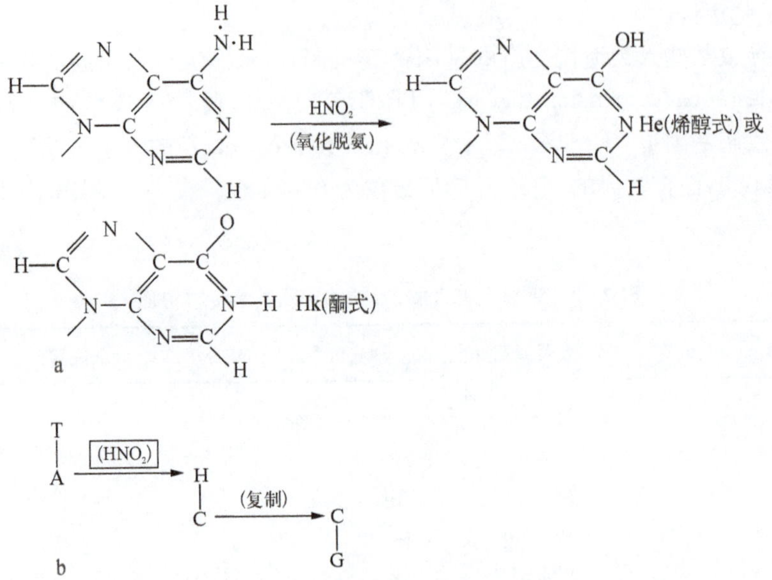

图 2-8　a. 亚硝酸使腺嘌呤(A)氧化脱氨形成次黄嘌呤(H)
b. 亚硝酸类物质引起 DNA 碱基对的改变

亚硝酸也可使胞嘧啶(C)变成尿嘧啶(U),从而发生转换;同时,它也可使鸟嘌呤(G)变成黄嘌呤(X),但这时不能引起转换。

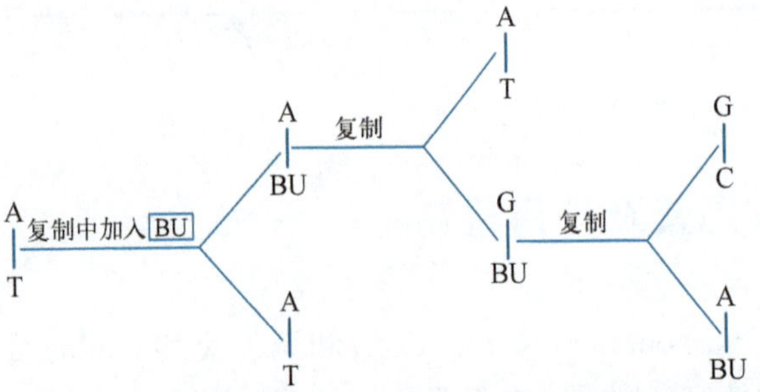

图 2-9　碱基类似物 5-BU 引起的 DNA 碱基对改变

2. *碱基类似物*　一些碱基类似物可以掺入 DNA 分子中从而取代某些正常碱基,引起突变的发生。如5-溴尿嘧啶(5-BU)的化学结构与 T 极为相似,它一般与 A 互补配对(酮式状态),但它也可与 G 互补配对(烯醇式状态)。一旦其由酮式转换为烯醇式,便取代 T 形成了与 G 的配对。因此,经过 DNA 的二次复制,就会使原来的 A-T 碱基对变成突变的 G-C 碱基对(图 2-9)。

3. *芳香族化合物*　吖啶类化合物诱导基因突变的机制至今仍然不是十分清楚。有人认为,由于它们是一种平面型三环分子,其结构与一个嘌呤-嘧啶对十分相似,故能嵌入两个相邻 DNA 碱基对之间,造成双螺旋的部分解开,形成插入或丢失,结果导致插入或丢失点之后的整个编码序列的改变。

4. *烷化剂*　甲醛、氯乙烯、氮芥等均具有高度的诱变活性。这一类物质能够将烷基基团引入多核苷酸链上的任一位置,从而造成被烷基化的碱基发生错误配对,从而导致突变的发生。如烷化鸟嘌呤(G)可与 T 配对,形成 G-C→A-T 的转换(图 2-10)。

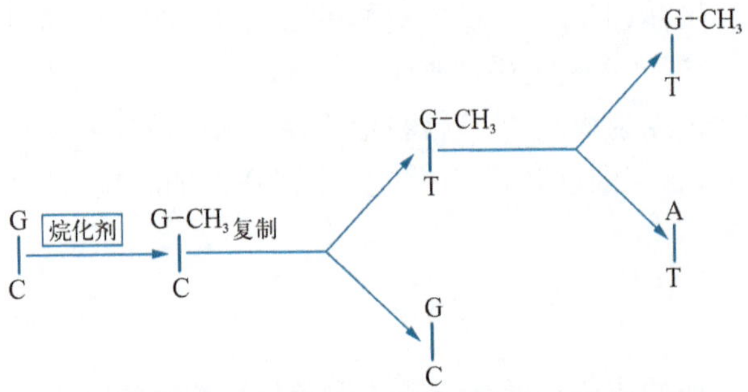

图 2-10　烷化剂引起的 DNA 碱基对的改变

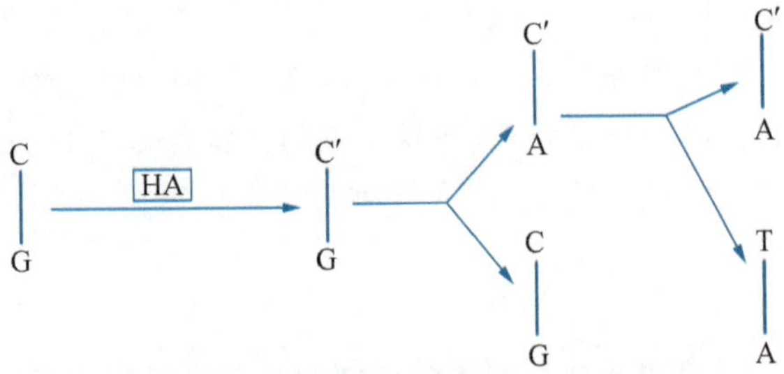

图 2-11　羟胺引起的 DNA 碱基对改变

5. *羟胺类化合物*　羟胺(hydroxylamine,HA)是一种还原性化合物。它作用于遗传物质 DNA,只引起 DNA 分子中胞嘧啶(C)C_6位置上的氨基羟化,变成类似于胸腺嘧啶(T)的结合特性。因此,它不能与其互补碱基鸟嘌呤(G)正常配对,转而与腺嘌呤(A)配对结合。经两次复制后,原本的C-G碱基对即变换成突变的T-A碱基对(图2-11)。

三、生物因素

1. *病毒*　多种DNA病毒,如流感病毒、麻疹病毒和风疹等,是常见的生物诱变因素。这些病毒诱发基因突变的确切机制目前尚不十分清楚。有人认为,DNA病毒是通过整合到宿主细胞的DNA中引起基因突变。除此之外,另一类RNA病毒也具有诱发基因突变的作用,RNA病毒可能通过反转录酶的作用,以病毒RNA为模板,逆向合成cDNA,其cDNA再整合到宿主细胞DNA中,引起基因突变或细胞癌变。

2. *细菌与真菌*　细菌和真菌所产生的毒素或代谢产物往往具有很强的诱变作用。如生活中常见的花生、玉米等作物中的黄曲霉菌所产生的黄曲霉素,就具有致突变作用,并被认为是肝癌发生的重要诱发因素之一。

第三节　基因突变的特性及生物学效应

一、基因突变的一般特性

1. *多向性*　基因突变的多向性是指一个基因座位(locus)可以向多个不同的方向发生突变,形成新的、不同的等位基因(allele)。复等位基因(multiple alleles)就是基因多向突变形成的,例如,决定人类ABO血型系统抗原合成的ABO血型基因,包含I^A、I^B和i三种复等位基因则是多向突变形成。

2. *重复性*　基因突变的重复性是指已经发生突变的基因,在一定的条件下,还可能再次独立地发生突变而形成另外一种新的等位基因形式。例如:某一基因座上的基因a可突变为其等位基因A;基因A有可能独立地发生突变形成其新的等位基因A_1;同理,A_1也可能发生突变形成A_2;A_2还可能突变为A_3……从某种角度而言,突变重复性的群体遗传学效应与突变多向性的结果相似,但突变的形式却有不同。

3. *可逆性*　突变的可逆性是指基因突变的方向是可逆的,既可以由显性基因突变为隐性基因,也可以由隐性基因突变为显性基因,前者称为正向突变(forward mutation),后者称为回复突变(reverse mutation)。通常用u表示正突变频率、v表示回复突变率。一般情况下,正向突变率总是远远高于回复突变率。

4. *随机性*　基因突变是生物界普遍存在的遗传学事件之一。对于任何一种生物,任何一个个体,任何一个细胞乃至任何一个基因而言,突变的发生都是随机的。只是不同的物种、不同的个体、不同的细胞或者基因,其各自发生基因突变的频率可能并不完全相同而已。

5. *稀有性*　尽管基因突变是生物界普遍存在的一种遗传学事件,但也是一种非频发的稀有事件。在自然状况下,生物在世代遗传过程中,其遗传物质DNA需要保持其稳定性,各种生物的突变率都是很低的。基因的突变率(mutation rate),代表了一个基因的一种等位形式在某一世代突变成其另外等位形式的概率。据测算,一般高等生物基因的突变率为:$10^{-8}\sim10^{-5}$/生殖细胞/位点/代;人类基因的突变率也仅仅为:$10^{-6}\sim10^{-4}$/生殖细胞/位点/代。

6. *有害性和有利性*　生物遗传性状的形成,通常情况下是在长期的进化过程中,生物体与其赖以生存的自然环境相互适应的结果,是自然选择的产物。而基因突变却打破了生物体的这种平衡协调性,从而造成对生物体的有害效应,这也是绝大多数人类遗传病发生的根本原因。

但是,基因突变对生物体的有害效应往往只是相对的,有条件的;并非所有的基因突变都会对生物的生存及其种群繁衍带来不利或者有害的影响。在一定的条件下,基因突变也存在对生物体有利的一面。例如,在农业生产中,利用基因突变培养出优良、高产的植物品种,提高农作物的抗旱、抗寒、抗病性及其抗病虫害的能力;在微生物育种中,利用射线作用于青霉菌诱发基因突变,可培育出高产青霉素的优良菌株。

二、基因突变的生物学效应

从进化的角度看，一些基因突变为中性突变(neutral mutation)，一般不对个体的达尔文适合度产生影响，而是生物多样性的源泉。同时，一些基因突变可对蛋白质的功能产生不同的影响，主要包括功能丢失(loss of function)、功能获得(gain of function)、新功能产生(novel property mutation)以及异时或异位表达(heterochronic or ectopic gene expression)等(图 2-12)。

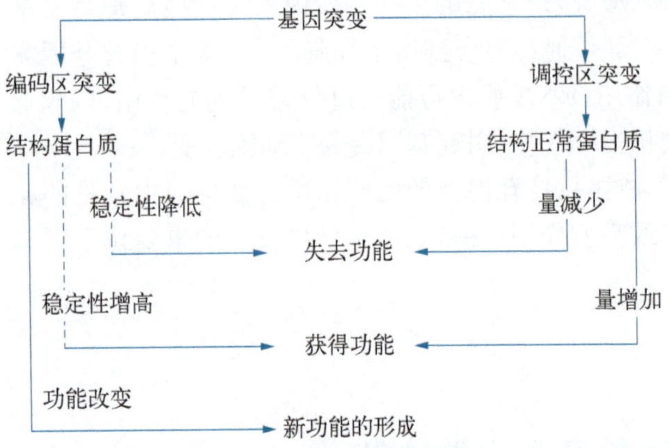

图 2-12 基因突变影响蛋白质功能的效应

1. *功能丢失* 无论是编码区突变，还是调控区突变，一些突变往往导致蛋白质失去正常功能或表达水平，这称为功能丢失的突变。例如一些基因突变引起所编码的酶蛋白三维空间结构的不同程度改变，从而导致：① 酶完全失去活性；② 酶虽具有一定程度的活性，但稳定性降低，容易被迅速裂解而失去活性；③ 酶与底物的亲和力降低；④ 复合酶的酶蛋白分子与辅助因子的亲和力下降。

2. *功能获得* 在某些情况下，基因突变也有可能因增强了突变蛋白的活性而改变机体的生化表型，这称为功能获得的突变。造成突变蛋白活性增加的主要原因之一是蛋白质结构的改变使蛋白质活性增强；另外是调控区域突变使该蛋白质合成数量增加。这些蛋白功能的加强同样可以导致疾病的发生，例如抑癌基因 TP53 的一些功能获得性突变往往参与肿瘤的发生。

3. *新功能产生* 一些基因突变可使所编码蛋白质产生新的特性，并导致疾病的发生，这称为新功能产生的突变。例如镰状细胞贫血，其中 β 珠蛋白基因突变形成了异常的血红蛋白 HbS，它具有相对正常的运氧能力，但因为在缺氧的情况下产生相互聚集的新功能，使红细胞变形能力下降，从而易受损造成溶血性贫血。

4. *异时或异位表达* 异时表达是指基因突变导致基因在错误的时间表达，异位表达是指基因突变导致基因在错误的地点表达，这些突变常发生在肿瘤患者体内。当正常细胞中不表达或低表达的癌基因发生了突变导致其异常表达，从而形成肿瘤。

第四节 DNA 损伤的修复

在漫长自然演化历史进程中，生物体为其生存的需要，与其生存环境不断地建立和形成了一种完善的安全保障体系。该机制在生物体的世代延续中能自动地对其遗传物质所受到的损伤进行自我保护与修复。损伤后如果按原样修复，不会引起变异，偶然出现差错，则会引起变异。从某种意义上讲，突变就是损伤和修复相互作用的结果。常见的 DNA 损伤修复机制包括以下几种。

一、直接修复

光复活修复(photoreactivation repair)是 DNA 损伤直接修复的一个例子，在波长为 300～600 nm 的可见光照射下，由激活的光复活酶特异性地识别、结合嘧啶二聚体，形成酶- DNA 复合体。然后利用可见光所提供的能量，打开嘧啶二聚体，完成修复；光复合酶亦随之从 DNA 上解离、释放(图 2-13)。

二、切除修复

切除修复(excision repair)是指在 DNA 复制之前，对受紫外线照射后所形成的嘧啶二聚体进行的修复。相对于光修复而言，其修复过程无须光能的作用，因此也称为暗修复(dark repair)。该修复过程由细胞内的

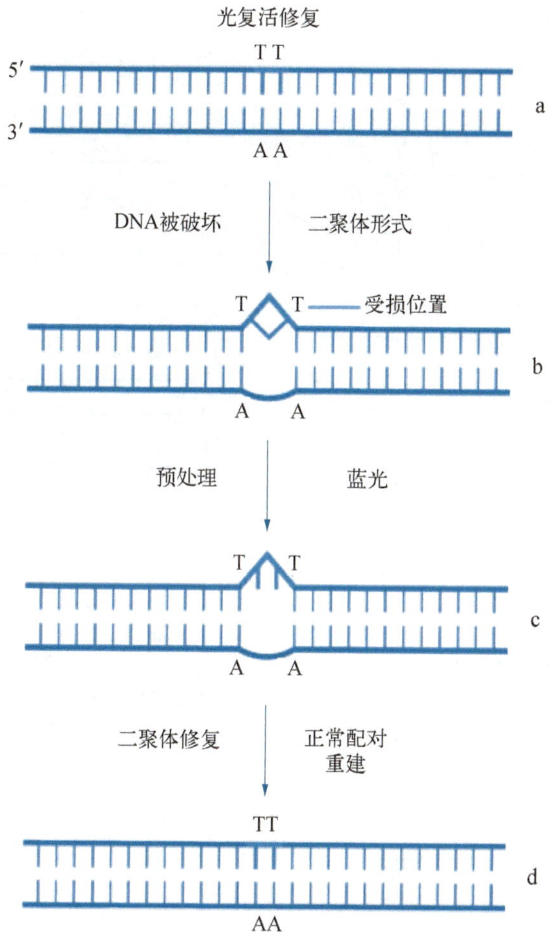

图 2-13 光复活修复过程的示意图

a. 显示完整的 DNA 序列区段；b. 显示受损伤后形成 TT，DNA 空间构型改变；c. 光复合酶特异性识别、结合损伤部位，形成酶-DNA 复合体；d. 复合体吸收可见光能量，二聚体解聚；酶释放，修复完成，DNA 恢复正常构型

解旋酶、核酸内切酶、DNA 聚合酶和连接酶等协同参与完成。首先是由解旋酶打开 DNA 双链，然后核酸内切酶在嘧啶二聚体近旁 3′端一侧特定部位，切断该 DNA 单链，在链内形成一个缺口。随后以其互补的正常链为模板，在 DNA 聚合酶的作用下，合成一段相应的单链碱基序列片段；再由 DNA 连接酶在切口处将新合成的片段连接起来。最后，由特异性核酸外切酶在嘧啶二聚体 5′端一侧特定部位切割，去除含有异常嘧啶二聚体的一段单链碱基序列片段；与此同时，DNA 连接酶催化新合成片段在缺口处与被修复链的连接，完成对损伤 DNA 的修复(图 2-14)。

三、重组修复

重组修复(recombination repair)是指发生在 DNA 复制过程之中和复制完成之后的一种不完全的修复形式。因为通过这种修复，只能使新合成的两个 DNA 分子中，其中一个具有完全正常的结构，原来的损伤则依然保留于另一个 DNA 分子而并不能被修复、消除。重组修复的大致过程和机制是：当 DNA 复制进行到损伤部位时，复制中的 DNA 子链在此留下缺口。在 DNA 损伤处诱导形成重组蛋白酶。该酶使带有缺口的子链与另一个 DNA 分子中极性相同的、完整的母链发生片段的交换和重组，使缺口转移到该母链上；母链上的缺口再由 DNA 聚合酶催化合成互补片段，然后在 DNA 连接酶的作用下连接起来，从而使复制后 DNA 结构恢复正常(图 2-15)。

虽然此种修复不能使 DNA 损伤得以根本消除，但经过若干次复制之后，却可以逐渐地降低受损 DNA 在生物体中的比例，从而起到一种“稀释”突变的积极作用。

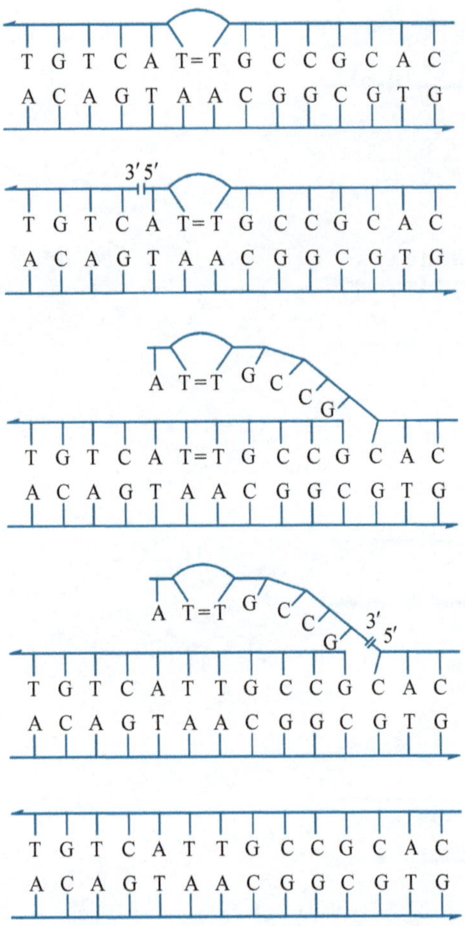

图 2-14 DNA 切除修复机制示意图

a. 显示损伤后含有嘧啶二聚体的DNA片段;b. 核酸内切酶在嘧啶二聚体3′端一侧特定部位切割;c. 在DNA聚合酶催化下,以互补的正常链为模板,合成一段相应的单链碱基序列片段;d. 核酸外切酶在损伤部位5端′特异性切割,去除含有嘧啶二聚体的损伤片段,并形成缺口;e. DNA连接酶连接新合成片段,封闭缺口,损伤修复

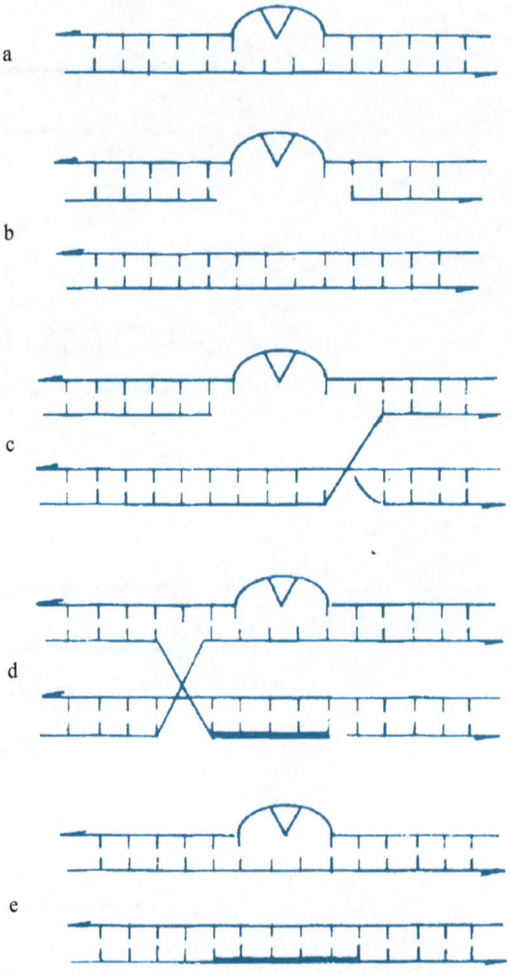

图 2-15 DNA 重组修复机制示意图

a. 带有损伤的DNA分子片段;b. DNA复制越过损伤部位,在新合成互补子链的对应部位留下缺口;与之同时,另外一个DNA分子得以完整的复制、合成;c. 由核酸内切酶在完整的DNA分子同源链切割,形成一个与缺口互补的游离单链片段;d. 损伤DNA分子新子链上留有的缺口,经过交换、重组后得以弥补;其缺口则被交换、转移到另一个DNA分子的母链上;e. 在DNA聚合酶和连接酶的先后作用下,缺口修复

DNA的损伤修复是生物体正常机能的保障,如果修复机制发生缺陷,就会引起机体功能障碍,甚至引起疾病。例如,人的着色性干皮病(xeroderma pigmentosum,XP)是典型的DNA损伤修复酶缺陷导致的疾病,已有研究表明着色性干皮病患者的DNA损伤切除修复缺陷与八个基因相关,其中任何一个基因缺陷都会造成核酸内切酶的功能失活。

小 结

基因突变是指构成基因组的DNA分子中碱基对的组成或排列顺序的改变。基因突变的类型包括碱基置换、移码突变、整码突变和片段突变,而动态突变是一种诱导形成某些人类遗传病的、新的基因突变机制。诱发基因突变的因素有物理、化学和生物因素。基因突变的一般特性包括多向性、重复性、可逆性、随机性、稀有性、有害性和有利性等。基因突变不仅可导致基因编码区的功能异常,同样可导致基因调控区的功能异常,进而影响遗传信息的功能表达,从而引起生物体性状的改变。

生物体为满足其生存的需要,在漫长的自然进化进程中与其生存环境不断地建立和形成了完善的安全保障体系。在一定的条件下，生物体可以将外界环境对机体遗传物质DNA分子形成的损伤予以修复，从而降低基因突变对机体的损伤效应。但是，一旦生物体的修复机制发生缺陷，就会引起机体功能障碍，甚至引起疾病。

（陶宏凯）

【复习思考题】

1. 基因突变有哪些类型？简述基因突变的分子机制。
2. 诱发基因突变的因素有哪些？试简述一些化学因素诱发基因突变的过程。
3. 试说明基因突变可能形成的各种生物学效应。
4. 紫外线引起DNA损伤的修复主要有哪些方式？试简要阐明切除修复的主要过程。

第三章

人类染色体

染色体是间期细胞染色质高度凝缩形成的结构，是细胞分裂时遗传物质存在的特定形式。由于真核细胞的基因大部分存在于细胞核内的染色体上，故染色体是细胞核内基因的载体。通过细胞分裂，基因伴随染色体的传递而传递，从母细胞传给子细胞，从亲代传给子代，延续着生命活动。不同物种的染色体形态和数目各具特征，同种生物染色体的形态和数目相对恒定，因此染色体也被认为是物种鉴定的重要标志。

第一节　染 色 质

染色质和染色体是在细胞周期不同阶段可以互相转变的结构。在细胞从间期到分裂期的过程中，染色质通过螺旋化凝缩成为染色体，而在细胞从分裂期到间期的过程中，染色体又解螺旋舒展成为染色质。

一、染色质的组成和结构

染色质的主要化学成分是 DNA 和组蛋白，还有非组蛋白和少量的 RNA。DNA 与组蛋白是染色质的稳定成分，而非组蛋白和 RNA 的含量则随生理状态变化。真核细胞染色质中的组蛋白有 H_1、H_2A、H_2B、H_3 和 H_4 五类，其中 H_2A、H_2B、H_3、H_4 各 2 个分子组成八聚体，其外周缠绕长约 146 bp 的 DNA 片段构成核心颗粒，组蛋白 H_1 位于相邻的两个核小体间长度为 60 bpDNA 的连接区。这种由核心结构和 DNA 连接段构成的复合体称为核小体(nucleosome)，它是染色质的基本结构单位。人类 46 条染色体包含上万至百万个核小体，每个核小体所含的 DNA 平均长度为 200 bp。串珠样的核小体经自我压缩，形成电镜下可见直径约为 30 nm 的圆柱状螺线管结构。螺线管再进一步折叠成袢环或结构域，呈放射状平行排列，每隔 100 kb 结合于一个蛋白质支架或核基质上形成微带，大约 10^6 个微带沿纵轴构建成染色单体。目前认为，袢环实际上是 DNA 复制和基因表达的功能单位，微带则是染色体的高级结构单位。从 DNA 到染色体经过不同层次的组装使几厘米长的 DNA 成为了几微米长的染色体，压缩了近万倍(图 3 - 1)。这种巧妙有效的包装方式，使细胞在分裂过程中能够把携带遗传信息的 DNA 以染色体形式平均分配给子细胞。

二、染色质的类型

间期细胞核中的染色质按其形态特征、活性状态和染色特点分为常染色质和异染色质两种类型。

1. 常染色质(euchromatin)　通常位于间期细胞核的中心，螺旋化程度低，呈松散状，染色较浅而均匀，含有单一或重复序列的 DNA，具有转录活性，参与蛋白质合成，控制着细胞的代谢活动。

2. 异染色质(heterochromatin)　异染色质一般分布在核膜内层周缘或核仁周围，螺旋化程度较高，呈凝集状态，染色较深，其 DNA 复制较晚，含有重复 DNA 序列，很少进行转录或无转录活性，是间期核中不活跃的染色质。根据异染色质在细胞遗传及生理过程中的行为和作用，又可将其分为结构异染色质(constitutive heterochromatin)和兼性异染色质(facultative heterochromatin)。结构异染色质是异染色质的主要类型，这类异染色质在各种细胞中总是处于凝缩状态，一般为高度重复的 DNA 序列，没有转录活性，常见于染色体的着丝粒区、端粒区、次缢痕以及 Y 染色体长臂远端 2/3 区段等。兼性异染色质是指在某些细胞类型或一定发

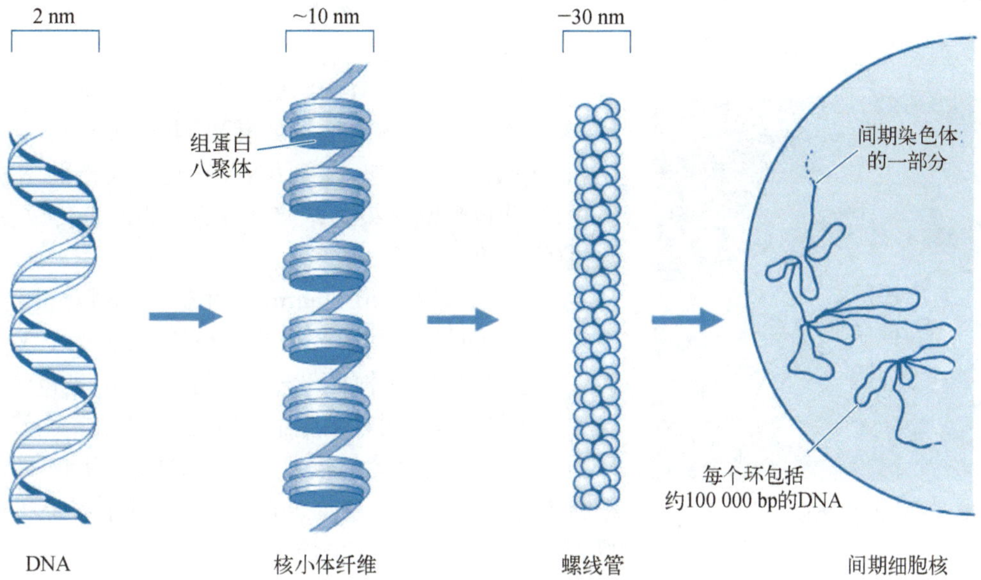

图 3-1　染色质组装的不同层次

育阶段，原来的常染色质凝缩并丧失基因转录活性转变形成的异染色质。通常认为在常染色质与异染色质的转化过程中，DNA 甲基化起着重要的调节作用。

三、性染色质

性染色质(sex chromatin)是 X 染色体或 Y 染色体在间期细胞核中显示出来的一种特殊染色结构，包括 X 染色质和 Y 染色质。性染色质属于兼性异染色质。

1. X 染色质(X chromatin)　1949 年，Barr 等在雌性猫神经元细胞核中发现一种能被碱性染料浓染的小体，在雄性猫神经元细胞中则见不到这一结构。后经实验证实其他雌性哺乳类动物的间期细胞核中也同样存在这种显示性别差异的结构，称为 X 染色质，也称 Barr 小体或 X 小体(图 3-2)

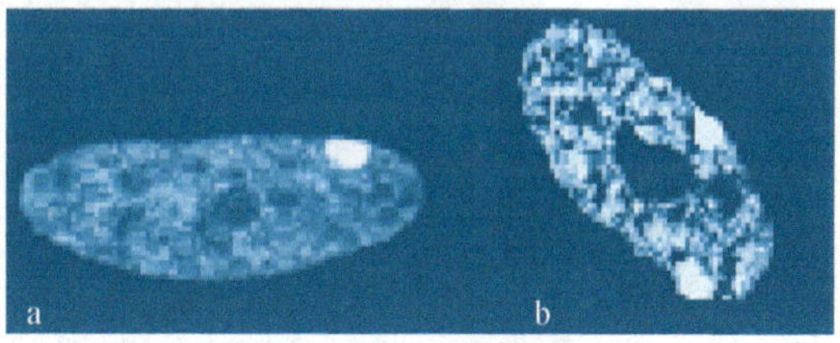

图 3-2　X 染色质

a，b 分别为含 1 和 2 个 X 染色质

正常女性间期细胞内，位于核膜内缘染色较深，大小约为 1 μm 的圆形或椭圆形小体即 X 染色质。正常男性细胞内没有 X 染色质。为什么正常男女性之间的 X 染色质存在差异? 1961 年，Lyon 提出的 X 染色体失活的假说(Lyon 假说)对 X 染色质的形成作出了解释，其要点如下：① 正常女性有两条 X 染色体，但只有一条 X 染色体具有活性，而另一条 X 染色体上的 DNA 呈高度浓缩状态(异固缩)，失去活性，在间期细胞核中呈现为 Barr 小体；② 在胚胎发育初期，细胞中的两条 X 染色体均具有活性，但当胚胎发育到一定阶段(人胚胎大约在发育第 16 日左右)，其中一条 X 染色体失活；③ 女性细胞中的两条 X 染色体，失活的 X 染色体究竟来自父亲还是母亲是随机的。但是，一旦失活的是父源的 X 染色体，那么，由这一细胞增殖的所有细胞中都是父源 X 染色体失活。因此，在一个正常女性的细胞中，失活的 X 染色体既有父源的，也有母源的。在一个女性个体细胞中，无论有多少条 X 染色体，都只有一条 X 染色体具有活性，而其他的 X 染色体均失去活性，X 染色质数目比 X 染色体数目少 1。正常女性有两条 X 染色体，每个间期细胞核内只有一个 X 染色质，如一个女性的核型是 47，XXX，在其间期细胞核中可见到 2 个 X 染色质；核型为 48，XXXX 的个体，则可见到 3 个 X 染色质。对于正常男性，单个的 X 染色体不发生异固缩，任何时候都是有活性的，故无 X 染色质。

值得注意的是有些临床现象不能用 Lyon 假说给予圆满解释，如当 X 染色体数目偏离正常数目时，个体就表现出不同程度的异常临床症状，如 47，XXY 的个体不同于 46，XY 的个体；47，XXX 的个体不同于 46，XX 的个体，并且伴随 X 染色体数目增多，表型异常更为严重复杂。因此，有学者提出了 X 染色体部分失活的假设,认为失活的X染色体上基因并非都失去了活性,有一部分基因仍保持一定活性,即大约有1/3的基因可能逃避完全失活,这是对Lyon假说的补充和发展。

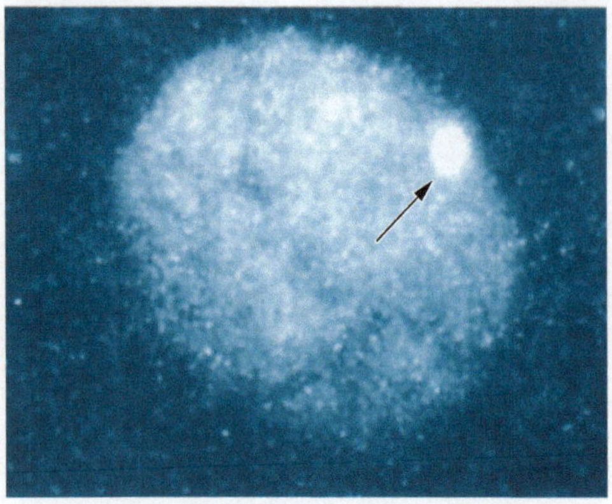

图3-3 Y染色质

目前认为X染色体失活的引发,需要一种特异的、非翻译的RNA,称为X染色体失活特异转录因子(X inactivation-specific transcript,XIST)参与,这种RNA在将要失活的X染色体上大量积累,并包被该X染色体,然后,通过表观遗传改变,最终导致失活(详见第十一章)。

2. Y染色质(Y chromatin) 用荧光染料对正常男性间期细胞染色后,可见细胞核内一强荧光小体,直径为0.3 μm左右,称为Y染色质或Y小体(图3-3),其实质为Y染色体长臂末端异染色质区段。这是男性细胞中特有的,女性细胞中没有。Y染色质的数目与Y染色体的数目相同。如核型为47,XYY的个体,细胞核中有2个Y染色质。Y染色质在性别鉴定和Y染色体数目异常的分析中有一定的应用价值。

第二节 染色体

染色体是在细胞分裂过程中遗传物质特有的存在形式。处于细胞分裂中期的染色体,其形态和结构最为稳定、典型,因此,常以中期染色体作为观察分析的标准。

一、人类染色体的研究方法

早在1912年,Winiwarter等就开始了人类染色体的研究,但由于制片技术等因素的限制,导致核内染色体聚集缠绕、不易观察,很长一段时间内对正常人类染色体数目无法准确判定。直到细胞培养技术及染色体制备方法的改进和突破,特别是1956年,蒋有兴和Leven的实验明确证实了人类体细胞的染色体数目为46条。此后染色体技术很快被应用于临床。1959年,Lejeune在检查21-三体综合征患者时发现患者染色体总数为47,比正常人多一条第21号染色体,从而确诊了第一例染色体病。1960年,又发现了慢性粒细胞性白血病患者的Ph染色体。1968年,Q显带技术问世,并相继出现了各种染色体显带技术,提高了染色体分析的精确性,发现了一些过去所不能发现的染色体结构异常。1976年,高分辨显带技术的出现,加速了染色体研究的步伐。20世纪80年代末分子生物学研究迅速发展,并与细胞遗传学结合,出现了分子细胞遗传学等新的研究领域,其技术与方法在疾病诊断、基因定位和实施人类基因组计划研究中得到充分的应用和发展。

(一) 人类染色体标本制备的材料

由于染色体位于细胞核内,因此人类的所有有核体细胞和生殖细胞均可作为染色体制备的材料,但在实践中,制备染色体的取材需考虑以下因素:① 取材方便;② 细胞具有分裂能力且增殖迅速;③ 细胞培养和制作过程在普通实验室里易完成。常用制备染色体标本的材料有外周血淋巴细胞、骨髓细胞、胸水细胞、腹水细胞、体外培养的细胞系、实体瘤组织、性腺活检组织、胎儿羊水、胎儿绒毛以及皮肤、肝、肾等标本。这些组织细胞除少数本身处于分裂增生阶段可以直接制作染色体标本外(如骨髓细胞、胎儿绒毛、胸水、腹水和性腺活检标本),其余大都需要经过体外培养后才能制备染色体标本。

(二) 人类染色体标本的制备

虽然采用不同类型的组织细胞制作人类染色体标本的具体实验方法有所差异,但基本程序相似。如用外周血淋巴细胞制作染色体标本时,通常采用植物凝集素(PHA)促使外周血淋巴细胞进行有丝分裂,再用秋水仙素抑制纺锤丝微管蛋白,阻碍纺锤体的形成,使细胞分裂滞留于中期。同时为了得到分散良好的分裂相，用低渗液处理，使细胞膜膨胀、容积增大，染色体松散，利于计数和观察。最后用固定液（甲醇、冰醋酸以3∶1混合而成）处理后滴片，再经Giemsa染液直接染色，可得到非显带染色体标本。

（三）染色体显带与显带技术

染色体标本经过一定处理，并用特定染料染色，使染色体沿其长轴显现明暗或深浅相间的横行带纹，称为染色体带（chromosomal band）。染色体显带的原理较复杂，一般认为与该部位碱基组成有关，如易着色的阳性带为富含A－T序列的染色体节段；富含G－C的染色体节段则不易着色，称为阴性带。据报道已被定位的基因绝大部分都在阴性带区。染色体显带能显示染色体本身更细微的结构，各号染色体都有独特的带纹，从而构成染色体的带型（banding pattern）。每对同源染色体的带型基本相同而且稳定，非同源染色体的带型各不相同。因此，可将人类的24种染色体显示出各自特异的带型加以区别。根据染色体的带型可准确地识别每一条染色体并判断出染色体的某些结构异常。

1968年，瑞典细胞化学家Caspersson首先建立的Q显带技术以及随后发展起来的其他染色体显带技术为核型研究提供了有力的工具。显带技术一般分为两大类：① 显示整条染色体带的分布方法，如Q、G、R、高分辨显带技术；② 显示特殊染色体结构或特定带的方法，如C显带、T显带、NORs显带等。

1. Q显带　即喹吖因（quinacrine mustard，QM）荧光染色技术。在荧光显微镜下可观察到中期染色体经荧光染料氮芥喹吖因处理后其长轴呈现的宽窄不等的荧光亮带和暗带。一般富含AT碱基的DNA区段表现为亮带，富含GC碱基的DNA区段表现为暗带。

2. G显带　将染色体制片先用胰酶或碱、热、尿素等处理后，再用Giemsa染色，染色体上呈现深浅相间的带纹，称G带（G band）。G带与Q带类似且对应，即在Q显带的亮带相应部位，能被Giemsa深染，而在Q显带中暗带的相应部位则对应着G带浅染带（Y染色体长臂除外）。

3. R显带　中期染色体标本用磷酸盐溶液处理后，再用吖啶橙或Giemsa染色，显示出与G带深浅相反的带型，称R带（R band）或反带（reverse band）。

4. T显带（T banding）　将染色体标本加热处理后，再用吖啶橙或Giemsa染色可使染色体末端区段特异性深染，称T带（T band）或末端带（terminal band）。

5. C显带（C banding）　用NaOH或$Ba(OH)_2$处理标本后，再用Giemsa染色，可使着丝粒结构异染色质及其他染色体区段的异染色质部分深染，如1、9、16号染色体的次缢痕以及Y染色体长臂远端的2/3的区段，所显示的带纹称C带（C band）。C显带可用于检测Y染色体、着丝粒区以及次缢痕区的变化。

6. N显带　又称Ag－NOR染色。用硝酸银染色，可使染色体的随体及核仁形成区（NOR）呈现出特异性的黑色银染物。Ag－NOR的可染性取决于它的功能活性，即具转录活性的NOR可着色，但被染色物质不是次缢痕本身，而是附近与rDNA转录有关的一种酸性蛋白。

7. 高分辨显带　1975年以来，Yunis等建立了染色体高分辨显带技术。用甲氨蝶呤使培养的细胞同步化后，再以秋水仙素短暂处理可获得大量晚前期和早中期分裂象，该期染色体比典型中期染色体长，显带后带纹更细更多。典型中期细胞一套单倍体染色体带纹数仅有约320条带，在高分辨显带标本上则可观察到550～850条或更多的带。染色体高分辨显带能为染色体及其所发生的畸变提供更多细节，有助于发现更多、更细微的染色体结构异常，使染色体畸变的定位更加准确。

在鉴定某些疾病与染色体的关系中，常将上述显带技术综合应用。然而，随着分子细胞遗传学技术的兴起和广泛应用，除了G显带外，其他显带技术已很少在临床细胞遗传学实验室应用。

（四）染色体荧光原位杂交

原位杂交技术是利用放射性同位素标记的DNA探针与待测染色体DNA进行分子杂交，如果该探针与待测染色体上的同源序列（靶序列）互补结合，可在染色体上原位显示杂交信号，即靶序列的位置。20世纪80年代末发展起来的荧光原位杂交（fluorescence in situ hybridization，FISH）技术是在放射性原位杂交技术的基础上以荧光标记取代同位素标记的一种非放射性分子细胞遗传技术。其基本原理是将间期或中期染色体的DNA固定在载玻片上，“原位”变性为两条DNA单链，再用变性的标记探针与染色体DNA进行杂交。用激发荧光染料的波长光照射观察染色体，若有杂交信号便可看到荧光。FISH探针是染色体特异位点上的DNA片段，这些探针进行杂交后所显示的位点，就是每条同源染色体上相应探针序列的位置，通常有染色体着丝粒探针、单序列探针和全染色体或臂特异性探针三种类型。FISH 技术具有安全、快速、灵敏度高、探针能长期保存、能同时显示多种颜色等优点,不但能显示中期染色体,还能在间期核中显示,已广泛应用于临床细胞遗传学诊断。

(五)染色体涂染

当用荧光染料标记探针与染色体作原位杂交时,与探针杂交的染色体上的某条染色体臂(长臂或短臂)、某一区段或整个染色体均呈现荧光。如用不同颜色的荧光染料标记染色体专一的探针,则不同的染色体可被涂染成不同的颜色。因此可以制备与人类 24 种不同染色体相对应的涂染探针,每个探针用不同的荧光染料标记,以发出不同波长的荧光。这样,每条人类染色体都将产生特定的荧光。借助染色体涂染(chromosome painting)技术可方便辨认不同片段所构成的异常染色体,迅速发现染色体重排(如相互易位特别是细胞遗传学水平难以确定的微小易位和复杂易位),并能鉴别标记染色体的来源等。

二、人类染色体的数目与形态结构

(一)人类染色体的数目

1956 年,蒋有兴和 Leven 以人胚细胞为实验材料确认人类体细胞的正常染色体数目为 46 条,从而更正了人类染色体数目为 43~48 条这一错误观点。

在真核生物中,一个正常成熟生殖细胞(配子)中所含的全套染色体称为一个染色体组。具有一个染色体组的细胞称为单倍体(haploid),以 n 表示;具有两个染色体组的细胞称为二倍体(diploid),以 $2n$ 表示。人类属于二倍体生物,其精子或卵子中所含染色体数为 23 条,即 $n=23$ 条;其正常体细胞所含染色体数为 $2n=46$ 条,即 23 对。每对染色体中一条来自父方,另一条来自母方,它们互称为同源染色体(homologous chromosome)。

(二)人类染色体的形态结构

每一中期染色体都由细胞分裂前复制的两条姐妹染色单体(sister chromatid)构成(图 3-4),它们各含有一条 DNA 分子。中期染色体虽然各自形态、大小不同,但是每条染色体基本上由下列几部分构成:① 着丝粒(centromere)是两条染色单体在此相连接,形成凹陷缩窄区域,也称初级缢痕(primary constriction)或主缢痕。着丝粒是一种高度有序的整合结构,是细胞分裂中染色体与纺锤丝整合附着部位,与有序的染色体分离密切相关。失去着丝粒的染色体片段通常不能在分裂后期向两极移动而丢失。② 着丝粒将染色体划分为短臂(p)和长臂(q)两部分。③ 端粒(telomere)是染色体短臂和长臂末端的特殊结构。端粒对维持染色体的稳定,防止染色体之间的粘连起着重要作用。④ 次级缢痕(secondary constriction)是某些染色体的长臂或短臂上存在凹陷狭窄区,该区域相对主缢痕来说称为次缢痕。⑤ 随体(satellite)是人类近端着丝粒染色体短臂末端存在一个球形结构,在随体与短臂之间为随体柄,是核仁组织者区(nucleolus organizing region, NOR),与核仁形成相关。随体和 NOR 统称随体区。

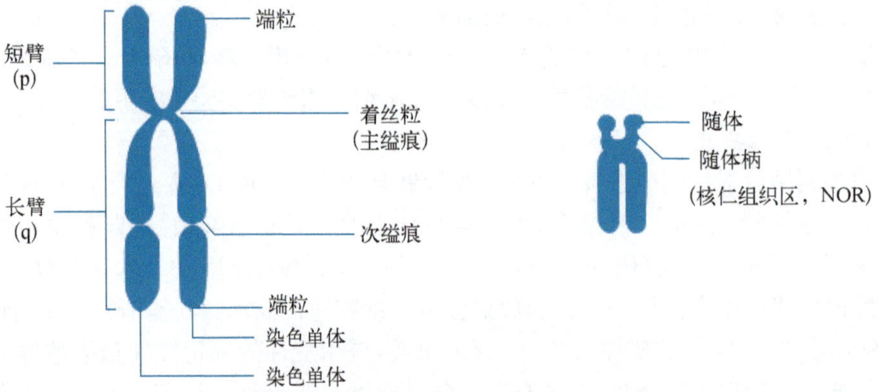

图 3-4 人类中期染色体的形态特征

根据着丝粒位置将人类染色体分为三种类型：① 中着丝粒染色体(metacentric chromosome)，着丝粒位于或靠近染色体中央。若将染色体全长分为 8 等份，则着丝粒位于染色体纵轴的 1/2～5/8 之间，着丝粒将染色体分为长短相近的两个臂。② 亚中着丝粒染色体(submetacentric chromosome)，着丝粒位于染色体纵轴的 5/8～7/8 之间，着丝粒将染色体分为长短不同的两个臂。③ 近端着丝粒染色体(acrocentric chromosome)，着丝粒靠近一端，位于染色体纵轴的 7/8～末端之间，这类染色体短臂较短(图 3-5)。

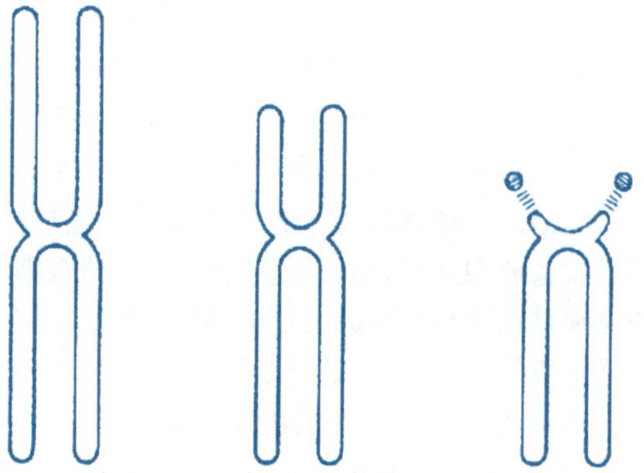

图 3-5 人类中期染色体的类型

(三) 人类染色体的功能元件

染色体要确保在细胞世代中保持稳定，必须具有自主复制、保证复制的完整性、遗传物质能够平均分配的能力，与这些能力相关的结构序列称为染色体 DNA 的功能元件(functional element)。目前认为至少有 3 种 DNA 关键序列与染色体复制和稳定遗传有关。

1. *自主复制 DNA 序列* DNA 复制时，通常以复制起始点为中心，向两个方向进行复制。原核细胞的复制起点只有一个，而在真核细胞染色体中有多个复制起点。20 世纪 70 年代末首次在酵母中发现自主复制 DNA 序列(autonomously replicating DNA sequence，ARS)。该序列由一段 11～14 bp 同源性很高的富含 AT 的序列构成，与复制起点共定位，能确保染色体在细胞周期中自我复制，保证染色体在世代传递中的稳定性和连续性。虽然现在还没有确定真核细胞的复制起点的 DNA 序列是否具有固定模式，但大多包含一个富含 AT 的序列。

2. *着丝粒 DNA 序列* 着丝粒 DNA 序列(centromere DNA sequence)与染色体的分离有关。不同来源的着丝粒 DNA 序列分析发现它们具有共同特点，即有两个彼此相邻的核心区，一个是 80～90 bp 的 AT 区，另一个是 11 bp 的保守区。一旦遗传损伤(突变、插入或缺失)发生在这两个区域，着丝粒随即丧失其生物学功能。

人染色体的着丝粒 DNA 由高度重复的 α 卫星 DNA 构成，重复单位 17 bp，串联重复 2 000～30 000 次，可达 250～400 kb，其功能高度保守。不同染色体着丝粒的 α 卫星 DNA 序列各不相同。由 α 卫星 DNA 序列与着丝粒蛋白(CENPs)结合形成的复合体(也称动粒)是纺锤丝与染色体的整合点，与细胞分裂及其调控直接相关。因此，着丝粒对于确保染色体在细胞分裂时能被平均分配到 2 个子细胞中有重要的作用。

3. *端粒 DNA 序列* 端粒 DNA 是由富含鸟嘌呤核苷酸(G)的短串联重复 DNA 序列及相关蛋白组成的。人类端粒 DNA 序列(telomere DNA sequence)的保守序列为 TTAGGG，串联重复 500～3 000 次，长度在2～20 kb 之间不等。真核细胞染色体端粒的重复序列不是 DNA 复制时连续合成的，而是由端粒酶(一种核糖核蛋白复合物，具有反转录酶的活性)合成后添加到染色体的末端。由于目前只在生殖细胞和部分干细胞中发现有端粒酶的活性，而体细胞的端粒酶无活性，所以，人的生殖系细胞染色体末端比体细胞染色体末端长(大约几千个 bp)。生殖细胞端粒长度的维持有利于亲代将遗传信息完整传递给子代。随着 DNA 复制和细胞分裂次数的增加，端粒 DNA 重复序列就缩短一些，染色体端粒长度也会相应逐渐缩短。当端粒长度缩短到某个程度时，染色体发生形态异常，这时细胞进入老化期并随后发生细胞凋亡。因此，端粒的长度与细胞分裂次数和细胞衰老有关。另外，有研究表明，无限增殖的肿瘤细胞具有表达端粒酶活性的能力。这是因为端粒的磨损可能引发染色体的不稳定，并以某种方式激活端粒酶，使其能够以自身为模板合成端粒 DNA，并加到染色体末端弥补端粒的损耗以维持染色体稳定，从而导致细胞发展成为永生性细胞，这种永生化极易诱导肿瘤的发生。

三、性染色体与性别决定

人类的体细胞 23 对染色体中，有 22 对男女共有的为常染色体(autosome)，1 对在男女间不同的染色体为性染色体(sex chromosome),包括X染色体和Y染色体,性染色体与性别决定有直接的关系。人类的性别决定方式为XX-XY型,男性为异型性染色体,细胞中含一条X染色体,另一条是Y染色体,其性染色体组成为XY;而女性为同型性染色体,其性染色体组成为XX,体细胞中含有两条X染色体。在配子发生时,男性可以产生2种精子,含有X染色体的X型精子和含有Y染色体的Y型精子,两种精子的数目均等;而女性只能形成1种含有X染色体的卵子。受精时,X型精子与卵子结合,形成性染色体组成为XX的受精卵,将来发育成为女性;而Y型精子与卵子结合则形成性染色体组成为XY的受精卵,发育成为男性。所以人类的性别是在受精的瞬间决定的,确切地说是由哪种精子受精决定的。在自然状态下,不同的精子与卵子的结合是随机的,因此人类的男女性别比例大致保持1∶1。

很显然,人类的性别决定实际上是Y染色体起了决定性作用。只有一条X染色体而没有Y染色体的个体发育为女性;无论有几条X染色体,只要同时具有Y染色体的个体则发育为男性表型。Y染色体的存在对睾丸支持细胞的分化是必要的,这是因为Y染色体上携带有男性性别决定的关键基因——睾丸决定因子(testis-determining factor, TDF),它决定着胚胎发育过程中性腺原基细胞的分化方向。

人类Y染色体由拟常染色体区域和Y特异区域两个在遗传学上明显不同的部分组成。拟常染色体区域位于X和Y染色体的短臂末端,是X和Y染色体的同源区,X染色体和Y染色体之间可以在拟常染色体区域重组,此区内的交换并不表现典型的连锁关系,通过重组分析可以绘制该区域的基因图。Y特异区域在正常情况下不与X染色体发生重组,在减数分裂中作为一个整体分离并编码几个基因,TDF就位于这个区域内。

1990年Sinclair等发现了性别决定区域Y(sex-determining region Y, SRY),并且认为是TDF的最佳候选基因。它定位于Y染色体短臂末端(Yp11.3),只含有一个外显子,没有内含子,转录单位长约1.1 kb,编码一个与DNA特异序列相结合的转录因子,决定睾丸的形成和发育。人类*SRY*基因的表达最初出现于胚胎发育第41日的部分生殖嵴细胞中,这与生殖细胞的前体——原生殖细胞(PGC)到达生殖嵴的时间相符。表达*SRY*基因的这些细胞最终分化为支持细胞。支持细胞是睾丸组织中最主要的细胞类型,也是生殖嵴体细胞中最早产生性别分化的细胞,可诱导性腺细胞中其他体细胞分化为睾丸相关组成细胞,从而引导性别分化朝向男性方向。在缺乏Y染色体的女性个体中,支持细胞将分化为卵巢中的颗粒细胞,生殖嵴中的其他体细胞将分化为分泌激素的膜细胞。因此,*SRY*诱导支持细胞的形成和分化,在睾丸发育和性别分化过程中发挥了重要作用。临床上发现的某些两性畸形患者与*SRY*基因突变发生有关。

第三节　人类染色体核型

将一个体细胞中全部染色体按其大小和形态特征,依次排列而成的图像称为核型(karyotype)。核型分析(karyotype analysis)是将待测细胞染色体进行计数、配对、分组并分析形态特征的过程。核型分析对于探讨人类遗传病的发病原因、物种亲缘关系的鉴定等均有重要意义。

一、人类染色体非显带核型

为了便于识别分析和研究染色体,分别于1960年、1963年和1966年在美国丹佛、英国伦敦及美国芝加哥召开了3次国际会议,制定了人类有丝分裂染色体的识别、编号、分组以及核型描述(包括染色体数目和结构异常的核型描述)等统一的标准命名系统。根据这一命名系统,将人类23对染色体按其大小和着丝粒位置分为A、B、C、D、E、F、G 7个组,从大到小依次排列,A组最大,G组最小。X染色体列入C组,Y染色体列入G组(表3-1)。

表 3-1　人类核型分组与各组染色体形态特征(非显带标本)

组号	染色体号	大小	着丝粒位置	次缢痕	随　体	可鉴别程度
A	1～3	最大	中(1、3 号)亚中(2 号)	1 号常见		可鉴别
B	4～5	次大	亚中			难鉴别
C	6～12、X	中等	亚中	9 号常见		难鉴别
D	13～15	中等	近端		有	难鉴别
E	16～18	小	中(16 号)亚中(17、18 号)	16 号常见		16 号可鉴别，17、18 难鉴别
F	19～20	次小	中			难鉴别
G	21～22、Y	最小	近端		21、22 号有，Y 无	难鉴别

核型的描述包括两部分内容，第一部分是染色体总数，第二部分是性染色体的组成，两者之间用“,”分隔开。正常女性核型描述为：46,XX，正常男性核型描述为：46,XY。按常规制备染色体标本的方法可得到非显带染色体核型(图 3-6)。由于 Giemsa 染液能使染色体各部位(除着丝粒和次缢痕外)均匀着色，因此，非显带染色体核型很难准确鉴别出组内染色体的序号，只能根据染色体的某些特征来识别部分染色体，如 1、2、3、16 号和 Y 等几条染色体。对 B～G 组的多数染色体，只能识别出属于哪一组，很难区分组内染色体的具体序号。对于染色体发生的一些结构畸变，例如易位、倒位和微小的缺失等均不能检出，极大限制了染色体异常，特别是结构畸变的研究和临床应用。因此，从 1959 年 Lejeune 发现第一例人类染色体病至 1968 年的十年中，人们只发现了 10 多种染色体异常综合征，并且多为染色体数目异常的病例。显带技术的问世和发展使核型分析更加准确而有效，并成为细胞遗传学的主要研究手段。

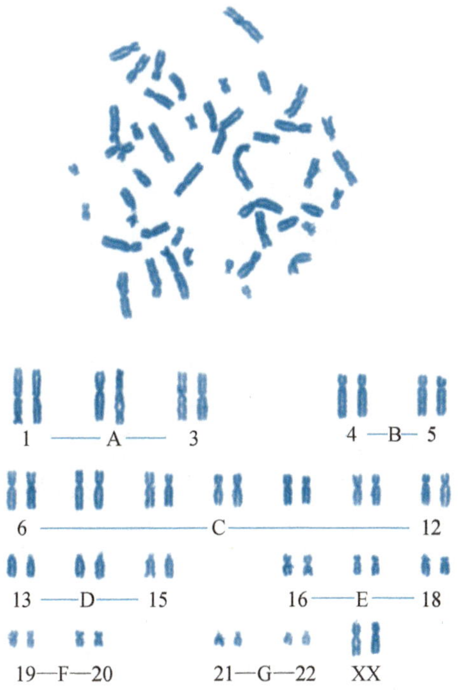

图 3-6　染色体非显带核型图

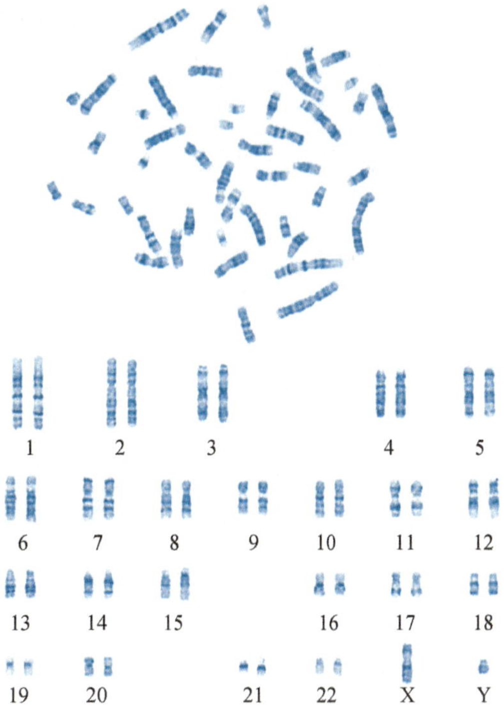

图 3-7　染色体 G 显带核型图

二、人类染色体 G 显带核型

在各种染色体显带技术中，由于 G 显带方法简便，带纹清晰，带型特异，染色体标本可以长期保存，便于观察分析，因此被广泛用于染色体研究。G 显带核型分析已成为目前临床常规应用的染色体病诊断的手段之一。图 3-7 和图 3-8 分别显示的是人类染色体 G 显带核型图和核型模式图。

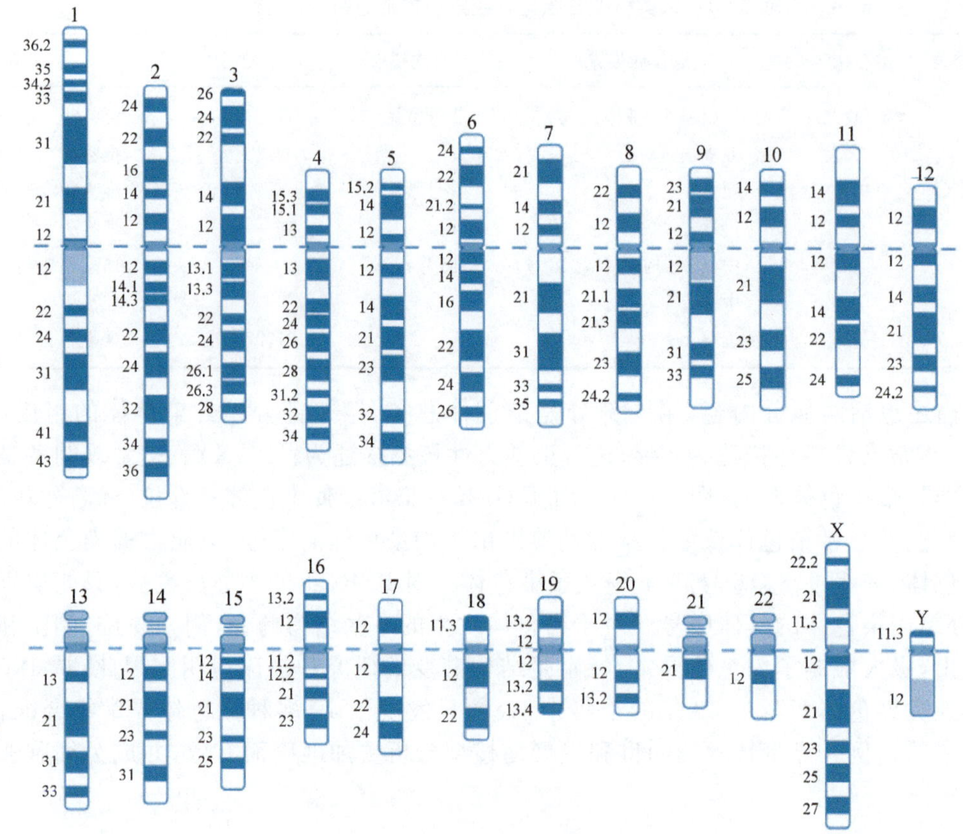

图 3-8　人类 G 显带染色体模式图

三、人类染色体带型的命名

1971 年在巴黎召开的第四届国际人类细胞遗传学会议和 1972 年的爱丁堡会议提出了区分每个染色体区、带的标准，确定了统一的符号和缩写术语，称为人类细胞遗传学命名的国际体制(International System for Human Cytogenetic Nomenclature，ISCN)。随着细胞遗传学和分子遗传学技术的不断进步，该命名系统后来历经多次国际会议讨论、修订和完善，形成不同版本，如《ISCN(1978)》《ISCN(1981)》《ISCN(1995)》《ISCN(2005)》等。目前最新的是《ISCN(2015)》。ISCN 不仅广为人们接受，而且也促进了国际间的交流。

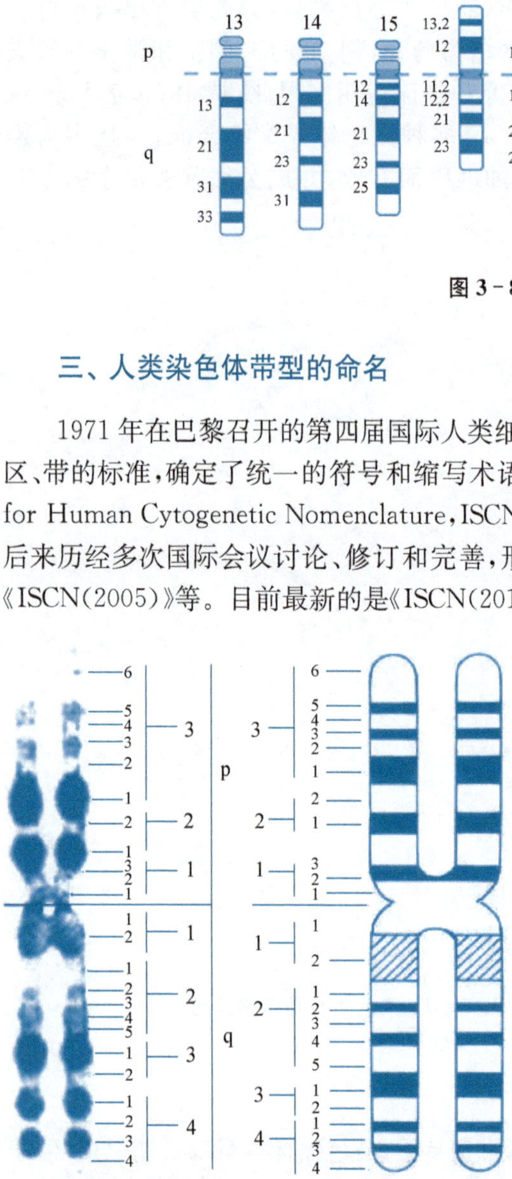

图 3-9　显带染色体的界标、区和带示意图

左侧为 G 显带图；右侧为模式图

根据 ISCN 规定，界标(landmark)将每条显带染色体划分为若干个区，每个区(region)又包含若干条带(band)。界标是确认每一染色体上具有重要意义的、稳定的、有显著形态学特征的指标，包括染色体两臂的末端、着丝粒和某些稳定且显著的带。两相邻界标之间为区。区由一系列连贯的带组成，没有非带区。每一染色体都以着丝粒为界标，分成短臂(p)和长臂(q)。沿着染色体的臂从着丝粒开始向远端连续地标记区和带，着丝粒区定义为 10，向着短臂部分称为 p10，面向长臂的部分称为 q10，这些并没有在示意图中标出。每条臂上与着丝粒相连的部分定义为 1 区，稍远的区定义为 2 区，依此类推。界标所在的带属于此界标以远的区，并作为该区的第 1 带(图 3-9)。

描述一特定带时需要写明 4 个内容：① 染色体序号；② 臂的符号；③ 区的序号；④ 带的序号。这些内容需要连续列出，中间不能有空格和间断。例如，1q21 表示第 1 号染色体，长臂，2 区，1 带。

《人类细胞遗传学命名的国际体制》中规定了统一的命名符号和术语，表 3－2 列出核型分析中常用符号和术语。

表 3－2　核型分析中常用符号和术语

符号术语	意　义	符号术语	意　义
A～G	染色体组号	1～22	常染色体序号
X，Y	性染色体	→	从……到……
/	嵌合体	＋或－	在染色体和组号前表示染色体或组内染色体增加或减少；在染色体臂或结构后面，表示这个臂或结构的增加或减少
：	断裂	；	区分涉及结构重排的染色体
：：	断裂后重接	?	识别没有把握或为可疑者
ace，f	无着丝粒断片	cen	着丝粒
chi	异源嵌合体	del	缺失
der	衍生染色体	dic	双着丝粒
dup	重复	end	（核）内复制
fem	女性	mal	男性
fra	脆性部位	h	次缢痕
i	等臂染色体	ins	插入
inv	倒位	mar	标记染色体
mat	母源	pat	父源
mn	众数	mos	嵌合体
p	短臂	q	长臂
Ph	费城染色体	psu	假
qr	四射体	r	环状染色体
rcp	相互易位	rob	罗伯逊易位
s	随体	tan	串联易位
ter	末端	tr	三射体
tri	三着丝粒	var	可变区

高分辨显带染色体在原有的带纹上分出更多的带，如图 3－10 显示了第 10 号染色体 300～850 条带的高分辨带型。高分辨显带的命名方法是在原来带名之后加小数点“.”，然后依次写新的编号，称为亚带。如原

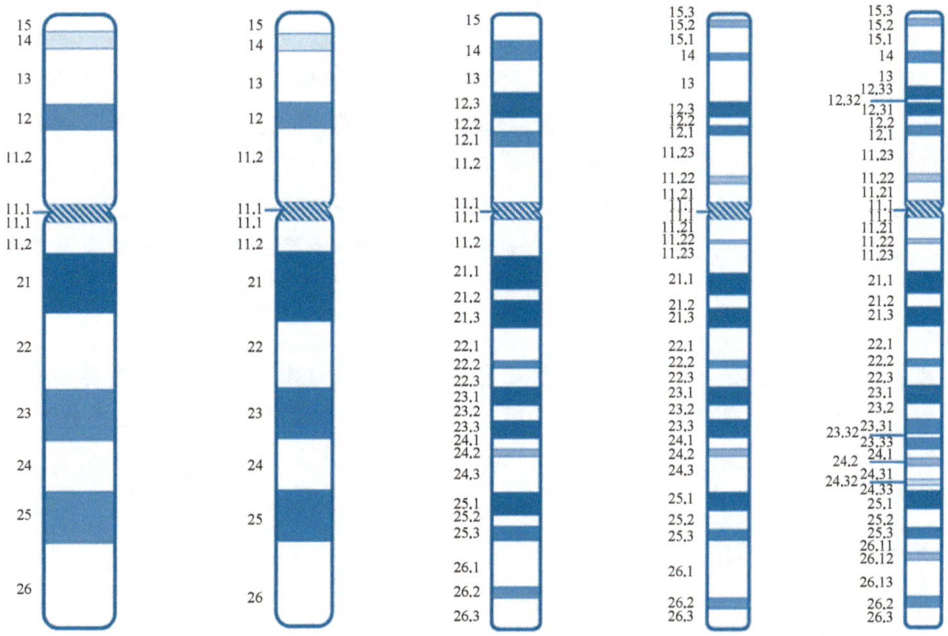

图 3－10　人类第 10 号染色体高分辨 G 带模式图

来的10p12带被分为三个亚带,命名为10p12.1,10p12.2,10p12.3,即表示第10号染色体短臂1区2带第1亚带、第2亚带、第3亚带。如果亚带又再细分为次亚带,则可在亚带编号之后加以新编号,但不再另加小数点。如10p12.3再细分时,则写为10p12.31,10p12.32,10p12.33。

四、人类染色体多态性

人类染色体数目和形态结构相对恒定,但有研究发现,在正常健康人群中,存在着各种染色体的微小变异,包括结构、带纹宽窄和着色强度等。这类恒定而微小的变异是按照孟德尔方式遗传的,通常没有明显的表型效应或病理学意义,称为染色体多态性(chromosomal polymorphism)。

染色体多态现象是一种较稳定的、可遗传的变异,可借助显微镜观察,因此作为一种遗传标志,在亲缘鉴定、临床诊断和研究中有一定价值。根据染色体多态出现的常见部位,将其分为以下主要类型。

1. 随体区变异　随体区变异是指人类D组、G组近端着丝粒染色体的短臂、随体及随体柄部次缢痕区(NOR)出现的变异,表现为随体的有无、大小、重复(双随体)以及短臂和NOR区的增长或缩短等。这类变异可在家族中传递。

2. 次缢痕变异　次缢痕区域的染色质主要为异染色质,常见的次缢痕变异发生在第1、第9和第16号染色体长臂近着丝粒区的次缢痕部位,表现为次缢痕增长(ph^+)或减短(ph^-)。此外,在第1、第9和第16号染色体的着丝粒异染色质区也可出现多态性的倒位。

3. Y染色体变异　Y染色体的长度变异在男性中比较常见,这种变异存在种族差异。主要变异部位是Y染色体长臂结构异染色质区,即长臂远端约2/3区段的长度变异。通常情况Y染色体长度大小类似G组染色体,如果Y染色体大于F组或大于第18号染色体,称为"大Y"或"长Y",有的形态大小类似D组,称"巨大Y",描述为Yq+;若Y染色体的长度为G组染色体长度的1/2以下,称"小Y"染色体,描述为Yq-,但这种现象比较罕见(Y染色体结构异常除外)。

染色体的多态性变异主要发生在结构异染色质区,由于该区段含有高度重复DNA序列,在细胞中呈永久性浓缩状态,因而该区段的增加或减少通常不会导致不良的临床后果。但现在也有资料报道,某些多态现象与临床症状有关,这说明染色体多态性与表型效应之间的关系还有待于进一步的研究探讨。

小　结

染色质和染色体是在细胞周期不同阶段可以互相转变的形态结构。核小体是构成染色质的基本结构单位。染色质组装是一个动态过程,它与DNA复制、修复和重组直接相关。间期染色质按其形态和染色性能分为常染色质和异染色质两类,后者又分为结构异染色质和兼性异染色质。性染色质的实质为兼性异染色质。染色体是细胞有丝分裂时遗传物质存在的形式。中期染色体具有稳定的形态,主要由染色单体、着丝粒和端粒等构成。人类染色体分为中着丝粒染色体、亚中着丝粒染色体和近端着丝粒染色体3种类型。染色体上至少有3种DNA关键序列(自主复制DNA序列、着丝粒DNA序列和端粒DNA序列)确保其正常复制和稳定遗传。性染色体与性别决定相关。

人类体细胞中46条染色体按其大小和形态特征依次排列的图像构成核型。用特殊染色技术可使染色体显示特异带型,便于准确识别每一条染色体和诊断染色体病。不论是非显带核型还是显带核型,染色体的识别和描述标准均遵从人类染色体命名国际体制(ISCN)的相关规定。

染色体多态现象是正常人群中存在的各种染色体恒定微小变异,通常按照孟德尔方式遗传,主要分为随体区变异、次缢痕变异和Y染色体变异三类。

(何俊琳)

【复习思考题】

1. 常染色质与异染色质在结构和功能上有何差异？
2. 人类染色体有哪些形态结构和功能元件与其发挥细胞核内基因载体的作用相适应？
3. 正常人类非显带染色体核型分组中，每组染色体的主要特征是什么？
4. 人类染色体的多态性主要体现在哪些方面？它们与表型效应的关系如何？

第四章

染色体畸变与染色体病

染色体畸变(chromosomal aberration)是指染色体结构或数目发生异常改变。由于染色体是基因的载体,无论是染色体的数目改变还是结构改变往往会引起基因数量的增减或位置转移,破坏基因的平衡状态,造成众多基因的表达和功能异常,从而导致疾病的发生。这种由染色体结构或数目畸变所引起的疾病,称为染色体病(chromosomal disorders)。调查资料显示,染色体畸变的发生率在新生儿中为0.7%,迄今,已发现人类染色体的结构和数目异常10 000余种,已知的染色体病超过300种。

第一节 染色体畸变

一、染色体畸变的诱因

人体细胞中的染色体在自然条件下发生畸变的频率很低,但一些因素的作用会诱发染色体畸变,致使染色体畸变频率增高。染色体畸变的诱发因素很多,归纳起来主要包括为物理因素、化学因素、生物因素等。

1. *物理因素* X射线、γ射线和高速带电粒子(如α粒子、β粒子和中子)等电离辐射会使DNA链和染色体产生断裂,引起染色体畸变,如放射性尘埃、医用放射线、工业放射性物质等。电离辐射既可导致染色体结构异常,也可导致染色体数目的异常。射线剂量与染色体畸变率成正比,低剂量的射线虽不会导致明显染色体畸变,但有累积效应,长期积累也会导致体细胞和生殖细胞染色体畸变明显增加。因此,长期接触射线的工作人员应做好日常的防护。

2. *化学因素* 一些药物如某些抗肿瘤药、保胎药和预防妊娠反应药等,会诱发人类染色体畸变。妊娠早期使用这些药物容易导致胚胎染色体异常,进而引发流产、新生儿死亡或染色体病患儿出生等一系列严重后果。环磷酰胺、阿糖胞苷、氮芥、甲氨蝶呤等抗肿瘤药已被研究证实是染色体畸变剂,均可导致染色体畸变。

一些农药对染色体也有诱变作用。如乐果、敌百虫等有机磷农药以及某些除草剂所含的砷制剂均会导致细胞染色体畸变频率增高。

工业毒物,如苯、甲苯、铝、砷、二硫化碳、氯乙烯单体、氯丁二烯等均会引起染色体畸变。长期接触这些毒物,也会导致染色体发生畸变的频率增高。

3. *生物因素* 诱发染色体畸变的生物因素包括两类:生物体产生的毒素和某些生物体本身(如病毒)。一些霉菌所产生的毒素是天然的染色体断裂剂,可引起细胞染色体断裂产生畸变,如黄曲霉素会使人体外周血淋巴细胞的染色体畸变率明显增高。某些病毒尤其是致癌病毒,如Rous肉瘤病毒、乳头状瘤病毒、EB病毒、SV40病毒、流行性腮腺炎、风疹病毒、肝炎病毒等,也会导致宿主细胞染色体畸变。

二、染色体畸变的类型

(一)染色体数目畸变

人类正常体细胞是二倍体($2n$),有46条染色体,成熟的生殖细胞(精子和卵细胞)是单倍体(n),有23条染色体。细胞的染色体数多于或少于正常数目，即构成染色体数目数目畸变。染色体数目畸变分为整倍性改变和非整倍性改变两类。

根据人类细胞遗传学命名的国际体制，染色体数目畸变核型的描述应写出染色体总数和性染色体组成，用“+”和“-”表示增加或减少的染色体。如细胞中多了一条第 21 号染色体，核型描述为 47，XX(XY)，+21；少了一条 X 染色体核型描述为 45，X。

1. 整倍性改变　细胞的染色体在二倍体($2n$)的基础上，以单倍体数(n)为基数，成倍地增加或减少，称为整倍性改变。如果在 $2n$ 的基础上增加一组染色体(n)，则成 $3n$ 即三倍体(triploid)；在 $2n$ 的基础上增加两组染色体($2n$)，则构成四倍体(tetrapolid)。通常把三倍以上细胞或个体统称为多倍体(polyploid)。如 $2n$ 的基础上减少一组染色体(n)，则为单倍体(haploid)。

在人类中发现的多倍体个体有三倍体和四倍体。由于三倍体导致细胞遗传物质的严重失衡，全身三倍体一般是致死的，三倍体个体在活婴中极少，但在流产胎儿中十分常见，约占流产胎儿的 18%，是自发流产的重要原因之一。三倍体易造成流产的原因除了遗传物质严重不平衡外，还与三倍体细胞有丝分裂紊乱有关。三倍体细胞在胚胎发育的有丝分裂过程中形成三极纺锤体，有丝分裂中后期染色体分配紊乱，导致子细胞中染色体数目严重失衡，严重影响胚胎的正常发育，从而导致流产。四倍体细胞遗传物质的异常比三倍体严重，四倍体个体在人类中更为罕见，但在肝脏、支气管上皮、骨髓细胞、子宫内膜、膀胱上皮、肿瘤等组织和培养细胞会出现四倍体细胞和其他多倍体细胞。

人类染色体发生整倍性改变的机制主要有双雌受精、双雄受精、核内复制、核内有丝分裂等四种。

(1) 双雌受精(digyny)：一个正常精子(n)与一个异常的二倍体卵细胞($2n$)受精，可形成两种三倍体受精卵($3n$)：69，XXX 或 69，XXY(图 4-1)。异常的二倍体卵细胞的产生主要由于次级卵母细胞的第二次减数分裂发生异常，未能排除第二极体，使第二极体的一组染色体留在卵细胞。

(2) 双雄受精(diandry)：两个正常精子同时与一个正常的卵细胞受精，结果可形成 3 种三倍体受精卵：69，XXX、69，XXY 或 69，XYY(图 4-2)。

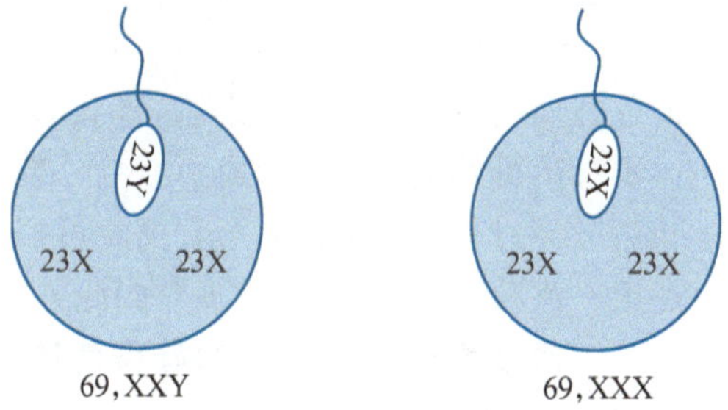

图 4-1　双雌受精

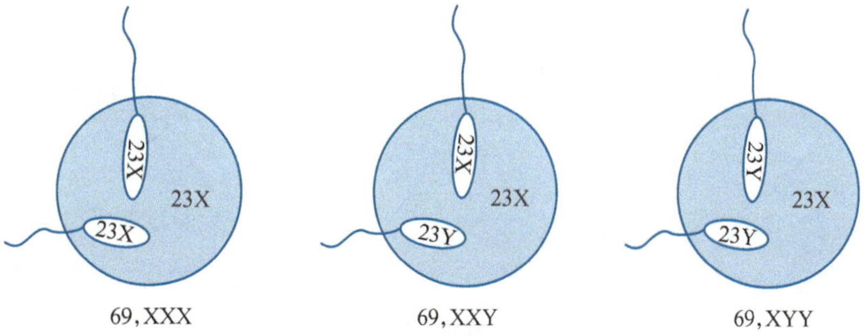

图 4-2　双雄受精

(3) 核内复制(endoreduplication)：细胞有丝分裂时，DNA 复制了两次，而细胞只分裂了一次，形成的子细胞的染色体数目加倍，形成四倍体($4n$)。

(4) 核内有丝分裂(endomitosis)：细胞有丝分裂时，染色体进行了一次复制，但核膜没破裂，细胞质也没分裂，结果使细胞内染色体数目加倍形成四倍体。

2. 非整倍性改变　细胞中的染色体数目在二倍体($2n$)的基础上增加或减少一条或几条，称为非整倍性改变，所形成的细胞或个体称为非整倍体或异倍体(aneuploid)。非整倍性改变是人类中最常见的染色体数目畸变类型。

(1) 超二倍体(hyperdiploid)：在二倍体基础上增加一条或几条染色体则构成超二倍体。人类常见的超二倍体主要是三体型(trisomy)，即细胞染色体数目增加一条($2n+1$)，某一同源染色体有 3 条。人类染色体三体中最常见的是21-三体和X三体,偶尔也可见18-三体,13-三体。其他染色体的三体型由于造成基因组的严重失衡而影响胚胎的发育,一般不能存活,多见于流产胚胎,在活产婴儿中极其少见。染色体数目多于三体型的非整倍体统称为多体型(polysomy),常见于性染色体,如48,XXXY、48,XXYY和49,XXXYY等。

(2) 亚二倍体(hypodiploid):细胞中染色体数目在二倍体基础上减少一条或几条称为亚二倍体。人类中常见的亚二倍体是单体性(monosomy),即细胞染色体数目减少一条($2n-1$),某一同源染色体只有一条。常染色体单体基因失衡严重,常常是致死的,在临床上极少见。性染色体单体则不尽然,如X染色体单体不仅见于流产儿,也见于儿童或成人,如Turner综合征(45,X)。如果少了一对同源染色体,即细胞不含某一号染色体,则称为缺体(nullosomy),这种亚二倍体在人类中尚未见报道。

上述的超二倍体和亚二倍体是比较常见的非整倍体。此外,有时细胞染色体数目的变化涉及2条及以上的染色体,有的染色体增加,有的染色体减少,增加和减少的数目相等,细胞染色体总数仍与二倍体一样,但其染色体组成已不是正常二倍体,称为假二倍体(pseudodiploid)。

3. 嵌合体　在人类中,有的个体内同时存在两种或两种以上核型不同的细胞系,这种个体称为嵌合体(mosaic)。如47,XX,+21/46,XX;47,XXY/46,XY和45,X/46,XX等。数目异常之间的嵌合体在人类中比较常见,此外,还有结构异常之间的嵌合体,以及数目异常和结构异常之间的嵌合体。根据起源,嵌合体又可分为同源嵌合体和异源嵌合体两种,同源嵌合体是指由一个受精卵发育过程中形成的嵌合体,而异源嵌合体是由于卵细胞和极体均受精,两种受精卵紧密组合成一个胚胎发育而成的嵌合体,后者比较少见,如46,XX/46,XY。

4. 非整倍性改变的机制　非整倍性改变的机制主要包括染色体不分离和染色体丢失。

(1) 染色体不分离(nondisjunction):是指在细胞分裂的中、后期,两条同源染色体或姐妹染色单体不能正常地分开而同时进入某一子细胞,导致该子细胞增多一条染色体而另一子细胞缺少一条染色体的现象。染色体不分离可发生在配子形成中减数分裂,也可发生在受精卵卵裂的有丝分裂过程中。

减数分裂过程中的染色体不分离既可以发生在第一次减数分裂,也可发生在第二次减数分裂。不分离发生在第一次减数分裂,将导致某对同源染色体不分离,产生$n+1$和$n-1$两种数目异常的配子;若不分离发生在第二次减数分裂,将导致姐妹染色体单体不分离,形成的配子中有1/2为正常配子,1/4为$n+1$配子,1/4为$n-1$配子(图4-3)。所产生的异常配子分别与正常配子(n)受精,形成$2n+1$(三体型)和$2n-1$(单体型)的受精卵,导致三体型和单体型的出现。

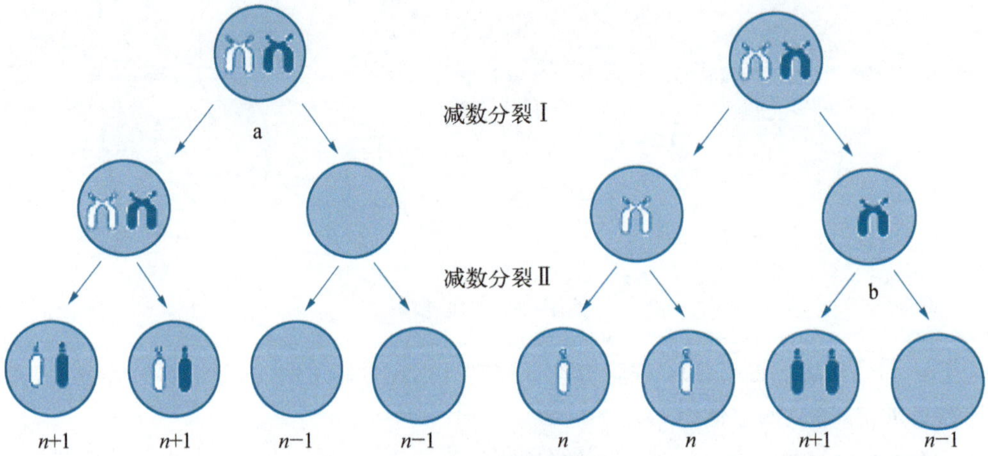

图4-3　减数分裂过程中

a. 同源染色体不分离;b. 姐妹染色体单体不分离

受精卵卵裂早期发生染色体不分离,将导致嵌合体的出现。如果不分离发生在受精卵的第一次卵裂,将导致两条姐妹染色单体同时进入一个子细胞($2n+1$),另一个子细胞则缺少该条染色体($2n-1$),形成两种数目异常细胞系的嵌合体。如果不分离发生在第二次卵裂及以后的细胞分裂过程中,将形成三种或更多种细胞系的嵌合体(图4-4)。嵌合体中正常细胞与异常细胞的比例取决于染色体不分离发生时间的早晚，不分离发生的时间越晚，正常细胞所占的比例越大。

(2) 染色体丢失(chromosome loss)：也称为分裂后期染色体迟滞(anaphase lagging)，在细胞分裂后期染色体移动的过程中，某一染色体未能与其他染色体一起移动而进入子细胞，滞留在细胞质之中而丢失。染色体丢失发生在减数分裂过程中导致某一子细胞缺少该染色体，将形成单体型；发生在受精卵卵裂中将形成嵌合体(图 4－5)。

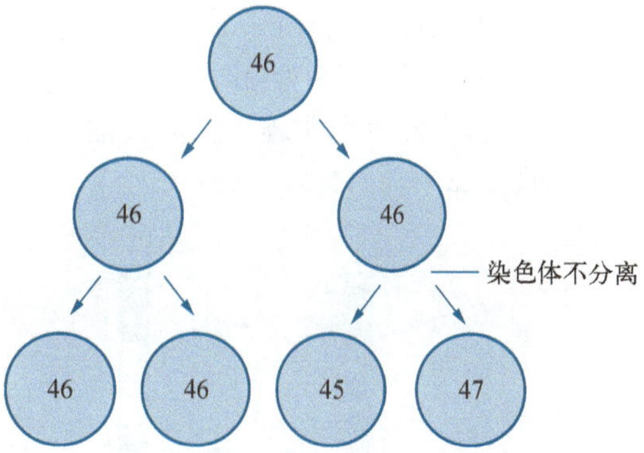

图 4－4　有丝分裂过程中染色体不分离形成嵌合体

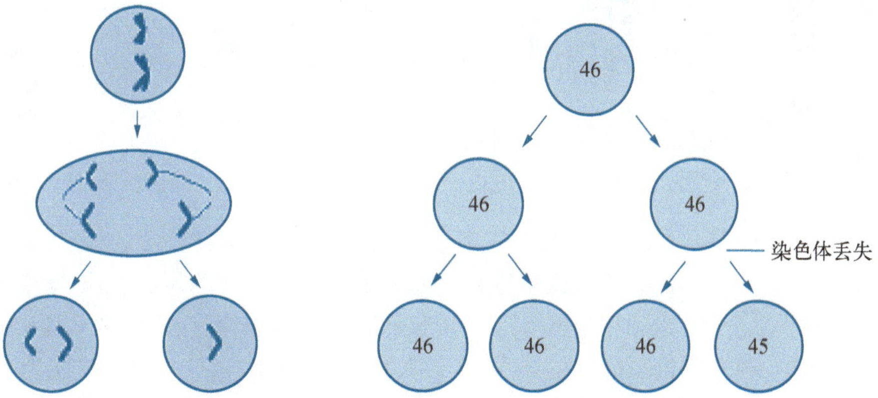

图 4－5　有丝分裂过程中染色体丢失形成嵌合体

(二) 染色体结构畸变

1. 染色体结构畸变的描述　根据人类细胞遗传学命名的国际体制，染色体结构畸变异常的描述方法有简式和详式两种。简式描述只需表示出异常核型中畸变染色体断裂点的位置。描述时先写出染色体总数和性染色体构成，再写出结构畸变的符号，最后用区带号表示断裂点，如涉及两条染色体则用“;”隔开，如 46，XY，del(5)(p15)。详式描述中简式所采用的前三项内容仍然适用，不同的是在最后的括号里表示出重排染色体带的组成，如 46，XY，del(5)(qter→p15：)。描述染色体畸变的常用符号及其意义见表 3－2。

2. 染色体结构畸变的类型　在一些因素作用下，染色体会发生断裂，断裂形成的断端具有“黏性”，易与其他断端接合或重接，有时断端非原位重接或不再重接，引起不同类型的染色体结构畸变。染色体结构畸变的主要类型有：

(1) 缺失(deletion, del)：染色体部分片段的丢失称为缺失。染色体缺失分为末端缺失和中间缺失两种类型。

1) 末端缺失(terminal deletion)：是指染色体的一条臂发生一次断裂，无着丝粒末端片段丢失。如图 4－6 为第 1 号染色体长臂 2 区 1 带(1q21)发生断裂后，断点至长臂末端部分(1q21→qter)丢失。简式描述为：46，XX，del(1)(q21)；详式描述为：46，XX，del(1)(pter→q21：)。

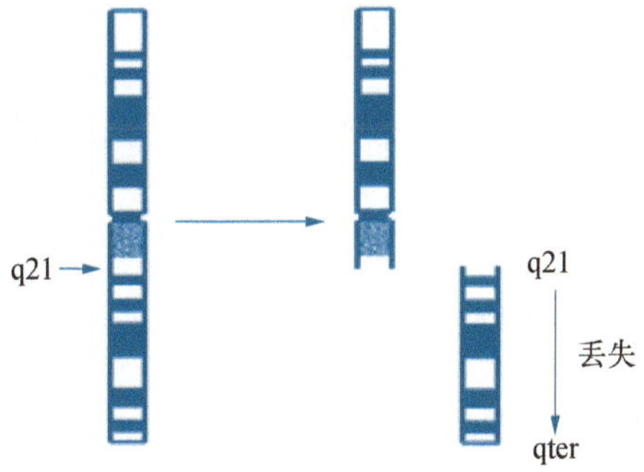

图 4－6　第 1 号染色体长臂末端缺失

2) 中间缺失(interstitial deletion)：是指一条染色体的一条臂上发生两次断裂形成三个片段，两断点之间的片段丢失。如图 4－7 为第 3 号染色体长臂 2 区 1 带(3q21)和 2 区 5 带(3q25) 发生断裂，中间片段(3q21→q25)丢失。简式描述为：46，XX，del(3)(q21q25)；详式描述为：46，XX，del(3)(pter→q21∷q25→qter)。

(2) 倒位(inversion, *inv*)：一条染色体发生两次断裂，两断点之间的片段旋转 180°后重接，称为倒位。倒位分为臂内倒位和臂间倒位两种类型。

1）臂内倒位(paracentric inversion)：是指两次断裂发生在一条染色体的同一个臂上，中间片段旋转重接所形成的倒位。图 4－8 为第 1 号染色短臂 2 区 2 带(1p22)和 3 区 4 带(1p34)同时发生断裂，断点之间的片段 1p22→1p34 发生倒位连接。简式描述为：46，XY，inv(1)(p22p34)；详式描述为：46，XY，inv(1)(pter→p34∷p22→p34∷p22→qter)。

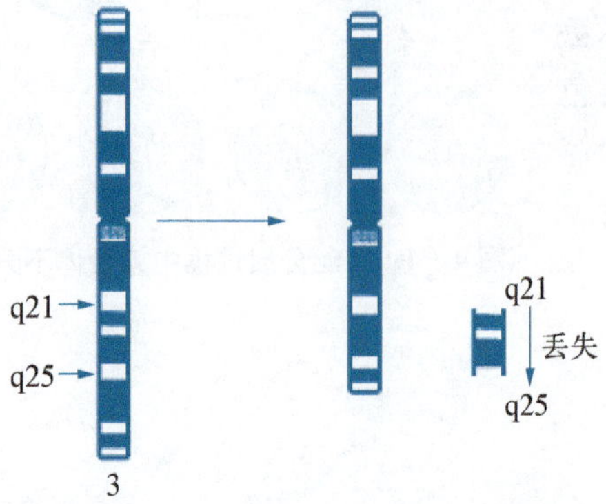

图 4－7 第 3 号染色体长臂中间缺失

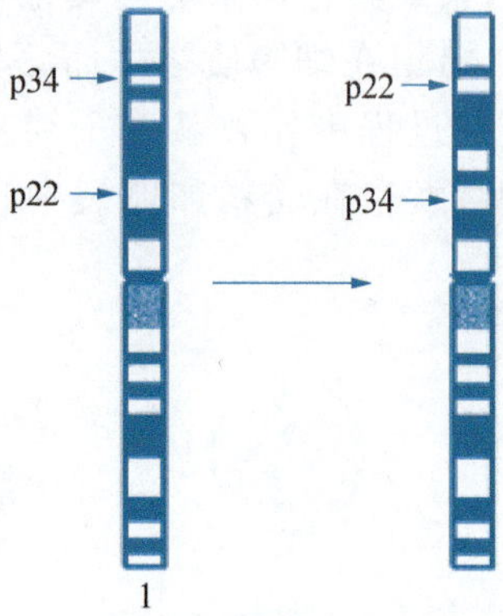

图 4－8 第 1 号染色体短臂内倒位

2）臂间倒位(pericentric inversion)：是指两次断裂分别发生在一条染色体的长臂和短臂上，中间含有着丝粒的片段旋转重接形成倒位。图 4－9 所示为第 4 号染色短臂 1 区 5 带(4p15)和长臂 2 区 1 带(4q21)发生断裂，断点之间的片段(4p15→4q21)发生倒位。简式描述为：46，XY，inv(4)(p15q21)；详式描述为：46，XY，inv(4)(pter→p15∷q21→p15∷q21→qter)。

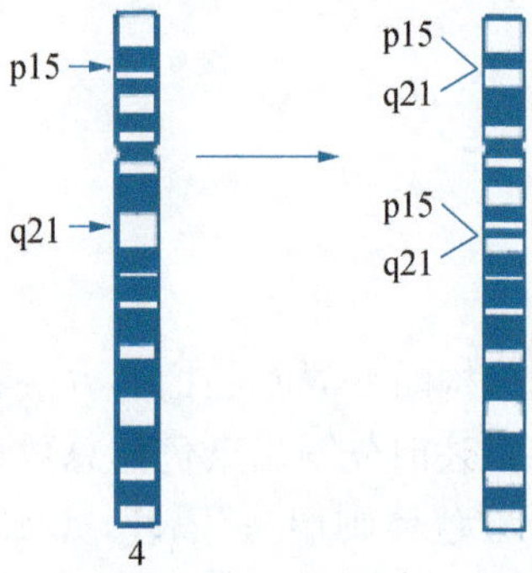

图 4－9 第 4 号染色体臂间倒位

(3) 易位(translocation，*t*)：染色体片段的位置发生改变，称为易位。易位既可发生在一条染色体内，也可发生在两条染色体之间。人类中常见的易位主要是发生染色体间的易位，包括单向易位、相互易位、罗伯逊易位。

1）单向易位(nonreciprocal translocation)：是指一条染色体的某一片段转移到了另一条染色体上。如果单向易位发生在同源染色体间，将导致一条同源染色体上插入片段的重复，而另一条同源染色体上相同片段的缺失。

2）相互易位(reciprocal translocation)：是指两条染色体发生断裂后，相互交换无着丝粒断片重接，形成两条新的衍生染色体。相互易位是人类中比较常见的染色体结构畸变，各号染色体之间都可发生相互易位。例如，第 2 号染色体长臂 2 区 1 带(2q21)和第 5 号染色体长臂 3 区 1 带(5q31)发生断裂后产生相互易位，形成两条衍生染色体(图 4－10)。其简式描述为：46，XY，t(2;5)(q21;q31)；详式描述为：

46，XY，t(2;5)(2pter→2q21∷5q31→5qter;5pter→5q31∷2q21→2qter)

3）罗伯逊易位(Robertsonian translocation)：是指人类近端着丝粒染色体间(D/D，D/G，G/G)发生的一种涉及整条长臂或短臂的相互易位形式。两条近端着丝粒染色体在着丝粒处断裂后重接形成两条衍生染色体，其中一条由两者的长臂构成，另一条由两者的短臂构成，这种易位又称为着丝粒融合(centric fusion)。两条长臂构成的衍生染色体几乎含有这两条染色体的全部遗传物质；两条短臂构成的小染色体由于缺乏着丝粒，一般会在

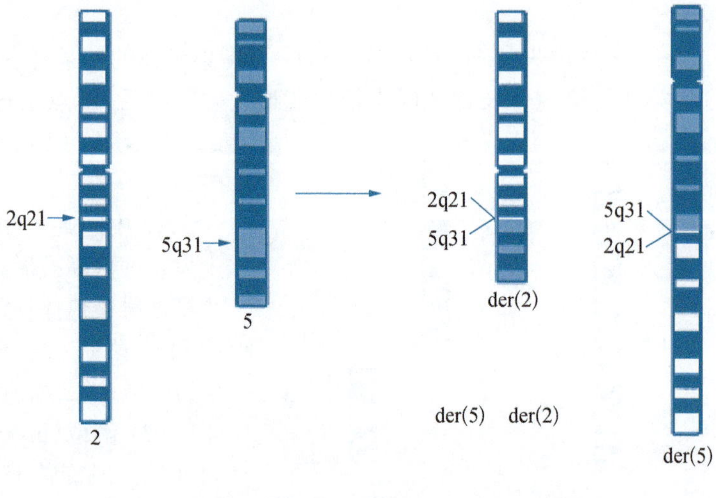

图 4－10 第 2 号与第 5 号染色体之间的相互易位

随后的细胞分裂过程中丢失，因其几乎全由异染色质组成，故其丢失不引起表型异常。因此，罗伯逊易位携带者只有45条染色体，但表型正常。如图4-11为第14号染色体和第21号染色体之间发生的罗伯逊易位，简式描述为：

45,XY, der(14; 21)(q10; q10)

详式描述为：

45, XY, der(14; 21)(14qter→14 q10::21q10→21qter)

(4) 环状染色体(ring chromosome,r)：是指一条染色体的长臂和短臂远端同时发生断裂，含着丝粒的中间片段两端重接，形成环状的染色体，两端无着丝粒的片段在细胞分裂中丢失。因此，细胞中环状染色体的出现，就伴有染色体两末端片段的缺失。例如，第2号染色体短臂2区1带(2p21)和长臂3区1带(2q31)发生断裂形成环状染色体，两个含末端的片段丢失(图4-12)。简式描述为：

46, XY, r(2)(p21q31)

详式描述为：

46, XY, r(2)(::p21→q31::)

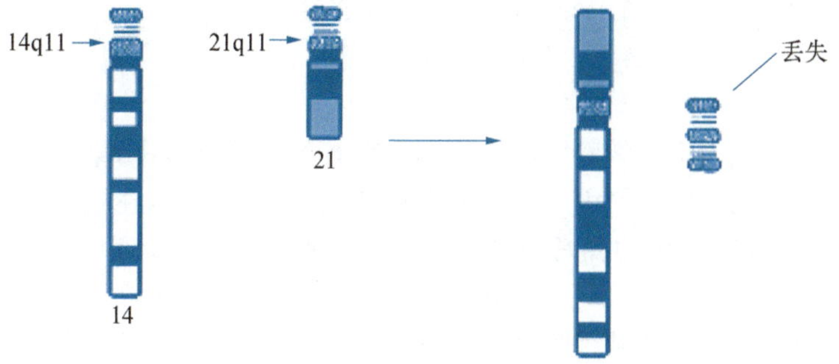

图4-11　第14号与第21号染色体罗伯逊易位

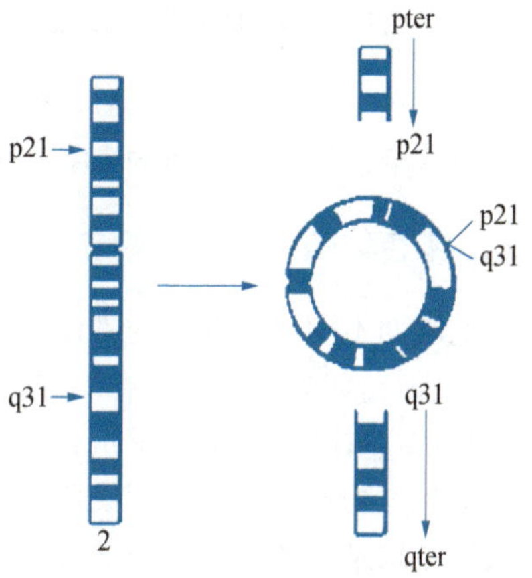

图4-12　第2号染色体形成环状染色体

(5) 等臂染色体(isochromosome,i)：一条染色体的两个臂在遗传组成和形态结构上完全相同，这种染色体称为等臂染色体。等臂染色体一般是由于细胞分裂后期着丝粒发生横裂所造成的。正常情况下，细胞分裂后期着丝粒是纵裂，形成的染色体具有长臂和短臂。如果着丝粒会出现横裂，将形成具有两个短臂或两个长臂的等臂染色体。例如，X染色体的等臂染色体(图4-13)，简式描述为：

46, X, i(Xp)(q10)

详式描述为：

46, X, i(X)(pter→q10::q10→pter)

(6) 双着丝粒染色体(dicentric chromosome, dic)：两条染色体各发生一次断裂后，带有着丝粒的片段重接，形成一条染色体具有两个着丝粒的染色体，且两个着丝粒都有功能作用，即双着丝粒染色体。两条染色体形成的无着丝粒的片段在随后的细胞分裂中丢失。例如，第6号染色体q22

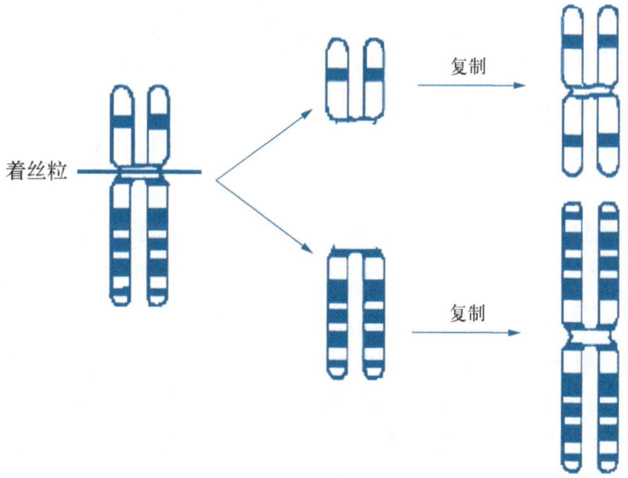

图4-13　X染色体形成等臂染色体

和第11号染色体p15断裂后形成的双着丝粒染色体(图4-14),简式描述为:

45, XY, dic(6; 11)(q22; p15)

详式描述为:

45, XY, dic(6; 11)(6pter→6q22::11p15→11qter)

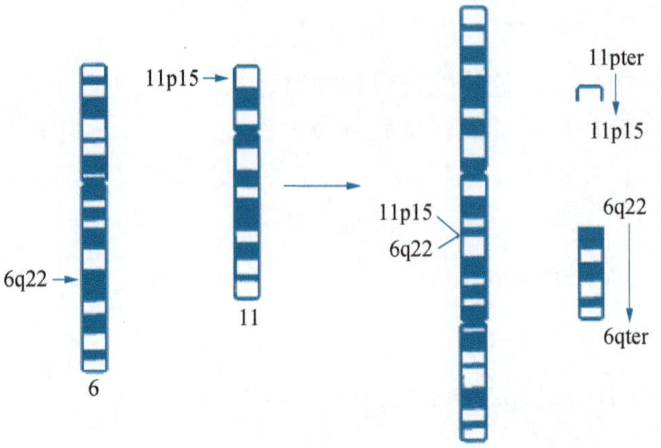

图4-14 第6号与第12号染色体形成双着丝染色体

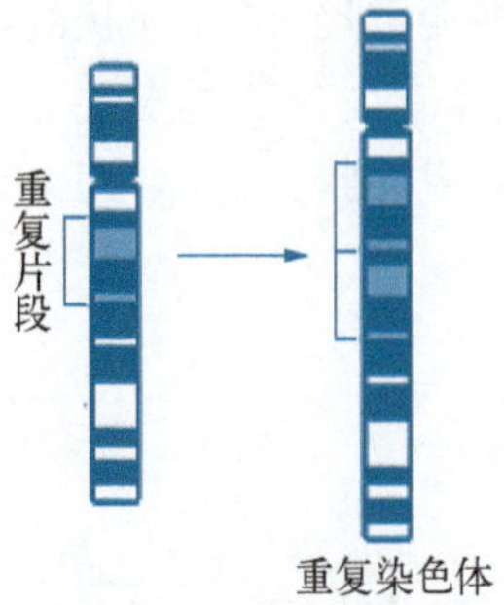

图4-15 染色体长臂部分重复

(7) 重复(duplication, dup):染色体某一片段多出了一份或以上的现象,称为重复(图4-15)。同源染色体或姐妹染色体单体之间的不等交换和染色体片段的插入等,可导致重复的产生。

三、染色体畸变的遗传效应

细胞周期不同时期发生的染色体畸变,其产生的生物学效应不尽相同。在有丝分裂过程中,染色体的复制在S期进行,如果畸变发生在G_1期和S早期(染色体复制前),则形成染色体型畸变。另外,在减数分裂过程中,同源染色体联会、交换重组和分离等不同环节发生的异常也会导致不同类型的染色体畸变,产生不同的分子细胞生物学效应。不同染色体畸变的遗传效应也是不尽相同的。

缺失导致染色体某一片段的丢失,意味着该片段上的基因随之丢失,进而导致缺失片段上的基因所控制的生物功能的丧失或相关的表型异常。缺失片段的大小不同,其产生的后果也不同。如果缺失的片段较大,一般会导致细胞或个体的死亡。如果缺失的片段较小,不严重影响个体的生存,但往往具有各种各样的表型异常,产生染色体病。如果缺失片段上含有显性基因,则会导致假显性现象,即正常的同源染色体上的等位隐性基因不会被掩盖而得以表现。

倒位导致基因的重排,除断裂点所涉及的基因外,也不改变其他基因的结构。如果断裂点不破坏重要的基因,个体一般表现正常。倒位携带者在减数分裂同源染色体配对联会时,若倒位片段较短,倒位区段的两侧其余区段正常配对,倒位区段与对应的正常区段不配对,在二价体上形成泡状,但在细胞学上一般难观察到;但缺失的片段较大时,由于倒位区段与正常同源染色体上对应的区段方向相反,在配对时,倒位区段通过一条染色体发生扭转后与同源区段配对形成倒位环(inversion loop),分离后可形成不平衡配子而导致异常妊娠。

相互易位也不导致遗传物质的丢失,大多数情况下,不引起个体表型的异常。但相互易位导致基因位置的改变,有时基因位置的改变会引起其表达的异常,称为位置效应。此外,相互易位有时可导致融合基因的出现(如费城染色体)。相互易位的个体,在减数分裂同源染色体联会分离后亦可形成异常配子,这些异常配子与正常配子受精后亦将引起异常妊娠。

重复导致染色体部分三体或多体,引起重复区段所含有的那些基因的数目增加,扰乱基因间固有的平衡,对细胞或个体的生长发育造成不良影响。重复片段较大或重复片段上带有某些特殊、重要的基因,会严重影响个体的生活力、生殖能力,甚至个体死亡。有些重复会导引起基因剂量效应,即某一基数量的增加,其表达和表型程度也随之增强。

第二节 染色体病

染色体病是一类非常严重的疾病，通常表现出多方面的临床异常，又称染色体畸变综合征(chromosomal aberration syndrome)。染色体病一般具有先天性多发畸形、生长发育迟缓、智力低下等临床特征。染色体病分为常染色体病和性染色体病两大类。

一、常染色体病

常染色体病(autosomal disorder)是由于常染色体数目或结构畸变而引起的疾病。在人类中，常见的常染色体病主要包括三体综合征、单体综合征，嵌合体等类型。

(一) 21-三体综合征(21-trisomy syndrome)

1866年，英国医生Down首先描述了该病的临床表现，故又称为唐氏综合征(Down syndrome)。1959年，法国细胞遗传学家Lejeune证实本病的病因是多了一条G组染色体(后来确定为21号)，此病又称为21-三体综合征(21-trisomy syndrome)。该病在新生儿中21-三体综合征的发病率约为1/800，患者中男性多于女性，是最常见的染色体病。

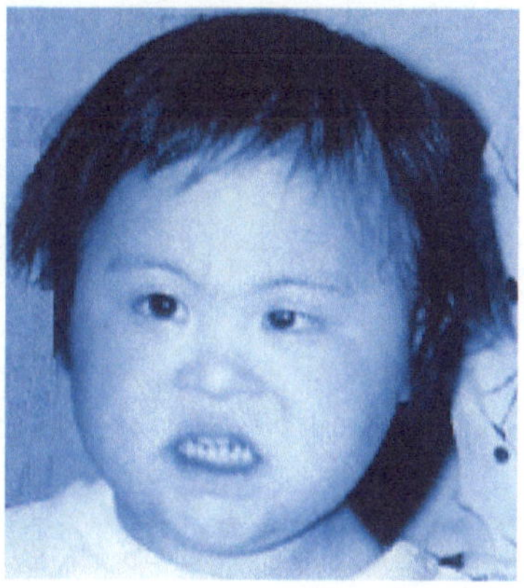

图4-16 21-三体综合征患者

【临床特征】 21-三体综合征累及多种组织器官，临床症状非常多样。主要临床表现为生长发育迟缓，智力低下和多发畸形等(图4-16)。本病最严重和最突出的症状是智力低下，患儿智商一般在25～50之间，因此，该病也称为先天愚型。患儿具有特殊的面容：头颅小而圆，枕部扁平，脸圆而平，鼻梁扁平，眼裂细、向上外倾斜，眼间距宽，内眦赘皮，常有斜视，嘴小唇厚、舌大、常外伸，故又称为伸舌样痴呆；耳小、低位耳。由于软骨发育差，患者四肢较短，手宽而肥，常见通贯掌，指短，小指常内弯。肌张力低，腹部膨胀，常有腹直肌分离或脐疝。约1/2的患者有先天性心脏病，患者甲状腺功能低下，免疫力低，白血病的发生率增高约20%。男性常有隐睾，不育，而女性患者通常无月经，但有少数能妊娠和生育。患者的预期寿命较短，平均16岁左右。

【遗传分型】

(1) 游离型(21-三体型)：约占95%，为21-三体综合征的主要类型，核型为47，XX(XY)，+21。游离型21-三体综合征患儿父母的核型一般正常，其发生的原因是父母生殖细胞形成的减数分裂过程中21号染色体发生了不分离，形成含2条21号染色体的配子(n+21号染色体)，与正常配子受精就形成21-三体受精卵。这种染色体不分离大多发生在母亲的卵子形成过程中，约占95%，仅有5%发生在父亲的精子形成过程中。游离型的发病风险与母亲的生育年龄有关，随着母亲生育年龄的增大，发病风险升高(表4-1)。因此，高龄孕妇(35岁以上)的胎儿患病风险明显增大。此外，已生育过21-三体综合征患儿的夫妇，再次生育患儿的风险也增大，约为1%。

(2) 易位型：占3%～4%。该种类型的21-三体综合征患者具有一条21号染色体与D组或G染色体发生罗伯逊易位形成的衍生染色体，他们的染色体数仍为46条，但多了一条第21号染色体的长臂，加上正常的两条21号共有三条21号长臂。由于决定该病的基因位于第21号染色体长臂上，患者也表现出21-三体综合征的症状。在易位型21-三体综合征患者中，最常见的是Dq21q易位，即一条第21号染色体的长臂易位到一条D组染色体上，占全部易位型的54.1%，如46，XX(XY)，−14，+t(14q;21q)。这种易位55%是新发生的，45%由遗传而来。如果是从遗传而来，患者的双亲之一为Dq21q罗伯逊易位携带者，如45，XX(XY)，der(14; 21)(q10; q10)。其次是21qGq易位，占40.9%，大多是新发生的(占96%)，仅有4%由遗传而来，如46，XX(XY)，−22，+t(22q;21q)。此外，还有5%的其他易位型。

表 4-1 21-三体综合征发病率与母亲生育年龄的关系

母亲生育年龄(岁)	发病率	母亲生育年龄(岁)	发病率
20～25	1/1 420～1/1 250	38	1/170
26～30	1/1 210～1/1 140	39	1/130
31	1/1 000	40	1/100
32	1/830	41	1/80
33	1/630	42	1/60
34	1/490	43	1/48
35	1/360	44	1/38
36	1/282	45	1/30
37	1/220		

如果双亲之一为 Dq21q 平衡易位携带者，理论上经减数分裂可产生六种配子，但实际只发现四种配子，这些配子分别与正常配子受精后，后代中将出现四种核型：1/4 正常，1/4 为易位型患者，1/4 为携带者，1/4 为 21 单体。由于 21 单体不能存活而流产，因此，生出患儿的风险为 1/3(图 4-17)，但实际风险要低得多，如母亲是 14q21q 易位携带者，生产患儿的风险为 10%～15%，父亲是携带者，则风险为 5%或更小。21q22q 易位携带者的后代的发病情况与 Dq21q 大体相同。21q21q 平衡易位携带者的后代中可出现两种核型：一种为 21 单体而流产，另一种是易位型 21-三体，出生的后代中 100%是 21-三体综合征患儿(图 4-18)。因此，对于 21 平衡易位携带者，其生育患儿的风险远高于正常人，在生育时有必要应进行产前诊断，以避免患儿的出生。

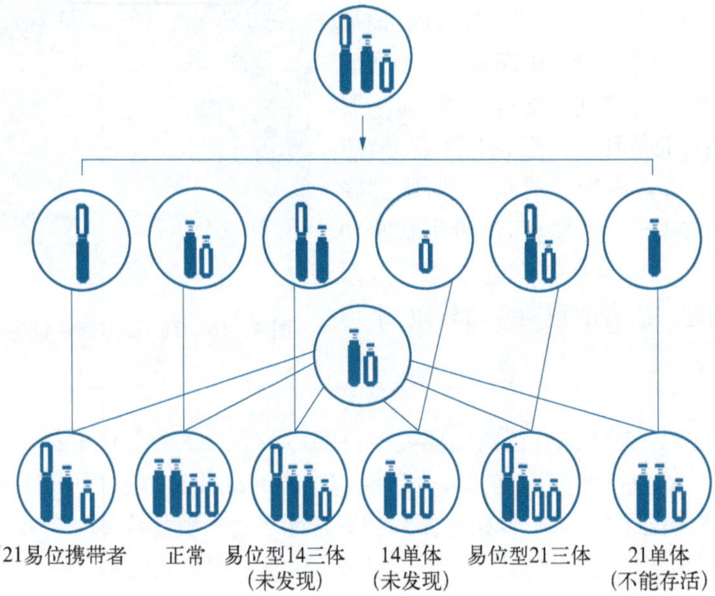

图 4-17 14/21 易位携带者可能产生的生殖细胞及受精卵类型

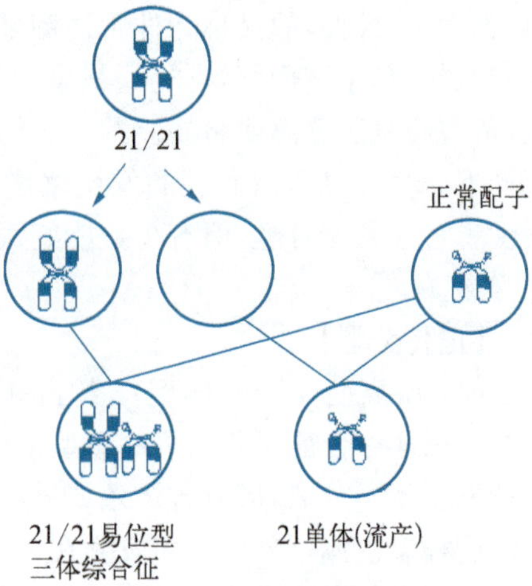

图 4-18 21/21 易位携带者可能产生的生殖细胞及受精卵类型

(3) 嵌合型：占 1%～2%，比较少见，核型为 47，XX(XY)，+21/46，XX(XY)。其产生的主要原因是受精卵在第一次有丝分裂后的某一次分裂过程中，21 号染色体发生了不分离，形成 45/47/46 三种细胞系的嵌合体，但由于 45 这种细胞不能存活，最终形成 47/46 嵌合体。由于嵌合型患者存在正常细胞，临床症状一般较轻，没有 21-三体型那样典型和严重，其临床症状的严重程度取决于异常核型的细胞所占的比例。

【分子机制】 在细胞遗传学水平上，人类对 21-三体综合征的病因机制已有了较为清楚的认识，但在基因和蛋白水平上，对其发病的分子机制还不完全清楚。第 21 号染色体上估计有 200～300 个基因，从这些基因中鉴定出与 21-三体综合征的发病相关基因，了解它们的功能和在发病过程中的作用，对阐明 21-三体综合征发病的分子机制，进而进行预防和干预性治疗意义重大。

近年来，21-三体综合征分子机制研究方面取得了一些重要的进展，在第21号染色体上发现了21-三体综合征发病的关键决定区域，该区域定位21q22.3的近端，在这个区域内存在21-三体综合征病理发生过程中有重要作用的一些基因，决定21-三体综合征的主要表型特征。21-三体综合征相关基因的寻找、鉴定主要集中在21q21-21q22.3这一区域内。目前，从这个区域内已鉴定出一些21-三体综合征发病相关基因。这些基因的发现，为21-三体综合征分子机制的阐明奠定了一个良好的基础。但是，由于21-三体综合征涉及的基因非常多，还有许多相关基因有待于进一步的研究。表4-2简要介绍几种与21-三体综合征发病相关的重要基因。

表4-2 21-三体综合征相关基因

基因名称	基因定位	基因功能及其与21-三体综合征的关系
APP	21q21	编码β淀粉样蛋白A4的前体(APP)，过度表达引起21-三体综合征患者神经原纤维缠结和淀粉样斑块，损伤记忆功能；21-三体综合征小鼠模型研究表明，该基因还与认知障碍难密切相关，推测其可能与智力低下有关
SOD1	21q22.1	编码超氧化物歧化酶，该酶能将氧自由基转化为过氧化氢和水，在21-三体患者的细胞中过表达，会引起多种组织器官细胞的过氧化损伤，与患者过早衰老，神经退行性病变、免疫功能低下等有关
DYRK	21q22.1	编码双特异性酪氨酸磷酸化调节激酶1，在脑发育过程中有重要作用，该基因异常表达，可引起神经发生异常，影响智力发育，与21-三体综合征神经系统方面的缺陷如学习能力差、智力低下等有关。也有研究显示，该基因也可能与先天性心脏病的发生有关
DSCR1	21q22.1-22.2	21-三体综合征关键区域基因1，对calcineurin(钙调神经磷酸酶)介导的信号转导系统有调控作用，过表达会抑制许多基因转录异常和多种生理活动的异常，研究表明，该基因与21-三体综合征患者的神经系统，心脏和或免疫方面的缺陷有关
COL6A1	21q22.3	编码产物为胶原蛋白Ⅰ，型胶原蛋白Ⅰ参与细胞迁移，分化和胚胎发育，该基因的过表达，会扰乱正常的房室瓣间隔形成，导致先天性心脏畸形，与21-三体综合征先天性心脏病有关
ETS2	21q22.3	编码产物为E26病毒癌基因同源蛋白2，是一种转录因子，调控许多基因的表达并参与干细胞的发育。在转基因小鼠中的研究显示，其过表达会导致与21-三体综合征相似的胸腺和淋巴细胞的异常及骨骼异常，可能与21-三体综合征的骨骼发育异常及白血病相关
DSCAM	21q22.2-22.3	DS细胞黏附分子，在神经系统中广泛表达，参与神经系统的分化，与21-三体综合征神经系统缺陷有关。此外，在胚胎发育早期在心脏表达，认为它还可能与21-三体综合征的先天性心脏病的发病相关
miRNA基因		在第21号染色体有5种miRNA基因，即*miR-99a*、*let-7c*、*miR-125b-2*、*miR-155*和*miR-802*。最近的研究显示，*miR-155*和*miR-802*在21-三体脑组织中的过表达，会抑制甲基化CpG结合蛋白的(MeCP2)表达，使MeCP2表达降低，引起一些转录因子的表达异常，进而引起神经元基因的异常表达，导致脑发育的异常。微RNA基因的过表达，可能是造成21-三体综合征脑发育异常的原因之一

(二) 18-三体综合征(18-trisomy syndrome)

1960年，Edwards等首先发现并描述了一名具有额外E组染色体的病儿，后来证明额外的染色体为第18号染色体，故该病也称为Edwards综合征。新生儿中的发病率为1/8 000～1/3 500，患儿中女性明显多于男性，两者之比为4∶1。

【临床特征】 主要的临床特征为严重智力发育不全、生长发育迟缓、多发畸形。患儿出生时体重低，发育差如早产儿，吸吮差，反应弱。头面部畸形，如头长而枕骨突出，眼距宽，眼裂小，内眦赘皮，耳位低，耳郭畸形，下颌小，颈短，唇裂或腭裂。全身骨骼肌肉发育异常，表现出胸骨短、骨盆狭窄、脐疝或腹股沟疝、腹直肌分离等。手足部畸形，如特殊的握拳姿势，即第2和第5指压在第3指和4指上，互相叠盖，指甲发育不全；脚部呈现"摇椅样畸形足"。95%的患儿有室间隔缺损、动脉导管未闭等先天性心脏病，这也是导致患儿死亡的主要原因。有1/3个体在出生后1个月内死亡，50%的个体在2个月内死亡，90%以上的个体在1岁内死亡，只有极个别患者可活到儿童期。

【遗传分型】 在18-三体综合征患儿中，大约有80%为18-三体型(游离型)，核型为47，XY(XX)，+18，其产生原因是父母的生殖细胞形成过程中18号染色体发生不分离，大多来自母亲，与母亲的年龄增大有关。约有10%的患者为嵌合体，核型为47，XY(XX)，+18/46，XY(XX)，是受精卵卵裂早期有丝分裂过程中18号染色体发生不分离所致。其余的患者为易位型，主要是18与D组染色体间的易位。

(三) 13-三体综合征(13-trisomy syndrome)

1960年Patau首先发现此病,所以13-三体综合征又称为Patau综合征。新生儿中的发病率约为1∶25 000,女性明显多于男性,与母亲的年龄增大有关。

【临床特征】 患儿的畸形和其他临床症状比18-三体和21-三体严重。颅面的畸形包括小头,前额不发育,无嗅脑,前脑发育缺陷,无嗅脑、眼球小,有时无眼球;多有上唇裂并常伴有腭裂;耳位低,耳郭畸形,常有耳聋,颌小。内脏的畸形非常普遍,如心室或心房间隔缺损、动脉导管未闭、多囊肾、肾盂积水,结肠异常旋转等。生殖系统畸形,如男性患儿常有隐睾,女性则有双阴道、双角子宫等。手足部畸形有时可见多指。患儿的平均寿命130日,45%的患儿在出生后一个月内死亡,90%在出生后6个月内死亡。

【遗传分型】 13-三体综合征患者中有80%为13-三体型(游离型),核型为47, XX(XY), +13,母亲高龄可能是其产生的原因之一,大多是由于母亲卵细胞形成过程中13号染色体不分离所造成。其余为嵌合型或易位型,嵌合型患者的核型为47, XX(XY), +13/46, XX(XY),由于有正常细胞的存在,症状相对较轻;易位型以13和14号染色体罗伯逊易位居多,患者通常有一条13号和14号长臂组成的易位染色体(13q14q),多了一条13号染色体长臂,核型为46, XX(XY), −14, +t(13q;14q)。

(四) 5p部分单体综合征(5p-综合征)

5p-综合征又称为猫叫综合征(cat cry syndrome)。5p-综合征在人群中发病率约1/50 000,女患者多于男患者,为最常见的常染色体缺失综合征。

【临床特征】 婴幼儿时期患儿的哭叫如小猫叫,猫叫综合征由此得名。患者智力低下(IQ常低于20),生长发育明显迟滞,容貌发育异常,如小头、满月脸、眼距较宽、内眦赘皮、眼外角下斜、低位耳、下颌小且后缩等。患者的死亡率低,少数能活到成年。

【遗传分型】 本病为第5号染色体短臂缺失所致,患者染色体缺失的片段大小也不尽相同,断裂点大多发生1区5带(5p15)。大多数患者的染色体畸变是新发生的。该病患者中,80%是染色体片段(5p15)的单纯性缺失所引起的,核型为46, XX(XY), 5p-;10%由不平衡易位型所致,少数为环状染色体和嵌合体。

(五) 微缺失综合征

微缺失综合征(microdeletion sydrome)是由染色体上一些微小片段缺失,导致染色体部分单体而引起的一类疾病。由于这种缺失往往引起缺失片段上几个相邻基因的丢失,因此,也称为邻接基因综合征(contiguous gene syndrome)。研究显示,这类疾病的染色体断裂点存在一些低拷贝的重复序列,重复序列之间的异常重组,引起不等交换,进而导致缺失的产生。染色体常规显带分析一般难于识别这些缺失,在临床上,可通过染色体高分辨显带分析或荧光原位杂交(FISH)来检测确定。表4-3所示为几种人类中常见的微缺失综合征。

表4-3 染色体微缺失综合征

疾病名称	缺失部位	主要临床症状	片段大小(kb)	重复序列长度(kb)
Smith-Magenis综合征	17p12.2	声音沙哑、面中部宽扁平、凸颌、低位耳、宽鼻梁、听力损失、强迫自残、精神运动性阻抑	5 000	200
Pradwe-Willi综合征	15q11-13	智力低下,生长发育迟缓,身材矮小,手足小,肌张力低下、性腺发育和第二性征发育不良	4 000	50~400
Angelman综合征	15q11-13	快乐木偶面孔、智力低下、严重的语音障碍、癫痫发作、肌阵挛性反射、儿童精神/运动阻抑	4 000	50~400
Williams综合征	7q11.23	血管系统畸形、小精灵面容、内分泌异常、结缔组织异常、精神发育迟缓、认知困难等	2 000	>30
DiGeorge综合征	22q11	心脏发育异常、胸腺发育不良或胸腺缺失导致免疫缺陷	3 000	200
Velocardiofacial综合征	22q11	腭咽发育不良(如腭裂、黏膜下腭裂、咽腭发育不了)、心脏缺陷、特殊面容	3 000	200

二、性染色体病

性染色体病(sex chromosomal disorder)是指由性染色体(X 和 Y)数目或结构异常所引起的疾病。性染色体病患者临床特征主要为性腺组织异常、性器官和第二性征发育不良、生殖能力下降等。常见的性染色体病有 Klinefelter 综合征、Turner 综合征、XYY 综合征、脆性 X 染色体综合征等。

(一) Klinefelter 综合征(Klinefelter syndrome)

1942 年 Klinefelter 等首先报道,故称为 Klinefelter 综合征,此病也称为先天性睾丸发育不全症、原发小睾丸症。Klinefelter 综合征的发病率相对较高,在男性新生儿中约为 1/850。调查资料显示,在一些人群中,身高超过 180 厘米的男性中发病率为 1/260,在精神病患者或刑事收容机构人群中为 1/100,男性不育个体约有 1/10 是该病患者。

【临床特征】 患者一般在青春前无异常的表现,不易被发现,在青春期后才表现出相应临床特征。患者睾丸发育异常,如睾丸小而质硬或隐睾,曲细精管萎缩,呈玻璃样变性,通常不能产生精子,故绝大多数(97%)患者不育。男性第二性征发育不良,如无胡须、喉结不明显、体毛少、皮下脂肪丰富、皮肤细嫩,阴毛分布如女性等,部分患者(约 25%)有乳房发育。患者身材高,四肢长,双手平举时两中指间距常超过身长。一些患者还有精神异常及患精神分裂症倾向,一部分患者有中、轻度智力低下。患者的雄性激素水平降低而雌性激素水平升高,性激素失调与患者的女性化有关,青春期用雄性激素治疗,可改善男性第二性征的发育和患者的心理状态。

【遗传分型】 患者中 80%~90%(游离型)的核型多为 47, XXY,其产生原因是由于双亲之一在生殖细胞形成过程中发生了性染色体不分离,形成的 XX 或 XY 配子与正常配子受精所致,异常的配子大约有 60%来自母亲,40%来自父亲。此外,有 10%~15%患者为嵌合体,常见的有 47, XXY/46, XY 或 48, XXXY/46, XY,其中部分嵌合体患者能产生精子,有一定生育能力。

(二) Turner 综合征(Turner syndrome)

1938 年 Turner 首次报道此病,故称为 Turner 综合征。该病又称为女性先天性性腺发育不全或先天性卵巢发育不全综合征。在女婴中的发病率约为 1/5 000,该病的胎儿绝大多数流产,在自然流产儿中的比例可高达 18%~20%。

【临床特征】 患者表型为女性,身材矮小(成年身高在 120~140 cm 左右)。智力可正常,但常低于同胞,有时轻度障碍。肘外翻,双肩径宽,胸宽平如盾(盾状胸),乳间距宽,后发际低,皮肤常有色素痣,50%个体有蹼颈。卵巢发育差,呈索状,无卵泡,原发性闭经,子宫发育不良,不育。第二性征发育不良,如乳房不发育和外生殖器幼稚等。大约有 50%的患者有主动脉狭窄和马蹄肾等畸形。除少数由于严重畸形在新生儿期死亡之外,一般均能存活,但常常在青春期才被发现。青春期用雌激素治疗,可促进第二性征和生殖器的发育,月经来潮,但不能促进长高和恢复生育能力,个别患者可生育。

【遗传分型】 Turner 综合征患者的核型约 55% 的患者为 45,X,此外,还有各种嵌合体和结构异常的核型。其中最常见的是嵌合型 45,X/46,XX,结构异常为 46,X,i(Xq)、46,X,i(Xp)和 X 长臂或短臂的缺失。嵌合体临床症状较轻,可有生育能力,有的嵌合体还带有 Y 染色体,表现出男性化的特征。

45,X 型 Turner 综合征的发病机制是双亲生殖细胞形成过程中性染色体不分离,形成无 X 染色体的配子,其中约 75%的不分离发生在父方。嵌合体产生的原因包括受精卵早期卵裂时 X 染色体不分离和 X 染色体丢失。

X 染色体结构异常所致的患者,他们可表现出 Turner 综合征的一些临床症状。其症状主要取决于异常涉及的 X 染色体上的区段,如在 X 短臂缺失(XXp−)的患者中,Xp 远端缺失患者有诸如身材矮小等 Turner 综合征体征,但性腺功能正常;如缺失包括整个短臂,临床表现与 X 染色体长臂等臂染色体的类似,患者既有 Turner 综合征的体征,又有性腺发育不全。在 X 长臂缺失(XXq −)的患者中,缺失在 q22 以远者,一般仅有性腺发育不全、原发闭经、不育,而无其 Turner 综合征体征;如缺失范围较大包括长臂近端的患者,除有性腺发育不全外,还有一些其他 Turner 综合征的体征,与 X 染色体短臂等臂染色体类似,而 Xq 中间缺失(q13 − q26)有其他一些 Turner 综合征的体征,但性腺功能正常。

(三) XYY 综合征

该病在男婴中的发生率为 1/900。XYY 综合征个体的男性表型正常,但一般都身材高大,常超过 180 cm,偶尔可见隐睾、睾丸发育不全并伴有生精障碍和生育力下降、尿道下裂等生殖系统发育异常。大多数 XYY 综合征患者可以生育,其后代也大多正常,极少数可能生育 XYY 的男性后代。XYY 综合征个体易兴奋,冲动,自我克制力较差。绝大部分 XYY 综合征患者的核型为 47,XXY,其产生的原因是父亲的精子形成过程中的第二次减数分裂时,Y 染色体不分离,形成 YY 的精子与正常卵细胞受精所致。

(四) 多 X 综合征(poly - X syndrome)

多 X 综合征又称为超雌综合征(superfemale syndrome),女性中的发病率约为 1/1 000。多 X 综合征的大部分患者个体发育、性功能和生育力正常,但约有 2/3 患者智力稍低,并有患精神病倾向,约 1/3 患者有卵巢功能低下,月经减少或闭经,乳房发育不良。大多数患者的核型为 47,XXX,少数为嵌合体 47,XXX/46,XX,还有较为少见的 48,XXXX 和 49,XXXXX,患者的 X 染色体越多,对智力造成的损害和发育的畸形越严重。多 X 染色体综合征产生的原因是生殖细胞形成过程中 X 染色体不分离,这种不分离主要来自母亲。

(五) 脆性 X 染色体综合征(fragile X chromosome syndrome)

1943 年,Martin 和 Bell 发现此病,所以称为 Martin-Bell 综合征。后来的研究表明,该病患者 X 染色体长臂 2 区 7 带(Xq27)存在细丝部位,并将此部位称为"脆性部位"(fragile sites)。有脆性部位的 X 染色体称为脆性 X 染色体,故又将这种疾病称为脆性 X 染色体综合征。该病主要是男性发病,男性中的发病率为 1/1 500～1/1 000,智力低下的男性中高达 10%～20%,是造成男性智力低下的主要原因之一。

【临床特征】 中度到重度的智力低下。大睾丸,但睾丸内组织无异常;大头,大耳,前额突出,面中部发育不全,如下颌大而前突、高腭弓、唇厚、下唇突出等。一些患者还有多动症,攻击性行为或孤僻症,癫痫等。本病的遗传方式为 X 连锁隐性遗传。女性为携带者,但约 1/3 的女性携带者有轻度的智力低下,其主要原因是女性的两条 X 染色体随机失活时,失活的染色体大多为正常 X 染色体。

【分子机制】 在 X 染色体 q27.3 存在脆性 X 智能落后 1 基因(fragile X mental retardation - Ⅰ,FMR - Ⅰ),*FMR - 1* 基因全长 38 kb,有 17 个外显子,编码的蛋白质是一种 RNA 结合蛋白,位于细胞质内,具有选择性 RNA 结合功能。该基因第一外显子的 5′非翻译区含有一个$(CGG)_n$三核苷酸重复序列,其附近存在 CpG 岛。该重复序列是一个具有动态突变序列,拷贝数会随着传代而增加,拷贝数异常扩展引起脆性 X 染色体的表现。正常人$(CGG)_n$的拷贝数在 6～54 之间,平均拷贝数为 30,CpG 岛无甲基化。而脆性 X 染色体综合征携带者的拷贝数为 54～200,CpG 岛未被甲基化,称为前突变(premutation),只有轻微或没有临床表现。当$(CGG)_n$的拷贝数超过 200,并伴有相邻 CpG 岛的甲基化,称为全突变(full mutation),全突变降低或关闭 *FMR - 1* 基因表达,表现出脆性 X 染色体综合征的临床症状,有的严重患者的$(CGG)_n$拷贝数最多可达 4 000。

(六) 两性畸形

两性畸形(hermaphroditism)指个体的性器官和第二性征表现有两性的特征。两性畸形产生的原因比较复杂,基因突变、性染色体异常、性激素分泌异常、环境因素等均会导致两性畸形。两性畸形分为真两性畸形和假两性畸形。

1. *真两性畸形*(true hermaphroditism) 是指一个个体内同时具有睾丸和卵巢两种性腺组织,其外生殖器与第二性征介于两性之间。在真两性畸形患者中,约 40%一侧为卵巢另一侧为睾丸,约 20%两侧均为卵睾(即在一个性腺内同时存在卵巢和睾丸两种组织),约 40%一侧为卵睾另一侧为卵巢或睾丸。其核型分布为:46,XX 约占 57%,46,XY 约占 12%,46,XX/46,XY 约占 5%。

2. *假两性畸形*(pseudohermaphroditism) 患者只有一种性腺,但外生殖器和第二性征介于两性之间或与性腺相反。假两性畸形又可分为男性假两性畸形和女性假两性畸形。

(1) 女性假两性畸形:患者的性腺为卵巢,核型为 46,XX,但外生殖器介于两性之间,第二性征有男性化表现。女性假两性畸形产生的主要原因是由于女性胎儿暴露于雄激素过多的环境。如先天性肾上腺增生症(congenital adrencal hyperplasia,CAH),致病基因定位于 6p21.3,为常染色体隐性遗传,是由于 21 -羟化酶缺乏导致雄激素合成过多，外生殖器和第二性征出现男性化表现。孕期母亲使用过多的雄激素类药物，也会导致女性假两性畸形。

(2) 男性假两性畸形：患者的性腺为睾丸，核型为46,XY，但外生殖器表现出不同程度的女性形态，第二性征女性化。如雄激素不敏感综合征（androgen inseneitivity syndrome，AIS）或称睾丸女性化综合征（testicular feminization syndrome），为X连锁隐性遗传，患者由于X染色体上雄性受体基因异常，导致靶细胞对雄性激素不敏感，患者虽有正常的雄性激素水平，但不能发挥作用，出现女性化特征，如外生殖器似女性、有阴道开口、乳房发育等。雄性激素缺乏，也可导致男性假两性畸形。

第三节　染色体异常携带者

在人群中，有些个体带有结构异常的染色体，但表型正常，这些个体称为染色体异常携带者，主要包括倒位携带者和易位携带者。异常的染色体虽不会引起携带者表型异常，但在携带者生殖细胞形成过程中，会导致异常生殖细胞的产生，造成不育、流产、死产、新生儿死亡和生育染色体病患儿等一系列严重的后果。染色体异常携带者也被认为是临床上不育、自发流产的一个重要原因。在我国携带者的发生率为0.47%，携带者的检出，对染色体病的预防，男女不育、自发流产病因的诊断有重要意义。

一、倒位携带者

倒位携带者分为臂内倒位携带者和臂间倒位携带者，无论哪一种倒位携带者，其倒位染色体在第一次减数分裂时与正常的同源染色体配对形成倒位环，倒位环内同源染色体交换，将导致染色体异常配子的产生，如无着丝粒染色体片段、双着丝粒染色体、重复、缺失等染色体异常的配子，这些染色体异常会严重影响受精后胚胎的正常发育，常常导致不育、流产、染色体病患儿出生等遗传效应。如倒位环内同源染色体发生交换，臂间倒位携带者可形成4种配子，其中1种染色体正常，1种带有倒位染色体，另外2种带有重复和缺失的染色体（图4－19）；臂内倒位携带者也产生4种配子，其中1种染色体正常，1种带有倒位染色体，1种含无着丝粒片段，1种带有双着丝粒染色体（图4－20）。

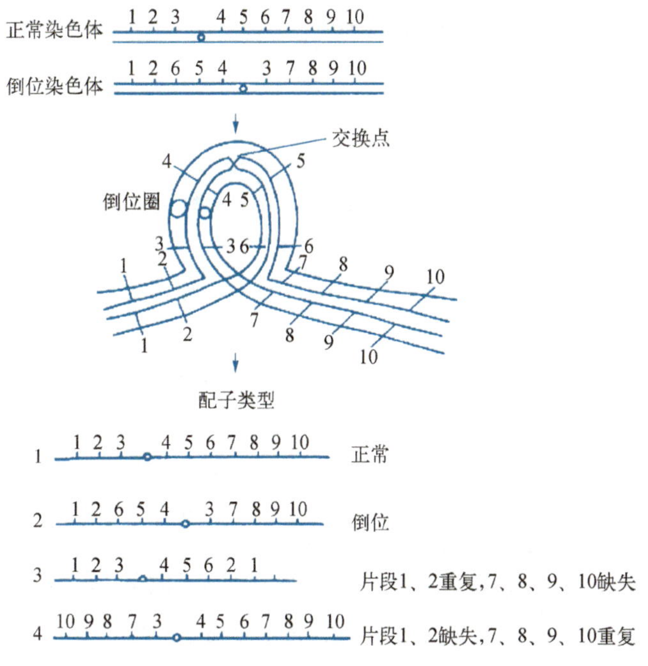

图4－19　臂间倒位形成异常配子

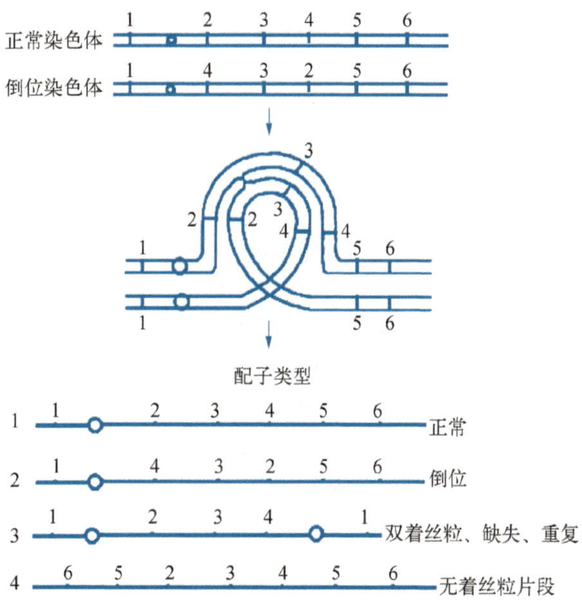

图4－20　臂内倒位形成异常配子

二、易位携带者

相互易位携带者在第一次减数分裂同源染色体配对时，所涉及的四条染色体形成四射体(图4-21)。四射体染色体通过对位分离、邻位分离-1、邻位分离-2和3∶1分离等不同的分离方式，形成多种不同的配子。理论上，相互易位携带者可产生18种配子，其中1种正常，一种带有相互易位染色体，其余16种均为染色体不平衡配子。因此，相互易位携带者生育正常后代的概率较低，在临床上造成不育，流产、死产、染色体病患儿出生等后果。表4-4所示为46,XX(XY),t(2;5)(q21;q31)携带者产生的配子与正常配子受精后形成的受精卵类型。

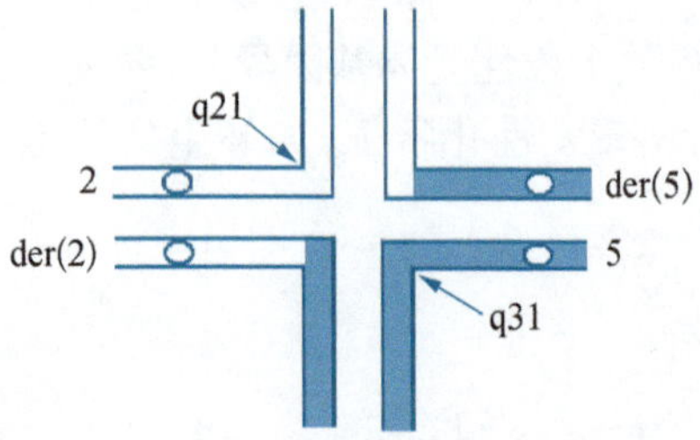

图4-21 相互易位染色体在同源染色体配对时形成四射体

罗伯逊易位携带者的情况与前述的21-三体罗伯逊易位携带者类似，这里不再赘述。

表4-4 相互易位携带者产生的配子与正常配子形成的受精卵类型

分离类型	与正常配子受精后产生的合子类型
对位	46,XX/XY 46,XX/XY,−2,−5,+der(2),+der(5),t(2;5)(q21;q31)
邻位-1	46,XX/XY,−5,+der(5),t(2;5)(q21;q31) 46,XX/XY,−2,+der(2),t(2;5)(q21;q31)
邻位-2	46,XX/XY,−5,+der(2),t(2;5)(q21;q31) 46,XX/XY,−2,+der(5),t(2;5)(q21;q31) 46,XX/XY,+2,−5 46,XX/XY,−2,+5 46,XX/XY,−2,−5,+2der(5),t(2;5)(q21;q31) 46,XX/XY,−2,−5,+2der(2),t(2;5)(q21;q31)
3∶1分离	47,XX/XY,+der(5),t(2;5)(q21;q31) 45,XX/XY,−2,−5,+der(5),t(2;5)(q21;q31) 47,XX/XY,−2,+der(2),+der(5),t(2;5)(q21;q31) 45,XX/XY,−5 47,XX/XY,+der(5),t(2;5)(q21;q31) 45,XX/XY,−2,−5,+der(2),t(2;5)(q21;q31) 47,XX/XY,−5,+der(2),+der(5),t(2;5)(q21;q31) 45,XX/XY,−2

小　结

染色体的数目或结构发生异常改变称为染色体畸变。一些物理、化学、生物因素的作用会诱发染色体产生畸变。染色体畸变包括数目畸变和结构畸变两大类。染色体数目畸变又可分为整倍性改变和非整倍性改变，其产生的原因是细胞分裂过程中染色体发生不分离或丢失。染色体发生断裂后，断端非原位重接或不再重接将导致染色体结构畸变。染色体结构畸变有缺失、倒位、易位、重复、双着丝粒染色体、等臂染色体、环状染色体等多种类型。

染色体畸变所引起的疾病称为染色体病。根据畸变染色体的类型，染色体病分为常染色体病和性染色体病两大类。常染色体病常表现出智力低下、生长发育迟缓、先天性多发畸形(五官、内脏、四肢)等多种严重的临床症状，而性染色体病的临床特征主要为性腺组织异常、性器官和第二性征发育不良、生殖能力下降等。带有畸变染色体但表型正常的个体称为染色体异常携带者，主要有易位携带者和倒位携带者，其生殖细胞形成过程中，会产生异常的生殖细胞，引起不育、流产、死产、新生儿死亡或生育染色体病患儿等。

(阿周存)

【复习思考题】

1. 阐述染色体数目畸变的类型及机制。
2. 染色体结构畸变的主要类型有哪些？各自的遗传学效应如何？
3. 写出下列染色体异常的核型(详式和简式)

(1) 女性，第 21 号染色体 q21 和 q32 间倒位。

(2) 男性，第 9 号染色体 q23 断裂后缺失。

(3) 男性，第 3 号染色体 p12 到 p21 发生中间缺失。

(4) 女性，第 6 号染色体 p21 和 q15 间倒位。

(5) 女性，第 3 号染色体 q21 和第 10 号染色体 q21 发生断裂后相互易位。

第五章

单基因遗传病

单基因遗传病(single gene inheritance disease)是由单个基因突变所致的疾病。单基因遗传病的遗传符合孟德尔遗传定律,故又称为孟德尔遗传病。根据致病基因所在的染色体(常染色体或性染色体)以及基因性质(显性或隐性)的不同,可将其分为常染色体显性遗传、常染色体隐性遗传、X 连锁显性遗传、X 连锁隐性遗传、Y 连锁遗传五类。

第一节　系谱与系谱分析

人类性状遗传规律的研究不能采用动、植物遗传研究所普遍使用的杂交试验方法,因而必须要有一些研究人类遗传方式的特殊手段,系谱分析法(pedigree analysis)是其中最常用的方法。系谱(pedigree)是从先证者入手,追溯调查其家族成员(直系和旁系亲属)的亲属关系及某种遗传病或性状的发生及分布情况等资料,并按一定格式将其绘制而成的图解(系谱绘制的常用符号见图 5-1)。先证者(proband)是家族中被医生或研究者发现的第一个患者或具有某种性状的成员。临床上,通过对系谱进行分析,可确定疾病可能的遗传方式,从而对家系中其他成员的发病情况作出预测。

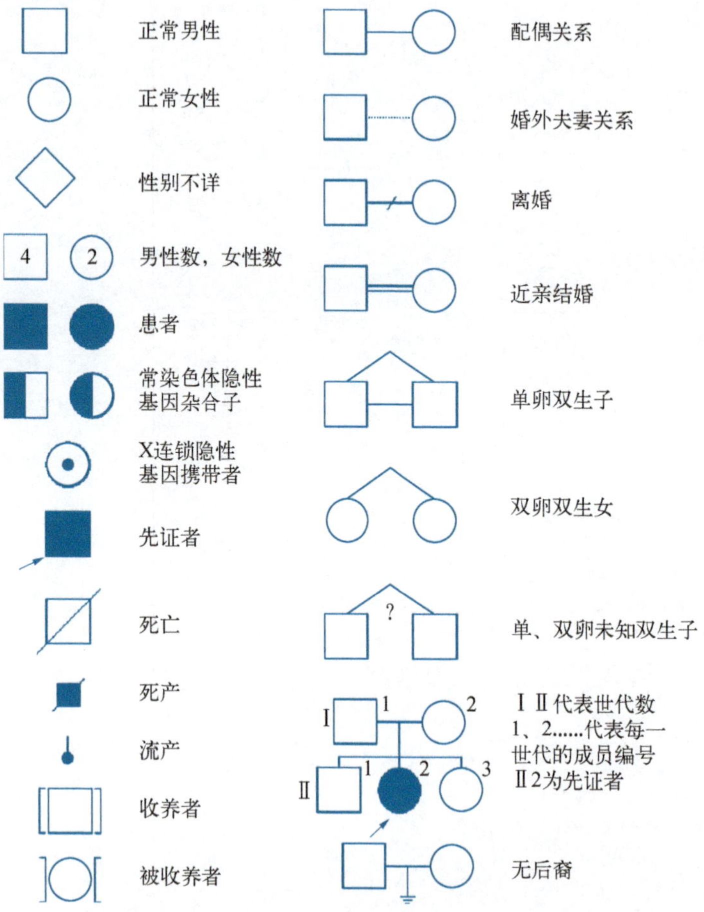

图 5-1　常用的系谱符号

第二节　单基因病的遗传方式

一、常染色体显性遗传

控制一种性状或疾病的基因位于常染色体上,基因的性质为显性,其遗传方式称为常染色体显性遗传(autosomal dominant inheritance, AD)。迄今已收录的常染色体显性遗传病共有 4 000 多种,多由编码结构或功能蛋白的基因突变导致。表 5-1 为一些常见的常染色体显性遗传病。

表 5－1　一些常见的常染色体显性遗传病

中文名称	英文名称	OMIM	染色体定位
家族性高胆固醇血症	familial hypercholesterolemia	143 890	19p13.2
α－地中海贫血	alpha-thalassemia	604 131	16p13.3
短指(趾)症 A1 型	brachydactyly, type A1	112 500	2q35, 5p13.3－p13.2
成年型多囊肾病	polycystic kidney disease, adult	173 900	16p13.3
强直性肌营养不良Ⅰ型	dystrophia myotonica 1	160 900	19q13.32
成骨发育不全Ⅰ型	osteogenesis imperfecta, type 1	166 200	17q21.33
多发性家族性结肠息肉	adenomatous polyposis of the colon	175 100	5q22.2
神经纤维瘤Ⅰ型	neurofibromatosis, type I	162 200	17q11.2

根据杂合子(Aa)可能出现的不同表现形式，可将常染色体显性遗传分为如下三种类型。

(一) 完全显性

完全显性(complete dominance)是指杂合子(Aa)患者的表型与显性纯合子(AA)患者完全一致。此时，显性等位基因完全掩盖了隐性等位基因的作用。

短指(趾)症是完全显性遗传的典型实例，患者指骨或掌骨短小或缺如，致使指(趾)变短。假设短指症致病基因为 A，正常基因为 a，则 AA 或 Aa 基因型的个体都患病，且这两种基因型患者的临床表现完全相同。图 5－2 为一个短指症的家系谱。

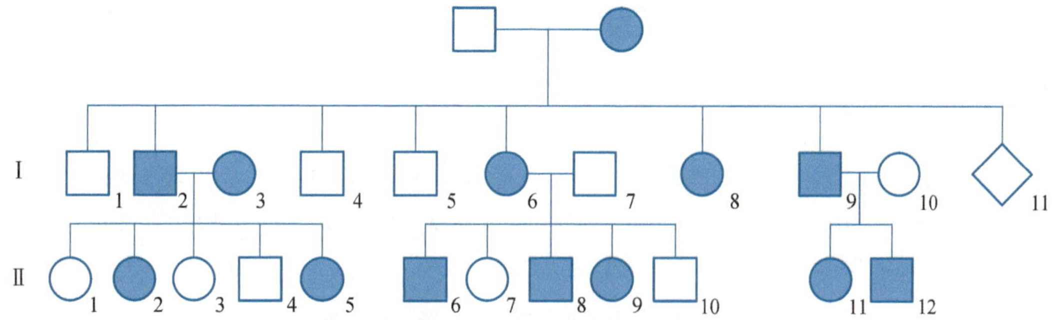

图 5－2　一个短指症家系

从以上典型家系可见，常染色体完全显性遗传病具有如下特点：① 患者双亲中必有一方是患者。一般情况下致病基因在群体中的频率很低，故绝大多数患者为杂合子；② 患者同胞中约有 1/2 患病，男女发病机会均等；③ 系谱中可见连续传递现象，即连续几代有患者；④ 双亲都无病时，子女一般不会患病，只有在发生新的基因突变时，才会出现子女患病的情况。

(二) 不完全显性

不完全显性(incomplete dominance)也称半显性遗传，是指杂合子的表型介于显性纯合子和隐性纯合子之间。也即是说，在杂合子中，隐性基因的作用也有一定程度的表现。在此情况下，两个杂合子婚配，子代可出现三种表型，比例为 1∶2∶1，与基因型的比例相同。

软骨发育不全(achondroplasia，MIM 100 800)为不完全显性遗传病，纯合子患者(AA)病情严重，多在胎儿期或新生儿期死亡，临床上见到的患者多为杂合子(Aa)。患者出生时即表现出躯体矮小、躯干长、四肢粗短、下肢向内弯曲、头大前额突出等症状。本病杂合子患者与正常人婚配，每生一个孩子有 1/2 的概率为杂合子患者(Aa)，1/2 的可能性为正常人(aa)。若两个杂合子患者婚配，后代中约 1/4 的概率为正常个体(aa)，2/4 的概率为杂合子患者(Aa)，1/4 的可能性为纯合子患者(AA)而死于胚胎期或早期夭折。

(三) 共显性

共显性(codominance)是指一对等位基因之间无显性和隐性之分，在杂合状态时两个基因的作用都完全表现出来，形成相应的表型。

人类 ABO 血型受控于染色体 9q34.2 上一组复等位基因(I^A、I^B、i)。复等位基因(multiple alleles)是指一个基因位点在群体中有三个或以上的等位基因存在，但对每一个体而言只能具有其中的任何两个等位基因。I^A、I^B分别编码A抗原和B抗原，i为无效基因。I^A、I^B对i是显性；I^A和I^B之间形成杂合基因型时，两个基因都表达相应抗原，形成AB血型，表现为共显性特点。因此，人群中这3个等位基因可形成6种基因型，4种血型，分别是A型(I^AI^A、I^Ai)、B型(I^BI^B、I^Bi)、AB型(I^AI^B)以及O型(ii)。根据分离律，只要已知双亲的血型即可推测出子女可能有或不可能有的血型；或已知双亲之一和子女的血型，也可推测另一亲本的血型(表5-2)，这在法医学的亲权鉴定上有一定的意义。

表5-2 双亲与子女之间ABO血型遗传的关系

双亲的血型	子女中可能有的血型	子女中不可能有的血型
A×A	A、O	B、AB
A×O	A、O	B、AB
A×B	A、B、AB、O	—
A×AB	A、B、AB	O
B×B	B、O	A、AB
B×O	B、O	A、AB
B×AB	A、B、AB	O
AB×O	A、B	AB、O
AB×AB	A、B、AB	O
O×O	O	A、B、AB

二、常染色体隐性遗传

控制一种性状或疾病的基因位于常染色体上，基因的性质为隐性，其遗传方式称为常染色体隐性遗传(autosomal recessive inheritance，AR)。目前，OMIM收录的常染色体隐性遗传病共有2 000多种，多由编码酶的基因缺陷所导致。常染色体隐性遗传病举例见表5-3。

表5-3 一些常见的常染色体隐性遗传病

中文名称	英文名称	OMIM	染色体定位
苯丙酮尿症	phenylketonuria	261 600	12p23.2
白化病	albinism	203 100	11q14-q21
尿黑酸尿症	alkaptonuria	203 500	3q13.33
黑矇性痴呆	Tay-Sachs disease	272 800	15q23
半乳糖血症	galactosemia	230 400	9q13.3
黏多糖累积症Ⅰ型	Mucopolysaccharidosis type I	252 800	4q16.3
血色素沉着症	hemochromatosis	235 200	6p22，20p12.3
同型胱氨酸尿症	homocystinuria	236 200	21q22.3

在常染色体隐性遗传病中，只有隐性纯合子(aa)才发病，杂合子(Aa)虽带有致病基因，但并不患病，却可将隐性致病基因遗传给后代。这种带有致病基因但表型正常的个体(Aa)称为携带者。

常染色体隐性遗传病家系中最常见的是两个携带者(Aa×Aa)间的婚配，根据分离律，每胎孩子患病概率为1/4，在患者表型正常同胞中携带者占2/3。患者相互婚配(aa×aa)子女将全部受累，但由于隐性致病基因频率很低，这种婚配的可能性极小，只有在发病率高的隐性遗传病中才能见到。

概括起来，常染色体隐性遗传病的系谱具有以下特点：① 患者双亲都无病，但是他们都是携带者；② 患者同胞中约有1/4患病，且男女患病机会均等，患者表型正常的同胞有2/3的可能为携带者；③ 患者子女中一般无患者，所以本病看不到连续传递，往往是散发的；④ 近亲婚配时，子女患病风险比非近亲婚配者明显增高。

图5-3是一例白化病家系。患者皮肤毛发呈白色，虹膜淡灰色，畏光，眼球震颤。该病是由于编码酪氨酸酶基因突变，导致酪氨酸酶缺陷，不能产生黑色素所致。该家系中先证者IV_1的双亲III_4和III_5虽表型正常，但却生育了白化病患儿，表明他们均为携带者，若他们再次生育每生一个孩子都有1/4的概率是患儿。

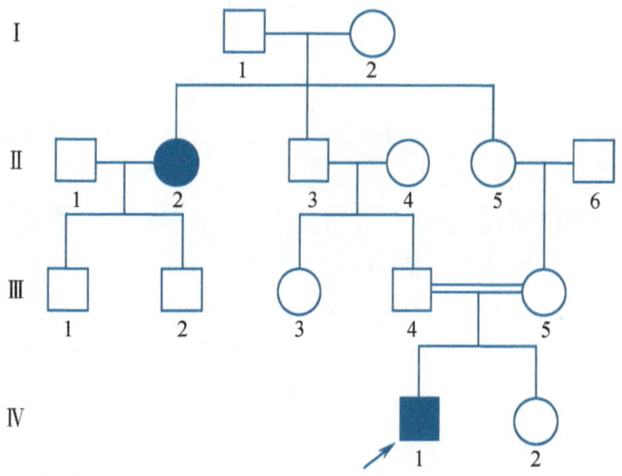

图5-3 一个白化病家系

常染色体隐性遗传病的系谱分析时应注意以下两个问题。

(一) 患者同胞发病比例偏高

理论上，常染色体隐性遗传病患者同胞患病风险为1/4，但实际观察结果通常大于1/4，这主要是由于选择偏倚所致。当一对夫妇都为某种常染色体隐性遗传病致病基因携带者时，若他们所生子女无病，则不会到医院就诊，从而造成无患病子女家系的漏检；而对于只生一个患儿的家庭中，所统计到的患病比例为100%。而且，在生育子女数目更多的家庭中，同样存在着上述选择偏倚。因此，在计算常染色体隐性遗传病家系患者同胞的发病风险时，需要用一定的方法校正，常用的方法是 Weinberg 先证者法。

校正公式为：

$$C=\frac{\sum a(r-1)}{\sum a(s-1)}$$

这里，C为校正值，即患者同胞的实际发病风险；a为先证者人数(恒等于1)；r为包括先证者在内的同胞中受累人数；s为同胞人数。本方法的基本原理是：把先证者从统计中除去(先证者只起指认两个携带者婚配作用)，只计算先证者同胞的发病比例。

表5-4为苯丙酮尿症患者同胞中的发病比例。在11个家庭中，总共23名同胞中有14人患病，发病比例为14/23=0.608 7，大大高于预期值1/4。若按照 Weinberg 先证者法校正，将表中的数值代入公式：$C=3/12=0.25$，符合常染色体隐性遗传病的发病比例。

表5-4 苯丙酮尿症 Weinberg 先证者校正表

s	r	a	$a(r-1)$	$a(s-1)$
1	1	1	0	0
1	1	1	0	0
1	1	1	0	0
1	1	1	0	0
2	1	1	0	1(2−1)
2	1	1	0	1(2−1)
2	2	1	1(2−1)	1(2−1)
3	1	1	0	1(3−1)
3	1	1	0	1(3−1)
3	2	1	1(2−1)	1(2−1)
4	2	1	1(2−1)	1(4−1)
Σ 23	14	11	3	12

(二) 近亲婚配子女中患病风险增高

近亲(consanguinity)是指3～4代以内有共同祖先的个体，近亲个体之间的婚配称为近亲婚配(consanguineous marriage)。近亲程度可用亲缘系数(coefficient of relationship)来表示。亲缘系数是指两个人从共同祖先获得某基因座的同一等位基因的概率。根据亲缘系数的大小,可将血缘亲属分为:① 一级亲属,包括亲子之间以及同胞之间,其亲缘系数为 1/2,即他们体内有一半的基因是相同的。需要指出的是,亲子之间亲缘系数为 1/2 是绝对的,即他们之间必有 1/2 的基因相同;同胞之间亲缘系数为 1/2 仅是一种概率估计,实际情况有可能大于或小于 1/2。② 二级亲属:包括一个人与其祖辈、孙辈之间,与叔、伯、姑、舅、姨之间,其亲缘系数为 1/4。③ 三级亲属:包括一个人与曾祖辈、曾孙辈、祖辈的同胞、同胞的孙辈、表兄妹及堂兄妹等之间,其亲缘系数为 1/8。其余亲属级别依此类推,亲属级别每远一级,亲缘系数即减少一半。同卵双生子之间的亲缘系数为 1,即他们之间所有基因都是相同的。

近亲之间具有共同的祖先,因而带有相同等位基因的概率相对较大。在常染色体隐性遗传病中,近亲婚配中若一方是某个致病基因的携带者,另一方同为携带者的概率远高于群体中携带者频率,故他们所生子女成为隐性纯合子患者的概率比随机婚配明显增高。图 5-4 是一个无遗传病家族史的系谱,假设群体中某一致病基因 a 频率为 0.01,则正常基因 A 频率为 1−0.01=0.99,根据遗传平衡定律(见第十章),携带者(Aa)频率为 2×0.01×0.99=0.019 8(约 1/50)。由于该家系无常染色体隐性遗传病家族史,故Ⅲ$_{1}$ 是携带者的概率即为群体携带者频率(1/50)。若Ⅲ$_{1}$ 与Ⅲ$_{2}$ 婚配,因他们是三级亲属,基因相同的可能性为 1/8,故两者同为携带者的概率为 1/50×1/8;两个携带者婚配其子女患病风险为 1/4,因此,Ⅳ$_{1}$ 发病风险为 1/50×1/8×1/4=1/1 600。若Ⅲ$_{1}$或Ⅲ$_{2}$在群体中随机婚配,所生子女的发病风险为 1/50×1/50×1/4=1/10 000。由此可见,表兄妹婚配所生子女的发病风险为随机婚配的 6.25 倍。

致病基因频率越低,与随机婚配相比,近亲婚配使子女罹患常染色体隐性遗传病的相对风险越高。仍以图 5-4 为例,假设群体中某一致病基因频率 a 为 0.001,则正常基因 A 频率为 1−0.001=0.999,携带者(Aa)频率为 2×0.001×0.999=0.001 998(约 1/500)。Ⅲ$_{1}$与Ⅲ$_{2}$婚配所生子女的发病风险为 1/500×1/8×1/4=1/16 000。Ⅲ$_{1}$或Ⅲ$_{2}$与群体中个体随机婚配,所生子女的发病风险为 1/500×1/500×1/4=1/1 000 000。结果表明,此时表兄妹婚配所生子女的发病风险为随机婚配的 62.5 倍。

若近亲婚配发生在具有常染色体隐性遗传病家族史的家系中,则子女发病风险将大大提高。图 5-5 是一个有常染色体隐性遗传病家族史的系谱,Ⅱ$_{3}$是患者,则Ⅱ$_{2}$是携带者的概率为 2/3,又因为Ⅱ$_{2}$与Ⅲ$_{1}$是一级亲属,故Ⅲ$_{1}$为携带者的概率为 2/3×1/2=1/3;同理,Ⅲ$_{2}$为携带者的概率也是 1/3;因此,Ⅲ$_{1}$和Ⅲ$_{2}$婚配生下患儿的风险为 1/3×1/3×1/4=1/36。

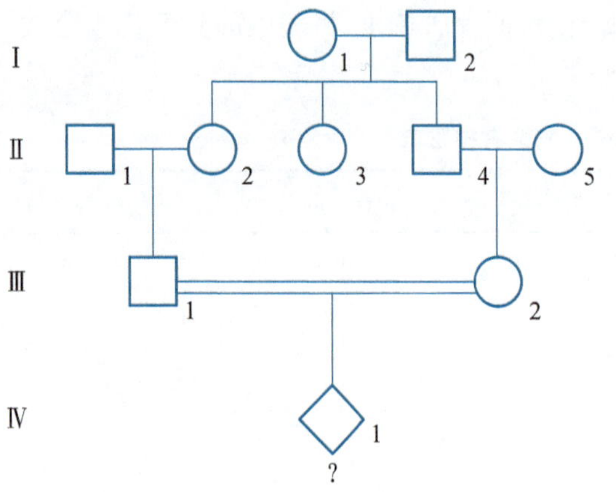

图 5-4 一个无遗传病家族史家系

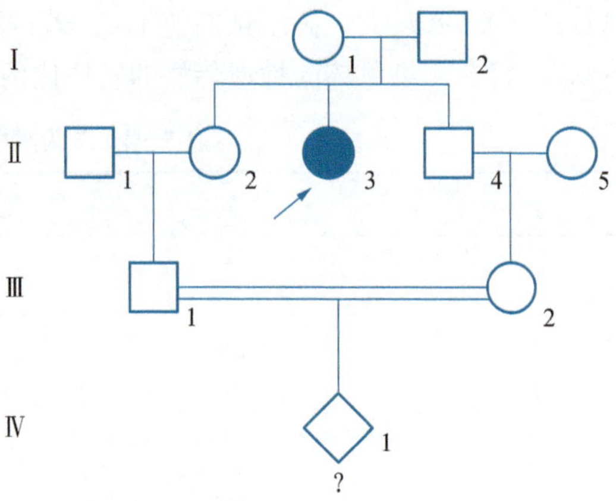

图 5-5 一个常染色体隐性遗传病家系

三、X 连锁显性遗传

一些遗传性状的基因位于 X 染色体上,这些基因在上下代之间随着 X 染色体而传递,该遗传方式称为 X 连锁遗传(X-linked inheritance)。在 X 连锁遗传中,男性只有一条 X 染色体,Y 染色体上缺乏与之相对应的等位基因,只有成对基因中的一个,称为半合子(hemizygote)。父亲 X 染色体上的基因只能传给女儿,母亲 X 染色体上的基因则既可传给女儿,也可传给儿子。因此,男性的 X 连锁基因只能由母亲而来,将来只能传给女儿,这称为交叉遗传(criss-cross inheritance)。

若控制一种显性性状的基因位于X染色体上，其遗传方式称为X连锁显性遗传（X-linked dominant inheritance，XD），X连锁显性遗传病较少见，目前所知20余种，表5－5为常见疾病举例。

表5－5　常见X连锁显性遗传病

中文名称	英文名称	OMIM	染色体定位
抗维生素D性佝偻病	vitamin D-resistant rickets	307 800	Xp22.11
口面指综合征Ⅰ型	orofaciodigital syndrome Ⅰ	311 200	Xp22.2
高氨血症Ⅰ型	ornithine transcarbamylase deficiency	311 250	Xp11.4
Alport综合征	Alport syndrome	301 050	Xq22.3
色素失调症	incontinentia pigmenti	308 300	Xq28

在X连锁显性遗传病中，不论男性和女性只要有一个致病基因就会发病，但因群体中致病基因罕见，故绝大多数女性患者是杂合子（X^AX^a）。同时，女性杂合子患者病情一般较男性半合子患者（X^AY）轻，提示女性患者其中一条正常X染色体的基因还发挥着一定的作用。

根据分离律，男患者（X^AY）与正常女性（X^aX^a）婚配，儿子（X^aY）都正常，女儿（X^AX^a）都患病。女患者（X^AX^a）与正常男性（X^aY）婚配，儿子（X^AY或X^aY）和女儿（X^AX^a或X^aX^a）均有1/2的可能性患病。

图5－6是一例抗维生素D性佝偻病家系，患者因肾小管对磷酸盐的重吸收障碍，导致血中磷酸盐水平降低进而影响骨质钙化。患者身体矮小，常伴有佝偻病等表现，且用常规剂量的维生素D治疗不能奏效，故称抗维生素D性佝偻病。从图5－6可见，X连锁显性遗传病具有如下系谱特点：① 人群中女性患者多于男性，约为男性患者的两倍，但女性患者病情较轻；② 患者双亲之一必定是患者，女患者的儿子和女儿各有1/2的发病，而男患者的致病基因只传给女儿，因此女儿全部患病，儿子都正常；③ 家系中可见连续几代发病的现象。

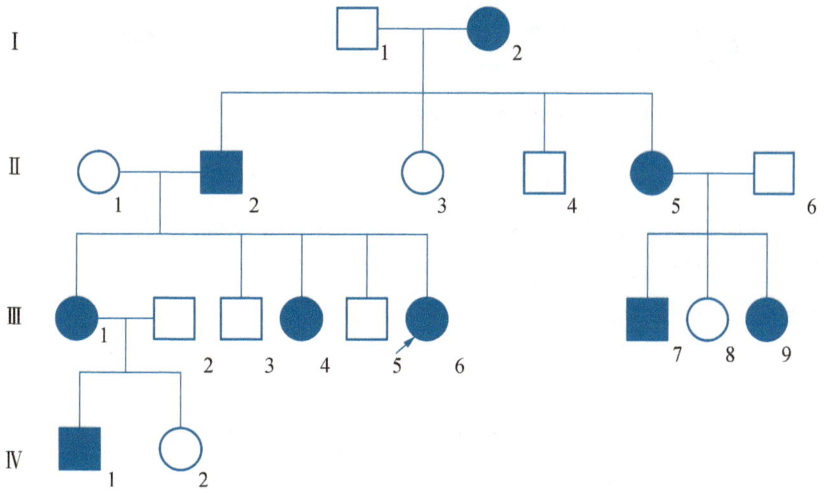

图5－6　一个抗维生素D性佝偻病家系

四、X连锁隐性遗传

控制一种隐性性状的基因位于X染色体上，其传递方式称为X连锁隐性遗传（X-linked recessive inheritance，XR），目前已知的X连锁隐性遗传病有400多种，表5－6为常见疾病举例。

在X连锁隐性遗传病中，女性有两条X染色体，一条X染色体上带有致病基因不患病，为致病基因携带者（X^AX^a），只有两条X染色体上都带有致病基因才患病（X^aX^a）；男性为半合子，只要在X染色体上带有致病基因就将患病（X^aY）。因此，男性的发病率即为致病基因的频率，而女性的患病率为致病基因频率的平方，因此，人群中男患者远多于女患者，而且致病基因频率越低，女患者越罕见。

根据分离律，男性患者（X^aY）与正常女性（X^AX^A）婚配，儿子（X^AY）都正常，女儿（X^AX^a）都是携带者。男性患者（X^aY）与女性携带者（X^AX^a）婚配，儿子1/2正常（X^AY），1/2患病（X^aY）；女儿（X^aX^a）1/2患病，1/2是

表 5-6 常见 X 连锁隐性遗传病

中文名称	英文名称	OMIM	染色体定位
红绿色盲	color blindness	303 800	Xq28
血友病 A	hemophilia A	306 700	Xq28
血友病 B	hemophilia B	306 900	Xq27.1-q27.2
鱼鳞病	ichthyosis	308 100	Xq22.32
莱施-奈恩综合征	Lesch-Nyhan syndrome	300 322	Xq26-q27.2
无丙种球蛋白血症	immunodeficiency with hyper-IgM, type I	309 900	Xq28
G6PD 缺乏症	glucose-6-phosphate dehydrogenase	305 900	Xq28
慢性豆芽肿病	granulomatous disease	306 400	Xq21.1

携带者(X^AX^a)。正常男性(X^AY)与女性携带者(X^AX^a)婚配,儿子(X^AY 或 X^aY)1/2 正常,1/2 患病(X^aY);女儿(X^AX^A或 X^AX^a)表型均正常,但有 1/2 是携带者。

图 5-7 是一血友病 A 家系。先证者Ⅲ$_1$的致病基因来自他的母亲Ⅱ$_2$,而他的舅舅Ⅱ$_3$是血友病 A 患者,其致病基因是由先证者的外祖母Ⅰ$_2$传来。家系中Ⅰ$_2$、Ⅱ$_2$、Ⅱ$_5$都是血友病 A 基因的携带者,男性患者表型正常的姐妹Ⅲ$_2$、Ⅲ$_3$、Ⅲ$_5$和Ⅲ$_8$均有 1/2 的可能性是携带者。

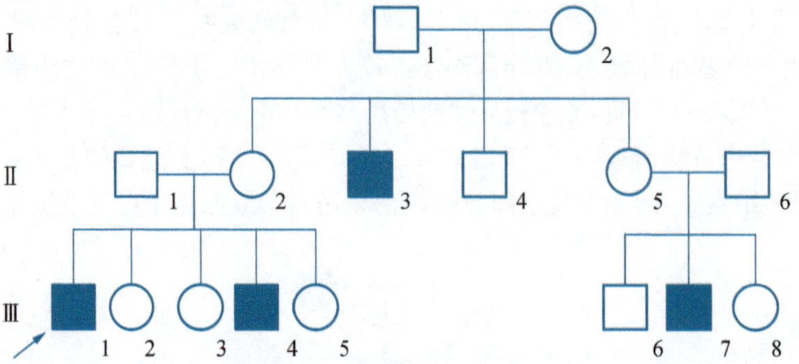

图 5-7 一例血友病 A 家系

X 连锁隐性遗传病系谱特点:① 人群中男患者远多于女患者,在一些致病基因频率低的疾病中,往往只见到男患者;② 双亲无病时,儿子可能发病,这表明其母亲是致病基因携带者;女儿不会发病,但有 1/2 的可能性为携带者;③ 男性患者的兄弟、舅舅、姨表兄弟、外甥、外祖父、外孙都有可能患病;④ 若女性患病,则其父亲一定是患者,母亲一定是携带者。

五、Y 连锁遗传

若决定某种性状或疾病的基因位于 Y 染色体上,其遗传方式称为 Y 连锁遗传(Y-linked inheritance)。由于 Y 染色体只能从父亲传递给儿子,所以称为全男性遗传(holandric inheritance)。

由于 Y 染色体较小,Y 连锁遗传的基因较少,所以这类疾病较罕见。外耳道多毛受 Y 染色体上的外耳道多毛基因控制,受累男性青春期后在外耳道长出 2~3 cm 长、成丛的黑色硬毛。图 5-8 是一外耳道多毛家系,可见该家系中男性均有此性状。

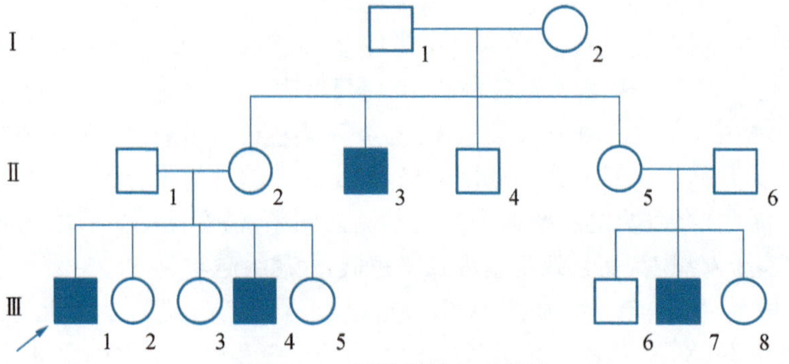

图 5-8 一例外耳道多毛家系

第三节　影响单基因病分析的因素

单基因遗传病的发病主要取决于一对主基因(major gene)，即对生物性状表现或疾病发生起关键作用的基因，但实际上单基因遗传效应还可受到其他各种因素影响，因此，在单基因病的遗传中，有时可表现出不典型的系谱模式，在进行系谱分析时必须同时考虑影响遗传效应的诸多因素。

一、不规则显性

不规则显性(irregular dominance)是指在一些常染色体显性遗传病中，杂合子的显性致病基因由于某种原因不表现出相应的症状，或即使发病，但病情程度有差异，使传递方式呈现出不规则。

在一些疾病的遗传中，某些杂合子个体虽然带有致病基因，但由于某种因素的影响却不发病，使家系中出现隔代遗传，系谱中呈现不规则显性遗传现象。多指(趾)(polydactyly，MIM 174 200)即可表现为不规则显性。图 5-9 是一例多指(趾)系谱，先证者Ⅲ$_2$与其儿子Ⅳ$_1$均为患者，Ⅲ$_2$的致病基因究竟是来自父亲还是母亲？从系谱可知，Ⅲ$_2$的致病基因来自父亲(Ⅱ$_3$)，这可从Ⅲ$_2$的伯父(Ⅱ$_2$)患病得到旁证。Ⅱ$_3$带有显性致病基因由于某种原因未能表达，因此未患病，但仍有可能把致病基因传递给下一代，从而使下一代患病。

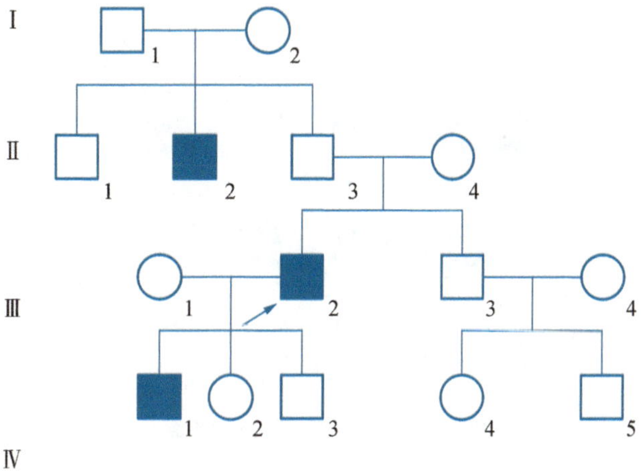

图 5-9　一例多指(趾)家系

在一个群体带有显性致病基因杂合子的个体中，表现出相应病理表型人数的百分率称外显率(penetrance)。例如，在 100 名带有显性致病基因的杂合子中，只有 80 人表现出了相应的疾病，那么该显性致病基因的外显率就为 80%。当完全外显时，外显率为 100%；外显率低于 100%时称为不完全外显。未外显的杂合子称为钝挫者(forme fruste)。

不规则显性遗传的另一表现是表现度(expressivity)问题。表现度是指一种致病基因的表达程度。有些杂合子虽能表现出相应的性状，但在不同个体间，其轻重程度有所不同，即某种原因导致个体间表现度的差异。从图 5-10 所示的马方综合征(Marfan syndrome，MIM 154 700)家系可见，患者共同的致病基因(A)均由Ⅰ$_1$传递而来，然而他们的临床表现却有很大的差别。

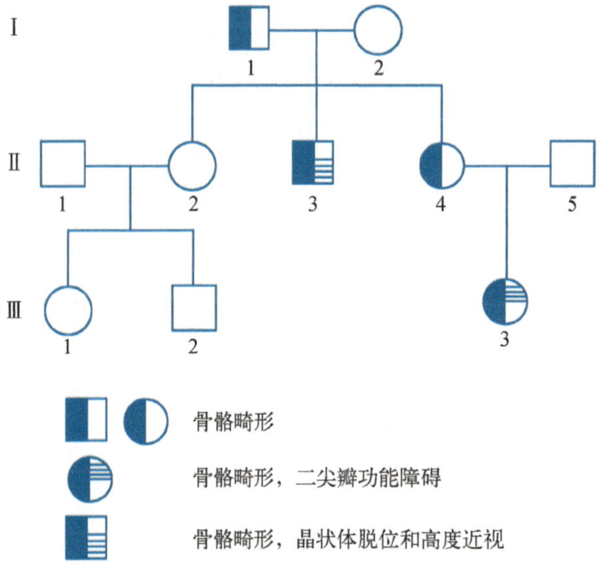

图 5-10　一例 Marfan 综合征家系

应当注意的是，外显率和表现度是两个不同的概念，前者说明了基因表达与否，后者说明的是在表达前提下表现程度的差异。

不规则显性产生的原因目前还不十分清楚，个体间遗传背景不同以及内外环境对基因表达所产生的影响，可能是导致不规则显性的重要原因。影响显性基因表达的遗传背景主要是细胞内存在着修饰基因(modifier gene)。一些修饰基因能增强主基因的作用，使主基因决定的性状完全表达；另一些修饰基因则能减弱主基因的作用，使主基因决定的性状得不到表达或表达不完全。此外，影响性状形成的各种环境因素也可能作为一种修饰因子影响主基因的表达。

二、遗传异质性

遗传异质性(genetic heterogeneity)是指表型相同(或相似)而基因型不同的现象。遗传异质性可进一步分为等位基因异质性和位点异质性两类。

等位基因异质性(allelic heterogeneity)是指同一基因的不同突变，可产生相似或完全不同的性状。例如，正常血红蛋白 HbA 的β珠蛋白基因第 6 位密码子 GAG 如果突变为 GUG，则相应的珠蛋白多肽链第 6 位谷氨酸被缬氨酸取代，形成异常血红蛋白 HbS，临床上表现为镰形细胞贫血症；如果 GAG 突变为 AAG，使β珠蛋白多肽链第 6 位谷氨酸被赖氨酸取代，形成异常血红蛋白 HbC，临床上表现为轻度溶血性贫血，可伴有肝脾肿大。

位点异质性(locus heterogeneity)也称基因座异质性，是指发生在不同基因座的突变可以产生相同或相似的表型效应。如先天性聋哑即存在着明显的位点异质性，大部分的非综合征性耳聋为单基因病，占遗传性耳聋的 70%，分别表现为 AD、AR 和 XR 和线粒体遗传，其中 AR 遗传的占 80%。目前已定位了 110 多个非综合征性遗传性耳聋基因位点。因此，群体中可见到 2 个先天性聋哑患者婚配后生出不患聋哑的小孩，即是由于父母的聋哑基因不同导致。图 5-11 表示$Ⅲ_4$由突变致病基因(aa)所致先天性聋哑，$Ⅲ_5$则由另一突变致病基因(bb)引起，以上两人的基因型可分别表示为 aaBB 和 AAbb，根据分离律，他们后代($Ⅳ_3$、$Ⅳ_4$、$Ⅳ_5$、$Ⅳ_6$)的基因型为 AaBb。由于其后代在两个致病基因位点均为杂合状态，故不患病。

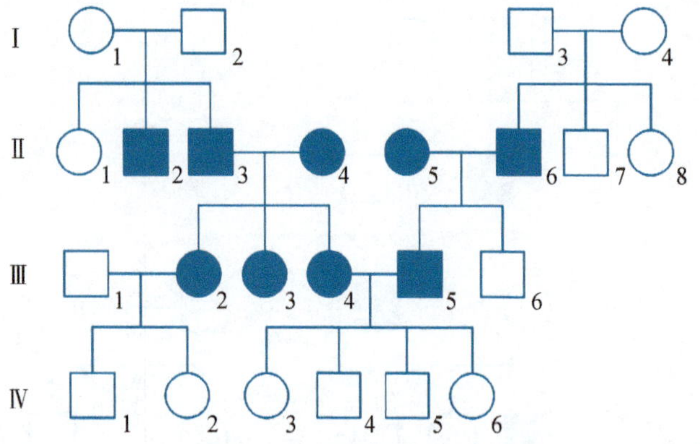

图 5-11 一个先天性聋哑家系

此外，环境因素也可导致先天性聋哑的发生，比如，风疹病毒可严重影响胎儿内耳的发育而致先天性聋哑，若母亲在妊娠早期感染风疹病毒，所致的先天性聋哑与常染色体隐性遗传的先天性聋哑具有相同的表型。这种环境因素作用使个体表现出与某一特定基因作用产生的表型相同或相似的现象称为拟表型(phenocopy)。拟表型并非生殖细胞内的基因突变所致，因此，这种先天性聋哑不遗传给后代。

具有遗传异质性的遗传病其遗传方式、发病年龄、病程进展、病情严重程度、预后以及复发风险等都可能不同。事实上，遗传异质性是遗传病中十分普遍的现象，许多遗传病都存在遗传异质性。人群中遗传病病种数的不断增多，除由新发生的突变所致外，从已知具有遗传异质性的遗传病中鉴定出了许多亚型也是其重要的原因。例如，脊髓小脑共济失调已经定性了 21 种亚型，其中多数是由不同的基因突变引起，而且临床上具有难以鉴别的相似症状。

三、基因多效性

基因多效性(pleiotropy)是指一个或一对基因可以产生多种表型效应。个体发育过程中，很多生理生化过程都是相互联系、相互依赖的。一个或一对基因异常常会在不同组织或个体发育的不同阶段引起一系列的生化代谢或组织结构的异常，从而呈现出疾病的多种表现。例如，半乳糖血症是一种糖代谢异常疾病，患者既有智力发育不全等神经系统异常，还有黄疸、腹水、肝硬化等消化系统症状，甚至还可出现白内障。造成基因多效性的原因，并不是基因真正地具有多重效应，而是基因产物在机体内复杂代谢的结果。因此，尽管只是一对基因的异常，但却可产生多种临床表现。

四、基因组印记

按照孟德尔遗传定律，当一种性状从亲本传给子代，无论携带这个性状的基因或染色体来自父方或母方，所产生的表型效应是相同的。但临床上发现，有时同一基因的改变，由于亲代的性别不同，传给子女时可引起不同的效应，产生不同的表型现象，称为基因组印记（genomic imprinting）或遗传印记（genetic imprinting）。例如，亨廷顿病（Huntington disease，MIM 143 100）是一种动态突变导致的常染色体显性遗传病，本病致病基因如果经母亲传递，子女的发病年龄与母亲的发病年龄相近；如果经父亲传递，则子女的发病年龄比父亲的发病年龄则有提前，10%左右的患者在 20 岁前发病，且病情严重。基因组印记的机制比较复杂，目前认为，DNA 甲基化是其重要的分子机制。精子和卵子中一些基因的甲基化程度不同，高度甲基化的基因不表达或低表达；在胚胎发育过程中发生去甲基化时，这些基因开始表达。基因组印记通常发生在配子形成期，印记持续存在个体的一生中。但它不是一种突变，在下一代配子形成时，旧的印记可以消除，并且可产生新的印记。因此，亨廷顿病发病年龄提前的父源效应经过一代传递即消失。

五、延迟显性

延迟显性（delayed dominance）是指某些带有显性致病基因的杂合子，在生命早期不表现出相应症状，当达到一定年龄时，致病基因的作用才表现出来。例如，Huntington 舞蹈病，大多数患者（杂合子）在 30～45 岁时发病，少数患者在 10 岁或 60 多发病。

六、遗传早现

遗传早现（genetic anticipation）是指一些遗传病（通常是常染色体显性遗传病）在世代传递的过程中，发病年龄逐代提前且病情逐代加重的现象。研究表明，导致这种早发现象的分子基础是动态突变。

七、限性遗传

限性遗传（sex-limited inheritance）是指位于常染色体上的基因由于性别限制，只在一种性别得以表现，而在另一性别完全不表现。导致上述现象的主要原因是男女解剖学结构的差异，也可能与性激素分泌的差异有关。例如，子宫阴道积水由常染色体隐性致病基因决定，女性隐性纯合子可表现出相应症状，男性如有这种基因却不能表现该性状，但这些基因都可向后代传递。

八、从性遗传

从性遗传（sex-conditioned inheritance）是指位于常染色体上的基因，由于性别的差异而显示出男女性分布比例上或基因表达程度上的差别。例如，遗传性早秃呈常染色体显性遗传，是一种从头顶中心向周围扩展的进行性对称性脱发。一般从 35 岁左右开始出现秃顶，且男性明显多于女性，杂合子男性表现早秃，女性纯合子才会表现早秃。研究发现，秃顶基因的表达受雄性激素的影响，带有秃顶基因的女性如果体内雄性激素水平升高，也可能出现秃顶，这一点可以作为诊断女性是否患某种疾病的辅助指标，如肾上腺肿瘤可产生过量雄性激素，导致秃顶基因表达。又如，遗传性血色素沉着症为常染色体隐性遗传病，多见于男性，女性由于月经、流产或妊娠等生理或病理失血导致体内铁质减少，不易表现出症状。

九、X 染色体失活

根据 Lyon 假说，在胚胎发育早期，女性两条 X 染色体中的一条随机失活，因此，女性的两条 X 染色体存在嵌合现象。通常来讲，女性一半细胞表现父源染色体，另一半细胞表现母源染色体，比例为 1∶1。例如，有一女性为 X 连锁致病基因杂合子，预期半数细胞中带有突变基因的那条 X 染色体失活，细胞是正常的；另外半数细胞中带有正常基因的那条 X 染色体失活，细胞将为突变型。曾有报道，血友病 A、Duchenne 型肌营养不良男患者的杂合子母亲患同样的疾病。这是因为女性 X 染色体有随机失活现象，机遇使她带有正常显性基因的那条 X 染色体在大部分细胞中失活，而带有隐性致病基因的那条 X 染色恰好有活性，从而表现出或轻或重的临床症状。

第四节 OMIM 使用简介

一、OMIM 概述

在线人类孟德尔遗传(Online Mendelian Inheritance in Man, OMIM)是一个关于人类基因和遗传性疾病的综合性数据库,其前身是美国 Johns Hopkins 大学医学院 McKusick 教授主编的印刷版《人类孟德尔遗传》(Mendelian Inheritance in Man: Cataologs of Human Genes and Genetic Disorders, MIM),一直以来 MIM 都是医学遗传学最权威的百科全书,被誉为医学遗传学界的“圣经”。随着 MIM 的不断再版,篇幅不断增加,仍无法跟上时代发展的步伐。1985 年美国国家医学图书馆和 Johns Hopkins 大学合作,尝试实现 MIM 的在线更新和检索,1995 年底,由美国国家生物医学信息中心(NCBI)提供 OMIM 的免费查询与浏览(http://www.ncbi.nlm.nih.gov/omim)。

OMIM 不仅收录了所有已知的单基因病的相关资料,还收录了染色体病、多基因病、线粒体病方面的资料。对于每一具体条目,OMIM 都提供了从基础到临床的全方位的信息。OMIM 的内容每天都得到补充和更新,并提供了简便快捷的检索方式,还与其他主要数据库建立了广泛的链接,使用者可以快速而全面地把握某种疾病的主要信息和最新进展。

二、OMIM 的检索途径与检索方法

(一) OMIM 主页

登录 http://omim.org/或点击 NCBI 任一页面上“POPULAR”中的“OMIM”进入 NCBI 提供的 OMIM 检索界面,进一步检索可连接至 OMIM 主页。OMIM 主页十分简洁,搜索栏下方“Advanced Search”提供了“OMIM”、“Clinical Synopses”和“OMIM Gene Map”3 种检索途径。NCBI 的 OMIM 检索界面则在左侧菜单栏提供了 Search OMIM 和 Search Gene Map 检索途径。

(二) 检索方法

OMIM 提供了基本检索(basic)、高级检索(advanced)和布尔逻辑检索(complex Boolean)三种检索方法,支持布尔算子(AND、OR 和 NOT)、“*”“?”通配符和“()”优先处理。基本检索是 OMIM 默认的查询方式,只需直接在搜索引擎内填入需要查询的关键词,不必指明搜索范围、限制或布尔算子。高级检索指使用指定字段或组配检索。布尔逻辑检索是查询 OMIM 的最有效方法,用户需使用命令语言将检索限制在特定字段而无须选择字段,但使用前提是用户必须熟悉一些常用字段代码和命令语言,NCBI 主页菜单栏中的帮助文件提供了字段代码和命令语言的表达方式。

(三) 检索途径

OMIM 主页左侧菜单栏“OMIM”中提供了 3 种检索途径。

1. Search OMIM　是用户最常用的检索途径。在 OMIM 主页上,则点击搜索栏下方“Advanced Search”中的“OMIM”,进入“OMIM Advanced Search”,可见搜索栏下提供了许多限制性选项,用户根据需要进行选择。

2. Search Gene Map　点击 NCBI 上“Search Gene Map”或 OMIM 主页“Advanced Search”中的“OMIM Gene Map”,均可进入“Gene Map Advanced Search”。通过输入基因符号、染色体号或疾病名关键词进行检索。输入基因符号或疾病名关键词,可以获得相关基因的细胞遗传学定位信息,输入染色体号,可以检索到该染色体上包含的基因顺序,对于 X、Y 染色体,必须用大写。Gene Map 不支持词组检索。OMIM 基因图谱以表格的形式罗列了 22 条常染色体和 X、Y 染色体 p 末端到 q 末端细胞遗传学已定位的基因。Gene Map 检索结果的内容包括:基因的细胞遗传学图谱位点、基因缩写、基因全称、基因 MIM 号、表型、表型 MIM 号等。

3. Clinical Synopsis Advanced Search　在OMIM主页上，点击“Clinical Synopses”即可进入该高级检索界面。在搜索栏中输入临床症状，还可选择搜索栏下方的各个选项加以局限，检索结果显示包含此症状或表型的条目目录，每个条目右上方显示“Gene Tests”“Clinical Trials”“Genetic Alliance”等链接。点击具体条目，则以表格的形式显示该表型条目解剖学各系统症状、遗传方式、分子机制和实验室指标异常等，检索字段在结果中以黑色粗体表示。

三、OMIM条目

OMIM检索结果均以条目形式显示，其内容十分丰富。

1. MIM登录号　每一个OMIM条目配有一个唯一的6位数字编码，第一个数字表示遗传方式是常染色体、X-连锁、Y-连锁还是线粒体遗传。其中1和2代表1994年3月15日前创建的常染色体位点或表型条目；3代表X-连锁位点或表型；4代表Y-连锁位点或表型；5代表线粒体位点或表型；6代表1994年3月15日后创建常染色体位点或表型条目。如果该条目存在等位基因变异(allelic variants)，则在登录号之后，用小数点加4位数字表示。

2. 登录号前的符号含义　OMIM条目前符号表示是否包含基因和或表型信息。*：表示该条目是一个基因；+：表示该条目包括一个已知序列的基因和表型；#：表示通常有表型的描述，但不意味着仅与一个位点相关，在条目正文的第一段解释了使用该符号的原因，并罗列了与此表型相关的其他基因；%：表示该条目描述了一个证实的孟德尔表型或位点，但其分子机制未知；登录号前无符号表示主要表型是否为孟德尔表型尚未确定；∧：表示该条目由于从数据库中移走或并入其他条目中而不再存在。

3. 条目内容　一个OMIM条目的内容包括基因名称和符号、备选名称和符号、包含该基因名称(included)的其他条目名称、基因图谱位点、临床概要、根据副标题组织的正文、参考文献、编写者名单、创建日期和编辑记录等，如图5-12所示。OMIM条目的正文为文本格式，可以方便地添加新内容。早期OMIM

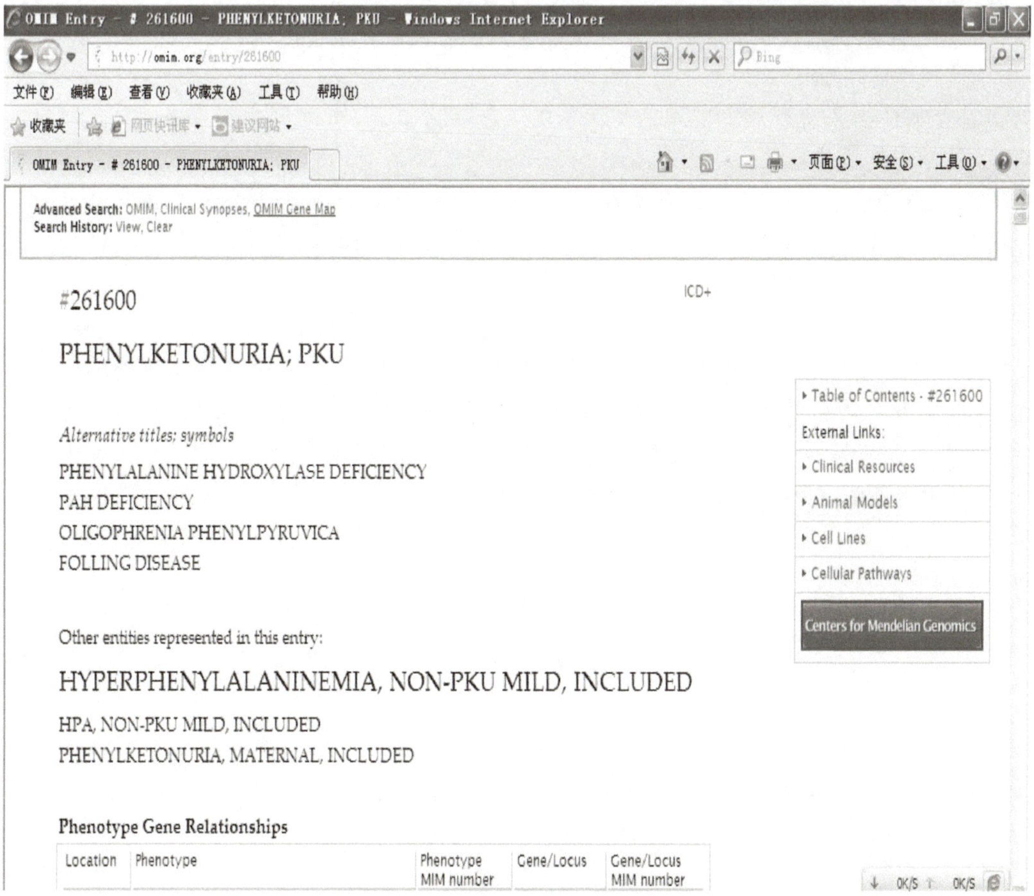

图5-12　苯丙酮尿症条目的内容

已有基因信息的补充添加在文本的最后,反映关于该基因认识的发展过程。由于有关基因和表型的认识急剧增多,且更为细化,因此,OMIM 在保留“History”的同时,增加了副标题来组织相关的信息。如果条目中包含表型信息,常用的副标题有:“Description”(描述)、“Clinical Features”(临床特征、(遗传方式)、“Mapping”(基因定位)、“Pathogenesis”(病理机制)、“Diagnosis”(诊断)、“Genotype/phenotype Correlations”(基因型/表型关系)、“Clinical Management”(临床治疗)、“Population Genetics”(群体遗传学)、“Molecular Genetics”(分子遗传学)、“Animal Model”(动物模型)、“History”(历史发展);如果条目中包含基因信息,常用的副标题有:“Description”(描述)、“Cloning”(基因克隆)、“Gene Structure”(基因结构)、“Gene Function”(基因功能)、“Mapping”(基因定位)、“Molecular Genetics”(分子遗传学)、“Genotype/phenotype Correlations”(基因型/表型关系)、“Animal Model”(动物模型)、“Allelic Variants”(等位基因变异)和“History”(历史发展)。OMIM 条目右侧上方有折叠式的书签,选中内容后书签展开,点击相关副标题可快速转至正文相应内容或指向相应的外部链接。包含表型信息的条目中“Clinical Synopsis”(临床纲要)列表显示了疾病的遗传方式、解剖学各系统临床特征和分子机制。如要了解更详细的临床特征,可点击“Clinical Features”。包含基因信息的条目中“Allelic Variants”,所罗列的大部分为致病突变,其余为基因多态性,但由于 OMIM“Allelic Variants”并未收录所有的突变,所以它还提供了一些数据库的链接作为补充。

根据人们对 OMIM 条目了解程度不同,不同条目所包含的副标题和链接的数据库可能不同。OMIM 条目正文的长短与人们对某特定基因、疾病或性状的认识程度有关,取决于已发表了多少关于某特定基因或疾病的信息。

小　结

单基因遗传病是由一对等位基因异常导致的疾病。根据致病基因所在的染色体以及基因性质的不同,可将其分为:常染色体显性遗传病、常染色体隐性遗传病、X 连锁显性遗传病、X 连锁隐性遗传病和 Y 连锁遗传病。

常染色体显性遗传病患者通常为杂合子,患者双亲之一为患者,患者同胞或子女有 1/2 可能发病,男女发病机会均等,具有连代遗传现象。

常染色体隐性遗传病患者的双亲均为携带者,子女或同胞患病的可能性为 1/4,表型正常的同胞有 2/3 的可能性为携带者,男女发病机会相同。近亲婚配使子女发病风险增高,且越是罕见的 AR 病,近亲婚配的危害性越大。

X 连锁遗传中,男性为半合子,并且存在交叉遗传现象,即男性的致病基因只能来自母亲,将来只传给女儿。X 连锁显性遗传病女患者多于男性,约为男性患者的 2 倍;而群体中 X 连锁隐性遗传病的男性患者远多于女性患者,一般家系中只有男性患者。Y 连锁遗传病只在男性个体中垂直传递。

单基因遗传病的发病除受一对主基因影响外,其遗传效应还可受到各种其他因素影响,比如个体的遗传和环境背景等,从而可表现出不典型的系谱模式。

OMIM 是一个关于人类基因和遗传性疾病的综合性数据库,使用者利用该数据库可以快速、全面地获取某种疾病的主要信息和最新进展。

(潘克俭)

【复习思考题】

1. 按照遗传方式的不同,可将单基因病分为哪几类?各有何遗传特点?
2. 除主基因外,还有哪些影响单基因遗传效应的因素?
3. 举例说明何谓遗传异质性?

第六章

多基因遗传病

多基因遗传病(polygenic disorder)是由多个基因和环境因素共同作用而引起的疾病。由于多基因遗传病涉及若干因素,各种因素之间具有复杂的相互作用,因而常常被称为多因子病(multifactorial disorder)或复杂疾病(complex disease)。就遗传病总体而言,多基因遗传病最为常见,许多常见病属于多基因遗传病,比如原发性高血压、哮喘、糖尿病、冠心病和精神分裂症等。

第一节　多基因遗传的特点

一、质量性状与数量性状

前面介绍的单基因遗传是由单一基因座上的等位基因控制,在群体中性状变异的分布为不连续分布,这类性状为质量性状(qualitative character)。比如,人类 ABO 血型由位于 9q34 的一个基因座控制,在群体中,该基因座上存在 3 个常见的等位基因,即 I^A、I^B 和 i,可组合成 6 种基因型,形成 4 种血型(表型):A 型、B 型、AB 型和 O 型。四种血型即为 4 种相对性状,每种相对性状可以截然分开,中间没有过渡类型。

而生物界还有一类性状,其变异在群体中的分布呈连续分布,不能区分出截然不同的相对性状,不同个体的性状只有量上的差异,而无质的不同,这类性状称为数量性状(quantitative character)。人类的身高为数量性状,在群体中身高变异由高到矮逐渐过渡,变异的分布是连续的。在一个随机抽样的群体中测定,可见大部分人的身高接近平均值,很矮和很高的个体只占少数,变异呈正态分布。

二、多基因假说

1906 年,Yule 指出数量性状可能是许多独立的遗传因子(基因)作用的结果,其中,每个因子所起的作用都是微小的。瑞典植物育种学家 Nilsson-Ehle 接受了这一思想,通过对小麦种皮颜色遗传研究的总结,于 1909 年提出数量性状遗传机制的理论假说,即多基因假说(polygene hypothesis),又称为 Nilsson-Ehle 假说,其要点包括:① 数量性状的表达涉及两个或两个以上的基因。在生殖细胞产生的过程中,这些基因遵循孟德尔的分离律和自由组合律。② 每个基因座上的等位基因,相互之间没有显隐性关系,表现为共显性。③ 每个基因对性状形成的作用是微小的,称为微效基因(minor gene),但多对基因的作用可以累加起来,形成明显的表型效应,这称为累加效应(additive effect)。④ 表型效应除了受多个基因的影响外,也受环境因素的作用。

以人类身高的遗传为例来说明数量性状的遗传机制。假设身高涉及 3 个基因座:Aa、Bb 和 Dd,其中 A、B 和 D 基因的效应是分别使个体在平均身高(165 cm)基础上增加 2.5 cm,a、b 和 d 基因的效应是分别使个体在平均身高基础上减少 2.5 cm。根据多基因假说,在不考虑环境影响的情况下,一个基因型为 AABBDD 的人身高为 180 cm;基因型为 aabbdd 的人身高为 150 cm。AABBDD 和 aabbdd 婚配,子女基因型为 AaBbDd,身高是 165 cm。基因型为 AaBbDd 的人在产生精子或卵细胞过程中可产生 ABD、ABd、AbD、

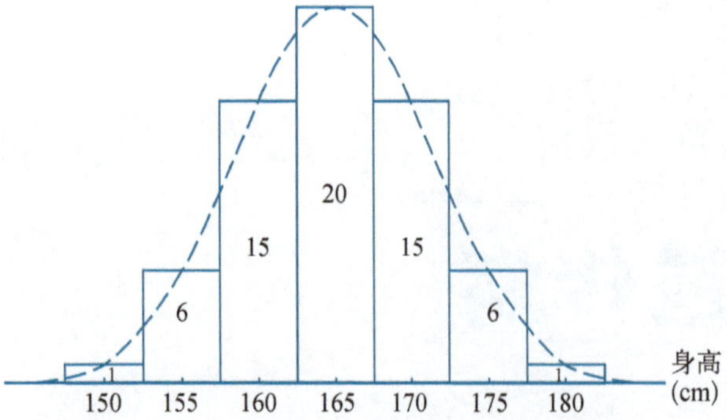

图 6-1 AaBbDd×AaBbDd 子一代身高变异分布

Abd、aBD、aBd、abD 和 abd 共 8 种精子或卵细胞。如果两个基因型均为 AaBbDd 的人婚配，理论上可产生 27 种基因型的子女(表 6-1)，身高从 150 cm 到 180 cm 共 7 种，各种身高的子女所占的比例为 1∶6∶15∶20∶15∶6∶1，可见中间类型(中等身高)占大多数，极端类型(很矮或很高)的个体较少。根据各种身高的子女所占的比例绘制柱形图(图 6-1)，可看到后代身高变异的分布接近于正态分布。事实上，身高的变化除了基因型外，还受其他多种环境因素的影响，比如营养因素，从而使得身高在群体中的变异分布更加复杂，形成一种连续分布的正态曲线。

表 6-1 AaBbDd×AaBbDd 子一代可能的基因型

	ABD	ABd	AbD	Abd	aBD	aBd	abD	abd
ABD	AABBDD	AABBDd	AABbDD	AABbDd	AaBBDD	AaBBDd	AaBbDD	AaBbDd
ABd	AABBdD	AABBdd	AABbdD	AABbdd	AaBBdD	AaBBdd	AaBbdD	AaBbdd
AbD	AAbBDD	AAbBDd	AAbbDD	AAbbDd	AabBDD	AabBDd	AabbDD	AabbDd
Abd	AAbBdD	AAbBdd	AAbbdD	AAbbdd	AabBdD	AabBdd	AabbdD	Aabbdd
aBD	aABBDD	aABBDd	aABbDD	aABbDd	aaBBDD	aaBBDd	aaBbDD	aaBbDd
aBd	aABBdD	aABBdd	aABbdD	aABbdd	aaBBdD	aaBBdd	aaBbdD	aaBbdd
abD	aAbBDD	aAbBDd	aAbbDD	aAbbDd	aabBDD	aabBDd	aabbDD	aabbDd
abd	aAbBdD	aAbBdd	aAbbdD	aAbbdd	aabBdD	aabBdd	aabbdD	aabbdd

从上面的例子可看出，数量性状的遗传具有几个特点：① 两个不同极端类型的个体杂交后，子一代(F_1)为中间类型；在遗传因素和环境因素的共同作用下，F_1 的表型具有一定范围的变异。② 两个中间类型的个体杂交，F_1 大部分为中间类型，但可能会出现极端变异类型。③ 在随机交配的群体中，后代表型变异的范围广泛，但大部分为中间类型，极端变异类型所占的比例很少，变异在群体中的分布符合正态分布。

第二节 多基因遗传病的特征

由于多基因遗传病的发生具有复杂的病因，因而具有与单基因遗传方式明显不同的特征。

一、易患性和阈值

由遗传因素和环境因素共同作用，决定一个个体患某种多基因遗传病的可能性，称为易患性(liability)。群体中，易患性的变异呈正态分布(图 6-2)，大多数个体的易患性接近群体的平均值，易患性很高或很低的个体都很少。当一个个体的易患性达到一定限度时，个体就发病，这是使个体发病的易患性的最低限度，称为阈值(threshold)。

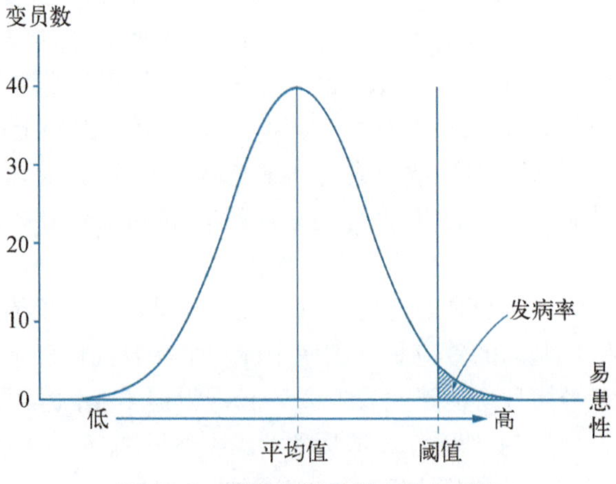

图 6-2 群体中易患性变异与阈值

在易患性中，由遗传因素所决定的患病风险称为易感性(susceptibility),所涉及的基因称为易感基因。在一定条件下,阈值代表了个体患病所必需的最少的易感基因数量。

个体的易患性高低难以测量,只能根据婚后子女的患病情况作出粗略估计。但群体的易患性平均值(μ)可以通过群体发病率作出估计。已知群体发病率时,利用正态分布的性质,可计算阈值与群体易患性平均值之间的距离,该距离以标准差(σ)为单位。以易患性分布曲线下的面积为1,代表整个群体,易患性高于阈值的那部分面积为患者所占的比例,即群体发病率。比如,已知某多基因遗传病的发病率为4%,通过计算(根据正态分布的密度函数计算)或查表6-3,可知阈值与群体易患性平均值之间的距离为1.751个标准差。

一个群体的易患性平均值与阈值距离越近,则发病率越高;易患性平均值与阈值距离越远,发病率越低。

二、遗传率

在决定多基因遗传病的遗传因素和环境因素中,遗传因素所起作用的大小称为遗传率或遗传度(heritability)。常见的多基因遗传病,遗传率高的可达70%~80%,低的只有30%~40%。遗传率高则表明遗传因素在决定这些疾病的发病上作用大,而环境因素的作用较小;遗传率低表明环境因素在决定这些疾病的发病上起主要作用,遗传因素的作用较小。一些常见多基因遗传病和先天畸形的遗传率和群体发病率见表6-2。

表6-2　常见多基因遗传病和先天畸形的遗传率和群体发病率

疾病名称	发病率(%)			遗传率(%)
	群体发病率	患者一级亲属发病率	男:女	
原发性高血压	4~8	20~30	1	62
哮喘	4.0	20	0.8	80
消化性溃疡	4.0	8	1	37
冠心病	2.5	7	1.5	65
2型糖尿病	2~3	10~15		35
精神分裂症	1.0	10	1	80
1型糖尿病	0.2	2~5		75
强直性脊椎炎	0.2	男先证者7 女先证者2	0.2	70
无脑儿	0.5	2	0.4	60
先天性幽门狭窄	0.3	男先证者2 女先证者10	5	75
脊柱裂	0.3	4	0.8	60
唇裂±腭裂	0.17	4	1.6	76
先天性畸形足	0.1	3	2	68
先天性髋关节脱臼	0.07	4	0.2	70
腭裂	0.04	2	0.7	76
先天性巨结肠	0.02	男先证者2 女先证者8	4	80

遗传率以符号H或h^2表示。H为广义遗传率,指全部遗传因素所起的作用。h^2为狭义遗传率,仅考虑了加性基因的作用。应用Falconer公式或Holzinger公式可计算遗传率。

(一) Falconer公式

Falconer公式的依据是患者亲属的发病率与遗传率相关,患者亲属的发病率越高,遗传率越大,所以可通过调查患者亲属发病率和一般人群发病率,对遗传率(h^2)进行计算。

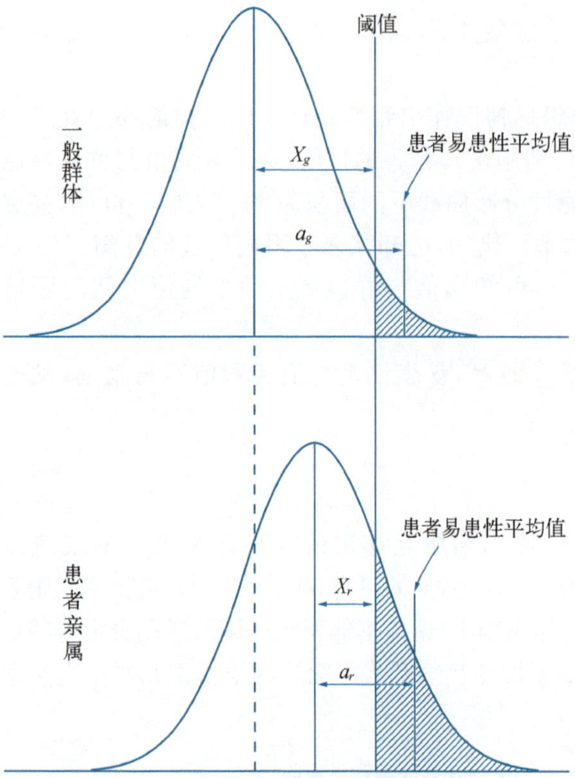

图 6-3 一般群体和患者亲属易患性平均值

$$h^2=\frac{b}{r} \tag{1}$$

公式(1)中，h^2 为遗传率，b 为亲属对患者的回归系数，r 为亲缘系数。

$$b=\frac{X_g-X_r}{a_g} \tag{2}$$

公式(2)中，X_g 为一般群体易患性平均值与阈值的差，X_r 为患者亲属易患性平均值与阈值的差，a_g 为一般群体易患性平均值与一般群体中患者易患性平均值的差(图 6-3)。

$$b=\frac{p(X_c-X_r)}{a_c} \tag{3}$$

公式(3)中 $p=1-q$，q 为对照组亲属发病率，X_c 为对照组亲属易患性平均值与阈值的差；a_c 为对照组亲属中患者易患性平均值与对照组亲属易患性平均值的差。X_g、X_r 和 X_c、a_g、a_r 可根据已知一般群体发病率、对照亲属发病率和患者亲属发病率等计算得到，也可查编制好的 X 和 a 值表——表 6-3 得到。

表 6-3 正态分布 X 和 a 值表

q(%)	x	a	q(%)	x	a	q(%)	x	a
0.01	3.719	3.958	0.26	2.794	3.093	0.51	2.569	2.886
0.02	3.540	3.789	0.27	2.782	3.081	0.52	2.562	2.880
0.03	3.432	3.687	0.28	2.770	3.071	0.53	2.556	2.873
0.04	3.353	3.613	0.29	2.759	3.060	0.54	2.549	2.868
0.05	3.291	3.554	0.30	2.748	3.050	0.55	2.543	2.862
0.06	3.239	3.506	0.31	2.737	3.040	0.56	2.536	2.856
0.07	3.195	3.465	0.32	2.727	3.030	0.57	2.530	2.850
0.08	3.156	3.428	0.33	2.716	3.021	0.58	2.524	2.845
0.09	3.121	3.396	0.34	2.706	3.012	0.59	2.518	2.839
0.10	3.090	3.367	0.35	2.697	3.003	0.60	2.512	2.834
0.11	3.062	3.341	0.36	2.687	2.994	0.61	2.506	2.828
0.12	3.036	3.316	0.37	2.678	2.986	0.62	2.501	2.823
0.13	3.011	3.294	0.38	2.669	2.978	0.63	2.495	2.818
0.14	2.989	3.273	0.39	2.661	2.970	0.64	2.489	2.813
0.15	2.968	3.253	0.40	2.652	2.962	0.65	2.484	2.808
0.16	2.948	3.235	0.41	2.644	2.954	0.66	2.478	2.803
0.17	2.929	3.217	0.42	2.636	2.947	0.67	2.473	2.798
0.18	2.911	3.201	0.43	2.628	2.939	0.68	2.468	2.793
0.19	2.894	3.185	0.44	2.620	2.932	0.69	2.462	2.789
0.20	2.878	3.170	0.45	2.612	2.925	0.70	2.457	2.784
0.21	2.863	3.156	0.46	2.605	2.918	0.71	2.452	2.779
0.22	2.848	3.142	0.47	2.597	2.911	0.72	2.447	2.775
0.23	2.834	3.129	0.48	2.590	2.905	0.73	2.442	2.770
0.24	2.820	3.116	0.49	2.583	2.898	0.74	2.437	2.766
0.25	2.807	3.104	0.50	2.576	2.892	0.75	2.432	2.761

续表

q(%)	*x*	*a*	*q*(%)	*x*	*a*	*q*(%)	*x*	*a*
0.76	2.428	2.757	1.22	2.251	2.597	1.68	2.125	2.484
0.77	2.423	2.753	1.23	2.248	2.594	1.69	2.122	2.482
0.78	2.418	2.748	1.24	2.245	2.591	1.70	2.120	2.480
0.79	2.414	2.744	1.25	2.241	2.589	1.71	2.118	2.478
0.80	2.409	2.740	1.26	2.238	2.586	1.72	2.115	2.476
0.81	2.404	2.736	1.27	2.235	2.583	1.73	2.113	2.474
0.82	2.400	2.732	1.28	2.232	2.580	1.74	2.111	2.472
0.83	2.395	2.728	1.29	2.229	2.578	1.75	2.108	2.470
0.84	2.391	2.724	1.30	2.226	2.575	1.76	2.106	2.467
0.85	2.387	2.720	1.31	2.223	2.572	1.77	2.104	2.465
0.86	2.382	2.716	1.32	2.220	2.570	1.78	2.101	2.463
0.87	2.378	2.712	1.33	2.217	2.567	1.79	2.099	2.461
0.88	2.374	2.708	1.34	2.214	2.564	1.80	2.097	2.459
0.89	2.370	2.704	1.35	2.212	2.562	1.81	2.095	2.457
0.90	2.366	2.701	1.36	2.209	2.559	1.82	2.092	2.455
0.91	2.362	2.697	1.37	2.206	2.557	1.83	2.090	2.453
0.92	2.357	2.693	1.38	2.203	2.554	1.84	2.088	2.451
0.93	2.353	2.690	1.39	2.200	2.552	1.85	2.086	2.449
0.94	2.349	2.686	1.40	2.197	2.549	1.86	2.084	2.447
0.95	2.346	2.683	1.41	2.194	2.547	1.87	2.081	2.445
0.96	2.342	2.679	1.42	2.192	2.544	1.88	2.079	2.444
0.97	2.338	2.676	1.43	2.189	2.542	1.89	2.077	2.442
0.98	2.334	2.672	1.44	2.186	2.539	1.90	2.075	2.440
0.99	2.330	2.669	1.45	2.183	2.537	1.91	2.073	2.438
1.00	2.326	2.665	1.46	2.181	2.534	1.92	2.071	2.436
1.01	2.323	2.662	1.47	2.178	2.532	1.93	2.068	2.434
1.02	2.319	2.658	1.48	2.175	2.529	1.94	2.066	2.432
1.03	2.315	2.655	1.49	2.173	2.527	1.95	2.064	2.430
1.04	2.312	2.652	1.50	2.170	2.525	1.96	2.062	2.428
1.05	2.308	2.649	1.51	2.167	2.522	1.97	2.060	2.426
1.06	2.304	2.645	1.52	2.165	2.520	1.98	2.058	2.425
1.07	2.301	2.642	1.53	2.162	2.518	1.99	2.056	2.423
1.08	2.297	2.639	1.54	2.160	2.515	2.00	2.054	2.421
1.09	2.294	2.636	1.55	2.157	2.513	2.10	2.034	2.403
1.10	2.290	2.633	1.56	2.155	2.511	2.20	2.014	2.386
1.11	2.287	2.630	1.57	2.152	2.508	2.30	1.995	2.369
1.12	2.284	2.627	1.58	2.149	2.506	2.40	1.977	2.353
1.13	2.280	2.624	1.59	2.147	2.504	2.50	1.960	2.338
1.14	2.277	2.620	1.60	2.144	2.502	2.60	1.943	2.323
1.15	2.273	2.617	1.61	2.142	2.499	2.70	1.927	2.309
1.16	2.270	2.615	1.62	2.139	2.497	2.80	1.911	2.295
1.17	2.267	2.612	1.63	2.137	2.495	2.90	1.896	2.281
1.18	2.264	2.609	1.64	2.135	2.493	3.00	1.881	2.268
1.19	2.260	2.606	1.65	2.132	2.491	3.10	1.866	2.255
1.20	2.257	2.603	1.66	2.130	2.489	3.20	1.852	2.243
1.21	2.254	2.600	1.67	2.127	2.486	3.30	1.838	2.231

续表

q(%)	x	a	q(%)	x	a	q(%)	x	a
3.40	1.825	2.219	8.00	1.405	1.858	12.6	1.146	1.643
3.50	1.812	2.208	8.10	1.398	1.853	12.7	1.141	1.639
3.60	1.799	2.197	8.20	1.392	1.847	12.8	1.136	1.635
3.70	1.787	2.186	8.30	1.385	1.842	12.9	1.131	1.631
3.80	1.774	2.175	8.40	1.379	1.836	13.0	1.126	1.627
3.90	1.762	2.165	8.50	1.372	1.831	13.1	1.122	1.623
4.00	1.751	2.154	8.60	1.366	1.825	13.2	1.117	1.620
4.10	1.739	2.144	8.70	1.359	1.820	13.3	1.112	1.616
4.20	1.728	2.135	8.80	1.353	1.815	13.4	1.108	1.612
4.30	1.717	2.125	8.90	1.347	1.810	13.5	1.103	1.608
4.40	1.706	2.116	9.00	1.341	1.804	13.6	1.098	1.605
4.50	1.695	2.106	9.10	1.335	1.799	13.7	1.094	1.601
4.60	1.685	2.097	9.20	1.329	1.794	13.8	1.089	1.597
4.70	1.675	2.088	9.30	1.323	1.789	13.9	1.085	1.593
4.80	1.665	2.080	9.40	1.317	1.784	14.0	1.080	1.590
4.90	1.655	2.071	9.50	1.311	1.779	14.1	1.076	1.586
5.00	1.645	2.063	9.60	1.305	1.774	14.2	1.071	1.583
5.10	1.635	2.054	9.70	1.299	1.769	14.3	1.067	1.579
5.20	1.626	2.046	9.80	1.293	1.765	14.4	1.063	1.575
5.30	1.616	2.038	9.90	1.287	1.760	14.5	1.058	1.572
5.40	1.607	2.030	10.0	1.282	1.755	14.6	1.054	1.568
5.50	1.598	2.023	10.1	1.276	1.750	14.7	1.049	1.565
5.60	1.589	2.015	10.2	1.270	1.746	14.8	1.045	1.561
5.70	1.580	2.007	10.3	1.265	1.741	14.9	1.041	1.558
5.80	1.572	2.000	10.4	1.259	1.736	15.0	1.036	1.554
5.90	1.563	1.993	10.5	1.254	1.732	15.1	1.032	1.551
6.00	1.555	1.985	10.6	1.248	1.727	15.2	1.028	1.548
6.10	1.546	1.978	10.7	1.243	1.723	15.3	1.024	1.544
6.20	1.538	1.971	10.8	1.237	1.718	15.4	1.019	1.541
6.30	1.530	1.964	10.9	1.232	1.714	15.5	1.015	1.537
6.40	1.522	1.957	11.0	1.227	1.709	15.6	1.011	1.534
6.50	1.514	1.951	11.1	1.221	1.705	15.7	1.007	1.531
6.60	1.506	1.944	11.2	1.216	1.701	15.8	1.003	1.527
6.70	1.499	1.937	11.3	1.211	1.696	15.9	0.999	1.524
6.80	1.491	1.931	11.4	1.206	1.692	16.0	0.994	1.521
6.90	1.483	1.924	11.5	1.200	1.688	16.1	0.990	1.517
7.00	1.476	1.918	11.6	1.195	1.684	16.2	0.986	1.514
7.10	1.468	1.912	11.7	1.190	1.679	16.3	0.982	1.511
7.20	1.461	1.906	11.8	1.185	1.675	16.4	0.978	1.508
7.30	1.454	1.899	11.9	1.180	1.671	16.5	0.974	1.504
7.40	1.447	1.893	12.0	1.175	1.667	16.6	0.970	1.501
7.50	1.440	1.887	12.1	1.170	1.663	16.7	0.966	1.498
7.60	1.433	1.881	12.2	1.165	1.659	16.8	0.962	1.495
7.70	1.426	1.876	12.3	1.160	1.655	16.9	0.958	1.492
7.80	1.419	1.870	12.4	1.155	1.651	17.0	0.954	1.489
7.90	1.412	1.864	12.5	1.150	1.647	17.1	0.950	1.485

续表

q(%)	x	a	q(%)	x	a	q(%)	x	a
17.2	0.946	1.482	19.5	0.860	1.414	29.0	0.553	1.180
17.3	0.942	1.479	19.6	0.856	1.411	30.0	0.524	1.159
17.4	0.938	1.476	19.7	0.852	1.408	31.0	0.496	1.138
17.5	0.935	1.473	19.8	0.849	1.405	32.0	0.468	1.118
17.6	0.931	1.470	19.9	0.845	1.403	33.0	0.440	1.097
17.7	0.927	1.467	20.0	0.842	1.400	34.0	0.412	1.078
17.8	0.923	1.464	20.1	0.838	1.397	35.0	0.385	1.058
17.9	0.919	1.461	20.2	0.834	1.394	36.0	0.358	1.039
18.0	0.915	1.458	20.3	0.831	1.391	37.0	0.332	1.020
18.1	0.912	1.455	20.4	0.827	1.389	38.0	0.305	1.002
18.2	0.908	1.452	20.5	0.824	1.386	39.0	0.279	0.984
18.3	0.904	1.449	20.6	0.820	1.383	40.0	0.253	0.966
18.4	0.900	1.446	20.7	0.817	1.381	41.0	0.228	0.948
18.5	0.896	1.443	20.8	0.813	1.378	42.0	0.202	0.931
18.6	0.893	1.440	20.9	0.810	1.375	43.0	0.176	0.913
18.7	0.889	1.437	21.0	0.806	1.372	44.0	0.151	0.896
18.8	0.885	1.434	22.0	0.772	1.346	45.0	0.126	0.880
18.9	0.882	1.431	23.0	0.739	1.320	46.0	0.100	0.863
19.0	0.878	1.428	24.0	0.706	1.295	47.0	0.075	0.846
19.1	0.874	1.425	25.0	0.674	1.271	48.0	0.050	0.830
19.2	0.871	1.422	26.0	0.643	1.248	49.0	0.025	0.814
19.3	0.867	1.420	27.0	0.613	1.225	50.0	0.000	0.798
19.4	0.863	1.417	28.0	0.583	1.202			

已知一般群体的发病率时，可用公式(2)计算 b 值。缺乏一般群体发病率资料时，可通过设立对照组，调查对照组亲属的发病率，用公式(3)来计算 b 值。

所求遗传率的标准误(SEh^2)可按下列公式计算：

$$V_b=\left(\frac{1}{a_g}\right)^2\cdot\left(\frac{P}{a_r^2A}\right)\tag{4}$$

$$V_b=\left(\frac{P}{a_c}\right)^2\cdot\left(\frac{P}{a_r^2A}\right)\tag{5}$$

$$SEh^2=\frac{1}{r}\cdot\sqrt{V_b}\tag{6}$$

A 为患者亲属中的发患者数，q 为发病率，$p=1-q$。

例如，有人调查先天性房间隔缺损在一般群体中的发病率为 1/1 000，在 100 个先证者家系中调查，先证者的一级亲属共有 669 人(双亲 200 人、同胞 279 人、子女 190 人)，其中有 22 人发病。

一般群体的发病率为 0.1%，查表 6-3 得 $X_g=3.090$，$a_g=3.367$。先证者一级亲属的发病率为 3.3%(22/669)，查表 6-3 得 $X_r=1.838$。调查对象为先证者的一级亲属，$r=1/2$。则

$$b=\frac{X_g-X_r}{a_g}=\frac{3.090-1.838}{3.367}=0.37$$

$$h^2=\frac{b}{r}=\frac{0.37}{0.5}=0.744=74\%$$

$$V_b=\left(\frac{1}{a_g}\right)^2\cdot\left(\frac{P}{a_r^2A}\right)=\left(\frac{1}{3.367}\right)^2\cdot\left(\frac{0.967}{2.231^2\times 22}\right)=0.000\ 776$$

$$SEh^2 = \frac{1}{r} \cdot \sqrt{V_b} = \frac{1}{0.5} \times \sqrt{0.000\ 776} = 0.055\ 7$$

以上计算结果表明,先天性房间隔缺损的遗传率为 74%±5.57%。

(二) Holzinger 公式

Holzinger 公式是根据遗传率越高的疾病,一卵双生发病一致率与二卵双生发病一致率相差越大而建立的。

$$h^2 = \frac{C_{MZ} - C_{DZ}}{100 - C_{DZ}}$$

其中,C_{MZ} 为一卵双生子发病一致率;C_{DZ} 为二卵双生子发病一致率。

例如,在对哮喘进行的一项调查中,统计到 224 对双生子,其中一卵双生 175 对,二卵双生 49 对,分别有 143 对和 4 对共同发病。则 C_{MZ}=(175/224)×100=78.1,C_{MZ}=(4/49)×100=8.2,用 Holzinger 公式计算得遗传率 h^2=(78.1−8.2)/(100−8.2)=76.4%。

应当指出,遗传率是在特定环境中根据特定人群的发病率得到的估计值,不宜外推到其他人群和其他环境。同时,遗传率是群体统计值,并不是某种多基因遗传病在某个个体上的遗传率。如果某种疾病的遗传率为 50%,不能说某个患者的发病一半有遗传因素决定,一半由环境因素决定,而应该说在这种疾病的总变异中,一半与遗传变异有关,一半与环境变异有关。另外,遗传率的估算仅适用于没有遗传异质性,且没有主基因效应的疾病。若导致疾病的多基因中有一个显性主基因,那么估算的遗传率可以超过 100%;若主基因为隐性基因,则由先证者的同胞估算的遗传率可以高于父母或子女估算的遗传率。因此,只有当同胞、父母和子女分别估算的遗传率相近时,这个遗传率才合适,同时也才能认为该疾病的发生可能是多基因遗传的结果。

三、多基因遗传病的遗传特点

多基因遗传病与单基因遗传病比较具有以下特点:① 多基因遗传病的发病率一般高于 0.1%。② 发病具有家族聚集倾向,患者同胞的发病率为 1%~10%。③ 多基因遗传病的发病率具有种族差异,表 6-4 显示了不同种族遗传背景上的差异对发病率的影响。④ 随着亲属级别的降低,再发风险迅速下降(表 6-5,图 6-4),患者的一级亲属具有相同的发病风险。⑤ 近亲婚配使子女再发风险增高,但不如常染色体隐性遗传病明显。

表 6-4 一些多基因遗传病发病率的种族差异

疾病名称	发病率(%)	
	日本	美国
脊柱裂	0.3	0.2
无脑儿	0.6	0.5
唇裂±腭裂	0.3	0.2
先天性畸形足	1.4	5.5
先天性髋脱臼	1.0	0.7

表 6-5 一些多基因遗传病不同级别亲属的发病风险

类型	发病风险(%)		
	唇裂	先天性髋脱臼	先天性幽门狭窄
一般群体	0.1	0.2	0.5
一卵双生	40.0(400×)*	40.0(200×)	15.0(30×)
一级亲属	4.0(40×)	5.0(25×)	5.0(10×)
二级亲属	0.7(7×)	0.6(3×)	2.5(5×)

* 括号内的数值表示发病风险为一般群体发病率的倍数。

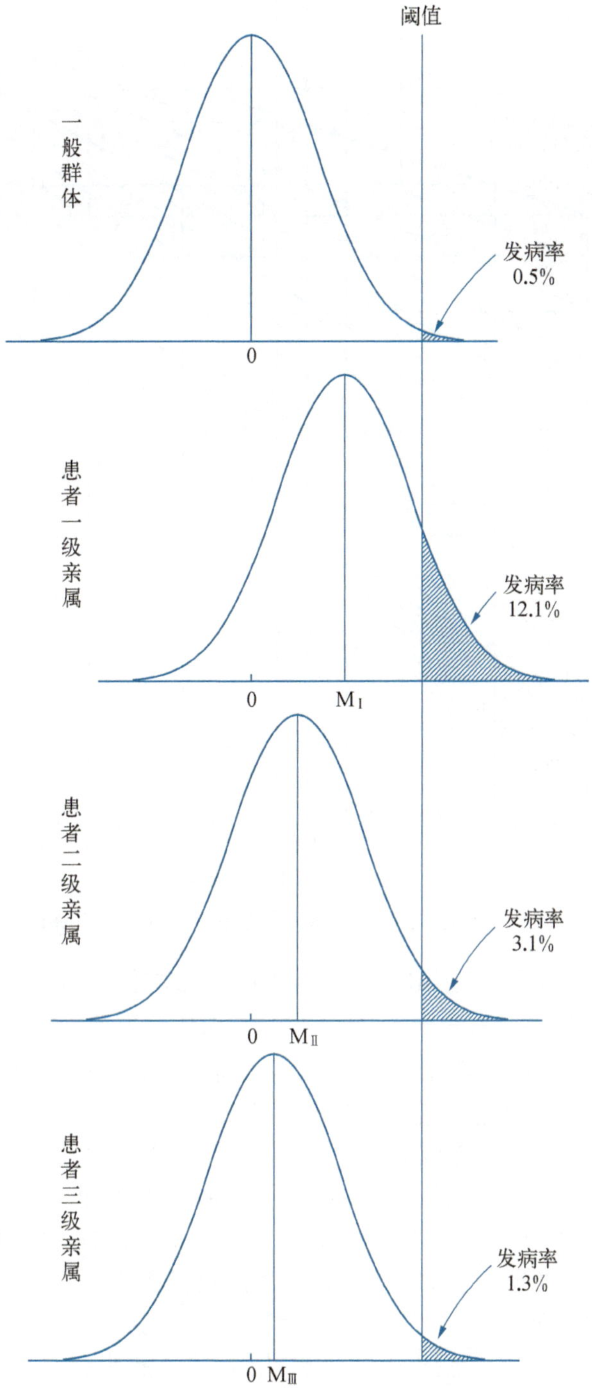

图 6－4　一般群体和患者各级亲属发病率比较

$M_{Ⅰ}$、$M_{Ⅱ}$、$M_{Ⅲ}$分别为患者一、二、三级亲属的易患性平均值

四、多基因遗传病再发风险的估计

多基因遗传病的发病原因很复杂，目前尚不能精确估计患者亲属的再发风险。一般认为，在进行再发风险估计时，应综合考虑以下因素。

1. 再发风险与遗传率及一般群体发病率有关　已知一般群体发病率和遗传率时，可利用公式(1)和公式(2)计算出 X_r 值，进一步用 X_r 值和正态分布函数计算出患者亲属的再发风险，但这一计算过程比较繁琐。遗传学家已绘制了一般群体发病率、遗传率和患者一级亲属发病率的关系图解(图 6－5)，可用来直接查找患者一级亲属的再发风险。

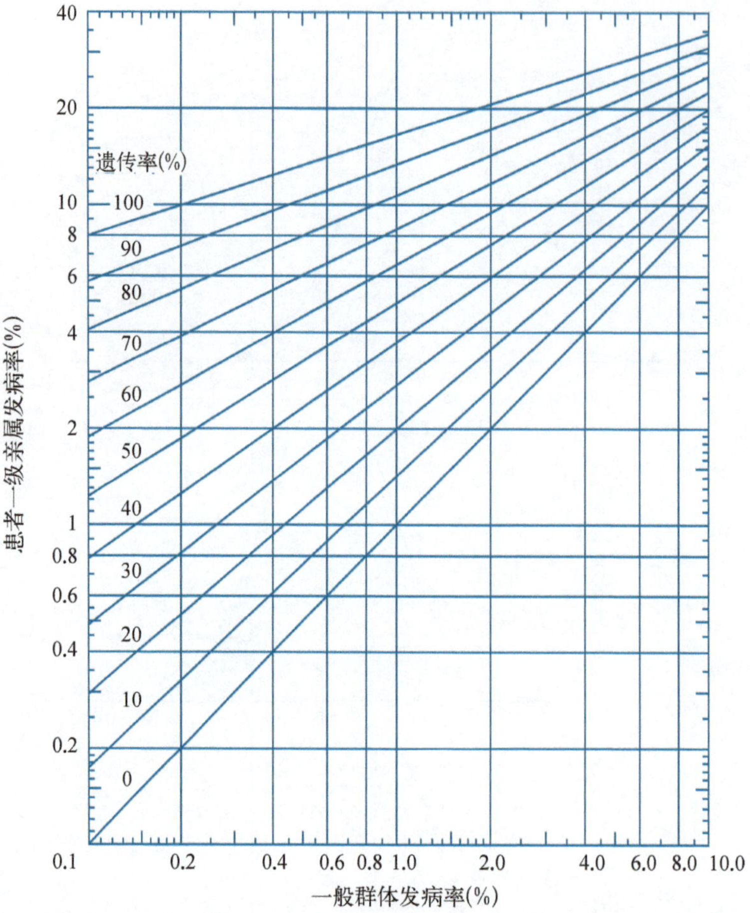

图 6-5 一般群体发病率、遗传率和患者一级亲属发病率的关系

从图 6-5 中可以直观地看出,一级亲属的再发风险随着一般群体发病率和遗传率的增高而增高。

当某种多基因遗传病的一般群体发病率为 0.1%~1%,遗传率为 70%~80%时,可根据 Edwards 公式直接计算出患者一级亲属的再发风险,即 $f=\sqrt{p}$,f 为患者一级亲属的再发风险,p 为一般群体发病率。Edwards 公式仅当一般群体发病率和遗传率均在上述范围时适用。

如果一般群体发病率高于 1%和/或遗传率高于 80%时,一级亲属的再发风险大于 Edwards 公式的计算值;当一般群体发病率低于 0.1%和/或遗传率低于 70%时,一级亲属的再发风险小于 Edwards 公式的计算值。

2. 再发风险与亲属中患病人数有关 家系中患病人数越多,患者亲属的再发风险越高。家系中患病人数越多,表明该家系易患性平均值越高,则患者亲属的再发风险就越高。例如,一对夫妇表型正常,第一胎生出唇裂患儿的概率与一般群体发病率相同,为 0.17%。但如果第一胎已经生出唇裂患儿,第二胎生出唇裂患儿的风险为 4%。如果他们的第一、二胎都是唇裂患儿,则第三胎为患唇裂的风险上升到 10%。Smith (1971)所编制的表格(表 6-6),可根据双亲和同胞中已患病人数来估计一级亲属的再发风险。

表 6-6 根据亲属患病人数和遗传率估计一级亲属的再发风险(%)

双亲患病数		0			1			2		
一般群体发病率(%)	遗传率(%)	患病同胞数			患病同胞数			患病同胞数		
		0	1	2	0	1	2	0	1	2
1.0	100	1	7	14	11	24	34	63	65	67
	80	1	6	14	8	18	28	41	47	52
	50	1	4	8	4	9	15	15	21	26
0.1	100	0.1	4	11	5	16	26	62	63	64
	80	0.1	3	10	4	14	23	60	61	62
	50	0.1	1	3	1	3	9	7	11	15

3. *再发风险与病情严重程度有关*　患者病情越严重，其亲属的再发风险越高。患者病情越严重，其易患性就越高，或者说携带的易感性基因就越多，亲属获得易感性基因的可能性就增大。例如，单侧唇裂患者，其同胞的再发风险为 2.46%；单侧唇裂并发腭裂的患者，其同胞的再发风险为 4.21%；双侧唇裂并发腭裂的患者，其同胞的再发风险为 5.74%。

4. *再发风险与发病率的性别差异有关*　发病率具有性别差异时，发病率低的性别，患者亲属的再发风险高；发病率高的性别，患者亲属的再发风险低，这称为 Carter 效应。男女的发病率不同，说明不同性别的发病阈值不同。如哮喘在群体中女性发病率为 4.4%，女性发病阈值距群体易患性平均值 1.706 个标准差；男性发病率为 3.6%，男性发病阈值距群体易患性平均值 1.799 个标准差(图 6-6)。发病率低的性别，其发病阈值高，即需要较高的易患性才会致病，所以患者具有较多的易感基因，患者亲属获得易感基因的可能性大，再发风险就高。相反，发病率高的性别，其发病阈值低，只需较少的易感基因就可发病，所以患者亲属获得易感基因的可能性较小，再发风险就低。例如先天性幽门狭窄，男性发病率是女性的 5 倍，男性发病率为 0.5%，女性发病率为 0.1%。男性患者的后代中，儿子的发病风险为 5.5%，女儿的发病风险为 2.4%；女性患者的后代中，儿子和女儿的发病风险分别为 19.4%和 7.3%。

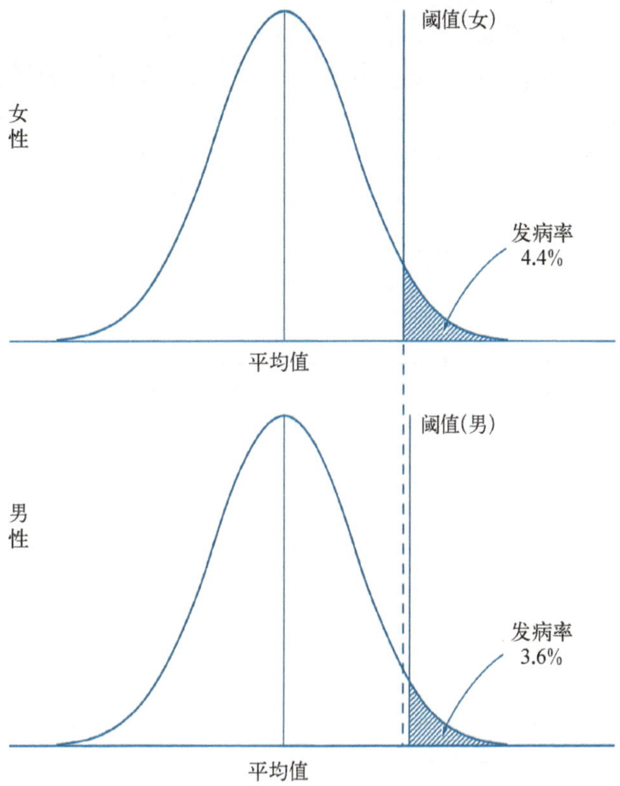

图 6-6　不同性别中哮喘发病率差异与阈值的关系

第三节　多基因遗传病易感基因的研究

由于多基因遗传病的发病是多个微效基因加上环境因素的作用，这与单基因遗传病不同，因此，通常成功应用于单基因遗传病的致病基因识别与鉴定的研究方法，往往难以应用于多基因遗传病的研究中。近年的研究表明，一些复杂疾病受控于一种多基因背景上起作用的易感主基因(major susceptibility gene)，因此，现在力求从发现易感基因(候选基因)入手，进而探明易感基因之间以及易感基因与环境之间相互作用的方式。但由于基因之间以及基因与环境之间相互作用的复杂性，致使多基因遗传病的研究发展缓慢，成为医学遗传学研究的一个难点。

一、多基因遗传病易感基因研究的常用方法和策略

多基因遗传病易感基因的研究主要从两方面进行探索，一方面是收集家系资料，通过受累同胞对分析、受累家系成员分析法和数量性状的连锁分析等方法进行研究；另一方面，比较等位基因或基因型的频率在某一疾病的病例组及对照组中的差别，通过候选基因或全基因组关联分析来定位易感主基因并用定位克隆法来鉴定这些易感主基因。对于这些方法的介绍详见第七章疾病相关基因的识别与鉴定。

多基因遗传病的遗传分析和易感基因的识别与鉴定是个复杂的系统工程。随着人类基因组计划的快速发展、各种信息资源的高度共享及新技术的不断出现，多基因遗传病的易感基因的识别与鉴定已是现阶段医学遗传学研究的热点。此外，随着一些高通量检测技术、基因编辑技术及一系列人源化动物疾病模型的应用，易感基因的功能及作用方式将被逐渐阐明，可望将多基因疾病的易感主基因的筛查用于临床。另外，多基因疾病的风险人群的监测也是一个重要环节，避免该类人群暴露于危险因素下可有效降低发病率。

二、几种常见多基因遗传病易感基因的研究

近年来,对几种常见多基因遗传病,如哮喘、精神分裂症和原发性高血压等疾病易感基因的研究上取得了很大进展。

(一) 哮喘

哮喘(asthma)是一类常见的肺部疾病,其特征为气道炎症、气道高反应性和可逆性气流阻塞。哮喘发病率在全球范围内为1%~30%,我国为0.5%~5%。以儿童多见,发达国家患病率高于发展中国家,城市高于农村,具有家族聚集倾向。哮喘发生是遗传因素与环境因素相互作用的结果,其中环境因素主要包括尘螨、蟑螂、动物毛皮、真菌和空气污染等。遗传因素在近20年来通过全基因组关联研究和连锁分析方法,已发现众多与哮喘相关的基因,这些基因多为免疫识别基因、转录因子基因、受体基因和细胞因子基因等。部分哮喘及其相关性状基因及其染色体定位见表6-7。

表6-7 部分哮喘相关基因

染色体定位	哮喘相关基因	染色体定位	哮喘相关基因
2q14	DPP10	7q14	NPSR1
2q22	HNMT	10q11	ALOX5
4q13	MUC7	11q12	SCGB1A1
5q31	IL-13	12q13	STAT6
5q32	SCGB3A2	12q14	IRAK3
5q32	ADRB2	13q14	PHF11
6p12	PLA2G7	16p12	IL-4R
6p21	HLA-G	17q12	CCL11
6p21	TNFA	20p13	ADAM33

(二) 精神分裂症

精神分裂症(schizophrenia)的特征是思维过程障碍及情感障碍,常见幻听、妄想和偏执等症状。精神分裂症的遗传率约为80%,说明遗传因素为发病的主要原因。但是,现今的研究表明绝大多数的精神分裂症易感基因的外显率并不完全,需要相对较多数目的遗传变异才会引起发病。而且,基因与环境互作(gene-by-environment interaction)及表观遗传机制可能在精神分裂症发生中起重要作用。

多年来,人们通过家系的连锁分析发现了17个染色体区域上的遗传标记与精神分裂症的传递有关,但其中的阳性结果在不同研究中的重现率较低。只有1q21~q22、6p24~p22、8p21~p12、13q32~q34和22q11~q12等染色体区域有较强证据支持。随后,有若干个重要的精神分裂症的关联基因被陆续发现,而且有些在世界不同人群中的研究中也得到验证。表6-8列出了OMIM数据库收录的精神分裂症相关的基因及其染色体位置。

表6-8 部分精神分裂症相关基因

染色体定位	基因名称	染色体定位	基因名称
1p36.2	*SCZD12*	11q14~q21	*SCZD2*
1p36.22	*MTHFR*	12q24.11	*DAO*
1q32.1	*CHI3L1*	13q14.2	*HTR2A*
1q42.2	*DISC1*	13q32	*SCZD7*
1q42.2	*DISC2*	13q33.2	*DAOA*
3p25.2	*SYN2*	14q32.33	*AKT1*
3q13.31	*DRD3*	18p	*SCZD8*
5q23~q35	*SCZD1*	22q11.21	*COMT*
6p23	*SCZD3*	22q11.21	*RTN4R*
6q13~q26	*SCZD5*	22q12.3	*APOL4*
8p21	*SCZD6*	22q12.3	*APOL2*
10q22.3	*SCZD11*		

（三）原发性高血压

高血压是最常见的心血管疾病之一，也是我国心脑血管病的主要危险因素。绝大多数高血压患者原因不明，称为原发性高血压(essential hypertension)。原发性高血压也是遗传和环境因素共同决定的复杂性疾病，具有家族聚集现象，其中遗传因素可以解释群体中 30%～60%的血压变异。多年来，通过家系的连锁分析和群体关联研究，发现了部分血压变异相关的易感基因，涉及肾素-血管紧张素-醛固酮系统、交感神经系统、激肽释放酶-激肽系统、水盐代谢系统、血管内皮与血管平滑肌等多个系统或组织的生理功能。表 6－9 列出了部分 OMIM 数据库收录的原发性高血压的相关基因及其所在的染色体区域。

表 6－9　部分原发性高血压相关基因

染色体定位	基因名称	染色体定位	基因名称
1p36.12	*ECE1*	7q22.1	*CYP3A5*
1q23.3	*RGS5*	7q36.1	*NOS3*
1q24.2	*ATP1B1*	12p13.31	*GNB3*
1q24.2	*SELE*	12p12.2－p12.1	*HYT4*
1q42.2	*AGT*	15q	*HYT2*
2p25－p24	*HYT3*	17q	*HYT1*
3q24	*AGTR1*	17q11.2	*NOS2A*
4p16.3	*ADD1*	20q11－q13	*HYT5*
5p13－q12	*HYT6*	20q13.13	*PTGIS*

小　结

多基因遗传病的发病率一般高于 0.1%，常表现出家族聚集现象和发病率的种族差异。

多基因遗传性状为数量性状，其遗传基础为两对或两对以上的等位基因。每对等位基因表现为共显性。每个基因对性状形成的作用微小。不同基因座上的基因以累加方式协同作用。最终性状的形成，还取决于环境因素和基因型之间的相互作用。群体中数量性状变异分布为正态分布。

由遗传因素和环境因素共同作用而决定的易患性在群体中呈正态分布。阈值是使个体发病的易患性的最低限度。可以用遗传率来衡量多基因遗传病中遗传因素所起作用的大小。可根据患者亲属发病率与一般人群发病率的关系，或一卵双生发病率与二卵双生发病率的关系，对遗传率进行计算。

估计多基因遗传病再发风险，应综合考虑群体发病率、遗传率、家系中患病人数、病情严重程度及发病率的性别差异等因素。

由于微效基因与环境的互作及基因间的互作，研究多基因遗传病的遗传背景非常困难。常用方法包括用于证实主基因存在的家系分析、群体关联分析和动物模型等，及用于定位基因的候选基因策略和全基因组扫描策略。现已在哮喘、精神分裂症和原发性高血压等疾病的易感基因研究上取得很大进展，发现一些相关的候选基因。

（杨　明）

【复习思考题】

1. 简述质量性状和数量性状的区别。
2. 简述多基因假说的要点。
3. 在进行多基因遗传病再发病风险估计时，应综合考虑哪些因素？每种因素如何影响再发风险？

第七章

人类疾病相关基因的识别与鉴定

几乎所有的疾病都与基因有关，都是遗传因素和环境因素相互作用的结果。依据基因变异在疾病发生、发展中的作用，这些基因可分为致病基因和疾病易感基因。致病基因是指一种疾病的表型和一种基因型呈现直接对应的因果关系，如一系列单基因病，疾病在群体中的发生遵从孟德尔遗传定律，故称之为孟德尔遗传病。而对于一些复杂性疾病，如肿瘤、心血管疾病、代谢性疾病、自身免疫性疾病等，遗传因素和环境因素各起着一定作用，表现为两个以上基因的“微效作用”的相加，或者多基因间的相互作用，这些基因称为疾病易感基因。为讨论方便，本章笼统地将影响疾病发生发展的基因，均称为疾病相关基因（disease related genes）。

随着人类基因组计划的完成，生命医学研究的重点转移至解析基因组的功能，包括详尽分析序列、描述基因组所有基因的功能、研究基因的表达及调控模式等。有人将其称为“后基因组纪元”，疾病相关基因的识别与鉴定是后基因组时代的主要研究内容之一。

第一节　疾病相关基因识别与鉴定的概述

一、确定疾病与基因间的实质联系是关键

疾病表现为体征及其生物化学的异常，可以借助临床查体、实验室检查及其他辅助检查手段，结合病史而确诊。正确的诊断是鉴定疾病基因的必要条件，在一些复杂性疾病中，有必要进行进一步的分类，确保疾病的同质性。其次，确定疾病的遗传因素，通过孪生子分析，领养分析和同胞罹患率分析等确定遗传因素是否在疾病发病中具有作用及其作用程度。一旦确定了遗传因素在疾病发生中的重要作用，就可进一步筛选鉴定疾病相关基因，以及确定其在基因组中的位置。

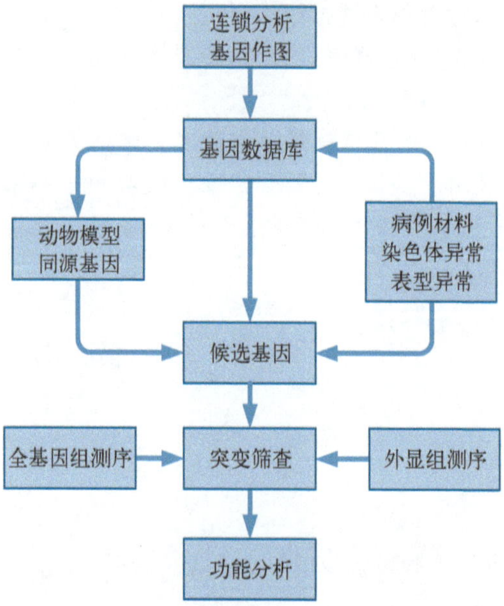

图 7-1　人类疾病相关基因的鉴定途径

二、疾病相关基因的识别与鉴定是多途径多学科的系统工程

疾病相关基因的鉴定是一项艰巨的系统工程，需要多学科的紧密配合，针对不同疾病采用不同的策略（图 7-1）。首先通过对不同疾病家系的连锁分析，可粗略地将疾病的致病基因定位于某条染色体上。这些位点被称为疾病的位点（locus），此时确切的基因尚不明了。随着对某些疾病发病机制的了解，可以进一步阐明疾病相关蛋白质的生物化学和细胞生物学特征，以此为切入点，寻找基因结构的异常，确定基因 DNA 序列的碱基突变及其导致蛋白质结构或表达异常的

分子机制，最终鉴定疾病的相关基因。疾病动物模型对于疾病相关基因的鉴定也具有重要帮助。通过对不同疾病动物模型的研究，可以确定导致实验动物异常表型的基因，进而鉴定人类的同源基因在疾病中的作用。借助生物信息数据库的有关待定基因的信息，亦极大促进了疾病相关基因鉴定的效率。

三、确定候选基因是多种克隆疾病相关基因方法的交汇

有许多途径能够达到最终鉴定疾病相关基因的目的，这些方法最终将交汇在候选基因上。一旦候选基因被鉴定，即可筛检患者中该基因的突变。候选基因可不依赖其在染色体位置而鉴定，但常用的策略仍然是首先通过找出候选染色体区域，然后在此区域内鉴定候选基因。人类基因组计划的完成提供了人类所有基因的信息，测序技术的迅速发展、测序费用的降低和时间缩短，使得全基因组和外显子组(exome)测序在大规模人群中的运用成为现实。但是，在候选区域内的数个候选基因中预测可能的疾病相关基因并非易事，需要的是大量的重复、逐个排除，最终确定候选基因的突变以及通过功能分析确定这种突变和疾病的联系。

第二节　疾病相关基因识别与鉴定的策略与方法

依据疾病相关基因的识别与鉴定时是否需要先确定基因在基因组中的位置，可以把疾病相关基因的鉴定策略分为依赖和不依赖基因定位两种。

一、不依赖基因定位的疾病相关基因识别与鉴定的策略与方法

不依赖基因定位的疾病相关基因识别与鉴定的策略主要是通过功能克隆、表型克隆及动物模型来鉴定和克隆疾病相关基因。

(一) 依据已知蛋白质的功能和结构识别与鉴定疾病相关基因

在基因作图之前，主要根据掌握或部分了解基因功能产物蛋白质的信息，鉴定蛋白质编码基因，进而克隆该基因，该方法称为功能克隆(functional cloning)。人类最先鉴定的疾病致病基因就是采用这种方法。

1. 依据蛋白质的氨基酸序列信息　如图 7-2 所示，如果疾病相关的蛋白质在体内表达丰富，可分离纯化得到一定纯度的足量蛋白质，可以利用质谱或化学方法进行氨基酸序列分析，获得全部或部分氨基酸序列信息。在此基础上，设计寡核苷酸探针，与 cDNA 文库杂交，筛选出目的基因。除 cDNA 文库筛查外，还可设计简并 PCR 引物，采用多种 PCR 引物组合，获得编码基因的 PCR 产物。

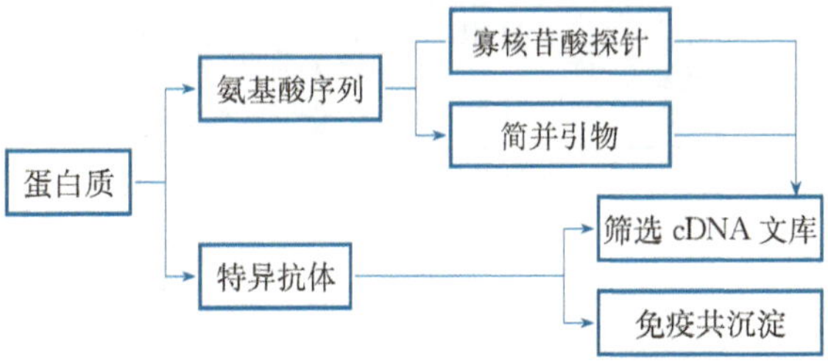

图 7-2　功能克隆基本过程示意图

上述方法曾成功地克隆了镰状细胞贫血的致病基因。通过免疫电泳等方法显示镰状细胞贫血患者的珠蛋白异常，获得部分氨基酸残基序列后，设计了简并寡核苷酸探针，筛选有核红细胞系的 cDNA 文库，得到 β 珠蛋白的 cDNA，与正常人的 cDNA 比较，发现 β 珠蛋白编码基因的变异位点。

2. 利用蛋白质的特异性抗体　对于一些体内含量很低，难以纯化得到足够纯度用于氨基酸序列测定的蛋白质，可以通过免疫共沉淀技术将其抗体直接结合正在翻译过程中的新生肽链，获得同时结合在核糖体上的 mRNA 分子，最终鉴定出未知基因；或者利用特异性抗体筛查可表达的 cDNA 文库，筛选出可与该抗体反应的表达蛋白质的阳性基因克隆。

功能克隆曾经是单基因疾病基因识别的常用策略，但其缺点是特异蛋白质的确认、鉴定及其纯化都相当困难，而且几乎不能用于多基因疾病相关基因的分离，因而目前已不经常应用。

(二) 从疾病的表型差异出发鉴定疾病相关基因

基于对疾病表型与基因序列或基因表达水平的关系已经有所认识的基础上来分离鉴定疾病相关基因，

也称为表型克隆(phenotype cloning)。依据 DNA 或 mRNA 的改变与疾病表型的关系,可有以下几种方法:① 从疾病的表型出发,比较患者与正常人基因组 DNA 的不同,直接对产生变异的 DNA 片段进行克隆,而不需要基因的染色体位置或基因的产物等信息。代表技术方法包括基因组错配筛选(genome mismatch scanning)和代表性差异分析(representative difference analysis, RDA)等。② 如果高度怀疑某种疾病是由于某个特殊的已知基因所致,可通过比较患者和正常对照间该基因表达的差异来确定该基因是否为该疾病相关基因。③ 如果基因是完全未知的,也可通过比较疾病和正常组织中的所有 mRNA 的表达种类和含量间的差异,从而克隆疾病相关基因。这种差异可能源于基因结构改变,也可能源于表达调控机制的改变。常用的技术有 mRNA 差异显示(mRNA differential display, mRNA - DD)、抑制消减杂交(suppressive substractive hybridization, SSH)、基因表达的系列分析(serial analysis of gene expression, SAGE)、cDNA 微阵列(cDNA microarray)和基因鉴定集成法(integrated procedure for gene identification)。

(三) 采用动物模型鉴定疾病相关基因

人类的许多种疾病都有相应的动物模型。如果动物某种表型的突变基因已定位于染色体的某一部位,而具有相似人类疾病表型的基因也很有可能位于人染色体的同源部位。另外,当疾病基因在动物模型上已确定,还可以采用染色体荧光原位杂交技术来定位分离人的同源基因。例如,人肥胖基因(*OBESE*)的克隆就是一个成功例证,通过对突变的肥胖近交系小鼠分析得到了小鼠的肥胖相关基因(*obese*),然后依据人与小鼠同源序列比较分析,鉴定了人的肥胖基因。

(四) 外显子组测序技术在疾病相关基因识别与鉴定中的应用

目前一致认为大部分功能变异都潜藏在基因的外显子中,随着测序技术的进步,而且外显子组测序较全基因组测序的费用少,目前,外显子组测序已在家族性疾病相关基因的识别与鉴定中广泛应用。

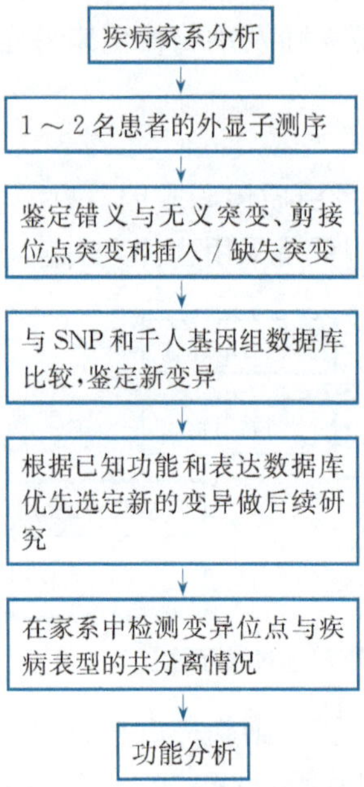

图 7-3 外显子组测序技术识别与鉴定疾病相关基因的流程

如图 7-3 所示,通过外显子组测序技术识别与鉴定疾病相关基因的基本过程包括:① 分析疾病家系的遗传特征是否符合孟德尔遗传方式。② 选取 1～2 例患者进行外显子组测序。③ 根据测序结果,与参照序列比对,筛查碱基的无义与错义突变,以及剪接位点和插入/缺失突变等。④ 与 SNP 数据库、HapMap 数据库和千人基因组数据库等进行比对分析,查找新的变异。⑤ 在家系中,检测突变位点与疾病表型的共分离情况。⑥ 通过上述分析,初步确定疾病相关的基因突变位点,然后再通过一系列基因功能分析手段,阐明基因在疾病发生、发展中的作用。在这个过程中,外显子组测序是关键技术,它主要又包括外显子目标区域序列的富集、DNA 测序、生物信息学统计 3 个主要步骤。

二、定位克隆

基因定位(gene location)是指确定基因在染色体的位置及其在染色体上的线性排列顺序和距离,是识别基因的基础。先进行基因定位,再根据基因在染色体的大体位置来鉴定、克隆疾病相关基因的方法称为定位克隆(positional cloning)。定位克隆的起点是确定疾病相关基因在染色体上的位置,然后根据位置信息,利用 DNA 标记将经典的遗传学信息转换为遗传标记所代表的特定基因组区域,再以相关基因组区域的相连重叠群(contig)筛选结构基因,最后比较患者和正常人这些基因的差异,确定基因和疾病的关系。人类基因组计划后所进行的定位候选克隆(positional candidate cloning),是将疾病相关位点定位于某一染色体区域后,根据该区域的基因、EST 或模式生物对应的同源区的已知基因等有关信息,直接进行基因突变筛查,通过多次重复,最终确定疾病相关基因。

疾病相关基因的定位可以从多种途径获得,包括细胞和染色体水平上的分析:体细胞杂交法(somatic cell hybridization)、染色体原位杂交(in situ hybridization)和染色体畸变分析(chromosomal abnormalities),还包括基于家系的连锁分析(linkage analysis)和基于群体的关联分析(association analysis)等。

（一）体细胞杂交法

体细胞杂交是指用人的细胞与小鼠、大鼠或仓鼠的体细胞进行杂交。这种新产生的融合细胞称为杂种细胞（hybrid cell），含有双亲不同的染色体。杂种细胞有一个重要的特点是在其繁殖传代过程中出现保留啮齿类一方的染色体而人类染色体逐渐丢失，最后只剩一条或几条。Miller 等运用体细胞杂交，结合杂种细胞的特征，证明杂种细胞的存活需要胸苷激酶（TK）。含有人第 17 号染色体的杂种细胞在特殊的培养基中，因具有 TK 活性而存活，反之则死亡，从而推断 *tk* 基因定位于第 17 号染色体上。利用这一方法还定位了许多人的基因。

（二）染色体原位杂交

染色体原位杂交是在细胞水平定位基因的常用方法，它是核酸分子杂交技术在基因定位中的应用，也是一种直接进行基因定位的方法。其主要步骤是获得组织培养的分裂中期细胞，将染色体 DNA 变性，与带有标记的互补 DNA 探针杂交，显影后可将基因定位于某染色体及染色体的某一区段。如果用荧光染料标记探针，即为荧光原位杂交（fluorescence in situ hybridization，FISH）。这种染色体原位杂交技术特别适用于那些不转录的重复序列，这些重复序列很难用其他方法进行基因定位。例如利用原位杂交技术将卫星 DNA 定位于染色体的着丝粒和端粒附近。

（三）染色体畸变

从基因定位克隆的角度来看，对于任何已知与染色体畸变直接相关的疾病来说，染色体的畸变有时可替代连锁分析，直接定位疾病相关基因。在一些散发的、严重的显性遗传病，染色体畸变分析是获得候选基因的最佳方法，有时根据染色体的平衡易位和倒位的位点可直接获得基因的正确位置。诸如多囊肾、巨结肠症、假肥大型肌营养不良基因的定位在很大程度上借助于染色体的异常核型研究。

（四）连锁分析

连锁（linkage）即两个等位基因间的非自由组合。染色体上紧密相邻的等位基因形成连锁群在减数分裂时作为一个整体遗传给下一代。连锁分析依据相邻等位基因之间的交换重组率 θ 衡量它们间的遗传距离。若二者紧密连锁，$\theta=0$；若相距较远，$\theta=0.5$，它们之间自由组合，不连锁。优势对数计分（LOD score，Z）是根据家系资料计算 θ 的一种统计方法（最大似然法），也是连锁分析应用的主要方法。其公式为：

$$Z=\log_{10}\frac{\text{当 }\theta\text{ 为某值时，由数据得到的概率}}{\text{等位基因不连锁时}(\theta=0.5)\text{，由数据得到的概率}}$$

根据统计学理论，Z 值最大的 θ 值就是最精确的重组率，这个 θ 值称为 θ_{max}。$\theta_{max}\neq0.5$，则意味着位点间的连锁。在某一特定的 θ 值下，Z 越大于 0，等位基因位点连锁的可能性越高；Z 越小于 0，等位基因位点间不连锁的可能性越高。一般来说，$Z\geqslant3$，说明等位基因位点间是连锁的。

1. 单基因遗传病致病基因的识别与鉴定　在此，以Ⅱ型腓骨肌萎缩症（Charcot-Marie-Tooth disease type2，CMT2）的致病基因鉴定为例介绍连锁分析在单基因遗传病的相关基因鉴定中的应用。腓骨肌萎缩症亦称为遗传性运动感觉神经病，是最常见的遗传性周围神经病之一（发病率约为 1/2 500），临床主要特征是四肢远端进行性的肌无力和萎缩伴感觉障碍。根据临床和电生理特征，CMT 分为两型：CMT1 型（脱髓鞘型），神经传导速度减慢，CMT2 型（轴突型），神经传导速度正常或轻度减慢。CMT 具有明显的遗传异质性，多数为常染色体显性遗传。图 7－4A 所示为 CMT2 的一个家系，家系中 CMT2 呈现常染色体显性遗传特征，通过全基因组多个遗传标记的连锁分析发现，该疾病与人染色体 10p13－14 之间 5.41 Mb 区域（遗传标记 D10S585 与 D10S1477 之间）有共分离现象（co-segregated），当 $\theta=0$ 时，LOD 值 $Z>3$（图 7－4B）。然后，对分布于该区域的几个基因进行突变分析，发现在脱氢酶 E1 和转酮酶结构域 1（Dehydrogenase E1 and Transketolase Domain-containing 1，DHTKD1）第 8 外显子中存在一个无义突变 c.1455T＞G，可导致 DHTKD1 在 485 氨基酸位置提前终止（图 7－4C），该突变只出现在家系中的 8 个患者中，而家系中的正常人及 250 个无血缘关系的个体中没有该突变位点。随后的基因功能研究证实该基因突变是 CMT2 的致病变异。

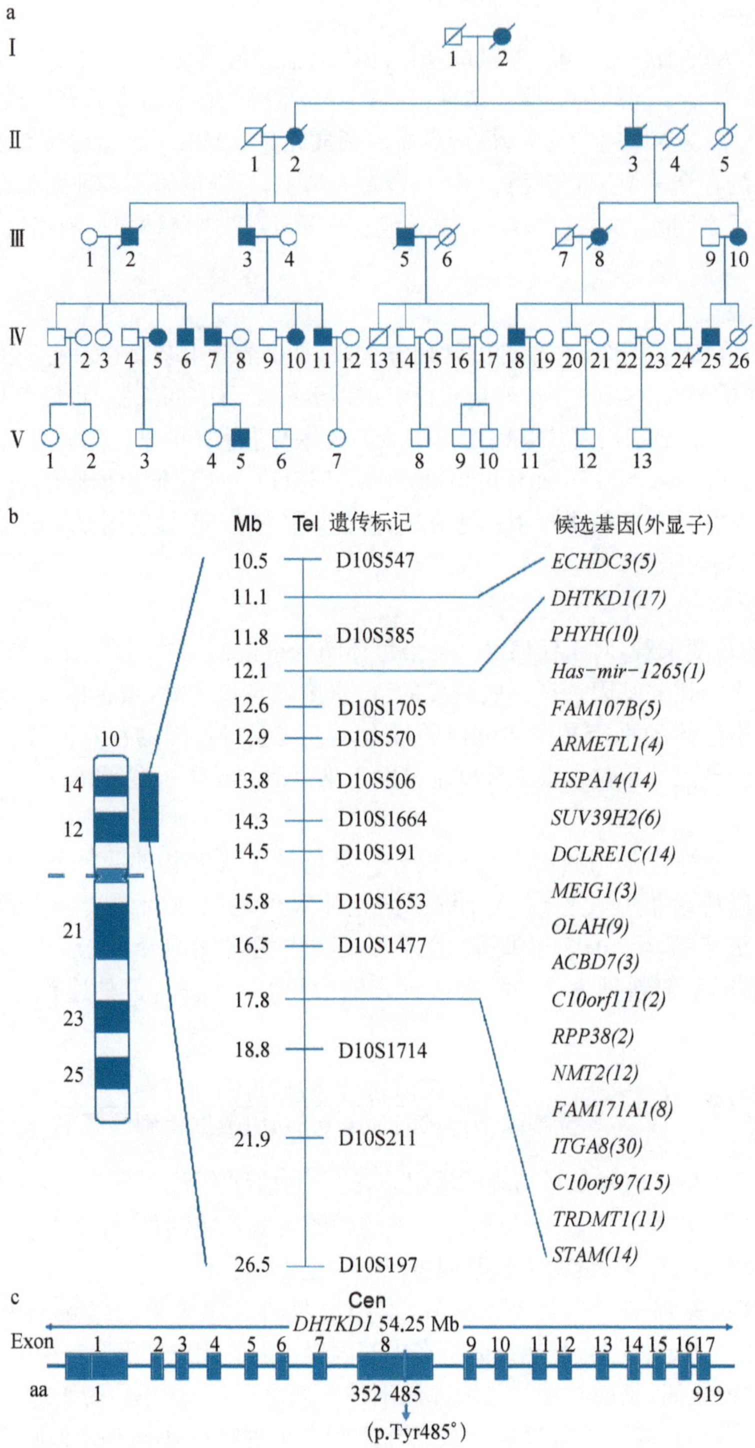

图 7-4 Ⅱ型腓骨肌萎缩症家系连锁分析及其相关基因的定位(引自 *The American Journal of Human Genetics* 91, 1088-1094, 2012)

a. 家系图;b. 连锁分析结果;c. 突变分析结果

2. 复杂疾病和数量性状的相关基因鉴定　目前依赖亲属个体对某个(些)标记位点等位基因的共享程度,利用同胞对或亲属对的连锁分析来定位复杂性状的相关基因,称之为受累同胞对分析法(affected sib-pair analysis)。

该方法分为两种基本类型:状态一致性(identity by state,IBS)等位基因共享和血缘一致性(identity by decent,IBD)等位基因共享。两个等位基因属于某个多态的同一变异,称为 IBS 等位基因;而 IBD 则不仅仅是等位基因相同,而且这些等位基因是从同一祖先传递而来。IBD 等位基因一定是 IBS 的,反之则不一定。

如图 7-5 所示，第①种基因型构成（AC）中，每个受累个体的“A”等位基因都来自父亲，“C”等位基因来自母亲。因此，这两个等位基因均为 IBD 共享。与此情况不同，第③种基因型构成中，两个同胞也都有“A”等位基因，而考察其父母基因型后，发现一个同胞的“A”等位基因来自父亲，而另一个同胞的“A”等位基因来自母亲，即该等位基因是 IBS 共享的，而不是 IBD 共享的。

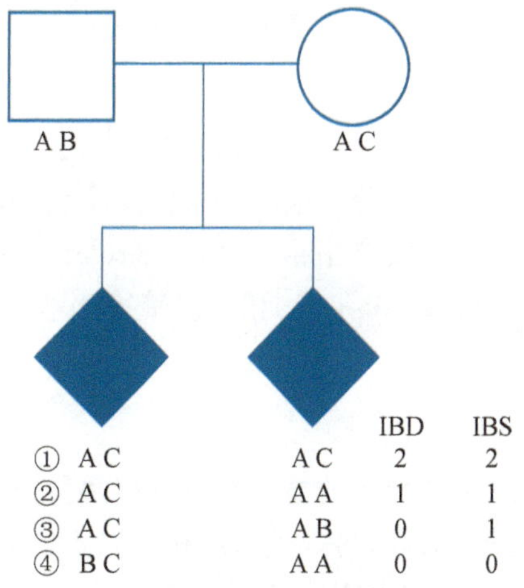

图 7-5　受累同胞对中 IBD 及 IBS 共享等位基因分布

受累同胞对分析法是“非参数”分析，无须知道疾病基因的遗传方式、基因频率和外显率等信息，该方法不分析疾病与遗传标记位点之间的重组事件，而是通过检测受累同胞对 *IBD* 等位基因是否超过预期值，进行判断疾病与遗传标记之间的连锁关系。其原理是：一对夫妻的任意两个子女具有两个 *IBD* 基因的概率是 1/4，具有一个 *IBD* 基因的概率是 1/2，不具有 *IBD* 基因的概率是 1/4，三种情况的比例是 1∶2∶1。对于某个基因座，如果受累同胞对具有两个、一个或没有 *IBD* 基因的概率的比例偏离了 1∶2∶1，就表明在该位点上的基因或与该位点连锁的基因与疾病相关。

而对于一些常见成人慢性病，受累同胞往往缺乏父母基因型资料。在这种情况下，可以比较同胞对共享 IBS 等位基因的观察值和假设疾病位点和标记位点自由重组条件下的期望值来进行连锁检验。因为 IBS 的等位基因不一定是 IBD，所以共享 1 和 2 个 IBS 等位基因的期望值要多于 IBD 的期望值 1/2 和 1/4。不过，随着遗传标记数目的增加，IBS 等位基因分布逐渐接近 IBD 的期望值 1/4、1/2 和 1/4，此时，可以用 IBS 替代 IBD。

受累同胞对分析法很容易扩展到其他亲缘关系成员，形成了受累家系成员分析法（affected pedigree member method）。利用这些连锁分析方法，已找到了精神分裂症、哮喘病和糖尿病等常见病的一些相关基因或位点。

1972 年，Haseman 和 Elston 提出了一个检验数量性状基因位点（quantitative trait locus，QTL）和遗传标记位点之间连锁的方法——H-E 模型，其后，一些学者也开发了几种 QTL 连锁分析方法。通过这些方法，报道了大量数量性状相关的基因定位。其中，一个被广泛重复验证的例子是通过对墨西哥裔美国人家庭成员进行的连锁分析把肥胖相关的基因定位在人第 2 号染色体的短臂（LOD 值=4.95）。另外有些报道不但定位了基因，还找到功能性的基因突变位点，例如凝血因子 7 的 QTL 定位。通过全基因组连锁分析发现与血管硬化相关的风险位点定位于人第 13 号染色体部分区段（LOD 值=3.18），凝血因子 7 正好位于该区域，被选为候选基因。随后研究发现该基因中 4 个变异位点与血管硬化显著相关，又通过体外实验证实了一些在其启动子的变异是功能性突变。

（五）关联分析

关联分析是通过比较患者与对照组的特定等位基因频率的差异，筛选与疾病关联的等位基因，是确定复杂疾病遗传基础的重要方法。

表 7-1　疾病与对照组携带特异等位基因人数统计

	疾病组人数	对照组人数	合　计
特异等位基因携带者	a	b	$a+b$
特异等位基因非携带者	c	d	$c+d$
合　计	$a+c$	$b+d$	

在病例-对照研究中，比较群体中的疾病组与正常对照组的基因型，计算优势率（odds ratio，OR），即可确定疾病与特定等位基因的关联。根据表 7-1 所提供的数据，我们可以推测：等位基因携带者发病的比值就是发病的等位基因携带者的个数（a）除以不发病的等位基因携带者的个数（b）。同样，非携带者发病的比

值就是发病的非携带者个数(c)除以不发病的非携带者个数(d)。疾病的优势率即是这些比值的比例。

$$OR=\frac{a/b}{c/d}=\frac{ad}{bc}$$

若关联分析被设计为横向研究或特定群体的研究，即从整个群体中随机抽样后分析疾病的易感基因，此时关联程度可用相对风险比(relative risk ratio，RRR)来衡量。根据表 7-1，*RRR* 即为携带易感基因个体的发病率$[a/(a+b)]$和不携带易感基因个体的发病率$[c/(c+d)]$的比值。

$$RRR=\frac{a/(a+b)}{a/(c+d)}$$

关联分析的显著性评价有两种方法。一是通过 χ^2 检验 a、b、c 和 d 实际值与期望值之间的差异，从而确定是否关联；另外是通过相对风险比的 95%可信区间，可信区间是指随机对相似的病例和对照组进行基因分型时，每次 *RRR* 范围都在期望的 95%以内。如果所研究的患者和对照的等位基因频率相同，则 *RRR* 等于 1，因此，只有 95%可信区间排除 1，才能说明 *RRR* 偏离无关联的 P 值($P<0.05$)。

随着人类基因组计划和国际人类基因组单体型图计划的完成以及高通量生物芯片技术的成功研发，人们广泛利用高通量全基因组生物芯片的技术手段，进行全基因组关联分析(genome-wide association study，GWAS)来筛选复杂疾病易感基因。与以往的候选基因关联分析策略明显不同的是，GWAS 不再需要在研究之前构建任何假设，即不需要预先依据那些尚未充分阐明的生物学基础来假设某些特定的基因或位点与疾病相关联。而是通过对大规模的群体(病例/对照)DNA 样本进行包括单核苷酸多态性变异、拷贝数变异在内的全基因组高密度遗传标记分型，从而寻找与复杂疾病相关的遗传因素的研究方法。

但 GWAS 有其欠缺，容易产生假阳性和假阴性，而且发现与疾病关联的 SNPs 多位于基因间或内含子上，很少位于功能区(如外显子区或其侧翼序列)。同时，芯片检测位点有一定的有限性，除 Illumina 的新一代全基因组基因分型芯片外，多数是发现常见变异(minor allele frequency，MAF>5%)而对稀有变异(MAF<5%)和其他结构变异不敏感。因此，GWAS 是基于常见疾病或常见变异的假说，而越来越多的研究结果表明许多复杂疾病是由罕见变异造成的。随着二代测序技术的发展，通过对一些疾病候选基因的重测序，人们发现了一系列疾病相关的罕见变异。

另外，关联分析的结果应谨慎对待，某个特异等位基因可能与某种疾病关联，但实际上与疾病的发病无关。导致这种关联的有两种情况：一是由于群体的分群婚配(stratification)导致的人为关联的假象；二是许多与疾病关联的等位基因位点可能处于一种连锁不平衡状态(linkage disequilibrium，LD)。

1. *分群婚配* 分群婚配是指大群体中包含一些小群体(亚群)，小群体的个体不与其他亚群的个体进行婚配的现象。如果群体中由于种族、宗教等原因出现了分群婚配，致使亚群中的个体之间很少婚配。那么，当某个亚群中恰巧出现了比整个群体中更常见某种疾病，就此认为该疾病与亚群中常见的某个等位基因相关联，是错误的。但是，通过精细地选择对照可以大大减少分群婚配导致的人为关联。另外，研究方法也在发展，新的方法不仅要建立在关联分析上，还要通过家系内分析，建立与疾病相连锁的等位基因，这种基于家系的关联研究将不受群体分群婚配的人为影响。

传递不平衡检验(transmission disequilibrium test，TDT)即是应用家系内对照比较传递与未传递给受累子代的等位基因频率有无差异来避免分群婚配而导致假阳性结果的影响。在一个包含受累个体和一对父母的核心家系中，理论上，患者父母的等位基因传给子代的概率应遵循随机的原则，即患者父母的 4 个等位基因各有 25%的传递概率，这是预期的平衡传递比率，但如果某个等位基因的传递率没有遵循这一原则，而是过多地传给了子代，而子代为这一疾病的患者，这则是“不平衡”传递，故这一等位基因被认为与疾病相关。另外，由于在一些迟发疾病研究中，患者父母的基因型往往缺失，无法进行 TDT 检验，这时可以采用的一种弥补方式是同胞 TDT(sib-TDT)，就是比较受累同胞的基因型和未受累同胞的基因型。

2. *连锁不平衡* 连锁不平衡是指相邻位点等位基因的非随机关联。当一个位点特定的等位基因与同染色体上第二个位点的某等位基因连锁——即超出两位点独立分离时的期望值——称这两个位点连锁不平衡。由于连锁不平衡的影响，导致所有与疾病相关联的呈连锁不平衡的等位基因，无论它们对疾病易感性是否有功能性影响，都显示为正相关。然而，基于连锁不平衡的关联分析仍然有用，因为只有那些与疾病相关基因足够靠近的等位基因位点才呈现正关联。

如果群体中大多数受累个体共享同样的变异等位基因，通过检测疾病位点和附近遗传标记位点的不平衡，可能会缩小疾病位点所在区域。在人类基因组中，可在每个已知基因中选取几个无关标记并检测其是否与复杂疾病关联。这种方法本身要求对大量标记位点进行基因分型，且并不能保证一定包括致病变异。如果 SNP 位点两个等位基因频率均大于 5%，需要检验的标记位点数目从 5 万多个编码区 SNP 到数百万个 SNP 不等。如果广泛存在连锁不平衡，就可以划分不同的 LD 区块，然后从中选择一些标签 SNP(tag SNP)用于基因组关联分析，那么所用的标记位点数目就会大大减少。另外，某些变异即使在筛查中未被发现，也可以通过附近处于连锁不平衡的位点间接地鉴定出来。

总体概括定位克隆，其基本程序包括三大步骤。

(1) 精确染色体上的候选区域：定位克隆困难与否取决于染色体候选区域的大小。为此要尽可能的缩窄疾病基因在染色体的候选区域。在单基因疾病的遗传制图时，需要选择更多的遗传标记，找到遗传距离最近的标记，增加更多的家系、建立所有个体的单倍体型等，以增加发现重组机会，结合寻找更多连锁不平衡，精确疾病相关基因的候选区域。

(2) 构建目的区域的物理图谱：由于人类基因组研究的发展，各种 DNA 分子水平上物理手段的建立，已经使得疾病相关基因的克隆变得较为容易，现在已无须建立 DNA 重叠群，仅需从人类基因组序列数据库下载即可，但使用前要仔细检查重叠的拼装是否正确。

(3) 疾病相关基因的确定：在得到区域性很窄的 DNA 重叠群克隆后，可以使用多种方法对变异位点进行确定。常用的方法有：① cDNA 直接筛选法：如果知道该种疾病发生的特异组织，还可以将该组织中的 cDNA 直接与得到的克隆杂交，筛选出此区域内的特异表达基因，再对这些基因作进一步分析；② 候选基因克隆法：对该区域中的已知基因位点进行测序，比较变异情况，确定变异位点；③ 对克隆直接进行序列分析，确定变异位点。

第三节　疾病相关基因的功能研究

对人类基因功能的研究也是后基因组时代的重大课题。通过基因功能的研究可以阐明人体细胞的增殖、分化、通讯、衰老和死亡的分子机制，确定人类疾病发生发展及转归的机制，进而研发新的诊断技术及治疗干预措施，提供药物开发的靶标分子。

基因的功能实际是基因产物的功能，也就是编码基因的蛋白质功能和非编码基因 RNA 的功能。为研究基因的功能，有必要获得尽可能多的有关该基因的信息。目前生物信息学方法可提供很大的帮助。对基因产物不同水平的研究，需要采用不同的研究手段。例如：采用生物信息学序列比对，预测基因功能；通过细胞水平上的基因高表达或基因沉默，观察细胞的功能改变；研究蛋白质与蛋白质或 DNA 的相互作用，了解基因产物的生物学途径；构建转基因或基因敲除动物，在整体水平研究基因功能。

一、基因比对与功能诠释

在以往的研究中，已经对大量的基因功能产物的功能有详尽的了解，获得了足够多的信息，建立了一些共享资源数据库，例如，GenBank(http：//www.ncbi.nlm.nih.gov/genbank)、Ensembl(http：//www.ensembl.org/index.html)和 UCSC(http：//genome.ucsc.edu/index.html)。这些数据库是进行基因序列比对，诠释基因功能的基础。依据分子进化的理论，核酸或氨基酸序列相似的基因，应表现出类似的功能。这些序列相似的基因称之为同源基因。基本的方法是基因序列比对分析。

常用的两大双序列比对工具是 BLAST 和 FASTA，分别由美国国立生物技术信息中心(NCBI)和欧洲生物信息学研究所(EBI)开发和维护。NCBI 的主页是 http：//www.ncbi.nlm.nih.gov；EBI 的主页是 http：

//www.ebi.ac.uk。两个数据库均有详细的序列比对数据，且有方便的对话框式操作和使用说明。任何一个新基因的功能研究第一步就是在这些数据库中进行序列比对。

二、细胞水平研究基因功能

在细胞水平研究基因功能，除了观察细胞在实验条件下该基因表达的改变，更重要的是人为地导入外源基因或干预正常基因的表达，以观察细胞生物学的改变。

1. *基因高表达细胞系* 采用基因重组技术，将外源基因导入宿主细胞，使其表达目的基因，进而观察细胞的生物学特征改变。根据外源基因在宿主细胞表达的持续时间，可区分为瞬时转染和稳定转染细胞。稳定转染细胞是常用的一种细胞水平的转基因模型，外源基因通过转基因过程插入到细胞的染色体中，或以游离基因(episome)的形式存在于细胞中稳定表达。稳定表达外源基因的转染细胞可以用作基因功能研究的细胞模型，也可以利用这种方法获得外源基因产物，目前被广泛应用于细胞模型的建立。

2. *基因沉默技术* 在细胞水平沉默待研究基因的表达，进而观察基因沉默后细胞的生物学行为改变，是基因功能研究的有力工具。可以利用 RNA 干扰技术、反义技术等来实现对特定基因表达的抑制。

3. *基因编辑技术* 近年来，一些基因编辑技术逐步建立，例如锌指核酸酶 ZFN、TALEN、CRISPR/Cas9 技术等，这些技术的运用制造了一系列基因变异，成为基因功能研究中的利器。

三、蛋白质分子间的相互作用研究

在一些情况下，即使对基因的序列、结构和表达模式有清楚的认识，但仍然难以阐明基因表达蛋白质的功能。此时通过研究该蛋白质与已知功能蛋白质的相互作用，无疑将有助于对该蛋白质功能的了解。研究蛋白质相互作用的方法包括遗传学、生物化学和物理方法。遗传学方法仅用于如果蝇、酵母等模式生物；生化和物理的方法直接用于人类细胞。常用的生化方法是亲和层析和免疫共沉淀。常用的高通量筛查蛋白质间相互作用的方法是酵母双杂交技术和噬菌体展示技术。另外，一种基于蛋白质三维结构信息的全基因组蛋白质相互作用计算预测方法 PrePPI 能够解析蛋白质之间在结构上的远、近几何关系，其预测结果可以与高通量实验相媲美。

四、基因修饰动物在基因功能研究的应用

尽管在体外对基因功能的研究可提供大量信息，但是只有在体内的研究才能真实反映该基因的真正作用。在实验动物中，特别是小鼠体内进行相关的基因操作，例如，转基因(transgene)、基因敲除(knock out)或基因敲入(knock in)、化学诱变(chemical-induced point mutation)、基因诱捕(gene-trap)以及新近的 CRISPR/Cas9 基因编辑技术等获得基因修饰的动物品系，目前已成为体内研究基因功能的重要手段。

小 结

疾病的发生往往是遗传因素和环境因素相互作用的结果，疾病相关基因的识别与鉴定是后基因组学时代的主要研究内容之一。

疾病相关基因识别与鉴定的关键是确定疾病和基因间的实质联系，然后通过多学科的紧密配合，针对不同疾病采用不同的策略，确定某些与疾病相关的候选基因，再通过一系列方法逐个排除，最终确定候选基因的突变及其突变与疾病的联系。

疾病相关基因的鉴定，可采取非染色体定位的基因功能鉴定和定位克隆两类策略。其中，不依赖基因定位策略与方法包括：功能克隆、表型克隆及动物模型等来鉴定和克隆疾病的相关基因；定位克隆则先进行基因定位作图，确定疾病相关基因在染色体上的位置，然后筛查该区域的候选基因并进行克隆。新近发展的外显子组测序技术为疾病相关基因的鉴定提供了有效、快捷的途径。

人类基因的功能研究可以阐明人体生理、病理的分子机制，确定人类疾病发生发展及转归的机制，为研

发新的诊断技术、治疗干预措施以及药物开发提出理论基础。对基因产物不同水平的研究，需要采用不同的研究手段，包括：生物信息学分析、细胞水平上的基因表达调控分析、蛋白质相互作用分析，以及基因编辑的模式动物水平的研究。

（刘运强）

【复习思考题】

1. 如何理解人类疾病相关基因的鉴定与克隆需要多学科的综合研究？
2. 发现 Huntington 舞蹈症（HD）的基因座与第 4 号染色体上的 DNA 多态位点紧密连锁，但在研究中，排除了 HD 和 MNSs 血型基因座多态性之间的连锁关系。而 MNS 血型基因也位于第 4 号染色体上，如何解释这种现象？
3. 比较分析连锁分析与关联分析在人类疾病相关基因鉴定中的异同。

第八章

线粒体遗传病

线粒体是真核细胞内的重要细胞器，是细胞的“能量工厂”，人体细胞合成的 ATP 约 95%来自线粒体的氧化磷酸化。自 1894 年在动物细胞质中发现线粒体至今，人们对线粒体的结构、功能及其与疾病关系的认识逐渐深入。1963 年 Nass 等在对鸡卵细胞的研究中首次发现线粒体中存在 DNA（mitochondrial DNA，mtDNA），之后人们又在线粒体中陆续发现了 RNA、DNA 聚合酶、RNA 聚合酶、核糖体等，表明 mtDNA 能够独立地进行遗传信息的表达。1988 年 Holt 和 Wallace 等分别在线粒体脑肌病和 Leber 遗传性视神经病患者的 mtDNA 中发现了突变，并证实 mtDNA 突变是人类疾病的重要发病原因，目前已发现人类 100 余种疾病与线粒体 mtDNA 基因突变所致的功能缺陷有关。

通常所指的线粒体遗传病（mitochondrial genetic disorders）是因 mtDNA 突变所致线粒体功能异常而产生的疾病。除 mtDNA 突变直接导致的疾病外，编码线粒体蛋白的核 DNA（nDNA）突变也可引起线粒体疾病，但这类疾病表现为孟德尔遗传方式。还有的线粒体疾病，涉及 mtDNA 和 nDNA 的共同改变。线粒体遗传病的基因型与表型关系较为复杂，涉及的疾病种类较多，临床表现不尽相同。

第一节　线粒体 DNA 的结构及遗传特征

一、线粒体 DNA 的结构

线粒体 DNA（mtDNA）构成线粒体基因组，被称为人类第 25 号染色体或 M 染色体。人类每个体细胞内大约有 1 000 个线粒体，每个线粒体中含有2～10 个 mtDNA，所以每个细胞内有成千上万个 mtDNA。

1981 年，Anderson 等测定了人 mtDNA 的全长序列。它是一个 16 569 bp 的双链闭合环状分子，从 1～16 569 以逆时针方向计数碱基顺序。两条链含碱基成分不同，富含 C 的链称为轻链（L 链），位于内环；富含 G 的链称为重链（H 链），位于外环。线粒体基因组由 37 个基因组成（图 8－1），共编码 13 种多肽链、22 种 tRNA 和 2 种 rRNA。这 13 种多肽链都是氧化磷酸化过程中所需的蛋白质亚单位，包括呼吸链复合体Ⅰ的 7 种亚单位（ND1，2，3，4，4L，5，6）；复合体Ⅲ的 1 种亚单位（Cyt b），复合体Ⅳ的 3 种亚单位（COⅠ，COⅡ，COⅢ）；ATP 合酶的 2 种亚单位（ATPase6，ATPase8）。其中 L 链仅编码 8 种 tRNA

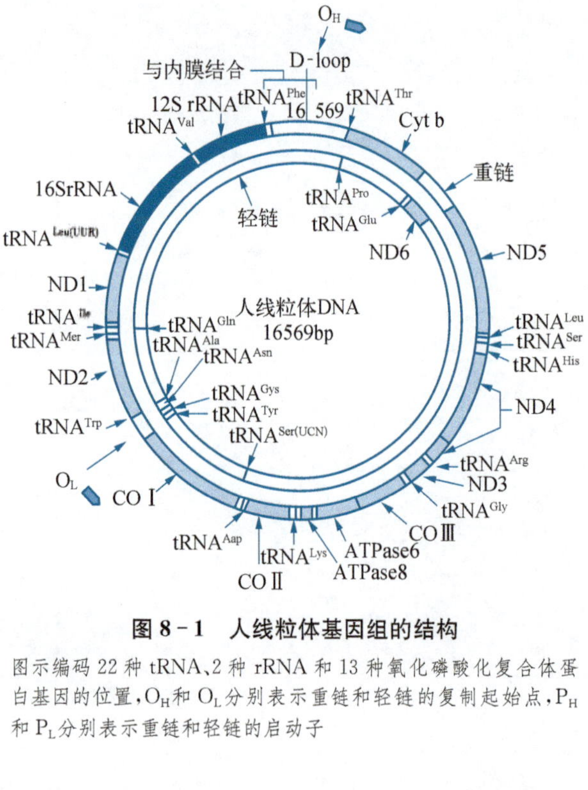

图 8－1　人线粒体基因组的结构

图示编码 22 种 tRNA、2 种 rRNA 和 13 种氧化磷酸化复合体蛋白基因的位置，O_H和 O_L分别表示重链和轻链的复制起始点，P_H和 P_L分别表示重链和轻链的启动子和 1 种多肽链，其余均由 H 链编码。mtDNA 结构紧凑，没有内含子，侧翼非编码序列很少，唯一的非编码区是约 1 000 bp 的 D-loop 区，该区含有 mtDNA 重链复制的起始点和轻、重链转录的启动子，以及四个进化上高度保守的序列，分别位于 213～235 bp、299～315 bp、346～363 bp 及终止区 16 147～16 172 bp。mtDNA 轻链的复制起始点位于 mtDNA 约 1/3 处，轻链复制在重链复制完成约 2/3 时才开始，而轻、重链的转录则是由位于 D-loop 区的两个启动子同时开始的。H 链启动子(P_H)逆时针方向转录绝大多数基因，L 链启动子(P_L)则顺时针方向转录。

与核基因组相比，线粒体基因组有如下特点：每个细胞中 mtDNA 拷贝数众多，不同组织器官拷贝数存在差异；所有基因都位于单一的环状 DNA 分子上，基因组排列紧凑，没有内含子；mtDNA 分子裸露，缺少组蛋白的保护，无 DNA 损伤修复系统，因而突变率很高，是 nDNA 的 10～20 倍，这样造成个体间 mtDNA 序列差异较大，人群中任意两个体间平均每 1 000 个碱基就有 4 个不同。

二、线粒体 DNA 的遗传特征

（一）mtDNA 的半自主性

线粒体具有自己的遗传体系，可独立地进行 mtDNA 复制、转录和翻译，因而表现出一定的自主性。但维持线粒体结构和功能所需的大分子复合物及氧化磷酸化酶的蛋白质亚单位大多数(99%)是由细胞核基因组编码，故 mtDNA 的功能又受核基因组的影响。所以，线粒体基因组在遗传控制上表现为半自主性。

（二）遗传密码和通用密码不同

在线粒体遗传密码中有 4 种密码子与核基因组的通用遗传密码子不同(表 8-1)。最显著的是 UGA 编码色氨酸，而非终止密码；AGA、AGG 为终止密码，而非编码精氨酸，故哺乳动物线粒体遗传密码中有 4 个终止密码(UAA，UAG，AGA，AGG)。此外，线粒体 tRNA 兼用性较强，仅用 22 个 tRNA 就可识别 60 个密码子。

表 8-1 哺乳动物线粒体遗传密码与通用密码的差异

遗传密码	通用遗传密码编码	线粒体遗传密码编码
UGA	终止密码	色氨酸(Trp，W)
AGA、AGG	精氨酸(Arg，R)	终止密码
AUA	异亮氨酸(Ile，I)	蛋氨酸(Met，M)

（三）母系遗传

母亲将她的 mtDNA 传递给她的所有子女，她的女儿们又将其 mtDNA 传给下一代，而她的儿子们则不能将 mtDNA 传递给下一代(图 8-2)，所以线粒体遗传表现为母系遗传(maternal inheritance)。序列分析子代 mtDNA，发现 1/10 000 的 mtDNA 来自父亲，其余的均来自母亲，因此，99.99%的 mtDNA 属母亲传递。这是由于精卵结合时精子提供的只是 nDNA，受精卵中的细胞质几乎全部来自卵子。即使精子中有少量 mtDNA，与卵子包含的上万数目相比，几乎对基因型不产生影响，因此父亲通过精子将突变 mtDNA 传递给子女只是罕见的个别事例。

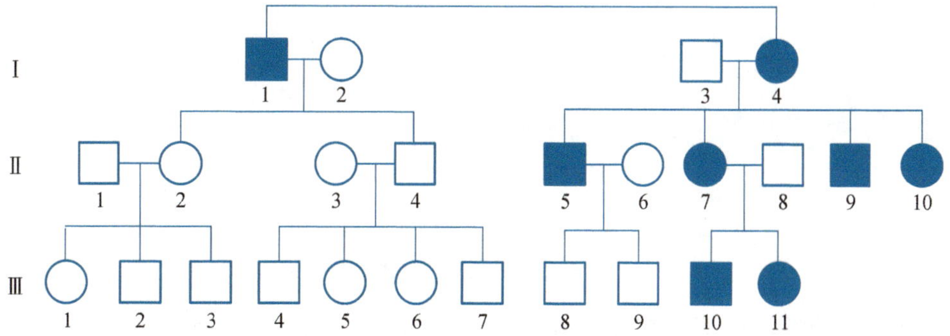

图 8-2 母系遗传的典型系谱

疾病仅通过母系传递，而患病的男性不传递疾病

(四) 复制分离

mtDNA 在细胞有丝分裂和减数分裂中缺乏像核基因组一样严格的均等分离。在细胞的分裂过程中,每个线粒体的 mtDNA 进行复制,然后随机分配到新生成的线粒体中,再随机分配给两个子细胞,这个过程称为复制分离(replicative segregation)。

(五) 纯质性和杂质性

细胞内有数千个 mtDNA 分子,当 mtDNA 发生突变时,开始该突变仅出现在一个 mtDNA 分子中,然而,随着复制分离,细胞将获得众多突变 mtDNA 拷贝。既有野生型也有突变型 mtDNA 的某个细胞,经过细胞分裂,将产生突变型 mtDNA 和野生型 mtDNA 比例各异的子细胞。有些子细胞可能含有全部野生型 mtDNA,或全部突变型 mtDNA,称为纯质性(homoplasmy)。相对地,有些子细胞随机获得的 mtDNA 既有突变型,又有野生型,称为杂质性(heteroplasmy)(图 8-3)。由于突变 mtDNA 的表型取决于各种组织细胞中野生型 mtDNA 和突变型 mtDNA 的相对比例,导致外显不全、可变的表现度以及多效性,这些都是线粒体遗传病的典型特征。

发育过程中的卵母细胞的 mtDNA 分子数量减少,然后再在成熟的卵母细胞中进行数量扩增。在卵子发生过程中,这种 mtDNA 先减少再扩增的现象称为遗传瓶颈(genetic bottleneck)。如果携带突变 mtDNA 的一个线粒体恰巧通过了瓶颈,在胚胎发育和组织形成的细胞分裂过程中,经过复制分离,即使通过偶然的机会,一些子代细胞也可能获得大量携带有突变 mtDNA 的线粒体。遗传瓶颈将导致突变 mtDNA 杂质性女性子代的突变 mtDNA 分子所占比例相差巨大。

(六) 阈值效应

突变 mtDNA 所占的比例需达到一定程度才足以引起某种组织或器官功能异常,这称为阈值效应(threshold effect)(图 8-3)。在杂质性细胞中,突变型与野生型 mtDNA 的比例确定了细胞是否能量短缺。如果突变 mtDNA 所占的比例小,则产能不会受到明显影响;相反,突变 mtDNA 所占的比例大,产生的能量可能不足以维持细胞的正常功能,就会出现异常性状。而且不同组织、器官对氧化磷酸化代谢的依赖程度不同,引起细胞功能障碍所需的突变 mtDNA 分子数量也就不同,所以线粒体遗传病出现症状还取决于各组织、器官对 ATP 的需求程度,依次为中枢神经系统、心脏、骨骼肌、肝脏和内分泌腺等。如肝脏若有 80%的突变 mtDNA 还不会表现症状,但同样的比例在脑组织或肌肉中就会表现出病理症状。

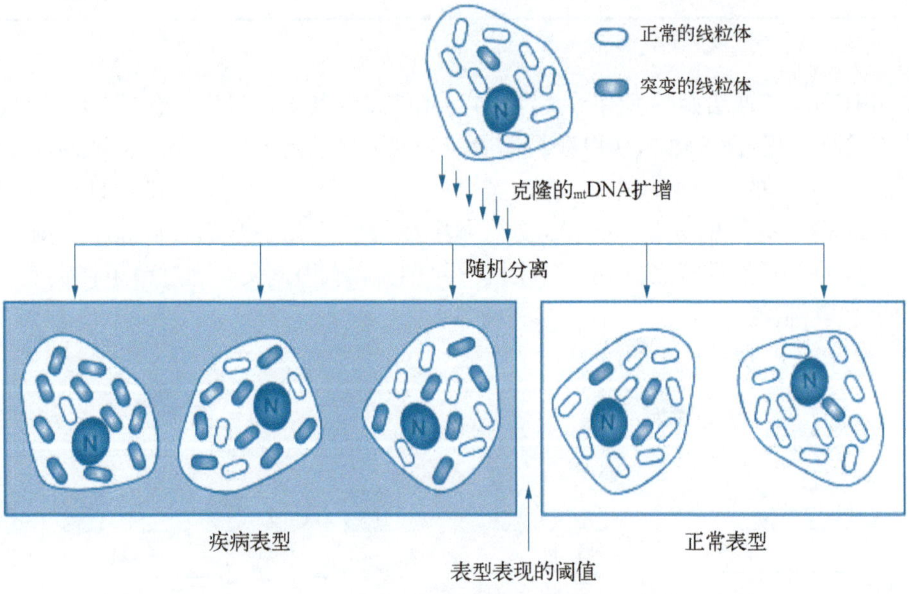

图 8-3 杂质性突变线粒体的复制分离

经过多次细胞有丝分裂,随机地分离突变型和野生型线粒体,产生的子代细胞中突变型和野生型线粒体的比例差异很大。当突变线粒体的比例超过阈值将导致细胞和组织的功能异常。

在杂质性、遗传瓶颈、阈值效应共同作用下,线粒体遗传通常表现不典型的母系遗传(图 8-4)。

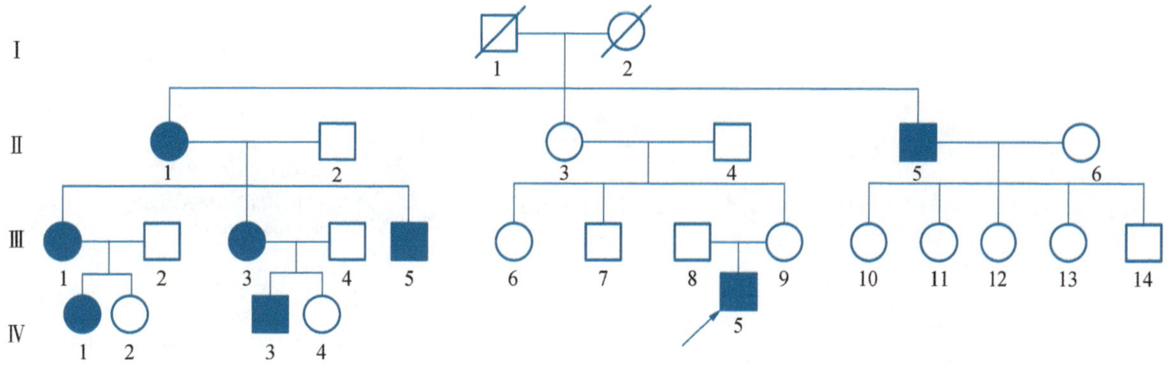

图 8-4　母系遗传不典型系谱

一个 Leber 遗传性视神经系谱图。图中$Ⅲ_9$虽表现正常，但携带致病的 mtDNA，由于阈值效应而未致病，其所携带的致病 mtDNA 在后代$Ⅳ_5$中表现出来。$Ⅳ_2$、$Ⅳ_4$表现正常，可能携带致病 mtDNA，但由于遗传瓶颈、杂质性等原因导致致病 mtDNA 的比例低于阈值而未致病。$Ⅲ_{10}$、$Ⅲ_{11}$、$Ⅲ_{12}$、$Ⅲ_{13}$、$Ⅲ_{14}$表现正常是因为其父亲$Ⅱ_5$致病的 mtDNA 不传给后代。

第二节　mtDNA 突变与疾病

一、mtDNA 突变类型

mtDNA 突变类型主要包括点突变、重排、拷贝数突变。

（一）点突变

目前已报道的 mtDNA 点突变 390 余种，涉及 mRNA 基因突变、tRNA 基因突变，rRNA 基因突变，D-loop 突变。点突变发生的位置不同，所产生的表型效应也不同。在已知的由 mtDNA 点突变引起的疾病中 1/3 发生在 mRNA 相关基因上，导致多肽链合成过程中的错义突变，进而影响氧化磷酸化相关酶的结构及活性，使细胞氧化磷酸化功能下降，代表疾病是 Leber 遗传性视神经病。2/3 发生在与线粒体蛋白质翻译有关的 tRNA 和 rRNA 基因上，导致 tRNA 和 rRNA 结构异常。其中引起蛋白质生物合成障碍的主要是 tRNA 基因点突变，所致疾病更具系统性的临床特征，代表疾病有线粒体肌病脑病伴乳酸中毒及卒中样发作综合征（MELAS）、肌阵挛性癫痫伴破碎红纤维病（MERRF）等。点突变通常为母系遗传。

（二）mtDNA 重排

包括缺失、插入、倒位、重复等 150 余种，其中以缺失突变较为常见。大片段的缺失往往涉及多个基因，可导致线粒体氧化磷酸化功能下降，ATP 产生减少，从而影响组织器官的功能。最常见的缺失是 8 483～13 459 位碱基之间约 5.0 kb 的片段，该缺失约占全部缺失突变患者的 1/3，称为“常见缺失”。该突变涉及 ATPase8、ATPase6、COⅢ、ND3、ND4L、ND4、ND5 及多个 tRNA 基因缺失，造成氧化磷酸化过程中某些多肽不能合成，ATP 生成减少。另一个较常见的缺失是 8 637～16 073 碱基之间 7.4 kb 的片段，涉及 ATPase6、COⅡ、ND3、ND4L、ND4、ND5、ND6、Cytb、部分 tRNA 和 D-loop 区的缺失，多见于与衰老有关的退行性疾病。单发的片段缺失或重复多为散发性；而多发的大片段缺失可为常染色体显性或隐性遗传。

（三）mtDNA 拷贝数突变

mtDNA 拷贝数目突变主要指 mtDNA 大大减少，这类突变较少，仅见于一些致死性婴儿呼吸障碍、乳酸中毒或肌肉、肝、肾衰竭的病例。从遗传方式上看，mtDNA 数量的减少呈染色体显性或隐性遗传，提示这种情况属于核基因缺陷所致线粒体功能障碍。

常见线粒体遗传病致病的点突变和缺失位置见图 8-5。

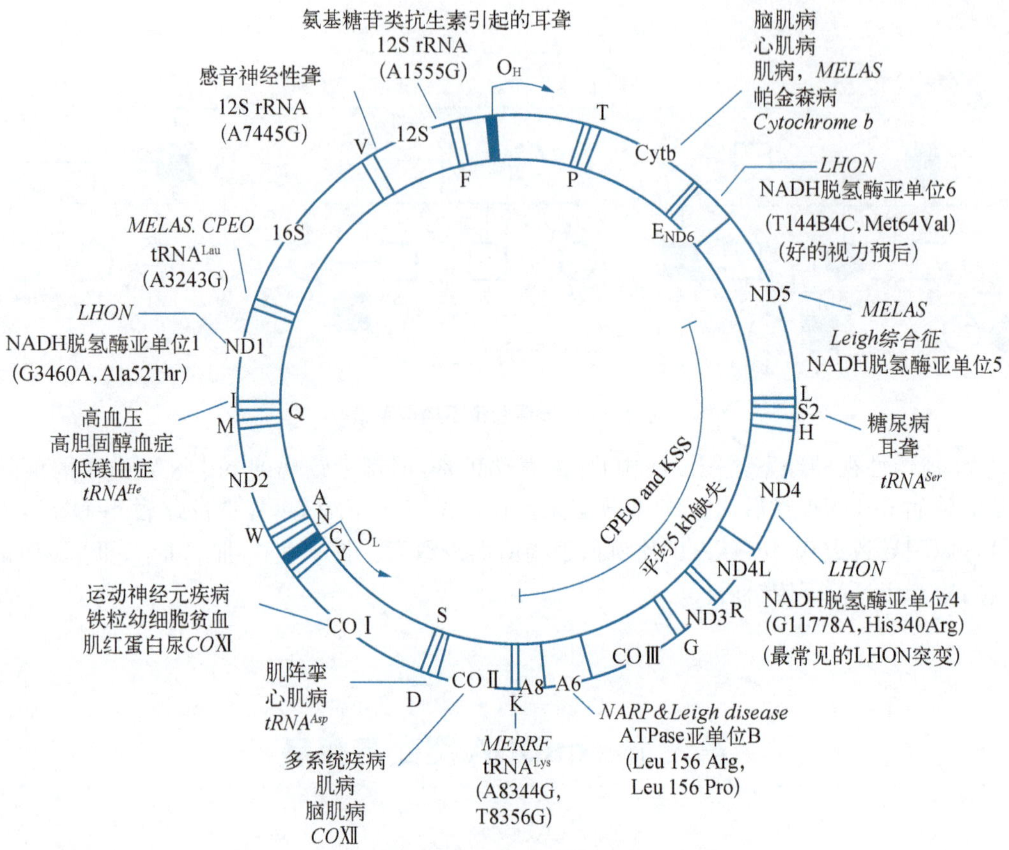

图 8-5 人线粒体基因组主要致病点突变和缺失

图示编码 22 种 tRNA、2 种 rRNA 和 13 种氧化磷酸化复合体蛋白基因的位置，所示的特异等位基因是与特异表型关联的唯一或显著的等位基因。12S 表示 12S rRNA；16S 表示 16S rRNA；每一个 tRNA 的位置用编码相应氨基酸的单个字母表示。图中的疾病使用缩写(如 MELAS、MERRF、LHON)详见文中

二、常见线粒体遗传病

mtDNA 突变主要累及能量需求高的器官和组织，因中枢神经系统和骨骼肌对能量的依赖性最强，故临床症状常涉及中枢神经系统和骨骼肌。其中，病变以中枢神经系统为主，称为线粒体脑病；病变以骨骼肌为主，称为线粒体肌病；病变同时累及中枢神经系统和骨骼肌，则称为线粒体脑肌病。线粒体疾病通常涉及多个系统，临床表型具有高度差异。常见的临床症状有：肌病，心肌病，痴呆，肌阵挛，耳聋，失明，贫血，糖尿病和脑供血异常等(图 8-6)。

由于 mtDNA 及其遗传特征与 nDNA 不同，使线粒体疾病发病机制复杂，临床表型也不一致。同一种突变可以引起多种不同的疾病表型，而不同的突变也可以表现为同一种疾病表型，并且通常与突变 mtDNA 的杂质性水平和组织分布相关。如 A8344G、T8356G 均可导致 MERRF；高比例的 A3243G 突变可致 MELAS，低比例时可导致母系遗传的糖尿病-耳聋综合征；又如低比例的 T8993G 突变导致 NARP，比例高于 90%时导致 Leigh 综合征。

(一) Leber 遗传性视神经病(MIM 535000)

Leber 遗传性视神经病(Leber hereditary optic neuropathy, LHON)是人类母系遗传病的典型病例，于 1871 年由德国医生 Theodor Leber 首次报道，是最早确诊的人类线粒体病(Wallace, 1988)。典型的 LHON 首发症状为视物模糊，接着在几个月内出现无痛性双眼或单眼中心视力减退，完全或接近完全的失明。检查眼部神经发现有外周乳头状的毛细血管扩张，假性视乳头水肿和血管扭曲(图 8-7)。视神经和视网膜神经元退化是 LHON 的主要病理特征。另外还有周围神经的退化，震颤，心脏传导阻滞和肌张力降低。发病年龄通常在 15～35 岁，一般男性患者比例是女性的 5 倍，且女性发病时间平均比男性晚 2～15 年。

mtDNA 上许多位点的突变都伴有 LHON。1988 年 Wallace 最早发现 LHON 患者 mtDNA 第 11 778

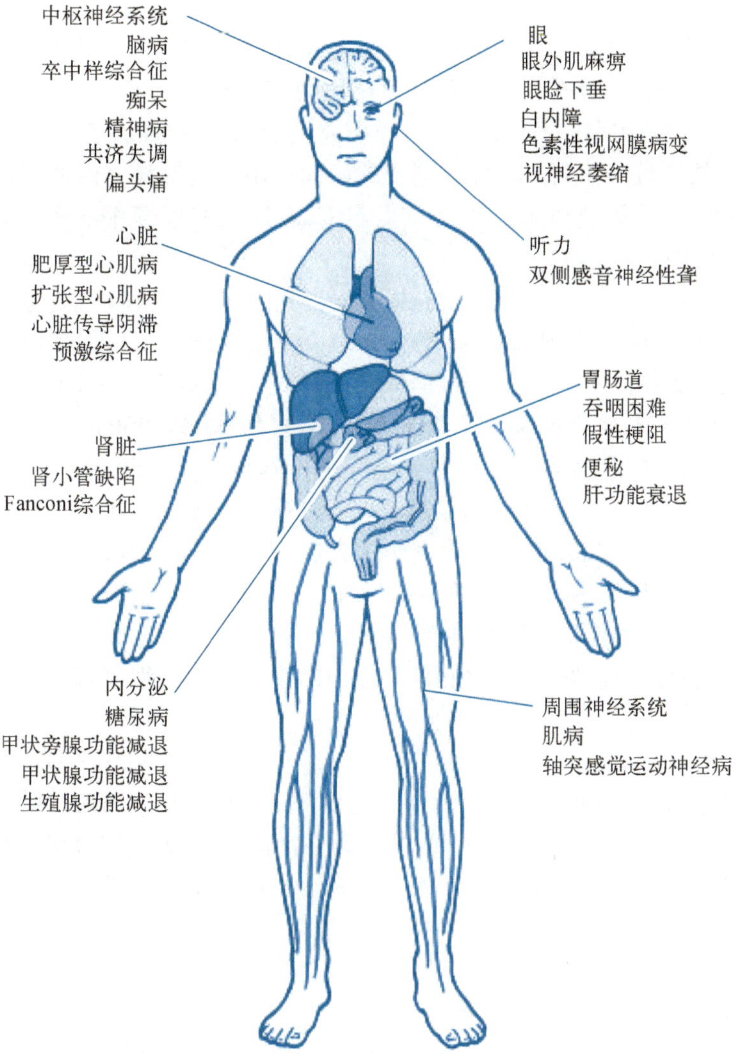

图 8-6　mtDNA 突变累及的组织、器官和临床表型

位点的 G 转换成了 A，使 NADH 脱氢酶亚单位 4(ND4)的第 340 位氨基酸由精氨酸变成了组氨酸。目前已确认 13 种原发性线粒体基因突变与 LHON 相关。原发性突变具有以下特点：① 单独存在即可致病；② 编码线粒体呼吸链中的保守氨基酸；③ 正常人不携带。这些突变分布于 9 种编码线粒体蛋白质的基因(ND1、ND2、CO Ⅰ、ATPase6、CO Ⅲ、ND4、ND5、ND6、Cyt b)中。90%～97%LHON 患者存在以下三种突变：MTND4 * LHON 11778A，MTND6 * LHON 14484C，MTND1 * LHON 3460A，其中 11778A 突变占 50%～70%。11778A 突变降低了 NAD 关联底物的氧化作用效率，3460A 突变降低了复合物Ⅰ约 80%的活性，14484C 突变也降低了复合物Ⅰ的活性，而复合物Ⅰ在光诱导的神经传导通路中具有非常重要的作用，这三种主要的 LHON 突变都不同程度地影响了呼吸链的作用。在原发性线粒体基因突变类型 LHON 家族中，纯质性是很常见的现象，在杂质性 LHON 家族中突变 mtDNA 的阈值水平≥70%。

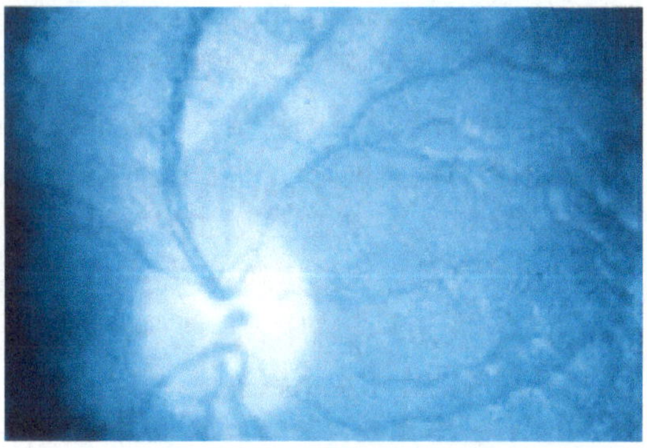

图 8-7　Leber 遗传性视神经病患者视神经萎缩

图示乳头盘及血管膨胀，颜色苍白，
假性视乳头水肿，中心暗点消失

不同种族各原发致病突变位点分布情况不同，白种人 LHON 携带 G11778A、T14484C、G3460A 这 3 种突变位点的比率分别为 50%～70%、15%和 15%～25%，而亚洲 LHON 患者中 G11778A 位点突变率很高，占 90%以上。国内郭向明等(2003)报道了 140 例先证者中 G11778A 突变者占 92.9%，这个现象提示

LHON 发病机制存在种族差异。

除原发突变以外，还有 30 余种突变在 LHON 患者中出现，这些突变通常几个一起出现或同原发突变一起出现致病，被称为继发突变。瞿佳等(2007)阐述了继发突变位点 A15951G 由于改变了 tRNA 的结构对 G11778A 原发突变有协同致病作用。Tong 等(2007)研究发现 A14693G 改变了线粒体 tRNA 中的保守氨基酸，从而与 G3460A 有协同致病作用。这种多突变的协同作用也包括核基因的作用。最近有学者通过等位基因连锁分析法定位到了 X 染色体上一基因位点与 LHON 视神经萎缩有关，这大概可以解释为什么 LHON 男性患者较多的原因。

Pott 等(2006)发现 3 名 LHON 患者携带线粒体原发突变的同时，血清中维生素 B_{12} 含量低于正常水平，维生素 B_{12} 的缺乏可能是发病的诱因。Kirkman 等(2009)证实吸烟与 LHON 发病的关系，吸烟者的 LHON 外显率高达 93%。由此推测各种内在因素和外在环境因素相互作用最终引起 LHON 的发生。

(二) 线粒体肌病脑病伴乳酸中毒及卒中样发作综合征(MIM 540000)

线粒体肌病脑病伴乳酸中毒及卒中样发作综合征(mitochondrial myopathy, encephalopathy, lactic acidosis, and stroke-like episodes, MELAS)，是最常见的母系遗传线粒体肌病。发病年龄在 40 岁之前，可有家族史。大多数患者早期发育正常，后来出现发作性头痛，呕吐，偏瘫，偏盲，偏身感觉障碍等脑卒中样发作。多伴有身材矮小，智能减退，神经性耳聋，血乳酸增高。在 MELAS 患者中，异常的线粒体不能代谢丙酮酸，导致大量丙酮酸生成乳酸，乳酸在血液和体液中积累导致血液 pH 下降和缓冲能力降低而造成乳酸中毒。MELAS 患者的一个特征性病理变化就是在脑和肌肉的小动脉和毛细血管壁中有大量形态异常的线粒体聚集。

MELAS 综合征可由 $tRNA^{Leu}$，$tRNA^{Phe}$，$tRNA^{Val}$，$tRNA^{Lys}$，COⅢ，ND1，ND5，rRNA 等基因点突变引起，现已公布了 31 个 MELAS 综合征相关的 mtDNA 突变(www.mitomap.org)，其中以 $tRNA^{Leu(UUR)}$ 基因的 A3243G 点突变居多(UUR 代表亮氨酸转运 RNA 的密码子，前两个位置是尿嘧啶，第三个位置是嘌呤，R 表示腺嘌呤或鸟嘌呤)约占 MELAS 患者的 80%。另外 4 种少见的突变均出现在该基因的 3 291、3 271、3 256 和 3 252 位点。mtDNA 的 $tRNA^{Leu(UUR)}$ 基因突变的临床表现十分复杂(图 8－8)，A3243G 突变的个体主要表现为 MELAS 综合征；3 260 和 3 303 碱基置换主要表现为线粒体心肌病(MMC)；3 250、3 251、3 302 碱基置换主要表现为肌病(MM)；而 C3256T 突变既表现为 MELAS，又具有 MERRF 症状。

A3243G 突变阻碍了 $tRNA^{Leu(UUR)}$ 摆动碱基 U 的修饰，从而阻止了密码子 UUG 翻译为亮氨酸，同时降低了密码子 UUA 翻译为亮氨酸的效率。此外，$tRNA^{Leu(UUR)}$ 基因与 12SrRNA 及 16SrRNA 基因相邻，在 3 243 位点前后 13 bp 处存在线粒体转录终止因子结合位点。A3243G 突变可导致终止因子与突变 mtDNA 模板结合亲和力下降，导致细胞产生过量的多顺反子前体 RNA，改变了线粒体 rRNA 和 mRNA 转录的比例，影响线粒体氧化磷酸化基因的翻译，导致呼吸链复合物Ⅰ、Ⅳ缺陷和 ATP 合成减少，从而降低体内能量需求高的器官能量供应，产生临床症状。

通常，A3243G 突变表现为杂质性，肌组织中突变≥90%时，复发性休克、痴呆、癫痫、共济失调的风险会增加。当突变的杂质性达到 40%～50%时，可能会出现慢性进行性眼外肌麻痹(CEPO)、肌病和耳聋，但也有报道称突变比例与临床表现似乎无明显相关性。除考虑到可能存在多种 mtDNA 的次级突变或复合突变外，核基因组的作用也不容忽视，不同的细胞核遗传背景将会导致不同的临床表现。

(三) 肌阵挛性癫痫伴破碎红纤维病(MIM 545000)

肌阵挛性癫痫伴破碎红纤维病(myoclonic epilepsy with ragged-red fibers, MERRF)是一种线粒体肌病(mitochondrial myopathy, MM)，多见于儿童，具有明显的母系遗传性，病情可持续若干年。其特征为肌阵挛性癫痫伴小脑共济失调，常合并智能减退，视神经萎缩，耳聋，周围神经病等。患者肌细胞常见大量团块状异常线粒体，能被呼吸链复合物Ⅱ的特异性染料(Gömöri trichrome)染成红色，因此被描述为破碎红纤维(RRF)，此为线粒体肌病的特征之一。有时，MERRF 可以和 MELAS 重叠出现。

大部分 MERRF 病例是 mtDNA 的 $tRNA^{Lys}$ 基因点突变的结果，80%～90%的 MERRF 患者存在 A8344G 突变，少部分患者存在 T8356G 突变。其中 A8344G 点突变使 $tRNA^{Lys}$ TΨC Loop 区发生改变，导致线粒体呼吸链的酶复合物Ⅰ、Ⅳ活性的缺陷，ATP 合成受阻，从而造成器官能量供应障碍。

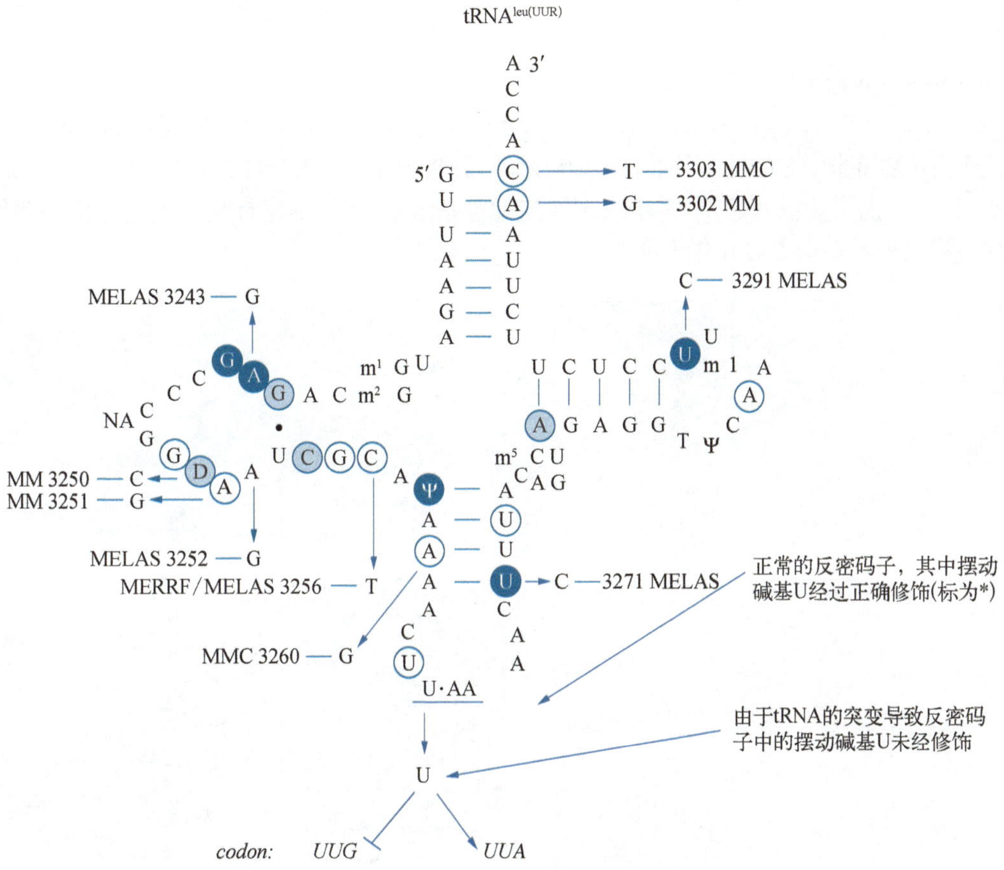

图 8-8　tRNA$^{Leu(UUR)}$常见碱基置换与疾病

mtDNA 中常发生突变的 tRNA$^{Leu(UUR)}$的二级结构。所圈的碱基代表致病性突变，tRNA$^{Leu(UUR)}$的某些碱基突变(黑色圈)阻止了摆动碱基 U 的修饰，引起 MELAS；某些碱基突变(灰色圈)不破坏摆动碱基 U 的修饰，只造成 MM；其他碱基突变(非阴影圈)的致病机制尚未证实

MERRF 家族成员 mtDNA 通常为杂质性。A8344G 突变型的比例与临床症状相关，通常比例越高症状越重，但也有报道称它们之间无一定的相关性。由于 MERRF 与氧化磷酸化受损有关，氧化磷酸化酶水平会随着年龄的增大而迅速降低，年轻的个体即使突变为 85%，因缺陷造成的产能减少仍高于组织的能阈，表型仍然正常。但随着年龄的增加，氧化磷酸化能力进一步降低直至低于阈值，年老的个体则可能出现严重症状。这就可以解释为什么 A8344G 突变的个体在早期是正常的，到一定年龄才会发病。

(四) 氨基糖苷类抗生素诱发的耳聋(MIM 561000)

链霉素、庆大霉素、卡那霉素等氨基糖苷类抗生素引起的耳聋(aminoglycoside antibiotics induced deafness, AAID)可分为两类：一类是接受了毒性剂量的氨基糖苷类抗生素(aminoglycoside antibiotics, AmAn)而致聋，这类患者多无遗传背景；另一类是接受了常规剂量的 AmAn 而致聋，这类患者多有母系遗传背景。

Prezant 等(1993)通过三个母系遗传的 AAID 家系研究，发现所有病例都有纯质性 mtDNA 的 12S rRNA 基因 A1555G 的点突变。Hutchin 等(1993)证实该突变发生在高度保守的 12S rRNA 与 AmAn 结合区，该区域也是其他种属 AmAn 抗性突变发生的部位。A1555G 突变引入了一对氢键，使 12S rRNA 与 AmAn 结合部位的空间增大，更有利于两者的结合而干扰了线粒体蛋白质和 ATP 的合成，导致 Na^+、K^+、Ca^{2+} 离子泵失能，细胞内外离子浓度失衡，最终导致毛细胞死亡。此外，氨基糖苷类抗生素的耳聋性直接与其在内耳淋巴液中的药物浓度较高有关。

mtDNA 的 12S rRNA 基因 A1555G 纯质性突变引起的听力丧失程度差异很大，有先天性耳聋，中年发病的进行性耳聋，甚至表型正常的突变携带者。研究表明，核内存在影响 A1555G 突变致聋的修饰基因，即核遗传背景，核基因组与线粒体基因组相互作用而导致患者耳聋。迄今，已有 23 个非综合征耳聋相关的核基因被克隆。

(五) Kearns-Sayre 综合征(MIM 530000)

Kearns-Sayre 综合征(Kearns-Sayre syndrome，KSS)是一种多系统受累的疾病，以眼肌麻痹、视网膜色素变性、心肌病为主要症状，还有眼睑下垂、四肢无力、心脏传导阻滞、感觉神经性听力丧失、共济失调、痴呆等症状(图 8-9)。该病常为散发病例，并不表现特定的母系遗传，无明显家族史。发病年龄一般低于 20 岁，病程进展较快，多数患者在确诊后几年内死亡。

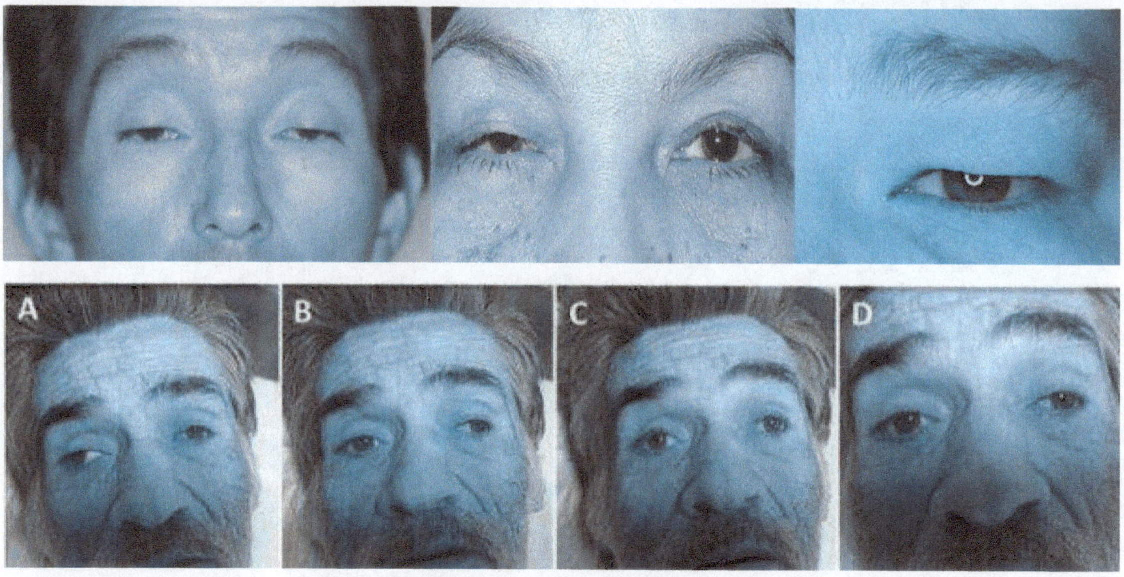

图 8-9 Kearns-Sayre 综合征

眼睑下垂(上)，眼外肌麻痹(A～D)

几乎所有 KSS 患者均有 mtDNA 缺失，一般只有 1 处，但其大小和位置在个体间差异极大。现已发现 100 多种缺失，缺失片段大小范围在 2.0～7.0 kb 之间，大多发生在重链与轻链两个复制起始点之间，缺失区的侧翼有同向 13 个碱基的重复序列(5′ACCTCCCTCACCA3′)。约 1/3 的 KSS 病例是 8 468～13 447 位之间 4 979 bp 的缺失造成的，该缺失的断裂点位于 ATPase8 和 ND5 基因内，导致 ATPase6、COⅢ、ND3、ND4L、ND4、ND5 及多个 tRNA 基因缺失。有些研究者认为缺失片段的大小和部位不能预测临床表现，但缺失在不同组织中的分布可能对表型起决定作用。如当肌细胞中缺失的 mtDNA 高于 85%时，可发生所有 KSS 的临床症状。杂质性水平较低时，主要表现为 CPEO。当缺失的 mtDNA 在造血干细胞中大量存在时，就会表现出一种致病且早发的疾病，称为 Pearson 综合征(PS)。

(六) 衰老和退行性疾病

Harman(1956)首先提出衰老的自由基假说，认为衰老过程中的退行性变化是由于正常细胞代谢过程中产生的自由基的有害作用造成的，而 mtDNA 是自由基攻击的主要目标。Linnane(1989)认为 mtDNA 突变的积累是衰老的重要原因。Ozawa(1995)提出衰老的线粒体氧化还原机制，即 mtDNA 的氧化损伤引起 mtDNA 突变的积累，导致能量产出缺陷、衰老和细胞死亡。

Corral-Debrinski 等(1992)研究了 7 例 24～94 岁个体的大脑，发现 mtDNA 大片段缺失与年龄正相关，尤其是 80 岁以上的个体。Michikawa 等(1993)检查了 14 名 65 岁以上老人的成纤维细胞，其中 8 名存在 T414G 点突变，而同时检测的 13 名年轻人中，没有一人有此突变。

与衰老相关的退行性疾病，如阿尔茨海默病(Alzheimer disease)、帕金森病(Parkinson disease)、亨廷顿病(Huntington disease)等的病因与 mtDNA 突变，特别是 mtDNA 片段的缺失关系密切，常见 4 977 bp 至 5 kb 片段的缺失。如在帕金森病患者脑细胞中特别是黑质中存在 mtDNA4977bp 片段的缺失，断裂点分别位于 ATPase8 基因和 *ND5* 基因内，导致线粒体呼吸链复合物Ⅰ功能异常，进而引起神经元功能障碍。患者病变细胞中 mtDNA 缺失往往是杂质性的，正常人突变型仅占 0.3%，而患者可达 5%。又如阿尔茨海默病患者大脑皮质显示氧化磷酸化解偶联，血小板中复合物Ⅰ活性降低，患者皮肤成纤维细胞线粒体氧化底物能力降低。与正常个体相比，mtDNA5.0 kb 片段的缺失在<75 岁的阿尔茨海默病患者中升高了 15 倍，在>75 岁的阿尔茨海默病患者中则占了 1/5 的比例。

（七）线粒体糖尿病

部分Ⅱ糖尿病患者糖尿病的发生与 mtDNA 的突变有关，mtDNA 点突变或缺失可选择性地破坏 β 细胞。1997 年美国糖尿病学会（ADA）正式把发病与线粒体基因的片段缺失或位点突变有关，且具有母系遗传特征的糖尿病确定为线粒体糖尿病（mtDM），将其列入"其他特殊类型糖尿病"的分型中，属于 β 细胞遗传缺陷性疾病。

与 mtDM 有关的 mtDNA 突变类型较多，如 $tRNA^{Lys}$ 的 A8296G、12S rRNA 的 G1438A、T1310C 等点突变、8 kb 重复突变和 10.4 kb、7.7 kb、7.6 kb 缺失突变等。$tRNA^{Leu(UUR)}$ 基因 3 230～3 304 是热点突变区域，包括 $tRNA^{Leu(UUR)}$ 的 A3243G、C3256T、T3264C、G3316A，其中 A3243 突变最为常见。这些突变导致了 $tRNA^{Leu(UUR)}$ 异常，引起线粒体蛋白质合成异常和功能缺陷，影响呼吸链的组分与功能而致胰岛 β 细胞葡萄糖氧化磷酸化障碍，ATP 产生不足，致胰岛素分泌障碍，引发糖尿病。

第三节 核 DNA 异常引起的线粒体病

线粒体虽然有自己的遗传系统，但线粒体中大多数酶或蛋白质是由核 DNA 编码，在细胞质中合成并经特定的方式转运到线粒体中，行使众多的功能，包括在膜间隙和基质间转运分子，代谢底物，通过氧化磷酸化产生 ATP，控制线粒体的复制、转录、翻译等。因此核 DNA 异常也会导致线粒体功能障碍，如造成呼吸链复合体缺陷、装配因子缺陷、mtDNA 稳定性降低、线粒体蛋白质合成障碍、线粒体代谢缺陷、线粒体离子平衡缺陷和线粒体完整性缺陷等，由此引发的疾病都归入线粒体病中。这些核 DNA 异常导致的线粒体病较少见，可能是由于这方面的研究还不深入。

丙酮酸脱氢酶复合体（PDHC）是线粒体基质中的一种有重要功能的多酶复合体，具有丙酮酸脱羧酶（E1）、二氢硫辛酸乙酰基转移酶（E2）和二氢硫辛酸脱氢酶（E3）活性。其中 E1 是由两个 $E1_\alpha$ 亚基和两个 $E1_\beta$ 亚基组成的四聚体，编码 $E1_\alpha$ 亚基的 PHDA1 基因定位于 Xp22.1。在丙酮酸脱氢酶复合体缺乏症（PDHA1，MIM 312170）患者中发现 PHDA1 等位基因有点突变，导致 $E1_\alpha$ 靶序列内氨基酸的变化，致 $E1_\alpha$ 转入线粒体基质障碍。该病为 X 连锁隐性遗传，临床表现为眼部异常和中枢神经系统退变。

肉碱棕榈酰转移酶Ⅱ（CPTⅡ）结合于线粒体内膜，其功能是将长脂肪酸链从细胞质运送到线粒体基质，进行脂肪酸的 β 氧化。定位于 1p32，编码 CPTⅡ的基因 *CPT2* 的突变可造成肉碱棕榈酰转移酶Ⅱ缺乏症（CPTⅡ缺乏症，MIM 255110），产生两种表型：成年期发作型表现为剧烈运动或饥饿后肌肉疼痛无力；幼儿期发作型病情严重，通常是致死性的。

Leber 遗传性视神经病（LHON）男女发病率差异较大，完全用母系遗传难以解释。对 Leber 遗传性视神经病的家系进行等位基因连锁分析，发现该病与 X 染色体标记 DXS7 紧密连锁，提示 LHON 的发生是 mtDNA 与核 DNA 共同作用的结果。

小 结

线粒体遗传病是因 mtDNA 突变所致线粒体功能异常而产生的疾病。

每个细胞中有数千个 mtDNA 拷贝，人 mtDNA 是一个 16 569 bp 的双链闭合环状分子，有轻、重链之分；基因组排列紧凑，编码 13 种蛋白质、22 种 rRNA 和 2 种 rRNA，除 D-loop 区外无内含子；mtDNA 分子裸露，缺少组蛋白的保护，缺乏DNA损伤修复系统，mtDNA的突变率很高。

mtDNA遗传特征有：半自主性、遗传密码和通用密码不同、母系遗传、复制分离、纯质性和杂质性、阈值效应。

mtDNA突变主要包括点突变，重排(缺失和重复)和拷贝数突变。常见线粒体遗传病有：Leber遗传性视神经病(LHON)、线粒体肌病脑病伴乳酸中毒及卒中样发作综合征(MELAS)、肌阵挛性癫痫伴破碎红纤维病(MERRF)、氨基糖苷类抗生素诱发的耳聋(AAID)；Kearns-Sayre综合征(KSS)、帕金森病(PD)、线粒体糖尿病(mtDM)等。

由于线粒体的遗传系统受控于核基因组，因此核DNA的异常也会表现线粒体功能障碍而引发线粒体病。

(杨 芳)

【复习思考题】

1. 简述mtDNA的结构特征。
2. mtDNA有哪些遗传特征?
3. 列举几种常见的线粒体遗传病并简述其分子基础。

第九章

分子病与先天性代谢缺陷病

基因突变可导致其编码蛋白质的结构或合成量的异常，并由此导致疾病的发生。根据缺陷蛋白质对机体产生的影响不同，可将这类疾病分为：分子病（molecular disease）和先天性代谢缺陷病（inborn errors of metabolism disease）。

第一节 分子病

1949 年，Pauling 等在研究镰形细胞贫血时，发现患者血红蛋白电泳迁移率较正常血红蛋白慢，提示这种血红蛋白分子与正常蛋白间存在着化学结构上差异，为此，首次提出了分子病的概念。分子病是指基因突变导致蛋白质分子结构或合成量的异常，从而引起机体功能障碍的一类疾病。根据蛋白质种类及功能的不同，可将分子病分为血红蛋白病、血浆蛋白病、结构蛋白缺陷病、受体蛋白病、膜转运蛋白病等。

一、血红蛋白病

血红蛋白病（hemoglobinopathy）是由于珠蛋白基因突变或缺陷导致血红蛋白（hemoglobin，Hb）分子结构异常或合成速率降低所引起的疾病，一般可将其分为异常血红蛋白病和珠蛋白生成障碍性贫血两类。血红蛋白病是一类发病率较高的遗传病，据推测，全世界约有 2 亿多人携带异常的血红蛋白基因。

（一）血红蛋白的分子结构与遗传控制

1. 人类血红蛋白的分子结构　血红蛋白是一种结合蛋白，蛋白质部分称为珠蛋白，辅基为血红素。血红蛋白是由两对亚基组成的球状四聚体，其中一对由两条 α 链（或类 α 链）各结合一个血红素组成；另一对则由两条 β 链（或类 β 链）各结合一个血红素组成（图 9－1）。其中，α 链和 β 链分别由 141 个和 146 个氨基酸残基构成。在个体发育的不同阶段，类 α 链和类 β 链不同组合构成了人类常见的六种血红蛋白（表 9－1）。

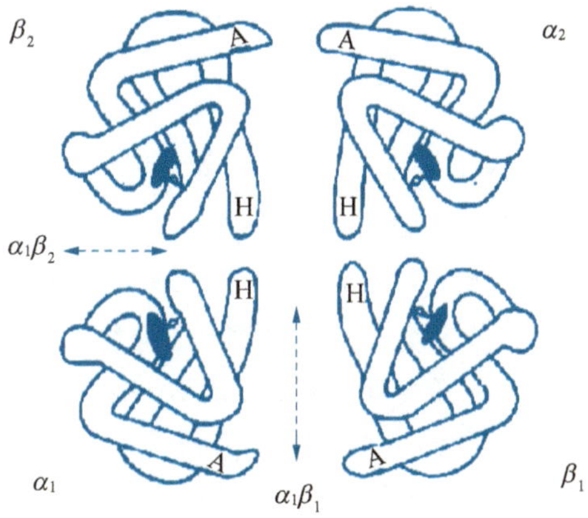

图 9－1　血红蛋白的结构

表 9－1　正常人血红蛋白的组成

发育阶段	血红蛋白	分子组成	含　量
胚胎	Hb Gower Ⅰ	$\zeta_2\varepsilon_2$	42%
	Hb Gower Ⅱ	$\alpha_2\varepsilon_2$	24%
	Hb Portland	$\zeta_2^A\gamma_2$、$\zeta_2^G\gamma_2$	21%
胎儿（8 周至出生）	HbF	$\alpha_2^A\gamma_2$、$\alpha_2^G\gamma_2$	97%
成人	HbA	$\alpha_2\beta_2$	95%
	HBA_2	$\alpha_2\delta_2$	3%

2. 血红蛋白的遗传控制　人类珠蛋白由分别位于第 16 号和第 11 号染色体上的 2 个基因簇编码。

(1) α 珠蛋白基因簇：位于 16p13.3，按 5′→3′顺序依次排列为 1 个 ζ_2 基因、2 个假基因($\psi\zeta_1$ 和 $\psi\alpha_1$)、2 个编码相同 α 链的 α 基因(α_2 和 α_1)和 1 个功能未知的基因 θ，总长 30 kb。α 珠蛋白基因簇的排列顺序与发育过程中基因表达顺序一致，即发育早期主要是基因簇 5′端的 ζ_2 基因表达，成人主要是 3′端的 α 基因表达(图 9－2)。

(2) β 珠蛋白基因簇：位于 11p15.5，按 5′→3′顺序依次排列为 1 个 ε 基因、2 个 γ 基因($^G\gamma$ 和 $^A\gamma$)、1 个假基因 ψβ、1 个 δ 基因及 1 个 β 基因，全长 60 kb。β 珠蛋白基因簇的排列顺序与发育过程的表达相关，发育早期是 5′端的 ε、γ 基因表达，成人期主要为 3′端的 β 基因表达(图 9－2)。

(3) 血红蛋白基因的表达特点：α 和 β 珠蛋白基因簇的 5′端上游均含有一段被称为位点控制区(locus control region，LCR)的转录调控序列(图 9－2)。LCR 与 α 和 β 珠蛋白基因簇中每种珠蛋白基因间的相互作用，精确地调控血红蛋白从胚胎到胎儿再到成人的转变。胚胎早期(孕期 3～8 周)，在卵黄囊的原始红细胞发生系统中，α 珠蛋白基因簇中 ζ_2、α 基因和 β 珠蛋白基因簇中 ε、γ 基因表达，形成胚胎血红蛋白(Hb Gower Ⅰ、Hb Gower Ⅱ、Hb Portland)。胎儿期(妊娠 8 周～出生)，血红蛋白合成转移至胎儿肝脾中，α 珠蛋白基因簇的表达基因由 ζ_2、α 全部转变成 α，而 β 珠蛋白基因簇的表达基因则由 ε 全部转变成 γ，形成胎儿期血红蛋白 HbF。出生后，血红蛋白主要在骨髓红细胞的发育过程中合成，主要是 α 和 β 基因表达，其产物组成为 HbA。尽管成体时每一个体带有 4 个 α 基因和 2 个 β 基因，但通过特殊的调控机制，正常个体中 α 和 β 珠蛋白的分子数量相等，正好构成 HbA，类 α 珠蛋白和类 β 珠蛋白的平衡是人体正常生理功能的需要。

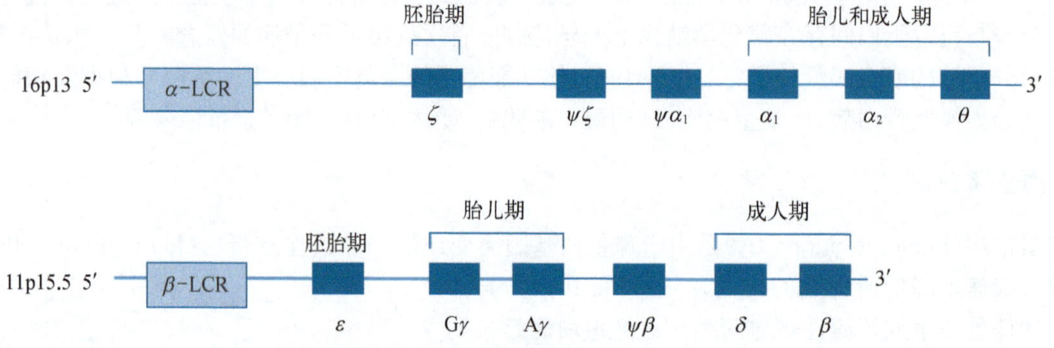

图 9－2　α 和 β 珠蛋白基因簇的结构

(二) 珠蛋白基因的突变类型

珠蛋白的突变类型主要包括点突变、碱基插入与缺失、基因缺失及融合基因等。

1. 点突变　已知超过 90%的异常血红蛋白病由点突变所致，其中多为错义突变。

(1) 错义突变：例如镰形细胞贫血是由 β 基因第 6 位密码子 GAG(谷氨酸)变成 GTG(缬氨酸)所致。

(2) 无义突变：例如 Hb McKees-Rock，其 β 链缺少 2 个氨基酸残基，原因是 β 基因第 145 位密码子 TAT(酪氨酸)突变为终止密码子 TAA，使肽链合成提前终止。

(3) 终止密码突变：例如 Hb Constant Spring 即是由于 α 珠蛋白基因第 142 位终止密码子 TAA 突变为 CAA(谷氨酰胺)，结果 α 链延长为 172 个氨基酸残基。该突变形成的 mRNA 不稳定，致使 α 链合成量降低，表现为非缺失型 α－地中海贫血。

2. 移码突变　例如 Hb Wayne 是由于 α 基因第 138 位密码子 UUC(丝氨酸)丢失一个 C，造成其 3′端碱基顺序依次向前位移，其 α 链第 138 位以后密码子在翻译时重新组合及编码。

3. 整码突变　例如 Hb Catonsville 是由于 α 基因第 37 和 38 位密码子之间插入了一个谷氨酸密码子所致。

4. 基因缺失　例如 α 基因缺失是导致绝大多数 α－地中海贫血发生的主要原因，缺失通常包括 α_1 和 α_2 基因在内的一段 DNA 片段。

5. 融合基因　融合基因(fusion gene)是由两种不同基因局部片段拼接而成的 DNA 序列，它们可编码融合蛋白。融合基因是由于染色体错配联会和不对等交换导致。例如 Hb Lepore，其 α 链正常，β 链由 δ 链和 β 链拼接而成，其 N 端像 δ 链，C 端像 β 链，故称 δβ 链；而另一条融合链 Hb-Anti-Lepore，其 N 端像 β 链，C 端像 δ 链，故称 βδ 链（图 9-3）。β 和 δ 基因的融合意味着 β 基因的减缺，合成 β 链减少，表现为 β-地中海贫血症状。

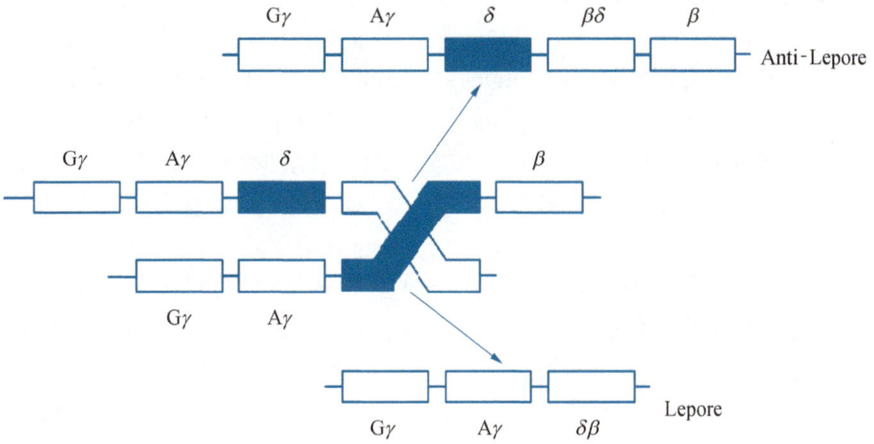

图 9-3　血红蛋白融合基因的形成机制

（三）异常血红蛋白病

异常血红蛋白病（abnormal hemoglobinopathy）是指由珠蛋白基因突变引起 Hb 肽链结构或功能异常所致的疾病。目前，已发现的异常血红蛋白多达 600 余种，尽管种类众多，但其中仅有约 40%表现出一定的功能障碍。

1. 镰状细胞贫血（sickle cell anemia，MIM 603903）　本病是世界上常见的血红蛋白病，在非洲和北美黑人中的发病率高达 1/500。患者 β 链第 6 位谷氨酸被缬氨酸取代，形成 HbS，导致电荷改变。在低氧分压的情况下 HbS 聚合成长棒状结构，使红细胞镰变。镰变细胞引起血黏度增高，易使细微血管栓塞，造成组织局部缺氧，甚至坏死，产生肌肉骨骼痛、腹痛等危象。同时，镰变细胞的变形能力降低还可引起溶血性贫血。本病呈常染色体隐性遗传，纯合子（HbSHbS）表现为镰形细胞性贫血，杂合子（HbAHbS）表现为镰形细胞性状，大部分无症状，但在氧分压低时也可有轻度慢性贫血。

2. 不稳定血红蛋白病（unstable hemoglobinopathy）　已发现的不稳定血红蛋白在 80 种以上。本病因 α 或 β 珠蛋白基因突变使珠蛋白链上氨基酸序列改变，导致 Hb 分子不稳定。由于 Hb 不稳定，容易自发或在氧化剂作用下变性，形成变性珠蛋白小体（Heinz 小体）。Heinz 小体黏附红细胞膜上，导致了离子通透性增加；另外，由于变形性降低，当红细胞通过微循环时，红细胞被阻留破坏，导致血管内、外溶血。此类疾病一般呈常染色体不完全显性遗传，杂合子可出现临床症状，纯合子可致死，其表型严重程度与 Hb 不稳定程度、产生高铁血红蛋白的多少以及不稳定 Hb 的氧亲和力大小有关。轻者仅在服用磺胺等药物或有感染时溶血；重者需反复输血才能维持生命。

3. 血红蛋白 M 病（hemoglobin M syndrome，HbM）　又称高铁 Hb 病，是因构成血红蛋白的 α、β 或 γ 链中与血红素铁原子连接的组氨酸或邻近的氨基酸发生了替代，导致部分铁原子呈稳定的高铁状态，从而影响了正常的携氧功能，使组织供氧不足，临床上出现发绀和继发性红细胞增多。本病呈常染色体显性遗传，杂合子 HbM 含量一般低于 30%，可引起发绀症状。

4. 氧亲和力改变的血红蛋白病　该类疾病是指由于肽链上氨基酸替代而使血红蛋白分子与氧的亲和力增高或降低，致运输氧功能改变。如引起 Hb 与氧亲和力增高，输送给组织的氧量减少，导致红细胞增多症；又如引起 Hb 与氧亲和力降低，则使动脉血的氧饱和度下降，严重者可引起发绀症状。

（四）珠蛋白生成障碍性贫血

珠蛋白生成障碍性贫血是由于珠蛋白基因缺失或缺陷，导致某种珠蛋白肽链完全不能合成或合成减少，致使血红蛋白的 α 链和 β 链失去平衡而引起的溶血性贫血。这类疾病在地中海地区发病率非常高，故又称为地中海贫血(thalassemia),主要包括α-地中海贫血和β-地中海贫血两类。

1. α-地中海贫血(α-thalassemia,MIM 141750) 简称α-地贫,是因α基因缺失或缺陷,使α链合成受到抑制而引起的溶血性贫血。α-地贫包括缺失型和非缺失型两类,其中又以缺失型较为常见,其指α珠蛋白基因发生长度不等的缺失突变。人类α珠蛋白基因簇上若2个α基因都发生了缺失,称为α_0-地贫或α_1-地贫;若只缺失1个α基因,称为α^+-地贫或α_2-地贫。临床上根据α基因缺失的数目不同,可将α-地贫分为以下4种类型。

(1) Hb Bart's胎儿水肿综合征(hydrops fetalis syndrome):患者两条16号染色体上4个α基因全部缺失或缺陷,为α_1-地贫纯合子(——/——),完全不能合成α链,不能形成胎儿HbF,相对过多的γ链聚合形成γ_4(Hb Bart)。Hb Bart对氧亲和力非常高,因而释放至组织的氧减少,造成组织严重缺氧导致胎儿水肿,引起死胎或新生儿死亡。如果父母均为α_1-地贫杂合子(——/αα),则子女将有1/4的可能性为Hb Bart's水肿综合征。

(2) HbH病:患者4个α基因中缺失3个,为α_1-地贫和α_2-地贫的双重杂合子(α—/——),或是α_1-地贫与非缺失型α^+-地贫的双重杂合子(——/$\alpha\alpha^T$)。由于患者α链合成量仅为正常人的1/4,使β链在体内相对过多而自身聚合成β_4(HbH)。β_4易被氧化,解体成游离单链,游离β链沉淀并聚积成包涵体,附着于红细胞膜上,使红细胞膜受损,失去柔韧性,易被脾破坏,引起中度或较严重的溶血性贫血,并伴有黄疸和肝脾肿大。

(3) 标准型α-地贫:患者4个α基因中缺失2个,东方人通常为α_1-地贫杂合子(αα/——),黑人一般为α_2-地贫纯合子(α—/α—)。本型个体无症状或有轻度贫血。

(4) 静止型α-地贫:患者4个α基因中缺失1个,基因型为α_2-地贫杂合子(—α/αα)。此类个体完全无临床症状。

2. β-地中海贫血(β-thalassemia,MIM 141900) 简称β-地贫,是由于β珠蛋白基因缺失或缺陷使β链的合成受到抑制而引起的溶血性贫血,呈常染色体不完全显性遗传。完全不能合成β链者称β_0-地贫;能部分合成β链者(为正常的5%～30%)称β^+地贫。大部分的β-地贫由不同类型的点突变所致,临床上根据溶血性贫血的严重程度,将β-地贫分为4种类型。

(1) 重型β-地贫:患者多为β^+-地贫、β_0-地贫或$\delta\beta^0$-地贫的纯合子(β^+/β^+、β^0/β^0和$\delta\beta^0/\delta\beta^0$)或$\beta^+$和$\beta^0$-地贫的双重杂合子($\beta^0/\beta^+$)。患者的β链几乎不能合成或合成量很少,相对过剩的α链沉积在红细胞内膜上使膜的透性改变,引起溶血。同时,患者γ链的合成相对增多,HbF升高。由于HbF的氧亲和力较HbA高,在组织中不易释放出氧,造成患者组织缺氧,患儿半周岁时便出现严重的进行性贫血、肝脾肿大和严重全身症状。由于骨髓增生,骨质受侵蚀致骨质疏松,出现特殊的地中海贫血面容(头大、颧骨突出、塌鼻梁、眼距过宽和眼睑浮肿),需靠输血维持生命。

(2) 轻型β-地贫:患者为β^+-地贫、β_0-地贫或$\delta\beta_0$-地贫的杂合子(β^+/β^A、β^0/β^A和$\delta\beta^0/\delta\beta^A$)。由于患者有一个正常的$\beta^A$基因,能够合成一定数量的β链,故症状较轻,仅有轻度贫血或无症状,但伴有HbA_2和HbF代偿性增高。

(3) 中间型β-地贫:患者常是某些β-地贫变异型的纯合子,如β^+(高F)/β^+(高F)或两种不同变异型的双重杂合子,如$\beta^+/\delta\beta^+$,其症状介于重型与轻型之间。

(4) 遗传性胎儿Hb持续增多症:由于β基因簇内某些DNA片段的缺失或点突变,导致δ链和β链合成受抑制,γ链合成明显增多,患者HbF在成年后仍持续较高水平,但无其他明显临床症状。

二、血浆蛋白病

血浆蛋白病(plasma protein disease)是血浆蛋白遗传性缺陷所引起的一组疾病,其中,以血友病较常见。血友病是由于凝血因子缺乏引起的一类遗传性凝血障碍性疾病,依据缺乏的凝血因子不同,可将其分为4种类型。

(一) 血友病A

血友病A(hemophilia A,MIM 306700)又称甲型血友病,是血浆中凝血因子Ⅷ(FⅧ)缺乏所致X连锁隐性遗传的凝血缺陷疾病，发病率约占全部血友病的80%。患者主要表现为缓慢持续出血，多发生于轻微创伤之后，常反复发生，出血部位广泛，可累及皮肤、黏膜、肌或器官等，可形成血肿，关节多次出血可致关节变形，颅内出血可致死亡。本病患者基本为男性，约70%有家族史，女性携带者FⅧ活性较低。目前，临床上能对本病进行产前基因诊断，可使用AHG制剂进行替代治疗，但需长期使用。

FⅧ是由抗血友病球蛋白（ⅧAHG）、Ⅷ因子相关抗原（ⅧAgn）和促血小板黏附血管因子（ⅧVWF）三种组分构成的复合分子。血友病A由ⅧAHG缺乏导致。ⅧAHG基因定位于Xq28，全长186 kb，含26个外显子和25个内含子，编码含2 351个氨基酸残基的Ⅷ因子前体单链蛋白。

（二）血友病B

血友病B（hemophilia B，MIM 306900）又名乙型血友病，是由凝血因子Ⅸ缺乏或其凝血功能降低所致的X连锁隐性遗传病。患者临床表现与血友病A相似，但发病率仅为后者的1/10。此外，由于女性携带者Ⅸ因子活性仅为正常人的1/3，一些杂合子可出现症状，故女性患者较血友病A型多见。

凝血因子Ⅸ又名血浆凝血活酶成分（plasma thromboplastic component，PTC），*PTC*基因位于Xq27.1～q27.2，长约34 kb，由8个外显子和7个内含子组成，编码含415个氨基酸残基的Ⅸ因子。

（三）血友病C

血友病C（hemophilia C，MIM 264900）又名丙型血友病，是由凝血因子Ⅺ缺乏所致的常染色体隐性遗传病，临床症状较甲、乙型轻，多数严重缺乏者用小剂量正常或浓缩血浆治疗即显效。凝血因子Ⅺ又称血浆凝血活酶前质（plasma thromboplastic antecedent，PTA），*PTA*基因定位于4q35，全长23 kb，含15个外显子和14个内含子，编码产物含625个氨基酸残基。

（四）血管性假性血友病

血管性假性血友病（MIM193400）又称von Willebrand病，由血浆中促血小板黏附血管因子（vWF）减少或缺陷所致，呈常染色体隐性遗传。vWF是一种糖蛋白，其基因定位于12p13.3，含有52个外显子，编码产物含2 813个氨基酸残基。vWF由血管内皮细胞泌，vWF缺乏会降低FⅧ因子的活性，影响血小板的凝血功能，故患者有明显的出血倾向，但症状较轻。

三、结构蛋白缺陷病

构成细胞基本结构和骨架的蛋白遗传性缺陷所导致的一类结构蛋白缺陷性疾病。例如，胶原蛋白病、肌营养不良等。

（一）胶原蛋白病

人类基因组中有28个胶原蛋白基因，这些编码胶原蛋白基因突变或缺失会导致胶原合成异常或缺陷，引起胶原蛋白病，常见的有成骨不全和Ehlers-Danlos综合征等。

1. 成骨不全（osteogenesis imperfecta，MIM 166200） 是一组由于Ⅰ型胶原蛋白异常所致的具有遗传异质性的疾病，发病率约为1/15 000。成骨不全有4种类型，其中Ⅰ型和Ⅱ型最为常见。

（1）Ⅰ型成骨不全：又称蓝色巩膜综合征，病变累及骨骼、肌腱、韧带、牙本质及巩膜等。患者主要表现为骨质疏松致脆性增加而易反复骨折，巩膜蓝色，关节可过度活动而易于受伤并导致畸形，牙齿生长不齐、畸形，伴传导性耳聋，多在青春期发病。本病呈常染色体显性遗传（绝大多数），致病基因*COL1A1*定位于17q21.3～q22。病因为胶原基因各种点突变导致的胶原成熟缺陷，例如，α_1链胶原基因*COL1A1*第178位氨基酸残基第一个碱基发生G→T的置换，导致甘氨酸被半胱氨酸替代。

（2）Ⅱ型成骨不全：是一种致死性疾病，患者出生时全身即有数不清的骨折，常在出生几周或几个月内死亡。Ⅱ型成骨不全的发病机制比Ⅰ型复杂，既涉及α_1链胶原基因*COLIA1*，也涉及α_2链胶原基因*COL1A2*上甘氨酸密码突变。

2. Ehlers-Danlos综合征（Ehlers-Danlos syndrome，EDS） 患者缺乏一种切除前肽的酶，导致胶原不能正常组装成高度有序的纤维。表现为皮肤可过度伸展，柔软脆弱易碎；皮肤受伤后愈合差，形成特殊的"香烟纸"瘢；关节也可过度伸展，导致髋、肩、肘、膝或锁骨关节易于脱位和受伤。临床上可分为11种亚型，其遗传方式包括常染色体显性遗传、常染色体隐性遗传和X连锁隐性遗传。

(二)肌营养不良

较常见的是由附着于肌膜上的抗肌萎缩蛋白(dystrophin)遗传性缺陷所引起的Duchenne型肌营养不良(Duchenne muscular dystrophy,DMD;MIM 310200)和Becker型肌营养不良(Becker muscular dystrophy,BMD;MIM 310200)。

DMD是一种以进行性肌萎缩和肌无力为特征的X连锁隐性遗传病,发病率约为1/3 300活男婴,其中,约2/3有家族史。患者多在3～5岁发病,肌肉无力,走路困难呈鸭步,大多数患者有腓肠肌假性肥大和不同程度的心肌损害。患者多在12岁左右已不能行走,一般在20岁前死于心力衰竭和呼吸衰竭。目前尚无有效疗法,唯一有效的预防途径是对高风险胎儿进行产前基因诊断。

*DMD*基因定位于Xp21.2,包含至少79个外显子,编码产物dystrophin含3 685个氨基酸残基,主要表达于骨骼肌和心肌细胞中,并对维持肌细胞膜结构完整性具有十分重要的作用。*DMD*主要为缺失型突变,缺失部位多发生于*DMD*基因5′端或中央区域,导致dystrophin无法合成。BMD与DMD均由同一基因异常所致,因其缺失范围较DMD小,故病情较轻,患者可活过生育期,从而有可能将突变基因传递给子代。

四、受体病

受体是位于细胞膜上、细胞质中或细胞核内的一类具有特殊功能的蛋白质。由受体基因突变导致受体缺失、减少、结构异常所引起的遗传性疾病称为受体病(receptor disease)。

家族性高胆固醇血症(familial hypercholesterolemia, FH;MIM 143890)是由于细胞膜表面低密度脂蛋白(low density lipoprotein, LDL)受体缺乏或缺陷,使胆固醇在细胞和血浆内累积所致。临床表现为血浆中LDL水平显著增高,出现胆固醇沉积的黄色瘤和早发动脉粥样硬化、冠心病和心肌梗死。

低密度脂蛋白受体(LDL receptor,*LDLR*)基因位于19q13.1－13.2,全长45 kb,含有18个外显子。*LDLR*基因突变方式包括缺失(主要方式)、错义突变、无义突变、移码突变及整码突变。LDLR功能异常的表现有4种类型:①细胞膜上完全无LDLR;②LDLR明显减少;③LDLR不能与LDL结合;④LDLR与LDL结合后不能内吞。FH呈常染色体不完全显性遗传,群体发病率约为1/500。纯合子患者可在儿童期发生冠心病,一般5～30岁出现心绞痛和心肌梗死症状,男、女杂合子患者冠心病发病的平均年龄则分别为43岁和53岁。对本病应早期诊断,给予低胆固醇饮食和选用降胆固醇药物进行治疗。

五、膜转运蛋白病

由于基因突变导致细胞膜上转运系统的载体蛋白遗传缺陷,使一些物质难以通过细胞膜进行转运而引起的疾病称为膜转运蛋白病。

(一)胱氨酸尿症

胱氨酸尿症(cystinuria,MIM 220100)是肾小管转运胱氨酸、赖氨酸、精氨酸和鸟氨酸的转运蛋白发生缺陷,使这4种氨基酸在肾近曲小管的重吸收出现障碍所致。患者血浆中上述4种氨基酸水平偏低,而尿液中含量增高。由于胱氨酸溶解度极低,容易从尿液中析出而产生胱氨酸结晶,使患者出现尿路结石、感染和肾绞痛。

本病为常染色体隐性遗传病,发病率约为1/10 000。临床上分为3个亚型:Ⅰ型患者对4种氨基酸均不能吸收,致病基因定位于2p16.3;Ⅱ型能少量吸收,致病基因定位于2p16.3;Ⅲ型症状较轻,致病基因定位于19q13.1。

(二)肝豆状核变性

肝豆状核变性(hepatolenticular degeneration,MIM 277900)又称Wilson病,是由于细胞膜上铜转运相关载体ATP7B遗传缺陷,导致肝脏中铜蓝蛋白合成障碍,铜不能及时清除,在患者各种组织器官中过量沉积并产生毒性。临床表现为进行性肝硬化、豆状核变性、肢体震颤、肌强直、精神改变及角膜色素环等。本病为常染色体隐性遗传,发病率为3/1 000 000～3/100 000,致病基因*ATP7B*位于13q14.3。

（三）囊性纤维样变

囊性纤维样变（cystic fibrosis，CF；MIM 219700）是高加索人中最常见的遗传病之一，携带者频率高达1/20。CF 主要累及肺、胰腺等器官，最后因肺功能衰竭、感染和营养不良而死亡。*CF* 基因定位于 7q31，包含 27 个外显子，编码一细胞膜整合蛋白，该蛋白为 Cl^- 等物质的转运通道。

（四）先天性葡萄糖-半乳糖吸收不良症

先天性葡萄糖-半乳糖吸收不良症（MIM 606824）是由于患者小肠上皮细胞转运葡萄糖-半乳糖的膜转运载体异常或缺陷，致使葡萄糖和半乳糖吸收障碍，患者肠道内渗透压改变引起肠液增多，出现水样腹泻。本病呈常染色体隐性遗传，致病基因定位于 22q13.1。

第二节　先天性代谢缺陷病

先天性代谢缺陷是由编码酶的基因突变导致人体内酶分子结构或酶活性异常引起的一类疾病。自 1902 年 Garrod 将尿黑酸尿症的基因缺陷与机体分解尿黑酸的功能失常联系起来以来，至今已发现酶缺陷引起的疾病数千种，但已明确的酶仅 300 多种。其中，大多数为常染色体隐性遗传病，少数表现为 X 连锁隐性遗传。

一、先天性代谢缺陷的发病机制

人体内代谢是在特定酶的催化下进行的，如图 9－4 所示，代谢底物（S_1）在一系列酶（E_{1-2}、E_{2-3}、E_{3-P}）催化下经过一系列中间产物（S_2、S_3），最后生成代谢终产物（P），P 对催化代谢反应的酶（如 E_{1-2}）起反馈抑制的调节作用；$S_2 \rightarrow S_4 \rightarrow S_5$……是正常代谢途径之外存在的旁路代谢途径。在代谢过程中，催化正常代谢反应的酶（E_{1-2}、E_{2-3}、E_{3-P}）的任一缺陷都可导致先天性代谢缺陷病的发生；如果正常代谢途径受到阻断，旁路代谢途径则会相应增强，从而产生过多的旁路代谢产物，而这些旁路代谢产物往往对机体形成不良影响。

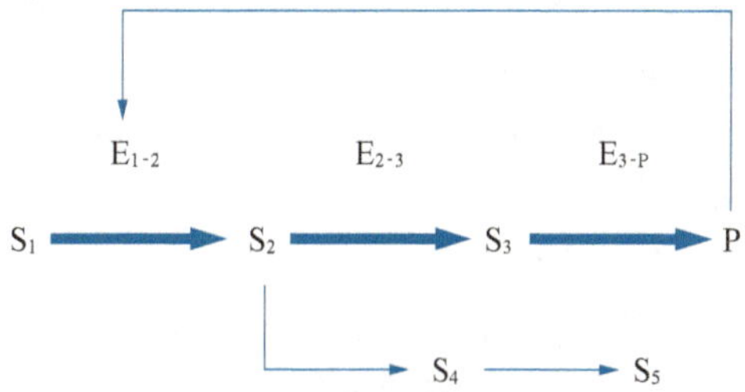

图 9－4　代谢途径的组成

根据上述机制，按照代谢途径阻断的发病机制不同，先天性代谢缺陷发病机制可以分为以下 8 类。

1. 酶缺陷导致底物积累　代谢途径中由于某种酶（如 E_{1-2}）的缺陷，使代谢受阻，导致底物（S_1）在组织中贮积，引起细胞、器官肿大、毒性反应和代谢紊乱，如糖原贮积症Ⅰ型。

2. 酶缺陷导致中间产物积累　由于某种酶的缺陷（如 E_{2-3}），导致中间产物（S_2）堆积，在血、尿和组织中的浓度增加。中间产物如有毒性，则会引起症状，如经典型半乳糖血症。

3. 酶缺陷导致代谢终产物缺乏　这是一类由于酶（如 E_{3-P}）缺乏，使代谢终产物完全不能合成或合成不足引起的疾病，如白化病。

4. 酶缺陷导致旁路代谢开放而造成副产物积累　当某种酶（如 E_{2-3}）缺陷导致主要代谢途径受阻时，过量的前体物（如 S_2）则通过旁路途径代谢，引起旁路代谢产物的堆积而致病，如苯丙酮尿症。

5. 酶缺陷导致反馈抑制减弱　在代谢过程中，某些代谢产物对整个反应过程具有反馈调节作用。因此，如果催化这些产物生成的酶发生遗传性缺陷，则使该代谢产物减少，导致反馈调节功能失调，如自毁容貌综合征。

6. 酶活性升高导致产物生成增多　由于酶的活性增高，使代谢产物增多，并在组织沉积所致的疾病，如痛风。

7. 酶缺陷导致与维生素（辅酶）相互作用受损　由于基因突变使酶蛋白结构发生了改变，它与辅酶的相互作用受到阻碍而引起该酶活性的降低或丧失，如甲基丙二酸尿症等维生素反应性遗传病。

二、常见的先天性代谢缺陷病

(一) 氨基酸代谢病

氨基酸代谢病是由参与氨基酸代谢过程中酶的遗传性缺乏所引起，常见有苯丙酮尿症、尿黑酸尿症和白化病等。

1. 苯丙酮尿症(phenylketouria，PKU；MIM 261600) PKU是由于肝中苯丙氨酸羟化酶(phenylalanine hydroxylase，PAH)缺乏而导致的常染色体隐性遗传病。我国的发病率约为1/16 500。患者肝内由于PAH缺乏，苯丙氨酸不能正常转变为酪氨酸，而过量的苯丙氨酸转化苯丙酮酸和苯乙酸并在体内累积，导致血液和尿液中苯丙酮酸及其衍生物排出增多，使患儿的汗液和尿液均散发出特殊的腐臭气味；由于大量的苯丙氨酸不能转变为酪氨酸，使黑色素合成减少，导致患者毛发、皮肤和虹膜颜色变浅。此外，患者体内大量的苯丙氨酸及其旁路代谢产物还可抑制L-谷氨酸脱羧酶活性和5-羟色氨酸脱羧酶活性，导致γ氨基丁酸和5-羟色氨的生成减少，从而影响脑细胞发育及大脑的功能，造成患者智力低下。

PAH 基因定位于12q24.1，含13个外显子，编码含451个氨基酸残基的酶蛋白。其主要突变方式为碱基替换、缺失等。本病可进行产前基因诊断和携带者基因检出，还可通过控制饮食中苯丙氨酸含量来减少苯丙酮酸对中枢神经系统的损害。

此外，尚有少量(1%～5%)由二氢生物蝶呤还原酶(DHPR)缺乏引起的非典型PKU。

2. 尿黑酸尿症(alkaptonuria, MIM 203500) 患者由于尿黑酸氧化酶缺乏，因而由酪氨酸分解而来的尿黑酸不能进一步分解为乙酰乙酸，致使过多的尿黑酸由尿排出，并在空气中氧化为黑色。该病在婴儿期即可表现，此时，除尿中尿黑酸含量较高外无其他症状，成年期主要表现为尿黑酸尿、褐黄病和褐黄性关节炎，机体中尿黑酸增多，并在眼部、双手、牙齿及双颊出现弥漫性色素沉着；尿黑酸大量沉积于关节和软骨，可导致关节变形和关节炎，并发心脏病。婴幼儿期临床上多采用限制苯丙氨酸和酪氨酸的摄入进行治疗；成人期可采取低蛋白饮食控制病情。

本病为常染色体隐性遗传病，发病率约为1/250 000。尿黑酸氧化酶基因定位于3q21～q23，主要在肝脏和肾脏表达。

(二) 糖代谢病

糖代谢病是由参与糖代谢过程中酶的遗传性缺乏所引起，常见的有半乳糖血症、糖原贮积症以及葡萄糖-6-磷酸脱氢酶缺乏症等。

1. 半乳糖血症(galactosemia，MIM 203400) 本病为常染色体隐性遗传病，涉及半乳糖代谢途径中3种酶的缺陷，该3种酶中任何一种缺陷都可使患者体内半乳糖不能正常转变成葡萄糖供机体利用，结果造成代谢中间产物或底物在体内累积，使患者产生中毒症状。根据缺乏的酶不同，可将其分为Ⅰ型、Ⅱ型和Ⅲ型。

Ⅰ型半乳糖血症又称经典型半乳糖血症，是最常见且病情最重的一种。患者缺乏半乳糖-1-磷酸尿苷转移酶，导致代谢中间产物半乳糖-1-磷酸及底物半乳糖在体内堆积造成。患儿出生后哺乳几天即出现呕吐、拒食、腹泻等对乳类不耐受的症状，一周后出现肝损伤，黄疸、肝肿大和腹水，1～2个月内出现白内障。如不控制乳类摄入，几个月后患儿出现智力发育不全，全身水肿，氨基酸尿及蛋白尿，生长发育障碍，最终因肝衰竭或婴儿期爆发性败血症感染致死。

Ⅱ型半乳糖血症是由于半乳糖激酶的缺乏，导致半乳糖在组织和体液中贮积造成。本型患儿较罕见，且症状较轻，患儿进行无乳糖饮食治疗后，预后较好。

Ⅲ型半乳糖血症是由于尿苷二磷酸半乳糖-4-表异构酶的缺乏导致半乳糖在组织和体液中贮积造成，本型患儿罕见，临床症状较轻或无症状。

2. 糖原贮积症(glycogen storage disease，GSD) 是由于糖原生成或分解代谢的酶先天性缺陷所引起的一组遗传性疾病。GSD主要累及肝脏和肌肉，有些也可伴有心、肾和神经系统的损害，不同类型之间的严重性和预后都不完全相同。根据缺乏的酶不同，可将其分为如下几种亚型(表9-2)。

表 9-2　糖原贮积症的几种类型

病　名	OMIM	缺陷的酶	遗传方式	基因定位	受累器官	症　状
GSD Ⅰ	232 200	葡萄糖-6-磷酸酶	AR	17q21	肝、肾	低血糖，肝肾大
GSD Ⅱ	232 300	α-1,4-葡糖苷酶	AR	17q25	肾、心、肌等	2岁前心力、呼吸衰竭死亡
GSD Ⅲ	232 400	脱枝酶	AR	1p21	肌肉、肝	与Ⅰ型相似，但症状较轻
GSD Ⅳ	232 500	分枝酶	AR	3p12	肝、脾	肝脾肿大，肝硬化
GSD Ⅴ	232 600	肌磷酸化酶	AR	11q13	肌肉、肾	肌无力，肌痉挛
GSD Ⅵ	232 700	肝磷酸化酶	AR	14q21-q22	肝	低血糖，生长迟缓
GSD Ⅶ	232 800	肌磷酸果糖激酶	AR	12q13.3	肌肉	肌痉挛，肌无力，肌痛
GSD Ⅷ		肝磷酸化酶激酶	XR		肝	肝肿大，白内障
GSD Ⅸ	306 000	磷酸化酶激酶	XR	Xp22.2-p22.1	肝、肌肉	肝大、肌无力、低血糖
GSD Ⅹ		cAMP 依赖性激酶	XR	Xq13	肝、肌肉	肝脾大
GSD Ⅺ	612 933	磷酸葡萄糖变位酶	XR	Xp22.1-p22.2	肝	肝大

Ⅰ型糖原贮积症是最常见的一类，由于编码葡萄糖-6-磷酸酶的基因突变，致使患者肝脏、肾脏等组织中糖原累积，患者易于出现低血糖并伴有肝肾肿大等症状，严重时会发生酸中毒。

Ⅱ型糖原贮积症是由于溶酶体中α-1,4-葡糖苷酶缺乏，使糖原分解代谢异常，导致糖原在溶酶体内堆积。该病一般在儿童期发病，患者因心肌无力、心脏扩大而最终死于心力衰竭。

（三）脂类代谢病

脂类代谢病是脂类代过程中有关酶的缺乏，导致其相应脂类底物累积所引起的疾病。神经节苷脂贮积病是其中比较常见的一种。

神经节苷脂贮积病（MIM 272800）也称 Tay-Sachs 病或家族性黑朦性痴呆，是由于神经节苷脂在溶酶体中堆积所致。本病呈常染色体隐性遗传，其致病基因氨基己糖苷酶 A 定位于 15q23-q24。由于该病患者溶酶体中缺乏氨基己糖苷酶 A，导致 GM2 神经节苷脂累积。患儿出生后 3～6 个月开始出现症状，最常见的表现为听觉过敏，另有表情淡漠，喂养困难，肌张力减退，惊跳反应；6 个月后逐渐出现运动功能损害，不能竖头，吞咽困难。1 岁后智力呈进行性衰退，抽搐和惊厥，四肢出现异常动作，进行性肌张力减退致全身性瘫痪。90%患儿黄斑区有樱桃红斑，进行性失明，视神经萎缩并出现进行性耳聋和头围增大，反复性肺炎发作，平均存活 25.9 个月。本病无特殊治疗方法，可通过测定羊水和羊水细胞中氨基己糖苷酶 A 活性进行产前诊断来预防此病的发生。

（四）嘌呤代谢病

参与嘌呤代谢的酶遗传性缺陷使体内的嘌呤代谢异常，导致的嘌呤代谢缺陷性疾病称为嘌呤代谢病。如莱施-奈恩综合征、核酸内切酶缺乏导致的着色性干皮病以及由于腺苷脱氨酶缺乏所致的重症联合免疫缺乏综合征等。

莱施-奈恩综合征（Lesch-Nyhan syndrome，MIM 300322）又称自毁容貌综合征。患儿 3～4 个月时，开始出现反复性呕吐，肌张力减退和运动发育迟缓。8 个月至 1 岁左右，出现舞蹈样动作。该综合征的突出表现是多数于 2～16 岁出现强迫性自残行为，智力发育不全并伴有高尿酸血症、尿酸尿、血尿、痛风、肾结石或尿路结石。患者经治疗后可活至 20 余岁，最终多死于感染和肾功能衰竭。

此病是由于次黄嘌呤鸟嘌呤磷酸核糖转移酶（HGPTR）的遗传性缺乏所致。HGPTR 的功能是催化次黄嘌呤转变为次黄嘌呤核苷酸（IMP）、鸟嘌呤转变为鸟苷酸（GMP），从而在调节体内嘌呤代谢起着重要作用。GMP 对磷酸核糖焦磷酸（PRPP）合成 1-氨基-5-磷酸核糖具有反馈抑制作用。如 HGPTR 缺乏，则 IMP 和 GMP 合成相应减少，反馈抑制作用减弱，嘌呤合成速率加快，致使患者体液中尿酸过量，代谢紊乱而致病（图 9-5）。

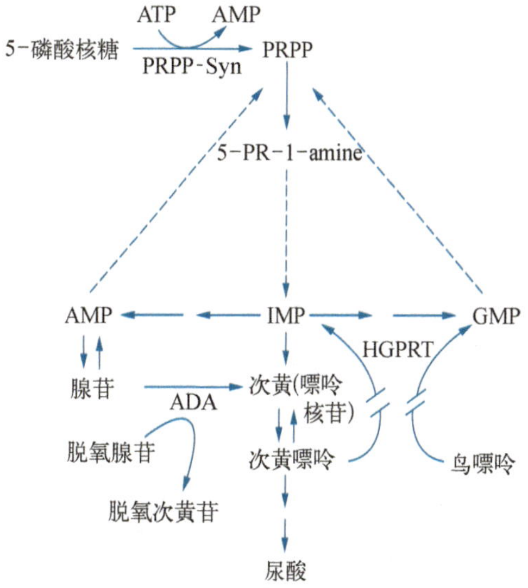

图 9-5　嘌呤的合成代谢途径

本病呈 X 连锁隐性遗传，发病率约为 1/380 000。*HGPTR* 基因定位于 Xq26 - q27，已检出 20 多种突变型。临床上可在 DNA 水平或通过羊膜穿刺吸取羊水，检测羊水细胞的酶活性做出产前诊断。

小　结

分子病是基因突变导致蛋白质分子结构或合成量的异常，引起机体功能障碍的一类疾病，包括：血红蛋白病、血浆蛋白病、结构蛋白缺陷病、受体病、膜转运蛋白病等。

血红蛋白病是由珠蛋白基因突变引起的一类疾病，包括异常血红蛋白病和珠蛋白生成障碍性贫血两大类。血浆蛋白病是由编码血浆蛋白的基因异常所致的一类疾病，其中以血友病 A 最常见。结构蛋白缺陷病由构成细胞基本结构和骨架的蛋白的遗传性缺陷所致，如胶原蛋白病、肌营养不良等。由受体基因突变导致受体缺失、减少、结构异常所引起的遗传性疾病称为受体病，典型的有家族性高胆固醇血症。由于基因突变导致细胞膜上转运系统的载体蛋白产生遗传缺陷，使一些物质难以通过细胞膜进行转运而引起的疾病称为膜转运蛋白病，常见的如胱氨酸尿症、肝豆状核变性等。

先天性代谢缺陷是由编码酶的基因突变导致人体内酶分子结构或酶活性异常引起的一类疾病，包括氨基酸代谢病、糖代谢病、脂类代谢病、嘌呤代谢病等。

（李　亚）

【复习思考题】

1. 简述异常血红蛋白产生的分子机制。
2. 简述先天性代谢缺陷病的发病机制。

第十章

群体遗传学

群体(population),又称为种群或孟德尔式群体(mendelian population),是指生活在某一地区并能够互相交配的同一物种的个体群。群体遗传学(population genetics)是研究群体的遗传组成(也称遗传结构)及其变化规律的遗传学分支学科。它应用数学和统计学方法研究群体中基因频率和基因型频率以及两者之间的关系,同时研究突变、选择、迁移、遗传漂变等因素对群体遗传组成的影响。医学群体遗传学主要探讨致病基因频率、基因型频率和相对应的表型在群体中的分布特征、变化规律及影响因素,从而了解并控制遗传病在人类群体中的发生和流行,对遗传病的监测和预防具有积极意义。

第一节　群体中的遗传平衡

一、基因频率和基因型频率

一个群体所具有的全部遗传信息称为基因库(gene pool),其实质就是指群体的遗传组成。一个个体的基因型只代表基因库的一小部分。

基因频率(gene frequency),又称等位基因频率(allele frequency),是指群体中某一基因在该基因座位上全部等位基因总数中所占的比例。

假设一个群体中某个基因座位上有两个等位基因,分别是 A 和 a,该基因位点的等位基因总数为 1 000 个,其中 A 基因 800 个,a 基因 200 个,则 A 基因的频率为 800/1 000=80%,a 基因的频率为 200/1 000=20%,等位基因 A 和 a 的频率之和等于 1。

基因型频率(genotypic frequency)是指某一基因型个体在所研究群体中所占的比率。

基因频率和基因型频率是群体遗传组成的内容和标志。基因型不能由亲代直接传递给子代,而是在配子形成过程中亲代的两个等位基因分配到不同的配子中,由配子随机结合形成子代的基因型。当我们研究群体的遗传组成时,既要考察基因频率的变化及其规律,也要考察基因型频率的变化及其规律。

在共显性和不完全显性情况下,由于表型可以反映出基因型,可依据基因型频率直接求得基因频率。

假设一个群体,个体数为 n,某个基因座位上分别有 A 和 a 两个基因。基因型 AA 的个体数为 n_1,基因型 Aa 的为 n_2,基因型 aa 的为 n_3,频率用 Frequency 的首字母缩写 F 来表示。另外,A 基因频率用 p 表示、a 基因频率用 q 表示。

则基因型频率的计算为:

$$F_{(AA)}=n_1/n,\ F_{(Aa)}=n_2/n,\ F_{(aa)}=n_3/n$$

$$F_{(AA)}+F_{(Aa)}+F_{(aa)}=1$$ …………公式①

基因频率的计算为:

$$F_{(A)}=p=A\ 基因的总数/基因总数$$

$$=(2n_1+n_2)/2n$$
$$=F_{(AA)}+F_{(Aa)}/2$$

$$F_{(a)}=q=a\text{ 基因的总数 / 基因的总数}$$
$$=(2n_3+n_2)/2n$$
$$=F_{(aa)}+F_{(Aa)}/2$$
…………公式②

如MN血型，M血型个体带有两个M基因，N血型个体带有两个N基因，MN血型个体则M与N基因在杂合体中同时表现。上海居民中，调查1 788人的MN血型，其中397人是M型(基因型为MM)，861人是MN型(基因型为MN)，530人是N型(基因型为NN)。根据公式① 和②，基因频率估算如下：

M基因频率为：$p=(397+861/2)/1\,788=0.462\,8$

N基因频率为：$q=(530+861/2)/1\,788=0.537\,2$

由此可见，很容易计算出共显性和不完全显性情况下的等位基因频率。然而，如果在等位基因有显隐性之分时，纯合显性与杂合显性个体在表型上无法区分，上述方法就不适用，但当群体达到遗传平衡时，就可运用遗传平衡定律推算出相应的基因频率。

二、遗传平衡定律

(一) 遗传平衡定律的基本内容

1908年英国数学家Hardy和德国医生Weinberg分别应用数学方法对群体遗传组成的变化进行研究，获得一致结论：在一定的条件下，群体的基因频率和基因型频率在一代一代的繁殖过程中保持不变，被称为遗传平衡定律(Hardy-Weinberg law)。遗传平衡群体必须满足的条件是：① 群体很大；② 进行随机交配而不是选择性交配；③ 没有自然选择；④ 没有突变发生；⑤ 没有大规模的迁移。

群体中基因频率和基因型频率之间需要满足Hardy-Weinberg遗传平衡数学公式③。假定一个群体，有一对等位基因A和a，基因A的频率为p，基因a的频率为q，$(p+q)^2=1$，根据数学原理，将此二项式展开，将得Hardy-Weinberg遗传平衡数学公式③：

$$p^2+2pq+q^2=1,\ p+q=1$$

其中，$F_{(AA)}=p^2$，$F_{(Aa)}=2pq$，$F_{(aa)}=q^2$。 ………公式③

(二) 遗传平衡的判定

Hardy-Weinberg遗传平衡重要的医学应用是通过疾病表型频率(基因型频率)确定等位基因频率和杂合子频率，这需要首先判断该群体是否处于Hardy-Weinberg遗传平衡。

假设一个1 000人的群体，其中纯合体AA有600人，杂合体Aa有340人，纯合体aa有60人。这是一个怎样的群体呢?

先计算基因型频率(公式①，表10-1)：

表10-1 不同基因型及基因型频率的分布

基因型	观察值	基因型频率	预期值
AA	600	0.60	592.9
Aa	340	0.34	354.2
aa	60	0.06	52.9
总计	1 000		

注：$\chi^2=1.607\quad P>0.05$

再计算基因频率(公式②)：

$$基因A的频率\ p=0.60+0.34/2=0.77$$

$$基因a的频率\ q=0.06+0.34/2=0.23$$

如果该群体是处于遗传平衡，它应当符合 Hardy-Weinberg 遗传平衡的数学公式：$p^2+2pq+q^2=1$，$F_{(AA)}=p^2$，$F_{(Aa)}=2pq$，$F_{(aa)}=q^2$。据此计算出该群体平衡的各基因型的预期值即 AA 为 592.9，Aa 为 354.2，aa 为 52.9。

用 χ^2 检验等位基因频率和基因型频率分布是否符合 Hardy-Weinberg 遗传平衡，根据 χ^2 值查 χ^2 分布表得到 P 值。当 $P>0.05$ 时，表示预期值和观察值之间的差异无统计学意义，可以认为等位基因频率和基因型频率分布符合遗传平衡；当 $P<0.05$ 时，表示预期值和观察值之间的差异有统计学意义，则认为等位基因频率和基因型频率分布不符合遗传平衡。通过以上分析可见，该 1 000 人的群体是符合遗传平衡的(表 10－1)。

一般情况下，大多数群体都是遗传平衡的群体。一个遗传不平衡的群体，只要进行随机交配，一代以后即可达到遗传平衡。

(三) 遗传平衡定律在医学中的应用

根据遗传平衡定律可计算疾病等位基因频率和杂合子频率，了解疾病基因在人类群体中分布，以对遗传病的诊断和预防进行指导。对于单基因遗传的疾病，其群体中疾病基因的频率可以通过调查所获得的疾病发病率(即表型频率)来进行计算。

1. 常染色体显性遗传病基因频率的计算　下面讨论常染色体完全显性情况下的基因频率计算。

并指症是常染色体显性遗传(AD)病，在群体中多为杂合体(Aa)发病。某个群体并指症发病率为 1/2 000，求群体中致病基因频率。在 AD 遗传中，患者绝大多数为杂合子，纯合子患者罕见，可以忽略不计，则杂合子频率近似为发病率。遗传平衡时，杂合子频率 $F_{(Aa)}=2pq$，由于显性致病基因频率(p 值)通常很低，隐性基因频率 q 近于 1，即发病率 $\approx F_{(Aa)}\approx 2p$，$p\approx 1/2F_{(Aa)}$，因此，该群体中并指症致病基因频率 $p\approx 1/2\times 1/2\,000\approx 1/4\,000$。

2. 常染色体隐性遗传病基因频率的计算　尿黑酸尿症是常染色体隐性遗传病。约 100 万儿童中有 1 个患儿，其发病率为 0.000 001。该群体中致病基因的频率是怎样的呢?

由于隐性纯合基因型 aa 个体是尿黑酸尿症患者，则隐性纯合基因型频率 $F_{(aa)}$ 即为发病率。根据遗传平衡定律，隐性纯合子频率 $F_{(aa)}=q^2$，故隐性致病基因的频率 $q=\sqrt{F(aa)}=\sqrt{0.000\,001}=0.001$，显性正常基因频率为 $p=1-q=0.999\approx 1$，杂合子频率 $F_{(Aa)}=2pq\approx 2\times 1\times 0.001=0.002$。从上述结果可见：虽然该病发病率极低，但是杂合携带者的频率却相当高，约为 0.002，相当于 1/500。

杂合子频率为 $2pq$ 近似于 $2q$，比隐性纯合子的频率(q^2)高得多。杂合子频率与隐性纯合子频率之比为 $2pq/q^2$，即杂合子频率是隐性纯合子患者频率的 $2/q$ 倍。这表明，隐性基因频率越小时，杂合子频率相对于隐性纯合子频率的倍数越高。上例尿黑酸尿症，人群中携带者频率是患者频率的 $2/0.001=2\,000$ 倍。由此可见，对于隐性遗传病，携带者的检出具有重要的临床意义，可预防遗传病或者降低遗传病发生率，尤其是诸如地中海贫血、苯丙酮尿症、糖原储积症等危害较大的遗传病。

3. X 连锁遗传病基因频率的计算　在群体中，女性的 X 连锁基因的基因频率和基因型频率的分布与常染色体遗传的分布一致；男性的则不同，因为男性只有 1 条 X 染色体，是等位基因的半合子。男性中 X 连锁基因的基因型频率等于发病率，即表型频率为发病率，也等于群体中该基因频率，所以，只要调查男性的发病率，即可直接得出基因频率。

下面讨论 X 染色体隐性遗传病基因频率。

红绿色盲属于 X 连锁隐性遗传病。X 染色体上的隐性基因 a 在女性只有纯合时才能致病，而男性只要一个隐性基因 a 即可致病。假设某群体中，男性红绿色盲的群体发病率为 0.07，求该致病基因频率。根据遗传平衡定律，致病基因频率 q＝男性红绿色盲基因型频率＝患者表型频率＝群体发病率，因此，群体致病基因频率 $q=0.07$。由此还可算出显性正常基因频率及相关基因型频率(表 10－2)。

表 10－2　X 连锁隐性遗传病基因频率和基因型频率

	女性			男性	
基因型	X^AX^A	X^AX^a	X^aX^a	X^AY	X^aY
基因型频率	p^2	$2pq$	q^2	p	q
	0.864 9	0.130 2	0.004 9	0.93	0.07

根据公式③计算，女性色盲患者的频率 $q^2=0.07^2=0.004\,9$，即女性色盲患者发病率为 0.49%，这与实际观察到的数据(0.5%)接近。女性携带者频率$=2pq=2\times0.93\times0.07=0.130\,2\approx13\%$。可见，女性发病率虽然很低，但是携带者频率却高达 13%。

另外，X 连锁显性遗传病，显性基因 A 为致病基因，女性患者有两种基因型，即 X^AX^A(其频率为 p^2)、X^AX^a(其频率为 $2pq$)，而男性患者只有一种基因型 X^AY。从表 10－3 中可以看出，男性发病率等于致病基因频率(p)。由此推算，男性发病率与女性发病率的比例为：$p/(2pq+p^2)=p/p(2q+p)=1/2((1-p)+p)=1/(2-p)$；当罕见的 XD 病致病基因频率 p 很低时，p 可以忽略不计，那么男性发病率与女性发病率的比例约为 1/2，即女性发病率为男性发病率的 2 倍。

例如，遗传性肾炎为 X 连锁显性遗传病，其中，男性发病率为 1/10 000，即致病基因频率 $p=1/10\,000=0.000\,1$，根据上面推算的公式，女性发病率$=2\times1/10\,000=2/10\,000=1/5\,000$，即女性遗传性肾炎的发病率约为 1/5 000，是男性的 2 倍。

第二节　影响群体遗传平衡的因素

遗传平衡的群体，基因型频率和基因频率不会由于繁殖行为(即随世代的繁殖)而改变，但会受到突变、选择、迁移、遗传漂变等进化压力(evolutionary forces)的影响，也会受到非随机婚配的影响，使原有的遗传平衡状态遭到破坏。下面分别讨论各因素对群体遗传平衡的影响。

一、突变

突变，是指基因突变，它是影响群体遗传平衡的重要因素。突变会改变群体的遗传组成，即改变群体的基因频率和基因型频率。基因突变是双向的，包括正向突变和回复突变。通常回复突变的频率只有正突变频率的 1/10。突变率通常很低，一般用配子中每代每 1 000 000 个基因中基因突变的次数(n)来表示，表示为 $n\times10^{-6}$/(配子・位点・代)。

假设某群体中一对等位基因 A 和 a，A 基因频率为 p，a 基因频率为 q。A→a 的突变率为 μ，a→A 的回复突变率为 ν。每一代中，A→a 的突变率为 $p\mu=(1-q)\mu$；a→A 的突变率为 $q\nu$。若$(1-q)\mu$ 大于$q\nu$，则 a 基因频率将增加；若$(1-q)\mu$ 小于 qv，则 A 基因频率将增加；若$(1-q)\mu$ 值等于 $q\nu$ 值，则群体达到遗传平衡。

群体达到遗传平衡时，$p\mu=(1-q)\mu=q\nu$，由该等式可得 $p=\nu/(\mu+\nu)$，$q=\mu/(\mu+\nu)$。可见，在没有选择作用的情况下，群体中基因频率的改变完全由 μ 和 ν 决定，即群体遗传平衡由等位基因的双向突变维持。

二、选择

选择(selection)可分为自然选择和人工选择，通常所说的选择是指自然选择。达尔文把有利的个体差异和变异的保存，以及有害变异的毁灭叫做自然选择，认为生物的变异、遗传和自然选择作用导致生物对环境适应性的改变。

群体中不同基因型的个体对环境的适合度(fitness, f)不同。适合度是指某一基因型个体在特定的环境条件下生存并生育后代的能力，其大小一般用相对生育率来衡量。

选择作用常用选择系数(selection coefficient, S)来表示，选择系数是指选择作用下降低的适合度，是选择强度即选择压(selection press)的度量,它表示某一基因型在群体中不利于生存的程度。适合度和选择系数之间的关系是:

$$S=1-f,\ f=1-S。$$

适合度和选择系数是一对相辅相成的概念。某一种基因型的个体有一定的适合度。适合度最高为 1,最低可为 0。

根据丹麦的一项调查,108 名软骨发育不全侏儒患者共生育了 27 个孩子,这些患者的 457 个正常同胞共生育了 582 个孩子。如以正常人的生育率为 1,侏儒患者的相对生育率(f)是: $f=(27/108)/(582/457)=0.20$。这表明软骨发育不全侏儒患者适合度是降低了。

用类似的方法可以计算出其他遗传病的适合度(表 10-3),可见不同的遗传病患者的适合度是不同的。

表 10-3 几种遗传病患者的适合度

遗传病	适合度
黑朦性白痴	0
视网膜母细胞瘤	0
软骨发育不全	0.2
甲型血友病	0.29
多发性神经纤维瘤	0.41(男)1.25(女)
遗传性舞蹈症	0.82(男)1.25(女)
镰状红细胞贫血症(恶性疟高发区)	0(患者)1.26(携带者)

选择与生物的适应和高度组织化等特性相关联,它对群体的遗传平衡有重要影响,是通过增加或减少个体的适合度来起作用的。生物包括人类,具有高度的个体独特性。每个个体的基因组成都控制着生物个体的生理特性和形态结构,并或多或少的影响着个体的生活力和繁殖力。选择的作用就是对突变产生的遗传变异进行整理的过程。从进化角度看,对环境适应能力强者表现为生育率高,留下的后代多;适应能力低者,生育率低,留下的后代较少。这样,群体中适应性强的基因型个体数增加,该类基因频率和基因型频率也增加;对环境适应性弱或不适应的基因型个体数减少,乃至消失,该类基因频率和基因型频率则降低,从而改变群体的遗传组成。由于环境条件总是在变化着,所以生物体的适应性是相对的,选择也就不断地使群体的遗传组成作出相应的变化,从而使群体中的个体间建立新的适应关系,也可以说群体的遗传组成从平衡状态到不平衡状态,又从不平衡的状态到平衡的状态。

群体遗传结构是处于动态平衡中的。基因突变是选择的基础,自然界中普遍存在着突变,每个基因都有一定的突变率。一定条件下一个群体的突变率明显增高,必然给群体内带来有害的表型效应,即形成突变压力(mutation pressure);另一方面,在某些环境条件下,某些表型遭受选择的作用,即形成选择压力(selection pressure)。突变压力和选择压力的双重作用直接改变群体的遗传组成。如果群体的突变与选择的作用达到平衡,其遗传结构就趋于稳定,形成遗传平衡的群体。

群体中发生基因突变是不可避免的。在群体中新的基因突变有三种可能的改变结果,即形成显性纯合个体、隐性纯合个体和杂合个体。各种基因型均有各自的适合度,有各自的选择系数。下面分别讨论环境对不同性质的基因的选择作用。

(一) 选择对显性基因的作用

对于有害显性基因,选择作用是明显的,因为当选择作用对显性基因不利时,凡带有显性基因的个体(AA 和 Aa)都要受到选择作用而被淘汰,最后该显性基因可能在群体中消失。具体说就是,一个群体,如果突变基因 A 是有害的致病基因,会引起个体死亡或者不能生育后代,即适合度为 0,那么选择是有效的,只需一代即可淘汰有害基因;如果突变基因 A 是有害但不致死而致患病个体生育力降低,那么选择作用依然存在,选择系数为 S,经每一代选择作用被淘汰的基因为 Sp。实际上,显性遗传病患者大多是杂合子,纯合子很少,可忽略不计,所以公式②可以变换为 $p=F_{(Aa)}/2$。被淘汰的显性基因必将由新的突变率(ν)来补偿,才能维持遗传平衡，即 $\nu = Sp = SF_{(Aa)}/2$。可用该公式求得该显性致病基因的突变率。

例如，在丹麦的哥本哈根市，医院所生 94 075 个孩子中，有 10 个婴儿患软骨发育不全，其发病率为=10/94 075=0.000 106 3(即为显性基因杂合子的频率)。又已知，本病患者的适合度为 0.20(则选择系数为 0.80)。代入公式求该病致病基因突变率：

$$\nu = Sp = SF_{(Aa)}/2 = 0.80 \times 0.000\,106\,3 \times 1/2 = 0.000\,042\,5 = 42.5 \times 10^{-6}/\text{代}$$

该致病基因的突变率为 42.5×10^{-6}/代。该突变基因补充了淘汰的显性基因。

(二) 选择对隐性基因的作用

与显性突变相比，选择对隐性有害突变基因的影响是有限的，由于隐性基因大多以杂合状态存在于群体中，故在选择作用下隐性基因频率降低十分缓慢。在多数情况下，有害的隐性致病基因即使是致死基因，也能以杂合状态在群体中维持很久。具体说就是，一个群体，隐性有害基因 a 只有在纯合时才面临选择，在杂合状态下，可在群体中以携带者保留许多世代而不受选择的作用。即使隐性纯合的个体的适合度为 0，即突变致死，也仅涉及少数隐性基因，还有大部分隐性基因没有纯合。因此，只有当少部分 a 基因以纯合子存在而露于选择压力之下时，选择才起作用。如果纯合隐性基因型(aa)的频率为 q^2，选择系数为 S，则每一代中将有 Sq^2 的隐性有害基因被淘汰。在一个遗传平衡的群体中，这必将由突变率 μ 来补偿，即 $\mu = Sq^2$，可用该公式求出隐性基因的突变率。

例如，苯丙酮尿症是一种常染色体隐性遗传病，在我国人群中发病率为

$$1/16\,500 = 0.000\,06$$

又已知，这种病患者的适合度 $f=0.15$，则 $S=0.85$。代入公式：

$$\mu = Sq^2 = 0.85 \times 0.000\,06 = 0.000\,051 = 51 \times 10^{-6}/\text{代}$$

即苯丙酮尿症的隐性基因突变率为 51×10^{-6}/代。

(三) 选择对X连锁基因的作用

选择如果对 X 连锁隐性基因起作用，若该隐性基因致死，则 X 染色体上带有该基因的男性和带有隐性基因纯合子的女性都将从群体中淘汰。但女性纯合子病例十分罕见，在群体中可忽略不计。女性杂合子是携带者，不表现疾病，不受选择作用，所以，隐性致病基因将通过杂合子在群体中保留。具体说就是，一个群体中，X 连锁隐性基因只有在男性才受选择的影响；女性携带者不受选择的影响。如果致病基因频率为 q，男性的发病率也将为 q，选择系数为 S，那么，每一代中将有 Sq 的隐性致病基因被淘汰。由于男女共有三个 X 染色体，且只有男性的一条 X 染色体上的隐性致病基因受选择，所以，在群体中被淘汰的隐性致病基因频率 Sq 要乘以 1/3，即每代中将有 $1/3Sq$ 的基因被淘汰。在一个遗传平衡的群体中，被淘汰的隐性致病基因也将由突变率 μ 来补偿，即 $\mu=1/3Sq$，可用该公式求 X 连锁隐性基因的突变率。

例如，甲型血友病的男性发病率为 0.000 08，适合度 $f=0.25$，则选择系数

$$S = 1 - f = 0.75$$

代入公式：

$$\mu = 1/3Sq = 1/3 \times 0.75 \times 0.000\,08 = 0.000\,02 = 20 \times 10^{-6}$$

值得注意的是，选择对杂合子的作用并不都使被选择的基因频率下降，有的杂合子可能形成正性作用，即杂合子较正常纯合子表现出适合度增加的现象，这也称为杂合子优势。如人类镰形红细胞贫血症，致病基因 β^S 频率在非洲某些地区保持了较高的频率，没有证据证明这样高的频率是由较高的基因突变造成的。事实是，在这些疟疾高发区，基因型为 $\beta^A\beta^S$ 的杂合子个体，比正常人($\beta^A\beta^A$)即正常纯合子对恶性疟疾有更强的抵抗力，表现出比正常纯合子有更强的生存能力，能生育更多的后代。其机制可能是镰状细胞不利于疟原虫寄生。

三、迁移

迁移(migration)是指具有一定基因频率的群体中一部分个体迁入基因频率不同的另一个群体并杂交定居。人类不同种族和不同民族的基因频率可能存在较大差异，迁移导致基因从一个群体扩散到另一个群体，形成群体间的基因流动，也称基因流(gene flow)。迁移将改变迁出群体和迁入群体的基因频率，两个群体的基因频率差异较大时，等位基因频率的改变也越大。

例如，欧洲和西亚的白人中，对苯硫脲(PTC)的尝味能力缺乏的味盲者(tt)频率为36%，味盲基因(t)的频率为=0.60；我国汉族人群中，PTC味盲者频率为9%，味盲基因(t)的频率为=0.03；而聚居在两者之间的我国宁夏一带的回族人群中，PTC味盲者频率为20%，味盲基因(t)的频率为≈0.45，这一群体遗传组成的不同，究其原因，可能是在唐代，欧洲人和西亚人，尤其是古代波斯人沿丝绸之路到长安进行贸易活动，以后又在宁夏附近定居，与汉族人通婚形成基因流，从而改变了后者的基因频率，使人群中出现了新的遗传平衡。

四、遗传漂变

突变、选择、迁移等因素对群体遗传平衡的影响，都是基于一个相当大的、环境条件不变的平衡的群体。在一个小的隔离群体中，不同的基因型的个体所生的后代数如果出现波动，可对群体的基因频率产生很大的影响，其结果会使某些等位基因从群体中消失，而另一些等位基因在群体中固定，从而改变遗传结构。这种由于群体较小和偶然事件造成的基因频率的随机波动现象称为遗传漂变(genetic drift)。

遗传漂变在小群体中特别有效，它可以掩盖甚至违背选择所起的作用，即使选择不利的等位基因，只要它不是致死的，也会因漂变而建立和固定；相反，有利的等位基因，在选择作用还没有充分表现出效应之前，有可能因漂变而淘汰。例如，美洲印第安人缺乏B型血型，这些印第安人的祖先是在大约两万年前从亚洲迁去的，很可能最初的群体中就不含B型等位基因，或在最初的几个世纪因随机漂变导致该等位基因从群体中消失。又如人类的ABO血型系统，在不同群体中，其基因频率存在差异。具有不同血型的人的生活力不一定都完全一样，但这种差异并没有适应上的意义。例如，Cavalli-Sforza等研究世界上不同群体中的ABO血型，在美洲印第安人中I^A频率为0.018，I^B频率为0.009，i频率为0.973；O型血者占94.6%，A型血者占3.6%，B型血者占1.8%，AB型血者为0。但在蒙大拿州的勃拉克斐特(Blakfeet)印第安人中，I^A频率高达0.5，远高于其他印第安人群体，这种遗传组成在不同地区人种中的明显的差异，这不是选择的结果，而是由于原有变异(基因I^A、I^B、i)在群体里随机遗传漂变所造成的。

由于环境的激烈变化，随机漂变使群体中的个体数急剧减少，甚至面临灭绝，但濒临灭绝的等位基因频率由于偶然发生变异，就会逃过淘汰选择而存活，这类似于群体通过了生存瓶颈(bottle neck)。当一个大群体通过瓶颈后由剩下的少数个体再扩展成原来的规模群体时，这种群体数量的消长对遗传组成就已经造成了大的影响，这种影响被称为瓶颈效应(bottle neck effect)。这是一种极端的遗传漂变作用。群体经过这种“瓶颈”的漂变作用后，所造成的等位基因频率的变动将较长时期的保留在后代群体中。

生物在湖泊、隔离的森林和其他的隔离生境中，还存在着一种极端的遗传漂变作用，即建立者效应(founder effect)，即由少数个体的基因频率决定了他们后代中基因频率的效应。在海岛上生活的许多物种的群体，他们现在可能由几十万或者几百万个个体组成，但是他们却是很久以前到来的一个或几个“入侵者”的后裔。在人类群体中的不利基因的漂变也存在奠基者效应，如卟啉症，它是一种罕见的先天代谢病，由一个显性基因引起。其表现是尿液中含有过量的卟啉。患者的皮肤见光的部分容易起水泡或磨损，当急性发病时，尤其是在使用巴比妥盐或其他一些药物后发生腹痛和其他症状。一般群体中其基因频率极低。但在南非的欧洲人群中发病率达到4/1 000。为什么在这些人中间决定卟啉症的显性基因的频率这么高呢？对南非卟啉症患者的家系进行调查之后发现，大约有200万欧洲人的现代群体，都是1686年来到好望角市结婚的一对荷兰夫妇的后裔，这对夫妇中的一人大概是卟啉症致病基因的携带者。这个显性基因就被选择而固定下来。

五、非随机婚配

按照遗传平衡的要求，在一个无限大的群体中，随机婚配才能保证群体遗传结构的相对稳定。但是，实际生活中,人们的活动范围往往受到限制,婚配也受到地域、习俗、经济状况、兴趣爱好等因素的影响,不可能是完全随机的。非随机婚配常见类型有选型婚配和近亲婚配两种。选型婚配是指某些特征(如身高、智力、种族等)相似性较高的个体间婚配,这些特征大多是受遗传控制的,其结果可导致群体中某些基因的纯合度增加,从而影响遗传平衡。近亲婚配是指有亲缘关系的人群间相互婚配的现象,近亲婚配可增加基因纯合的概率,使不利的隐性表型面临选择,从而改变后代的基因频率。近亲婚配对群体遗传平衡的影响大小与近婚系数有关(详见本章第三节)。

第三节 近亲婚配及对遗传组成的影响

人类群体的遗传平衡除了受突变、选择、迁移、遗传负荷等因素影响外,还受人类近亲婚配的影响。近亲婚配会改变群体的遗传组成。

近亲婚配对人类群体大多数情况下是一种危害,其危害性可以通过亲缘系数来评价,也可通过近婚系数和平均近婚系数来衡量。前者,在单基因病一章已做介绍,本节主要讨论近婚系数及平均近婚系数。

一、近婚系数

近亲是指 3~4 代以内有共同祖先的个体之间的关系。有近亲关系的人结婚称为近亲婚配。按照遗传平衡定律,群体需要无限大且随机婚配,才能使群体遗传组成相对稳定。但因为人们的活动范围受限,婚配也受到地域、习俗、经济状况、兴趣爱好等因素的影响不可能是完全随机的,并且存在有亲缘关系的人群间相互婚配的现象。

近亲婚配使后代可能从双亲得到来自祖先的共同的基因。不同近亲关系的双亲,其子女获得相同基因的可能性不同。我们把近亲婚配后其子女从婚配双方得到祖先同一基因、又同时将这一基因传递给他们的子女、使之成为纯合子的概率称为近婚系数(coefficient of inbreeding,F)。

婚配双方不同的近亲关系其近婚系数不同,对于一个有害基因来说,在子代中纯合的可能性就不同。尽管新婚姻法规定禁止近亲结婚,将来在人类群体中近亲结婚的现象会越来越少,但我们还是需要对其理论依据进行探讨,以了解不同近亲关系,其近婚系数是多大,又是如何计算的。

(一) 常染色体上基因的传递与近婚系数

近婚系数可以根据 S.Wright 提出并加以发展的通径分析(path analysis)方法进行计算。不同的近亲婚配的关系,近婚系数不同。

1. *同胞兄妹婚配及近婚系数* 如图 10-1,假设某同胞兄妹的父母(P_1、P_2)的某一基因座位上的等位基因分别为 A_1A_2、A_3A_4。根据孟德尔分离律,任何一个等位基因传递给子代的概率都是 1/2。P_1 分别通过了 B_1 和 B_2,将 A_1 基因传递给后代 S 并使之纯合需 4 步,所以,来自 P_1 的 A_1 基因传递到子代 S 并使之纯合形成 A_1A_1 的概率为:$(1/2)^4$。同理,S 形成 A_2A_2、A_3A_3、A_4A_4 纯合子的概率也都是:$(1/2)^4$。那么,无论是 A_1、A_2、A_3、A_4 中任何一个,只考虑 S 为纯合子的概率,应为 $4\times(1/2)^4=1/4$。因此,同胞兄妹的近婚系数 F=1/4。近婚系数为 1/4 的近亲个体我们都称之为一级亲属。换句话说,一级亲属的近婚系数为 1/4。

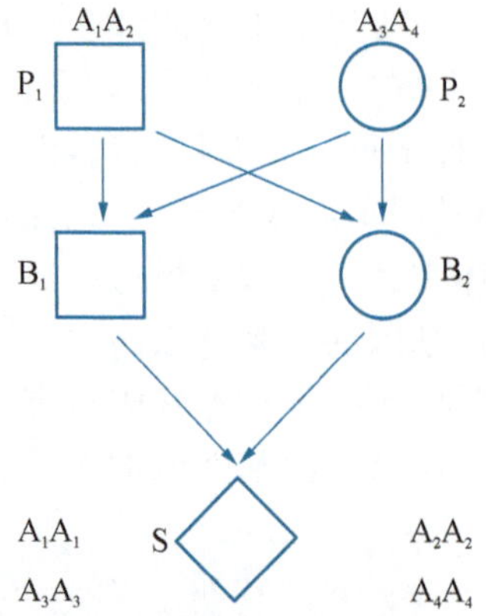

图 10-1 同胞兄妹婚配基因传递通径示意图

2. *舅甥女婚配* 如图 10-2,P_1 把基因 A_1 通过 B_1 经过 2 步传递给 S,通过 B_2 经过 3 步传递给 S。这样基因 A_1 共经过 5 步传递给 S 并使之纯合为 A_1A_1。基因 A_2、A_3、A_4 同样也需 5 步传递给 S 并使之纯合为 A_2A_2、A_3A_3、A_4A_4,其概率各为$(1/2)^5$。对于任何一个祖先基因来说,S 为纯合子的概率即近婚系数 $F=4\times(1/2)^5=1/8$。近婚系数为 1/8 的亲属为二级亲属。二级亲属包括舅甥女、姑侄、叔侄女、姨外甥。

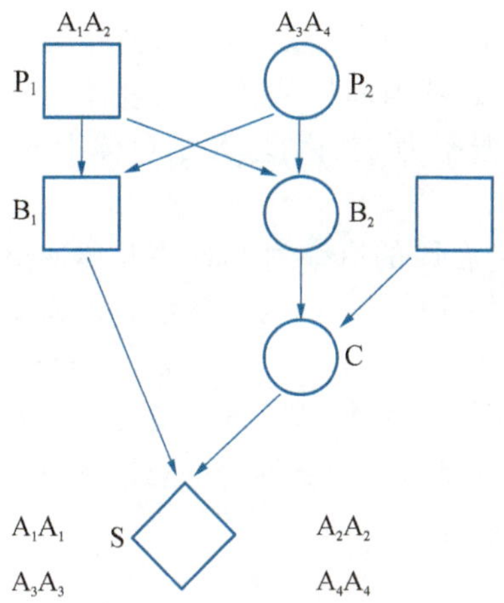

图 10-2 舅甥女婚配基因传递通径示意图

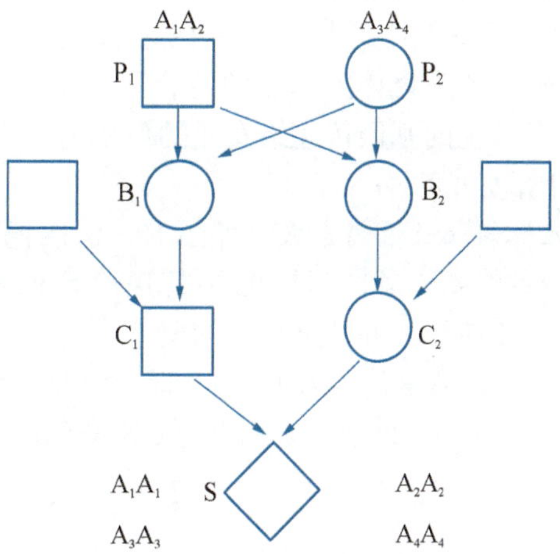

图 10-3 表兄妹婚配基因传递通径示意图

3. *表兄妹婚配及近婚系数* 如图 10-3,表兄妹共同祖先的任一基因需经 6 步传递给 S 并使之纯合,因此,表兄妹的近婚系数:

$$F=4\times(1/2)^6=1/16$$

近婚系数为 1/16 的亲属为三级亲属。表兄妹是三级亲属,包括姨表兄妹、姑表兄妹、舅表兄妹。如果表妹是表兄的姨所生称姨表兄妹,表妹是表兄的姑姑所生称姑表兄妹,表妹是表兄的舅舅所生称舅表兄妹。

4. *二级表兄妹婚配及近婚系数* 如图 10-4,与表兄妹婚配相比,二级表兄妹又称为从表兄妹,其婚配的共同祖先基因传递增加两步,即 S 成为纯合子需要 8 步,所以,二级表兄妹的近婚系数:

$$F=4\times(1/2)^8=1/64$$

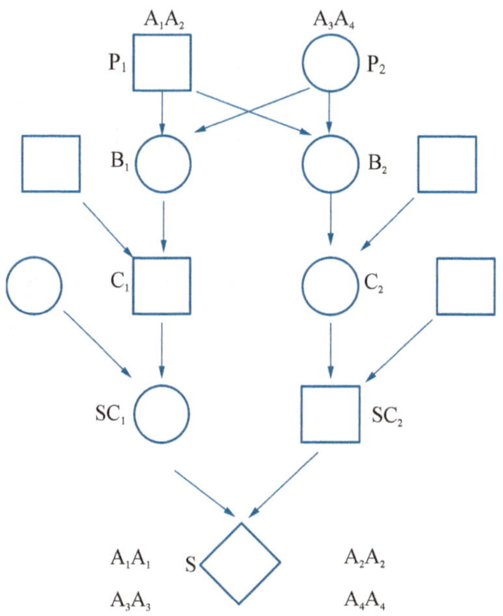

图 10-4 二级表兄妹婚配基因传递通径示意图

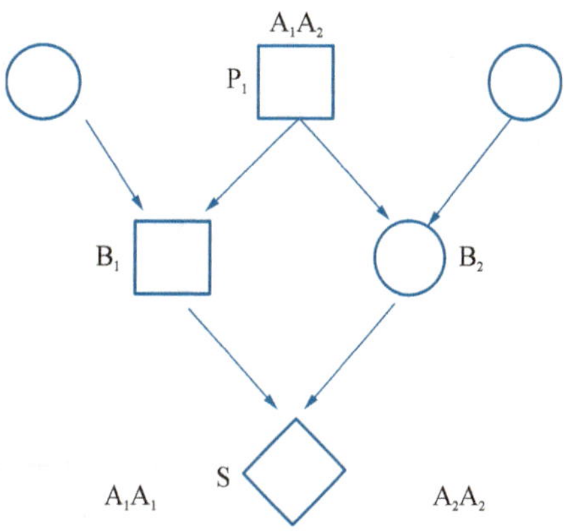

图 10-5 半同胞兄妹婚配基因传递通径示意图

5. *半同胞兄妹婚配及近婚系数* 如图 10-5,同父异母或同母异父的兄妹为半同胞兄妹。半同胞兄妹只有一个共同的祖先,一个共同的祖先只有两个基因,每个基因传递给 S 要经过 4 步,所以半同胞兄妹的近婚系数:

$$F=2\times(1/2)^4=1/8$$

(二)X 染色体上基因的传递与近婚系数

X 染色体上的基因传递中,女性有两条 X 染色体,X 染色体上的基因可以纯合;而男性只有 1 条 X 染色体,不可能形成该 X 染色体上基因的纯合子。女性 X 染色体上的基因向后代传递的规律与常染色体的相同,男性 X 染色体上的基因传递给女儿的概率为 1,传给儿子的概率为 0。因此,X 染色体上的基因传递时,近婚系数只计算女儿的。

1. 姨表兄妹婚配及近婚系数　如图 10-6,P_1 把基因 X_1 传递给 B_1 的概率为 1,B_1 将其传递给 C_1 的概率是 1/2,C_1 传递给 S 的概率又是 1;P_1 把 X_1 传递给 B_2 的概率是 1,B_2 传递给 C_2、C_2 再传递给 S 的概率均为 1/2,所以 P_1 把基因 X_1 传递给 S 并使之纯合的概率为各步的概率的乘积:$1^3\times(1/2)^3=(1/2)^3$。同理,P_2 的 X_2、X_3 向 S 传递有 6 步,其概率分别为 1 个 1 和 5 个 1/2,所以,P_2 把基因 X_2、X_3 传递给 S 并使之纯合的概率是:$1\times(1/2)^5=(1/2)^5$。因此,姨表兄妹婚配,其 X 染色体上的基因被传递给 S 使之纯合的总概率,即近婚系数:

$$F=(1/2)^3+(1/2)^5=3/16$$

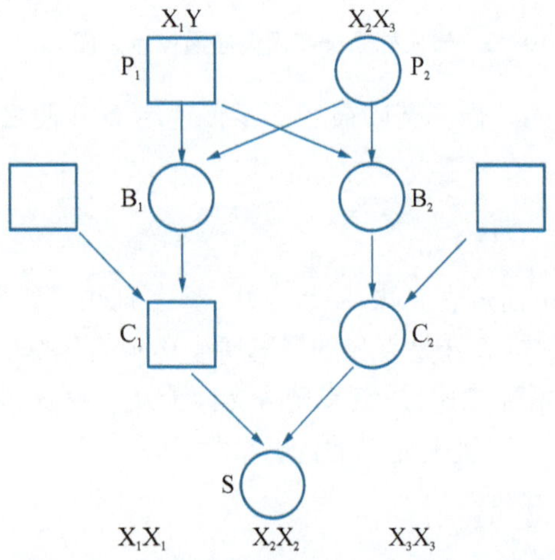

图 10-6　姨表兄妹婚配基因传递通径示意图

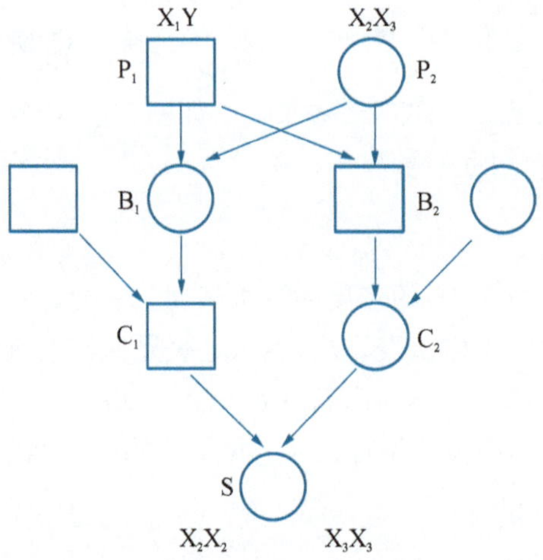

图 10-7　舅表兄妹婚配基因传递通径示意图

2. 舅表兄妹婚配及近婚系数　如图 10-7,P_1 的基因 X_1 只能通过 B_1 传递给 S,不能通过 B_2 传递给 S,所以 X_1 不能在 S 纯合;P_2 的基因 X_2、X_3 需 6 步传递给 S 并纯合,其中 2 步的概率为 1,其余 4 步的概率都是 1/2。所以舅表兄妹婚配,其 X 染色体上的基因被传递给 S 使之纯合的总概率,即近婚系数:

$$F=2\times(1/2)^4=1/8$$

3. 姑表兄妹婚配及堂表兄妹婚配及近婚系数　如图 10-8、10-9,不管是 P_1 的 X_1,还是 P_2 的 X_2、X_3,都不能在 S 纯合,所以,姑表兄妹或堂表兄妹婚配时,X 染色体上的基因被传递给 S 使之纯合的总概率为 0,即其近婚系数 $F=0$。

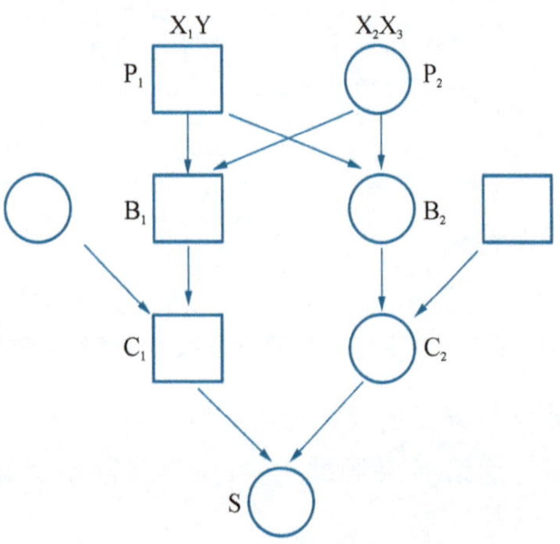

图 10-8　姑表兄妹婚配 X 染色体基因传递通径示意图

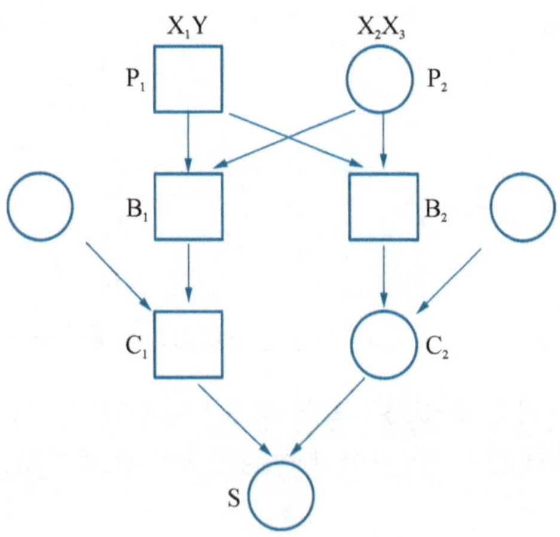

图 10-9　堂表兄妹婚配基因传递通径示意图

以上对常染色体和X染色体上的基因传递的分析表明，同是三级亲属，其常染色体上和性染色体上基因近婚系数不相同。三级亲属的常染色体上基因的近婚系数为1/16，而X染色体基因的近婚系数则不同，最大的是姨表兄妹近亲结婚，其近婚系数高达3/16。

二、近亲婚配对群体遗传组成的影响

近亲婚配将导致隐性致病基因形成纯合子的机会增多，从而导致隐性遗传病发病率增高。

评价群体的近亲婚配的程度及其危害性通常用平均近婚系数(average inbreeding coefficient，a)。

平均近婚系数可以通过以下公式计算：

$$a=\sum(MiFi)/N$$

式中，Mi 表示某种类型的近亲婚配对数，Fi 表示相应近亲婚配的近婚系数，N 表示婚配总对数。例如，调查某一人群，统计2 000例婚配，其中半同胞兄妹婚配有2例，表兄妹婚配有33例，从表兄妹婚配有24例，其余是非亲缘关系婚配，那么这一群体平均近婚系数是多少呢？根据上述公式计算：

$$a=\sum(MiFi)/N=(2\times 1/8+33\times 1/16+24\times 1/64)/2\,000=0.001$$

平均近婚系数反映了一个群体中近亲婚配的情况(近亲婚配率)和近亲婚配的危害程度。一般 a 值达到0.01时被认为近亲婚配的程度高，由此近亲婚配对群体带来的危害就大。在一些山区和某些少数民族地区，由于地理阻隔及婚配习俗的影响，近亲婚配的现象较普遍，a 值往往较高。

在做群体调查的时候，计算平均近婚系数是有必要的，它可以对群体中有害基因的近婚系数作出科学的判断，为人类群体降低遗传病的发病率提供参考。

第四节 遗传负荷

遗传负荷(genetic load or genetic burden)是指一个群体中平均每个个体携带有害基因或致死基因(lethal gene)的数量。群体的遗传负荷的存在意味着群体因有害基因或致死基因的存在而使该群体适合度降低。

根据有害基因或致死基因的来源，遗传负荷为两种，即突变负荷(mutational load)和分离负荷(segregation load)。突变负荷是指基因突变产生有害或致死基因，从而使群体适合度下降而给群体带来的遗传负荷。突变负荷的大小取决于突变率(μ)和突变基因的选择系数(S)。经突变产生的致死基因可使生物在达到成年前死亡，其基因不能传于下一代，不利于个体的生存与后代的延续。近亲婚配可使适合度较高的杂合子由于基因分离，在子代中产生适合度较低的纯合子患者，从而降低群体适合度，这样给群体带来的遗传负荷则称为分离负荷。

一、遗传负荷的估计

人类不同群体中遗传负荷不同，为了解并降低人类群体的遗传负荷提供参考依据，某些国家采用对一级亲属婚配后代AR病发病情况调查作为估计群体遗传负荷的一种方法。

具体估算方法是，假设一个人是某种AR致病基因的肯定携带者(Aa)，其同胞有1/2的可能性也是携带者(Aa)。他们婚配后子女患该AR病的风险为：$1\times 1/2\times 1/4=1/8$。由于一个人携带不止一个AR致病基因，据此推论，某个体携带 n 个致病基因，那么这个人与其同胞兄或妹婚后子女中，患AR病的风险则为：$n\times 1/2\times 1/4=n/8$。

据表10-4，一级亲属婚配所生子女AR病发病率为83/190=44%，即 $n/8=44\%$，因此 $n=3.52$；如果把严重智力低下也估计在内，则为 $n/8=65\%$，则 $n=5.2$。

表 10-4 一级亲属(同胞)婚配所生子女 AR 病的发病情况

国家	调查年代	一级亲属婚配所生子女数	严重缺陷个体数	严重智力低下个体数
美国	1967	18	6	—
英国	1967	13	8	—
捷克	1971	161(存活 138)	60	40
加拿大	1982	21	9	—
合计		190	83	
平均发病率			44%	

综上所述，在以上所调查的患 AR 病的 4 个国家人群中，一个人可能携带 4～5 个有害基因，或者更严重时(平均发病率为 65%时)，估计有有害基因 8 个。因此，美国人估计，美国人群中遗传负荷为平均每个人带有 5～8 个有害基因。日本人群为 4～5 个有害基因，我国人群为 5～6 个有害基因。值得注意的是，由于一级亲属婚配的实例较少，没有更多的资料可供研究，在比较群体遗传负荷时，要注意数据来源的时代、调查的实际例数和群体大小。

二、影响遗传负荷的因素

影响遗传负荷的因素是突变和选择、近亲婚配。

突变会产生突变负荷。显性致死突变发生后，由于选择的作用，致死基因将随突变个体的死亡而消失，所以不会增高群体的遗传负荷。相反，隐性致死突变发生后，突变基因在群体中可以杂合状态保留许多世代，所以，可以增高群体的遗传负荷。X 连锁隐性基因突变男性中与常染色体显性基因突变相同，并不增高群体的遗传负荷；女性中则与常染色体隐性基因突变类似，可以保留于杂合状态，所以，这类突变也会在一定程度上增高群体的遗传负荷。

近亲婚配会导致分离负荷，近亲婚配会使群体中隐性致病基因杂合子(Aa)相遇的概率增大，子代中产生隐性致病基因纯合子(aa)患者的概率相应增大。因此，有利的杂合体也会由于基因分离而产生不利的纯合体，从而降低群体的适合度。

小　结

群体遗传学是研究生物群体的遗传组成及其变化规律的遗传学分支学科，它应用数学和统计学方法来研究群体中基因频率和基因型频率以及两者之间的关系，同时研究突变、选择、迁移、遗传漂变等因素对群体遗传组成的影响。

群体的遗传组成或遗传结构，是指群体有一定的基因种类及频率、基因型的种类及频率。群体全部的遗传组成就是基因库。

遗传平衡定律认为如果某一个群体是随机交配的大群体，且没有选择、突变、迁移、遗传漂变等因素的影响，该群体即处于遗传平衡状态，其基因频率和基因型频率将世代保持不变，其用公式表述为：

$$(p+q)^2=p^2+2pq+q^2,\ p+q=1$$

其中，$F_{(AA)}=p^2$，$F_{(Aa)}=2pq$，$F_{(aa)}=q^2$。

人类群体遗传平衡的群体会受到突变、选择、迁移、遗传漂变和近亲婚配的影响。用近婚系数从家庭的角度来说明近亲婚配的危害性，但当评价群体近亲婚配的危害性时，则采用平均近婚系数。

群体中平均每个个体携带的有害基因或致死基因的数量称为遗传负荷，它分为突变负荷和分离负荷。基因突变会导致突变负荷，近亲婚配会导致分离负荷。

研究群体遗传学的基本原理，可帮助了解致病基因在人群中的分布及其变化规律，借以了解并控制某些遗传病在人类群体中的发生和流行，对遗传病的预防、监测具有积极意义。

（李学英）

【复习思考题】

1. 医学群体遗传学中近婚系数和平均近婚系数的意义。
2. 遗传平衡定律在医学中的应用。

第十一章

表观遗传学

经典的遗传学认为遗传物质的分子结构基础是核酸，碱基序列的改变引起生物体表现型的改变，这种改变可以从上一代传递到下一代。但是人们发现一些运用经典遗传学理论无法解释的遗传现象。例如同窝出生的纯种小鼠的毛色不同、同卵双胞胎对疾病易感性的差异等，这些差异并不是因为基因组 DNA 序列不同造成，而是由于调控基因表达的表观遗传修饰差异所致。表观遗传修饰是导致 DNA 序列一致的孪生子出现个体表型差异的主要原因。同时，表观遗传修饰异常可改变基因的表达模式，参与肿瘤、糖尿病、精神分裂症等许多复杂性疾病的发生和发展。近年来表观遗传成为生物遗传研究热点之一，推动了遗传学新的发展。

第一节　表观遗传的概念及其特点

表观遗传学（epigenetics）是研究表观遗传现象，即从基因型演绎为表型的过程和机制的一门遗传学分支学科。它与经典遗传学的不同在于，经典遗传学主要研究基因组 DNA 核酸序列改变所导致的基因表达的变化；表观遗传学重点研究包括 DNA 甲基化、组蛋白修饰、染色质结构和非编码 RNA 等对基因表达的调控作用及对表型的影响。

由此可见，生物个体的基因组含有两类遗传信息，一类是传统意义上的遗传信息，又称遗传密码信息，提供合成生命必需的各种 RNA 和蛋白质的蓝图；另一类是调控基因表达的时空模式及程度的表观遗传信息，即提供何时、何地、以何种方式去应用遗传密码信息。只有二者彼此协同，生命活动过程才能有序地正常进行，否则就会出现异常。经典遗传和表观遗传系统既相互区别、彼此影响，又相辅相成，共同确保细胞分化与功能，以及个体发育的正常进行。

表观遗传（epigenetic inheritance）中 DNA 序列不发生改变而基因表达和调控发生了可遗传的变化，并通过细胞分裂来传递这种非 DNA 序列遗传信息，故其主要特点为：① 可遗传性，这类改变通过有丝分裂或减数分裂，能在细胞或个体世代间传递。② 基因表达的改变。③ 没有 DNA 序列的改变或不能用 DNA 序列变化来解释。④ 许多表观遗传的改变是可逆的，这为表观遗传异常引起的疾病的治疗提供了乐观的前景。

第二节　表观遗传修饰的机制

一、DNA 甲基化

DNA 甲基化（DNA methylation）是研究得最清楚、也是最重要的表观遗传修饰形式，能够在 DNA 序列不改变的情况下调节基因的表达，影响基因的功能，在生命活动中起着重要的作用。

(一) DNA 甲基化的位点

DNA 甲基化是在 DNA 甲基转移酶(DNA methyltransferase, DNMT)的催化下,以 S-腺苷甲硫氨酸(S-adenosylmethionine,SAM)为甲基供体,将甲基转移到 DNA 分子上特定碱基的过程。最常见的是在胞嘧啶第 5 位碳原子上和甲基间进行共价结合,胞嘧啶由此被修饰为 5-甲基胞嘧啶(5-methylcytosine,5mC)(图 11-1)。

哺乳动物基因组中 5mC 占胞嘧啶总量的 2%~7%,约 70%的 5mC 存在于 CpG 二连核苷。CpG 二联核苷常常以成簇串联的形式排列在结构基因的调控区域,像这样位于结构基因 5′端附近,富含 CpG 二联核苷的区段称为 CpG 岛(CpG island)。CpG 岛的大小为 500~1 000 bp,约 56%的编码基因含有该结构。CpG 岛通常分布在基因的启动子区域。一般情况下,启动子区域的 CpG 岛处于低甲基化(hypomethylation)状态,其低甲基化状态对相关基因的转录是必需的。如果当一个基因的启动子序列中 CpG 岛高甲基化(hypermethylation)以后,尽管基因序列没有发生改变,但基因转录受到抑制,不能发挥生物学功能,从而导致生物表型的改变。

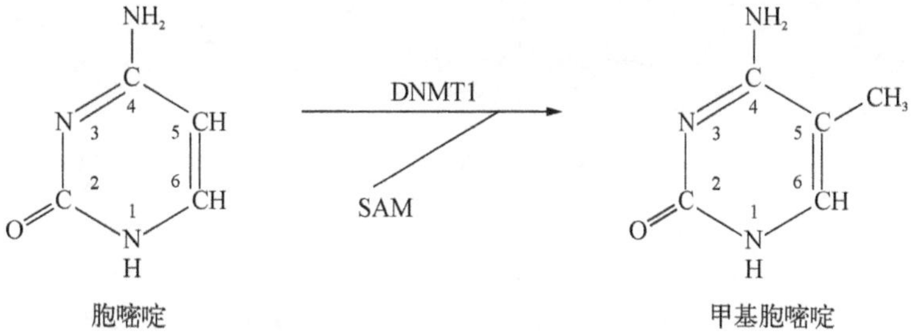

图 11-1 DNA 甲基转移酶修饰胞嘧啶转变成 5-甲基胞嘧啶

(二) DNA 甲基化及去甲基化

哺乳动物体内有两种类型的 DNA 甲基转移酶:第一种是维持性 DNA 甲基转移酶——DNMT1 和 DNMT2,主要参与复制后的半甲基化,即 DNA 分子中未甲基化的一条子链甲基化,维持子链和母链有完全相同的甲基化形式,这就构成了表观遗传学信息在细胞和个体间世代传递的机制。第二类是从头甲基转移酶,DNMT3a 和 DNMT3b,负责无甲基化 DNA 双链上进行甲基化和发育需要的重新 DNA 甲基化,同时还参与异常甲基化的形成。DNMT 将 S-腺苷甲硫氨酸上的甲基转移至胞嘧啶的第 5 位碳原子。当一个甲基化的 DNA 序列复制时,新合成的 DNA 双链呈半甲基化(hemimethylated)状态,即只有母链有完整的甲基化标记,另一条链通过 DNMT 的催化在母链 5-mC 对称的位置上使相应的胞嘧啶甲基化。

DNA 去甲基化有两种方式:① DNA 被动去甲基化:某些核因子与 DNMTs 结合后可以阻止 DNMTs 与 DNA 的结合。当 DNMTs 的活性被抑制或浓度过低时,无法维持原有的甲基化状态,使 DNA 甲基化程度降低。② DNA 主动去甲基化:其过程比较复杂,目前提出以下比较认可的方式:哺乳动物中存在一种 DNA 双加氧酶——TET 蛋白(ten-eleven-translocation),可以将 5-甲基胞嘧啶氧化成 5-羟甲基胞嘧啶(5-hydromethylcytosine, 5hmC)。5hmC 经双加氧酶 TET 的连续氧化作用转变成 5-羧基胞嘧啶(5-carboxylcytosine, 5caC),进一步通过 TDG(thymine DNA glycosylase)特异性地切除 5caC,经碱基剪切修复(base excision repair, BER)途径转变成未甲基化的胞嘧啶(图 11-2)。

基因的甲基化状态有三种:① 持续的低甲基化状态,如管家基因等。② 诱导的低甲基化状态,如处于发育阶段中的一些基因。③ 高度甲基化状态,如雌性动物细胞的一条失活的 X 染色体。在细胞分化过程中,基因的甲基化状态可通过有丝分裂遗传给后代细胞。但在哺乳动物的生殖细胞发育时期和植入前胚胎期,其基因组范围内的甲基化模式通过大规模的去甲基化和接下来的再甲基化过程发生重编程,从而产生具有发育潜能的细胞。

(三) DNA 甲基化抑制基因转录的机制

尽管 DNA 甲基化能抑制基因转录这一观点早已为人所知,但其精确的机制还不完全清楚。可能的机制主要有以下三种:① DNA 甲基化直接干扰特异转录因子与各自启动子识别位置的结合(图 11-3)。DNA 的大沟是许多蛋白因子与 DNA 结合的部位,胞嘧啶的甲基化干扰转录因子与 DNA 的结合。几种转录因子(如 AP2、c-Myc/Myn、CREB、E2F 和 NF-κB)能识别含 CpG 残基的序列,当 CpG 残基上的 C 被甲基化后,结合作用即被抑制。② 转录抑制复合物干扰基因转录。序列特异性的甲基

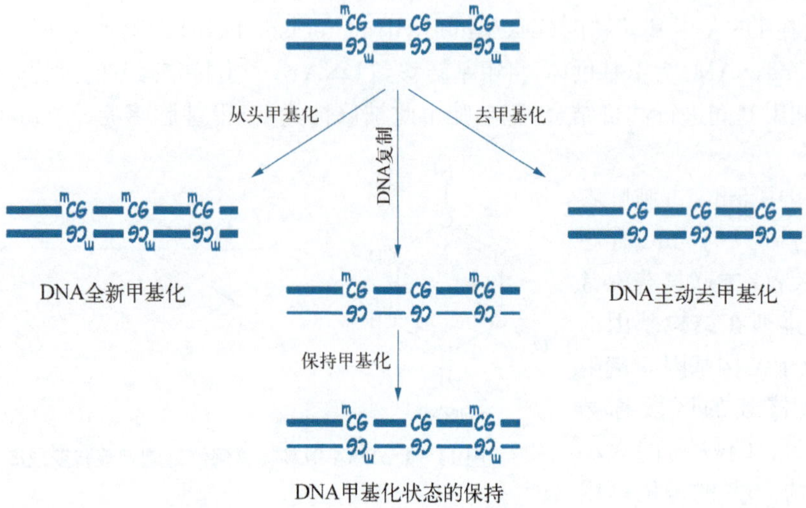

图 11-2 DNA 甲基化酶及去甲基化酶修饰

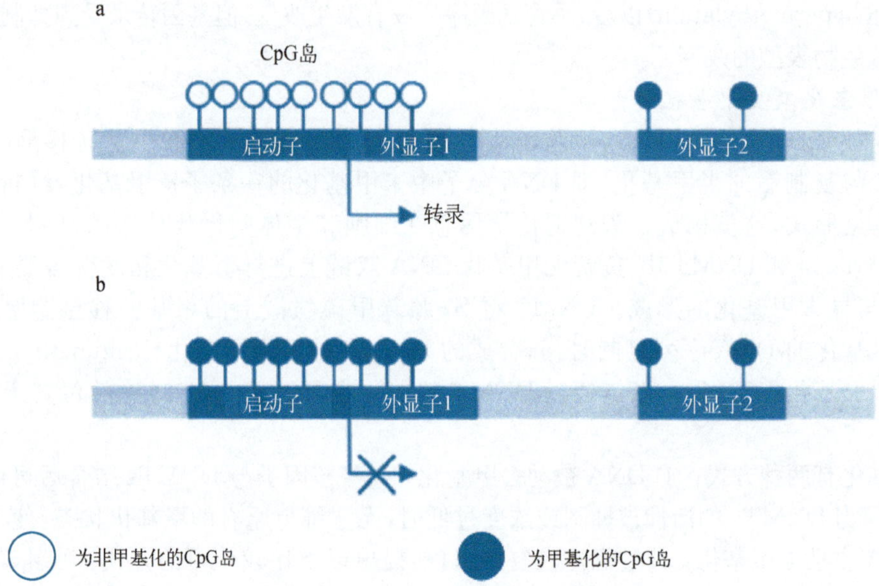

图 11-3 启动子甲基化抑制基因转录

化 DNA 结合蛋白如甲基化 CpG 结合蛋白 1 和 2(methyl CpG binding protein 1，MeCP1 和 MeCP2)及甲基化 DNA 结合蛋白结构 MBDs(methylated DNA－binding protein domains)等，与启动子区甲基化 CpG 岛结合后，募集组蛋白去乙酰化酶(histone deacetylase， HDAC)，形成转录抑制复合物，阻止转录因子与启动子区靶序列的结合，从而影响基因的转录。③ DNA 甲基化能改变染色质结构，抑制基因表达。染色质构型的变化伴随着组蛋白的乙酰化和去乙酰化，以调控基因转录的“开”和“关”。总之，DNA 甲基化与组蛋白修饰、染色质重塑共同作用，导致转录抑制，其中涉及很多蛋白分子的相互作用，很多细节仍有待于深入研究。

CpG 岛上每个 CpG 位点在抑制基因转录上的作用并不完全相同。如 MT3 基因的 CpG 岛，不论该基因表达与否，位于启动子区的 CpG 位点总是处于低甲基化状态，只有其第一内含子中的 CpG 位点甲基化才能导致该基因的转录失活。大多数 CpG 岛都存在这种现象，这些与基因转录活性密切相关的关键性 CpG 位点往往位于一系列重要转录因子或阻抑子的结合部位，当这些 CpG 位点处于甲基化状态时能完全阻断基因的转录。

二、组蛋白修饰

在真核生物中，核小体是构成染色质的基本结构单位，由 DNA 和组蛋白构成。组蛋白分子分为 H1、H2A、H2B、H3 和 H4 等 5 种。核心组蛋白由 H2A、H2B、H3 和 H4 各两分子形成组蛋白八聚体，与其上缠绕的 146 bp DNA 构成核小体的核心颗粒，核小体的核心颗粒之间再由组蛋白 H1 和约 60 bp DNA 连接形成串珠样结构。组蛋白富含有带正电荷的精氨酸和赖氨酸，可以与带有负电荷的 DNA 分子紧密结合。每个核心组蛋白由一个球形结构域和暴露在核小体表面的 N 端尾巴组成，其 N 端氨基末端会发生多种共价修饰。包括磷酸化、乙酰化、甲基化和泛素化等（图 11－4）。组蛋白翻译完成后，其氨基末端发生的这些修饰方式共同构成了“组蛋白密码”（histone code），即在一个或多个组蛋白氨基末端的多种修饰状态，可以互相联合或依次地被特定蛋白或其他复合体等识别、结合，为发动或阻遏基因转录的染色质相关蛋白提供结合位点。所有这些组蛋白密码组合变化非常多，因此组蛋白共价修饰是一种非常精细的基因表达调节方式。

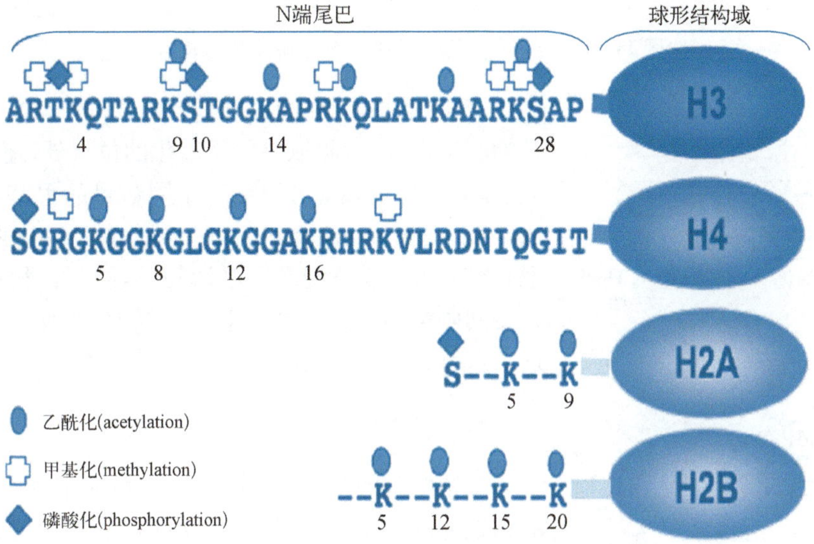

图 11－4　组蛋白 N 端尾巴的修饰

在组蛋白的修饰中，研究最多的是乙酰化。染色体组蛋白的乙酰化修饰与活跃的基因表达密切相关。而相应基因调节区的乙酰化程度不足通常引起基因沉默。组蛋白乙酰化/去乙酰化修饰是基因转录调控的主要机制之一。而这种修饰作用分别由组蛋白乙酰转移酶（histone acetyltransferase，HAT）和组蛋白去乙酰化酶（HDAC）调控，所以 HAT/HDAC 间接调节基因的转录和沉默。

组蛋白乙酰化修饰大多在组蛋白 H3 赖氨酸的 9、14、18、23 和 H4 赖氨酸的 5、8、12、16 等位点。组蛋白乙酰化是可逆的动态过程，组蛋白乙酰基转移酶将乙酰辅酶 A 乙酰基部分转移到核心组蛋白氨基末端特定赖氨酸残基的氨基基团上，氨基上的正电荷被消除，这时 DNA 分子本身所带的负电荷有利于 DNA 构象的展开，核小体的结构变得松弛。这种松弛的结构促进了转录因子和协同转录因子与 DNA 分子的接触，因此组蛋白乙酰化可以激活特定基因的转录过程。组蛋白去乙酰化酶则移去组蛋白赖氨酸残基上的乙酰基，恢复组蛋白的正电性，带正电荷的赖氨酸残基与 DNA 分子的电性相反，增加了 DNA 与组蛋白之间的吸引力，使启动子不易接近转录调控元件，从而抑制转录（图 11－5）。但是组蛋白乙酰基转移酶和去乙酰化酶只能有选择地影响一部分基因的转录。

组蛋白甲基化是表观遗传修饰方式的另一种方式，通常发生在 H3 和 H4 组蛋白 N 端精氨酸或者赖氨酸残基上的甲基化，由组蛋白甲基转移酶（histone methytransferases，HMT）催化，该酶可分为组蛋白赖氨酸甲基转移酶（HKMT）、组蛋白精氨酸甲基转移酶（HRMT）两个家族。组蛋白的甲基化位点多位于组蛋白 H3N 端尾巴赖氨酸残基上，其中 H3K4、H3K36 的甲基化可以激活基因转录，而 H3K9、H3K27、H3K79、

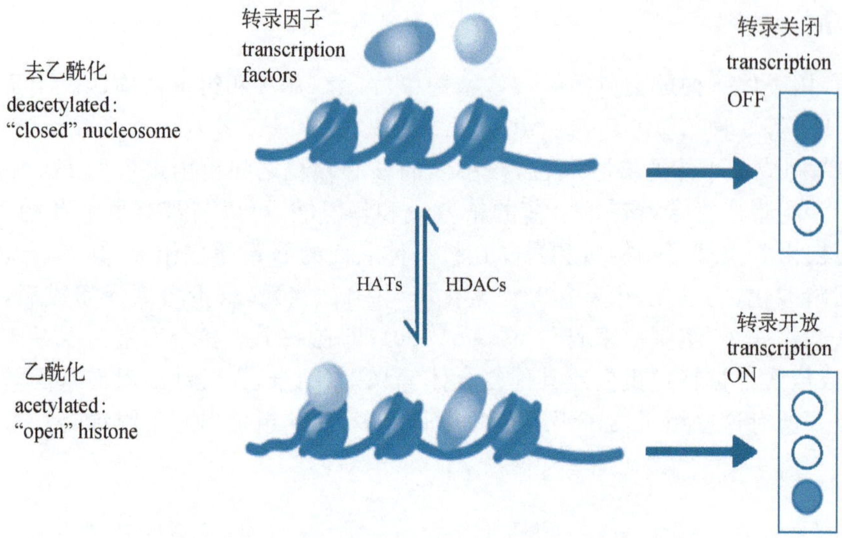

图 11-5 组蛋白乙酰化及去乙酰化调控基因表达

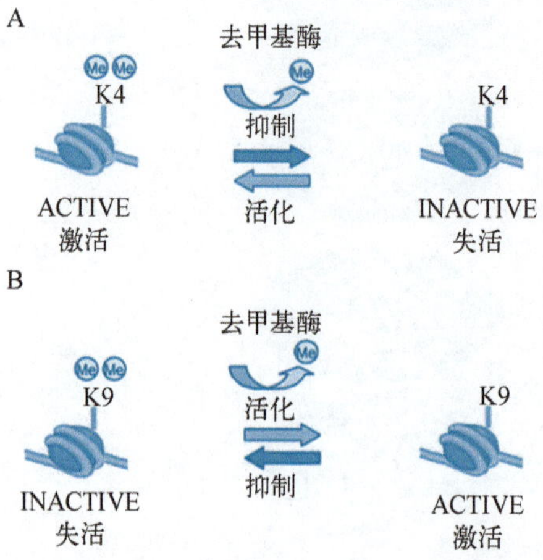

图 11-6 H3K4、H3K9 甲基化与基因表达

H3K20 的甲基化则抑制基因转录(图 11-6)。促进基因表达,还是抑制基因表达,除取决于甲基化的位点外,还与甲基化的程度相关,即某一特定残基可以结合不同数目的甲基,赖氨酸残基的单、双、三甲基化(met1、met2、met3)是基因表达调控较为稳定的标记。精氨酸甲基化与基因激活相关,组蛋白精氨酸甲基转移酶作为协同刺激因子被募集到目的基因的启动子区从而促进基因表达,若精氨酸的甲基化丢失则与基因沉默相关。

三、染色质重塑

真核细胞的基因组 DNA 以染色质形式存在,染色质构型局部和整体的动态改变,是基因功能调控的关键因素。染色质的结构和组成直接影响转录因子与基因启动子的结合,并最终导致基因的活化或沉默。染色质紧密的结构限制了转录因子对 DNA 的接近与结合,从而抑制了真核细胞基因的转录过程。基因活化和转录需要染色质发生一系列重要的变化,如染色质去凝集,核小体变成开放式的疏松结构,使转录因子等更易接近并结合核小体 DNA。

染色质重塑(chromatin remodeling)指染色质位置、结构的变化,主要包括紧缩的染色质在核小体连接处发生松动造成染色质的解压缩,从而暴露了基因转录启动子区的顺式作用元件,为反式作用因子的结合提供了可能。

染色质重塑过程由染色质重塑复合物介导的核小体变化为基本特征。目前已知有两类高度保守的染色质重塑复合物,一类是 ATP 依赖的染色质重塑复合物(ATP - dependent chromatin remodeling complex),具有类似 DNA 移位酶作用,即在 DNA 双链未解开的情况下可以使核小体沿着 DNA 滑动。在此过程中重塑复合物识别并结合到特定的组蛋白和 DNA 上,引起组蛋白八聚体表面与 DNA 的分离,通过 ATP 水解所释放的能量驱动核小体在 DNA 上滑动,改变组蛋白八聚体与 DNA 之间的相互作用,从而导致 DNA 在核小体表面相对位置的改变(图 11-7)。这将有利于细胞中的其他蛋白结合核小体 DNA,特别是那些涉及基因表达、DNA 复制和修复的蛋白质分子,从而使新形成的无核小体的区域稳定。另一类是对组蛋白进行共价修饰的组蛋白修饰酶复合物(Histone-modifying complex),通过组蛋白修饰酶的作用,使组蛋白 N 端发生包括乙酰化、磷酸化、甲基化和泛素化等共价化学修饰,尤其是对组蛋白 H3 和 H4 的修饰。

组蛋白修饰可能通过两种方式影响染色质构象:一是影响组蛋白的电荷从而影响染色质的结构,如组蛋白乙酰化和磷酸化能有效减少组蛋白的正电荷，可能破坏组蛋白与 DNA 之间的电荷平衡；二是影响组蛋白本身蛋白之间相互结合的功能，如许多染色质结合蛋白通过识别组蛋白共价修饰被招募调节染色质结构，参与了 DNA 的复制、损伤修复和转录等过程。另外，组蛋白修饰和 DNA 甲基化相互作用共同影响染色质的结构而调控基因表达(图 11-8)。

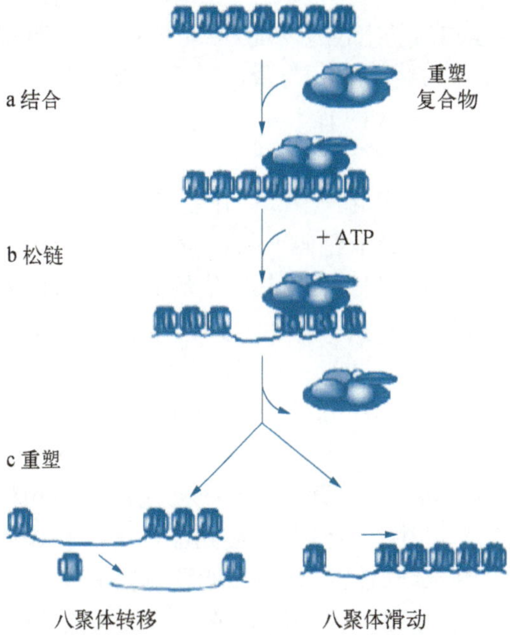

图 11-7　ATP 依赖的染色质重塑机制

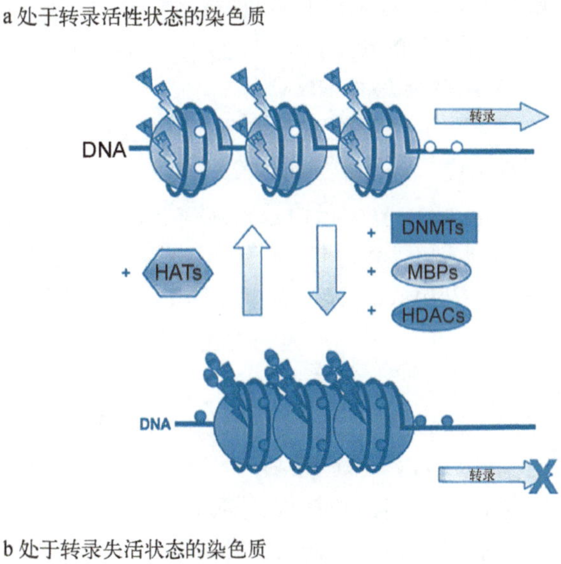

图 11-8　DNA 甲基化和组蛋白修饰调节染色质结构状态对基因转录的调控

四、非编码 RNA 的调控

人类基因组中约有 93%的 DNA 序列能转录生成 RNA，然而只有约 2%的 DNA 序列最终编码生成蛋白质。尽管人类基因组的核苷酸总量是线虫的 30 倍，但蛋白质编码序列的数量与线虫相当，表明基因组中的非编码序列对高等真核生物基因表达及调控的复杂性和完善性极为重要。高等生物体内具有调控作用的非编码 RNA(non-coding RNA，ncRNA)分子种类繁多，主要包括长度大于 200 个核苷酸的长链非编码 RNA(long non-coding RNA，lncRNA)和少于 200 个核苷酸的短链非编码 RNA；后者又分为微小 RNA(mircoRNA，miRNA)、内源性小干扰 RNA(endogenous small interfering RNA，endo-siRNA)、PIWI 相互作用 RNA(PIWI-interacting RNA)等。近年来大量研究表明非编码 RNA 在表观遗传中扮演了重要的角色，能在基因组水平及染色质水平对基因表达进行调控，决定细胞的分化及命运。

(一) 长链非编码 RNA

LncRNA 是一类转录本长度超过 200 nt 的 RNA 分子，位于细胞核内或胞质内，在真核细胞内由 RNA 聚合酶Ⅱ转录生成，但不具备完整的开放阅读框，因此并不具有或很少具有蛋白编码功能。根据 lncRNA 与 mRNA 的位置关系通常分为 5 类：即正义、反义、双向、基因内及基因间 lncRNA。真核生物 lncRNA 的表达具有明显的时空特异性，有些仅在特定的组织中被优先转录，有的在进化上具有一定的保守性，参与生物体的发育、分化等基本生命过程。

研究证实，lncRNA 能在表观遗传、转录及转录后等多种层面上调控基因的表达水平。并且，lncRNA 参与了 X 染色体失活，基因组印记以及染色质修饰、核内运输、原癌基因活化等多种重要的生物学事件。其作用机制复杂多样，尚未被完全阐明。目前认识到的主要包括以下几方面：① 表观遗传水平，lncRNA 可以招募染色质或 DNA 修饰蛋白，调控染色质结构，改变染色质开放状态，进而影响基因的表达水平，这是目前已知 lncRNA 最常见的作用方式。② 转录水平，lncRNA 可以通过结构与序列互补的方式与蛋白及 DNA 结合,介导蛋白与DNA的相互作用。主要是通过结合转录因子至靶基因转录调控区的方式进行。③ 转录后水平,lncRNA可以在转录后水平对mRNA的水平进行调控,包括pre-mRNA的剪切,编辑,转运,翻译及降解等过程。④ 调控miRNA,lncRNA也可象mRNA一样,与miRNA相互结合,从而调控miRNA的表达量,抑制miRNA对相应mRNA的降解作用。lncRNA的这种作用方式也被称为内源性竞争性RNA(competitive endogenous RNA)。⑤ lncRNA通过与蛋白编码基因的转录本形成互补双链,进一步在Dicer酶作用下产生内源性的siRNA,调控基因的表达水平。⑥ 改变蛋白质的定位及功能。LncRNA通过与特定蛋白质结合,改变该蛋白的胞质定位,调节相应蛋白的活性。⑦ 作为结构组分与蛋白质形成核酸蛋白质复合体,参与RNA的转运、加工。⑧ 作为小分子RNA,如miRNA、piRNA的前体分子转录。

(二) 短链非编码RNA

1993年,Lee等在线虫体内发现了短链非编码RNA家族的第一个成员——lin4,开启了非编码RNA研究的全新时代。短链非编码RNA的转录本序列都不超过40 nt。在短链非编码RNA的生成和功能行使过程中,Argonaute(Ago)蛋白家族具有举足轻重的作用。依据转录本的序列长度及其所依赖的Ago蛋白家族成员的不同,人们将短链非编码RNA分为三类:miRNAs(miRNAs,约22 nt)、siRNA,约21 nt,Piwi-interacting RNAs(piRNAs,24~31 nt)。这些短链非编码RNA的生成、功能,及其调控作用机制各不相同。

1. miRNA　miRNA是一类由内源基因编码,长约22 nt的单链RNA分子。miRNA的生成过程大致可以分成三个阶段:首先,在RNA聚合酶Ⅱ的作用下,miRNA基因被转录成pri-miRNA,pri-miRNA经过剪切之后,形成具有小发卡结构的pre-miRNA。随后,pre-miRNA被RNA酶Ⅲ-Dicer切割成22 bp左右的双链RNA(dsRNA)。最后,dsRNA与Ago家族的蛋白质结合,其中一条链是行使功能的miRNA,其互补链则被进一步切割和释放,成熟的miRNA最终形成并行使相应的功能。miRNA调控基因表达主要发生在转录后水平。成熟的miRNA可以通过碱基互补配对的方式,与靶基因mRNA的3′非编码区域(3′-UTR)结合,进而抑制mRNA的翻译或直接降解mRNA,最终发挥抑制基因表达的作用。生物信息学预测发现,每个miRNA都有众多的靶基因,而每个基因的mRNA又有可能受到多个miRNA的调控,由此构成了复杂的调控网络。目前发现在哺乳动物基因组中,30%以上基因的mRNA都受到miRNA的调节。

2. siRNA　siRNA也是一类由Dicer酶作用而产生的短链非编码双链RNA,其长度是三类小分子RNA中最短的,全长仅为21 bp左右。双链siRNA的每条链的5′端都含有游离的磷酸基团,3′端则含有羟基。当在细胞中导入外源基因的siRNA后,便会引起靶基因的表达沉默,这一现象被称为RNA干扰(RNA interference, RNAi)。目前,利用siRNA来沉默目标基因的表达,已经成为基因操作中非常有用的方法之一。siRNA可能的作用机制是:双链RNA被Dicer酶切割成成熟的siRNA,并与RNA诱导的基因沉默复合物(RNA-induced silencing complex, RISC)结合。在ATP参与下,RISC内的siRNA解链成单链,引导RISC寻找互补的mRNA,在内切酶的作用下使mRNA降解,起到特异的抑制基因表达的效果。当mRNA表达量异常时,RNA依赖的RNA聚合酶(RNA-dependent RNA polymerase,RdRP)首先识别异常表达的单链mRNA,然后以其为模板合成双链RNA,并最终加工成siRNA。RdRP还能以siRNA为引物以目标mRNA为模板,大量合成新的siRNA以快速降解目标mRNA。

3. piRNA　piRNA的名称来源于它与Piwi蛋白的密切联系。Piwi是Ago蛋白的一个成员,具有类似RNaseH的结构区域和切割活性。piRNA是一类转录本长度为24~31 nt的单链RNA分子,比miRNA要长。piRNA在抑制可移动的基因扩增和移位,以及维持细胞基因组稳定性方面发挥着重要的作用。一方面,piRNA可以通过与转座子等编码的RNA相互配对,导致靶标RNA的降解,抑制转座;另一方面,piRNA与DNA甲基化酶(DNMT3L)等蛋白质相互协作,共同作用于目标基因的上游调控区域,导致甲基化的发生,进而抑制基因的表达和活性。

迄今,人们已经发现了成千上万种的短链非编码RNA,而且新发现的种类越来越多。目前,判断一种新的短链RNA是否为具有调控作用的小分子RNA主要有两种方法,其一是从进化的角度分析,其二是从功能上进行确认。小分子RNA对细胞和生物体具有非常重要的调节功能,因此,同一种小分子RNA在不同物种间定然存在着一定的保守性和同源性。倘若某种短链RNA在一个物种及其进化上相近的物种间具有高度的序列保守性，则可以推测这种短链 RNA 有可能为具有调控作用的小分子 RNA。同时，更重要的验证方法则是对其功能的检验，不仅需要正向解释其功能，而且需要通过突变分析进行反向验证。

第三节　表观遗传现象

一、基因组印记

来自父方和母方的等位基因在通过精子和卵子传递给子代时发生了某种修饰，这种作用使其后代仅表达父源或母源等位基因的一种，这种现象称为基因组印记(genomic imprinting)。根据孟德尔遗传定律，来自父母双亲的位于同源染色体上的等位基因应进行同等表达，而基因组印记现象显然不符合孟德尔式遗传，正反交的结果不一致。例如，小鼠 *Igf -2* 基因编码小鼠胰岛素样生长因子 2，对小鼠的正常发育是必需的。*Igf -2* 基因突变(*Igf -2m*)导致小鼠矮小。由小鼠 *Igf -2* 基因正反交实验可以看出(图 11 - 9)，小鼠 *Igf -2* 基因总是母本来源的等位基因表达受到抑制，而父本来源的等位基因正常表达。

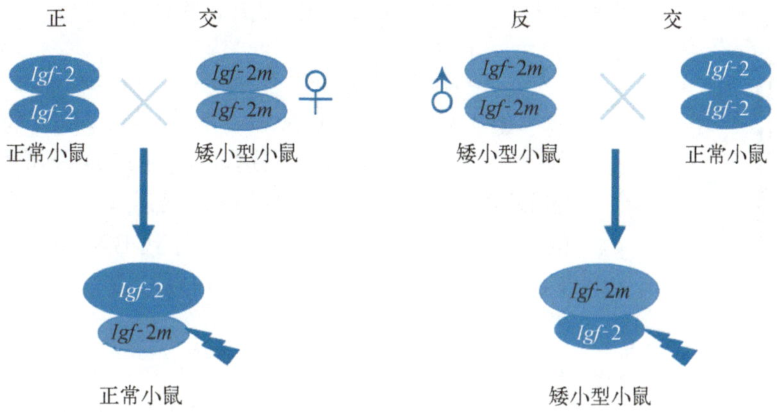

图 11 - 9　小鼠 *Igf -2* 基因正反交实验

基因组印记有如下特点：① 基因组印记遍布基因组，例如在人基因组中有 100 多个印记基因(imprinted genes)，成簇时形成染色体印记区，连锁时会有不同的印记效应。② 基因组印记的内含子小，雄性印记基因重组频率高于雌性印记基因。③ 印记基因的组织特异性表达，例如小鼠中 *Ins1*、*Ins2* 是等位印记基因，在卵黄中 *Ins1* 单等位基因表达，在胰腺中 *Ins1*、*Ins2* 同时表达。④ 基因组印记在世代中可以逆转，个体产生配子时上代印记消除，打上自身印记。

基因组印记主要与 DNA 差异性甲基化、染色质结构变化、DNA 复制时机的变化和非编码 RNA 的调节作用有关。基因组上存在的差异性甲基化区域(differential-methylated regions, DMRs)在不同亲本来源的同源染色体上具有不同的甲基化水平，是印记基因体现其亲源差异表达的重要条件，因而又被称为印记调控区域(imprinting control region, ICR)。

基因组印记异常会导致疾病的发生。例如，贝-维综合征(Beckwith-Wiedemann syndrome, BWS)是一种过度生长综合征(over-growth syndrome)，主要症状为肥胖、巨大舌和先天性脐疝等，并伴有儿童期肿瘤易患倾向。BWS 综合征的致病机制较为复杂，主要与染色体 11p15.5 区段多个印记基因的遗传学和表观遗传学异常有关。该区段具有差异性甲基化区域，其中 DMR1 调控印记基因 *Igf -2* 和 *H19* 的表达；而 DMR2 调控印记基因 *CDKN1C*, *KCNQ1OT1* 和 *KCNQ1* 的表达。约有 80%的 BWS 患者是由上述两个 DMR 的异常甲基化造成的。以 DMR1 为例，*Igf -2* 基因和 *H19* 基因分别位于 DMR 两侧，并受下游一个增强子的调控(图 11 - 10)。在母源染色体上，DMR1 是非甲基化的，它通过与锌指蛋白 CTCF 结合，阻断了下游增强子对 *Igf -2* 的调控。因此该增强子只活化 *H19* 的转录。而在父源染色体上，甲基化的 DMR1 不能与

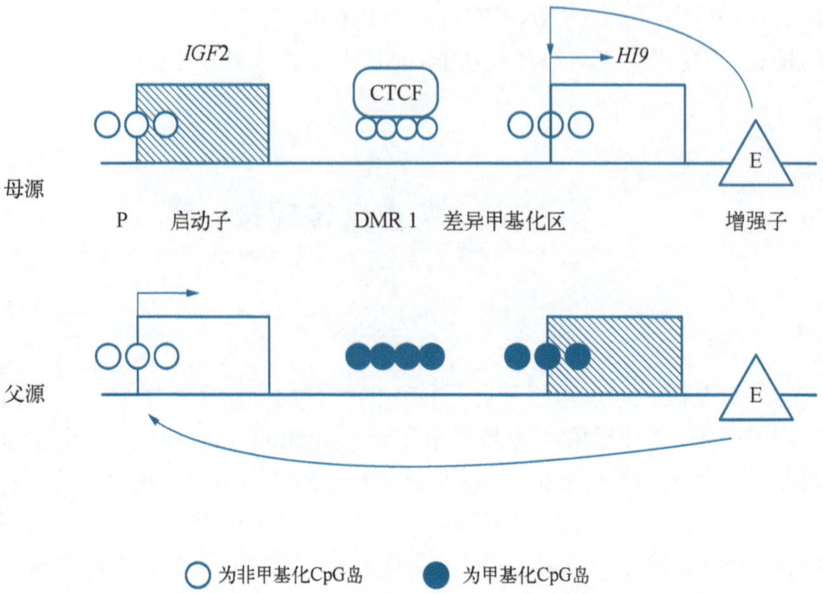

图 11-10 启动子(P)、差异甲基化区(DMR1)、锌指蛋白(CTCF)和增强子(E)对 *Igf-2* 和 *H19* 的交互易换式印记调节模式图

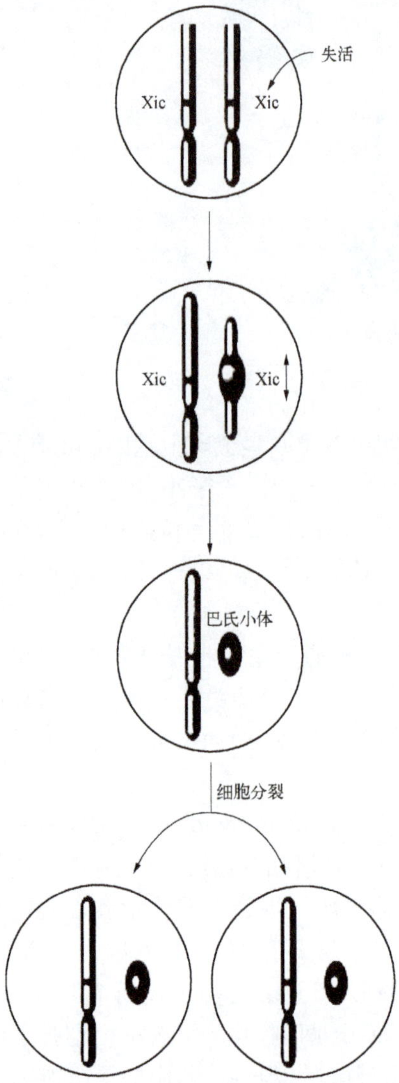

图 11-11 X 染色体失活中心的作用

CTCF 结合,同时还沉默 *H19* 基因的表达,因此父源的 *Igf-2* 基因在增强子作用下活化表达。如果母源的 DMR1 异常甲基化导致 *Igf-2* 的母源等位基因表达,就会导致 BWS 的发生。如果母本来源的 DMR1 片段被父本来源的同源部分取代,使得两条同源染色体上的 DMR1 都是父本来源,则也会导致 BWS 的发生。这种现象称为单亲二体(uniparental disomy,UPD)。

二、X 染色体失活

1961 年,Lyon MF 提出了关于雌性哺乳动物体细胞的两条 X 染色体中有一条发生随机失活的假说,并认为这是一种基因剂量补偿的机制。但 X 染色体失活的机制一直不清楚。X 染色体失活属于典型的表观遗传现象,而且是以整条染色体为靶标的表观遗传修饰的一个特例。X 染色体失活的选择和起始发生在胚胎发育的早期,这个过程由 X 失活中心(X-inactivation center, XIC)所控制,X 染色体失活从 XIC 区段开始启动,然后扩展到整条染色体(图 11-11)。X 染色体失活一旦建立则保持稳定,其所有子细胞均失活同一条 X 染色体。

X 染色体失活中心是 X 染色体失活的主控开关座位,携带 XIC 的 X 染色体可以顺式启动失活,相反,缺失 XIC 的 X 染色体不被失活,而易位到常染色体上的 XIC 可启动常染色体其余部分的失活,表明 XIC 与 X 染色体失活的发生有关。但 XIC 不是维持 X 失活所必需的,已失活的 X 染色体在缺失 XIC 后失活状态仍可以稳定地存在。人的 XIC 定位于 Xq13.3,是一个长约 1 Mb 的编码序列,包含一些 X 失活相关单元,至少包括 4 个已知基因:① X 染色体失活特异性转录基因(X-inactive-specific transcript, Xist),至少含 8 个外显子,产生一个 17 kb 非编码 RNA,由将失活的 X 染色体转录,在活性 X 染色体上其转录受到抑制。Xist 转录产物是诱导 X 染色体失活的初始信号,覆盖于即将失活 X 染色体的有限关键位点,然后招募沉默复合物并向两侧扩展，引起X染色体沉默的启动与传播。② X染色体调控元件（X-chromosome controlling element，Xce）。位于Xist下游，主要影响失活X染色体的选择。Xce纯合子表现为正常的随机失活，相反杂合子表现为非随机失活，说明不同的Xce等位基因在决定哪一条X染色体失活上似乎有不同的强度。③ Tsix。起始于Xist下游15 kb的一个顺式调控元件，编码长度约40 kb的RNA，是Xist的反义链。X染色体失活开始前，两条X染色体都表达Tsix，X染色体失活一旦开始，Tsix变为单链表达，并结合在保持活性的X染色体上直到Xist关闭。X染色体失活启动后，Tsix不能在失活X染色体上存在，表明Tsix仅在X失活启动时调节Xist的活性。定点删除Tsix 5′端可产生X染色体非随机失活并影响原有的X染色体失活印记，表明这一位点及其转录产物涉及X染色体的选择与印记。④ DXPas34。DXPas34座位是一个3 kb的CpG富集区，包含一个位于Xist 3′端下游约15 kb的微卫星重复。DXPas34在体细胞活性X染色体上超甲基化。Tsix转录的重要起始位点位于DXPas34内。

第四节 表观遗传与疾病

近年来的研究发现表观遗传修饰在疾病的发生和发展中起着十分重要的作用。表观遗传调控异常可产生多种疾病，如糖尿病、肿瘤、动脉硬化等。通过表观遗传研究，不仅可以深入研究和了解各种疾病的发病机制，而且可以发现和寻找疾病发生的预警分子和防治靶标，在疾病的诊断和防治中发挥重大的作用。

一、表观遗传与肿瘤

表观遗传异常所造成的最典型的疾病莫过于恶性肿瘤。大量的研究结果表明，DNA甲基化、组蛋白修饰、非编码RNA调节以及染色质构象变化影响了肿瘤发生至关重要的多种生物学过程。表观遗传改变不仅可以作为肿瘤早期诊断的标志，也可能成为肿瘤防治的新靶点。

肿瘤细胞的表观遗传修饰包括抑癌基因、DNA修复基因等启动子区DNA高甲基化，从而造成这些基因低表达，细胞丢失维稳和修复功能；同时，基因组总体低甲基化，主要发生在DNA重复序列中，如微卫星DNA、长散布元件、Alu序列等，这种广泛的低甲基化会造成基因组不稳定，从而造成大量异常基因高表达；伴随着基因表达的混乱，组蛋白修饰严重异常、染色质构象高度紊乱等。

1979年，Holliday R提出DNA甲基化在癌变过程中起着重要的作用。1983年，Feinberg AP和Vogelstein BA发现癌细胞中DNA甲基化的总体水平低于正常细胞，并证实了肿瘤细胞的低甲基化多见于重复序列和在生物进化过程中引入的外来寄生性DNA。实验证明，长期饲喂缺乏甲基供体（Methyl-donor）如胆碱、蛋氨酸、叶酸、维生素B_{12}等可致大鼠罹患原发性肝癌（hepatocellular carcinoma，HCC）。

在肿瘤细胞中整体基因组广泛低甲基化，原癌基因活化，形成突变热点、染色体不稳定和转座子的异常表达。目前认为基因组的整体低甲基化水平可能导致：第一，原癌基因如*c-myc*、*k-ras*等基因的异常激活；第二，转座子（transposon）和逆转座子（retrotransposon）等内源可移动因子激活导致的细胞染色体不稳定；第三，肿瘤转移增加。另一方面局部CpG岛高甲基化，从而导致多种抑癌基因和DNA修复基因失活。但癌细胞往往会在启动子等基因调控元件区域的CpG岛出现局部的高甲基化，从而引起相关基因的异常沉默。抑癌基因如*hMLH1*、*p53*等的高甲基化将导致基因的沉默和肿瘤的发生；而细胞周期抑制基因如$p16^{INK4a}$的高甲基化，可使肿瘤避免老化和增殖启动；DNA修复基因的高甲基化，将引起错配修复基因的沉默、抑癌基因的突变甚至整体基因表达的变化。芯片筛查分析也表明启动子高甲基化的基因在肿瘤发生过程中具有潜在作用。

除甲基化之外，其他表观遗传修饰，如组蛋白修饰也与肿瘤的发生密切相关。磷酸化修饰的组蛋白可以影响染色质结构和功能，异常的组蛋白磷酸化可能导致基因转录、DNA损伤修复等的异常，参与肿瘤的发展过程。Telu等通过对膀胱癌的不同细胞系发现，随着肿瘤的进展，组蛋白H1磷酸化程度也相应变化；相似的，Harshman等对不同的乳腺癌细胞系检测发现，与原位癌相比，进展期乳腺癌组蛋白H1苏氨酸146磷酸化程度明显增高。组蛋白 H1 磷酸化可能成为检测癌症发生、进展程度及治疗效果的新标记物，也可能成为癌症治疗新的靶点。

非编码 RNA 对于染色质结构及性质、基因沉默等有重要的意义，特别是微小 RNA 对基因及细胞周期的调控，是促进肿瘤发生的重要因子。另外，许多肿瘤中都存在 lncRNA 表达失衡，它与微小 RNA 相互作用共同参与肿瘤细胞的分化增殖以及转移过程。

二、表观遗传与心血管疾病

流行病学研究显示，血脂水平异常、高血压、向心性肥胖、胰岛素抵抗和糖耐量异常等都是心血管疾病的危险因素。这些疾病及其危险因素存在着一定的家族聚集性，但其发病不可预测，在家系中不完全遵循孟德尔遗传规律。对高血压、糖尿病和肥胖进行多变量模型拟合分析结果表明三者存在一组共同的致病因素，其中遗传因素影响占 59%，环境因素影响占 41%。

双生子研究显示，抚养环境对个体成年以后的舒张压、总胆固醇(TC)、载脂蛋白 A1(apoA1)、载脂蛋白 B(apoB)和低密度脂蛋白胆固醇(LDL－C)的水平影响较大。而子宫内环境、母亲营养状况等相关环境作用对收缩压影响较大，并在高龄组中尤为显著。而三酰甘油(TG)和载脂蛋白 B(apoB)水平受环境因素的影响可随年龄增加而增长。

环境对慢性心血管疾病的危险因素存在着持久的影响作用，发育早期的环境因素，如母亲营养状况等，可影响个体成年后的发病风险，甚至其影响不止一代。孕期母体的低叶酸摄入水平可导致低出生体重和新生儿血管内皮功能障碍，最终影响成年后的心血管病发病风险。内皮功能障碍是易患动脉粥样硬化(atherosclerosis, AS)的早期表现之一，AS 是冠心病、心绞痛等主要心血管疾病的病理始动因素。动脉粥样硬化患者的高半胱氨酸水平会抑制甲基化供体赖以产生的叶酸和维生素 B12 依赖的 S－腺苷甲硫氨酸(SAM)转化过程，从而影响 DNA 的甲基化修饰。而外部损伤也同样会引起新生血管内膜组织 DNA 低甲基化。低甲基化水平可引起血管平滑肌细胞增殖及纤维沉积，参加免疫和炎性反应的细胞过度增殖从而加重 AS 时的炎性反应。所以高半胱氨酸水平、低叶酸及低维生素 B12 水平会引起主动脉及外周血淋巴细胞低甲基化，是引起 AS 的诱发因素。

年龄因素也可通过表观遗传修饰影响心血管病的发病风险。在衰老过程中某些细胞会发生年龄相关的变化，例如某个 CpG 岛的甲基化会关闭一个基因，丧失与这个基因相关的生理功能；同样，甲基化的丢失也会激活正常情况下沉默的基因，造成不正常的异位表达(ectopic expression)。患有严重动脉硬化的人体内雌激素受体 α(ERα)甲基化程度较高，导致其对细胞异常生长的抑制能力降低，促进血管平滑肌细胞的增殖。而正常的 ERα 除了发挥抑制生长作用外，还会与循环中的雌激素反应，并产生具有保护作用的一氧化氮，对血管起局部扩张作用。

虽然在一个组织中发生异常甲基化的细胞只占少数或极少数，但却能使组织或器官呈现出表观遗传上的异质性和镶嵌性，这种在衰老过程中获得的表观遗传镶嵌性正是许多年龄相关的局灶性疾病的重要病因。AS 即是一种局灶性增生疾病，失控的平滑肌细胞增殖会使血管变窄，最终导致心脏缺血或脑缺血。通过大量人 IX 因子不同表达水平的转基因小鼠研究表明，长期促血栓生成状态和生存时间之间存在一个清楚的反馈关系，暗示了促血栓生成食品和慢性凝血因子提高等各种慢性环境因素都可能促进血栓生成，并导致心血管疾病。

三、表观遗传与代谢综合征

代谢综合征(metabolic syndrome, MS)是多种代谢成分异常聚集的病理状态，包括：腹部肥胖或超重、致动脉粥样硬化血脂异常(高三酰甘油，TG)血症及高密度脂蛋白胆固醇(HDL－C)低下、高血压、胰岛素抗性及/或葡萄糖耐量异常。有些标准中还包括微量白蛋白尿、高尿酸血症及促炎症状态(C－反应蛋白，CRP)增高及促血栓状态(纤维蛋白原增高和纤溶酶原抑制物－1，PAI－1)增高。

在代谢综合征发展中表观遗传修饰起了重要作用。已有一些研究表明肝脏中一碳单位的代谢变化涉及叶酸-甲硫氨酸途径以及 DNA 甲基化和组蛋白乙酰化水平的改变；而 LEPTIN 启动子的去甲基化和含脂肪细胞的分化密切相关；DNA 甲基化异常会使葡萄糖水平调节相关的基因活性下降，进而恶化Ⅱ型糖尿病的发展。

动物实验证实，在妊娠期间对蛋白质进行限制会增加在小鼠后代中胰腺凋亡的速率，从而导致胰腺 β 细胞数量降低和破坏下一世代内分泌胰腺的发育。而糖皮质激素受体基因的去甲基化与小鼠母亲对子代的舔弄相关。DNA 甲基化和组蛋白乙酰化的表观遗传改变发生在生命的第一个星期，且持续到成年。

糖尿病和肥胖是代谢综合征的两个重要标志，属于经常伴有遗传印记变化相关的综合征。对鸟嘌呤核苷酸结合蛋白 Gsα 亚基剔除的小鼠研究发现，父系基因功能的丢失同肥胖倾向的降低、代谢功能亢进、血糖过低、运动能力下降以及对副甲状腺荷尔蒙拮抗相关，而母系基因功能的丢失同更严重的肥胖倾向相关。

小 结

表观遗传是指基因的 DNA 序列不发生改变的情况下，基因的表达水平与功能发生改变，并产生可遗传表型的现象。表观遗传学是研究表观遗传的作用及机制，或者说是研究从基因型演绎为表型的过程和机制的遗传学分支。表观遗传主要通过 DNA 甲基化，组蛋白修饰，染色质重塑，非编码 RNA 这四方面调控基因的表达模式，在基因组印迹、X 染色体失活、基因组重编程及组织特异性基因的表达调控等过程中发挥重要作用，参与细胞分化、个体发育与物种进化过程。表观遗传的异常改变通过影响基因的表达模式和水平，从而引起机体结构和功能的异常，导致发生肿瘤、心血管病、自身免疫病、代谢综合征等多种复杂疾病。表观遗传与环境因素之间有密切的关系，与 DNA 改变所不同的是，许多表观遗传的改变是可逆的。因此对疾病表观遗传机制的研究，将有助于深入认识疾病和环境之间的关系，为疾病的防治提供新的广阔前景。

（曾 梅）

【复习思考题】

1. 表观遗传修饰包括哪几方面？请简述其机制。
2. 什么叫 DNA 的甲基化，在调控基因表达过程中起什么作用？
3. 浅谈表观遗传学与疾病的关系。

第十二章

肿瘤遗传学

肿瘤(tumor)是一群生长失去正常调控的细胞无限制自主增殖形成的新生物(neoplasm)。大量资料表明,肿瘤的发生与环境因素和遗传因素都有关,但无论是遗传的还是由环境引起的肿瘤,这种疾病都是从基因的变化开始的,是相关基因结构和功能改变的结果。肿瘤是一种体细胞遗传病(somatic cell genetic disorders),肿瘤细胞是累积了不同基因突变的体细胞,这些突变共同导致了细胞增殖的失控,结果形成无限增殖的新生物。近30年来,随着现代遗传学和分子生物学的进展,已发现了一些癌相关基因、肿瘤抑制基因以及肿瘤转移基因等,为深入研究肿瘤的发生发展机制及疾病的预防、早期诊断和治疗奠定了基础。

第一节　肿瘤的遗传现象

一、家族性癌与癌家族

肿瘤的发生存在着家族聚集现象,此现象表现为家族性癌(familial carcinoma)和癌家族(cancer family)。

(一) 家族性癌

家族性癌是指一个家族中有多个成员患同一类型的肿瘤。这类肿瘤的遗传方式还不清楚,表现出一些家族聚集现象,或家族成员对这类肿瘤的易感性增高。例如,12%~25%的结肠癌患者有结肠癌家族史。有报道,患有乳腺癌、胃癌、肺癌、结肠癌、子宫内膜癌、前列腺癌和黑色素瘤的成人其一级亲属患同种癌的概率较一般人高约3倍,说明上述癌症具有家族聚集倾向,可看作家族性癌。

(二) 癌家族

一个家族的几代中有多个成员患相同或不同器官的肿瘤,则称这样的家族为癌家族。癌家族具有肿瘤发病年龄较早,某种肿瘤(特别是腺癌)占比例大,通常按常染色体显性方式遗传等特点。

早在1866年Broca报道了他妻子家族中癌症的发病情况,在18个女性成员中,9人死于乳腺癌,6人死于其他癌症,这是最早报道的癌家族。最著名的癌家族是Warthin于1895年开始调查,1913年才首次报道的G家族。后来经Henser(1936年)和Lynch(1965年、1971年和1976年)等几代研究者历时80余年(此时有些支系已达7代)对该家族继续调查获得较完整的资料。G家族全部10个支系的842名后代中,癌症患者高达95人,其中结肠腺癌48人,子宫内膜腺癌18人。95名癌症患者中有13人的肿瘤为多发性(占14%),19名癌症患者发生于40岁之前(占20%)。另外,癌症多为垂直传递,在95名患者中72人有双亲之一患癌,且男女患者之比为47∶48(1∶1),符合常染色体显性遗传的特点。图12-1为G家族部分系谱。

二、遗传性肿瘤与遗传性肿瘤综合征

一些恶性肿瘤由单个基因的突变引起,通常以孟德尔式遗传方式传递,这类肿瘤称为遗传性肿瘤(hereditary tumor)。如视网膜母细胞瘤、Wilms瘤(肾母细胞瘤)、神经母细胞瘤、皮肤鳞癌、嗜铬细胞瘤和多发性神经纤维瘤等。总的来说,遗传性肿瘤较为少见。另外,还有一类癌前期疾病,也是按常染色体显性

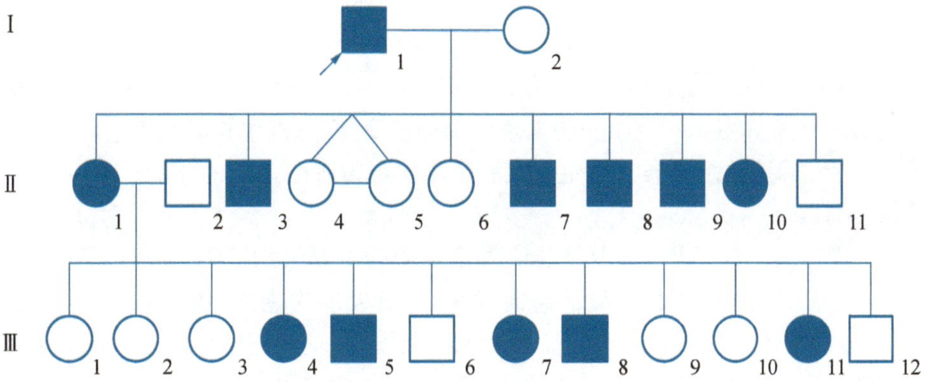

图 12-1 G家族部分系谱图

方式遗传,它们有不同程度的患恶性肿瘤的倾向,称为遗传性肿瘤综合征(hereditary tumor syndrome)。这类疾病的特点是肿瘤仅为综合征的一部分,如家族性结肠息肉、恶性黑素瘤和基底细胞痣综合征等。

(一) 遗传性肿瘤

1. 视网膜母细胞瘤(MIM 180200) 视网膜母细胞瘤(retinoblastoma,RB)为眼球视网膜的恶性肿瘤,多见于幼儿,70%的患者 2 岁前就诊,发病率为 1/21 000~1/10 000。其临床表现为早期出现眼底灰白色肿块,多无自觉症状,所以很难发现。此后,肿瘤长入玻璃体,使瞳孔呈黄色光反射,称为"猫眼",这时才易被发现。肿瘤的恶性程度很高,可随血循环转移,也能直接侵入颅内,预后不佳,以眼球摘除为主要治疗方法。

视网膜母细胞瘤在临床上可分为遗传型和非遗传型两类。遗传型发病年龄小,多在 1 岁半以前发病,常常累及双眼,占全部病例的 20%~25%,可有家族史,在遗传方式上符合常染色体显性遗传。非遗传型发病年龄较大,常常单侧发病,占全部病例的 75%~80%。

部分视网膜母细胞瘤患者的细胞中可见第 13 号染色体长臂一区四带缺失,del(13q14)。分子遗传学研究发现,位于 13q14 的抑癌基因——视网膜母细胞基因(*RB*)与肿瘤形成有关。正常个体的基因型为(RBRB),若两个基因均发生突变,形成隐形基因的纯合子(rbrb)后,失去抑癌作用,导致肿瘤发生(详见本章第 4 节)。

2. Wilms 瘤(MIM 194070) Wilms 瘤(Wilms tumor,WT)或肾母细胞瘤(nephroblastoma)是一种婴幼儿肾的恶性胚胎性肿瘤,发病率为 1/10 000,占婴儿肿瘤的 8%,3/4 的肿瘤发生于 4 岁以前。由德国外科医师 Max Wilms 博士首次报道了这种肿瘤。其临床表现为腹部有无症状的肿块,肿块光滑,质坚硬,可伴有无虹膜症、假两性畸形以及智力低下等。

在临床上 Wilms 瘤可分为遗传型和非遗传型两类。遗传型多为双侧发病且发病早,符合常染色体显性遗传,约占 38%。非遗传型常单侧发病,且发病年龄晚,约占 62%。Wilms 瘤如伴发无虹膜、泌尿生殖道畸形、智力低下,则称为 WAGR 综合征,该综合征患者有第 11 号染色体短臂缺失 del(11p13→p14)。

研究表明,Wilms 瘤基因(*WT*)是一种抑癌基因,其异常可能与 Wilms 瘤的发生有关。目前发现与 WT 发生相关的基因及染色体区域有:*WT1* 与 11p13;*WT2*(OMIM 194071)与 11p15.5;*WT3*(OMIM 194090)与 16q;*WT4*(OMIM 601363)与 17q12-q21;*WT5*(OMIM 601563)与 7p15-p11.2。Wilms 瘤患者的肿瘤组织中有 WT 基因的纯合缺失,发生机制与视网膜母细胞瘤类似。

3. 神经母细胞瘤(MIM 256700) 神经母细胞瘤(neuroblastoma)是一种常见于儿童的恶性胚胎瘤,起源于神经嵴,发病率为 1/10 000。临床表现为贫血、疲乏、兴奋、体重不增或下降,或不定型发热等一般症状,肿瘤压迫或侵入周围器官则出现相应器官受损的症状,如果转移至颅骨、皮肤、肝脏等部位则出现转移瘤症状。有的神经母细胞瘤还合并有来源于神经嵴的其他肿瘤,如多发性神经纤维瘤、节神经瘤、嗜铬细胞瘤等。在临床上神经母细胞瘤也分为遗传型和非遗传型两类,遗传型发病年龄小,常有多发病灶,符合常染色体显性遗传方式;非遗传型为散发病例,发病年龄较大,病灶为单发。

(二) 遗传性肿瘤综合征

1. 家族性腺瘤性息肉病(MIM 175100) 该病曾被命名为多发性结肠息肉、遗传型结肠息肉、家族性多发性息肉及家族性息肉病，现根据其发病部位非局限于结肠而称其为家族性腺瘤性息肉病(familial adenomatous polyposis，FAP)。这是一种常染色体显性遗传疾病，临床以结肠和直肠多发息肉为特征。此外，息肉偶尔也可发生于上消化道等部位，息肉为腺瘤性，是一种严重的癌前病变。典型的家族性腺瘤性息肉病患者发展成癌的平均年龄为 39 岁，而一些人是此病的突变型，息肉生长较缓慢，发生癌变的平均年龄为 55 岁，称为衰减性家族性腺瘤性息肉病。发生癌变后临床表现为血性腹泻、肠梗阻、恶病质等，肿瘤可转移至肝、脑、甲状腺等其他器官。

定位于染色体 5q21－q22 的 *APC* 基因目前认为是该病的主要致病基因。*APC* 基因是一种抑癌基因，由 *APC* 基因突变引起的细胞过度生长可导致息肉发生，最后发展为癌症。Gardener 综合征是结肠息肉的另一种类型，具有明显的肠道外症状，如骨瘤、显著的视网膜损伤，现已明确该综合征也是由 *APC* 基因突变引起的家族性腺瘤性息肉病的另一种表型。

2. 神经纤维瘤(NF1：MIM 162200、NF2：MIM 607379)　神经纤维瘤(neurofibromatosis，NF)是基因缺陷使神经嵴细胞发育异常导致多系统损害而引起的疾病，属于常染色体显性遗传。根据临床表现和基因定位，可分为神经纤维瘤Ⅰ型(NF1)和神经纤维瘤Ⅱ型(NF2)。NFⅠ由 von Recklinghausen(1982 年)首次描述，因此又称 von Recklinghausen 病。其主要特征为患者皮肤牛奶咖啡斑和周围神经多发性神经纤维瘤，如有 6 个以上直径超过 1.5 cm 的牛奶咖啡斑即可诊断该病。儿童期的皮肤即可出现神经纤维瘤，主要分布在躯干，从针尖至橘子大小，质软、数量多。成年患者的虹膜上可有 Lisch 结节。3%～15% NFⅠ可恶变为纤维肉瘤、鳞癌和神经纤维肉瘤。NFⅡ又称中枢神经纤维瘤或双侧听神经瘤病，表现为听神经瘤，伴神经纤维瘤、脑脊膜瘤、胶质瘤、Schwann 细胞瘤等。

NF1 基因是一种抑癌基因，位于染色体 17q11.2，该基因突变是神经纤维瘤Ⅰ型的主要致病原因。定位于染色体 22q12.2 的 *NF2* 基因是神经纤维瘤Ⅱ型的主要相关基因。

3. 基底细胞痣综合征(MIM 109400)　基底细胞痣综合征(basal cell nevus syndrome，BCNS)属于常染色体显性遗传，40%为新生突变，这种突变受父亲年龄影响。患者面部、手臂和躯干可见多数基底细胞痣，青春期增多，青年期即可发生恶变，40 岁时 90%恶变为基底细胞癌并有颌骨囊肿。

BCNS 基因是基底细胞痣综合征的主要相关基因，定位于染色体 9q22.3－q31，是一种抑癌基因。

三、肿瘤发生的种族差异

不同种族间的遗传基础存在差异，导致不同人种的高发肿瘤不同。例如，在新加坡的中国人、马来人和印度人鼻咽癌发病率的比例为 13.3∶3∶0.4，移居到美国的华人鼻咽癌的发病率也比美国白人高 34 倍，提示肿瘤发生的这种种族差异并不会因不同民族的人混居或生活习惯、社会环境的改变而消失。其他一些肿瘤也有类似情况。如黑人很少患 Ewing 骨瘤、睾丸癌、皮肤癌；日本妇女患乳腺癌比白人少，但松果体瘤却比其他民族多 10 余倍。这些资料表明遗传因素对肿瘤的发生有重要作用。

第二节　肿瘤的遗传易感性

在大多数情况下，人类癌症不能用单基因遗传方式来解释，复杂的多基因基础和环境因子共同作用，在决定肿瘤易患性上起重要作用，就是说上一代遗传给下一代的只是对肿瘤的易感性，即易感基因。例如 20 世纪 80 年代末期，通过定位克隆的方法鉴定了两个乳腺癌易感基因，即 *BRCA1* 和 *BRCA2*，这两个基因在亲代生殖细胞突变后，其后代中的女儿一生中患乳腺癌和卵巢癌的风险大大增加。在个体易感的状态下如再发生体细胞突变，突变细胞就容易转化为肿瘤细胞。肿瘤的遗传易感性既包括基因水平的改变，也包括染色体水平的改变。目前，对肿瘤的遗传易感因素如何发挥作用了解得很少，但有一些证据表明它们可能通过生化的、免疫的和细胞分裂的机制促进肿瘤发生。

一、染色体不稳定性综合征与肿瘤

人类的一些以体细胞染色体断裂为主要特征的综合征，多具有常染色体隐性、显性或X连锁隐性遗传方式，统称为染色体不稳定综合征，它们具有不同程度的易患肿瘤的倾向。

1. 卢布姆综合征(MIM 210900) 卢布姆综合征(Bloom syndrome，BS)又称为Bloom-Torre-Machacek综合征，是一种罕见的常染色体隐性遗传病。1954年由皮肤科医师David Bloom博士首次发现。临床表现为身材矮小，慢性感染，免疫功能缺陷，日光敏感性面部红斑，呈蝴蝶状，且多在30岁前发生各种肿瘤和白血病。

染色体不稳定性或基因组不稳定性是BS患者细胞遗传学的显著特征，患者外周血淋巴细胞培养中，染色体易发生断裂，且姐妹染色单体交换(SCE)率高于正常人10倍，染色体易断裂的主要原因是由于DNA修复酶系统缺陷，DNA复制过程中出现异常结构。另外，短期培养的BS患者淋巴细胞中常出现四射体结构，不但在编码序列之间，而且在非编码序列之间也同样存在BS体细胞的断裂性突变，患者细胞(如颊黏膜细胞)在分裂间期常可见多个微核结构。已将该病致癌基因*BLM*定于15q26.1，并克隆了*BLM*基因的全长cDNA，发现*BLM*基因突变是BS综合征发病的分子基础。

2. 范科尼贫血(MIM 227650) 范科尼贫血(Fanconi anemia，FA)是一种十分罕见的常染色体隐性遗传的儿童骨髓疾病。主要表现为各类起源于骨髓细胞的血细胞发育受阻(全血细胞减少症)，患者有贫血、易疲乏、易出血和感染等症状。儿童期癌症发生的危险性增高，回顾性研究发现，多数患者易患白血病及实体瘤，如阴道癌、食管癌及头颈部肿瘤等。

在培养的FA细胞中普遍存在染色体不稳定性，染色体自发断裂率明显增高，单体断裂、裂隙等染色单体畸变很多，双着丝粒染色体、核内复制也很常见，但SCE率不高。在细胞培养体系中加入丝裂霉素C或双环氧丁烷等DNA交联剂，使一条DNA链内或两条互补链之间的两个核苷酸交联。当交联剂达到一定浓度时，细胞停止生长并死亡，所以检测培养细胞对丝裂霉素C的敏感性成为诊断FA的一个有效方法。

目前发现13个基因突变会导致FA，分别为*FANCA*、*FANCB*、*FANCC*、*FANCD1*、*FANCD2*、*FANCE*、*FANCF*、*FANCG*、*FANCI*、*FANCJ*、*FANCL*、*FANCM*和*FANCN*。

3. 毛细血管扩张共济失调性症(MIM 208900) 毛细血管扩张共济失调性症(ataxia telangiectasia，AT)是一种多见于儿童的常染色体隐性遗传病，1岁左右即可发病，表现为小脑性共济失调；6岁后眼和面、颈部出现瘤样小血管扩张。其他特征包括对射线的杀伤作用异常敏感，常有免疫缺陷。AT患者染色体不稳定性增加，细胞中有较多的染色体断裂。患者易患各种肿瘤，在45岁之前患肿瘤的人数比正常人群增加3倍，主要是淋巴细胞白血病、淋巴瘤、网织细胞肉瘤等。

1995年，Shilon等发现在其研究的AT病例中均有一个相同的基因发生突变，推测该基因为致病基因，命名为*ATM*(AT Mutant)，并克隆了部分序列。随后Svitsky和Uziel克隆了*ATM*基因的全长序列，该基因编码一个由3 056个氨基酸残基组成的、分子质量为350 kDa的蛋白质。野生型*ATM*基因具有修复DNA损伤、抑制凋亡、控制免疫细胞对抗原的反应和阻止基因重排等多种作用。已发现在AT患者中，有30多种*ATM*基因突变形式，分布于整个编码序列，其中绝大多数突变会造成*ATM*基因的截短和大片段缺失，从而导致AT蛋白失活。

4. 着色性干皮病(MIM 278700) 着色性干皮病(xeroderma pigmentosum，XP)是一种罕见的致死性的常染色体隐性遗传病。患者临床主要表现为皮肤对紫外线非常敏感，在皮肤受到阳光照射部位发生色素沉着、红斑、水疱和结瘢等，最后可发展成为基底细胞癌或鳞状上皮癌而致死，患者很少能活过20岁。

XP患者一般没有染色体异常，但其DNA的核苷酸切除修复(NER)系统有缺陷，缺少内切核酸酶，不能切除紫外线诱发的嘧啶二聚体。紫外线作用于机体细胞的DNA后，能促进相邻的嘧啶形成稳定的联结，这种成对共价联结的核苷酸称为二聚体。正常情况下，机体核苷酸切除修复(NER)系统可切除这些受损的核苷酸并重建正常的核苷酸序列。XP患者由于NER系统缺陷，所以对紫外线高度敏感。真核细胞中，NER系统有30多种蛋白质，不同XP患者的临床差异提示该病存在遗传异质性。已发现着色性干皮病至少有A、B、C、D、E、F、G、V8种变异型，推测至少有8种不同的基因产物参与NER，具体基因定位见表12-1。

表 12-1 着色性干皮病亚型的致病基因染色体定位

亚型名称	致病基因定位
着色性干皮病 A 亚型	9q23.3
着色性干皮病 B 亚型	2q21
着色性干皮病 C 亚型	3p25
着色性干皮病 D 亚型	19q13.2-q13.3
着色性干皮病 E 亚型	11p12-p11
着色性干皮病 F 亚型	16p13.3-p13.13
着色性干皮病 G 亚型	13q33
着色性干皮病 V 亚型	6p21.1-p12

二、酶活性差异与肿瘤

人类的大多数肿瘤是由环境因素引起的。有机化合物以及其他进入体内的生物制剂等在体内的代谢都要经过酶系的催化,这类酶系称为药物代谢酶系。药物代谢酶系受遗传控制,并在人群中呈高度多态性。药物代谢酶系的遗传多态现象决定了个体对环境中的致变剂、化学致癌剂的不同反应方式,从而决定个体的肿瘤易感性。例如吸烟为肺癌的主要诱因,但遗传因素在肺癌的发生起了重要作用。芳烃羟化酶(arylhydrocarbon hydroxylase,AHH)的活性与肺癌易感性存在关联,芳烃羟化酶的可诱导性在人群中呈遗传多态性,在肺癌患者的可诱导性显著高于正常人群。而另一些酶的缺乏也可以导致人类对肿瘤的易感状态,如着色性干皮病患者易患皮肤癌,是由于 DNA 修复酶的缺陷导致细胞恶变。

三、免疫缺陷与肿瘤

机体的免疫功能与肿瘤的发生有密切关系。20 世纪 60 年代末,Burnet 提出了免疫监视学说,认为机体正常的免疫系统不仅能抵御外来抗原侵入,而且也能识别成为“异己”的突变细胞并予以排斥,但免疫缺陷能使突变细胞得以逃脱这种监视进而发展成为肿瘤。正常机体每天有许多细胞可能发生突变,并产生有恶性表型的瘤细胞,由于免疫监视不断地把这些新产生的恶性细胞杀灭,所以,只要人体的免疫机制正常,一般不会发生肿瘤。通常免疫缺陷患者都有易患肿瘤的倾向。世界卫生组织(WHO)报告,原发性免疫缺陷尤以 T 细胞免疫缺陷者恶性肿瘤的发病率比同龄正常人群高 100~300 倍,以白血病和淋巴系统肿瘤等居多。1952 年,由 Bruton 报道了首例低丙球蛋白血症,也称 Bruton 低丙球蛋白血症,为最常见的先天性 B 细胞免疫缺陷病,患儿血清 IgG、IgM、IgA 水平很低或检测不出。该病由携带有缺陷基因但表型正常的母亲传给儿子,基因定位于 X 染色体 q21.3-22,现进一步研究证明该病并非由 X 染色体上单一基因的缺陷而是多基因异常的结果。Bruton 低丙球蛋白血症患者易患白血病和淋巴系统肿瘤等。

第三节 染色体异常与肿瘤

几乎所有恶性肿瘤细胞都具有染色体异常,即使在分子生物学前沿技术广泛运用于肿瘤研究并取得突破性成果的今天,染色体异常与肿瘤发生的关系仍是探索人类肿瘤的重要研究领域。

一、肿瘤细胞的染色体畸变

自从细胞遗传学技术开始应用于人类恶性肿瘤的研究以来,其中频发且复杂的染色体畸变就备受关注,肿瘤染色体异常包括数目异常和结构畸变。

(一) 染色体的数目异常

正常人体细胞为二倍体细胞,大多数恶性肿瘤细胞存在染色体非整倍性变化,其中包括:① 超二倍体和亚二倍体：许多肿瘤常见第 8、第 9、第 12 和第 21 号染色体的增多或 7、22、Y 染色体的减少。② 异倍体：染色体数目的改变通常不是完整的倍数，故称为高异倍性，如亚三倍体、亚四倍体等。许多实体肿瘤染色体数目或者在二倍体数上下，或在 3～4 倍数之间，而癌性胸腔积液的染色体数目变化很大，可见到六倍体、八倍体等染色体不同的细胞。

同一肿瘤细胞染色体异常可以是相同的，也可以是不同的，这与肿瘤起源是单克隆或者多克隆的特性有关。恶性肿瘤发展到一定阶段往往出现 1～2 个比较突出的细胞系，细胞系内全部细胞的染色体数目和结构都相同。在某些肿瘤中，如果某些细胞系生长占优势或细胞百分比占多数，此细胞系就称为该肿瘤的干系(stem line)，干系的染色体数目称为众数(modal number)；细胞生长处于劣势的其他核型的细胞系称为旁系(side line)。在恶性肿瘤中，众数可以是 46(多为假二倍体)，也可为其他数目，但众数细胞百分比较低，一般为 20%～30%。

(二) 染色体的结构畸变

恶性肿瘤细胞不仅出现染色体数目的异常，而且还常常可见染色体的结构畸变，包括染色体裂隙、断裂、缺失、各种易位、环状染色体、双微体、内复制和双着丝粒染色体等。如果某一肿瘤的大部分细胞中都具有某种特定类型的畸变染色体，这种畸变染色体则称为标记染色体(marker chromosome)。标记染色体被视为癌细胞的特征之一，可分为特异性标记染色体和非特异性标记染色体。

1. 特异性标记染色体　特异性标记染色体是指某一类型的肿瘤所特有的标记染色体，经常出现在某一类肿瘤细胞，对该肿瘤具有代表性，如慢性粒细胞性白血病的 Ph 染色体和 Burkitt 淋巴瘤的 $14q^{+}$ 染色体。

(1) Ph 染色体(Philadelphia chromosome)：这是最早描述的肿瘤标记染色体。1960 年 Nowell 和 Hungerford 在 CML 患者的外周血细胞中发现了一条比第 22 号染色体还小的近端着丝粒染色体，因其在美国费城(Philadelphia)发现，所以称为 Ph 染色体。后来进一步通过显带技术发现，Ph 染色体是 22 长臂断裂片段易位到了第 9 号染色体长臂末端，即 t(9; 22)(q34; q11)(图 12-2)。

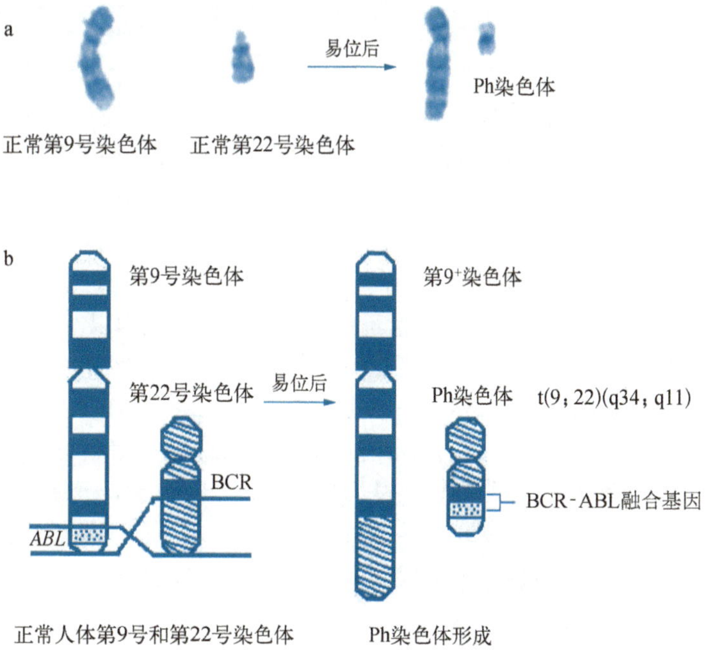

图 12-2　Ph 染色体(a)及形成示意图(b)

约有 95%的慢性粒细胞性白血病病例都是 Ph 阳性，即 Ph 染色体对 CML 是特异性的，因此 Ph 染色体可以作为慢性粒细胞性白血病的诊断依据。根据 Ph 染色体的有无，还可以用以区别临床表现同 CML 相似的其他疾病，如骨髓纤维化等。另外，Ph 染色体有时可先于临床症状出现，故又可用于早期诊断。Ph 染色体还与慢性粒细胞性白血病的预后有关，研究发现，Ph 阴性的慢性粒细胞性白血病患者对治疗反应差，预后不佳。因此，Ph 染色体具有重要的临床价值，Ph 染色体的发现首次证明了一种染色体畸变与一种特异性恶性肿瘤的关系，在肿瘤细胞遗传学研究上具有里程碑的意义。

(2) $14q^{+}$ 染色体：$14q^{+}$ 染色体是 1972 年 Manolova 等发现的 Burkitt 淋巴瘤所特有的一种畸变染色体。在 90%的 Burkitt 淋巴瘤病例中可以看到一个长臂增长的 14 号染色体($14q^{+}$)，这是易位的结果，即 t(8;14)(q24;q32)，分别在 8 号染色体的 8q24 和 14 号染色体的 14q32 处断裂后片段相互易位形成 $8q^{-}$ 和 $14q^{+}$ 两个衍生染色体。

(3) 其他特异性标记染色体：除了 Ph 染色体和 $14q^{+}$ 染色体这两个高度特异性的标记染色体外，还发现了一些肿瘤所特有的染色体异常，但检出率不高。例如视网膜母细胞瘤中的 i(6p)、del(13q14)，脑膜瘤中的

$22q^-$或-22,急性白血病中的-7或$+9$,慢性粒细胞白血病急性变中的$+8$和$17q^+$,结肠息肉中的$+8$或$+14$,Wilms瘤中的第11号染色体短臂缺失(11p13→p14),黑色素瘤中的$+7$或$+22$,小细胞肺癌中的第3号染色体短臂中间缺失(3p14→p23),乳腺癌中的涉及1q的易位等。

2. 非特异性标记染色体　非特异性标记染色体是指可以出现在多种肿瘤中的标记染色体,但并不为某一种肿瘤所特有,常见的有双微体、巨大近端着丝粒标记染色体等。

二、染色体异常在肿瘤发生中的作用

几乎所有的恶性肿瘤都有染色体异常,且其变化是复杂多样的。易位常可使细胞癌基因经不同机制被激活。例如,在慢性粒细胞性白血病中9p34处的*C-ABL*易位到22q11处,该处有断点簇区基因(BCR_1),*C-ABL*经易位后与BCR_1连接形成BCR_1-*C-ABL*融合基因,该基因可表达出210 kDa的融合蛋白,具有强烈的酪氨酸激酶活性,导致白血病的发生。染色体缺失,如视网膜母细胞瘤的del(13q14)导致该位置抑癌基因*RB*丢失而失去抑癌功能,从而致使肿瘤的发生。另外,一些染色体异常常呈现非随机性,例如急性粒细胞性白血病的染色体畸变常集中于第8、第21、第7、第17和第5号染色体上。

现在认为,肿瘤的染色体异常分为原发和继发两类,原发性染色体改变是致癌因子直接作用的结果,可能是非随机性的,甚至是特异的染色体异常。继发性染色体改变是癌变过程中细胞分裂、增殖紊乱的结果,种类多样,随机出现。但由于克隆的演化,如果某些染色体异常的细胞具有增殖优势,则可使一些继发的染色体异常变为非随机的。

第四节　基因突变与肿瘤

无论由遗传因素还是由环境引起的肿瘤都是从基因的变化开始的,所以说基因突变是肿瘤发生与发展的分子基础。研究基因突变与肿瘤的关系,对最终揭开肿瘤发生之谜具有重要的意义。

一、癌基因

(一) 癌基因的概念

癌基因(oncogene)是指正常人体和动物细胞内以及致瘤病毒体内所固有的能导致细胞恶性转化的核酸片段,它们一旦异常活化便能促使人或动物的正常细胞发生癌变。

癌基因分为两大类:一类是存在于病毒基因组内的癌基因,称为病毒癌基因(viral oncogene,*v-onc*),是指反转录病毒的基因组里带有可使受病毒感染的宿主细胞发生癌变的基因;另一类是存在于正常细胞基因组内的癌基因,称为细胞癌基因(cellular oncogene,*c-onc*)或原癌基因(proto-oncogene),是指正常细胞基因组中,一旦发生突变或被异常激活后可使细胞发生恶性转化的基因。换言之,在每一个正常细胞基因组里都带有原癌基因,但它不出现致癌活性,只是在发生突变或被异常激活后才变成具有致癌能力的癌基因。

(二) 癌基因的发现

1910年,纽约研究人员Rous甄别出第一种可能由病毒引起的癌症,这种病毒会造成鸡长出肌肉瘤(恶性肉瘤),后来这种病毒被分离出来,称为Rous肉瘤病毒,是一种RNA反转录病毒。由此,Rous于1966年获得了诺贝尔生理或医学奖。其他各种能引起家鼠、仓鼠、猫、猴子等动物患上肿瘤的病毒也被陆续发现。这些病毒还能将体外培养的正常细胞诱导为具有许多癌细胞特性的细胞。

20世纪70年代,研究人员发现了一种不致癌的Rous肉瘤病毒,将其与致癌病毒做比较后,发现致癌病毒在它小小的基因组末尾有一个大基因,而不致癌的病毒则缺少这个基因。所以科学家们推断,当病毒将这个基因插入细胞的基因后,就会引起肿瘤。随后,研究者很快证实了这一推断,将此基因命名为*src*(肉瘤sarcoma一词的前三个字母),*src*是人类发现的第一个病毒癌基因。

在研究*src*的来源时,Evarmus和Bishop发现*src*基因是一个细胞基因,而不是病毒基因。当Rous肉瘤病毒在受感染的鸡细胞中生长时，由于某种原因，通过某种遗传事件，把细胞的一个 *src* 基因并入自己的病毒基因组，而使一个正常的细胞基因被改造为癌基因。随后，研究人员在鱼、鸟类和哺乳动物（包括人类）体内都发现了 *src* 基因。这种基因在物种中的广泛存在，说明其在漫长的进化之路上一直保持不变，这种情况只有一种可能，就是这个基因在正常细胞中是不可缺少的。Evarmus 和 Bishop 小组将正常细胞中的 *src* 基因称作原癌基因。由于在癌基因研究中的贡献，Bishop 获得 1989 年诺贝尔生理或医学奖。

1981 年，麻省理工学院的 Robert Weinberg 在人类膀胱肿瘤中发现一种癌基因 *ras*，这是从人类肿瘤中分离出的首个癌基因。以后随着研究的深入，研究人员发现了的上百种癌基因，依功能主要分为以下四类：生长因子、生长因子受体、信号传导因子及转录因子（表 12－2）。

表 12－2　癌基因的基本类型及作用

类　别	癌　基　因	蛋白功能
生长因子受体类	*EGFR*	表皮生长因子受体
	KIT	干细胞因子受体
	CSF1R	集落刺激因子 1 受体
	MET	造血生长因子受体
	NTRK1	神经生长因子
	RET	GDNF/NTT/ART/PSP 受体
	MAS	血管紧张素受体
	ERB A	甲状腺激素受体
信号转导因子类	*SRC*、*YES1*、*FGR*、*FES*、*ABL1*	蛋白酪氨酸激酶
	HRAS、*KRAS*、*NRAS*	GTP 酶
	GSP	Gs alpha
	GIP	Gi alpha
	MOS、*RAF1*、*PIM1*	蛋白激酶（丝氨酸/苏氨酸）
生长因子类	*PDGFB*	血小板衍生生长因子 B 链
	FGF3、*KS3*、*FGF4*	成纤维生长因子家族成员
转录因子类	*MYC*、*MYCN*、*MYCL1*、*MYB*、*SKI*、*ETS1*、*ETS2*	转录因子
	FOS、*JUN*	转录因子 API
	REL	突变型 NFKB
	THRA、*THRB*	T3 转录因子

（三）原癌基因的激活

一般情况下，原癌基因不能使正常细胞转化，只有当其被激活后才能使细胞癌变。原癌基因主要通过以下几种方式被激活而异常表达。

1. *点突变*　细胞内的原癌基因在射线或化学致癌剂作用下，可能发生单个碱基的替换即点突变，产生异常的表达产物；也可由于点突变使基因失去正常调控而过度表达。原癌基因点突变是癌的早期变化，是导致癌基因活化的主要方式。因此，突变激活又称为激活的质变模式。例如，人们研究膀胱癌细胞系的 *ras* 基因时发现，癌基因与对应的原癌基因仅有一个碱基的差异，即第 12 位密码子 GGC 突变为 GTC，使其所编码的甘氨酸变为缬氨酸，异常的蛋白产物可能刺激细胞发生恶性转化。Ras 蛋白是存在于细胞膜上的信号转导蛋白，当接受细胞外因子刺激时，从 GDP 状态变为由活性的 GTP 状态，产生刺激细胞生长的信号；而突变的 Ras 蛋白始终处于被激活的 GTP 活性状态，现已在许多肿瘤中发现了 *ras* 基因的点突变。

2. *启动子插入*　原癌基因的附近一旦被插入一个强大的启动子，也可被激活。反转录病毒基因组含有长末端重复序列（long terminal repeat sequence，LTR），内含较强的启动子和增强子。当反转录病毒感染细胞时，LTR 插入细胞癌基因附近或内部，可以启动下游邻近基因的转录，从而使原癌基因表达或过度表达，导致细胞癌变。

3. *基因扩增*　原癌基因还可因某种原因自身扩增而过度表达，这是癌基因活化的另一种主要方式。在肿瘤细胞尤其是胚胎神经组织肿瘤细胞中，见到的双微体（double minute，DM）和均染区（homogeneously staining region，HSR）都是原癌基因 DNA 片段扩增的表现。DM 是染色体区域重复复制的许多 DNA 片段释放到胞质中，经 DNA 染色，呈连在一起的双点样形状的结构。HSR 是原癌基因在某一特定染色体区域复制扩增,使该区域产生一系列重复DNA片段,而呈现的染色体某个节段上出现相对解旋的浅染区域。

4. 染色体易位　染色体易位或重排中,如果断裂点正好位于原癌基因所在部位,则可改变原癌基因的结构或其调控系统,从而使其被激活。例如,Burkitt淋巴瘤常有8/14、8/2和8/22易位。已发现在第8号染色体易位断点8q24处有*c-myc*癌基因,而与易位相关的第14号、第2号和第22号染色体的易位断点分别是14q32、2p12和22q11,这三个位点分别是免疫球蛋白重链、κ轻链和λ轻链基因所在位点,它们是人类非常活跃的基因,因此当带有*c-myc*癌基因的8q24片段易位到14q32、2p12和22q11这些部位时,*c-myc*就被激活,从而过度表达,导致Burkitt淋巴瘤。这种激活方式虽然癌基因没有质的改变,但能过度表达,因此被称为激活的量变模式。

二、抑癌基因

(一) 抑癌基因的概念

抑癌基因(tumor suppressor gene)又称为肿瘤抑制基因、抗癌基因,它们是一类存在于正常细胞中,与原癌基因共同调控细胞生长和分化的基因,是保护性基因,在正常情况下可抑制(限制)细胞增殖。当抑癌基因发生突变时,细胞可持续增长并最终形成肿瘤。正如Weinberg所形容,活跃的癌基因就像汽车上被卡住的油门,少了抑癌基因就相当于少了刹车。

隐性纯合是抑癌基因致癌的先决条件,因此一般抑癌基因又有隐性致癌基因之称。由于抑癌基因是隐性基因,即等位基因同时失活(纯合性缺失)才显现致癌作用。

(二) 抑癌基因的发现

早在20世纪初,Boveri就阐述到在肿瘤组织中出现隐性等位基因丢失等问题,由于没有来自动物及人类研究的直接证据而未引起重视。随后,Charlest和Clausen根据苯并芘导致乳头状瘤的实验结果,提出肿瘤的发生可能与细胞中肿瘤抑制基因的失活有关的假设,并提出了肿瘤抑制基因的概念,但也因没有直接证据而未得到重视。

直到1969年,Ephrussi和Harris在体细胞杂交实验中的抑癌基因研究才真正开始了抑癌基因探索。他们将小鼠恶性肿瘤细胞和同种正常成纤维细胞融合,所获杂种细胞的后代只要保留某些正常亲本染色体时就可表现为正常表型,但是随着染色体的丢失又可重新出现恶变细胞。这一现象表明,正常染色体内可能存在某些抑制肿瘤发生的基因,它们的丢失、突变或失去功能,使激活的癌基因发挥作用而致癌。随后的许多研究也进一步证实了此观点。

在视网膜母细胞瘤的研究中,发现部分患者的细胞中出现第13号染色体长臂1区4带缺失del(13q14)。进一步分子水平研究发现,位于第13号染色体长臂一区四带的视网膜母细胞基因(*RB*)是一种抑癌基因,对恶性肿瘤的发生具有抑制作用。正常个体的基因型为(*RBRB*),若一个基因发生突变,基因型为杂合子(*RBrb*)时仍具有抑癌作用,而当两个基因均发生突变,形成隐形基因的纯合子(*rbrb*)后,才失去抑癌作用,导致肿瘤发生。随后研究人员对其进行了染色体定位、鉴定等研究,完成了人类第一个抑癌基因的鉴定和分离。从1986年在人类恶性肿瘤中首次发现抑癌基因*RB*以来,目前已发现20余种抑癌基因。

(三) 几个常见的抑癌基因

1. *RB*基因　如前所述,这是最早发现的抑癌基因,*RB*基因的缺失导致人视网膜母细胞瘤发生,后来研究发现,在其他肿瘤,如骨肉瘤、小细胞肺癌、乳腺癌、膀胱癌等肿瘤中也有*RB*基因的缺失或突变。*RB*基因定位于13q14.1,转录产生长度为4.7 kb的mRNA。*RB*基因有27个外显子,编码的蛋白质(RB)由928个氨基酸残基组成,分子质量为110 kDa。RB蛋白质是广泛存在于各种组织细胞核内的磷蛋白,有非磷酸化、低磷酸化和高磷酸化的形式。RB的主要作用是调节细胞周期。其调节细胞周期的能力与RB的磷酸化状态有关,RB的低磷酸化状态可以抑制细胞增殖。*RB*基因突变后,突变型RB蛋白即失活。失活的RB蛋白导致细胞增殖不受控制,进而诱发细胞发生癌变。

2. *p53*基因　与目前已知的任何一种癌基因或抑癌基因相比,*p53*基因在约50%的人类恶性肿瘤中存在变异,占第一位,因此是肿瘤领域的热点基因。*p53*基因定位于17p13.1,长约20 kb,含11个外显子,转录产生长度为2.8 kb的mRNA。编码的蛋白质(P53)由393个氨基酸残基组成,分子质量为53 kDa。野生型

P53 蛋白是核内的一种磷酸化蛋白质，作为转录因子可与特异的 DNA 序列结合。*p53* 基因被冠以“基因卫士”称号，时刻监控基因的完整性，一旦细胞 DNA 遭到损害，P53 蛋白就与基因的 DNA 相应部位结合，起着特殊转录因子作用，活化 *p21* 基因转录，使细胞停滞于 G_1 期；P53 抑制解链酶活性，并与复制因子 A (replication factor A)相互作用，参与 DNA 的复制与修复。如果修复失败，P53 蛋白即启动程序性死亡过程诱导细胞自杀，阻止有癌变倾向突变细胞的生成，从而防止细胞恶变。当 *p53* 发生突变，由于空间构象改变影响到转录活化功能及 P53 蛋白的磷酸化过程，这不单失去野生型 *p53* 抑制肿瘤增殖的作用，而且突变本身又使该基因具备了癌基因的功能。突变的 P53 蛋白与野生型 P53 蛋白相结合，形成的寡聚蛋白不能结合 DNA，使得一些癌变基因转录失控导致肿瘤发生。*p53* 基因在肿瘤发生、发展以及诊断治疗中均有重要意义，以 *p53* 基因为靶点的基因治疗目前是肿瘤生物治疗研究的热点。

3. *BRCA1 和 BRCA2 基因* 家族史一直是乳腺癌发病的一个重要风险因素，一级亲属中有多人患乳腺癌的个体发病风险最高。20 世纪 80 年代末，已证实家族性乳腺癌易感性与一种高外显率的常染色体显性等位基因相关。1990 年 Hall 等发现了一个乳腺癌易感基因，称为 *BRCA1* (breast cancer predisposition gene 1)。该基因定位于 17q21，表达序列长 7.8 kb，包含 22 个外显子，编码 1 863 个氨基酸残基组成的蛋白质。*BRCA1* 是一个乳腺和卵巢组织特异性肿瘤抑制基因，*BRCA1* 基因的突变可增大乳腺癌和卵巢癌的发病风险，它的作用符合 Knudson 的二次突变学说。在家族性乳腺癌中，*BRCA1* 基因已经在生殖细胞中发生了一次突变，如乳腺组织再次发生突变时，*BRCA1* 基因在生殖细胞杂合性丢失，由杂合性变为纯合性，使 BRCA1 失活而诱发癌变。*BRCA1* 基因的种系突变可作为 40%～50%乳腺癌家系肿瘤易感性的主要原因。

值得一提的是，*BRCA1* 基因只与部分家族性乳腺癌有连锁关系，还有部分与之不连锁。1994 年 Wooster 等又发现了另一个乳腺癌易感基因 *BRCA2*。*BRCA2* 定位于 13q12～13，mRNA 全长 11 kb，包含 27 个外显子，编码 3 418 个氨基酸组成的蛋白质。*BRCA1* 和 *BRCA2* 基因的突变涉及约 80%乳腺癌的发病风险，但对于卵巢癌，由 *BRCA1* 基因的突变所导致的发病风险为 40%～50%，而 *BRCA2* 基因的突变所导致的发病风险为 10%。

第五节 肿瘤发生的遗传学理论及研究进展

一、肿瘤发生的遗传学理论

1. *肿瘤的单克隆起源假说* 肿瘤的单克隆起源学说的观点认为，肿瘤细胞是由单个突变细胞增殖而形成的，也就是说肿瘤是突变细胞的单克隆增殖细胞群。肿瘤的细胞遗传学研究证实，几乎所有肿瘤都是单克隆起源，即患者的肿瘤都起源于一个前体细胞，最初是一个关键的基因突变或一系列相关事件导致单一细胞向肿瘤细胞的转化，随后产生不可控制的细胞增殖，最终形成肿瘤。

女性 X 连锁基因的分析为肿瘤克隆性提供了最初证据。尽管女性的所有细胞包含两条 X 染色体，但在早期胚胎形成中有一条随机失活，因此每一位女性在细胞构成上来说是嵌合的，一部分细胞中可能是母源的 X 染色体失活，另一些细胞中则可能是父源的 X 染色体失活。如果母源的 X 染色体上的基因与另一条父源的 X 染色体上的等位基因不同，就可以区分这两种细胞。葡萄糖-6-磷酸脱氢酶(G6PD)基因是一个 X 连锁基因，在部分人群中存在高突变率，杂合子个体一条 X 染色体上有一个野生型 *G6PD* 基因，另一条 X 染色体上相应的等位基因失活。失活的 X 染色体可以通过依赖于 G6PD 活性的细胞染色得到验证。因此，正常组织是包含有活性和失活的 G6PD 细胞的嵌合体。而在一些女性肿瘤的研究中，发现恶性肿瘤的所有癌细胞都含有相同失活的 X 染色体，表明它们起源于单一细胞。同时还有很多证据可证明肿瘤的克隆特性，其中包括白血病和淋巴瘤的分子分析，表明所有的淋巴瘤细胞都有相同的免疫球蛋白基因或 T 细胞受体基因重排，提示其来源于单一起源的 B 细胞或 T 细胞。近年来，通过荧光标记原位杂交方法直接检测癌组织中突变的癌基因或肿瘤抑制基因也证实了肿瘤的克隆特性。

2. *二次突变假说* 1971年,Alfred Knudson研究提出,遗传性视网膜母细胞瘤发病中,正常细胞转化为癌细胞,必须经历两次或两次以上的突变。第一次突变可能发生在生殖细胞或由父母遗传得来,为合子前突变,也可能发生在体细胞;第二次突变则均发生在体细胞,即Knudson突变假说或二次突变假说。

该假说对一些恶性肿瘤遗传型和非遗传型,及两型的临床特点的遗传机制做出了一定的解释。遗传型的遗传性恶性肿瘤在发生时经受的两次突变,第一次在亲代的配子细胞或受精卵内,第二次突变发生在子代的体细胞。因此子代出生时全身所有细胞均已经发生了一次突变。此后,再经受一次突变即可突变为恶性的肿瘤细胞。故遗传型的遗传性恶性肿瘤在临床上具有发病时间早,且多为多发病灶的特点。而非遗传型的遗传性恶性肿瘤两次突变均发生在子代的体细胞中,故非遗传型的遗传性恶性肿瘤在临床上具有发病时间晚,且多为单发病灶的特点。

但该学说不能诠释各种遗传因素和环境因素对于肿瘤发生的具体影响机制。特别是研究发现,某些肿瘤抑制基因仅有一个拷贝失活即可有效引发肿瘤,此现象称为单倍剂量不足(haploinsufficiency),即一个等位基因突变后,另一个等位基因能正常表达,但这只有正常水平50%的蛋白质不能维持细胞正常的生理功能。

3. *肿瘤的多步骤遗传损伤学说* 近年来,对肿瘤发生的认识已达成共识,学者们认为肿瘤的发生是多步骤、多阶段、多基因的复杂过程。在细胞癌变过程中,不同的阶段需要不同癌基因的激活,癌细胞表型的最终形成需要这些被激活癌基因的共同表达。这个观点后来得到越来越多的实验结果的证实,并逐渐发展为被人们普遍认同的多步骤致癌假说,也称多步骤遗传损伤学说。

恶性肿瘤的发生是一个多阶段逐步演进的过程,肿瘤细胞是经历一系列进行性的改变而逐步变成恶性的,在此过程中常累积一系列基因的突变,而这些突变有的来自种系细胞遗传,有的源于体细胞,由外界环境因素引起而后天获得,因此有遗传型和非遗传型。在肿瘤的发展中,肿瘤细胞群中发生基因突变,使细胞具有选择性优势,如更快速的生长特性、侵袭转移特性等,导致肿瘤生长更加快速和恶性表型增加。

二、肿瘤的遗传研究进展

肿瘤是人类面对的重大难题,肿瘤发生发展的机制研究成为包括肿瘤学在内的多学科研究热点,近年在遗传学方面取得了很多新的进展。

1. *肿瘤基因组解剖计划* 肿瘤基因组解剖计划(Cancer Genome Anatomy Project,CGAP)是美国国立卫生研究院(NIH)提出的肿瘤研究的宏伟计划。采用创造性的技术,确定与肿瘤相关的所有基因及其改变,全面理解肿瘤的分子生物学机制。CGAP网址将为全社会提供技术、信息、资源和研究方法,包括cDNA表达图谱、cDNA文库搜索、CGAP SNP索引、基因表达、SNPs遗传定位图谱、SAGE图谱、肿瘤抑制基因和癌基因目录等。利用这一平台,可通过对大量候选基因的研究,认识肿瘤及其各发展阶段的分子特征,并为控制癌症提供新的线索。同时,建立各种数据库(转录子数据库、蛋白质数据库和多态性数据库),发展不同的技术方法,可查询到癌症发展不同时期相关基因表达的变化。

2. *端粒酶与肿瘤的关系* 端粒是位于染色体3′末端的一段富含G的DNA重复序列,具有高度保守性,人类端粒由5′TTAGGG 3′的重复单位构成。端粒在保护染色体末端结构,防止染色体DNA降解、末端融合以及在复制过程中发生末端丢失起重要作用。1991年,Hsrley提出的“端粒-端粒酶假说”认为,端粒可能是细胞有丝分裂的计时钟(mitotic clock),在细胞有丝分裂过程中,端粒DNA不断丢失而使端粒缩短,当端粒缩短到一定程度时,多数细胞由于端粒太短而失去功能并死亡,但极少数细胞,如胚胎细胞和生殖细胞,由于存在端粒酶活性,具有不断分裂的能力。端粒酶是由端粒酶RNA和蛋白质组成的核糖核蛋白酶,通过识别并结合于富含G的端粒末端,以自身为模板,反转录合成端粒,从而维持端粒长度。同时该假说认为,端粒酶的再激活与细胞永生化和恶性肿瘤的发生发展有密切关系。大量研究已证实端粒酶特异性地表达于绝大多数恶性肿瘤细胞,而端粒酶的激活可以维持端粒的长度,从而使细胞获得无限增殖分裂的能力,因此端粒酶被认为是迄今发现的最为广泛的肿瘤标志物,同时也成为当今最引人注目的抗肿瘤治疗的新靶点之一。

3. *表观遗传学与肿瘤* 如第十一章所述,表观遗传学调控对于肿瘤的发生具有重大意义,其中DNA甲基化是导致肿瘤发生最常见的表观遗传学事件。已报道了许多肿瘤中存在着异常DNA甲基化,如在部分散发型视网膜母细胞瘤患者的DNA中，抑癌基因*RB* CpG岛呈高甲基化水平而导致转录失活；乳腺癌、卵巢癌、结肠癌等呈现原癌基因低甲基化等，均提示表观遗传学可能是肿瘤研究的新方向。

miRNA可通过核酸序列互补性结合到特定的靶mRNA，于转录后水平抑制蛋白质翻译来调控基因表达，产生基因沉默，亦属于表观遗传学范畴。miRNA在正常生理活动，包括细胞增殖、凋亡、分化和发育过程中发挥着关键作用，miRNA的异常表达将影响上述生物学过程的平衡，最终导致细胞的过度增殖、凋亡减少、细胞去分化或不能正常分化，最终引起肿瘤的发生。近年在很多肿瘤中，如白血病、结肠直肠癌、肺癌、乳腺癌、肝癌、甲状腺肿瘤、恶性胶质瘤等，均发现miRNA的异常表达，而且它们与肿瘤之间的关系逐步得到高度重视。

4. 靶向治疗　目前肿瘤的治疗除了手术、放疗、化疗和中医中药等常规治疗方法外，在细胞分子水平上针对已经明确的致癌位点来设计相应的治疗药物特异地作用于肿瘤细胞，而不会波及肿瘤周围的正常组织细胞的药物靶向治疗是肿瘤治疗研究的新方向。该方法应用反转录病毒载体将外源基因导入细胞内，此基因编码一种酶，可将无毒的药物前体转变为细胞毒素复合物，同时带有这一基因的病毒载体只在肿瘤组织中而不再正常组织中表达，从而达到特异性靶向杀死肿瘤细胞的效应。例如胞嘧啶脱氨酶可将无害的5-氟胞嘧啶(5-fluorocytosine，5-FC)转变为细胞毒素5-氟尿嘧啶(5-fluorouracil，5-FU)。一般情况下病毒载体可感染正常细胞和癌细胞，但将某酶基因连接到一种“分子开关”后，则只能在肿瘤细胞中表达。Sikora等设计了一种嵌合小基因(chimeric minigene)，通过将酶基因连接到*erbB2*基因启动子下游，使之只在乳腺癌细胞中表达，在正常细胞不表达。因此，药物5-FC注入细胞后，乳腺癌细胞特异高表达酶基因，即可转变为5-FU而致癌细胞死亡；而正常细胞无酶基因表达，则不转变为5-FU，正常细胞不受影响。此外，在肺小细胞癌等多种疾病中靶向治疗均有应用，是肿瘤治疗的新方向。

近年还发现了肿瘤耐药相关基因、肿瘤黏附相关基因等，这些都表明，肿瘤的遗传研究正不断取得新的成果。但由于肿瘤发生发展的复杂性，基因之间的网络调控等，还需要对其从多层次多角度地进行深入研究，才能最终攻破这一医学难题。

小　结

肿瘤的发生是一个多步骤的复杂的过程，既与环境因素相关，又有遗传因素参与。一些肿瘤的发生呈现家族聚集和种族差异现象，其中家族聚集现象表现为一个家族中有多个成员患同一类型肿瘤的家族性癌和一个家族的几代中有多个成员患相同或不同器官肿瘤的癌家族。一些恶性肿瘤由单个基因的突变引起，通常以孟德尔式遗传方式传递，这类肿瘤称为遗传性肿瘤。如视网膜母细胞瘤、Wilms瘤、神经母细胞瘤等；还有一类癌前期疾病，也是按常染色体显性方式遗传，它们有不同程度的患恶性肿瘤的倾向，称为遗传性肿瘤综合征，如家族性结肠息肉、恶性黑素瘤和基底细胞痣综合征等。但在大多数情况下，人类肿瘤不能用单基因遗传方式来解释，不同个体的易感性存在着差异。肿瘤染色体异常包括数目异常和结构畸变。结构畸变中特异性标记染色体的发现为肿瘤诊断提供了新的方向，如Ph染色体等。无论由遗传因素还是由环境引起的肿瘤都是从基因的变化开始的，所以说基因突变是肿瘤发生与发展的分子基础。随着科学的不断进步，对肿瘤的认识也不断深入，肿瘤的遗传研究正不断取得新的成果。

(张　政)

【复习思考题】

1. 原癌基因的激活途径有哪些方式？
2. 应用二次突变学说解释遗传性肿瘤临床分型特点。
3. 染色体畸变在肿瘤发生中起何作用？

第十三章

免疫遗传学

免疫遗传学(immunogenetics)，主要研究免疫现象的遗传基础，正常及异常免疫应答的遗传因素，以及免疫缺陷及自身免疫性疾病的遗传机制等问题。免疫遗传学是现代医学的重要理论之一，对临床输血、器官移植、免疫性疾病的诊断和治疗具有重要的指导作用。本章主要介绍红细胞抗原遗传与血型系统，MHC 遗传系统，抗体多样性遗传学基础，遗传性免疫缺陷病几方面。

第一节 红细胞抗原遗传与血型系统

人类血型由红细胞膜上的不同抗原所决定，与个体间输血时是否发生溶血反应密切相关。1900 年，奥地利的 Landsteiner 发现了 ABO 血型，为安全输血提供了重要保证，1930 年获得诺贝尔生理学或医学奖。1940年 Landsteiner 和 Wiener 发现了 Rh 血型，进一步扩大了对人类血型系统的认识。迄今，已发现了 33 个红细胞血型系统，全部基因定位也已明确(表 13 - 1)。

表 13 - 1 国际输血协会(International Society Of Blood Transfusion, ISBT)命名的红细胞血型系统及系统编码基因、染色体定位和相应的 CD 编号

系统编号	系统名称	系统符号	基因名称	染色体定位	CD 编号	系统编号	系统名称	系统符号	基因名称	染色体定位	CD 编号
001	ABO	ABO	*ABO*	9q34.2		018	H	H	*FUT1*	19q13.33	CD173
002	MNS	MNS	*GYPA*,*GYPB*,*GYPE*	4q31.21	CD235	019	Kx	XK	*XK*	Xp21.1	
003	P1PK	P1PK	A4GALT	22q13.2		020	Gerbich	GE	*GYPC*	2q14.3	CD236
004	Rh	RH	*RH D*, *RH CE*	1p36.11	CD240	021	Cromer	CROM	*CD55*	1q32.2	CD55
005	Lutheran	LU	*LU*	19q13.32	CD239	022	Knops	KN	*CR1*	1q32.2	CD35
006	Kell	KEL	*KEL*	7q34	CD238	023	Indian	IN	*CD44*	11p13	CD44
007	Lewis	LE	*FUT3*	19p13.3		024	Ok	OK	*BSG*	19p13.3	CD147
008	Duffy	FY	*FY*	1q23.2	CD234	025	Raph	RAPH	*CD151*	11p15.5	CD151
009	Kidd	JK	*SLC14A1*	18q12.3		026	John Milton Hagen	JMH	*SEMA7A*	15q24.1	CD108
010	Diego	DI	*SLC4A1*	17q21.31	CD233	027	I	I	*GCNT2*	6p24.2	
011	Yt	YT	*ACHE*	7q22.1		028	Globoside	GLOB	*B3GALT3*	3q26.1	
012	Xg	XG	*XG*,*MIC2*	Xp22.33	CD99	029	Gill	GIL	*AQP3*	9p13.3	
013	Scianna	SC	*ERMAP*	1p34.2		030	Rh-associated glycoprotein	RHAG	*RHAG*	6p21 - qter	CD241
014	Dombrock	DO	*ART4*	12p12.3	CD297	031	FORS	FORS	*GBGT1*	9q34.13	
015	Colton	CO	*AQP1*	7p14.3		032	JR	JR	*ABCG2*	4q22	
016	Landsteiner-Wiener	LW	*ICAM4*	19p13.2	CD242	033	LAN	LAN	*ABCB6*	2q36	
017	Chido/Rodgers	CH/RG	*C4A*,*C4B*	6p21.3							

血型抗原由位于红细胞膜外层的蛋白质，糖蛋白或糖脂类结构组成。有些血型抗原突出在细胞表面，如 ABO 抗原；有些抗原镶嵌在细胞膜内，如 Rh 抗原。抗原与抗体发生特异反应的部分，称为抗原决定簇

(antigen diterminant)或抗原表位(antigen epitope)。抗原脱落后进入体液中，形成可溶性血型抗原，称为血型物质。

一、ABO 血型系统

ABO 血型系统包括 A、B、O、AB 四种血型。A 型红细胞表面有 A 抗原，分 A1 和 A2 两种亚型。B 型红细胞表面有 B 抗原，AB 型红细胞则有 A、B 两种抗原，O 型红细胞有 H 物质，但无 A、B 两种抗原。A 型血清中有特异性识别结合 B 抗原的 β 抗体；B 型血清中有特异性识别和结合 A 抗原的 α 抗体；O 型血清中具有 α、β 两种抗体；AB 型血清中则不存在 α 和 β 抗体。当血清中的抗体与相应抗原红细胞结合时，可发生凝集反应，并可激活补体系统，产生溶血。

(一) ABO 抗原的生化和遗传特征

ABO 血型抗原的生化本质是糖蛋白。其肽链骨架相同，所连接的糖侧链上糖基的种类或位置不同，从而形成不同的抗原决定簇。A、B 两种血型抗原只有一个单糖残基的差异。糖链终末端是 N-乙酰半乳糖胺(N-acetylgalactosamine)构成 A 抗原决定簇，而糖链终末端是半乳糖(galactose)则构成 B 抗原决定簇。

ABO 血型抗原的合成基于前体物质 H 抗原。H 抗原是一种糖脂，基本结构是以糖苷键与多肽链骨架结合的四糖链，即 β-D-半乳糖、β-D-N-乙酰葡萄糖胺、β-D-半乳糖以及 α-L-岩藻糖。H 抗原的编码基因 *FUT1* 位于人类 19 号染色体，有两个等位基因 *H* 和 *h*。*H* 等位基因编码岩藻糖转移酶，使岩藻糖与糖链末端的半乳糖相连，形成 H 抗原。而 *h* 等位基因的编码产物没有岩藻糖转移酶的活性，不能形成 H 抗原。

ABO 血型抗原由位于第 9 号染色体长臂(9q34)上的 *ABO* 基因控制，该基因长 18～20 kb，包含 7 个外显子。人类有三个等位基因：$I^A(A)$、$I^B(B)$和 $i(O)$，编码产物是糖基转移酶。I^A 等位基因编码 α-1,3N-乙酰氨基半乳糖转移酶，能将 α-N-乙酰半乳糖胺连接到 H 抗原的 β-D-半乳糖上，形成 A 抗原；I^B 等位基因编码 α-1,3-D-半乳糖转移酶，将 α-D-半乳糖连接到 H 抗原的相同位置，形成 B 抗原；i 等位基因的第 6 外显子缺失一个核苷酸，导致无法正常表达编码蛋白，丧失糖基转移酶活性。因此，O 型血的抗原就是未经改变的 H 抗原。

等位基因 I^A 和 I^B 为共显性，i 为隐性基因，可构成 6 种基因型和 4 种表现型(表 13-2)。人群中，基因型 ii 表现为 O 型血，基因型 I^AI^A 或 I^Ai 表现为 A 型血，基因型 I^BI^B 或 I^Bi 表现为 B 血型，基因型 I^AI^B 能产生 A 和 B 两种抗原，表现为 AB 血型。各种 ABO 配偶所生子女的血型符合孟德尔遗传定律，可以从子女的血型表型来推断亲子关系。

表 13-2 人类 ABO 血型系统

血型表型	基因型	红细胞抗原	血清中抗体
A	I^AI^A, I^Ai	A	β
B	I^BI^B, I^Bi	B	α
O	ii	—	α,β
AB	I^AI^B	AB	—

(二) ABO 血型在不同人种和民族中的分布

在不同人种和不同地域的人群中，ABO 血型各等位基因频率存在很大差异。在世界范围，I^B 等位基因的频率最低，约为 16%，I^A 等位基因较 I^B 常见，约 21%。I^A 在北美印第安人黑脚族(30%～35%)和澳大利亚的一些原住民族群(40%～53%)中频率较高。而在中南美的印第安人中，I^A 几乎无分布。由于 I^A、I^B 两种等位基因型频率较低，O 血型称为世界上最常见的血型，平均频率达 63%。

中国汉族人群 ABO 血型频率的调查资料显示：A 型占 20%～39%，B 型占 20%～38%，极少数人群低于 20%；O 型一般在 30%和 40%之间；AB 型为 6%～12%。中国人群中 ABO 血型的基因频率分布也存在地域差异。从北向南，I^B 基因频率逐渐下降，而 i 基因频率升高；云贵川和长江中下游地区 I^A 基因频率升高。如果从 ABO 血型分布上粗略划分，中国人群可分为北方和南方两大群，前者 I^B 基因频率较高，后者 i 基因频率较高。此外，我国不同民族人群的 ABO 血型分布也有不同(表 13-3)。

表 13-3 我国 5 个民族 ABO 血型系统的表型频率和基因频率

民族	调查人数	表型频率				基因频率		
		A	B	O	AB	I^A	I^B	i
汉族	40 980	0.313 1	0.280 6	0.308 6	0.097 7	0.232 5	0.211 7	0.555 8
维吾尔族	1 513	0.292 2	0.319 2	0.275 0	0.113 6	0.228 4	0.246 8	0.524 8
壮族	1 487	0.212 5	0.275 7	0.472 8	0.039 0	0.135 2	0.172 7	0.692 1
回族	1 355	0.272 3	0.283 4	0.359 4	0.084 9	0.198 3	0.205 2	0.596 5
哈萨克族	885	0.228 2	0.298 3	0.379 7	0.093 8	0.164 5	0.207 0	0.628 3

(三) ABO 血型检测

ABO 血型抗体为天然抗体,出生后数月即可检测得到。临床上常用盐水凝集法,包括正向定型——用已知抗体型特异性的血清试剂检查未知红细胞的抗原,或反向定型——用已知血型的红细胞检查血清中的未知抗体两种方法。

1990 年克隆了编码 ABO 血型抗原的糖基转移酶基因,该基因编码 353 个氨基酸的蛋白质产物,有三个等位基因。测序发现,I^A 和 I^B 基因有 7 个核苷酸差异,i 等位基因存在一个核苷酸缺失。因此,也可采用分子生物学技术,针对 ABO 等位基因的核苷酸差异,进行 ABO 血型的基因分型鉴定。

(四) ABO 血型不合与新生儿溶血

人类母婴 ABO 血型不合比较常见,占妊娠总数的 20%~25%,而发生溶血反应的仅占其中的 10%,有临床症状者约为 5%。ABO 血型不合溶血常发生在第一胎,是由于 O 型血妇女在孕前已受到抗原的刺激,如被肠道寄生虫及细菌感染,它们含有 A 和/或 B 血型物质,使母体致敏产生了抗 A 或抗 B 抗体,妊娠后抗体通过胎盘进入胎儿体内,可引起溶血反应。虽然母婴 ABO 血型不合很常见,但临床真正发生 ABO 血型不合的新生儿溶血病很少,其原因可能是因为: ① 胎儿红细胞表面的血型抗原比成人少,结合的抗体量少,溶血不多,产生的胆红素可被新生儿肝脏所清除,不引起症状;② 胎儿血浆和组织中存在可溶性的 A 和 B 血型物质,能与来自母体的抗体结合,阻碍抗体对红细胞的作用。

二、Rh 血型系统

1. *Rh 血型的分型* 1940 年,Landsteiner 和 Wiener 用恒河猴(Rhesus Macacus)的红细胞免疫家兔,发现免疫的兔血清可使恒河猴的红细胞发生凝集反应,说明恒河猴的红细胞含有某种致敏家兔的抗原,称为 Rh 因子,免疫后的家兔血清中含有抗 Rh 因子抗体。后经进一步检查发现,85%的白种人红细胞可以被兔抗恒河猴血清所凝集,说明这些人的红细胞有 Rh 因子,称为红细胞 D 抗原,即为 Rh 阳性血型(Rh^+)。其余 15%的人的红细胞则不被凝集,为 Rh 阴性血型(Rh^-)。Rh 血型分布在不同国家和地区的人群也存在差异,在我国汉族及大多数民族人群中,Rh 阳性血型在 98%以上,Rh 阴性血型仅占 1%~2%,疆维吾尔等少数民族 Rh 阴性为 5%,蒙古族人接近 1%。而在欧美白种人中,Rh 阴性血型比例较高,美国大约有 15%的白种人和 7%的美籍非洲人是 Rh 阴性血型。

2. *Rh 血型系统的遗传* 人类 Rh 血型基因(RH) 位于染色体 1p34.3-p36.1,由紧密连锁的 *RHD* 基因和 *RHCE* 基因串联组成,编码 417 个氨基酸残基的 RhD 蛋白和 RhCE 蛋白。*RHD* 基因和 *RHCE* 基因高度同源,都有 10 个外显子,二者的第 8 个外显子完全相同,外显子 3、4、5、7、9 和内含子 4 差异较大,*RHD* 基因的内含子 4 缺失 651 bp。

目前已发现的 RHD 等位基因有 80 多种,可分为四类: ① RhD 阴性等位基因: 目前已发现 20 多种不同的 RhD 阴性等位基因,其分子基础包括基因重组、碱基错义突变或无义突变、碱基缺失或插入引起框移突变,导致红细胞表面 Rh 蛋白表达缺失。② 部分 D 等位基因: RHD 基因发生了碱基突变和基因交换,但其阅读框未发生改变,使其编码的 RhD 蛋白缺失一个或多个 D 抗原表位。③ 弱 D 等位基因: 已经发现 30 多种弱 D 等位基因。其分子基础是由于单碱基变异造成编码的 RhD 蛋白的胞质区或跨膜区氨基酸残基改变,影响该蛋白插入红细胞膜,导致膜上 RhD 蛋白表达量下降。*RHD* 基因缺失或表达低下是引起 Rh 阴性血型的主要原因。

人类最古老的*RHCE*等位基因为*RHce*等位基因，后经过突变或与*RHD*基因发生交换形成了*RHcE*、*RHCe*和*RHCE*等位基因。这些等位基因进一步发生基因缺失、碱基变异，或基因交换，产生了众多的RHCE等位基因。目前至少已经发现20多种RHCE等位基因，多数RHCE等位基因引起e抗原表达改变，少数引起E抗原表达异常，而影响c抗原表达改变的较为少见。

3. Rh血型检测 目前临床Rh血型鉴定多采用血清学的抗原抗体凝集反应，包括蛋白水解酶法和盐水介质法。该方法检测的结果较为准确，但在弱的或混合视野型凝集反应时可影响结果判定的可靠性。近年来出现了多种Rh血型基因分型方法，包括：① PCR序列特异性引物(PCR-SSP)：根据RH等位基因特异性位点设计序列引物，特异性扩增RH基因某个外显子或内含子，是最常用的Rh血型基因分型技术之一。② PCR-限制性片段长度多态性(PCR-RFLP)：可以检测限制性位点的单核苷酸替换，主要用于RHD合子型鉴定和D-c-C分型；③ 实时定量PCR：常用于检测孕妇外周血中微量的胎儿DNA，也适用于直接检测RHD合子型。④ DNA测序：直接测序可以检测RH基因多态性，确定各种碱基变异位。

4. Rh血型不合与溶血 Rh血型不合是临床医学中引起新生儿溶血病(HDN)、溶血性输血反应和自身免疫性溶血性贫血(AIHA)的重要原因。与ABO血型系统不同，人体内没有Rh抗原的天然抗体，只有经过输血或妊娠致敏后，才产生Rh抗体，因此溶血反应都发生在再次输入血液时。

在输血时，Rh阴性个体第一次接受Rh阳性者输血后，输入的红细胞不会发生凝集和溶血反应，但能引起受血者致敏，产生抗Rh抗体。而当受血者再次接受Rh阳性者的血液后，输入的红细胞就能发生抗原抗体反应，引起溶血。所以，临床上在给患者重复输血时，考虑到Rh血型，即使输入同一献血者的血液，也应再做配血试验。

Rh血型不合引起新生儿溶血常在第二胎发病。当Rh阴性妇女首次妊娠Rh阳性胎儿，Rh^+的胎儿红细胞进入母体循环中，致敏母体产生抗Rh抗体，但并不发生溶血。但当该Rh阴性妇女再次怀孕Rh阳性胎儿时，母体的抗Rh抗体就可能通过胎盘进入胎儿血液，导致新生儿产生溶血。如果Rh阴性的妇女曾接受过Rh阳性血液的输血，则孕育第一胎Rh阳性胎儿时也会发生新生儿溶血症。

三、孟买血型

1952年，Y. M. Bhende在印度孟买发现一种特殊的血型，这种血型的红细胞既无A抗原和B抗原，也无H抗原，称为孟买血型(Bombay phenotype)。孟买血型个体的基因型为hh，FUT1基因的H等位基因对h是完全显性，只有两条染色体都带有h的个体才可能表现孟买血型，因此非常罕见。在印度约为万分之一，在欧洲约为百万分之一，在中国人群中仅为十几万分之一。孟买血型的个体没有H抗原，因此，无论其是否拥有A、B血型的等位基因，A抗原或B抗原都无法合成。孟买血型个体不能接受任何ABO血型的输血，因为这些血液中至少含有A、B、H抗原中的一种，对他们来说均能引起免疫反应性溶血，只能接受其他孟买血型个体的输血，或者预先储存自身血液，即自体储血输血。

第二节 MHC遗传系统

由于遗传变异，同一种群不同个体之间不同等位基因所编码的产物存在差异。当个体的组织和细胞移植进入另一个机体后可以成为抗原，称为同种异型抗原(alloantigen)。同种异体移植物(allograft)移植后常发生免疫排斥反应，引起这种排斥反应的同种异型抗原称为移植抗原或组织相容性抗原。动物和人类具有多种组织相容性抗原，根据引起排斥反应的强度将组织相容性抗原分为：① 主要组织相容性抗原，是在进行同种异体移植(allogeneic graft)时刺激受者产生抗移植物免疫排斥反应的主要抗原。编码这些抗原的是一组连锁基因，称为主要组织相容性复合体(major histocompatibility complex, MHC)。人类主要组织相容性抗原系统(MHC)又称为人类白细胞抗原(human leucocyte antigen，HLA)，是迄今所知的人类多态性最复杂的基因簇。② 次要组织相容性抗原(minor histocompatibility antigen),包括了所有由不同个体的多态性等位基因编码的产物,在同种异体移植后能被宿主的 MHC 分子提呈,刺激产生免疫排斥反应。

一、HLA 复合体的结构

人类 HLA 复合体位于第 6 对染色体短臂上(图 14-2-1),该区 DNA 片段长度大约 4 000 kb,占人体整个基因组的 1/3 000。HLA 基因根据基因编码产物的不同,分为 HLA-Ⅰ类、Ⅱ类和Ⅲ类区域。

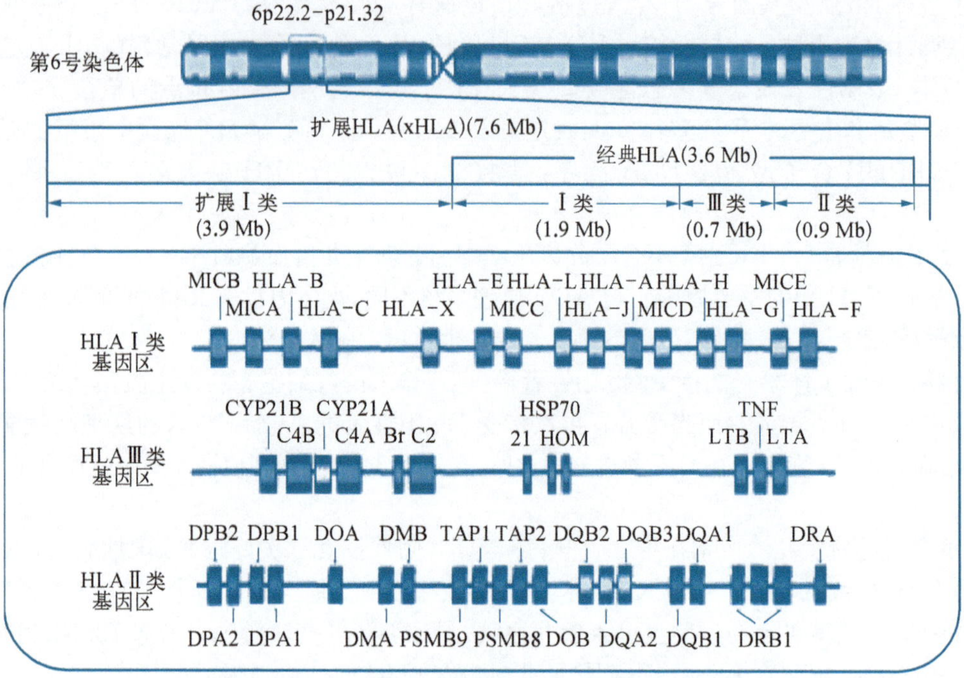

图 13-1 第 6 号染色体短臂 HLA 区主要基因

HLA-Ⅰ类基因所在区域有 31 个基因座位,其中的 HLA-A、B、C 三个基因座为经典的 HLA-Ⅰ类基因,每个基因座又各自有几十到上千个等位基因。在Ⅰ类区里还发现有 E、F、G、H、J 等基因座,称为Ⅰ类样基因(class Ⅰ—like genes)。

HLA-Ⅱ基因区域包括近 30 个基因座位,其中的 DR、DQ、DP 三个亚区为经典的Ⅱ类基因。每个基因座也分别有几个到上千等位基因。DR 可细分为 DRA 和 DRB,DRB 又可再分为 9 型 DRB1-DRB9。DQ 及 DP 可分为 A1 和 B1 亚型。此为,该区域还不断发现有 DMA,DMB、DO、DN 等新的亚区,以及肽链转运基因(transporter associated with antigen processing, TAP)和蛋白酶体相关基因(LMP)等基因座。

HLA-Ⅲ类区至少已发现 36 个基因座位,主要包括 C2、C4、Bf、热休克蛋白(HSP)和 21 羟化酶;其中的 21 羟化酶是肾上腺皮质合成皮质醇和醛固醇必需的酶之一,此酶缺乏可导致先天性肾上腺皮质增生症。Ⅲ类基因产物与Ⅰ类、Ⅱ类产物不同,合成后分泌到细胞外,进入体液中发挥作用。在Ⅲ类和Ⅰ类基因区域之间,还有肿瘤坏死因子(TNF)的结构基因 α 和 β 两个位点,编码产物为肿瘤坏死因子,亦属Ⅲ类分子。

二、HLA 遗传特征

人群中 HLA 复合体上的等位基因组合成多样的不同单元型,其重要特点是复等位基因共显性遗传,使得 HLA 基因组合呈现极大的复杂性。其遗传特点如下:

1. 单元型遗传　在正常情况下,人体细胞是二倍体型。连锁在一条染色体上的 HLA 各位点的基因组合称为 HLA 单元型(haplotype)。两个同源单元型构成了 HLA 的基因型(genotype)。由于一条染色体上 HLA 各位点之间距离非常近,很少发生同源染色体之间的交换。当亲代的遗传信息传给子代时,HLA 以单元型作为一个单位遗传传给下一代。因此,子女的 HLA,其中一个单元型和父亲的相同,另一个单元型和母亲的相同。故一般来说，两个同胞之间具有完全相同基因型的可能性为 25%；两个单元型完全不同的为 25%；一个单元型相同的为 50%。

2. 共显性遗传　在人群中，HLA 每一个基因座位都有多个复等位基因，每一个等位基因都能编码产生特异性抗原并表达于细胞膜，因此 HLA 为共显性(co-dominance)，这就大大增加了 HLA 抗原系统的复杂性和多态性。

3. 高度多态性　具有多态性的 HLA 基因座位有 30 余个，超过 10 000 个等位基因其中，HLA－A 位点有 2 579 个，B 位点有 3 285 个，C 位点有 2 133 个，DRA 位点 7 个，DRB 位点有 1 512 个，DQA1 位点有 51 个，DQB1 位点 509 个，DPA1 位点有 37 个，DPB1 位点 248 个(图 13－2)。由于每一个体的任何一个基因座位都有 2 个等位基因，这些等位基因均共显性表达。因此，人群中 HLA 不同位点的组合构成了数亿个 HLA 单元型，基因型和表现型则更多，远远超过全世界总人口数。除非是同卵孪生子，不同个体的 HLA 单元型完全相同的概率极小。如此复杂的 HLA 系统有着规范的 HLA 命名方法。

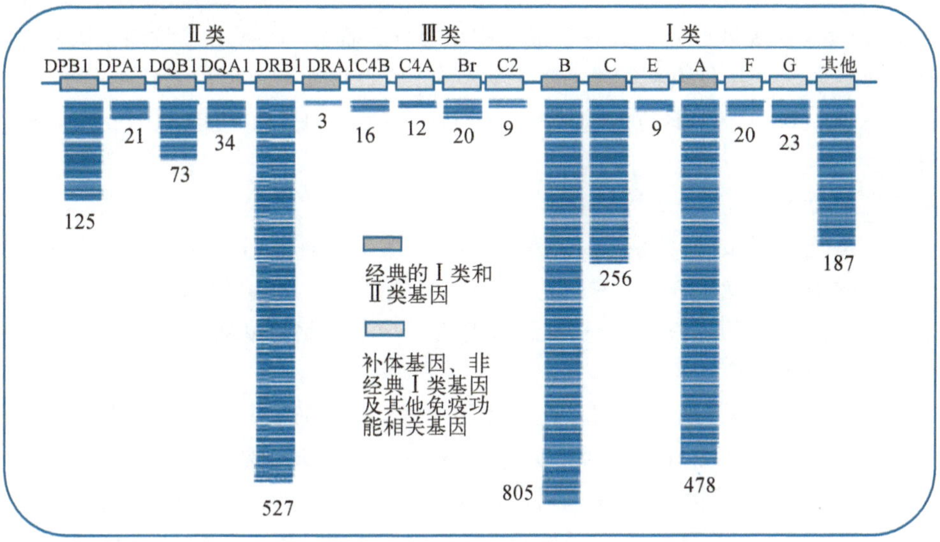

图 13－2　HLA 系统主要基因座位的等位基因数

HLA 等位基因频率在不同人种、不同民族、不同地域存在明显差异。例如 HLA－A2 是世界范围内绝大多数民族常见的抗原，但在巴布亚新几内亚的人群中则不存在；HLA－A3、HLA－B7、HLA－DRl 在白种人中较为常见，但在东方人中频率很低；东方人中频率较高的 HLA－B46、HLA－DR9 在白种人中却十分罕见。因此，HLA 系统在人类遗传学上是很好的遗传标志，对研究人类起源、迁移、与疾病易感性的关系有很高的价值。

HLA 基因所编码的抗原表达于免疫细胞及各种组织细胞表面，能够选择性识别和呈递外来抗原，激活 T 淋巴细胞，产生免疫应答。群体 HLA 的高度多态性有利于保证种属个体对大量不同的外来抗原进行呈递及应答，对维持种群的生存具有重要的生物学意义。但在进行同种组织和器官移植时，这种高度多态性也就成为引起强烈移植排斥反应的同种异型抗原，对器官移植配型增加了困难。因此在器官移植时，可以从同胞兄弟姐妹中寻找完全相同或部分相同的 HLA 单元型为供体，提高器官移植的成功率。

4. 连锁不平衡性　HLA 复合体的等位基因都有各自的基因频率，HLA 各个基因座位紧密连锁，构成单元型。如果是随机组合的话，某一单元型出现的频率等于各个基因频率的乘积，理论上基因频率应该是固定的。但实际上，人群中某些单元型频率的测定结果往往与理论计算不一致，说明连锁的基因不是随机组合的，某些基因较经常在一起出现，而另一些又较少连锁在一起。这种单元型基因非随机组合的现象，称为连锁不平衡(linkage disequlibrium)。

例如在白种人中，HLA－A1 基因频率为 0.275，HLA－B8 基因频率为 0.157。A1 与 B8 在同一条单元型上的理论预期频率为 0.043(0.275×0.157)，但在群体中 A1－B8 在同一条单元型上实际频率为 0.098，连锁不平衡参数 Δ 为 0.098－0.043＝0.055。连锁不平衡的存在，造成不同人群，尤其在隔离群体中，出现Ⅰ类座位和Ⅱ类座位不同等位基因的非随机组合，由此构成的高频单元型被称为祖先单元型(ancestral haplotype)。这些祖先单元型在一定程度上可作为该群体的遗传标志。

三、HLA 在医学中的意义

对 HLA 与疾病关系的研究，早先主要集中于同种器官移植排斥反应。但随着对 HLA 研究的深入，人们发现 HLA 作为控制免疫遗传的主要基因，在众多免疫相关疾病中都扮演了重要角色。

(一) HLA 与器官移植

由于 HLA 抗原是导致同种移植排斥反应的主要抗原，移植物的存活很大程度上取决于供者与受者之间 HLA 型别是否相符。一般来说，供者与受者 HLA 等位基因相配的数目越多，发生移植排斥反应越弱，移植物的存活率越高。因此，所有器官移植均需进行 HLA 分型与交叉配型(cross-matching)，尽量选择与受者 HLA 基因型相接近的供者移植物。同卵双生子之间的器官移植，免疫排斥反应很弱，不用免疫抑制剂也可长期存活。研究表明，不同 HLA 基因座位的编码产物对移植排斥反应影响的重要性不同，其中，HLA Ⅱ类抗原配型匹配比 HLA Ⅰ类抗原匹配对提高移植成功率更重要。而在 HLA Ⅱ类抗原基因座位中，HLA-DR 和 DQ 基因处于连锁不平衡，DR 位点相配的个体，通常 DQ 位点也相配。所以，HLA-DR 基因位点的配型最重要，其次是 HLA-A 和 HLA-B 位点的匹配。而 HLA-C 和 HLA-DP 基因座位对延长移植物存活的重要性尚不确定。

(二) HLA 与疾病的关系

连锁与关联分析是研究 HLA 与疾病关系最常用的两种方法。连锁分析通过家系资料可对疾病基因进行定位。关联分析指的是疾病与不同等位基因之间的联系，关联程度用相对危险值表示，以此估计带有携带某一 HLA 等位基因的个体易患某种疾病或不易患病的概率与不带此等位基因个体之间的差别，代表了个体易感或抵抗某些疾病的倾向。

人群中 HLA 等位基因频率与某些疾病存在连锁不平衡，提示 HLA 基因与这些疾病的发生与发展相关。迄今，在已研究的 500 余种疾病中，大部分疾病与 HLA 的关联都很弱，只有 10 余种疾病与 HLA 呈强关联，这些疾病多数为自身免疫性疾病，主要包括强直性脊柱炎(ankylosing spondylitis, AS)、类风湿性关节炎(rheumatoid arthritis, RA)、多发性硬化症(multiple sclerosis, MS)、系统性红斑狼疮(systemic lupus erythematosus, SLE)、1 型糖尿病(insulin-dependent diabetes mellitus-1, IDDM-1)、银屑病(psoriasis, PSORS)、发作性睡眠病和乳糜泻等。

HLA 与疾病相关的机制目前还未完全弄清楚，目前有两个学说：

(1) 分子模拟学说(Moleculor Mimicry hypothesis)：认为某些病原微生物的抗原与 HLA 抗原分子结构相似，即成为共同抗原。共同抗原使得机体在免疫应答时出现两种结果：① 机体对这种病原微生物产生交叉免疫耐受，不产生有效的免疫应答，保护了病原微生物；② 病原微生物刺激机体产生了相应的抗体，机体在对病原微生物的免疫反应时发生了交叉反应，损伤了机体的自身组织。例如，与 AS 相关的肺炎克雷白杆菌蛋白和 HLA-B27 抗原特异氨基酸之间有 6 个共同抗原部分。

(2) 连锁不平衡学说(linkage unequilibrium hypothesis)：认为 HLA 并不是引起疾病的直接原因，疾病的真正易感基因与 HLA 基因处于连锁不平衡状态，是一种可供检出的遗传标志。例如发作性睡眠病患者多携带 DR2、DQ1，单元型出现 DQA1×0102/DQB1×0602 组合较高。但 DR2、DQ1 基因本身并非致病基因，推测该病的发生与这些基因连锁的未知基因有关。连锁不平衡现象在一定程度上影响了 HLA 与疾病关联研究结果的解读，所发现的与疾病关联的某个 HLA 基因很可能仅是与该原发性易感基因处于连锁不平衡中，属于次级关联成分。

(三) HLA 与法医鉴定

由于人群 HLA 复合体的高度多态性，在无关个体间 HLA 基因型和表现型完全相同的概率极低。故 HLA 被看作是伴随个体终生的特异性遗传标记。借助 HLA 基因型和表现型鉴定，可用作法医上的个体识别。另外，由于 HLA 的高度多态性，以及单元型遗传的特点，HLA 分型也可作为鉴定亲子关系的重要手段。

第三节　抗体多样性的遗传学基础

抗体(antibody，Ab)是介导体液免疫的重要分子，是由B细胞接受抗原刺激后增殖分化为浆细胞所产生一类糖蛋白，也称为免疫球蛋白(immunoglobulin，Ig)。自然界存在数量巨大的抗原物质，必须有同样数量巨大的抗体与之结合。每一个人体内大约有 10^9 种特异性抗体，这些多样性的抗体总和称为抗体库(antibody repertoire)。抗体的多样性是特异性免疫应答的基础，保证了机体对外界多种多样的抗原都能作出积极而有效的免疫反应，达到清除相应抗原的目的。

一、免疫球蛋白的结构和种类

免疫球蛋白的基本结构是由四条多肽链组成的"Y"字型结构，由两条相同的重链(H)和两条相同的轻链(L)借二硫键连接而成(图13－3)。

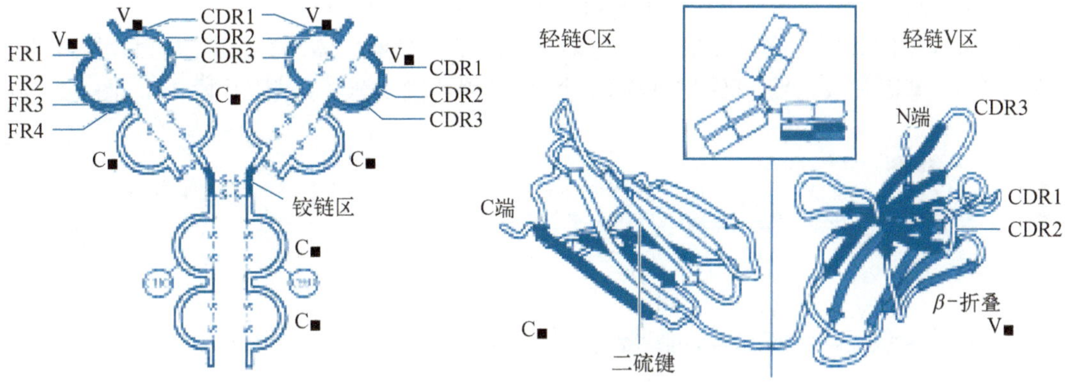

图13－3　免疫球蛋白结构示意图

免疫球蛋白重链的分子质量为50～75 kDa，由450～550个氨基酸残基组成。分别是μ、δ、γ、α和ε链5种，这五种重链决定了免疫球蛋白的类别或同种型，即IgM、IgD、IgG、IgA和IgE。轻链的分子质量约25 kDa，约含210个氨基酸残基。有κ链和λ链两种，这两种轻链决定了免疫球蛋白的型别。

免疫球蛋白的两条重链和两条轻链都可折叠为数个环形结构域(14－3－1)。每个结构域含110个氨基酸残基。重链和同型轻链的近N端约110个氨基酸序列的变化很大，其他部分的氨基酸序列相对恒定，据此可将轻链和重链区分为可变区(V)和恒定区(C)。

重链的V区有一个结构域(VH)，但γ、α、δ链的C区各有三个结构域，分别称为CH1、CH2、CH3，ε链的C区有四个结构域，分别为CH1、CH2、CH3和CH4。轻链V区和C区各由一个结构域构成，分别为VL和CL。

VH和VL中各有3个区域的氨基酸组成和排列顺序高度变化，称为高变区(HVR)或互补决定区(CDR)，分别为CDR1、CDR2和CDR3。VH和VL的3个CDR共同组成Ig的抗原结合部位，识别及结合抗原，决定免疫球蛋白识别的特异性。

二、免疫球蛋白编码基因

Ig轻链和重链及其C区和V区分别由分布于不同染色体的多个基因片段所编码(表13－4)。重链的胚系基因中含有许多基因片段，包括众多的V基因片段、多个D基因片段、几个J基因片段和5类C基因片段；轻链的胚系基因中也有许多基因片段，包括V基因片段、J基因片段和C基因片段，但不含D基因片段。

表 13-4 Ig基因的染色体定位

肽链	所在染色体		基因片段及顺序
	人	小鼠	
λ	22q11.2	16	Vλ-Jλ-Cλ
κ	2p11.12	6	Vκ-Jκ-Cκ
H	14q32.3	12	VH-DH-JH-CH

由于编码轻重链可变区的基因都有V、J片段,分别用链名为下标以示区分。如 V_H 及 $V_κ$ 分别代表H链及κ链中的V基因片段;J_H 及 $J_κ$ 分别代表H链及κ链中的J基因片段。

三、免疫球蛋白胚系基因结构

人重链基因定位于第14号染色体长臂,跨度约1 100 kb,由V、D、J和C四种基因片段组成,包含95个 V_H 基因片段、27个D基因片段、6个 J_H 基因片段和9个 C_H 基因片段。V_H 基因片段位于上游。D_H 基因片段位于 V_H 和 J_H 基因簇之间,J_H 基因位于 D_H 下游,与C基因区相隔7 kb左右,C_H 基因成簇(cluster)排列,跨度约200 kb,$C_μ$ 和 $C_δ$ 基因紧位于 J_H 基因片段下游,$C_δ$ 下游依次是 $C_γ$、$C_α$ 和 $C_ε$。

人轻链的λ和κ基因分别定位于第22号染色体长臂和第2号染色体短臂。$V_κ$ 基因片段约40个,下游是5个 $J_κ$ 和1个 $C_κ$ 基因片段。$V_λ$ 基因片段约30个,$J_λ$ 基因片段4个,$C_λ$ 基因片段4个(图13-4)。

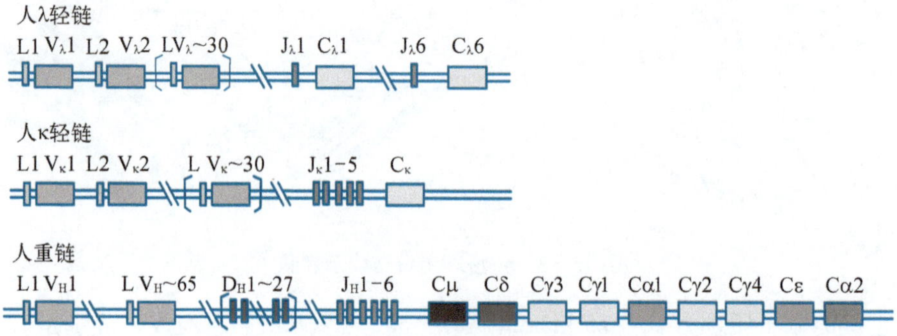

图13-4 人免疫球蛋白H链和L链胚系基因结构示意图

四、免疫球蛋白胚系基因的重排

Ig的V、D、J基因片段在胚系基因中成簇存在,完整的Ig编码基因的形成必须进行基因片段的选择性组合,这一过程称为基因重排(gene rearrangement)。Ig胚系基因重排的发生有一定顺序,首先是重链可变区发生重排,先由一个D基因片段与任一个J基因片段连接成DJ,然后DJ与V基因片段连接成VDJ,构成完整的 V_H 基因。接着是轻链可变区重排,由一个V基因片段和一个J基因片段连接而成 V_L 基因。在受到抗原刺激后,DNA转录为初始转录RNA,通过RNA剪切C基因片段与VJ或VDJ基因连接成mRNA。随后,重链和轻链mRNA翻译为重链和轻链多肽,经翻译后修饰,轻、重链被以二硫键连接成完整的Ig(图13-5)。

Ig的 V_H 和 V_H 基因重排发生在DNA水平,其分子机制主要是通过重组酶RAG-1和RAG-2介导的位点特异性同源重组,包括识别位于V(D)J基因片段两侧的保守重组信号序列(recombination signal sequences,RSS)、切断及重组修复等一系列过程。

五、免疫球蛋白多样性产生的机制

免疫球蛋白多样性产生的机制主要包括组合多样性(combinatorial joining)、连接多样性(junctional flexibility)和体细胞高频突变(somatic hypermutation)(表13-5)。

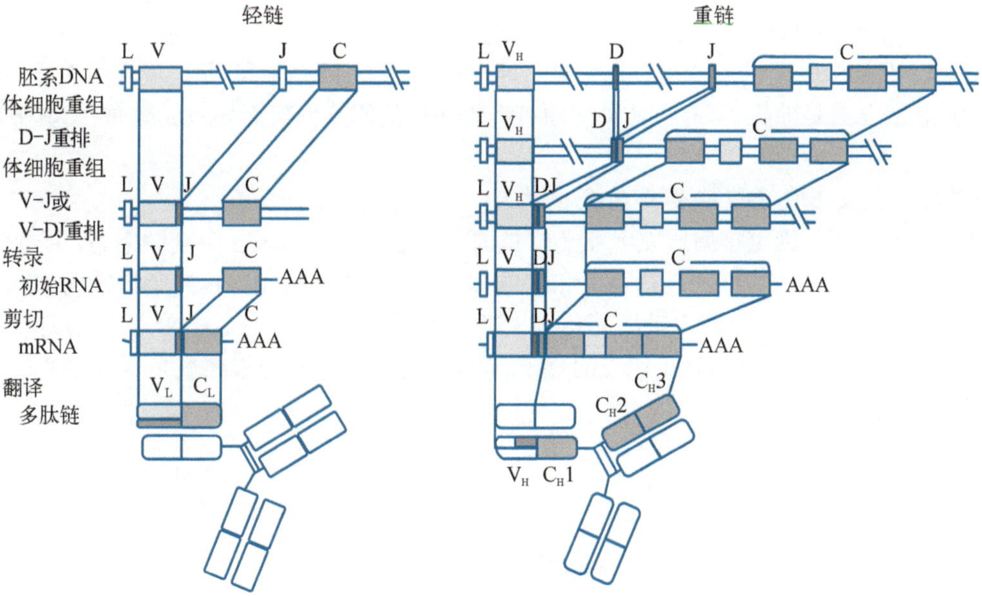

图 13-5　Ig基因重排示意图

表 13-5　免疫球蛋白多样性的机制

	小鼠			人		
	H	λ	κ	H	λ	κ
组合多样性	1.4×10^4	6	1.2×10^3	1.1×10^4	1.2×10^2	2×10^2
V	300	2	300	65	30	40
D	12	0	0	27	0	0
J	4	3	4	6	4	5
连接多样性	1.3×10^4	18	3.6×10^2			
连接点改变	+	+	+	+	+	+
连接移码	+	+	+	+	+	+
N-region	+	—	—	+	—	—
体细胞突变	+	+	+	+	+	+
总　计		4.7×10^7			10^{14}	

(一) 免疫球蛋白的组合多样性

胚系未重排基因中有众多的 V、D、J 基因片段，在重排过程中可以有各种组合。在人免疫球蛋白基因的重排中，重链有 65 个 V_H基因片段，27 个 D_H基因片段，6 个 J_H基因片段，这样就有 11 000 多种 VH 组合；κ 轻链约有 40 个 V_κ 基因片段，5 个 J_κ 基因片段，这样就有 200 种不同的 V_κ 组合。λ 轻链约有 30 个 V_λ 片段和 4 个 J_λ，组合起来有 120 种不同的 V_λ；因此，VL 加起来就共有 320 余种。轻重链之间的组合将产生更大的多样性，可达 3.5×10^6不同的组合。

(二) 免疫球蛋白的连接多样性

在重组过程中，各基因片段之间的连接并不准确，在连接部位可发生插入、替换或缺失核苷酸的情况，从而产生新的核苷酸序列，称为连接多样性。造成连接多样性的机制有以下两种。

1. P-核苷酸形成　在 V-D-J 重排过程中，重组信号序列末端的连接一般较准确，但编码序列末端的连接准确性较差，常有 1～10 个核苷酸的丢失或插入。基因片段和七聚体切断后两个片段并未直接相连，片段的断端各自连接形成发夹结构，再被内切酶随机切开，形成带有回文结构的突出单链 DNA 末端，以后再通过 DNA 修补，恢复双链并将断裂处连接，因而将此回文序列保留在 V 区的编码序列中，称为 P-核苷酸。P-核苷酸出现的概率相对较低，对于 CDR3 区多样性的贡献小于 1%。

2. N-核苷酸插入　上述形成的突出的单链 DNA 末端，也可被 DNA 外切酶切除，造成编码区末端的缺失，并可通过 TdT 酶将核苷酸加到发夹切断后的断端，然后再通过 DNA 修复将断端连接。这些加入的核苷酸称为 N-核苷酸(N-nucleotides)，由非胚系基因模板编码。这个 N-核苷酸区称为 N 区(N-region)，多为 GC，并只发生于重链可变区的 D-J 和 V-D 连接处。N-核苷酸插入频率很高，是造成连接多样性的主要机制。由于加入的核苷酸总数是随机的，有可能破坏原有编码序列的阅读框架而导致无效重排，其概率约占重排的 2/3。

(三) 体细胞高频突变形成免疫球蛋白的多样性

体细胞高频突变发生于基因重排后成熟 B 细胞受抗原刺激后的分化阶段。突变频率高，主要是点突变。点突变的位置主要发生于重排后的可变区基因 3′和 5′端 300 个左右的碱基内，其突变频率比细胞中正常基因突变频率高 10^5 倍。点突变的类型多为错义突变，这样既能产生最大的序列多样性，又不破坏蛋白质的结构。突变后有些 Ig 分子的亲和力会远高于原先的分子，而免疫球蛋白亲和力成熟就是生发中心的 B 细胞发生高频突变，并经抗原选择的结果。

第四节 遗传性免疫缺陷病

遗传性免疫缺陷病(inherited immunodeficiency diseases)，又称原发性免疫缺陷病(primary immunodeficiency disease，PID)，是由于遗传基因异常或免疫系统成分遗传性缺陷所致，常伴其他组织器官的发育异常综合征。目前已发现的遗传性免疫缺陷病有 100 多种，缺陷涉及免疫系统的各方面，临床症状具有高度的异质性。根据发生缺陷的免疫系统组分，可将 PID 分为 B 细胞缺陷(50%)、联合免疫缺陷(20%)、T 细胞缺陷(18%)、吞噬细胞缺陷(10%)、补体系统缺陷(2%)。

一、原发性 B 细胞缺陷病

原发性 B 细胞缺陷病是因为 B 细胞发育、分化或增殖障碍，或由于 Th 细胞功能异常，引起抗体合成或分泌缺陷所致，亦称原发性免疫球蛋白缺陷病。免疫球蛋白缺陷可表现为：各类免疫球蛋白均缺陷，血清丙种球蛋白在 3 000～4 000 mg/L 以。选择性缺乏某类或某亚类免疫球蛋白，血清总免疫球蛋白含量正常或稍低，但特异性抗体反应低下。

(一) X-连锁无丙种球蛋白血症

X-连锁无丙种球蛋白血症(X-linked agamaglobulinemia，XLA)又称 Bruton 病，于 1952 年首次报道，是最常见的先天性 B 细胞缺陷病。1993 年其病因被阐明，是由于 X 染色体 q21.3-22 区的 Bruton 酪氨酸激酶(Bruton's tyrosine kinase，Btk)基因突变所引起。为 X 连锁隐性遗传病，多为男性发病，女性为携带者。患儿一般在出生 6～8 个月时发病，临床表现以反复持久的细菌感染为多见，但对病毒、真菌等胞内感染仍有一定抵抗力。血清 Ig 含量明显降低，血循环和淋巴组织中缺少或无成熟 B 细胞，淋巴结中缺乏生发中心和浆细胞，对抗原刺激无抗体应答，但骨髓中前 B 细胞数正常，外周血 T 细胞数及功能亦正常。

目前已发现了 100 多种 Btk 基因突变类型，包括各种碱基突变和片段缺失。Btk 主要表达于 B 细胞和中性粒细胞。在 B 细胞分化发育过程中，Btk 与前 B 细胞受体偶联，其磷酸化后能催化胞质内某些信号转导分子酪氨酸残基磷酸化，发挥信号转导作用，使前 B 细胞发育为成熟 B 细胞。Btk 基因缺陷导致前 B 细胞分化发育障碍，成熟 B 细胞数量减少或缺失。

(二) 高 IgM 血症

高 IgM 血症(hyper IgM syndrome，HIGM)是一种罕见的遗传性免疫缺陷病，其缺陷与免疫球蛋白类别转换障碍有关，因此参与 CSR 的任何分子缺陷都可以引起 HIGM。

共刺激分子 CD40-CD40L 在 T、B 淋巴细胞相互作用，B 细胞活化、增殖、分化及 Ig 类型转换中起重要作用。$CD4^+$ T 细胞的 CD40L 缺陷或 B 细胞的 CD40 缺陷都能导致 T、B 淋巴细胞相互作用受阻，导致 B 细胞不能发生增殖和 Ig 类型转换，而只能产生 IgM，表现为血清 IgM 升高，而 IgG、IgA、IgE 水平低下，IgD 正常或增高，B 细胞数正常，临床表现为反复发生化脓性感染。X－连锁高 IgM 综合征（X-linked hyperimmunoglobulin M syndrome，XL－HIM）是由于 X 染色体 q26.3－27.1 区的 CD40L 基因突变或缺失，使 T 细胞表达 CD40L 缺陷所致。为 X 连锁隐性遗传，多见于男性。而常染色体隐性高 IgM 综合征是由于位于常染色体 20q12－13.2 的 CD40 基因突变所引起。该突变使 B 细胞表面 CD40 分子表达降低，因此与 CD40L 缺陷一样可导致 Ig CSR 障碍，表现为常染色体隐性遗传。

二、原发性 T 细胞缺陷病

原发性 T 细胞缺陷病亦称原发性细胞免疫缺陷病。患者细胞免疫功能低下，临床表现为对病毒、真菌、原虫和胞内寄生菌易感性增高，感染不易控制，病情严重常导致死亡。此外肿瘤发病率也明显增高。

（一）DiGeorge 综合征

DiGeorge 综合征（DiGeorge's syndrome）亦称先天性胸腺发育不全，与胚胎期第Ⅲ、Ⅳ对咽囊发育缺陷有关。致病基因定位于 22q11.2，Tbx1 基因是最重要的候选基因。患者常同时有胸腺和甲状旁腺缺如或发育不全，先天性心血管异常和其他脸、耳畸形。外周血 T 细胞减少或缺乏，淋巴组织中浆细胞数量正常，但皮质旁胸腺依赖区及脾细动脉鞘周围淋巴细胞明显减少。常在出生后即发病，主要表现为各种严重的病毒或真菌感染。应用胸腺素或胚胎胸腺上皮移植治疗可有一定疗效。

（二）T 细胞信号转导缺陷

由于 T 细胞表面分子或细胞内信号转导分子缺陷，使 T 细胞识别和信号转导异常，功能障碍，患者出现细胞免疫缺陷的各种症状，严重时可发生联合免疫缺陷。例如，TCRα 或 β 链缺陷可严重影响细胞免疫功能。CD3 分子 δ 链、ε 链、链缺失可使胞内信号转导障碍，T 细胞活化减弱。患者表现为免疫应答能力降低，IL－2 及其他细胞因子生成减少。信号转导分子 NF－AT 基因缺陷，或 ZAP－70 基因突变，也可致 T 细胞激活信号传递障碍，影响 T 细胞分化和发育，导致细胞免疫功能缺失。

三、联合免疫缺陷病

严重联合免疫缺陷病（severe combined immunodeficiency disease，SCID）为 T 细胞和 B 细胞均有缺陷而致的细胞免疫和体液免疫功能联合缺陷。包括多种不同疾病，发病机制各异。该症共同临床特点为淋巴组织发育不良，淋巴细胞减少，易反复发生细菌、病毒及真菌感染；若接种某些减毒活疫苗也可发生严重的全身感染，患者多因难以控制的感染而在 1～2 岁内死亡。临床采用骨髓移植或输血有一定疗效，但可能发生移植物抗宿主病。根据遗传类型、免疫学特征和基因分型主要将其分为以下几类：

（一）X－连锁严重联合免疫缺陷病（X-linked SCID，XLSCID）

XLSCID 约占 SCID 的 50%，属 X 连锁隐性遗传病。该病是由于位于 Xq13.11－13.3 的 IL－2 受体 γ 链（IL－2Rγ）基因发生突变所致，包括点突变、插入或缺失突变，以及拼接位点的突变。IL－2Rγ 是 IL－2R 的重要组分，也是 IL－4R、IL－7R、IL－9R、IL－15R、IL－22R、IL－24R、IL－27R、IL－29R 共有的受体亚单位，称为共同 γ 链，对细胞因子作用于靶细胞的信号转导具有重要作用。γc 基因突变导致了多种细胞因子受体功能异常，使 T 细胞和 B 细胞成熟受阻和功能障碍。患儿表现为外周血 T 细胞和 NK 细胞数减少，B 细胞数量正常但功能障碍，对抗原和丝裂原刺激无增殖反应，也无抗体生成。

JAK3 基因定位于 19p13.1，其突变引起的 SCID 为常染色体隐性遗传病。JAK3 是与 γc 相关的信号分子，γc 与 JAK3 在细胞内结合后，通过一系列蛋白磷酸化转导信号，调控淋巴细胞的发育和分化。因此，JAK3 基因突变引起的 SCID 在临床表型上与 X 连锁 SCID 相同。另外，IL－27 在 T 细胞分化发育过程中起重要作用，IL－27Rα 链基因突变也可导致 T 细胞缺陷，但不影响 B 细胞分化发育，其临床表型为 T－B＋NK＋SCID。

（二）酶缺陷引起的 SCID

1. 腺苷脱氨酶缺乏症 腺苷脱氨酶缺陷约占常染色体隐性遗传性 SCID 的 40%，全部 SCID 的 14%。ADA 基因定位于 20q13－ter，其突变或缺失导致 ADA 缺乏或功能缺陷。ADA 是一种氨基酸水解酶，参与嘌呤代谢过程，催化腺嘌呤核苷酸脱氨基变成次黄嘌呤核苷酸。ADA 缺陷导致嘌呤代谢中间代谢产物堆积而损伤淋巴细胞，包括T细胞、B细胞和NK细胞，因此临床表型为T－B－NK＋SCID。由于ADA广泛表达于多种细胞，故其缺陷时产生的毒性产物也可累及胸腺上皮、肺、肝等组织，造成多系统损害。因此ADA缺陷SCID的预后比其他类型的SCID预后差。

2. 嘌呤核苷磷酸化酶缺乏症 嘌呤核苷磷酸化酶缺陷导致的SCID也属常染色体隐性遗传病。PNP基因位于第14号染色体q13.1,其突变或缺失导致PNP缺乏或功能缺陷,使脱氧鸟苷转化为鸟嘌呤以及肌苷转化为次黄嘌呤的通路受阻,鸟苷、脱氧鸟苷和dGTP等积聚,抑制DNA合成所需的核糖核苷酸还原酶,影响淋巴细胞分化和成熟。由于dGTP对T细胞的毒性作用大于B细胞,故细胞免疫功能受损明显。

(三) MHCⅠ类分子或MHCⅡ类分子缺乏症

1. MHCⅠ类分子缺乏症 该病是常染色体隐性遗传病。由于TAP基因突变,内源性抗原不能经TAP转运至内质网中,影响MHCⅠ类分子与抗原肽结合及其在淋巴细胞表面的表达。由于MHCⅠ类分子表达缺乏,影响胸腺内$CD8^+$T细胞阳性选择,导致外周血$CD8^+$T细胞数量减少和功能障碍。

2. MHCⅡ类分子缺乏症 该病属常染色体隐性遗传病。Ⅱ类反式活化子(class Ⅱ transactivator, *CⅡTA*)基因、*RFX5*基因和*RFXAP*基因缺陷与该病发生有关。CⅡTA能与其他转录因子结合促进MHCⅡ类基因转录,RFX5和RFXAP蛋白则能与MHCⅡ类基因启动子结合调控转录。因此上述分子基因缺陷均可使细胞MHCⅡ类分子表达障碍。胸腺基质细胞MHCⅡ类分子表达缺陷可影响$CD4^+$T细胞阳性选择,使外周血中成熟$CD4^+$T细胞数量减少。APC表面MHCⅡ类分子表达缺陷,不能向$CD4^+$T细胞提呈抗原。患者表现为迟发型超敏反应和对TD抗原的抗体应答缺陷,但$CD8^+$T细胞和B细胞数量正常。

(四) TCR和BCR的VDJ基因片段重组缺陷

RAG－1和RAG－2参与调控T细胞受体(TCR)和B细胞受体(BCR)的VDJ重组过程,位于常染色体11q13的*RAG－1*和*RAG－2*基因突变将阻断VDJ重组,导致成熟B细胞和T细胞的完全缺失,引起T－B－NK＋SCID或Omenn综合征。

四、吞噬细胞缺陷病

(一) 慢性肉芽肿病

70％的慢性肉芽肿病(chronic granulomatous disease, CGD)患者为X连锁隐性遗传,其余30％多为常染色体隐性遗传。此病是由于编码还原型辅酶Ⅱ(NADPH)氧化酶系统的基因缺陷,使吞噬细胞不能产生足量的过氧化氢、超氧离子及单态氧离子,杀灭细菌的功能减弱,被吞噬的细菌能在细胞内继续存活和繁殖,持续的慢性感染可致巨噬细胞在局部聚集,并刺激T细胞活化增殖,形成肉芽肿。患者对过氧化氢酶阳性细菌易感,表现为反复发生化脓性感染,在淋巴结、脾、肺、肝、骨髓等多个器官中形成化脓性肉芽肿或伴有瘘管形成。

(二) 白细胞黏附缺陷

白细胞黏附缺陷(leukocyte adhesion deficincy, LAD)呈常染色体隐性遗传,分为两型,两型LAD的临床表现相似。LAD－1是由于第21号染色体q22.3位置上的CD18基因突变或转录异常所致。CD18分子是β2整合素家族成员LFA－1、Mac－1/CR3、gp150,95/CR4的共同亚单位,CD18缺陷使中性粒细胞、巨噬细胞、T细胞和NK细胞表面β2整合素家族成员表达缺陷,导致吞噬细胞趋化、黏附和吞噬功能障碍,NK细胞和T细胞趋化、激活和杀伤作用受损。患者出现反复细菌或真菌感染。LAD－2是由于一种岩藻糖转移酶基因突变,该酶参与选择素家族的寡糖配体Sialyl－LewisX(sLeX)的生成,酶缺陷使白细胞和内皮细胞表面缺乏能与选择素家族成员结合的sLeX,影响白细胞与内皮细胞间相互黏附作用。

五、补体系统缺陷病

补体系统中的补体固有成分、补体调控蛋白及补体受体均可发生遗传缺陷。大多数补体缺陷属常染色体隐性遗传,少数为常染色体显性遗传。

(一) 补体固有成分缺陷

补体两条激活途径的固有成分C1q、C1r、C1s、C4、C2、C3、C5、C6、C7、C8、C9、P因子、D因子等均可发生遗传缺陷。经典途径的早期成分 C1、C4、C2 缺陷常致肾小球肾炎、系统性红斑狼疮、类风湿关节炎等免疫复合物病。C3、P 因子、D 因子缺陷多致反复化脓性细菌感染。C5～C9 缺陷易出现反复奈瑟菌属感染。

（二）补体调控蛋白缺陷

1. C1INH 缺陷　在补体调控蛋白中以 C1INH 缺陷最常见。C1INH 可与活化的 C1r 和 C1s 结合，使 C1 酯酶失活，抑制 C4 和 C2 活化。C1INH 缺陷导致 C2 裂解产物 C2a 增多，使血管通透性增高，发生遗传性血管神经性水肿。此病属常染色体显性遗传，表现为反复发作的皮下组织和黏膜水肿，当发生喉水肿时可窒息死亡。

2. 衰变加速因子(DAF)和 CD59 缺陷　DAF 能加速经典途径 C3 转化酶中 C2b 与 C4b 分离，并使旁路途径 C3 转化酶的 Bb 与 C3b 分离，从而抑制补体两条活化途径。CD59 通过结合 C8 和 C9 而干扰 C9 与 C5678 结合，并阻止 C9 聚合，限制 MAC 形成。上述两种补体调节蛋白均可保护机体细胞免遭 MAC 攻击，且都是借助糖基化的磷脂酰肌醇(GPI)锚着于细胞膜上。若编码 N-乙酰葡糖胺转移酶的 PIG-A 基因发生突变，细胞不能合成 GPI 锚，红细胞因缺乏 DAF 和 CD59 的保护作用而发生补体介导的溶血，此症称为阵发性夜间血红蛋白尿。

3. 补体受体缺陷　红细胞或吞噬细胞表达 CR1 缺陷，其清除免疫复合物的作用减弱，可发生 SLE 等自身免疫病。

小　结

免疫遗传学是免疫学和遗传学的分支和交叉学科。

人类有多个红细胞血型系统，以 ABO 和 RH 血型系统最为重要。不同人种和民族中血型等位基因分布频率不同，怀孕或者输血过程中血型系统不合会导致发生溶血性疾病。

HLA 是人类主要组织相容性抗原基因簇，所编码的抗原直接参加和调控免疫应答。HLA 基因座有多个等位基因，为共显性表达。HLA 具有高度的多态性，有利于对大量外来抗原进行免疫应答，但也成为引起同种组织和器官移植排斥反应的主要同种抗原。HLA 等位基因频率在不同种族及地域人群存在差异，与某些疾病存在连锁不平衡。

编码抗体 C 区和 V 区的基因片段在胚系基因中成簇存在，经基因重排形成完整的基因。基因片段组合多样性、连接多样性和体细胞高频突变构成了 Ig 多样性产生的分子遗传机制。

遗传性免疫缺陷病是由于免疫系统遗传基因异常或免疫系统成分遗传性缺陷所致的一组综合征，多数为孟德尔遗传病，好发于婴幼儿，临床表现和病理损伤复杂多样。

（白　云）

【复习思考题】

1. 简述 ABO 血型和 Rh 血型等的遗传控制？哪些情况下会导致胎-母血型不合所导致的新生儿溶血症？如何预防？
2. 简述 HLA 的遗传控制及其在生物医学方面的应用。
3. 原发性免疫缺陷病主要有哪些？如何确定与原发性免疫缺陷病相关的主效基因？

第十四章

药物遗传学

药物遗传学(pharmacogenetics)是遗传学与药理学相结合发展起来的边缘学科，主要研究遗传因素对药物代谢和药物效应的控制机制，以及发生异常药物反应的遗传基础。药物遗传学的研究丰富了人类遗传学和药理学的内容，对临床医师掌握用药的个体化原则，正确用药，提高药效，减少不良药物反应具有重要的意义。

药物反应个体差异是临床药物治疗中常见的普遍现象，引起药物反应个体差异的原因很多，有性别、年龄、伴随的疾病、体重等，而其中尤为重要的是遗传因素。近年来药物遗传学的研究已证实药物反应个体差异的遗传本质是药物代谢酶、转运体和药物作用靶点的基因多态性。药物遗传学可利用已获得的遗传信息预测药物治疗结果(治疗性和毒性作用)，从而促进药物的开发，并以每个患者的基因结构为基础的合理药物治疗提供科学依据，从而使药物治疗模式开始由过去的诊断导向治疗(diagnosis-directed drug therapy)向根据个体的遗传结构实行基因导向性治疗(gene-directed drug therapy)的新模式转换，有效推进新型“个体化用药”进程，使患者在获得最大药物疗效的同时，只面临最小的药物不良反应危险。

第一节　药物反应的遗传基础

基因决定药物代谢酶、药物转运蛋白和作用靶蛋白的表达和功能，是药物代谢与效应的重要遗传决定因素。个体由于遗传背景不同，对药物的吸收、分布、生物转化和消除也不同，导致药物在机体尤其是作用部位的浓度不同，表现为药物代谢动力学变异(variation in pharmacokinetic response)；或是虽然药物在作用部位浓度相同，但反应性不同，表现为药效动力学变异(variation in pharmacodynamic response)。这两方面的变异均可导致药物反应的个体差异。

一、药物反应的遗传方式

研究某种药物代谢及其效应，通常给予受试者某种剂量的该种药物，在不同时间间隔检测该种药物在血液甚至组织中的浓度或其他表示药物代谢速率或效应的参数，并运用数学原理和方法阐述药物在体内的量变规律。如果不同个体对某种药物反应的变异是连续的呈正态分布曲线，这就意味着机体对该药物的反应受多基因调控(图 14 - 1A)。如果不同个体对某种药物反应的变异是不连续的，并呈双峰(图 14 - 1B)或者三

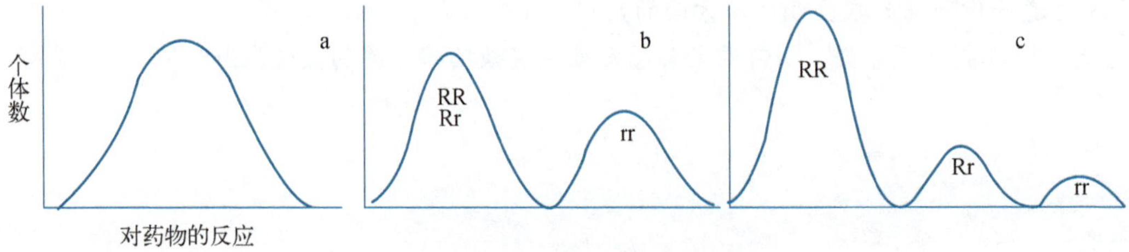

图 14 - 1　药物反应的变异分布图

a. 连续变异；b. 双峰的不连续变异；c. 三峰的不连续变异

峰曲线(图 14-1C),则意味着机体对该药物的反应受单基因调控。事实上,一种药物在机体内所产生的最终效应受多基因控制的,决定药物代谢和药效的相关基因都会对最终的药物效应产生影响,因此药物反应的个体和群体差异十分复杂,表现为药物反应的遗传多态性。

以某个药物具有代谢酶遗传多态性与药物作用受体遗传多态性为例,群体中不同个体会产生 9 种不同的药物疗效和药物毒性的表现型(图 14-2)。在图 14-2A 中,药物在野生型代谢速率的个体中代谢后有 30%的药物作用于靶受体,靶受体有三种基因型分别产生三种治疗效果和一种毒性反应;图 14-2B 和图 14-2C 中分别表示杂合子和突变型纯合子代谢速率的个体,代谢后分别有 65%和 99%的药物去作用于药物靶受体,分别产生不同的治疗效果和毒性反应。

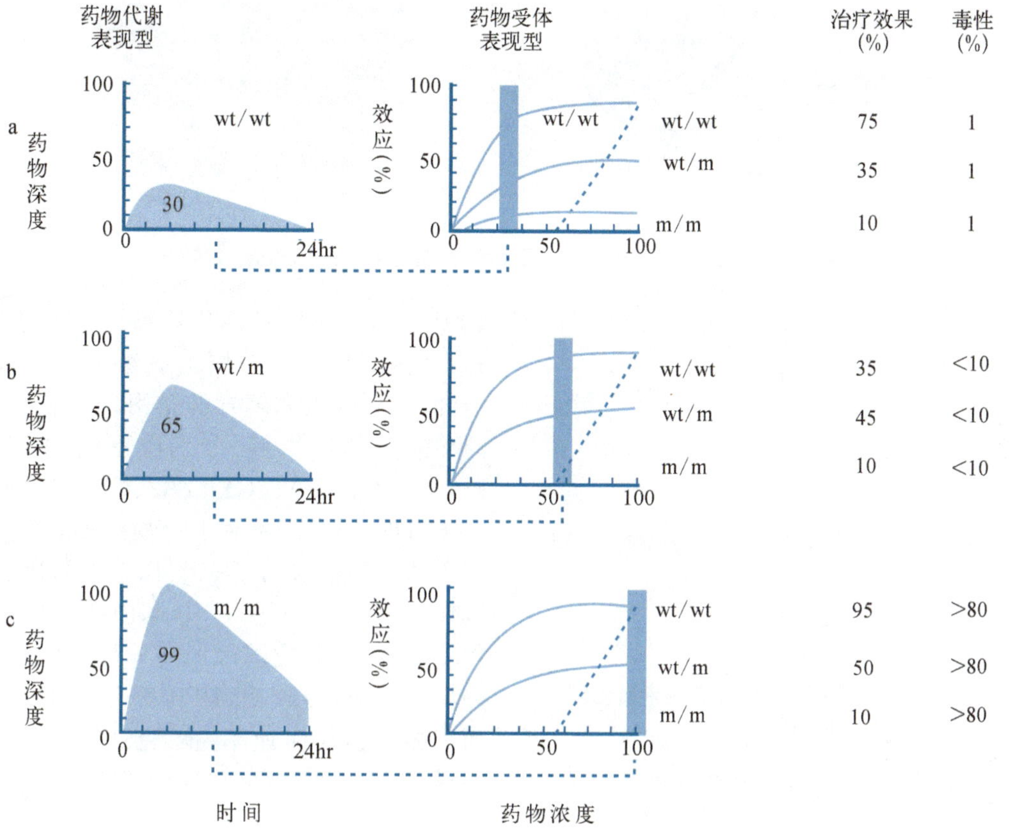

图 14-2 药物反应的多基因控制(引自 Evens & Relling, 1999)

二、药物代谢动力学变异

药物代谢酶反应(生物转化)常分两个阶段进行,第一阶段通常是氧化、还原和水解反应,结果使药物结构中引入了羟基、氨基和羧基等极性基团;第二阶段是结合反应,即极性基团与葡萄糖醛酸、硫酸、甘氨酸和醋酸等结合,进一步增加药物极性和水溶性。基因突变可引起所编码的代谢酶氨基酸序列改变,产生药物代谢酶的多态性(图 14-3),从而导致药物代谢动力学变异。药物代谢动力学变异包括第一阶段药物代谢变异(variation in phase I drug metabolism)和第二阶段药物代谢变异(variation in phase Ⅱ drug metabolism)。

第一阶段的酶主要修饰底物功能基因团:ADH 乙醇脱氢酶、ALDH 甘油醛脱氢酶、CYP 细胞色 P450、DPD 二氢尿嘧啶脱氢酶、NQO1 NADPH 泛醌氧化还原酶、COMT 儿茶酚-O-甲基转移酶。

第二阶段的酶催化底物的结合反应:GST 谷胱甘肽-S-转移酶、HMT 组胺甲基转移酶、NAT N-乙酰基转移酶、STs 磺基转移酶、TPMT 巯基嘌呤甲基转移酶、UGTs 三磷酸尿苷葡糖醛酰基转移酶。

(一) 第一阶段药物代谢变异

1. 细胞色素氧化酶 CYP450 基因多态 第一阶段药物代谢的核心是细胞色素氧化酶 P450(cytochrome,

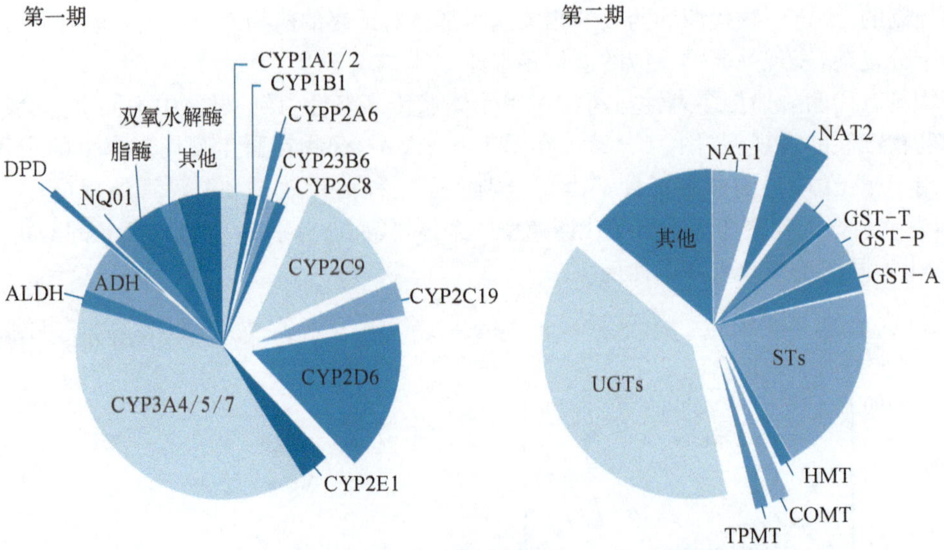

图 14-3 具有多态性的药物代谢酶(引自 Evens & Relling, 1999)

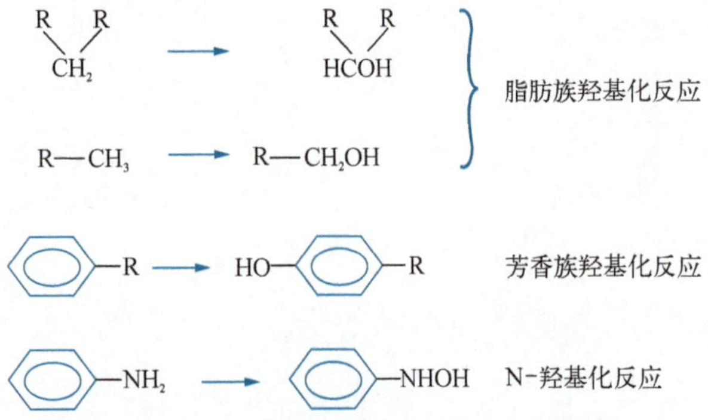

图 14-4 第一阶段药物代谢: 细胞色素氧化酶 P450 酶催化的羟基化反应

CYP450),其作用是催化药物分子羟基化(图 14-4),使得药物分子的侧基更易于与糖基或乙酰基结合,起到排泄和解毒的作用。该酶包括 56 种不同功能酶的大家族,分别由不同的 *CYP* 基因编码,其中 *CYP*1A1、*CYP*1A2、*CYP*2C9、*CYP*2C19、*CYP*2D6、*CYP*3A4 对于药物代谢极其重要,他们编码的 6 种酶参与了 90%以上的常用药物第一阶段代谢(表 14-1)。*CYP* 基因在人群中分布呈遗传多态性,其等位基因的变异可造成酶活性增强、降低或缺失,导致 CYP450 酶活性遗传多态性,从而影响药物代谢速率,最终致使药物反应的个体差异。

表 14-1 参与药物代谢的细胞色素 P450 多态性基因

家　族	基　因	等位基因的功能意义	可代谢药物(选列)
*CYP*1	*CYP*1A2	↑和↓活性等位基因	咖啡因 普萘洛尔
*CYP*2	*CYP*2C9	↑,↓和 0 活性等位基因	血管紧张素Ⅱ受体阻断剂 非甾体抗炎药物 甲硝唑 口服降糖药物 华法林
	*CYP*2C19	↓和 0 活性等位基因	抗癫痫药物 抗抑郁药物 抗焦虑药物
	*CYP*2D6	↑,↓和 0 活性等位基因	抗心律失常药物 抗抑郁药物 抗精神病药物 β-肾上腺素阻断剂 麻醉性镇痛药

续表

家　族	基　因	等位基因的功能意义	可代谢药物(选列)
*CYP*3	*CYP*3A4	↑,↓和0活性等位基因	对乙酰氨基酚 抗真菌药 可卡因 可待因 环孢素A 地西泮 红霉素 他汀类降胆固醇药物 紫杉醇 华法林

* ↑,一个或多个等位基因活性上升;↓,一个或多个等位基因活性下降;0,一个或多个等位基因无活性。

以 *CYP*2D6 基因遗传多态性(22q13.1 - qter)为例,有的变异使 *CYP*2D6 基因拷贝数量增多,导致酶活性增高成为超快代谢者(ultrarapial metabodizer,UM);有的变异导致 CYP2D6 酶活性降低或缺失,成为慢代谢者(poor metabolizer,PM);而大部分不含核苷酸变异个体则酶活性正常,称为强代谢者(extensive metabolizer,EM),这就造成了 CYP2D6 酶反应的多态性。*CYP2*D6 基因的 PM 表型的发生频率存在种族差异,在白种人中 PMs 发生率高达 5%~10%,在非洲黑人中为 0%~2%,在东方人约为 1%。我国研究资料显示,不同遗传背景的民族 *CYP2*D6 的 PMs 发生率汉族为 0%~1%,藏族为 1.52%,维吾尔族为 0.63%,蒙古族为 0.81%,侗族为 0.8%,苗族为 0%,很显然白种人 PM 发生率显著高于中国人群。由 *CYP2*D6 基因决定的药物代谢多态性可能成为不同人群对药物所需剂量不同的重要原因,也是药物反应个体差异的主要原因。

经 CYP2D6 酶代谢的药物包括多种受体阻断药、抗心律失常药、三环抗抑郁药、抗高血压药等(表 14 - 2)。

表 14 - 2　经 CYP2D6 代谢的药物

β受体阻滞剂	烯丙洛尔、丁呋洛尔、美托洛尔、普萘洛尔、噻吗洛尔、布尼洛尔	抗精神病药	奋乃静、氟哌啶醇、利螺环酮、硫利达嗪、珠氯噻醇
β、α受体阻滞剂	卡维地络	止咳平喘药	可待因、甲氧苯丙胺、右美沙芬、甲氧苯丙胺
抗心律失常药	奎尼丁、英卡胺、司巴丁、氟卡尼、普罗帕酮、安搏律定、美西律	降血糖药三环类抗抑郁药	苯乙双胍 阿米替林、丙咪嗪、氯丙咪嗪
降压药	异喹胍、吲哚拉明		去甲丙咪嗪、去甲替林
抗心绞痛药	哌克昔林、特罗地林	其他抗抑郁药	阿米夫胺、溴法罗明、马普替林、帕罗西汀、托莫西汀
镇痛药	曲马多	5 - HT 拮抗剂	托比色创

除 *CYP2*D6 基因外,其他细胞色素氧化酶基因也表现出遗传多态性。如 CYP2C9 酶基因在人群中存在 *CYP2*C9 * 2/*CYP2*C9 * 3 两种变异性,导致酶活性降低,从而使人群中存在 PM 和 EM 两种代谢表型。PM 个体对 S 型华法林的代谢减弱,引起对华法林的清除下降,半衰期延长,从而导致过度抗凝等不良反应,因此 PM 需要达到理想抗凝药效的华法林剂量更低。再如 *CYP2*C19 酶基因变异的 PM 代谢个体服用奥美拉唑治疗消化性溃疡时,由于 PM 比 EM 代谢清除率低,因此,PM 溃疡愈合率远高于 EM。

2. 过氧化氢酶基因缺陷　H_2O_2在组织中过氧化氢酶的作用下迅速分解并释放出游离氧气。H_2O_2起抗菌除臭作用,常用于外科创面清毒,使用时创面呈鲜红色,并有泡沫产生。1946 年日本耳鼻喉医师高原(Takahara)首次报道,他在给一名口腔坏疽的女孩消毒创面时,发现这个女孩创面为棕黑色,且无泡沫产生。高原推断患者的创面组织中缺乏过氧化氢酶,因此 H_2O_2不能被迅速分解而氧化血红蛋白为棕红色高铁血红蛋白,所以将该病称为无过氧化氢酶血症(acatalasia)。约半数受累者易患牙龈溃疡、坏疽、萎缩和牙齿脱落等症状。

H_2O_2酶基因定位于 11p13.5 - p13.6,与 WAGR 综合征基因、钙调素基因和甲状腺素基因紧密连锁,目前已鉴定了五种不同的过氧化氢酶基因变异导致的酶缺陷。根据血清中酶活性水平可以分为二种表型：纯合显性个体酶正常，杂合子酶活性为中等水平，隐性纯合子无酶活性。无过氧化氢酶血症呈常染色体不完全显性方式遗传，在黄种人发病率较高，日本某些地区高达1%，我国华北为0.65%、华中0.55%、华南0.25%、台湾0.29%。

（二）第二阶段药物代谢变异

1. 乙酰基转移酶基因变异　第二阶段药物代谢的一条重要途径是乙酰化，其药物代谢动力学变异首先发现于接受异烟肼(isoniazid)治疗的肺结核患者中。异烟肼对结核杆菌有很强的选择抑制和杀灭作用，常作为临床治疗各类结核病的首选用药。异烟肼口服易吸收，1～2 h后血浆浓度可达峰值，大部分在肝脏内经N-乙酰基转移酶(N-acetyltansferase，NAT)转化为无效的乙酰化异烟肼和异烟酸，少部分以原药从尿中排出(14-5)。

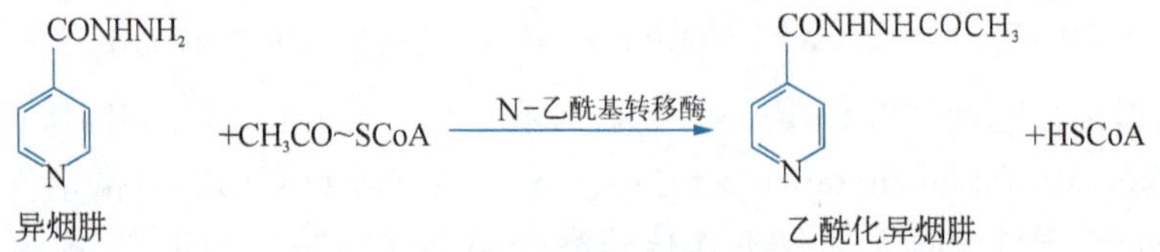

图14-5　异烟肼在体内的乙酰化过程

人染色体上有两个位点基因能编码功能性NAT酶，分别命名为*NAT1*和*NAT2*，定位于8p21.1-23.1。*NAT1*编码的酶催化某些芳基胺药物的乙酰化；*NAT2*基因编码的酶催化异烟肼等药物的乙酰化。*NAT2*基因在群体中具有高度遗传多态性，导致了在不同个体内的药物乙酰化代谢呈多态性。当*NAT2*基因发生突变时，它所编码N-乙酰基转移酶活性降低，乙酰化过程受阻，异烟肼的代谢减慢，临床上依据体内异烟肼乙酰化速度快慢将人群分为两种：快代谢型(rapid inactivator)和慢代谢型(slow inactivator)，前者摄入异烟肼后，半衰期($T_{1/2}$)为70 min左右，后者约为3 h。家系调查表明，异烟肼慢代谢型为*NAT2*基因变异型纯合子，以常染色体隐性方式遗传，而*NAT2*野生型纯合子与杂合子异烟肼乙酰化速度无差异，均表现为快代谢型。*NAT2*基因的三个变异型(M_1、M_2、M_3)均可导致N-乙酰基转移酶活性降低或丧失，占慢代谢型的95%以上。

异烟肼慢代谢型发生率表现为明显种族差异，埃及人高达83%，白种人达40%～70%，泰国人31.2%，菲律宾人25%，朝鲜人10.8%，日本人11.5%，我国台湾人群中占22%，加拿大爱斯基摩人占5%。

异烟肼治疗肺结核可引起一系列不良反应，患者常表现为手脚麻木，肌肉震颤和步态不稳等周围神经炎性症状，严重时可导致中毒性脑病和精神病，这是由于异烟肼在体内与维生素B_6(Vit B_6)反应生成异烟腙，导致Vit$B6_6$缺乏，进而使中枢γ-氨基丁酸(GABA)减少，诱发中枢神经过度兴奋所致。因此，慢代谢型个体使用异烟肼时应注意及时补充维生素B_6，预防不良反应产生。

慢代谢型结核病患者长期使用异烟肼后，可导致异烟肼在体内大量堆积，约80%患者可发生多发性神经炎。若每日持续给药则慢代谢型易产生严重不良反应，而采用间歇给药则快代谢型疗效较差，故临床上应根据不同患者的代谢类型确定给药方案。

异烟肼可损伤肝细胞，使转氨酶升高，少数患者可出现黄疸，严重时出现肝小叶坏死。异烟肼肝炎患者约86%是快代谢型。Mitchell等的研究还发现，异烟肼在肝内乙酰化为乙酰化异烟肼后进一步水解为异烟酸(isonicotinic acid)和乙酰肼(acetylhydrazine)，后者在肝脏又形成强的酰化剂进而导致肝组织坏死。与慢代谢型相比，快代谢型肝内易形成较多的乙酰化异烟肼，故快代谢型使用异烟肼时应注意定期检查肝功或慎用。

此外，肼屈嗪、柳氮磺胺吡啶、氨苯砜和普鲁卡因等在体内的乙酰化代谢也有快、慢两种类型，甚至出现中间型代谢者。

3. 琥珀酰胆碱敏感　琥珀酰胆碱(succinylcholine)又称为司可林(scoline)是常见的肌肉松弛药。它作用于神经肌肉接头后膜的N-胆碱受体，产生神经肌肉阻滞从而使骨骼机松弛，便于手术，是辅助麻醉药。静脉注射琥珀酰胆碱后，即可被血液和肝脏中的伪胆碱酯酶(butyrylcholinesterase，BCHE)迅速水解为琥珀酰单胆碱(图14-6)，肌松作用明显减弱，然后进一步水解为琥珀酸和胆碱，肌松作用随之消失。

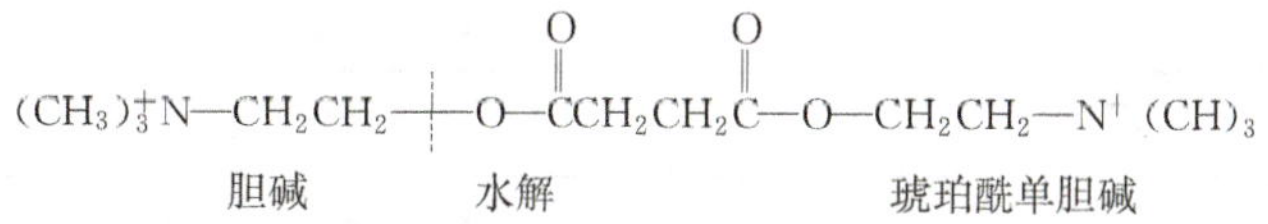

图 14-6　琥珀酰胆碱的水解

编码伪胆碱酯酶的基因(*BCHE*)定位于 3q26.1-q26.2,全长 80 kb,含 4 个外显子。正常血浆伪胆碱酯酶是由四个相同亚基组成的四聚体,已检出若干变异基因型,最常见的变异型编码非典型的伪胆碱酯酶(表 14-3)。*BCHE* 基因变异可导致伪胆碱酯酶活性下降,琥珀酰胆碱敏感性增强。琥珀酰胆碱在用于气管、食管插管等短时操作时,肌松作用在 2 min 时达高峰,5 min 内消失,但琥珀酰胆碱敏感个体存在 *BCHE* 基因变异,血浆中伪胆碱酯酶活性下降,不能将药物迅速水解,可致呼吸肌麻痹 1 h 以上,甚至严重窒息死亡。该病群体发病率约 1/2 000,呈常染色隐性遗传。

表 14-3　伪胆碱酯酶变异型

名　　称	缩写词	表　　型	密码子改变	氨基酸改变	基因型名称	纯合子频率[b]
典型	U	正常	无	无	BCHE	96%
非典型	A	地布卡因抗性	70 GAT→GGT	天冬→甘	BCHE^{a}70G	1/3 500
沉默型-1	S_1	无活性	117 GGG→GGAG	甘→移码	BCHE FS 117	1/100 000[c]
沉默型-2	S_2	无活性	6 ATT→TT	异亮→移码	BCHEFS6	
沉默型-3	S_3	无活性	500 TAT→TAA	酪→终止	BCHE^{a}500	
氟化物-1	F_1	氟化物抗性	243 ACG→ATG	苏→甲硫	BCHE^{a}243M	1/150 000
氟化物-2	F_2	氟化物抗性	390 GGT→GTT	甘→缬	BECHE^{a}390V	?
K 变异型	K	66%活性	539 GCA→ACA	丙→苏	BCHE^{a}539T	1%
J 变异型[a]	J	33%活性	497 GAA→GTA	谷→缬	BCHE^{a}497V	1/150 000

[a]K 变异型的特点也存在于所有检测的变异型和 90% 的非典型变异型中;[b]白人中的频率;[c]所有沉默型等位基因频率。

三、药效动力学变异

药效动力学变异是由于药物下游靶点等位基因变异引起的药物反应差异。大多数药物与其特异性靶蛋白相互作用而产生药理学作用,如受体、酶以及那些参与信号传递、细胞周期调控蛋白等。编码这些药物作用的靶蛋白基因具有遗传多态性,因而改变了与这些靶蛋白对其特异性药物的敏感性,最终导致药物反应的个体差异。

(一) 胰岛素受体基因变异和胰岛素抵抗

胰岛素在调节碳水化合物、脂类和蛋白质代谢的多种途径及促进细胞生长中起着重要作用。胰岛素对靶细胞的生物活性都是通过胰岛素受体介导的。胰岛素受体是一种细胞表面糖蛋白,包括糖基化和蛋白裂解成 α 和 β 两个亚单位后,成熟受体被转运并插入胞质膜。当胰岛素和其受体的细胞外功能区结合后,膜相关的酪氨酸激酶被激活,从而触发靶细胞的生物应答有关,调控糖、脂肪和蛋白质等物质代谢。胰岛素也常用于治疗糖尿病等消耗性疾病。

鉴于胰岛素作用与健康和疾病密切相关,胰岛素受体基因及其编码的蛋白产物也被广泛地研究。胰岛素受体功能缺陷是诱发胰岛素抵抗的重要因素之一。

编码人类胰岛素受体的基因位于 19p13.3-13.2,约 120 kb,由 22 个外显子和 21 个内含子组成。外显子 1-11 含 90 kb,为编码受体 α 亚单位的基因;外显子 12～22 含 30 kb,为编码受体 β 亚单位的基因。1988 年 Kadowaki 等首次鉴定了一例胰岛素受体基因的突变,目前已发现多于 25 个其他的突变(表 14-4),大部分是错义突变或无义突变。这些突变可导致胰岛素受体合成降低,转运障碍、亲和力下调、酪氨酸激酶活性受损及降解加速,从而诱发胰岛素抵抗。具胰岛素受体突变的患者,尤其是突变的纯合子,都对胰岛素极度抵抗,常常需要每天给予数千个单位的外源性胰岛素;与那些具有葡萄糖耐量损害及非胰岛素依赖性糖尿病患者比较,杂合子个体具有较轻的抵抗程度。

表 14－4 胰岛素受体基因突变导致胰岛素抵抗

突 变	对功能或在 mRNA 水平的影响
全个胰岛素基因	矮妖精貌综合征 leprechaunism
α 亚单位	
Asn^{15}→Lys	转运障碍 结合亲和力降低
Va^{128}→Ala	
Gly^{31}→Arg	
Try^{133}终止	mRNA 水平降低
His^{209}→Arg	转运障碍
Leu^{233}→Pro	结合减少
内含子 4 AG→GG	剪接受端缺陷
Gly^{366}→Arg	
外显子 5 突变	受体截断 蛋白融合
Phe^{382}→Val	转运障碍
Lys^{460}→Glu	结合亲和力降低 pH 敏感性降低
Gln^{672}终止	mRNA 减少
Asn^{452}→Ser	pH 敏感性降低
Arg^{735}→Ser	未分离受体 结合亲和力降低
β 亚单位	
Arg^{897}→Stop	mRNA 水平降低
外显子 14 突变	受体截断 蛋白融合
Val^{985}→Met	酪氨酸激酶活性降低
Pro^{986}→Leu	酪氨酸激酶活性降低
Arg^{993}→Gln	酪氨酸激酶活性降低
Gly^{1008}→Val	酪氨酸激酶活性降低
Lys^{1058}→Glu	酪氨酸激酶活性降低
Ala^{1134}→Trp	酪氨酸激酶活性降低
Ala^{1135}→Leu	酪氨酸激酶活性降低
Met^{1153}→Ile	酪氨酸激酶活性降低
Trp^{1200}→Ser	酪氨酸激酶活性降低

(二) G6PD 缺乏症

葡萄糖-6-磷酸脱氢酶(glacose-6-phosphate dehydrogenase,G6PD)缺乏症是热带和亚热带地区常见的遗传病。该病在我国主要分布在南方各省,以广东、广西、贵州、云南、四川等省发病率较高,在5%～20%之间。

红细胞中糖代谢主要通过糖酵解途径进行,但也有10%通过戊糖旁路代谢。G6PD是红细胞戊糖旁路代谢的重要作用酶,在正常G6PD作用下,6-磷酸葡萄糖脱氢氧化为6-磷酸葡萄糖酸,同时NADP还原为NADPH,从而维持红细胞中还原型谷胱苷肽(reduced glutathione,GSH)的含量(图14-7)。GSH可清除血红蛋白及红细胞膜附近由机体在氧化还原过程中产生的 H_2O_2,使血红蛋白内和红细胞膜上的巯基免受氧化作用,从而维持红细胞的稳定。

当机体内G6PD缺乏或活性过低时,GSH缺乏,致使 H_2O_2 在体内大量聚集将血红蛋白β链表面第93位半胱氨酸的巯基氧化,进而氧化血红蛋白内部的巯基,导致血红蛋白变性后形成变性珠蛋白小体(Heinz小体)沉积于红细胞膜上,最终使红细胞变形能力下降,脆性增大,在肝脾微循环中不易通过,被阻塞在肝、脾窦中,最后被巨噬细胞破坏,发生溶血。

G6PD 基因突变是一些常见药物、化学制剂及食物诱发溶血的遗传基础(表14-5),也是某些新生儿黄疸,感染性溶血(如病毒性肝炎、流感、大叶性肺炎、伤寒、腮腺炎等)发生的遗传背景。突变个体平时无症状,但在特定因素的作用下表现为溶血性贫血,出现血红蛋白尿、黄疸等急性溶血反应,症状通常会逐渐消除,但偶尔会出现大量溶血而致命。由于受累者在进食蚕豆蛋白制品或吸入蚕豆花粉时亦可诱发溶血,故G6PD缺乏症又称为蚕豆病(favism)。

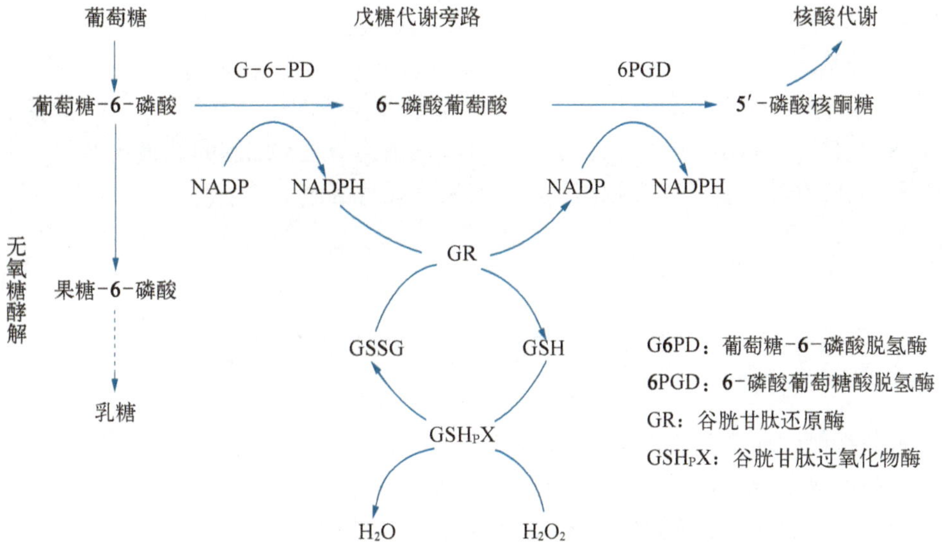

图 14-7　红细胞戊糖代谢途径

表 14-5　可诱发 G6PD 缺乏者溶血的药物、化学制剂及食物

分　类	化　学　名　称
抗疟药	伯胺喹啉、奎宁、氯喹等
解热镇痛药	乙酰水杨酸、乙酰苯胺、非那西丁、安替比林、氨基比林
呋喃类药物	呋喃坦啶、呋喃西林、呋喃唑酮、呋喃他酮
磺胺类药物	氨苯磺胺、磺胺吡啶、磺胺异恶唑、磺胺甲基吡嗪、磺胺醋酰等
砜类药物	氨苯砜、硫氧二砜
其他	萘、苯肼、丙磺舒、氯霉素、维生素 K、蚕豆素等

G6PD 缺乏症属 X 连锁不完全显性遗传，*G6PD* 基因定位于 Xq28，由 13 个外显子和 12 个内含子组成，全长 18 kb，编码 531 个氨基酸残基。国内外现已报道的 G6PD 生化变异型有 400 余种，根据这些变异型的酶活性和临床意义分为 5 大类：第 1 类变异型的酶活性非常低（低于正常的 10%），伴有终生代偿性慢性溶血；第 2 类变异型，尽管体外的酶活性非常低但不伴有慢性溶血，只有在某些特殊情况下才会发生溶血，这一类型是常见的类型如 G6PD 地中海型；第 3 类变异型其酶活性为正常的 10%～60%，只有在服用某些药物或感染时才发生急性溶血反应；第 4 类变异型是由于不改变酶的功能活性的突变所致；第 5 类变异型其酶的活性是增高的，第 4 和第 5 类没有临床意义。

目前已确定与 G6PD 缺乏症相关的基因突变至少有 140 种，除 5 种为缺失型外，其余均为点突变，研究证实不同地域、不同民族患者中 50%以上为 1376G→T 和 1388G→A。已报道的中国人中 G6PD 基因突变型有 24 种，都为点突变，表 14-6 列举了中国人中的部分 G6PD 基因突变型。

表 14-6　中国人中的部分 G6PD 基因突变型

类　型	碱基突变	氨基酸改变	发生的地区
C1	1376 G→T	459 精→亮	大陆、台湾
C2	1388 G→A	463 精→组	大陆、台湾
C3	1311 C→T	无	大陆、台湾
C4	392 G→T	131 甘→缬	大陆、台湾
C5	1024 C→T	341 亮→苯丙	大陆、台湾
C6	95 A→G	32 精→组	大陆、台湾
C7	592 C→T	198 精→半胱	大陆、台湾
CT1	835 A→T	297 苏→丝	美籍华人
CT2	1360 C→T	454 精→半胱	大陆、台湾
CT3	493 A→G	165 冬胺→天冬	台湾
	1004 C→A	335 丙→天冬	大陆

G6PD 女性杂合子的表现变异幅度大,根据 Lyon 假说 X 染色体失活的理论,女性 *G6PD* 杂合子本身就是一个嵌合体,有两种基因型的红细胞群,G6PD 缺乏细胞和正常细胞。如果某杂合子女性的造血组织来自 n 个细胞,则全部是有突变基因或全部是有正常基因 X 染色体失活的机会是 $(1/2)^n$,前者表型正常,后者表型与带有致病基因的男性一致,由于女性杂合子 G6PD 缺乏细胞与正常细胞的数量比变化很大,因此表型变异幅度大,大约有 1/3 的女性杂合子在接触诱发因素时发生显著溶血。

第二节 环境因子反应的遗传基础

药物仅仅是人类接触的环境因子的一部分,环境中还存在许多潜在毒物,或对某些具有特定遗传基础的个体会产生毒性反应的物质,特别是环境中某些诱变剂、致癌剂或致畸剂在群体中能引起不同的个体反应,某些个体对这些有害因子表现出易感倾向。药物和毒物之间并没有严格的界限,药物过量可引起中毒,少量毒物有时也作为药物使用,药物和毒物均属环境因子中的化学物质,它们在人体内的效应受特定基因型的影响。研究群体中不同基因型对各种环境因子的特殊反应方式和适应特点是生态遗传学(ecogenetics)研究的主要内容。

一、乙醇中毒

乙醇中毒是指因饮酒特别是大量或长期饮酒造成的各类精神障碍,包括急性中毒、依赖性、戒断综合征、慢性中毒所致的精神病、器质性综合征以及人格的改变等。不同的种族和个体对乙醇的耐受性有明显的差异。乙醇敏感者,当摄入 0.3～0.5ml/kg 乙醇时,即可表现面部潮红、皮温升高、脉搏加快等乙醇中毒症状,而乙醇耐受者则不发生这些反应或反应轻微,黄种人 80%为敏感者,白种人仅 15%为敏感者。

乙醇在体内的代谢过程主要分为两步反应:第一步是乙醇在肝乙醇脱氢酶(alcohol dehydrogenase, ADH)作用下形成乙醛;第二步是乙醛在乙醛脱氢酶(acetaldehyde dehydrogenase, ALDH)作用下进一步形成乙酸。

$$N_2H_5OH + NAD^+ \xrightarrow{ADH} CH_3CHO + NADH + H^+$$

$$H_2O + CH_3CHO + NAD^+ \xrightarrow{ALDH} CH_3COOH + NADH + H^+$$

在第一步反应中生成的乙醛可刺激肾上腺素、去甲肾上腺素等物质的分泌,引起面红耳赤、心率快、皮温升高等乙醇中毒症状。

ADH 是二聚体,现已发现至少有五种基因:ADH_1、ADH_2、ADH_3、ADH_4 和 ADH_5,并在不同的组织和不同发育时期差异表达。ADH_1 基因主要编码 α 链,主要在胎儿早期肝内有活性;ADH_2 基因主要编码 β 链,在胎儿及成人肺和肝内有活性;ADH_3 基因编码主要 γ 链,在胎儿和新生儿肠和肾有活性;ADH_4 基因编码 π 链,只在肝脏中表达;ADH_5 基因编码 χ 链,主要存在于人体睾丸、胎盘和大脑。

ADH_2 具有多态性,大多数白种人 ADH_2 编码的乙醇脱氢酶由的 $\beta_1\beta_1$ 组成;而约 90%黄种人 ADH_2 编码的乙醇脱氢酶由 $\beta_2\beta_2$ 组成。$\beta_2\beta_2$ 活性比 $\beta_1\beta_1$ 活性约高 100 倍,故大多数白种人在饮酒后产生乙醛较慢,而黄种人积蓄乙醛速度较快,对乙醇更敏感。

ALDH 主要有两种同工酶:$ALDH_1$ 和 $ALDH_2$,二者均为多肽四聚体。$ALDH_1$ 存在于细胞质中,基因定位于 9q21;$ALDH_2$ 存在于线粒体内,基因定位于 12q24.2。$ALDH_2$ 活性高于 $ALDH_1$,白种人几乎全部都有 $ALDH_1$ 和 $ALDH_2$ 的酶活性;而黄种人中约 50%的个体 $ALDH_2$ 突变导致其酶功能缺失,因此氧化乙醛的速度比较慢。

综上所述,黄种人较白种人易产生乙醇中毒的原因是由遗传因素决定的。具有 $ADH_2(\beta_2\beta_2)$ 及 $ALDH_1$

者对乙醇最敏感；具有 $ADH_2(\beta_1\beta_1)$ 及 $ALDH_1$ 者次之；具有 $ADH_2(\beta_1\beta_1)$ 及 $ALDH_2$ 者最不敏感。大多数黄种人在饮酒后产生乙醛速度快而氧化为乙酸的速度慢，故易产生乙醛蓄积而中毒；而大多数白种人则相反。

二、吸烟与肺癌

原发性支气管癌又称肺癌，是最常见的恶性肿瘤之一。肿瘤流行病学调查表明，80%～90%的男性肺癌与吸烟有关。吸烟者易患肺癌，但并非所有吸烟者均患肺癌，吸烟是否患肺癌与个体的遗传基础有关。

吸烟产生的烟雾中含有多种化学致癌物，其中之一是大量的多环芳烃类的苯蒽衍生物。苯蒽衍生物致癌性较弱，进入机体后通过细胞微粒体中芳烃羟化酶(aryl hydrocarbon hydroxylase，AHH)的作用可转变为具有较高致癌活性的7,8-二羟基-9,10-环氧芘。因而当AHH活性增高时，患肺癌的可能性也增加。同时这类苯蒽衍生物还是AHH的诱导剂，能提高细胞内AHH的活性。因此，AHH的诱导性具有增强苯蒽衍生物致癌性的作用，而这种诱导性的高低因人而异，受遗传因素决定，在人群中呈多态性分布。根据诱导酶活性水平高低可将人群分为高诱导组、中诱导组和低诱导组；中诱导组患肺癌风险比低诱导组高16倍；而高诱导组患肺癌风险比低诱导组高达36倍。

研究表明，细胞色素氧化酶P450亚家族成员CYP1A1具有AHH活性。*CYP1A1* 基因定位于15q22，在群体中成多态分布，现已发现4中点突变，其中m1(T6235C)突变导致CYP1A1可诱导AHH酶活性异常增高，而m2(A4889G)突变则导致非诱导酶活性增加。

三、慢性阻塞性肺疾病

吸烟可诱发慢性支气管炎合并肺气肿或支气管哮喘，统称为慢性阻塞性肺疾患(chronic obstructive pulmonary diseases，COPD)。吸烟能刺激巨噬细胞和中性粒细胞释放大量弹性蛋白酶，分解肺泡弹性蛋白，使肺泡破坏、融合，呼吸面积减少，导致慢性阻塞性肺疾患的发生。但并非吸烟者都患COPD，COPD的产生也受遗传因素的调控。

正常人血清和各种组织中都存在有多种抑制蛋白酶活性的物质。α_1-抗胰蛋白酶(α_1-AT)是血清中主要的蛋白酶抑制剂。α_1-AT基因定位于14q32.1，在群体分布中具有遗传多态性，目前已发现90余种变异型，每种变异型对蛋白酶抑制活性都不相同。Pi^M 是世界上各种人群中最常见的等位基因，基因频率介于0.866～0.996；而等位基因 Pi^S 频率为0.11～0.12；等位基因 Pi^z 频率最低，仅为0.01～0.02。人群中大多数人具有MM型，其蛋白酶抑制活性为100%，SS型活性为60%，ZZ型较罕见，活性仅为10%～15%。现已证实ZZ型是由于第342位的谷氨酸被赖氨酸取代，SS型是由于第264位的谷氨酸被缬氨酸取代。有ZZ型 α_1-抗胰蛋白酶的人易患COPD。这是因为 α_1-抗胰蛋白酶活性低，不能有效地抑制蛋白酶(包括弹性蛋白酶)对肺泡弹性蛋白的分解作用。调查表明，慢性阻塞性肺疾病患者中ZZ型频率较正常人的ZZ型率高43倍。此外，ZZ型者易患新生儿肝炎、不明原因的肝硬化及慢性活动性肝炎。

四、成人低乳糖酶症

婴儿小肠乳糖酶活性很高，在进食乳品后可以充分分解乳糖为葡萄糖和半乳糖而被小肠吸收。多数人在断奶后，酶活性大大降低，失去对乳糖的水解作用，表现为成人低乳糖酶症，年长儿及成年人进食牛乳或乳制品后，乳糖不能被水解而贮留在肠内，通过渗透机制吸收水分，在结肠内被分解为乳酸、氢和二氧化碳，造成肠内积气、肠鸣、腹胀、稀便和腹泻等乳糖不耐受症状。

成人低乳糖酶症发生频率可随地区人种不同而有差异。据调查，在某些亚洲人成人低乳糖酶症发生群频率很高，几乎达100%。但在多数中欧和北欧人群及亚洲以牧业为主的人群中发生率很低，这些地区成人能持续保持乳糖酶活性，说明编码乳糖酶的基因在持续表达。这可能是由于在这些以牧业为主的社会中，经常食用乳品，使有关突变基因经过长期选择形成优势，或不间断食用乳品而保持基因持续表达的结果。该病的遗传方式尚不清楚。

第三节 药物基因组学

20 世纪 90 年代以来，随着人类基因组计划的启动和实施，一大批人类基因相继被发现，药物基因组学(pharmacogenomics)应运而生。药物基因组学是基因功能学和分子药理学结合的交叉学科，利用人类基因组学的研究方法和技术，研究不同人群和个体的基因组学差异及其对药物反应的影响，以促进新药开发和临床个体化用药。

一、药物基因组学研究的主要内容

药物基因组学有别于一般的基因组学，它并不以发现新基因、探求疾病的发病机制、风险及诊断新疾病为目的，而是利用已知的基因组理论来研究遗传因素对药物效应的影响，以明确药物作用靶点，从表型至基因型研究药物效应个体多样性。它将基因多态性与药物效应个体多样性紧密联系在一起。

基因多态性是药物基因组学的基础和重要研究内容。药物基因组学选择性地探讨与药物反应相关联的基因多态性。如前所述，一个药物在机体内产生的总反应取决于药代动力学和药效动力学相关的蛋白、酶和受体的相互作用，而决定药物转运蛋白、药物代谢酶和作用靶点的基因多态性会对最终的药物效应产生影响。因此，筛选与药物效应相关基因，并进一步评价其多态性变异与药物反应的关系，是药物基因组研究最主要的内容，也是一项非常艰巨和长期的任务。

目前，主要有两大类方法用于筛选人体基因组中与个体药物反应相关的基因，即“候选基因研究”方法和“全基因组连锁失衡图谱研究”方法。候选基因研究(Candidate gene studies)是根据现有知识，研究与药物代谢酶、药物作用靶目标或传导途径以及与疾病发生有关的基因及其多态性；全基因组连锁失衡图谱研究(whole genome linkage disquilibrum mapping studies)又称非随机相关性研究(non-random association studies)，即根据每个 SNP 与该染色体上邻近 SNP 多态性位点距离和发作频率等相关性分析，鉴别基因组中的易感 SNP 位点。确定靶基因后，即可通过基因诊断和临床试验收集资料，并对大量个体基因变异和对药物反应资料进行相关性分析。

二、药物基因组学的应用

药物基因组学对新药开发和应用具有巨大的推动作用，为临床合理用药、发挥药物治疗疗效、防治不良反应提供科学依据，将目前依据患者人群共性的药物治疗发展为根据不同个体的遗传背景而用药，从而实现个体化治疗。

(一) 药物基因组学促进新药发现和开发

药物基因组对新药的研究将产生重要影响。药物基因组学以快速增长的人类基因组中所有基因信息指导新药开发，利用生物信息分析、高通量功能筛选等现代生物技术揭示大量新药物的作用靶点，从而进一步优化药物设计和发现新化合物。Genaissace 制药公司运用应答基因作为药物开发的靶点，用于乳腺癌和心血管疾病药物开发，预计抗癌新药只杀伤肿瘤细胞而对正常细胞没有毒性，治疗心血管疾病的药物将更有效而不良反应更低。

药物基因组学将从基因组整体水平上研究遗传因素对药物治疗效果的影响，这适用于药物设计、临床试验、批准上市、临床使用等药物开发的整个周期，这将使药物开发进入以基因为基础的新工艺历史阶段。从“一种药物适宜于所有人”的传统药物开发模式，到根据基因的特性为某个特定群体甚至个体设计药物，推动革新药物开发的全过程，使药物开发周期缩短、费用降低。统计表明，平均每种新药从开发到临床使用要花费约 8 亿美金和 12～14 年的时间，而 80％的经济和时间成本都花费在高失败率的临床试验上。运用药物基因组学则可通过基因特性预测药物在体内代谢途径和效率，用基因标志物筛选试验对象，排除效应不佳的基因型个体，降低临床试验的失败率，减少试验经费。

运用药物基因组学的相关理论和技术可预测有严重不良反应的基因型个体，避免药物在这些个体中使用，从而重新评估已淘汰和未通过药审的新药价值，节省开发新药的费用。

（二）药物基因组学推动合理用药

目前，临床药物治疗普遍采用传统给药方式，即“千人一药，千人一量”的用药模式，个体间的差别难以体现。医生凭经验和治疗效果调整用药，需要对患者进行长时间观察和大量检测，才能找到最佳用药方式。药物基因组学的研究，将推动传统用药模式发生根本改变，使现代医学越来越趋向于个体化医疗（individualized medicine）。药物基因组学从基因水平给出了基因的多态性与药物效应的差异关系，通过对患者的基因检测，再开出“基因合适”的药方即“基因处方”。这种“基因处方”可使患者得到最佳的治疗效果，从而达到真正“个体化治疗”的目的。

1. *根据药物特异性靶点选择正确的靶向制剂* 在肿瘤治疗方面，肿瘤分子靶向药物是为攻击特异性靶分子而设计，所以用药前，需检测患者是否存在对应的靶点，才能发挥其疗效。例如，曲妥珠单抗是首个乳腺癌的靶向药物，但在治疗前需检测 HER2 蛋白是否过表达，因为在 HER2 扩增阳性的乳腺癌患者中，使用曲妥珠单抗效果优于 HER2 扩增阴性的乳腺癌患者；同样曲妥珠可以用于治疗胃癌 HER2 扩增阳性的患者；而在治疗结肠癌前则需要检测是否有 KRAS 基因突变，因为曲妥珠单抗对 KRAS 突变型患者几乎无效。再如吉菲替尼是首个小分子表皮生长因子受体（EGFR）酪氨酸激酶抑制剂，其通过与 EGFR 胞内的激酶区结合，抑制酪氨酸激酶的活性，发挥抗肿瘤作用。在治疗非小细胞肺癌时需用于 EGFR 突变型个体，而无 EGFR 突变型的个体治疗效果较差。曲妥珠和吉菲替尼的临床应用，极大地推动了分子靶向药物的研究，也促进了药物基因组学与个体化治疗的发展。目前在中国人群中使用的肿瘤分子靶向药物主要有小分子 EGFR 酪氨酸激酶抑制剂、抗 EGFR 的单克隆抗体、抗 HER-2 的单克隆抗体、BCR-ABL 酪氨酸激酶抑制剂、ALK 激酶抑制剂等。

2. *预估药物效应和剂量* 药物转运体、代谢酶基因遗传多态性可影响药物在体内的代谢活性，进而影响其底物的血药浓度，最终可能导致药物疗效和毒性反应的差异；而药物作用靶点基因的变异，可直接影响药物的效应。在过去，医生虽然尝试着从年龄、性别、体重、与其他药物相互作用，以及肝脏和肾脏疾病的存在等方面来判断患者的正确药物治疗剂量，但结果并不总是成功，因为存在基因缺陷的患者对药物治疗剂量的差异是巨大的。药物基因组学通过分析个体的遗传变异，从而正确地给个人配置正确的药物治疗剂量。例如，在治疗少儿急性淋巴细胞性白血病（acute lymphocytic leukemia，ALL）时需要强效 6-巯基嘌呤（6-MP）进行化疗才能治愈，但这对于硫代嘌呤甲基转移酶（thiopurine methyltransferase，TPMT）基因遗传性缺陷的患者使用标准剂量的 6-MP，会出现严重甚至致命的血液系统毒性，而比标准剂量低 10～15 倍的 6-MP 则可成功治疗这些患者。因为在正常情况下，硫代嘌呤甲基转移酶可以把 6 巯基嘌呤转化为非活性形式从而排出体外，但对于 TPMT 基因遗传性缺陷的患者，用正常的治疗剂量就可能使药物在体内得不到转化从而蓄积中毒。因此，6-MP 治疗 ALL 白血病时就需要根据患者体内 TPMT 的活性调整处方药物的剂量，从而既可以使药物发挥有效治疗作用的同时又可消除药物在身体的毒性反应。

3. *预测与剂量无关的毒性反应* 临床某些药物导致的毒性反应与剂量无关，是一种由遗传因素所导致的特异性毒性反应。利用药物基因组学可有效预测罕见的特异性毒性反应，鉴别易感人群，避免致敏药物的使用。常见的致敏药物特异性毒性反应包括药物超敏综合征、肝毒性等，其中严重危及生命的有史蒂文斯-约翰逊综合征（Stevens-Johnson，SJS）/中毒性表皮坏死松解症（toxic cepidermalnecrolysis，TEN）。例如广谱抗癫痫药卡马西平（carbamazepine），临床应用时就有诱发严重 SJS/TEN 的风险。卡马西平引起的 SJS/TEN 与人类白细胞抗原 HLA-B*1502 等位基因存在强关联。因此通过基因检测，对卡马西平等高风险药物进行早期预警具有重要意义。

小　结

药物遗传学是遗传学与药理学相结合发展起来的边缘学科，主要研究遗传因素对药物代谢和药物效应，以及发生异常药物反应的影响。

一种药物在机体内产生的总的药理作用和效应是由多个基因控制的,基因是决定药物代谢酶、药物转运蛋白和受体及功能表达的遗传基础,是药物代谢与效应的决定因素,其突变可引起所编码的代谢酶、转运蛋白和受体蛋白的氨基酸序列异常和功能的异常,成为产生药物效应个体差异和种族差异的主要原因,从而形成药物反应的遗传多态性。

某些药物反应的变异在一个群体中的分布是连续的,呈正态分布曲线,意味着机体对这些药物的反应是受多基因控制的。而另外一些药物反应的变异在一个群体中的分布是不连续的,表现为双峰或三峰曲线,意味着机体对这些药物的反应受单基因控制。

生态遗传学是研究群体中不同基因型对各种环境因子的特殊反应方式和适应特点的一门遗传学分支学科,因此,毒物和药物遗传学都可归入生态遗传学的研究范畴。

伴随功能基因组的发展和高通量筛选方法的出现,药物基因组学将从药物设计、开发和应用等方面极大地推动现代医学的发展,并为临床合理用药、发挥药物最佳疗效、防治不良反应提供科学依据,最终实现个体化治疗。

(张　坤)

【复习思考题】

1. 试举一例说明药效动力学变异对于临床用药的指导意义。
2. 为什么不同个体对乙醇的敏感性存在差异?
3. 结合实例分析药物基因组学在个体化治疗中的应用。

第十五章

行为遗传学

行为(behavior)是指生物进行的从外部可察觉到的有适应意义的活动，是动物及其人类在环境影响下所引起的内在生理或心理变化的反应。行为产生的物质基础是神经元和神经元所构成的回路，是基因与环境相互作用的结果。行为的形成和发展与神经系统的复杂程度密切相关，由于人类拥有生物界最为精细和复杂的神经系统，其行为也比其他动物复杂得多。每一种生物都有它特殊的行为，但是各种生物的行为之间又有许多共同之处，这是由它们各自的不同和相同的遗传学基础决定的，所以对各种行为的遗传学研究既有阐明不同生物特殊行为的遗传基础的意义，又有普遍的生物学意义。

人类行为遗传学(human behavioral genetics)是在遗传学、心理学、行为学和医学等学科发展的基础上形成的一门交叉学科，其根本目标是解释人类复杂行为现象的遗传学机制，阐明遗传因素和环境因素在个体行为发展差异中所起的作用。

第一节　人类行为的遗传控制

人类行为包括感知行为(perception behavior)、内在动机行为(motivation behavior)、情感行为(emotion behavior)以及认知行为(cognition behavior)等。感知是生物感受外界环境的行为方式，包括听觉、视觉、嗅觉、平衡觉、味觉和触觉等。内在动机是生物的本能行为，包括自身的节律、摄食行为、性行为和防御行为。情感行为是人类最为复杂的生物学特征，包括愉快、兴奋、沮丧、抑郁、恐惧、焦虑、愤怒、敌意和冷静等。认知行为也是一个十分复杂的过程，是脑的高级功能。学习与记忆是认知过程的核心，其中学习是神经系统接受外界环境变化而获得新的行为习惯或经验的过程；记忆是学习后经验的储存和保持。

从生物性状来说，行为是一种较为特殊的性状，其形成涉及遗传与环境的复杂交互作用。在人的不同发育和生长时期，遗传或环境因素在行为性状形成过程中的作用强度也有所不同。

一、基因参与获得性行为的形成

获得性行为是通过不断的刺激、学习而形成的。然而，无论是遗传的还是获得的行为，都有遗传因素的参与。当一个刺激通过释放5-羟色胺(5-hydroxy tryptamine，5-HT)作用于神经元膜上的5-羟色胺受体时，G蛋白活化并激活腺苷酸环化酶，分解ATP形成cAMP，cAMP激活cAMP依赖的蛋白激酶A(PKA)，使钾离子通道以及与神经递质释放有关的蛋白质磷酸化，产生特定的细胞生物学变化，获得一次短暂的行为过程，这一过程并没有涉及基因的表达或新生蛋白质的合成。但如果这种刺激持续不断地发生，富集的PKA就可能被移位到细胞核内，使cAMP反应元件结合蛋白(cAMP response element-binding，CREB)的转录激活因子磷酸化，后者与cAMP可诱导基因(cAMP inducible gene)上游的cAMP反应元件(cAMP response element，CRE)结合而启动相应基因的表达。从功能来说，这些基因的表达产物可分为两类：① 具有水解酶活性的蛋白，它可维持cPKA的活性使代谢过程不断进行；② 参与神经元生长与分化的蛋白，参与了神经元形态的建成与发育过程，结果导致获得性行为的形成。由此可见，基因及其表达不仅是行为形成的决定因素，也是获得性行为形成的基础。

基因本身并不控制行为,而是控制生物体对其所处的环境(即非遗传性因素)做出反应。个体的行为特征是由遗传和环境因素共同作用形成的。基因和环境是行为形成过程中相互依存的基本要素,行为只有在与环境不断的相互作用下才能产生。著名的行为遗传学家 Robert Plomin 提出共享环境(shared environment)和非共享环境(non-shared environment)的概念。共享环境是指生活在同一家庭中的子女在平均水平上所分享的相同环境,包括通常意义上的家庭背景(家庭的社会经济地位、父母职业、受教育程度、宗教信仰等)、学校状况、共同伙伴、邻里状况、民族情况等。非共享环境则指子女在家庭内外获得的独特经验,来源于仅仅被一个子女经历的事情或条件,包括出生次序、性别差异、父母对某个子女的独特教养行为等家庭内的经验,以及独特的同伴、教师、职业经历等家庭外经验。其他非共享环境则往往无法预期,如意外事故,疾病以及其他特殊的经历等。如寄养子女之间的相似性可用共享环境因素的影响来解释,而一起成长的同卵双生子之间的差异则可用非共享环境因素的影响来解释。遗传和环境因素在行为形成过程中均有重要作用。

遗传或环境因素对同一行为在不同发育阶段中的作用不同。在行为学研究中,以双生子或同胞为对象,研究随着时间的变化,各种不同的因素在行为形成中所起作用的变化情况及持续时间。分析表明,在 3~4 岁时,人特定认知能力的形成既受环境因素的影响,也受到遗传因素的作用,遗传因素所起的作用是一种基本的作用,而环境因素则起到了独特的修饰作用。也就是说,在这一年龄段,遗传因素是决定获得特定认知能力的基本条件,如果缺少这种基本条件,一定的环境因素就不能发挥其作用;而环境因素是在遗传因素的基础上起作用的,如果缺乏这种环境因素,同样不能获得特定的认知能力。3~4 岁以后,遗传因素对特定认知能力的形成占主导的作用,但 9 岁以后的儿童的认知行为除语言能力外,基本上又是由环境因素所控制的,而对于 60 岁以上老年人认知能力的变异则主要是由遗传决定的。有人对美国 60~80 岁双生子的研究发现其 55%的记忆行为的变异归因于遗传的累加效应,而一些老年人的认知缺陷则多数与遗传缺陷有关。对于反社会人格障碍而言,遗传因素的影响随年龄增长而上升,如青少年期遗传率为 10%,成年期为 40%,其共享环境的影响则从青少年期的 40%降至成年期的 10%。这些现象说明行为性状在人体发育不同的阶段受到不同因素的控制。

二、行为的遗传方式

行为是十分复杂的生物学性状,人类的复杂行为并不简单地遵循孟德尔遗传规律,除了某些罕见的疾病如 Huntington 舞蹈病,明确地由单个基因变异所致,大多数行为性状均受多种基因影响。这些作用大小不一的基因之间以及它们与环境之间都以高度复杂的方式交互作用,影响生物体和行为发生与变化。这种累加和交互作用只决定某种病理性行为发生的倾向性及易感性,而并非因果关系。

(一) 单基因遗传模式的行为性状

目前,关于人类的哪些行为受单基因控制还不十分清楚,但有一些简单的行为可能由单基因决定。利手(handedness)又称惯用手、优势手,是人类最明显的不对称行为,70%~90%的人为右利手。家系与双生子研究表明,利手的形成有明显的遗传基础,是一种由单基因决定的行为。

1964 年,英国 Leicester 大学的 Annett 提出,利手是由常染色体上一对等位基因(*rs*+、*rs*−)所决定。*rs*+为显性基因,*rs*−为隐性基因。1985 年英国伦敦大学 McManus 教授也提出了利手的单基因遗传模式,认为利手是一个由常染色体上一对等位基因 *D*(dextral)和 *C*(chance)决定的性状。D 基因决定右利手,同时能够促进大脑左半球语言优势的发育;而 C 基因并不导致利手偏侧的形成,即利手和大脑优势半球是随机形成的。尽管许多调查结果表明,利手是由单基因决定的性状,但其遗传方式仍待确定。

另外,单基因行为异常的研究可以帮助理解单基因控制的行为特点。如严重的苯丙酮尿症患者智能低下,脑电波异常,步行困难,这是单个基因突变的结果。1964 年,Kesch 和 Nyhan 最先详细地描述了一种具有自残行为的疾病,称之为 Lesch-Nyhan 综合征。该病患者的自残行为主要表现为咬嘴唇和手指。美国和德国的相关研究表明,自残行为者体内缺少次黄嘌呤-鸟嘌呤磷酸核糖转移酶(hypoxanthine-guanine phosphoribosyl transferase,HGPRT),这种酶是由 *HGPRT* 基因决定的,说明这种行为与单基因遗传有关。

（二）多基因遗传模式的行为性状

大多数行为性状都是数量性状，遗传和环境因素在行为形成过程中均起特定作用，缺少环境和基因二者中的任何一个，就不可能形成行为。2002 年 Hamer 指出，基因网络和众多环境因素共同影响了大脑的发育和功能，影响行为的形成。有研究认为在各种使人易于对毒品成瘾的因素中，遗传基因占 60%，环境因素占 40%。现发现至少约有 400 余种基因与毒品成瘾有关。

行为遗传学的研究发现，儿童在接受或选择环境时受遗传的影响，也就是说，遗传在个体与环境接触中起作用，这现象称为基因型-环境的相关(genotype-environment correlation)。目前认为可能存在以下三种形式的相关：① 被动的相关：当子女不仅遗传了父母的基因，而且暴露于受其自身和父母基因组成影响的环境中时，就可能会出现基因型-环境的被动相关。如社交型父母不仅将相关基因遗传给子女，而且还为他们提供了有利其发展社交能力的环境。② 主动的相关：指个体选择能够强化或满足自己遗传倾向的环境和伙伴的程度。如社交型子女可以主动地寻求能够进一步提高其社交能力的场合。③ 唤起的相关：指环境对个体受遗传影响的行为所作出的反应。如那些具有社交型子女的社交能力在单位上可能会被发现而被挑选出来，并得到特别的机会。被动的基因型-环境相关需要具有遗传联系的个体之间进行互动；主动的基因型-环境相关可以囊括环境中的任何人和任何事；唤起的基因型-环境相关，可以通过任何人对基于遗传倾向的个体作出反应而引起。

而目前，行为遗传学更加关注基因型-环境的交互作用(genotype-environment interaction)，即个体在环境敏感性上存在的遗传差异，环境因素的影响作用依赖于个体基因组成。2002 年，Caspi 和 Moffitt 发现儿童受虐和单胺氧化酶 A(Monoamine oxidase A，*MAOA*)基因存在交互作用。幼时受到虐待并且携带编码低水平 *MAOA* 基因型的儿童其反社会行为风险几乎是幼时虽然受虐但携带编码高水平 *MAOA* 基因型的儿童的两倍。他们的研究还表明 5 -羟色胺转运体(*5 - HTT*)基因和应激刺激的交互作用对抑郁的形成具有影响。

（三）染色体遗传模式的行为性状

染色体的变化引起的行为异常是很明显的。染色体病患者大多都有智力低下、行为异常等特点。例如，Turner 综合征患者，核型为 45,X，这种人空间感觉力差。

第二节　行为遗传学的主要研究方法

自 19 世纪末以来，人类行为遗传学的研究已从动物模型、数量遗传学发展到以人类基因组学为基础的连锁、关联研究和功能基因组学技术的应用阶段，并有望从分子水平认识人类行为的本质。

一、动物模型

行为是一种复杂而特殊的生物学性状。首先，很多行为是难以测量的，如人的情感、本能等都是难以定量的性状；其次，行为大都是基因与环境共同作用的结果。对人类而言，产生行为的环境因素是难以控制的，这使得人类行为遗传学的研究面临着很大的困难。但是，很多动物如蝇和蠕虫都与人类有许多相同的基因。因此，动物模型为理解疾病产生机制和研究遗传、环境因素在行为性状中所起的作用提供了依据，也为人类行为遗传学的研究提供了良好的工具和途径。用动物进行行为遗传学研究有以下优点：① 在人为控制条件下，人们可按意愿对动物进行繁殖；② 动物基因组与人类基因组有相关性，如能在动物中发现与行为性状有关的基因并对其定位，据此结果可对人类相关基因的作用进行研究和定位。

（一）果蝇

经过一个世纪的研究，人们已经能够对果蝇(*Drosophila melanogaster*)的基因组进行操作，包括诱发突变、克隆突变基因以及建立转基因果蝇。果蝇具有较高级的行为能力，因此，果蝇被认为是通过诱导来研究动物求爱、昼夜节律、学习和记忆的理想材料。如果将果蝇放入斜面迷宫(tilting maze)，一部分果蝇会向上爬，另一部分则向下爬，这种随重力或逆重力的运动称为趋地性（geotaxis）。如将这两部分果蝇分开饲养，经过若干世代后，各组果蝇对重力的反应趋于一致，证实趋地性具有遗传基础。

另有研究发现果蝇的单基因突变体缺乏学习趋光行为的能力。运用电击和嗅觉通路建立自发反应条件反射模型，结合基因筛选技术可识别此类学习功能缺乏的突变型。Dudai 等分离了果蝇第一个学习缺陷突变体，命名为 dunce（dnc）。具有 dnc 的果蝇在联合型学习及非联合型学习中均有缺陷，其特点是有一定的学习能力，但记忆消退非常快。现已筛选出 6 种表现条件反射行为障碍的突变体，分别为 dunce（dnc）、rutabaga（rut）、amnesiac（amn）、radish（rad）、cabbage 和 turnip，这些突变体的学习缺陷均与 cAMP 代谢途径的某些环节有关。

（二）大鼠和小鼠

大鼠、小鼠和人类同属哺乳动物，与人类基因具有高度同源性。早在 1940 年 Tryon 就用混杂的大鼠群体进行跑迷宫试验，为人们认识智力遗传提供了有益的启示。将大鼠放入迷宫的起始端，将食物置于终端，大鼠会反复探索每一通径，经过若干次失败后，最终找到食物。凡误入盲端走回头路者记为错误一次，记录直到找到食物为止的错误次数。把错误在 10 次以下者归为迷宫聪明鼠；把错误次数在 200 以上者归为迷宫愚笨鼠；大部分鼠的错误次数介于 10～200 之间。选择聪明鼠进行近交，通过计数跑迷宫的错误次数，再在子 1 代中选择聪明鼠进行近交，如此反复近交 8 代，即形成迷宫聪明系大鼠；用同样的方法可建立迷宫愚笨的大鼠。这样形成的聪明系大鼠和愚笨系鼠在跑迷宫试验中出现的错误次数仍然有系内变异，但系间差异显著，不相重叠。聪明系错误次数最多的大鼠也比愚笨系错误次数最少的大鼠所犯的错误要少得多。用两系的大鼠杂交，子一代的错误次数介于两者之间，表明上述现象具有多基因的遗传基础。

人类猎奇探索行为的遗传学基础是通过动物模型证实的。研究者让几只小鼠进入一个陌生笼子里，观察它们的行为。新奇感高的小鼠忙碌地检查了笼子的角角落落，而新奇感低的小鼠则郁郁寡欢地静坐不动，对新环境毫无兴趣。当这两类小鼠的后代出生后，研究者检测了它们的多巴胺水平。结果发现，那些一直处于多动探索中的高新奇感小鼠，其多巴胺水平是低新奇感小鼠的 100 倍。低新奇感小鼠因缺乏多巴胺，它们大部分时间只是坐在笼子中无所事事，昏昏欲睡，没有食欲。研究者将低新奇感小鼠分成两组，对其中的一组注射一定量的左旋多巴（L－DOPA）。几天后，接受左旋多巴的小鼠开始进食、饮水并正常走动。由此证明，小鼠的这些行为受到多巴胺的调节。这一发现为研究人类新奇探索的遗传基础及帕金森病的治疗提供了线索。

随着基因敲除（knock out）等分子遗传学技术的应用，人们已经建立了许多行为疾病的模型鼠，如 Huntington 舞蹈病、帕金森病（Parkinson's disease）、抑郁症等小鼠模型。这些模型的建立为进一步研究人类病理行为提供了有利条件，特别是在筛选与人类病理行为相关的候选基因方面起到了重要作用。

由于相同基因在不同物种可能有不同功能或者在不同发育阶段表达水平不同，另外，不同物种所处的环境也有很大差别，因此，以动物为对象的行为学研究也面临着挑战。目前，遗传学家、发育生物学家和神经心理学家正在研制携带条件化或可诱导敲除（conditional or inducible knock outs）基因的小鼠，即这些基因只在某个发育阶段失活，或者只在某一个脏器内失活，或者能够随药物或环境条件的改变而开启或关闭。同时，利用行为遗传学方法与无创性的可视化新技术相结合，如功能性核磁共振（fMRI）、正电子发射扫描（PET）和其他脑成像技术，在活体动物包括人身上采集大范围神经活动的高分辨率图像，为行为遗传学的研究提供更可靠的研究方法。

二、数量遗传学方法

数量遗传学方法是研究人类行为遗传的重要途径。家系、双生子和寄养子研究常用于验证遗传和环境因素对性状或疾病的作用。弗朗西斯·高尔顿（Francis Galton，1822～1911）被认为是双生子行为和数量遗传学之父，他主要研究了家族及双生子中的行为关系。

（一）双生子研究

双生子研究（twin study）是行为遗传学研究的传统方法，它以双生子为对象，通过比较同卵双生子

(monozygotic twin，MZ)和异卵双生子(dizygotic twin，DZ)在行为上的相似性，研究遗传和环境对行为性状的影响。弗朗西斯·高尔顿在1876年就认为双生子研究可以用于研究自然环境与教养的关系。

在双生子研究中，研究者要对双生子进行行为观察、个性测试、面试，让他们填写调查表，并抽查他们的住院记录、服役记录等资料。

双生子研究是建立在一些假设之上的。MZ具有相同的基因组，而DZ有50%的基因相同。由于双生子生活在同一环境中，遗传因素使MZ比DZ更相象，这种假设称为相同环境假设(equal enviroments assumption)。MZ较DZ具有更多的相似性表明遗传因素所起的作用。根据一定数量双生子调查的数据可计算出某种性状的遗传率。通过双生子研究还可确定在整个表型变异中，遗传因素、共享环境及非共享环境所占的比例。

根据这个假设，已对孤独症、人格等进行了双生子研究。尽管MZ具有相同的基因组，但他(她)们在行为、体格、智能和个性等方面会有所不同。这种差别有些是由于随机效应所致，有些是受非共享环境的影响。虽然一般假设MZ在遗传上是一样的，但其生长发育过程是复杂的，现已明确一些生物学机制如表观遗传学等可导致MZ之间产生表型上的差异。

近十余年来，双生子研究方法本身也取得了很大的发展。随着统计学的发展，研究者不仅可以得到更可靠的遗传率估计值，还可对各种影响因素进一步分解，如深入探讨遗传率的年龄性别差异等。另外，许多研究者还将双生子研究与其他类型研究结合起来，以获取更多的有用信息，如与收养研究结合起来，可以将环境因素进一步分解。结合新的分子遗传学技术，双生子研究方法变得更加富有价值。Caspi等结合传统心理学评估方法和候选基因技术进行研究，获得的研究成果极大地鼓舞着研究者进一步探索微观分子水平和宏观社会行为水平间的联系。

但由于双生子所受环境的差异很难代表一般群体的环境差异，还需要进行对寄养子的研究。

(二) 寄养研究

寄养研究(adoption study)着重分析分开养育的生物学相关个体的行为差异。寄养研究的基本逻辑假设是，因寄养而分离的儿童之间的相似性反映了遗传的作用，而无生物学关系的收养家庭成员与被收养者之间的相似性则反映了环境的作用。

一种方法是比较MZ寄养到可以测定环境因素的不同家庭，如果不同环境使他(她)们产生差异，那么，他(她)们在某些性状上的相似性可部分归因于遗传效应。另一种方法是比较寄养子、生物学父母和养父母的行为差异。如寄养子的某一性状与其生物学父母更相近，则可认为该性状主要受遗传因素的影响；如寄养子的某一性状与其养父母更相近，则认为该性状主要受环境因素影响。还有一种方法是进行寄养子与其同胞的比较。如果他们有相似的性状，则可推测环境因素在该性状的形成过程中起主导作用，反之，则是遗传因素起主要作用。

寄养研究为双生子研究提供了一些关于遗传因素在智力、个性和反社会等行为中起作用的证据。寄养研究还能说明遗传与环境的关联作用。例如，寄养研究发现，若寄养子因其生物学父母具有反社会行为而被认为具有高度反社会风险，则其养父母则会表现出消极的养育态度。

寄养研究还能揭示基因与环境的相互影响。当具有遗传易感性时，逆境效应就非常明显。来自3个寄养研究的资料表明，在遗传风险增高并暴露于逆境时，青少年寄养子反社会行为明显增加，这种增高的风险远远高于遗传和环境因素单独作用时的风险。

寄养研究是研究某种性状受遗传因素、环境因素及遗传-环境因素相互作用的好方法，但由于寄养并不是随机地被某个家庭收养，寄养并不常见，故进行寄养研究仍有一定困难。

(三) 家系研究

家系研究(family study)是人类行为遗传学研究的基本方法之一。该方法从先症者入手，揭示某种性状是否受遗传和(或)环境因素的影响。

对性格、智商和童年行为的家系研究表明家族成员较非家族成员具有更多相似性。家系研究清楚地表明这些行为是复杂性状，即这些性状由一些基因联合作用并受环境因素的影响。如果某一性状在家族成员中具有共性，推测可能由亲属间共同基因及同一环境因素所致。然而，家系研究仅能证明遗传因素的作用，双生子和寄养研究则能在某种程度上为我们理解基因和环境效应提供证据。家系研究、双生子研究和寄养研究可合并进行，三种研究的结果也可一起分析，即荟萃分析(又称 Meta 分析)。

近年来，家系研究、双生子和寄养研究的范围比以前更为广泛，这些研究已被用于临床和相关科学的研究。① 分析影响心理的因素，如在考虑了遗传因素的条件下，在何种程度上双亲的行为可能增加问题行为的风险？② 分析心理/环境影响如何调节遗传效应。如双生子研究表明生活事件对抑郁的影响依赖于遗传易感性；③ 研究为什么两种性状会同时发生。这类研究已经表明焦虑和抑郁总是同时发生并受同一系列基因的影响；④ 分析标准范围内的症状和极端症状的关系。这类研究表明，一些性状如注意力缺陷性多动症(attention deficit hyperactivity disorder symptoms，ADHD)具有连续性。评分高者和评分在标准范围内者具有类似的遗传效应。对智商的研究发现遗传因素和环境因素对智商极低者和智商值在标准范围内的人影响有所不同。

三、分子遗传学方法

传统的数量遗传学研究方法虽然能让我们了解在特定的时间和环境下人群的行为表现上的差异和遗传的相关性，但并不能从本质上认识遗传在行为性状中的作用，即哪些基因引起并影响着行为，这些基因在行为的形成过程在中扮演着怎样的角色？近年来，分子遗传学方面的突破被应用于行为特征的研究，为行为遗传学的发展提供了新的契机。

1. 芯片分析　芯片分析法能同时检测成千上万个基因及其表达水平。动物模型研究证实了果蝇的趋地性由遗传因素控制，15 年后(2002 年)科学家们终于利用芯片分析找到了与该性状相关的一系列基因。

芯片分析法也可用于人类行为遗传学的研究。例如，取精神异常阳性、阴性或其他可观察的行为性状的研究对象的组织标本，通过芯片分析比较两组研究对象特定基因的结构或表达情况，可推测基因结构及其表达与某种行为的关系。芯片分析产生的大量数据可帮助人们更好地理解特定基因型与表型的关系。

2. 基因敲除　利用 DNA 同源重组技术使小鼠胚胎干细胞中某种基因失活，然后将此细胞植入小鼠早期胚胎，生成嵌合体小鼠。当这种嵌合体小鼠长大后，检测其生殖细胞有无变化，选择目的基因缺失的生殖细胞可培育基因敲除小鼠。通过比较基因敲除小鼠与野生型小鼠的行为差异，判断该行为与目的基因的关系。

用这种基因操作技术已对小鼠的一些行为特征进行了研究。如探索意愿、学习和记忆、社会交互作用、压力反应等。由于小鼠与人类具有相似的基因组，以上研究结果可为人类的相关研究提供线索。

3. 连锁分析和相关性分析　近年来，分子遗传学家一直在寻找哪些基因与特定行为特征有关。他们使用的基本方法称为连锁分析(linkage studies)和关联性研究(association studies)。这两种研究的目的都是寻找和检测易感基因的两种常用方法。

连锁分析是通过家系中遗传的性状与某个或某些多态性标记是否连锁的比较，研究该性状是否受到该遗传标记的影响。连锁分析以携带某种性状或疾病的家系为研究对象，对连续几代人的 DNA 样本加以分析，确定是否有特定基因与该种性状或疾病有关。连锁分析适用于研究大家系中单基因病的遗传基础，但对受多因素影响的行为研究不太适用。

关联性研究是行为学研究的常用的遗传学分析方法。最简单的方法是比较病例组和与其匹配的对照组特定基因的频率变化。由于行为性状不易分为有或无，故在行为遗传学中可能并不存在病例组。较之连锁分析，关联性研究有两个优点：① 利用小样本研究遗传如早现行为性状易感基因更具统计学意义；② 因只需要受累者，故样本容易收集。关联性研究表明，猎奇行为个体多巴胺 D4 受体(*DRD4*)基因变异与对照组有显著差异。由于多巴胺(dopamine)是一种关键的神经递质，*DRD4* 多态性可能是影响行为的一个遗传因素。

第三节　人类一些行为的遗传

行为遗传学领域所涉及的研究内容，已经从过去的单基因遗传病，发展到对人类自身存在、发展及与国计民生有重大关系的人类高级智能活动及复杂行为问题，如神经精神疾病、心身疾病、药物成瘾、儿童行为障碍、自杀甚至包括社会态度、价值观等类高级意向性问题。许多大规模的研究，如 National Longitudinal Survey of Adolescent Health(Add Health)，都是持续时间很长的研究计划，其主要研究内容包括职业目标、社会责任、对暴力的态度、药物依赖、价值观等，同时也极大地推进了对诸如成瘾行为、攻击行为、异常性行为、学习、记忆能力的行为遗传学基础的研究。

人类的许多疾病都表现出行为异常的特征，如苯丙酮酸尿症、21-三体综合征、阿尔茨海默病等表现出的认知障碍，孤独症、抑郁症等表现出的情绪障碍等，对这些疾病遗传机制的研究，不仅对阐明其病理机制，为疾病的预防、诊断和治疗奠定基础，而且对进一步揭示人类行为遗传基础的奥秘具有重要的意义。

人类行为异常一般包括以下 4 种形式：① 智力(intelligence)异常；② 精神异常(mental illness)；③ 人格(personality)异常；④ 情绪障碍(mood disorder)。

一、智力

人类在长期的进化中形成了高度精细而复杂的神经系统，赋予人类无与伦比的智慧，使人类具有以语言能力和数理逻辑能力为核心的、以整合方式存在的能力——智力。目前，常用智商(intelligence quotient, IQ)来做检测智力水平的标准。IQ 得分采用 200 分制。一般来说，正常人群的 IQ 多为 85～115 分，平均值约为 100 分；IQ120～140 分者为“聪明”，IQ140～200 分被称为“天才”。世界卫生组织规定，对成年人而言，IQ71～84 分者为临界值，IQ50～70 分以下为轻度智力低下，其智力相当于 8～10 岁儿童；IQ35～49 分为中度智力低下，其智力相当于 6～7 岁儿童；IQ20～30 分为重度智力低下，其智力相当于 3～5 岁幼儿；IQ20 分以下为极重度智力低下，其智力相当于婴幼儿。IQ 在自然人群中呈正态分布。双生子、寄养子以及家系研究均表明，遗传因素对智力有明显影响。据统计，父母的智商高，孩子的智商往往也高；父母智商平平，孩子智商也一般；父母智力有缺陷，孩子有可能智力发育不全。

(一) 智力的数量遗传学研究

智力受遗传因素和环境因素的共同影响。大量数量遗传学研究表明智商的一致性随遗传相似性的增加而增加。MZ 较 DZ 或同胞的智商更接近，同胞的智商较半同胞者更接近。即使分开生活，遗传相关个体的智商仍很接近。寄养研究也证明遗传因素对智力有影响。寄养子智商与其生物学父母的一致性高于其与养父母的一致性。智力的遗传率为 35%～75%。但是，智力的实际表现还要受到主观努力和社会环境的很大影响，后天的教育、训练以及营养等因素起到了很重要的作用。一起生活的亲属较分开生活者智商更接近；一起生活的无关个体、养父母与其寄养子、生活在同一家庭的两个寄养子在智商方面表现出较高的一致性。可以设想，即使是具有父母优良基因的“神童”，如果一出生就落入狼穴，也只能长成“狼孩”。

(二) 智力的分子生物学研究

一般认为智力是复杂性状，受许多基因的影响，每个基因的作用相对较弱，但也有例外，如 PKU、脆性 X 综合征、早发性阿尔茨海默病的智力受单基因的影响。据估计单基因影响智力变异只占 1%～2%。关于智力的大量研究表明，一些基因在人类、小鼠、甚至果蝇的认知能力中起作用。

(三) 智力低下与遗传

智力低下又称智力障碍(智障)、智力残疾或精神发育迟滞(mental retardation, MR)，是指 18 岁以前出现的认知功能低下(IQ<70)和社会适应能力不足，是一组严重危害儿童青少年身心健康的神经精神疾病。智力低下在世界范围内的患病率为 1%～3%。造成智障的病因极其复杂，既有内因又有外因。内因主要是指基因突变和染色体异常。外因包括外源性感染、中毒、外伤、缺氧、营养不良，以及心理损伤、社会文化环境不良等。

1. 单基因遗传与智力低下　脆性 X 综合征是世界范围类最常见的单基因突变导致的智障，可导致中度学习障碍及严重智力低下。1991 年，三个研究小组同时用不同的策略克隆到 X 染色体长臂末端脆性位点处的脆性 X 智力低下基因 *FMR1*，从此正式揭开单基因智力低下的研究序幕。脆性 X 综合征是由 *FMR1* 启动子区 CGG 重复序列异常扩增导致启动子过度甲基化而使 *FMR1* 基因转录关闭，导致其编码产物 FMRP 不能表达。FMRP 是一种多结构域的 mRNA 结合蛋白，参与调控靶基因 mRNA 的转运、稳定性或翻译。在基因敲除小鼠中，代谢型谷氨酸受体(metabotropic glutamate receptor, mGluR)由于失去 FMRP 的抑制性调控，活性明显增加而导致突触发育和功能异常，这是导致脆性 X 综合征智障的重要发病机制之一。

X 连锁智力低下大多为隐性遗传。这类疾病约占 MR 的 5%左右。由于 X 连锁智力低下女性携带者不受累或症状较轻，易将突变基因传递给后代，形成累及几代的智力低下大家系，遗传方式较易识别，因此在过去二十多年里，X 连锁智障家系的致病基因研究取得了很大进展。通过对数百个 X 连锁智力低下家系的分析，已有 82 个智力低下基因已被克隆。

与 X 染色体连锁的智障基因相比，只有很少数常染色体隐性遗传的智力低下致病基因被发现，如苯酮尿症、半乳糖血症、同型胱氨酸尿症、溶酶体贮积症(尤其是黏多糖病)等。迄今仅有八个常染色体隐性遗传的致病基因被克隆，还有上千个基因等待克隆和鉴定。

常染色体显性遗传的智力低下较少见，Huntington 舞蹈症为常染色体显性遗传的神经退行性疾病。典型症状出现于 20～40 多岁。致病基因定位于第 4 号染色体上，由(CAG)n 重复变异所致。部分病例最早出现的症状可能是抑郁、焦虑或明显的偏执，伴人格改变。疾病进展缓慢，常在 10～15 年内导致死亡。Huntington 舞蹈症患者的认知障碍具有皮质下痴呆的特征，即记忆缺陷、认知缓慢、淡漠和抑郁。

2. 染色体异常引起的智力低下　染色体异常是智力低下最常见的遗传病因，占智力低下的 10%。造成智力低下的染色体异常包括染色体数目和结构异常两大类。常染色体异常中，21-三体综合征发生率最高。21-三体综合征患儿精神发育迟缓，智商很少超过 60。此外，18-三体、13-三体、猫叫综合征、各种染色体重排综合征均可导致智力低下；性染色体异常中，45,X、47,XXX、47,XYY 等均可有智力异常，但均属中、轻度智力低下。

3. 多基因遗传与智力低下　绝大多数智力低下受多基因遗传的影响，这类疾病占 MR 的 15%～20%，但往往表现为轻至中度智力低下，且由于基因的加性效应，双亲智商偏低。受多基因控制的家族性智力低下患者，同胞姊妹智力低下的程度有很大不同，智商水平受患者所带致病基因的数目控制，致病基因越多，智商水平越低。

4. 线粒体基因突变与智力低下　线粒体 DNA 突变导致的线粒体脑肌病伴发高乳糖血症及卒中样发作(mitochondrial encephalomyopathy, lactic acidosis and stroke-like episodes, MELAS)(OMIM 535000)，肌阵挛性癫痫伴发碎红纤维(myoclonic epilepsy and ragged-red fibers, MERRF)(OMIM 545000)和 Kearns-Sayre 综合征(KSS)(OMIM 530000)都有程度不同的智力低下。

二、学习和记忆

学习和记忆(learning and memory)是脑的高级功能，也是一种认知行为。学习是神经系统接受外界环境变化而获得新的行为习惯(或经验)的过程；记忆是学习到的信息贮存和“读出”的神经活动过程；学习与记忆两者之间的联系十分密切，学习是记忆的前体，而新的学习又常常是在已获得的经验基础上进行的。学习这一行为可分为联想性学习(associative learning)和非联想性学习(nonassociative learning)两种形式，而记忆则包括长期(long-term)和短期(short-term)记忆，其中长期记忆又可分为陈述性记忆(declarative memory)和程序性记忆(procedural memory)，而陈述性记忆还可进一步细分为语义记忆和情节记忆等。迄今，人们还不清楚学习与记忆行为的遗传学本质以及控制和调节生物学习和记忆的确切机制。但通过对果蝇、实验鼠等动物模型的研究以及对人类的双生子、寄养子分析和家系研究的结果均表明学习与记忆的能力既与内因(遗传因素)，也与外因(训练与经验)有关。

目前的研究发现，学习与记忆功能与众多的基因有密切的联系。多种基因及其产物可在细胞受体、胞内信号转导网络、基因表达的调控以及细胞生长发育等多个层次影响学习与记忆的功能。目前发现的与人类认知过程高度相关的候选基因如下：

表 15-1　与人类认知过程高度相关的候选基因

基　　因	表　　型
肾上腺素 α2A、α2C 受体	学习障碍、注意力涣散多动症
载脂蛋白 E	学习和记忆缺陷
γ-氨基丁酸受体 β3 亚单位	学习和记忆缺陷
鸟嘌呤核苷酸解离抑制剂-1	学习能力严重受损
神经胶质瘤-1	学习和记忆受损
乙醇脱氢酶-5	与空间能力和记忆相关
促肾上腺皮质激素释放激素受体-1	空间认识记忆受损
谷氨酸受体，ionotropic，NMDA1	空间记忆受损
白细胞介素-2	空间学习和记忆能力受损
LIM 激酶-1	视觉空间认识能力低下
神经生长因子，β 多肽	与记忆、视觉和空间认知能力相关
蛋白激酶 A	空间和长时记忆受损
CRE 结合蛋白-1	长时记忆缺陷
多巴胺 β 羟化酶	记忆力缺陷
肌强直性营养不良蛋白激酶	与语言能力相关、认知缺陷
DYX1[D15S123]	阅读困难
DYX2[D6S464 - D6S273]	阅读困难
DYX3[D2S2352 - D2S1337]	阅读困难
白细胞介素-1 受体辅助蛋白样-1	低 IQ、认知障碍
胱硫醚 β 合酶	与高 IQ 相关
谷氨酸受体，ionotropic，NMDA2B	超常学习和记忆能力
生长相关蛋白 43	与长时程增强有关
神经肽 nociceptin 1	较好的学习、记忆和空间认知能力

三、精神功能障碍

精神功能障碍是指大脑功能活动发生紊乱，导致认知、情感、行为和意志等精神活动不同程度障碍的总称。在过去几十年的时间里，精神功能障碍已成为行为遗传学研究中最为活跃的领域，精神功能障碍的遗传学研究使人们逐渐意识到了遗传对心理学和精神病学的影响。

（一）成人期精神功能障碍

一般能在成人期诊断出的精神功能障碍主要有三种类型，即精神分裂症（schizophrenia）（OMIM 181500）、情绪障碍和焦虑障碍，其中除焦虑障碍以外，遗传对其他两种类型影响的证据已比较明确。

1. 精神分裂症　精神分裂症是精神功能障碍中最为严重且常见的一种，总人口的患病风险率约为 1%，因此遗传学研究对它的关注要多于精神功能障碍的其他领域。该病多起病于青壮年，表现为感知、思维、情感、意志行为等多方面障碍，精神活动与周围环境和内心体验不协调，脱离现实。该病病程多迁延，反复发作，部分患者发生精神活动衰退和不同程度社会功能缺损。

精神分裂症是一类典型的复杂遗传疾病，受到遗传因素和环境因素共同影响。家系分析表明与一般人群中 1%的患病率相比，亲属中有精神分裂症患者的人更容易患此病。其中一级亲属平均患病风险为 9%，DZ 为 17%，MZ 为 48%，二级亲属患病风险为 4%。双生子研究表明遗传在解释精神分裂症的家庭相似性中起着重要作用，MZ 和 DZ 的一致性分别为 41%～65%和 0～28%。而寄养子研究的结果与家系分析和双生子研究的结果一致，也表明精神分裂症受到遗传影响。母亲患有精神分裂症，其被人收养的亲生子女患此病的风险率为 11%，由患精神分裂症的亲生父母抚养长大的子女的患病风险相似，说明精神分裂症的家庭相似性很大程度上源于遗传，而且在有精神分裂症患者的家庭里成长不会使患此病的风险提高并超过遗传引发的患病风险。而且，与轻度精神分裂症相比，严重精神分裂症受遗传因素的影响更大。

分子生物学研究提示许多基因和染色体区域可能与精神分裂症有关，但目前尚未得到一致结果，这也证实精神分裂症具有遗传异质性。一些研究发现精神分裂症的易感基因可能位于第 6 号、第 13 号、第 22 号染色体上,其中多巴胺受体基因 *DRD3* 和 5-羟色胺受体基因 *5HT2a* 与该病相关。目前拷贝数变异与精神分裂症研究也逐渐引起了大家的注意,现在认为与精神分裂有关的拷贝数变异位点有 15q11.2,15q13.3,1q21,*NRXN1* 基因等。这些位点均在多个实验样本中得到了验证,拷贝数变异的发现为精神分裂症的研究打开了一扇新的窗口。

2. 情绪障碍 情绪障碍表现为严重的情绪波动,为多基因精神障碍,没有明确的基因型-表现型关系。情绪障碍主要有单相的抑郁障碍和包括抑郁与躁狂的双相障碍(bipolar disorder)。

单相抑郁障碍发作缓慢,通常经历数周甚至数月。典型特征包括情绪抑郁,对日常活动没有兴趣,饮食和睡眠失调,产生死亡或自杀念头。

双相障碍也被称为狂躁抑郁症(manic depression illness),由极度情绪变化所致。在抑郁期,患者极度悲伤、失去生活兴趣、极度犹豫、无法入眠、失望、有自杀冲动。一般人群中有 1%的为严重双相障碍,另 1%为中度双相障碍,男女发病率相等。

由于诊断困难,情绪障碍的遗传研究结果不如精神分裂症明确。但双生子研究表明遗传对情绪障碍有很大影响。MZ 和 DZ 患单相抑郁症的平均一致性分别为 40%和 11%,患双相障碍的一致性分别为 72%和 40%。连锁分析及 Meta 分析的结果表明和双相情感障碍相关的区域有 2p,4p,4q,6q,8q,9p,10q,11p,12q,13q,14q,16p,16q,18p,18q,21q,22q 和 Xq。虽然双相情感障碍与精神分裂症是完全不同的疾病,但由于两者在表型和遗传因素之间存在一定的联系,很多与精神分裂症相关的基因也是双相情感障碍的可疑致病因素,最为肯定的两病共同的易感基因是 *G72/G30* 基因。

(二)儿童期精神功能障碍

儿童期首发的精神功能障碍包括弥散性发育障碍(如孤独症)、注意缺陷和破坏性行为障碍(如注意缺陷多动症、品行障碍)、痉挛障碍(如妥瑞障碍)和排泄障碍(如遗尿症)。

1. 孤独症 孤独症又称自闭症,曾被认为是精神分裂症在儿童期的表现,但现在认为这是一个独立障碍,具有社会关系异常、沟通缺陷和刻板行为及思维等特征。男女发病有明显差异,比例在(4~5):1 左右。最早认为孤独症是由环境因素造成的,但双生子研究证明孤独症是最具有遗传性的心理障碍之一。孤独症 MZ 的一致率为 60%,为一般人口基础率的 1 000 倍,而 DZ 的一致率仅为 5%。关于孤独症 MZ 的进一步研究表明,即使 MZ 基因完全相同,仍存在明显的遗传异质性。研究发现孤独症患者的二三级亲属的患病风险分别为 0.18%和 0.12%。

孤独症患者具有较高的染色体畸变率(10%~48%),脆性位点率也较高,染色体稳定性差。常见的染色体异常包括断裂、重复、缺失、倒位。目前研究较多的是 7、15、2 及 X 染色体。

有研究显示,第 2 号染色体上与神经递质谷氨酸有关 *neurexin* 1 基因可能是孤独症的易感基因。对有严重孤独症儿童的家庭调查发现,NLGN3 和 NLGN4X 两个基因发生突变会导致孤独症。NLGN3 和 NLGN4X 所编码的两种蛋白 hadneuroligin-3 和 neuroligin-4 在神经细胞连接中发挥重要作用。

2. 注意缺陷和破坏性行为障碍 注意力缺乏性多动症(ADHD)具有很强的遗传性。品行障碍(conduct disorder)不伴随过多活动或注意缺陷时,仅具有中等强度遗传性。ADHD 的主要特点是冲动性行为和注意力缺乏,据估计全世界 10%的儿童患此症。推测 ADHD 是由与精神发育相关的大脑部分发育不全所致。ADHD 具有遗传基础,家系研究表明 ADHD 患者的同胞或父母被确诊为该病可能性极大。目前认为 ADHD 受多个基因控制,可能与多巴胺调空相关基因有关,其中一个基因为 *SNAP-25*,定位于第 20 号染色体;另一个与 ADHD 相关基因可能位于第 16 号染色体上。

小 结

人类行为遗传学是在遗传学、心理学、行为学和医学等学科发展的基础上形成的一门交叉学科,其根本目标是解释人类行为现象的遗传学机制,阐明遗传因素和环境因素在个体行为发展差异中所起的作用。大多数的行为性状属于多基因遗传模式，基因及其表达是行为形成的决定因素和基础，而行为只有在与环境不断的相互作用下才能产生。在人的不同发育、生长时期，遗传或环境因素在行为性状形成中的作用强度不同。人类行为遗传学的主要研究方法包括动物模型、数量遗传学(家系、双生子和寄养子研究)和分子遗传学方法，而且还在不断的发展和进步。

人类感知行为、内在动机行为、情感行为和认知行为是行为遗传学研究的重要内容。人类的一些异常行为如智力低下、精神功能障碍等属复杂疾病，受许多遗传因素的影响，包括单基因突变、多基因和染色体异常。随着行为遗传学的发展，越来越多行为异常的遗传机制将被人们所认识，将为这些疾病的诊断、治疗和预防提供更充分的理论依据。

(曾永秋)

【复习思考题】

1. 遗传和环境因素怎样参与获得性行为的形成?
2. 行为的遗传方式有哪些?
3. 收集更多人类行为异常的资料，了解遗传因素在其形成过程中所起的作用。

第十六章

出生缺陷

人体在出生前的发育过程发生异常可导致出生缺陷。近年来，随着工业的发展和环境污染的加重，出生缺陷的发生率有上升趋势，已成为早期流产、死胎、围产儿死亡、婴幼儿死亡、儿童和成人先天残疾的主要原因，给家庭和社会带来沉重的负担，影响着人口素质和人类资源的健康存量。作为发育遗传学研究的重要内容之一，出生缺陷已日益受到世界各国政府的高度重视，并对这一问题进行了广泛的监测、病因学调查和相关的实验研究。

第一节 出生缺陷的概念及类型

一、出生缺陷的概念

出生缺陷(birth defect)是指婴儿出生前发生的身体结构、功能或代谢等方面异常的统称，受遗传和环境等多种因素的影响。出生缺陷涉及广泛，疾病种类繁多，既包括各种结构畸形，也包括代谢、功能以及行为发育等方面的异常；既可于出生时就表现出来，也可在出生后一段时间才显现出来，如智力障碍等。

先天畸形(congenital malformation)是指以形态结构异常为主要特征的出生缺陷。在过去很长一段时间内，出生缺陷和先天畸形这两个概念可以相互替代，但随着越来越多的疾病被纳入出生缺陷的研究范畴，目前认为，出生缺陷的含义更为广泛，通常包括先天畸形、染色体异常、遗传代谢性疾病、功能异常如盲、聋和智力障碍等。

二、出生缺陷的类型

目前已知的出生缺陷病种至少有 8 000～10 000 种，涉及众多的基础与临床学科。因此，可从不同学科角度将出生缺陷分成不同的类型。

1. *根据胚胎发生过程分类* 1958～1982 年，Willis、Grag 和 Moore 根据出生缺陷的胚胎发生过程，先后提出了大致相同的畸形分类方法，将出生缺陷分为以下几种类型(表 16－1)。

表 16－1 出生缺陷的类型(根据胚胎发生过程分类)

类 型	表 现	病 例
整胚发育畸形	严重遗传缺陷引起，多不能发育成完整胚胎	早期死亡
胚胎局部发育畸形	胚胎局部发育异常，累及多器官	头面发育不全、并肢畸形等
器官和器官局部发育畸形	某一器官不发育或发育不全	室间隔膜部缺损、双侧或单侧肺不发生等
组织分化不良性畸形	胎儿某一组织分化不良	骨发育不全、巨结肠等
发育过度性畸形	器官或器官某部分增生过度	多指(趾)畸形等
吸收不全性畸形	胚胎发育中某些结构吸收不全	蹼状指(趾)、肛门闭锁等
超数和异位发生性畸形	器官原基超数发生或发生于异常部位	多乳腺、双肾盂等
发育滞留性畸形	器官发育中途停止，器官呈中间状态	气管食管瘘、双角子宫等
重复畸形	单卵双生的胎儿未能完全分离，胎儿整体或部分结构不同程度地重复出现	连体儿
寄生畸形	单卵双生的两个胎儿发育速度相差很大，小者附于大者某一部位	寄生胎

2. 根据畸形的严重程度分类　畸形学家根据畸形的严重程度将出生缺陷分为简单畸形和多发畸形两大类(表 16－2)。

表 16－2　出生缺陷的类型(根据畸形的严重程度分类)

类　型	亚　型	病　例
简单畸形	畸形(某一器官或器官的某一部分原发性缺失)	先天性心脏病、唇裂、腭裂等
	畸化(由于环境因子的干扰所导致的器官或组织异常)	妊娠期风疹病毒感染所导致的先天性白内障等
	变形(不正常的机械力扭曲、牵拉正常结构所形成的缺陷)	宫内拥挤或子宫异常而导致的畸形足等
	发育异常(细胞不正常地形成组织)	外胚层发育异常等
多发畸形	序列征(由单个因素引发的级联反应而导致的单一器官缺陷)	Potter 序列征等
	综合征(由已知致病病因引起,具有一定的可识别的畸形模式)	Down 综合征等
	关联征(几种畸形并非随机地一起发生,但在发生机制上又不能用序列征、综合征的发生机制来解释)	VATER 关联征等

3. 根据缺陷发生部位分类　世界卫生组织(World Health Organization, WHO)在出生缺陷的国际统计学分类中根据发生部位进行分类,并对各种出生缺陷编排了分类代码。WHO 1977 年出版的第九版《国际疾病分类指南》(*International Statistical Classification of Disease*, ICD)中详细编入了绝大多数出生缺陷,并根据畸形发生的器官系统,采用三位数字对各种畸形编码,如无脑畸形编码为 740。特殊情况列为亚类,以第四位数编码,如 740.0。该方法将不同医疗卫生工作者收集的出生缺陷资料进行比较、分组和统计,对出生缺陷病例的诊断、信息采集和质量控制等具有重要的作用,后来世界各国进行出生缺陷调查统计时均采用这一分类方法。该分类法其后又经几次修改,形成不同版本,截至目前,1993 年出版的 ICD－10 是最新的版本。

在 ICD－10 中,先天畸形被列为第十七章——先天性畸形、变形和染色体异常,编码为 Q00～Q99,并按照发生器官系统的不同,进行了相应的分类和编码,共分为 11 大类(表 16－3)。而一些先天性疾病、宫内感染等则被列在其他章节的分类编码中,如先天性代谢性疾病的分类编码为 E70～E90。与 ICD－9 相比较而言,ICD－10 编码可以扩展而不受限制,能更好地对疾病诊断信息进行存储、完善和分析。

表 16－3　国际疾病分类(ICD－10)——先天性畸形、变形和染色体异常

分　类	编　码
神经系统先天性畸形	Q00～Q07
眼、耳、面和颈部先天性畸形	Q10～Q18
循环系统先天性畸形	Q20～Q28
呼吸系统先天性畸形	Q30～Q34
唇裂和腭裂	Q35～Q37
消化系统的其他先天性畸形	Q38～Q45
生殖器官先天性畸形	Q50～Q56
泌尿系统先天性畸形	Q60～Q64
肌肉骨骼系统先天性畸形和变形	Q65～Q79
其他先天性畸形	Q80～Q89
染色体异常,不可归类在他处者	Q90～Q99

三、常见的出生缺陷

1. 先天性心脏病(congenital heart disease)　是胎儿时期心脏血管发育异常所导致的疾病,也是少年儿童最常见的心脏病。包括室间隔缺损(ICD－10: Q21.0)、房间隔缺损(ICD－10: Q21.1)、法洛四联症(ICD－10: Q21.3)等几种主要类型。

(1) 室间隔缺损:简称室缺,由于室间隔在胚胎时期发育不全,形成异常交通,在心室水平产生左向右的血液分流。室间隔缺损可单独存在,亦可以是其他复杂心脏畸形的一个组成部分。重型者心室肥厚,肺动脉高压、肺动脉收缩压与周围动脉压之比明显增大,临床出现发绀、咯血、心功能不全、心力衰竭等症状;轻型者临床症状较轻。单纯性心室间隔缺损多属于多基因遗传,但同时亦可以是染色体病或其他综合征的常见症状之一。

(2) 房间隔缺损：简称房缺，由于原始心房间隔在发生过程中吸收和融合出现异常，导致左右心房之间仍残留未闭的房间孔所致。房间隔缺损可单独存在，也可与其他心血管畸形合并存在，或作为某些综合征的症状之一。房缺最基本的血流动力学改变是心房水平的左向右分流，分流量视缺损的大小和两房间的压力差有所不同。缺损大者症状出现较早、较重。例如，婴儿期室上性心动过速往往是房缺存在的首发症状。缺损小者可长期不出现症状，直到中年时才发病。单纯性房间隔缺损多数病例属多基因遗传，只有极少数属于常染色体显性或常染色体隐性遗传。

(3) 法洛四联症：也称发绀四联症。由肺动脉狭窄、主动脉骑跨、室间隔缺损及右心室肥大 4 种畸形组成。由胚胎发育过程中属于大血管的圆锥动脉干转位发生障碍，出现发育异常所致。在四种畸形中肺动脉狭窄是最重要的病变，肺动脉狭窄可表现为右心室漏斗部狭窄、肺动脉瓣狭窄、肺动脉闭锁或分支肺动脉狭窄。狭窄的肺动脉使右心室排血受阻，引起右心室高压，导致右心室肥大。主动脉部分起于右心室，骑跨在室间隔上。本病多数为多基因遗传，但同时亦可以是染色体病或其他综合征的常见症状之一。

2. 神经管缺陷(neural tube defect，NTD)　是一组严重的中枢神经系统畸形，涉及脑部和(或)脊髓的发育异常，由胚胎发育早期神经管闭合受阻所致。重者导致胎死宫内，存活的婴儿常伴有永久性残疾。神经管缺陷是一种由遗传因素和环境因素共同作用而引起的多基因遗传病，遗传度为 60%，其环境危险因素包括叶酸缺乏、服用抗癫痫药物、高烧、接触农药等。发病率依地区和国家而有所不同，我国北方地区的发病率较南方高。根据神经管发育受阻时期和部位的不同，神经管缺陷主要分为无脑畸形(ICD－10：Q00.0)、脊柱裂(ICD－10：Q05)和脑膨出(ICD－10：Q01)三种类型。

(1) 无脑畸形：是神经管缺陷中最严重的一种，由神经管前孔不闭合所致。畸形造成颅骨及部分脑组织缺失，患儿前颅窝缩短、眼窝变浅、眼球突出，呈“蛙样”面容，耳位低，颈短。通常胎死宫内或于出生后不久死亡。

(2) 脊柱裂：是神经管缺陷中最常见的一种，由神经管后孔不闭合所致。其主要特征是背侧的脊椎弓未能融合在一起，脊膜和(或)脊髓通过未完全闭合的脊柱疝出或向外暴露。临床可见不同类型、部位和范围，可发生于颈段、胸段、腰段或骶段。如果仅有脊膜膨出、脊髓和神经成分仍处于正常位置，病情则较轻；如果脊髓和神经成分移位于囊内就可能产生神经功能障碍，出现下肢瘫痪、肌肉乏力、大小便失禁和智力发育障碍等症状。

(3) 脑膨出：较为少见，是由于神经管靠延脑部位缺损所致。脑膜和(或)脑组织通过颅骨裂向外膨出，可发生于额部、鼻部、枕部等处。膨出内容物可仅有脑膜组织，亦可含有脑膜组织和不同数量的脑组织。脑膨出的患儿多发生严重的神经系统症状。

3. 总唇裂　包括唇裂(cleft lip，ICD－10：Q36)及唇裂合并腭裂(cleft lip with cleft palate，ICD－10：Q37)，是最常见的一组颌面部畸形，也是我国高发的先天畸形之一。正常情况下唇在胚胎早期由外鼻突、内鼻突和上颌突在中线融合形成，如果在此期间任何一项或几项未能融合，均会导致唇和(或)腭裂。

(1) 唇裂：可在上唇或下唇处裂开，上唇裂较为多见，单侧多于双侧，左侧多于右侧。根据裂开程度可分为：Ⅰ度(裂隙只涉及红唇)、Ⅱ度(裂隙从红唇至上唇皮肤，但未达鼻底)、Ⅲ度(裂隙从红唇直达鼻底)。严重唇裂患儿可有吸吮及喂养困难。单纯性唇裂大多属于多基因遗传病，遗传度为 76%。

(2) 唇裂合并腭裂：唇裂的同时存在着腭裂，唇裂通常经过裂开的牙槽突与腭裂相连通。二者均可表现为单侧或双侧，且发生部位可不完全相同。患儿鼻形状不正常，常有吸吮及吞咽运动困难，进入口腔的奶液常经鼻腔流出来，容易发生耳内感染。

4. 先天性脑积水(congenital hydrocephalus，ICD－10：Q03)　是由于颅腔内大量脑脊液蓄积而导致脑室系统扩大为特征的先天畸形，多由脑室系统发育障碍，脑脊液分泌过多或吸收障碍或循环阻塞所致。患者头围呈进行性增大，可以在出生时就明显大于正常，也可在出生后数周或数月开始增大。患儿颅面比例失调，前囟扩大，呈紧张或隆起；颅骨缝变宽，颅骨变薄，前额突出，头皮静脉怒张，眼球多转向下方，上方的巩膜外露，称为“落日征”。先天性脑积水可由宫内感染等因素所致，也可为常染色体隐性遗传或 X 连锁隐性遗传。

5. 多指（趾）（polydactyly，ICD－10：Q69.9）　是我国高发的先天畸形之一，患儿手或足有一或多个额外的指（趾）或指（趾）样赘生物，可单侧或双侧。按部位可分为轴前型（桡侧或胫侧）和轴后型（尺侧或腓侧），通常轴后型较为多见。该病可独立发生，可同时合并并指（趾）或短指（趾）等畸形，亦可以是许多综合征如13－三体综合征的症状之一。单发多指（趾）畸形多为常染色体显性遗传。

第二节　出生缺陷的发生机制

胚胎自受精卵开始首先历经数次有丝分裂，形成囊胚。囊胚细胞再通过一系列运动迁移到胚胎中不同位置，形成由外胚层、中胚层和内胚层三个胚层构成的原肠胚。此后，三个胚层逐渐分化为胚胎的各种组织和器官，最终发育成为足月胎儿。发育过程高度程序化，在发育的不同时空，存在着不同组合的特定基因的表达，由此形成一个多层次、全方位的调控网络，以精确地控制发育分化过程。同时，发育过程亦可受胚胎内外多种因素的调控，这些因素的异常均可能导致出生缺陷。

一、出生缺陷的影响因素

造成出生缺陷的主要影响因素为遗传因素、环境因素或二者的相互作用。20世纪70年代，美国学者Wilson曾对人类出生缺陷的病因进行综合分析，认为由遗传物质变异导致的出生缺陷约占25%，由单纯环境因素引起的出生缺陷约占10%，而多数出生缺陷则是两者相互作用的结果，约占65%。2006年美国发布的《全球出生缺陷报告》提出了新的出生缺陷病因比例：遗传因素约占40%，环境因素占5%～10%，原因不明或两者相互作用的占50%。

1. 遗传因素　遗传因素决定了胚胎发育过程，遗传物质的改变会引起胚胎发育异常，导致出生缺陷。引起出生缺陷的遗传因素包括基因突变和染色体畸变。

（1）基因突变：基因是发育过程中的主要调控因子，不同组合的特定基因的程序化启动与关闭，控制着器官的形成与个体发育，其突变将导致单基因遗传病、多基因遗传病等多种出生缺陷的发生。阐明出生缺陷的基因调控机制是发育遗传学研究的重要内容之一，但很多出生缺陷涉及多个基因的复杂参与以及基因和环境之间的相互作用，研究发展较为缓慢，尚处于探明易感基因的阶段（表16－4）。

表16－4　部分出生缺陷的主要候选基因

疾　病	主要候选基因	基　因　定　位	编　码　产　物
唇裂±腭裂	*TGF－α*	2p13	转化生长因子
	MSX1	4p16	同源框蛋白
多指（趾）/并指（趾）	*HOXD13*	2q31	同源框蛋白
	HOXA13	7p15	同源框蛋白
尿道下裂	*SRD5A2*	2p23	类固醇5α还原酶
	AR	Xq11－12	雄激素受体
先天性多囊肾病	*PKD1*	16p13	多囊蛋白1
	PKD2	4q22－23	多囊蛋白2
隐睾	*INSL3*	19p13	胰岛素样因子
	SRY	Yp11	性别决定因子
	WT1	11p13	威尔姆肿瘤抑制因子
	HOXA10	7p15	同源框蛋白
先天性心脏病	*TBX5*	12q24	T框蛋白
	NKX2－5	5q35	NK型同源框蛋白
	GATA4	8p23	GATA结合蛋白

(2) 染色体畸变：染色体畸变包括染色体数目异常与结构异常。由于大多数染色体畸变会涉及多个基因的增减或位置改变，破坏了基因组平衡。因此，染色体畸变患者常表现出多器官的发育畸形、智力低下等一系列严重的临床症状(见第五章)。

2. 环境因素　胚胎或胎儿在发育过程中虽然有绒毛膜、羊膜和胎盘屏障的保护，但仍会直接或间接受环境中某些因子的干扰而导致出生缺陷。影响胚胎发育的环境有三个：① 母体周围的外环境；② 母体自身的内环境，包括代谢、营养、疾病等；③ 胚胎所处的微环境，包括胎盘、胎膜、羊水等。

造成出生缺陷的环境因素主要包括物理因素、化学因素和生物因素等几个方面，其作用途径和效应机制复杂多样，但通常不具有遗传性。

(1) 物理因素：胚胎发育过程中，电离辐射、高温、机械性压迫和损伤等多种物理因素均可能导致出生缺陷。

1) 电离辐射：指天然和人工产生的放射性核素蜕变所发射的α、β、γ和X线，以及电子、中子等射线。有研究表明，母体宫内接受较大剂量的电离辐射，可引起胎儿生长迟缓、小头畸形、智力低下，以及出生后的肿瘤等。射线类因素会使DNA双链分子的断裂频率和各种错误性修复频率增加，抑制有丝分裂、杀伤细胞、改变细胞的正常迁移和彼此联系等。电离辐射的致畸作用除了与各射线的穿透力、一次性的照射强度或剂量有关外，还与照射强度和剂量的累加效应有关。

2) 高温：不论何种原因引起的母体体温升高，胚胎受到高温环境的影响，都可能导致出生缺陷。流行性调查表明，孕妇妊娠早期有高烧史，后代中先天畸形尤其是神经管畸形的发生率高于正常人群。高温可干扰神经上皮细胞的正常增殖、迁移和黏着过程，使神经生长因子及其受体减少，导致神经管畸形等出生缺陷。缺陷的严重程度取决于温度升高的程度以及持续时间等因素。

3) 噪声：接触强烈噪声会对胎儿产生许多不良的影响，噪声越大，频率越高，对胎儿的危害就越大。噪声能对机体细胞分裂和DNA合成造成不良影响，使染色体结构畸变率明显增加；噪声可以损害胎儿的听觉发育，引起内耳损伤，甚至使脑细胞发育萎缩、脑细胞死亡等。同时，噪声还可以引起子宫及胎盘缺血，导致胎儿缺氧和发育障碍。

4) 机械性压迫和损伤：外环境中的机械因素一般不会损伤胎儿，但在妊娠最后10周，胎儿体形比较大，宫内活动空间较小，较容易受到机械性压迫和损伤。如羊膜破裂可出现羊膜索综合征，表现为四肢的压缢和切断；子宫等异常的压迫或胎儿强制性体位，可导致斜颈、足内翻等。受压变形较轻的部位生后亦有逐渐自然恢复的可能，但受到严重损伤者可终身致残或导致死亡。

(2) 化学因素：药物、农药、重金属、有机溶剂等化学物质均可能导致出生缺陷，随着工业的高速发展，环境污染日益严重，各类化学致畸原对出生缺陷的影响越来越大。绝大多数致畸原具有诱发畸形或发育异常的阈作用剂量，它们引起的胚胎发育异常基本符合剂量—效应关系，在一定剂量范围内，胚胎毒性效应随剂量加大而呈正比增加。

1) 重金属：主要包括汞、铅、镉等重金属。重金属汞可通过胎盘，与胚胎细胞中核酸结合，延迟细胞分裂和成熟，从而影响胚胎或胎儿的发育。动物实验和人群调查表明，铅对体细胞和生殖细胞的DNA和染色体均具有损伤作用，并可损伤细胞的纺锤体，影响细胞分裂；同时，铅在神经细胞中影响腺苷三磷酸酶和腺嘌呤环化酶的活力，导致能量减少，引起神经细胞功能损害甚至死亡，从而导致胎儿畸形。

2) 药物：由于胎盘特殊的生理构造，大部分药物可以通过不同形式进入胎儿体内，从而对胎儿的生长发育产生影响。20世纪60年代欧洲的"反应停"事件，造成了30多个国家和地区短肢畸形患儿的出生，是服用药物造成出生缺陷最典型的例子。目前已知多数抗癌、抗惊厥药物，包括甲氨蝶呤、氨蝶呤、白消安、苯妥英钠、三甲双酮等，可对胎儿产生致畸作用。胚胎细胞对抗肿瘤药物比成熟分化的细胞更为敏感，因此，大多数抗肿瘤药物在较低剂量时就能对胚胎产生较大的损害。抗生素中如链霉素、四环素、庆大霉素等均有一定的致畸作用。此外，孕妇在妊娠早期较长时间使用性激素，可致胎儿生殖系统畸形；某些抗凝血药物，如肝素、华法林等也能导致胎儿畸形。

美国食品药物管理局将妊娠期用药分为五类，以对孕妇的临床药物使用提供指导。A类：人群资料中无发育毒性证据，动物实验阴性，对胚胎影响的可能性很小，可用于孕妇。B类：动物实验无致畸证据，缺乏可靠的人群资料；或动物实验有阳性反应，但无人群研究的证据，慎用于孕妇。C类：动物致畸实验阳性，缺乏可靠的人群资料或同时缺乏动物和人群研究资料，应权衡利弊，必要时可用。D类：有对人类产生致畸作用的证据，但尽管如此，它对孕妇的益处仍然可以接受（利大于弊），若临床非常需要如在挽救孕妇生命，在无其他替代种类时可用于孕妇，需特别慎用。X类：人类和动物资料均显示具有明显的致畸作用，致畸危害权衡重于任何治疗作用（弊大于利），孕妇和育龄妇女禁忌使用。总体来说，药物对胎儿的致畸影响，取决于药物的性质、剂量、持续的时间等多重因素。

3）农药：根据美国环保局的报告，在已登记农药的1 500种活性成分中，约1/3有胚胎毒性，1/4可致畸。例如，有机磷农药可以通过胎盘屏障直接作用于胚胎组织，或者通过抑制胎盘中脂酶的活性，使胎儿产生肢体畸形等出生缺陷；有机氯农药脂溶性大，可以通过胎盘到达胎儿体内，并有明显的蓄积作用，从而造成足内翻、先天性髋关节脱位等出生缺陷。

4）有机溶剂：主要包括苯类物质、二硫化碳、麻醉剂等。有研究表明，无论父亲还是母亲的职业与有机溶剂暴露有关，都将增加后代无脑儿的发病风险；孕妇定期吸入甲苯会导致胎儿畸形，其畸形表现与胎儿酒精综合征相似；二硫化碳引起的出生缺陷主要以先天性心脏病、中枢神经系统缺陷和腹腔缺陷为主。

（3）生物因素：妊娠期间母体感染的微生物，可以通过胎盘、羊水引起胎儿宫内感染，导致流产、早产、死胎、先天畸形、胎儿宫内生长迟缓。这些微生物主要包括巨细胞病毒、风疹病毒、疱疹病毒、梅毒螺旋体和弓形虫等。巨细胞病毒感染胚胎时，可导致宿主细胞凋亡、大量细胞死亡以及处于S期和M期细胞的阻滞，细胞出现染色体数目或结构的改变，从而导致胚胎生长发育异常；风疹病毒通过胎盘感染胎儿后，可破坏细胞的有丝分裂，干扰组织器官的生长发育，从而导致自发流产、死产或先天性白内障、心脏畸形等严重的出生缺陷。

（4）母亲疾病及营养等其他因素：母亲疾病对胎儿的影响已经得到较为明确的证实，如患有苯丙酮尿症的孕妇，由于血中苯丙氨酸水平高，所生婴儿常有智力发育不良、小头畸形等；孕妇患有糖尿病可导致子代发生心脏缺陷、小头畸形、肾积水等。

预防出生缺陷的干预性研究发现：如果孕妇的热量和蛋白质供给严重不足，会影响宫内胎儿的生长发育，尤其是脑的发育，宫内发育迟滞将会导致出生缺陷的发生。母亲营养不良对后代的影响可能取决于妊娠的某个特定时期，而这个时期正是胎儿发育过程的关键时间窗。近年来，胎儿神经管缺陷与母体叶酸水平的关系日趋明确，母体叶酸的缺乏是导致胎儿神经管缺陷的高危因素。有研究表明，从孕前至孕早期，每日服用小剂量（0.4 mg）叶酸增补剂，在北方高发地区可以预防85％的神经管缺陷，在南方低发地区也可以预防40％的神经管缺陷。

此外，一些不良生活方式，如吸烟、酗酒等均有可能导致胎儿宫内发育迟缓，引起出生缺陷。

3. 遗传因素和环境因素的相互作用 在出生缺陷的病因学调查中，多数出生缺陷仍然是遗传和环境两种因素结合后相互影响、共同作用所产生的结果。

一方面，当遗传因素起决定作用时，常是因为环境因素诱发了基因突变或染色体畸变，即环境致畸因子通过影响或改变遗传构成，或干扰、破坏遗传物质正常的时空表达，从而形成了各种难以逆转的出生缺陷。

另一方面，当环境因素起决定作用时，缺陷的发生也常与胚胎和母体的遗传背景有关。在使用链霉素的孕妇中，仅有少数新生儿有第八对脑神经的损害，这说明胚胎的基因型将决定和影响胚胎对环境致畸因子的易感程度。化学致畸剂的吸收、代谢、解毒、排泄等过程是通过体内一系列的酶和转运蛋白完成的，这些蛋白质编码基因的多态性可导致致畸剂易感性的个体差异。因此，出生缺陷的表现类型和发生频率，受胚胎或母体基因的调控，并且与基因和环境致畸原之间的相互作用方式有关。

二、出生缺陷的致畸敏感期

出生缺陷的产生除了决定于致畸因子的性质和胚胎的遗传构成等因素外，还决定于胚胎受致畸因子作用时所处的发育时期，即胚胎在不同发育时期对致畸因子的敏感性不同。致畸原作用于不同发育时期的胚胎不仅引起反应程度不同,而且所累及的器官和发生的畸形类型也有很大的差别。例如在妊娠第 5～10 周感染风疹病毒,会引起心脏畸形;而在第 4～6 个月时感染则会引起中枢神经系统的异常。因此,了解畸形发生的敏感期,是对畸形做出正确诊断、处理和预防的基础所在。

受精后第 1～2 周是一个非畸形易发期,此时胚胎处于细胞分裂增殖期,受致畸因子作用后将出现两种情况:一是仅有少量细胞被致畸因素影响,其余细胞正常分裂增生,代偿力强,胚胎正常发育,不发生畸形;二是致畸因子作用强,胚胎受损死亡而导致流产,据统计约有 50%的胚胎在这个时期死亡。总体来说,这一时期表现出“全”或“无”的现象。

受精后第 3～8 周称为致畸敏感期,此期胚胎细胞分裂繁殖旺盛,分化明显,器官多数原基分化出现,胚体形成,对致畸因子最为敏感,最易受到影响而发生器官形态的异常。不同器官由于分化和形态发生时间的不同,各有自己的畸形敏感期,同一种致畸因子作用于不同时期可产生不同器官的畸形。此外,由于各器官系统的敏感期有交叉,故可出现多种畸形并存的情况。

从受精第 9 周开始直至胎儿出生,初步形成的各器官进行组织和功能的分化,功能处于逐步完善状态。此期受致畸因子作用后易出现器官的功能障碍,出现组织和功能水平的异常。此外,这一时期虽不是致畸敏感期,仍能引起少数器官发生畸形,如神经系统和外生殖器官的异常(图 16-1)。

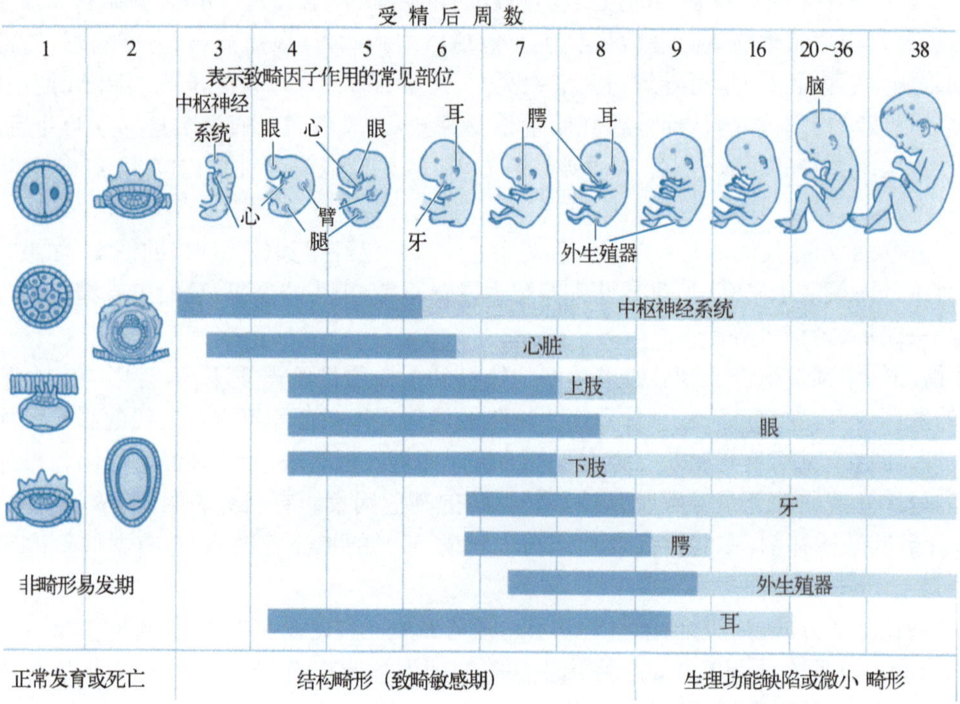

图 16-1 胚胎发育时期与畸形发生的关系示意图(引自中国出生缺陷图谱,2008)

深蓝:畸形易发期,可发生严重畸形;浅蓝:可发生功能缺陷和其他非严重畸形

三、出生缺陷的发生

出生缺陷的发生受上述多种因素的调控,判断某一致畸因素对胚胎或胎儿是否造成损害,应从致畸因子的作用机制、接触剂量、接触致畸剂时的胎龄、各组织对致畸剂的致畸倾向、与其他物质的联合作用以及母亲和胎儿的基因型等多个方面进行全面分析,才能客观评价。

致畸因子的作用机制复杂多样。例如,① 某些致畸因子可诱发生殖细胞或胚胎细胞的基因突变或染色体畸变,以致 DNA 结构和功能受损,造成胚胎正常发育障碍,导致出生缺陷。② 某些致畸因子对细胞基因复制、转录、翻译或细胞分裂等过程造成干扰,影响细胞的增殖,引起某些组织细胞死亡,即表现出细胞毒性作用,从而引发出生缺陷。③ 某些致畸因子干扰细胞分化过程中的某一特定阶段、步骤或环节,影响胚胎正常发育,从而引起出生缺陷。如除草醚的立体结构与甲状腺素相似,可干扰甲状腺素功能,引起心脏、膈、肾畸形和肺发育不全等。④ 母体缺乏某种必需的营养素（如叶酸等）、受到某些重要营养素拮抗物的作用、母体营养失调（如蛋白质供给不足）、营养素由母体至胚胎的转运受阻等因素都可能破坏母体及胎盘的稳态，造成胚胎死亡、畸形或生长迟缓。

出生缺陷的发生是胚胎发育过程紊乱的结果，从细胞水平来说，这种紊乱体现于胚胎发育过程中细胞生长、增殖、细胞分化、形态发生、细胞迁移、黏着、类聚、相互识别或细胞凋亡等事件的异常。其发生机制通常可分为以下几类。

1. *迁移异常*　器官形成过程中有细胞迁移和器官定位的变化，这些过程受阻就会导致畸形。例如睾丸不下降至阴囊就形成隐睾。

2. *形成过程受阻*　器官形成中有很多形态变化过程，若其中某一步骤受阻则可造导致相应的畸形。如前、后神经孔未闭合会造成神经管缺陷。

3. *诱导作用异常*　胚胎发生过程中存在诱导和被诱导的关系。如脊索诱导神经管的发生，若同时出现两个脊索就可诱导出两个神经管，形成双头畸形。

4. *吸收不全*　胚胎发育过程中，有一些结构形成后会经历一个再吸收的过程，如细胞凋亡可以使不该存在的结构消亡。并指（趾）、肛门闭锁、食管闭锁等都是由于再吸收不全而引起的畸形。

5. *发育滞留*　由于组织分化紊乱而引起的一类畸形，发生时间较晚。如结肠发育期间，如果肌间神经节细胞未及时分化出来，结肠不蠕动，将导致结肠极度膨大，形成巨结肠。

第三节　出生缺陷的监测与发生现状

一、出生缺陷的监测

出生缺陷监测是连续、系统地对人群中所发生的出生缺陷有关资料进行收集、整理、分析和利用的过程。其目的在于及时发现致畸因素，提出干预措施，为政府决策、公共卫生干预及临床诊治工作提供基础性数据，从而降低出生缺陷的发生率。

国际上最初的出生缺陷监测系统是 20 世纪 60 年代人们在经历了“反应停”事件后，于 1964 年在英格兰—威尔士和瑞典建立。此后，美国、加拿大、丹麦等许多国家相继建立了各自的出生缺陷监测系统。但这一时期，各国的监测系统尚处于各自孤立状态，并无信息的交换。1974 年 6 月，10 个已建立了出生缺陷监测系统的国家代表、世界卫生组织和其他基金组织的代表在赫尔辛基召开了第一次国际出生缺陷监测工作会议，会议决定成立“国际出生缺陷监测情报交换所”，开始常规交换有关出生缺陷发生的信息。2003 年，“国际出生缺陷监测情报交换所”更名为“国际出生缺陷监测和研究情报交换所”（The International Clearinghouse for Birth Defects Surveillance and Research，ICBDSR），截至 2016 年 11 月，该所在全世界范围内已有 44 位成员。2004 年，欧洲和美国通过研究推出《出生缺陷监测指南》，为出生缺陷监测系统的监测方法统一、监测过程程序化、监测指标标准化等提供了技术支持。

我国的出生缺陷监测工作起步于 20 世纪 80 年代。1986 年，卫生部组织在全国范围内进行了为期一年的出生缺陷监测，第一次获得了我国关于出生缺陷率的资料。1989 年，“中国出生缺陷监测中心”成立，组织进行全国出生缺陷的动态监测。迄今，我国建立了以医院为基础、监测期为孕满 28 周至出生后 7 天的出生缺陷监测系统，形成了覆盖全国各省（自治区、直辖市）的监测网络，建立了出生缺陷数据库和出生缺陷图片库，基本掌握了我国主要出生缺陷发生的时空、人群和种类近 30 年的变化趋势。

尽管出生缺陷所包含的疾病种类极其繁多，但国际上在监测中仍将先天畸形作为出生缺陷监测的最主要内容。各国、各地区监测部门根据各自情况，制定出适宜本国、本地区的出生监测项目和内容。截至 2015 年，世界各国常规监测的出生缺陷病种约为 35 种，我国重点监测 23 类常见的结构畸形、染色体异常（表 16－5）及少部分遗传代谢性疾病（如苯丙酮尿症和先天性甲状腺功能低下症等）。

表 16-5 我国重点监测的结构畸形及染色体异常病种

出生缺陷			
无脑畸形	唇裂合并腭裂	膀胱外翻	脐膨出
脊柱裂	小耳/无耳	马蹄内翻足	腹裂
脑膨出	外耳其他畸形	多指(趾)	联体双胎
先天性脑积水	食管闭锁或狭窄	并指(趾)	先天性心脏病
腭裂	直肠肛门闭锁或狭窄	肢体短缩	唐氏综合征
唇裂	尿道下裂	先天性膈疝	

二、出生缺陷的发生现状

2006年美国发布的《全球出生缺陷报告》中估计：全球每年新增加出生缺陷人数约800万，每年有330多万5岁以下的儿童死于出生缺陷，有320万儿童终生残疾。《2008年世界卫生统计》中指出：世界有大约26万名新生儿死于先天性异常，约占所有新生儿死亡的7%。据世界卫生组织估计，全球低收入国家的出生缺陷发生率为6.42%，中等收入国家为5.57%，高收入国家为4.72%。国际出生缺陷监测和研究情报交换所的《2013年年度报告》中显示：先天性心脏病、尿道闭锁/狭窄、先天性脑积水为这一时期全球发生频率最高的畸形。这些数据仅主要反映了出生时临床明显可辨认的出生缺陷发生水平，而在不良环境和母体异常因素的影响下，胚胎可在整体、器官、细胞、分子等水平发生一系列改变，虽然有的改变并未造成可见的形态畸形，却能给出生后个体的健康问题埋下隐患，引起器官或组织的功能异常等。由此可见，出生缺陷的发生现状远不容乐观。

我国是人口大国，也是出生缺陷高发国家。《中国出生缺陷防治报告(2012)》中显示：我国的出生缺陷发生率在5.6%左右，每年新增出生缺陷数约90万例，其中出生时临床明显可见的出生缺陷约有25万例。全国出生缺陷监测数据表明：1996～2015年期间，先天性心脏病、多指(趾)、唇裂伴或不伴腭裂、先天性脑积水等疾病在我国围产儿畸形中高发(表16-6)。据测算，我国每年将新增先天性心脏病超过13万例，神经管缺陷约1.8万例，唇裂和腭裂约2.3万例，先天性听力障碍约3.5万例，唐氏综合征2.3万～2.5万例，先天性甲状腺功能低下症7 600多例，苯丙酮尿症1 200多例。

表 16-6 我国围产期出生缺陷发生率(1/万)顺位

顺位	1996年	2000年	2005年	2010年	2011年	2014年	2015年
1	总唇裂	总唇裂	先天性心脏病	先天性心脏病	先天性心脏病	先天性心脏病	先天性心脏病
2	神经管缺陷	多指(趾)	多指(趾)	多指(趾)	多指(趾)	多指(趾)	多指(趾)
3	多指(趾)	神经管缺陷	总唇裂	总唇裂	总唇裂	总唇裂	总唇裂
4	脑积水	先天性心脏病	神经管缺陷	神经管缺陷	脑积水	脑积水	马蹄内翻足
5	先天性心脏病	脑积水	脑积水	脑积水	马蹄内翻足	并指(趾)	脑积水

(数据来源：http://www.mchscn.org/ 中国妇幼卫生监测网站)

第四节 出生缺陷的预防

出生缺陷已成为一个全球性的健康问题，一方面造成胎儿或婴儿的死亡，另一方面导致大量的儿童患病和长期残疾。因此，采取有效措施预防出生缺陷，对于出生人口素质的提高及未来人口健康的促进都会产生重要而深远的影响。这是一项极为复杂的系统工程，涉及出生缺陷预防的有效性、可行性及可支持性等多方面的问题，需要政府、社会及家庭的共同努力。

一、出生缺陷的预防策略

随着人类医学的发展，对出生缺陷的认识也在逐步深入，相关的基础性和应用性研究为出生缺陷的预防提供了理论指导。世界卫生组织针对出生缺陷的预防和控制，提出了三级预防的概念。

1. 一级预防　又称病因预防，旨在防止出生缺陷的发生。其主要策略集中于以下几个方面：① 通过对公众、医务人员、决策制定者、媒体和其他相关人员广泛开展出生缺陷防治的健康教育和健康促进，建立不同地区的健康教育干预模式，提高出生缺陷干预措施的知晓率。② 提倡妇女选择最佳生育年龄妊娠，减少35岁以上高龄妇女怀孕比例和无计划怀孕比例，从而降低由此所引发的出生缺陷问题。③ 推广孕前及孕早期合理保健，包括合理营养、避免感染、谨慎用药、避免接触各类有害因子、改正不良的生活行为习惯等。④ 推广增补小剂量叶酸预防神经管缺陷的措施。⑤ 开展孕前筛查，以确认胎儿将来的患病风险。⑥ 对有遗传病或出生缺陷家族史的人群开展孕前遗传咨询，帮助制订合理的婚姻和生育计划。⑦ 控制妇女慢性疾病和感染，以防止由此引起的出生缺陷。

2. 二级预防　又称产前干预，是对一级预防的补充。其具体策略为：① 对孕早期疑有接触不良因素或后代有某些遗传病患病风险的妇女，在孕期采取产前筛查和产前诊断措施，发现胎儿异常，及时终止妊娠，减少严重出生缺陷儿的出生。常用的产前诊断方法有超声检查、绒毛膜取样术、羊膜腔穿刺术、脐静脉穿刺术等。② 对某些疾病开展相应的手术或非手术宫内治疗。如给孕妇服用洋地黄以治疗胎儿心动过速；对先天性膈疝胎儿行宫内外科手术等。

3. 三级预防　又称出生后干预，对出生后的婴儿进行早诊断和早治疗，从而提高患儿的生活质量，减少致残率，促进健康。主要策略包括对某些疾病(如苯丙酮尿症、先天性甲状腺功能低下、葡萄糖-6-磷酸脱氢酶缺乏症、先天性肾上腺皮质增生症等)的新生儿筛查，早期诊断，及时的内外科治疗和康复等。

二、出生缺陷的预防措施

由于存在社会经济的差异和传统文化背景的影响，世界各国采取的具体预防措施不尽相同。有的国家由于宗教信仰的原因，将出生缺陷预防的重点放在一级预防上，对产前诊断等二级预防措施探讨不多；而有的国家的工作重点则是产前筛查、产前诊断、新生儿筛查及以后的随访和干预等措施。并没有一个标准能适合所有的国家或地区，一个系统全面的出生缺陷预防和控制体系，需要各国政府、医学、伦理及公共卫生方面的专家进行不断地探索。

20世纪90年代以来，我国开始把加强出生缺陷防治作为重要的任务目标来实施，1994年10月全国人大常委会审议通过了《母婴保健法》，将出生缺陷三级预防纳入了法制化管理轨道。此后颁布的《国家经济社会发展规划纲要》、《中国妇女发展纲要》和《中国儿童发展纲要》都把预防出生缺陷、提高出生人口素质列为我国经济社会发展的重大战略需求和重点工作任务，并把每年的9月12日定为预防出生缺陷日。

《中国儿童发展纲要(2011—2020年)》中指出：要完善出生缺陷防治体系，落实出生缺陷三级防治措施，建立健全产前诊断网络，提高孕期出生缺陷发现率。开展新生儿疾病筛查、诊断和治疗，先天性甲状腺功能减低症、新生儿苯丙酮尿症等遗传代谢性疾病筛查率达到80%以上，新生儿听力筛查率达到60%以上，提高确诊病例治疗率和康复率。加大出生缺陷防治知识宣传力度，提高目标人群出生缺陷防治知识知晓率。

目前，我国出生缺陷预防已初步形成了政府主导、部门合作、社会参与的出生缺陷防治工作格局；逐步健全了包括妇幼保健机构、综合医院、妇女儿童专科医院、基层医疗卫生机构、相关科研院所等在内的出生缺陷综合防治体系；在加强常规孕产妇保健和儿童保健的基础上，针对性地开展婚前医学检查、产前筛查、产前诊断、新生儿疾病筛查、患儿治疗康复等出生缺陷防治服务。采取的主要出生缺陷预防措施为：① 推行一级防治措施，减少出生缺陷的发生。广泛开展社会宣传和健康教育，继续免费增补叶酸以预防神经管缺陷。推广免费婚前医学检查，开展婚前保健和咨询指导，规范孕前咨询和孕前、孕早期医疗保健服务。加强女职工劳动保护，避免准备怀孕和孕期妇女接触有毒有害物质和放射线。② 落实二级防治措施，提高孕期严重出生缺陷发现率，提高产前筛查服务覆盖率和产前诊断水平。③ 加强三级防治措施，减少先天残疾的发生。推进新生儿疾病筛查，逐步提高新生儿遗传代谢性疾病筛查率和新生儿听力筛查率，加强确诊病例的及时治疗和干预。如对苯丙酮尿症和先天性甲状腺功能低下症患儿进行饮食和药物治疗；对先天性听力障碍患儿进行手术和听力矫正；对唇裂、腭裂、尿道下裂、马蹄内翻足、部分先天性心脏病患儿进行手术治疗等。

近年来，我国政府先后组织实施了一系列出生缺陷预防的重大公共卫生服务项目：① 自2009年起在全国实施增补叶酸预防神经管缺陷项目，免费为农村妇女在孕前 3 个月至孕早期 3 个月每日补服叶酸；② 自 2010 年启动国家免费孕前优生健康检查项目，为农村计划怀孕夫妇免费提供健康教育、健康检查、风险评估、咨询指导等 19 项孕前优生服务，目前已在全国所有县、市、区普遍开展；③ 自 2012 年起在全国 21 个省 200 个县实施贫困地区新生儿疾病筛查试点项目，为新生儿免费提供听力障碍、先天性甲状腺功能减低症、苯丙酮尿症等筛查；④ 自 2012 年起在 7 个地中海贫血高发省份实施地中海贫血防控试点项目，免费为夫妇提供地中海贫血初筛、基因检测和产前诊断服务。这些项目的实施为遏制出生缺陷的发生发挥了极为重要的作用，监测数据显示，2012 年、2013 年全国围产儿出生缺陷发生率分别为 145.64/万和 145.06/万，比 2011 年的 153.23/万 降低了 0.7 和 0.8 个千分点。其中，神经管缺陷发生率由 1996 年的 13.59/万下降到 2013 年的 3.37/万，出生缺陷综合防治初见成效，神经管畸形单病种发生率明显降低。

小　　结

出生缺陷是指婴儿出生前发生的身体结构、功能或代谢等方面异常的统称，通常包括先天畸形、染色体异常、遗传代谢性疾病、功能异常如盲、聋和智力障碍等，涉及疾病种类繁多。出生缺陷的发生受多种因素调控，可由染色体畸变、基因突变等遗传因素引起；可由物理因素、化学因素、生物因素等环境因素引起；亦可由遗传因素和环境因素交互作用或其他不明原因所导致，并受当时胚胎所处的发育时期等其他因素的影响，其发生机制复杂多样。

作为发育遗传学研究的重要内容之一，世界各国对出生缺陷进行了广泛的监测、病因学调查和相关的实验研究。在此基础上针对可能导致出生缺陷的各种因素，采用病因预防、产前干预、出生后干预三级预防策略来预防出生缺陷，以有效降低出生缺陷的发生率，从而提高出生人口素质、促进未来人口健康。

(罗　兰)

【复习思考题】

1. 什么是出生缺陷？临床上出生缺陷是如何分类的？
2. 对出生缺陷的主要影响因素应怎样综合评价？
3. 出生缺陷的三级预防策略是什么，如何具体实施？

第十七章

遗传病诊断

医学遗传学知识应用于临床实践，主要体现在遗传病的诊断、治疗、咨询及预防等方面，其中遗传病诊断是基础。相较于常见疾病的临床诊断，遗传病诊断的特殊性在于需要运用遗传学的技术方法，在实验室中对患者及其家系成员的染色体或基因进行检测，进而为遗传病的确诊提供病因依据。本章主要介绍遗传病的临床诊断。

第一节　遗传病的临床诊断

个体生殖源性遗传异常具有全身性、终生性与可垂直传递的特点，因此遗传病诊断的对象并不仅仅局限于遗传病家系中的患者，还被扩展到家系中无症状的高风险个体，诊断的时期甚至可早到受精卵裂殖期。根据临床目的，遗传病的诊断可以分为：临症诊断(symptomatic diagnosis)、症状前诊断(presymptomatic diagnosis)与产前诊断(prenatal diagnosis)，分述如下。

一、临症诊断

在遗传病家系中，对已出现临床症状的个体所进行的医学诊断均称为临症诊断。临症诊断不仅遵循一般疾病的诊断原则，而且以染色体或基因检测的结果作为确诊的重要依据。

(一) 病史、症状与体征

由于遗传异常具有先天性的特点，因此一些严重的染色体病与单基因病在婴儿期，甚至新生儿期就表现出明显的症状体征，这类遗传病的病史比较短暂。而更多的遗传病患者就诊时，通常其疾病表现已有相当长的一段时期，这主要是源于两个基本原因：其一，许多遗传病起病比较隐匿，症状体征随着生长发育而逐渐显现，因此早期难以发现。在病史询问中患者或家系成员往往将发病归咎于如外伤等某一偶发事件，这需要加以鉴别；其二，一些迟发的遗传病在青年期，甚至成年后才会起病，至较明显影响生活工作时就诊，通过病史询问可清楚地了解到其病情逐渐加重的过程。这两类患者的病史采集在诊断中是至关重要的。

遗传病既有与其他疾病相交叉的症状与体征，但又有其特殊的临床表现。染色体病由于涉及较多基因的缺失或重复，临床上往往表现为同时累及多个组织器官的症候群，包括：出生后即可能观察到"特殊面容"、异常皮纹、组织器官的先天畸形、生长发育迟缓、智力水平低下、性发育异常以及不育等表现。而单基因病的临床表现通常比较单一且具有更明显的特点，如地中海贫血(thalassemia)以溶血性贫血为主要表现，进行性肌营养不良以进行性肌无力肌萎缩为主要表现，血友病(hemophilia)以出血倾向为主要表现等。但由于基因的多效性，单基因病也可能出现临床症候群，如溶酶体贮积病(lysosomal storage diseases)，不仅可导致智力低下，还可能会引起生长发育迟缓等。

(二) 家族史

一些常见的多基因慢性病可能也会有家族聚集现象，但其主要是由于多基因背景下的遗传易感性(susceptibility)所致。而单基因遗传病是单一致病基因的垂直传递，严格遵循孟德尔遗传规律，家系中可能出现两个或两个以上的患者，因此在单基因遗传病诊断中，家族史的调查是其显著的特点，是该类疾病诊断的重要辅助证据。

以系谱图(pedigree diagram)为基础进行系谱分析是单基因病家族史调查的一个重要内容,其主要作用是判断疾病的遗传方式,以区分表型相似的遗传病。系谱分析时应注意: ① 系谱信息的完整性与可靠性; ② 以先证者为核心成员分析系谱特点;③ 在一些常染色体显性遗传病中,存在外显不全与延迟显性等较特殊情况,二者均携带显性致病基因,其中前者终生不发病,后者或许在家系患者就诊时还未发病,因此在系谱上可能出现隔代遗传的不规则显性现象;④ 近亲婚配夫妻后代常染色体隐性遗传病的发生风险远高于随机婚配夫妻,因此当怀疑常染色体隐性遗传病时,应着重询问并标注双亲有无近亲婚配现象;⑤ 现在群体中小家系较多,因此经常可以见到仅有一个患者的家系,这时可优先考虑常染色体隐性或 X 连锁隐性遗传,但不能排除外显不全或新发突变导致显性遗传病的可能。

(三) 一般检查

遗传病诊断中的一般性检查涉及目前临床大部分的检查手段,包括血清学检查、生化检查、影像学检查、电生理检查及病理检查等。

在单基因遗传病中,因致病基因往往编码一些重要的结构蛋白或生物酶,因此通过对这些蛋白质或其复合体的数量或活性进行实验室检测,可以为这些遗传病的诊断提供重要的功能依据。如地中海贫血患者的血常规检查可以发现血红蛋白含量低于正常范围下限,血红蛋白电泳可以发现血红蛋白比例的显著变化或异常血红蛋白条带。再如 X 连锁隐性遗传的甲型血友病(hemophilia A),最具有诊断价值的实验室指标之一就是 FⅧ因子活性显著降低。

临床生化检查在遗传病诊断中起着非常重要的作用,尤其在目前已发现的 200 余种遗传代谢性疾病中,多数是由于单基因突变导致生物酶的数量或功能缺陷。因此通过生化检查了解相关酶或中间代谢产物的变化,可以为这类遗传病后续的靶向基因诊断提供关键性指引。

在单基因遗传病中,神经系统遗传病大约占 60%,这类遗传病遗传异质性强,症状体征交叉程度高,鉴别诊断困难。因此在诊断中经常会进行影像学检查、电生理及病理检查以区分不同种类的疾病。如常染色体显性小脑脊髓性共济失调(spinocerebellar Ataxia, SCA)在 CT 检查中多可发现小脑萎缩;进行性肌营养不良患者肌电图检查可提示肌源性损伤,而脊肌萎缩症则提示神经源性损伤;中央核肌病在病理检查中可见中央核纤维显著增多、大而圆的核位于肌纤维中央等特征性改变。

(四) 遗传学检查

1. 染色体病 染色体是基因的载体,显微镜下可见的染色体数目与结构的畸变可以显著改变基因数量或破坏基因结构,直接导致染色体病的发生,因此以染色体为对象的细胞遗传学检查与分子细胞遗传学检查是染色体病最重要的确诊依据(具体见本章第二节)。染色体检查的指征主要包括: ① 智力低下、生长发育迟缓或其他先天畸形者;② 原发性闭经和女性不育症患者;③ 无精症男性和男性不育症患者;④ 原因不明的智力低下伴大耳、大睾丸和(或)多动症者;⑤ 两性畸形患者;⑥ 多发性流产妇女及其丈夫;⑦ 家族中已有染色体异常或先天畸形个体;⑧ 疑为先天愚型的患儿及其父母。

2. 基因组病 随着对人类基因组认识的不断深入,基因组结构异常与疾病的关系日益受到重视,进而逐步明晰出一类新的遗传病,即基因组病(genomic disorders)。其最早由 Lupski 在 1998 年提出,是指由于人类基因组重排导致基因的缺失或重复而引起的一类疾病。从遗传基础看,虽然该类疾病仍然是染色体结构畸变所致,但这种微小的畸变所累及的基因数量通常少于染色体病,故而从组学的角度出发,这类疾病被冠以基因组病的名称。由于这种基因组结构异常在显微镜下往往难以观察到,目前对该类疾病的检查主要采用细胞基因组微阵列分析(cytogenomic microarray analysis, CMA)的方法(具体见本章第二节)。其应用指征主要包括: ① 智力低下与生长发育迟缓;② 自闭症;③ 多发先天性畸形。

3. 单基因病 探知单一基因的致病性变异可以从病因水平对这类疾病进行确诊。从 20 世纪 70 年代基因诊断诞生至今,分子遗传学技术有了长足的发展,尤其在近 10 年里,以基因测序为代表的实验室检测技术已基本能覆盖基因内缺失、重复、插入及单碱基置换等各种变异,明显提高了基因变异的检出率(具体见本章第二节)。由于单基因病致病基因数量大、基因变异类型多、变异范围广泛及遗传异质性等因素,基因诊断从诞生之初就体现出家族化与个体化的特点,这也正是单基因病基因诊断的复杂之处。

(五) 遗传变异与疾病表型的相关性分析

在实验室中检出遗传变异只是遗传病诊断的第一步,更重要的是在其中找出致病性变异。遗传变异性质分析的实质是通过分析遗传变异与疾病表型的关系,最终确定致病性变异,以完成疾病的病因诊断。

首先针对染色体病,将遗传学检查中发现的异常染色体核型与临床表现联系起来是染色体病诊断的重要环节。一般而言,染色体数目异常导致的染色体病,通过染色体检查最容易获得诊断,如 21 -三体综合征、18 -三体综合征、Turner 综合征及 Klinefelter 综合征等;其次是染色体部分缺失,由于常染色体单体往往难以存活,因此临床上更多发现的是染色体部分单体,尤其是当缺失发生在基因比较密集的区域时,这类缺失与临床表现的关系比较容易确定。然而,染色体部分重复或片段增加的表型效应有时难以确定,一个有效的办法是了解该异常核型是否在其他类似患者中也有发现,以及患者的一级亲属中之健康者是否存在该核型。如在患者中重复出现,可以认为是核型与表型相互关联的重要证据。反之,则应尽量排除染色体多态性的可能。可以对患者亲属进行染色体分析,如发现相似核型,则有可能是多态变化,如未发现类似核型,则需考虑染色体畸变。不过,以往认为一些较常见的染色体结构变异属于多态现象,如第 9 号染色体臂间倒位,在近年的研究中发现有部分倒位可能是致病的,这取决于染色体断裂点的位置。因此,对这类携带倒位染色体的患者,应对染色体断点进行更详细的分析。

对于基因组病,由于基因组结构异常往往同时累及多个相邻的基因,因此分析其与疾病表型的关系是比较困难的。对 CMA 检测发现的基因组变异的性质判断主要包括:① 是否有其他类似表现的患者也具有相似变异;② 变异的大小及累及的基因数量;③ 被累及的基因是否有剂量敏感性特点及其功能是否与疾病表型有关联。目前已明确的基因组病主要包括了各种染色体微缺失/微重复综合征。

对于更多的基因变异,其性质的辨析是一个循证的过程,涉及生物信息学分析、家系分析及功能预测与分析等。简述如下。

(1) 生物信息学分析:群体大数据是生物信息学分析的基础,随着医学遗传学的发展,越来越多的人类基因组变异数据及其临床相关性数据被积累与总结,逐渐建立起大量的共享数据库,为基因变异的性质判断提供了良好的基础。① 群体数据库。我们使用这类数据的主要目的是了解患者的基因变异在大群体中的分布频率。主要的数据库包括:外显子组整合联盟(Exome Aggregation Consortium, ExAC)数据库,外显子组变异服务器(Exome Variant Server),千人基因组计划(1000 Genomes Project)数据库,NCBI dbSNP (Database of Single Nuleotide Polymorphisms)数据库,NCBI dbVar(Database of Genomic Structural Variation)数据库。② 疾病数据库。我们使用这类数据的主要目的是了解患者的基因变异与疾病表型的潜在关联。主要的数据库包括:人类基因突变数据库(Human Gene Mutation Database, HGMD),NCBI ClinVar 数据库,OMIM 数据库,人类基因组变异协会数据库(Human Genome Variation Society, HGVS),位点特异性突变数据库(Locus-Specific Mutation Databases)。③ 科学与医学文献。作用是了解患者的变异是否曾经被公开报道,即变异与疾病的相关性是否具有重复性。文献阅读时要着重关注的是文献中变异携带者的临床表型是否与受检者相似,以及文献中变异携带者的家系情况等信息。

(2) 家系分析:获得充分的家系信息在基因变异的性质判断中至关重要。由于遗传异常的可传递性,有亲缘关系的家系成员共同构成了一个小的核心群体,可以为基因变异与疾病表型的关系提供重要的信息。① 基因型与表型共分离。家系内显性的致病性变异往往可以观察到家系中凡携带该变异的成员均为患者,而非携带者均无相应的临床表现。对常染色体的隐性致病变异而言,患者的两个等位基因均应携带功能性变异,并分别来自无症状双亲。② 变异来源。如患者的基因变异确认非源自表型正常的双亲,是患者新发生的遗传改变,则对其致病性构成较强的支撑。

(3) 功能预测与分析:基因变异对基因及其产物的有害效应是变异致病性的一个有力证据。① 由于不同种族及地域分布群体的基因库在遗传上的相对独立性,较多基因变异的群体频率可能存在差异,甚至出现人群特异性的变异位点,这是造成所发现的变异在数据库中缺乏信息的重要原因之一。针对这类变异,其性质预测还需要借鉴各种计算机模型。模型预测工具如 MutationAssessor、SIFT、MutationTaster、PolyPhen-2 及 PROVEAN 等可以了解错义变异对蛋白的结构及功能的潜在影响,以及变异位点氨基酸序列进化的保守性。这些工具对错义变异致病性预测的准确度只能达到 65%~80%。模型预测工具如 GeneSplicer、

Human Splicing Finder 及 MaxEntScan 等可以了解剪切位点变异对 mRNA 剪切的潜在影响。这些工具预测的灵敏度可达到 90%～100%，特异性可达到 60%～80%。② 体内与体外的功能分析数据来自实验室里被验证、可重复及稳定的结果。在判断该类数据的效力时应注意功能实验的生物学环境以及功能实验的覆盖度。

二、症状前诊断

症状前诊断是单基因遗传病诊断的一种特殊形式，是对延迟显性遗传病家系中的患病高风险个体在症状出现前进行的基因诊断。进行症状前诊断最重要的前提条件是家系患者有明确的临床诊断，并且基因的致病性变异已被证实。

目前临床上申请症状前诊断的目的主要包括：① 职业选择。由于延迟显性遗传病多集中于神经系统，如常染色体显性小脑脊髓性共济失调与亨廷顿舞蹈症，一旦发病，进行性加重会严重影响患者的工作能力，因此早期发现有利于提前做好职业规划；② 早预防早治疗。有少数延迟显性遗传病可以对症治疗，如家族性多发性结肠息肉(familial adenomatous polyposis，FAP)，未经治疗结肠息肉转变为结肠癌的平均年龄是 39 岁，因此症状前诊断可以帮助受检者了解是否携带致病突变，并及早做出医疗安排，避免恶性肿瘤的发生；③ 避免患者出生。这是症状前诊断最重要的医学目的之一，尤其是神经系统延迟显性遗传病，虽然发病较晚，但逐渐加重以致生活难以自理，亦属于严重致残遗传病之列，因此对家系高风险个体进行的诊断，有利于提前做好生育的医学安排。

症状前诊断在延迟显性的严重遗传病中既是必要的，也是可行的。但需要强调的是，症状前诊断存在一些医学伦理学问题，尤其对未成年人的诊断值得商榷，根据有益无害的原则，未成年人如无明确社会或医学原因，不宜进行症状前诊断，以免产生一些消极的社会与家庭因素，影响未成年人的成长。

三、产前诊断

产前诊断是避免遗传病患者出生的有效手段，是遗传病预防的重要环节。它是通过对羊水、绒毛及脐血等标本中胎儿细胞的染色体、基因组或单一基因进行遗传学检查，以判断胎儿是否会罹患遗传性疾病的诊断方法。

染色体病的产前诊断指征主要包括：① 夫妻之一有染色体畸变或染色体平衡易位；② 夫妻核型正常，但曾生育染色体病患儿；③ 夫妻核型正常，但原因不明反复流产死胎；④ 35 岁以上高龄孕妇；⑤ 产前筛查提示出生缺陷高风险的孕妇。

基因组病的产前诊断指征主要包括：① 曾生育基因组病患儿；② 孕期检查提示胎儿发育异常。基因组病多为散发，患者双亲一般无外周血基因组结构异常，但不能完全排除双亲存在生殖细胞基因组异常的嵌合情况，故而仍可进行产前诊断。

单基因病的产前诊断前提条件包括：① 严重致死、致残、致愚的疾病；② 家系中先证者临床诊断明确，基因致病性变异已探明，且胎儿有患病风险。

产前诊断并非仅仅是实验室基因检查，而是一个涉及多方，包括申请者家系成员、临床专科医生、实验室技术人员及医学遗传学专家的多环节过程，以单基因病的产前诊断为例，整个产前诊断流程可分为几个阶段：① 判断家系中患者临床诊断的准确性。通过患者临床表现，结合各种实验室检查，能够做出准确的临床诊断才可进入下一步；② 根据临床诊断进行致病基因分析，明确患者基因变异位点与性质后可进入下一步；③ 判断患者疾病的严重性。原则上较严重的遗传病才有必要进行产前的干预，而是否适合于产前诊断并不完全取决于病种，其涉及两个基本因素，其一，基因本身的重要性，其二，基因突变对基因功能的影响程度。如进行性肌营养不良中，杜氏与贝氏肌营养不良有共同的致病基因，但前者非常严重，需要产前诊断，而贝氏肌营养不良则比较轻微。再如甲型血友病，重型患者致残致死率较高，需终身治疗，而轻型患者基本不影响生活工作；④ 提示产前诊断风险，申请者自愿进行产前诊断；⑤ 产前基因诊断的实验室工作部分。产前诊断往往需要对先证者与家系其他核心成员进行共同分析，以了解突变基因或风险染色体的传递情况，如双亲之一为常染色体显性遗传病患者，可直接进行胎儿的基因检查；如为常染色体隐性遗传病，确定夫妻双方为致病基因携带者后，可进行胎儿基因检查；如为 X 连锁隐性遗传病，确定母亲为致病基因携带者后，方可进行胎儿基因检查；⑥ 在遗传咨询中对申请者解释产前诊断结果及面临的风险，由申请者自行决定胎儿的去留。

产前诊断是一个高风险的医疗行为，尤其是单基因病的靶向产前诊断，都是通过检测家系中已知基因变异的传递判断胎儿状况，而非对胎儿基因的所有序列进行分析，因此无法发现新产生的突变（*de novo*），理论上难以完全避免患儿的出生。虽然遗传病的产前诊断已有一套严格的程序，但也无法完全消除诊断技术的局限与从业人员人为差错所带来的风险，因此遗传病的产前诊断从来就与遗传咨询密不可分，必须对产前诊断申请者进行详细的遗传咨询，以提示诊断的风险，并为其决定提供正确的遗传学依据。

第二节　临床遗传学检测

遗传病的发生源于个体遗传物质的致病性变异，因此无论是何种遗传性疾病，通过遗传学检测寻找与发现这些变异，都能为遗传病的临床诊断提供确诊依据。本节分别简要介绍染色体、基因组与基因等不同层次上变异的临床遗传学检测。

一、染色体检查

从非显带染色体到显带染色体的制备，染色体检测技术的进步已使不同的染色体能够得到准确地区分，并大大提高了对染色体数目与结构畸变的辨识率。

1. 常规染色体检查　临床最常用的是 G 显带技术，该技术可以准确计数各染色体的数目，发现较明显的结构异常。此外，还有 10 余种染色体显带技术，尤其是可显示染色体不同结构区的 T 显带（端粒）、C 显带（着丝粒）及 N 显带（核仁组织区）等也时有应用。

2. 高分辨染色体检查　利用同步化细胞周期的方法，获得较多同时处于细胞分裂晚前期或早中期的细胞，进行染色体显带后，其带纹数量远大于细胞分裂中期染色体，从而进一步提高了染色体结构畸变的检出率。高分辨染色体显带技术的技术要求较常规显带技术更高，因此通常用于常规染色体显带技术发现可疑染色体畸变的精确核型确定。

3. 荧光原位杂交（fluorescence in situ hybridization，FISH）检测　将荧光素标记的 DNA 探针与载玻片上细胞中的染色体 DNA 进行杂交，通过计数杂交信号的数量与位置分析染色体或靶点的数目。荧光原位杂交检测的主要优势在于：① 采用分布于不同染色体的不同荧光标记的探针，可以快速识别多种临床常见的常染色体与性染色体数目异常；② 在复杂的染色体易位检查中，可以较好地确定易位染色体片段的来源；③ 通过荧光信号识别染色体，增加了可观察的细胞数，有利于嵌合体的发现与分析。在临床工作，应首选常规 G 显带分析，以获得染色体组全貌。在发现特定染色体异常，尤其是结构改变时，可进一步利用染色体 FISH 核型以判断与表型的关系。在一些特殊的情况下，如产前诊断中靶向检查如 21、18、13、X 及 Y 等染色体时，或羊水细胞培养失败时，可直接采用 FISH 检测的方法。

二、基因组变异检测

细胞分子杂交技术的出现使发现与诊断基因组结构重排及其导致的遗传病成为可能，其打通了染色体病与单基因病之间的联系。

1. 比较基因组杂交（comparative genomic hybridization，CGH）检测　传统 CGH 通过与正常人细胞分裂中期染色体杂交，可计算出 DNA 的缺失与重复，并同时在染色体上进行定位。近年来，随着基因芯片技术的发展，待检测的基因组 DNA 的杂交对象已转移到固定特殊 DNA 片段的微阵列芯片上，因此称为 array CGH。目前，高密度的 SNP 芯片已经可以发现小至 5 kb 的基因组缺失/重复。这类技术统称为细胞基因组微阵列分析（CMA），随着 CMA 技术的成熟与检测成本的下降，其已成为目前基因组病检测的最重要手段。但是，CMA 技术有其不足，最突出的是难以检出染色体平衡易位与嵌合体，这还有待于该技术的进一步改进与发展。

2. 多重探针连接依赖性扩增(multiplex ligation-dependent probe amplification,MLPA)技术 对基因组变异区多个位点同时进行PCR扩增,计算各位点的相对起始拷贝数,通过比较患者与正常对照缺失/重复区内位点的拷贝数,判断是否存在基因组微小片段的缺失/重复。适用于已知的染色体微缺失/重复综合征(microdeletion/duplication syndromes)与染色体亚端粒缺失诊断等,是目前针对已知的染色体微缺失/重复最可靠的遗传检测方法之一。

三、基因变异检测

根据致病基因的结构特点与突变谱,实验室基因检测的重点集中在确定检测策略与选择分子生物学检测技术两个方面。下面分别予以介绍。

(一)基因检测策略

迄今,在实验室中已能对近5 000种单基因病进行基因变异分析,其中近4 000种单基因病的基因诊断已进入临床应用。单基因病致病基因的变异大都有其自身的特点,如常染色体显性成人型多囊肾病,其致病基因异常主要以单碱基变异为主,且缺乏变异热点,而地中海贫血虽然也以点变异为主,但通过对少数变异热点的分析,可以发现90%以上患者的致病变异。再如遗传性脊髓性肌萎缩症(spinal muscular atrophy,SMA)以基因拷贝变化为主,95%以上患者可以发现致病基因的纯合缺失,而进行性肌营养不良则有近2/3患者可以见到基因内大片段缺失或重复。显然,这些致病基因具有不同的突变谱,因此在实验室中首先需要解决的问题是选择合适的检测策略。

1. 直接与间接基因检测

(1) 直接基因检测:指利用分子生物学的技术与方法对遗传病患者的致病基因直接进行分析,确定基因致病变异点以达到基因诊断的目的。直接基因检测的指征包括:致病基因明确的单基因病,患者群体致病基因突变谱已建立,有变异热点,或者基因较小,检测耗时与成本符合临床需要。

(2) 间接基因检测:指不直接分析致病基因的变异,而是通过确定基因内或基因两侧的一些遗传多态位点的基因型,利用基因连锁分析获得家系中野生型基因与变异型基因多态位点单倍型(haplotype)的信息,根据单倍型的差异对二者进行区分,进而了解受检者是否获得变异基因的一种诊断方法。间接基因检测的指征包括:致病基因明确的单基因病,家系中有健在的经临床诊断的遗传病患者,致病基因较大,采取直接检测耗时长且成本高昂,以及直接基因检测未能发现致病变异。

间接基因检测的一个重要方面是遗传多态位点的选择,一般有两类多态可以选用。其一,单核苷酸多态性(single nucleotide polymorphism,SNP),该类多态位点数量庞大,并且较多可以利用限制性片段长度多态性(restriction fragment length polymorphism,RFLP)分析方便地确定基因型,而缺点是这些位点多见二态变化,明显地限制了其多态信息量,因此往往需要使用较多的SNP位点检测才能区分家系中的野生型与变异型等位基因;其二,短串联重复序列(short tandem repeat,STR),这类位点虽然数量远少于SNP位点,但由于每个位点根据基序重复次数的差异,往往存在较多的等位基因,因此多态信息量远大于SNP位点,区分家系野生与变异基因所需的STR位点数也大大少于SNP位点。基于这些特点,目前间接基因检测多首选STR位点。在这类位点中,二核苷酸重复的STR位点数量大于三核苷酸重复或四核苷酸重复,因此前者更常见于间接基因检测中。

间接基因检测虽然未探知基因的致病变异点,但仍可以确定家系中特定个体是否携带致病等位基因,这涉及两个重要的理论点,即遗传多态与基因连锁分析,前者要求所选多态位点有较高的信息量,才能达到较高的诊断率。后者是获得与未知的功能变异连锁不平衡而共同传递的单倍型,进而通过单倍型的传递来判断致病变异传递的过程。

(3) 两种基因检测方法的比较与联合应用:间接与直接基因检测有着非常明显的差异,其一,直接检测的对象主要是家系中的患者,目的是获知致病变异点,明确患者的临床诊断。而间接检测的对象主要是家系中的患病高风险个体,家系中的患者则必须有确定的临床诊断,以定义家系中的致病基因的单倍型,因此间接基因检测多用于单基因病的产前诊断;其二,直接检测有机会获知具体的致病性变异,无论在临症诊断、症状前诊断还是产前诊断中都可以得到比较明确的结果,因此在基因诊断中应尽量首选直接诊断。而间接检测成本较低，耗时较少，其应用于大基因或遗传异质性疾病的诊断中有难以替代的优势。

与此同时，两种检测方法各有缺点与不足，直接检测虽然有机会获得变异点信息，但当面对一些新发现的错义变异时，难以在短时间内确定基因型与表型的关系，给临床诊断带来一些不确定因素。而间接检测面临的最大问题是生殖细胞减数分裂时发生基因内交换重组，使 STR 单倍型与致病变异点的连锁传递关系遭到破坏，如不能及时被发现，则可能直接导致错误的诊断结果。由于间接检测通常应用于大基因的分析，而后者也正有更多的机会发生基因重组，因此这也是在诊断中应尽量选用基因内分布比较均匀的 STR 位点的缘故，这样有利于及时发现基因重组。近 10 年来，随着分子生物学技术的突飞猛进，高通量测序技术的出现与应用为直接检测奠定了坚实的技术基础。从总的趋势看，直接检测致病性变异始终是单基因病基因诊断的目标。

尽管两种诊断方法存在较大差异，但在实际工作中仍有联合应用的例子。如在成人型多囊肾病(autosomal dominant polycystic kidney disease，ADPKD)的诊断中，已明确有两个基因 *PKD1* 与 *PKD2* 的变异均可单独致病，其中前者可解释约 85%的患者发病原因，后者的变异见于 15%的患者。作为常染色体显性遗传病，这类家系往往可以见到两个或两个以上的患者，因此在基因诊断中，可以先采用间接检测的方法，通过连锁分析初步确定家系的致病基因，然后对该基因进行直接的基因检测。联合应用直接与间接基因检测的另一种情况是，当致病基因较大，而且检出的变异点较多，一时难以明确致病性变异点时，可以辅以间接检测的方法，以快速区分家系致病基因，为其他高风险家系成员的诊断或产前诊断提供依据。

2. 已知与未知变异检测

(1) 已知变异检测：这是一个靶向的基因检测方法，当采用直接基因检测的策略时，通过对特定致病基因的一个或少数几个频繁出现于患者群体的致病变异进行检测，以尽可能小的成本在短时间内完成基因诊断。已知变异检测的有效性取决于这些热点变异在患者群体中出现的频率。该检测方法适用于致病基因变异点比较单一的遗传病。

(2) 未知变异检测：当致病基因缺乏明显的致病性变异热点，或者患者被证实未发生已知的常见变异时，在直接基因检测中采取未知变异检测策略。这类检测主要在基因功能区的数量有限，预计能够在临床允许的时间与成本范围内完成诊断时采用。

在直接基因检测中已知与未知变异检测往往是相伴而行的，这种情况在单基因诊断中也经常可以见到，如β-地中海贫血的诊断中，一般先对 10 余个已知的热点变异进行反向斑点杂交检测，如患者的变异被证实则达到诊断目的，但有 5%～10%的患者存在其他少见变异，仅凭斑点杂交无法得到诊断，这时就需要继续采用未知变异检测策略，在整个基因范围内寻找致病变异点。由于已知与未知变异检测的差异，在阅读基因检测报告时，首先应清楚其采用的策略。当报告的结果基于已知变异检测技术，则未发现变异并不能排除被检测基因的异常；当报告的结果基于未知变异检测技术，如未发现变异则可适当考虑其他基因的问题。

(二) 基因检测技术

1. 聚合酶链反应-限制性片段长度多态性检测(PCR - restriction fragment length polymorphism，PCR - RFLP)　是最常见的已知变异检测技术，当变异使特定限制性核酸内切酶的酶切位点出现或消失时，可采用该技术。根据限制酶酶切变异型与野生型位点所产生的酶切片段的数量与长度的差异，可以区分两种等位基因。如血红蛋白病中镰状细胞贫血症，所有患者均是由于β珠蛋白基因第六位密码子变异所致(CAG>CTG)，该 A>T 的变异改变了限制性内切酶 *Mst* Ⅱ的酶切位点，使变异等位基因不能被酶切。设计一对引物对该变异位点进行 PCR 扩增，使用 *Mst* Ⅱ酶切扩增片段后电泳检测，根据变异纯合子、杂合子与野生纯合子酶切片段的差异，可以比较容易地区分患者、携带者与正常个体，从而达到基因检测的目的。

2. 聚合酶链反应-单链构象多态性检测(PCR - single strand conformation polymorphism，PCR - SSCP)　该技术曾被广泛应用于未知变异筛查，这种检测只能提示变异的存在，不能证实变异的位置与性质，必须与其他检测手段如 Sanger 测序并用，因此只是一种变异筛查的技术。近年来，随着具有更高电泳分辨率的毛细管技术的普及，PCR - SSCP 对突变的检出率有明显提高。其基本原理是：单链 DNA 在电泳介质中的迁移率不仅与碱基数量相关，而且受到单链的二级结构影响，一个碱基的差异也可能使单链 DNA 二级结构变化而改变迁移率。在变异筛查中，PCR 扩增检测的 DNA 序列，将 PCR 产物变性成单链 DNA 后，通过比较野生型单链片段与可疑变异型单链片段的迁移率,可以提示后者是否存在碱基变异。

3. 聚合酶链反应-高分辨熔点曲线分析(PCR-high-resolution melting analysis,PCR-HRM) 主要用于未知变异筛查。HRM技术是近年来发展起来的核酸分析技术,在基因变异筛查中具有较高的便捷性、灵敏度与特异性,并且检测成本较低,耗时较少,在临床中逐渐得到较多地使用。其基本原理是:不同双链DNA分子的GC含量与分布不同,在加热变性时会有独特的熔解特点,而后者可以通过DNA分子缓慢变温的过程中饱和荧光染料荧光值的变化而得到具体显现。当PCR扩增片段中存在变异时,变异片段与野生片段熔解曲线的形状和位置存在差异,由此可以提示变异的存在,并通过Sanger测序确认。

4. Sanger测序(sanger sequencing) 是确定基因碱基序列的金标准,适用于已知与未知变异检测。近年来,随着测序技术的快速发展,Sanger测序的成本不断降低,为直接基因检测提供了强有力的技术支持。Sanger双脱氧终止法的基本原理是:每一次测序由四个单独的PCR反应构成,每个反应含有四种脱氧核苷酸与一定量的特定双脱氧核苷酸(dNTPs+ddNTP)。由于ddNTP缺乏延伸所需要的3-OH基团,使每个反应中掺入ddNTP的寡核苷酸选择性地在G、A、T或C处终止,终止点由反应中相应的双脱氧核苷酸而定,而其他掺入dNTPs的寡核苷酸继续延伸。最后得到一组链终止产物。它们具有共同的起始点,但终止在不同的核苷酸上,通过高分辨率毛细管电泳分离大小不同的片段并通过荧光标记识别片段末尾碱基,从而获得片段碱基排列顺序。

5. 高通量测序技术(high-throughput sequencing) 又称为下一代测序技术(next-generation sequencing, NGS),是近年来发展起来的一种大规模平行测序的核酸检测技术,在未知变异检测中已得到广泛应用。该技术的基本步骤包括DNA文库的准备与捕捉,芯片平台的高通量测序与数据的分析报告。测序质量主要取决于基因捕捉的效率、测序深度及覆盖度等关键指标。高通量测序技术是测序技术发展的里程碑,其促成了单基因病临床诊断模式的改变。既往从临床拟诊-靶向基因检测-临床确诊/排除诊断的模式开始向症状诊断-基因检测-临床诊断转变,尤其在表型重叠或相似遗传病的鉴别以及遗传异质性疾病的病因诊断中发挥着不可或缺的作用。该技术的适用范围包括单碱基、小缺失及小插入等变异,高质量的测序可发现较大的纯合缺失或插入。但对杂合性大片段拷贝数变异、动态突变及复杂重组等改变的识别率较低。

6. 多重探针连接依赖性扩增(multiplex ligation-dependent probe amplification,MLPA)技术 适用于未知基因缺失与重复的检测。MLPA技术出现10年来,以其独特的技术优势很快在基因缺失与重复的检测中崭露头角,并已应用于一些以缺失或重复为主要变异类型的遗传病基因诊断中。其基本原理是:针对基因内每个待检区域设计一对DNA探针,每条探针主要包含杂交序列与引物结合序列,每个待检区域两条探针与模板杂交后仅间隔1 bp的距离。在检测时,当待检序列完整时,DNA连接酶先将两条杂交在模板上的探针连接为一个整体,随后一对引物结合在探针引物结合区,对连接后的探针进行PCR扩增,进而通过有无扩增产物判断模板是否存在缺失,即如有缺失,则两条探针无法与模板杂交,就不会被连接而产生PCR模板,所以无PCR产物。由于该技术中探针上PCR引物结合序列系人为引入,因此当需要同时对基因内数十个位点进行检测时,可以在每个位点对应的探针上预留相同的PCR引物结合序列,这样就可以实现一对引物在一个PCR反应中同时扩增数十个位点的探针连接产物,因此,该技术实现了高通量的缺失检测,如*DMD*基因缺失诊断中,利用MLPA技术分两次检测可以同时对该基因79个外显子进行缺失分析。不仅如此,该技术所具有的相对定量能力,还能对基因的重复进行判断。

第三节 遗传病诊断的现状与展望

作为一类广泛分布于临床各科的疾病,遗传病对于临床医师来说并不陌生,大多数常见遗传病以其特征性的临床表现,辅以各种临床检查可以获得比较明确的临床诊断。近10年来,随着人类基因组计划的完成,为遗传病病因研究奠定了坚实的基础,越来越多的遗传病致病基因被定位克隆。与此同时,人类疾病基因组研究使遗传病突变谱得到极大地丰富与完善,积累了大量的基因组突变核型/基因型与疾病表型的相关性资料，显著提高了染色体病与单基因病诊断的准确性，使染色体检查与基因诊断全面进入临床，有力地推动了遗传病预防工作的发展。近年来，随着对人类疾病遗传病因认识的不断加深，基因组病、遗传性肿瘤及线粒体遗传病等也逐渐被纳入其中。

然而，也应该看到，在遗传病诊断工作中还存在较多的问题，其中比较突出的有三个：① 临床专科医师对遗传病病因了解有限，不能较好地理解遗传检测结果，而进行遗传检测的实验室则往往更专注于遗传检测过程与结果。医疗实践中两个重要的主体在基因组变异与疾病表型二者之间各执一头，降低了基因诊断的准确性，影响了病患的就医体验；② 染色体检查与基因诊断还不能有效满足临床的需要，尤其是单基因病病种多，遗传异质性强，变异类型复杂，导致一些疾病诊断率偏低；③ 缺乏商业化的遗传检测试剂，没有规范统一的质量控制措施，在一定程度上制约了临床遗传病检查的发展。

虽然单一遗传病的发病率较低，但我国人口基数大，遗传病患者人数达数千万，及时准确地遗传病诊断不仅可以显著地减少患者及其家庭就医的成本，通过早干预早治疗还能延缓疾病的发生发展。更为重要的是，遗传病诊断是预防遗传缺陷垂直传递必经的步骤，是防止遗传病再发的基础。我国遗传病诊断的水平与国外发达国家相比还有一定的差距，展望今后的发展，最重要的是逐步构建起遗传病诊断的完整框架，由临床遗传学专家充当临床专科医师与实验室之间的桥梁，一方面与实验室人员共同制定患者实验室检查的个体化程序，另一方面向临床医师提供突变与疾病表型相关的证据信息，并指导遗传病的预防。其次，密切跟踪遗传病研究的进展，及时更新实验室检查技术，提高染色体检查精度，逐步以直接基因诊断取代间接基因诊断，以全基因组的突变检测取代靶向基因诊断，不断提高基因组突变的检出率，为病患提供高质量的遗传检测服务。

小　结

根据临床目的，遗传病的诊断可分为临症诊断、症状前诊断与产前诊断，其中临症诊断是遗传病诊疗与预防的基础。在遗传病诊断中，遗传学检测可以为疾病确诊提供重要的证据。染色体病主要通过染色体检查获得病因诊断，而利用基因诊断可以获知基因组病与单基因病的遗传病因。基因诊断包括实验室基因检测与基因变异性质分析两个步骤，实验室基因检测可采用直接或间接的基因分析策略，而确定基因变异的致病性则需要利用生物信息学、家系与功能分析等方面的证据。遗传病诊断的最终目的是明确染色体畸变、基因组结构变异或单基因变异与疾病表型的关系，为临床诊疗与预防遗传病再发提供遗传学依据。

（杨　元）

【复习思考题】

1. 在我国南方，地中海贫血是一种常见的常染色体隐性遗传病，试述该病临症诊断的要点以及进行产前诊断应该具备的条件。
2. 进行性肌营养不良是最常见的神经肌肉系统严重遗传病之一，以该病为例比较直接基因诊断与间接基因诊断的异同。
3. 甲型血友病致病基因 F8 的突变谱显示，大部分致病性变异属于错义突变，且缺乏突变热点。现有一个该病家系，基因分析后仅发现一个错义突变，试述如何初步确定其性质。

第十八章

遗传病的治疗

遗传病的治疗是对遗传病患者采取一定的措施以纠正或改善机体的病理性状的医学行为。治疗时间可分为宫内治疗(产前治疗)、症状前治疗、现症患者治疗。近年来,随着分子生物技术在医学中广泛运用,人们对遗传病发病机制的认识逐渐深入,遗传病的治疗手段从传统的药物治疗、饮食治疗、手术治疗等,跨入了基因治疗,为根治遗传病带来了希望。

第一节 手术治疗

遗传病发展到出现临床症状时,某些器官组织已出现损伤,应进行手术治疗,对病损器官进行切除、修补或替换,有效改善某些遗传病的症状,较快减轻患者痛苦。其主要手段包括手术矫正及组织器官移植。

一、手术矫正

外科手术矫正是手术治疗中的主要手段。对遗传病所造成的畸形可用手术进行矫正、修补或切除,例如对性别畸形、骨骼畸形、先天性心脏病等可进行手术矫正,对唇裂、腭裂、先天性幽门狭窄、脐疝、腹股沟疝等可进行手术修补,对多指(趾)、遗传性球形红细胞增多症脾脏、强直性肌营养不良的白内障等可进行手术切除。

近几年对某些遗传病胎儿可施行产前的宫内外科手术矫正。如胎儿脑积水通过塑料导管将过多的脑积液引流至羊膜腔;先天性尿道狭窄可宫内取出胎儿,进行尿道修复手术后再放回子宫继续发育。目前,射频消融术、微创手术在遗传性心血管疾病、先天性会厌囊肿等方面也广泛应用。

二、组织器官移植

对某些遗传性疾病采用细胞、组织和器官移植,也能获得较好的疗效。目前在胎肝、胎脑、肾脏、脾脏、骨髓、胸腺、角膜等方面已取得明显效果。例如对家族性多囊肾、遗传性肾炎、先天性肾病综合征和淀粉样变性等十多种遗传病进行肾移植;对重型地中海贫血及某些免疫缺陷患者实行骨髓移植;对遗传性角膜萎缩实行角膜移植术;肝移植治疗 α_1-抗胰蛋白酶缺乏症,成纤维细胞移植治疗黏多糖病等。

第二节 药物治疗

药物治疗可对出生前、症状前、现症患者进行治疗。药物治疗的原则是补其所缺、去其所余。

一、出生前治疗

产前诊断确诊为患病胎儿后,给孕妇服药,可通过胎盘治疗胎儿。例如,先天性非溶血性黄疸胎儿,在分娩前母亲服用小量苯巴比妥；先天性肾上腺皮质增生症，给孕妇服用肾上腺皮质激素、洋地黄；确诊为维生素B_2依赖型癫痫的胎儿，给孕妇服用维生素B_2；产前检查发现羊水中甲基丙二酸含量增高，提示胎儿可能患甲基丙二酸尿症，在出生前给母体注射大量的维生素B_{12}；羊水中T_3增高，胎儿可能患甲状腺功能低下，给孕妇服用甲状腺素等均为出生前治疗。

二、症状前治疗

某些遗传病患者要发育到某一年龄阶段才会表现出症状，对这类遗传病患者，如能通过筛查在症状出现前做出诊断，及早采用症状前药物治疗，可以预防遗传病的病症发生而达到治疗的效果。例如，甲状腺功能低下给予甲状腺素终身服用；苯丙酮尿症、枫糖尿病、同型胱氨酸尿症或半乳糖血症等遗传病，若通过筛查，在症状前诊断，及时治疗，可获得理想疗效。

三、现症患者治疗

根据遗传病类型、发病机制的差异可分别采用酶替代治疗、激素替代治疗、维生素治疗等。

1. *酶替代治疗* 由于基因突变造成酶的缺失或活性降低的遗传代谢病可用酶替代治疗，即酶诱导和酶补充。酶诱导为间接补充，如新生儿非溶血性高胆红素Ⅰ型，患者肝细胞内缺乏葡萄糖醛酸尿苷转移酶，胆红素在血中滞留导致黄疸、消化不良等症状，可用苯巴比妥、尼可刹米等药物诱导肝细胞光面内质网合成该酶进行治疗。有些遗传病由于机体不能形成必需的代谢产物(酶等)可直接补充。如先天性无丙种球蛋白血症患者可给予丙种球蛋白制剂；乳清酸尿症患者可给予尿苷治疗。

对于因酶促反应和转运障碍导致体内储积过多代谢产物的患者，可用各种理化方法或药物“去其所余”。主要方法如下：一是应用螯合剂。如肝豆状核变性，可用青霉胺与铜离子形成螯合物的原理，给患者服用青霉胺，可除去患者体内细胞中堆积的铜离子；β-地中海贫血患者因长期输血易导致含铁血黄素沉积，可用去铁胺B与铁蛋白形成螯合物除去多余的铁。二是应用促排泄剂。如用尿酸氧化酶治疗原发性痛风、用考来烯胺促进胆固醇转化治疗家族性高胆固醇血症等。三是应用代谢抑制剂。如别嘌呤醇、非布索坦抑制黄嘌呤氧化酶，减少尿酸形成；安妥明抑制肝内合成和释放甘油酯，可治疗高脂蛋白血症Ⅲ型。另外，改变代谢途径、净化血液减少血中底物蓄积、用脂质体或受体介导纯化酶进入靶组织亚细胞部位也可“去其所余”。

2. *激素替代治疗* 患者体内缺失特定激素时可用激素治疗。例如先天性卵巢发育不全可补充雌激素，先天性睾丸发育不全可早期使用睾酮，先天性肾上腺增生可用类固醇激素治疗，垂体性侏儒可用生长素治疗等。

3. *维生素治疗* 维生素作为酶促反应需要的特殊辅助因子可纠正代谢异常。如用维生素D治疗家族性低磷酸盐血症，用维生素E治疗遗传性皮肤-关节异常综合征，用叶酸治疗先天性叶酸吸收不良和同型胱氨酸尿症等。

第三节 饮食治疗

饮食治疗遗传病的原则是“禁其所忌”。对因缺乏酶而造成的底物或中间产物堆积的遗传代谢病，可采用特殊的食谱或辅以相应的药物，来控制底物或中间产物的堆积。

饮食治疗开始的时间越早越好。对产前诊断确诊的遗传病胎儿，有些可以在母亲怀孕期间进行饮食治疗。例如对确诊为半乳糖血症的患胎，在孕期中的饮食须限制乳糖和半乳糖的摄入，改以其他水解蛋白，胎儿出生后禁用人乳和乳品，可使患儿正常发育。

对于现症患者的饮食治疗，可根据所患遗传病类型采用特殊的食谱并辅以相应的药物阻止病情发展。目前，对一些遗传病比较清楚的饮食治疗策略如下。

表 18-1 对部分遗传病比较清楚的饮食治疗方案

疾病类型	须限制的食物	须补充的食物或药物
苯丙酮尿症	苯丙氨酸	BH4,5 羟色氨酸
同型胱氨酸尿症	甲硫氨酸	胱氨酸、维生素 B 等
组氨酸血症	组氨酸	低组氨酸蛋白
高缬氨酸血症	缬氨酸	无缬氨酸蛋白
高赖氨酸血症	赖氨酸	无赖氨酸蛋白
半乳糖血症	半乳糖	—
乳糖不耐受症	乳糖	—
双糖酶缺乏症	乳糖、蔗糖等	—
高胆固醇血症	高胆固醇食物	降胆固醇药物
先天性肾上腺皮质增生症	—	可的松
肝豆状核变性	铜	D 青霉胺、二巯基丙醇
肾性尿崩症	食盐	水
酪氨酸血症	酪氨酸、苯丙氨酸	维生素 D
枫糖尿病	亮氨酸、异亮氨酸、缬氨酸	硫胺素
高甘氨酸血症	甘氨酸、丝氨酸	维生素、无甘氨酸、丝氨酸蛋白
高脯氨酸血症	脯氨酸	无脯氨酸蛋白
高氨血症	高蛋白食物	精氨酸、枸橼酸
G6PD 缺乏症	蚕豆、相关禁用药物等	—
乳糖酶缺乏症	乳糖	β 半乳糖苷酶
单糖吸收不良	单糖、半乳糖	果糖
高脂血症	胆固醇	降血脂药物
家族性甲状腺肿	—	甲状腺制剂
原发性血色病	铁	去铁敏等
维生素 D 依赖性佝偻病	—	钙

第四节 基因治疗

基因治疗(gene therapy)是运用细胞和分子生物技术，将正常基因转移到患者细胞内，以替代或补偿缺陷基因功能，或调节基因表达，使细胞恢复正常功能，从而达到治疗遗传性疾病的目的。随着基因治疗新方法的建立和应用范围的扩大，基因治疗的概念也在逐渐更新。目前基因治疗指基于改变细胞遗传物质所进行的医学干预。它包括了 DNA、RNA 水平所采取的各种疾病治疗措施和技术。

基因治疗是一种难度较大的疾病治疗技术，目前处在不断发展和不断进步的探索阶段，主要用于无其他方法治疗的疾病或终末期疾病，包括遗传性疾病、肿瘤、感染性疾病、免疫系统疾病等。1990 年，美国对重型联合免疫缺陷进行了首次基因治疗，获得了极大成功，证实了基因治疗的可行性。2004 年 1 月 20 日，我国批准了人类 p53 重组腺病毒注射液的上市，这是世界上第一个获批的基因治疗药物。

一、基因治疗的策略

基因治疗的策略选择需要根据各种疾病的发病机制、分子基础、具体情况和实施条件等综合考虑。一种基因治疗策略很难适用于各种疾病的治疗，针对缺陷基因的情况基因治疗中可采取不同的策略，包括基因替代或增强、基因修正、基因抑制或失活、靶细胞定向灭活等。

1. 基因替代或增强　基因替代或增强(gene replace or augmentation)是用正常基因插入基因组非特异位点从而取代缺陷基因，或增强正常基因产物恢复正常表型。这是目前较为常用的基因治疗策略，基因增强最适宜隐性单基因疾病的治疗。该策略是非定点导入外源正常基因，补偿缺陷基因表达的不足，而原有的缺陷基因并未除去。适用于基因缺失或功能缺陷等遗传性疾病。目前技术较成熟，通常的做法是在体外培养条件下，以基因转移技术将外源性的目的基因导入患者的某种细胞中，让其增殖，然后再输回患者体内，通过转基因细胞表达导入的正常基因，以纠正或弥补缺陷基因，从而使疾病得以治疗。目前基因治疗中，外源目的基因的安全转移和高效正确表达是两大关键，但外源基因向靶细胞基因组的随机插入有可能造成新的基因突变。

2. *基因修正*　基因修正(gene correction)是指通过同源重组，用正常基因置换异常基因。这种原位修正不影响缺损基因以外的任何序列，是最理想的治疗策略。基因修正可在不同水平上进行，在基因水平上，利用同源重组进行靶向定位修正；在 RNA 水平上，可通过治疗性的核糖酶或 RNA 编辑来进行。

3. *基因失活*　基因失活(gene inactivation)是指封闭疾病相关基因，阻止基因产物的形成。适用于基因突变产生异常蛋白或基因过量表达而导致的遗传病，如单基因显性遗传病、肿瘤、病毒性疾病等。基因失活可采用多种不同方法在 DNA、RNA 和蛋白质等不同水平阻碍基因的表达。等位基因特异性表达抑制也可以治疗某些显性负效应疾病。

4. *靶细胞定向灭活*　靶细胞定向灭活(targeted killing of specific cells)是肿瘤基因治疗最流行的策略和方法。基因引入靶细胞，表达后导致细胞死亡。一是直接杀死细胞。如插入的基因表达可产生致死性毒性(自杀基因)；或编码药物前体的基因转入细胞后使细胞处于致敏态，从而被后继药物杀灭；或选择裂解性生长的病毒杀灭靶细胞等。二是间接杀死细胞。如通过免疫刺激基因来激活或增强靶细胞的免疫反应，从而吞噬或杀灭肿瘤细胞等。

二、基因治疗的类型

基因治疗根据外源基因所导入的细胞类型不同，将基因治疗分为生殖细胞基因治疗和体细胞基因治疗。

生殖细胞基因治疗(germ cell gene therapy)是针对患者的生殖细胞(精细胞、卵细胞、早期胚胎)进行基因治疗，使其后代发育成正常个体并世代传递。这种方法的优点是可以从根本上解决后代的遗传缺陷问题，缺点是只适用于排卵周期短而次数多的动物，而且受精卵易受显微注射和基因转移手术的严重损伤，难以发育成幼体，同时生殖细胞的基因转移还涉及伦理学问题，因此现在一般不考虑人类的生殖细胞基因治疗。

体细胞基因治疗(somatic cell gene therapy)主要是转基因治疗，即将正常的外源基因导入受体细胞，并且随机整合到核 DNA 中进行表达，以补偿异常基因的功能缺陷。这种方法易于成功，但可能会由于外源基因的随机插入而产生新的突变。体细胞基因治疗不必矫正所有的体细胞，只需集中于该基因特定表达的体细胞。目前基因的导入有两种方式：① 直接移植，即通过肌肉注射、喷雾等方法将外源基因直接注入患者靶组织中，使其进入相应的靶细胞并进行表达。此法不需使用载体，但导入效率低。② 间接移植，即取患者的靶细胞进行离体培养，利用基因转移载体将正常的外源基因(目的基因)导入到离体培养的细胞中，待外源基因正常表达后，再将基因修饰后的离体培养细胞回输入患者体内，使带有外源正常基因的细胞表达特定的基因产物，达到治疗的目的。

三、基因治疗的方法

基因治疗的方法步骤主要包括：目的基因的选择与制备、合适靶细胞的选择、表达载体的选择与构建、目的基因的转移。基因治疗的关键在于将治疗基因引入到靶细胞内高效表达并没有不良反应。

(一) 目的基因的选择与制备

目的基因可以是与缺陷基因相对应的特定正常基因，也可以是与缺陷基因无关但有治疗意义的基因(如细胞因子基因等)。

选择目的基因应遵循的原则：该基因已被克隆；清楚该基因的调控机制；可在体外安全有效操作；在受体细胞内能够完整地、稳定地整合并能适时适量表达；表达水平必须能够严格控制。此外，还要求目的基因导入细胞后，无论是整合在染色体上或是游离在细胞质中，都应能稳定地随细胞分裂而复制，这是导入目的基因后能否奏效的重要基础。

获得目的基因可通过以下几种途径：从染色体 DNA 中分离；人工合成；从 mRNA 合成 cDNA；从基因组文库中分离。

(二) 合适靶细胞的选择

靶细胞是指接受目的基因的细胞。实现基因治疗要从患者体内取出细胞,经体外培养、目的基因的转移并确定该基因稳定表达后,重新回输入患者体内产生治疗效应。因此,基因治疗中选择什么样的靶细胞是基因治疗成败的一个关键因素。

选择靶细胞的条件是:具有外源基因表达的组织特异性,基因导入靶细胞后不会被关闭;细胞有增殖优势且生命周期长,最好可延续至患者整个生命期;易于受外源基因的转化;取材容易、方便,耐受处理,经转化和一定时间培养后输回体内仍能成活。目前使用较多的是骨髓干细胞、皮肤成纤维细胞、肝细胞、血管内皮细胞等。骨髓细胞可满足以上所有条件,而且是多种细胞的前体,因此是一种理想和常用的靶细胞,可用于治疗血液系统疾病,缺点是细胞分化后基因可能关闭。此外,成纤维细胞易获取、易培养,植入患者体内方便而且不分化。肝细胞虽取材不易,但对于肝病治疗和研究有特殊价值。淋巴细胞易获取、易培养、易植入,也是基因治疗的常用靶细胞。

(三) 表达载体的选择与构建

载体是将治疗的基因运送至靶细胞的传递系统。可分为病毒源性(如腺病毒、反转录病毒、慢病毒等)和非病毒源性(如脂质体)。选择载体需要考虑的因素包括:① 载体携带基因大小;② 载体的纯度和浓度(病毒滴度);③ 转导效率;④ 对增殖期和静止期细胞的感染能力;⑤ 转基因表达的期限;⑥ 整合到宿主细胞基因组的能力;⑦ 转染细胞类型的特异性或靶位点传递的精确度;⑧ 载体毒性和免疫原性等。

(四) 目的基因的转移

基因转移(gene transfer)是指将外源基因安全有效地转移到靶细胞内,这是基因治疗的关键步骤。目的基因转移的方法有以下几种。

1. 物理法　① 电穿孔法(electroporation):将靶细胞置于高压脉冲电场中,通过电击使细胞产生可逆性的穿孔,周围基质中的 DNA 可借此渗进细胞。但这种方法有时也会使细胞受到损伤。② 显微注射法(microinjection):用显微技术向细胞核内直接注射外源基因,此法一次只能注射一个细胞,工作费力耗时。

2. 化学法　应用磷酸钙沉淀法改变细胞膜通透性,以加强细胞从培养液中摄取外源 DNA。但此法转移效率低。

3. 载体介导基因转移法(vector mediated gene transfer)　常用载体分为病毒载体和非病毒载体两大类。

(1) 病毒载体(viral vectors):

1) 反转录病毒载体:反转录病毒可在感染细胞内将其 RNA 反转录为 DNA。用作载体时,去除病毒基因组中的蛋白质编码序列,代之以外源基因,并插入到病毒基因组两端序列之间,转移进入宿主细胞。反转录病毒载体可感染大量细胞、转染效率高、持续稳定表达。但容量小,只能容纳 8～10 kb 的外源基因片段;病毒整合到 DNA 后,有引起插入突变和激活癌基因的可能;宿主范围有限,只感染增殖细胞,使肿瘤细胞成为天然靶细胞。

2) 腺病毒载体:是一种线性双链 DNA 病毒,可容纳外源基因 30～35 kb,可感染非分裂期细胞,易于纯化浓缩。缺点是腺病毒载体不能发生整合,外源基因表达短暂;构建载体复杂,缺乏靶向性;可与其他血清型腺病毒重组产生完整的腺病毒,可能有致病性。

3) 单纯疱疹病毒载体:疱疹病毒的基因组都是大型线性 DNA,具有嗜神经性,适于中枢神经系统靶向导入外源基因;能感染多种细胞;载体容量很大,可以同时装载多个目的基因。

4) 腺相关病毒载体:腺相关病毒是单链 DNA 病毒,能感染分裂和非分裂细胞,能将外源基因定点整合至宿主细胞上,因而具有一般病毒载体所不具有的特性。其生物安全性高,宿主范围广泛,可以介导长期的基因表达,被认为是最有希望的病毒载体系统之一,但转染能力不如腺病毒、易污染、容量小。

(2) 非病毒载体(nonviral vectors):非病毒载体具有简单、高产、低免疫原性等优点,但它也存在低转染效率、低基因表达的不足。目前主要的非病毒载体有裸 DNA、阳离子脂质体、阳离子多聚体等。

四、基因治疗的其他技术

除了上述基因治疗的方法之外,基因治疗的技术还包括 RNA 治疗技术、外源基因表达调控技术、重组核酸酶的基因编辑技术等。

(一) RNA 治疗技术

将 mRNA 作为治疗目标，通过碱基互补配对的原则，采用 RNA 干扰、反义寡核苷酸、空间位阻寡核苷酸等方法，对靶向 RNA 进行调控，使之产生不同的效应和结果，达到现有药物无法实现的治疗效果。

1. 反义核酸技术　是应用碱基互补的核苷酸单链可形成同源或异源双链的原理，人工合成与目的基因碱基序列互补的反义 RNA(或 DNA)，与特异的 mRNA 互补结合，阻止 mRNA 与核糖体的结合，从而阻断基因的表达。或激活核糖核酸酶 H，降解靶向 mRNA，减少基因表达产物。目前，不断补充反义核酸费用高而且麻烦，其临床应用受到局限。若选择功能强大的启动子，构建真核表达载体，可在细胞内源源不断地转录产生反义片段，是一种较好的反义治疗途径。

2. RNA 干扰　细胞中导入外源性双链 RNA(double-stranded RNA, dsRNA)时，产生小分子干扰 RNA (small interfering RNA, siRNA)，与多种核酸酶组成 RNA 诱导沉默复合物(RNA - induced silencing complex, RISC)，激活的 RISC 通过碱基配对与细胞内核酸酶作用，高效特异性降解同源序列，而导致基因表达沉默。RNA 干扰(RNA interference, RNAi)技术可以特异性沉默特定基因的表达，被认为是一种特异、高效、经济的使基因表达受抑的技术手段，为基因治疗研究提供了新的方法。

3. 空间位阻寡核苷酸技术　通过对寡核苷酸侧链的化学修饰，改变核糖核酸酶 H 的 mRNA 降解作用，产生单纯空间位阻效应，调节基因表达。空间位阻寡核苷酸能指导 mRNA 成熟过程中的选择性剪切，适用于某些遗传病的治疗。例如假肥大型肌营养不良(DMD)的基因治疗，就是通过阻断封闭缺失突变引起的错误剪接点，利用外显子跳跃的方法，使剪接跳过几个外显子后转向另一剪接位点，产生一个略短但功能正常的表达产物，达到治疗目的。

(二) 外源基因表达调控技术

对外源基因的表达调控，是基因治疗的艰巨任务。不同的基因对表达调控的精细度要求不同，例如凝血因子Ⅷ产生治疗效果的表达范围很广，只要达到正常的 5%水平就有显著疗效。但激素类蛋白的表达就需要在时间和表达量上进行精确调控。因外源基因的表达调控不仅需要调控表达水平，更重要的是出现毒副反应时能及时关闭基因，终止或减少毒副反应，增加治疗安全性。目前研究和应用最广泛、最深入的是四环素诱导调节表达系统。改进后的四环素诱导调节表达系统在临床测试中没有毒性，安全性很高，在人类神经退行性病变如帕金森病的动物模型中取得较好疗效。除此之外，目前还有米非司酮和脱皮激素为基础的诱导调节表达系统。

(三) 重组核酸酶基因编辑技术

利用同源重组纠正突变的致病基因，是最理想的基因治疗方案，但同源重组在哺乳动物细胞中自然发生率极低，只有 $1/10^6$，研究发现单个双链断裂(DSB)损伤能局部增加重组频率，目前利用基因重组核酸酶，例如，锌指核酸酶(ZFN)和转录激活物样效应子核酸酶(TALEN)等激发细胞 DNA 损伤修复功能，进行有目的、精确的基因编辑和重组等操作，已经进入临床实验阶段。

五、基因治疗的运用

自 1990 年 5 月美国国立卫生研究院(NIH)和重组 DNA 顾问委员会(RAC)批准了美国第一例基因治疗临床试验(ADA - SCID)以来，许多国家也相继批准了基因治疗的临床试验。截至 2016 年 8 月，全世界共已批准 2 409 例基因治疗临床试验(图 18 - 1)。范围从单基因遗传病扩展到多个病种，主要有：恶性肿瘤(占全部基因治疗临床试验方案的 64.5%)；单基因遗传病(10.3%)；传染性疾病(7.5%)；心血管疾病(7.4%)；其他病(10.3%)。从国别看，以美国、英国、德国开展较多。上述试验绝大部分是Ⅰ期和Ⅱ期临床试验，占 77.6%。从已批准的临床试验数看，近年来临床Ⅲ期试验的数量在不断增加，其占总数的比例由截至 2004 年的 1.6%增长至截至 2016 年 8 月的 3.8%。这说明，随着研究的不断发展，基因治疗的大规模临床应用已经逐步趋近。以下简单介绍几种疾病和肿瘤基因治疗的应用情况：

(一) X 连锁严重联合免疫缺陷病

X 连锁严重联合免疫缺陷病(X-linked severe combined immunodeficiency, X - SCID)是一种细胞和体

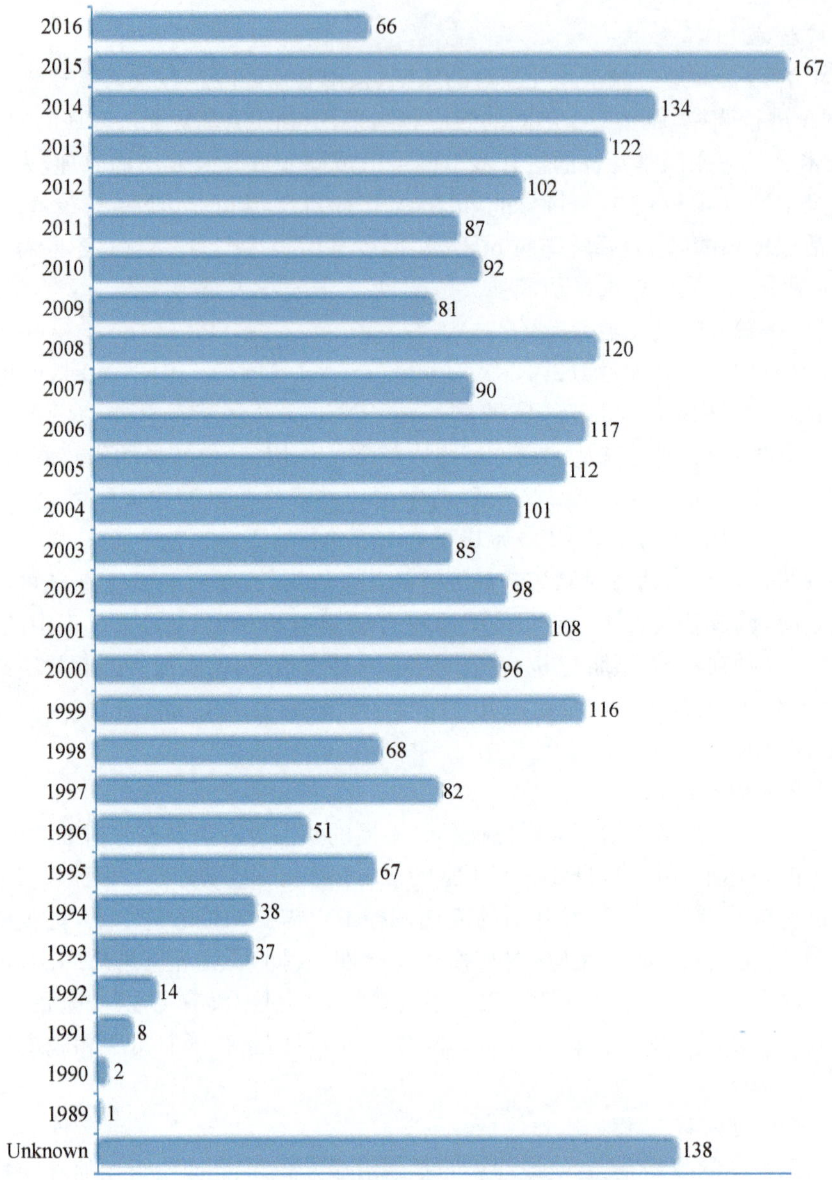

图 18-1　全球基因治疗临床试验批准数目

液免疫缺陷的X连锁的单基因遗传病,是由于白细胞介素-2受体γ链(IL-2 receptor gamma chain, *IL-2RG*)基因突变所致。常规的治疗方法是在出现严重致命性感染前进行造血干细胞(hematopoietic stem cells,HSCs)移植,但由于HSCs配型困难,应用受到了限制。Hacein-Bey Abina等对5例X-SCID患儿进行了基因治疗。分别抽取骨髓30～150 mL,分离$CD34^+$骨髓HSCs,用携带有正常*IL-2RG*基因的重组缺陷性莫洛尼鼠类白血病病毒作为载体转染$CD34^+$ HSCs,进行自体HSCs移植。初始T细胞、T细胞抗原受体游离基因及正常大小胸腺的出现均表明胸腺的结构和功能得到重建。患儿的体液和细胞免疫得到了重建,并且根除难治性感染,已经能正常生活。

(二) β-地中海贫血

β-地中海贫血是一种遗传性溶血性贫血。重型β-地贫需要靠输血维持生命,但这并不能从根本上治愈,反而加大铁负荷以至于患者出现铁色素沉着症、青春期发育迟缓以及心脏、肝脏和内分泌功能异常。异基因造血干细胞移植是目前唯一能治愈β-地贫的治疗手段,但由于供者来源困难、移植失败、移植相关并发症以及高昂的医疗费用等原因,限制了移植技术的临床普及应用。因此该病的基因治疗成为重要研究方向。

采用转基因方法,可以纠正重型β-地中海贫血患者骨髓造血干细胞的突变基因,并恢复其红细胞生成功能。Roselli等进行的临床前研究纳入了44例重型或中间型β-地中海贫血患者,先从患者骨髓中提取

CD34 阳性造血干细胞，用含有正常β-珠蛋白基因的慢病毒载体进行基因转染，然后培养 14 d，同时用细胞因子进行刺激。经上述处理，患者细胞中能产生正常血红蛋白的细胞比例与正常对照者相近（44.6%对53.8%），其β-珠蛋白水平亦显著升高（$P<0.05$）。转染后的患者细胞克服了红系成熟停滞，向正常红细胞分化。另法国、美国、意大利等国也已成功为β-地中海贫血症男性患者实施了基因治疗，患者在接受基因治疗后自身生成正常红细胞的能力逐渐上升，一年后就不再需要输血了。

（三）血友病 B

血友病 B 临床主要依靠蛋白质凝血因子Ⅸ替代治疗，即输血或注射凝血酶原复合物等，但可能引发严重的输血反应、血栓形成和栓塞等，而基因治疗可望根治血友病。

中国和美国分别于 1991 年和 1999 年开展了血友病 B 基因治疗临床试验。最初是用反转录病毒载体（HBSF－FIX）携带人 FIX 因子 cDNA，转染血友病 B 患者皮肤成纤维细胞，并用胶原包埋细胞直接注射到 2 例血友病 B 患者的皮下。治疗后患者体内 FIX 浓度从 70～130 μg/L 上升到 240～280 μg/L，220 μg/L 的水平维持了 6 个月，临床症状得到改善。现阶段则是选用一种转基因腺相关病毒载体（AAV）——Coagulin－B（TM）将凝血因子Ⅸ转导入人体的肌细胞或者肝脏细胞，进而在人体内持续产生大量Ⅸ因子（达到正常人体Ⅸ因子含量的 1%以上），从而达到治疗的目的。Coagulin－B（TM）转基因载体在患者体内具有良好的安全性和耐受性，在小、中剂量给药的患者身上未出现任何不良作用。并且这是第一次通过转基因治疗在人体内长时间的表达凝血因子。在参加试验的 7 个患者中，有 6 位患者体内的肌细胞持续地表达出了凝血Ⅸ因子，其中两位患者的病情稳定期长达一年半左右。

（四）帕金森病

帕金森病（Parkinson disease）是一种常见于中老年的神经系统变性疾病，多在 60 岁以后发病。在临床上，许多患者被给予多巴胺前体药物左旋多巴（levodopa，L－DOPA）治疗以改善他们的运动障碍，但患者逐渐会丧失对左旋多巴的敏感性，同时存在药物副作用的问题，而基因治疗有望治疗帕金森病。

2011 年美国爱因斯坦医学研究院的神经病学家 Andrew Feigin 和威尔康乃尔医学院的 Michael Kaplitt 针对 45 位年龄在 30～75 岁的帕金森症患者进行了基因治疗，他们利用腺相关病毒载体 AAV2 将谷氨酸脱羧酶（GAD）的基因导入一半数量患者的下丘脑核团中。GAD 是神经递质γ-氨基丁酸（GABA）代谢的限速酶。携带 GAD 基因的病毒在患者大脑中表达了一种称为 GABA 的抑制性神经递质。而另一部分患者则接受了脑深部电刺激治疗（DBS），通过电流来"沉默"同一区域的神经元。在给予治疗 6 个月之后，Feigin 研究小组对两组患者进行了包括步态、姿势、手及手指运动等指标的标准化评估。研究人员发现 23.1%的基因治疗患者显示了症状改善，而接受脑深部电刺激手术治疗的患者症状获得改善的则仅为 12.7%。

（五）肿瘤的基因治疗

由于恶性肿瘤发病率与死亡率高，目前缺乏有效的治疗方法而成为基因治疗的首选对象。目前肿瘤基因治疗主要有三类。

1. *免疫治疗*　即通过增强患者的免疫功能来杀灭和清除肿瘤细胞。现在最常用的是创建重组肿瘤疫苗，即通过激发和修复患者的免疫系统去识别肿瘤细胞来达到治疗目的。主要有三种方法：① 将患者自身的肿瘤组织、肿瘤细胞系的肿瘤细胞在体外培养，然后通过基因工程转入一个或多个基因，经体外培养后裂解细胞，将细胞内容物及碎片与疫苗混合，确认功能后免疫患者。② 体内直接转基因，转移的基因主要是细胞因子等，一旦转移成功，基因的表达产物使细胞暴露给免疫系统，刺激机体的免疫反应和抗肿瘤抗体的产生。③ 改变患者的免疫系统，增加对肿瘤细胞的敏感性。例如从患者血循环或骨髓中收集淋巴细胞，在体外直接与患者肿瘤细胞碎片混合培养，或转入肿瘤抗原基因等操作，将改造了的淋巴细胞回输患者体内，可识别体内肿瘤细胞并产生免疫反应，从而杀死和清除残存的肿瘤细胞。

2. *溶瘤治疗*　即利用溶瘤载体去破坏肿瘤细胞。溶瘤载体是一种重组病毒，可以靶向破坏肿瘤细胞而不影响机体的其他部分，溶瘤载体感染肿瘤细胞后，通过病毒增殖和细胞毒性蛋白的表达来裂解和诱导细胞的死亡。目前，牛痘病毒、腺病毒、单纯疱疹病毒、反转录病毒等已构建溶瘤载体。最引人注目的溶瘤治疗是 ONYX－015 腺病毒治疗，ONYX－015 是缺少 E1B－55 kDa 病毒蛋白的腺病毒，当缺少 E1B－55 kDa 蛋白时，病毒不能在带有正常 P53 蛋白的细胞中复制。因肿瘤细胞常常存在 P53 的突变，从而容许 ONYX－015

病毒复制并裂解细胞，而表达正常P53蛋白的周围组织细胞则限制病毒复制。故ONYX-015病毒是一个条件复制型病毒，在基因治疗的临床实验中产生了很好的疗效，若将溶瘤病毒与化疗结合，效果将更好，目前已进入临床Ⅲ期试验。

3. 基因转移治疗　基因转移根据目的不同而选用不同功能的基因，包括自杀基因、抑制血管生成基因、细胞增殖停滞基因等。例如导入一种 *HSVtK* 基因(单纯疱疹病毒的胸腺嘧啶激酶基因)，在有抗疱疹药物ganciclovir(GCV)存在时，会引起细胞中的DNA聚合酶被抑制，导致肿瘤细胞死亡。并且这种敏感性基因转移还有一个特点，即GCV杀死能表达 *HSVtK* 基因的肿瘤细胞的同时，还会杀死邻近未导入此基因的细胞，这种现象被戏称为旁观者效应(onlooker effect)，这种效应被估计是由于药物毒素GCV-TP能通过细胞之间的间隙连接扩散造成的。目前，有些研究者正利用这种特点，采取将一部分转移了 *HSVtK* 基因的肿瘤细胞经过照射后，再输入肿瘤中，以求破坏和清除所有的肿瘤细胞。目前已在卵巢癌和脑癌等肿瘤中开展这种试验。另外还有用TNFerade治疗胰腺癌，让肿瘤坏死因子基因(TNF)具有肿瘤靶向性，特设计由射线诱导启动子来调控基因表达，采用肿瘤内注射方法，患者注射TNFerade后，对肿瘤进行放射治疗，放射的同时激活TNF的表达，加速肿瘤细胞及环绕细胞的死亡，取得较好疗效。

六、基因治疗存在的问题

虽然基因治疗技术近年来有很大发展，但目前尚存在许多问题。

1. 稳定持续表达问题　目前在动物实验和人的临床治疗中，基因被导入靶细胞后，通常不能持续稳定表达，有的甚至不表达；靶细胞在复制时，新基因可能被丢失。这可能因为：靶细胞寿命短；形成不正确的信使RNA；基因表达的调控因素复杂；基因转录系统不稳定等。现已有许多实验室正在研究寿命较长的靶细胞，如造血干细胞和骨髓前体细胞。

2. 安全性问题　应用病毒载体进行基因治疗的安全性引起广泛重视，主要应注意预防下列问题的发生：感染，有益基因的丢失，诱发癌变，使机体产生免疫反应，排斥携带基因的病毒或靶细胞，给进一步治疗造成困难。

3. 导入基因的高效表达问题　目前的技术进展要做到外源性基因的导入和在靶细胞中表达并不十分困难，但要使基因表达接近或达到正常生理水平却很不容易。因此当前对体细胞基因治疗的研究重点是放在对基因表达调控上，从两个方面来提高表达水平：① 定点插入目的基因，即基因打靶。一般认为外源基因整合到靶细胞染色体上是随机的，如果对目的基因进行修饰，使病毒载体含有与靶位点同源的核苷酸序列，则将提高外源目的基因插入靶细胞缺损基因位点的准确性，这是保证修复基因正常表达的重要环节；② 将目的基因连接强有力的启动子，能显著提高表达水平。目前不少实验室正在研究将高效的启动子构建入反转录病毒载体。

4. 伦理问题　基因治疗的对象主要是人类，现阶段进行的基因治疗依然是临床实验性治疗，其后果及安全性我们现在无法预测；加之它涉及宗教，包括某些特殊的伦理道德观念和公众关注的问题，因此基因治疗需要遵守伦理道德原则和完善法律法规。

尽管目前基因治疗成功率仍然不令人满意，长期疗效难以确定，安全性、可靠性及伦理等方面也存在问题，但是临床基因治疗的成功范例，仍将激励学者们进一步加强这一领域的基础、临床及相应策略的研究。相信未来伴随基因转移、DNA重组、基因克隆和表达等技术的迅猛发展，基因治疗将成为人类攻克疾病的一种常规治疗手段。

小　结

遗传病的治疗时间可分为宫内治疗(产前治疗)、症状前治疗、现症患者治疗。治疗手段包括药物治疗、饮食治疗、手术治疗、基因治疗等。药物治疗的原则是补其所缺、去其所余。饮食治疗遗传病的原则是"禁其所忌"。对现症患者的饮食治疗，可根据所患遗传病类型采用特殊的食谱并辅以相应的药物阻止病情发展。

手术治疗，对病损器官进行切除、修补或替换，有效改善某些遗传病的症状，较快减轻患者痛苦。

基因治疗是通过载体介导，将遗传物质（基因）转移到细胞内，用以纠正基因缺陷，使细胞恢复正常功能的一种治疗手段。基因治疗的策略需要根据各种疾病的发病机制、分子基础、具体情况和实施条件等综合考虑。基因治疗的方法步骤包括目的基因的选择与制备、合适靶细胞的选择、表达载体的选择与构建、目的基因的转移。基因治疗的临床技术还包括RNA治疗技术、外源基因表达调控技术、重组核酸酶的基因编辑技术等。基因治疗的临床运用在多种疾病中已获得成功，适用范围已从遗传病的治疗，扩展到对肿瘤、免疫缺陷病、心血管病、老年退行性病变以及感染性疾病治疗的探索。现阶段进行的基因治疗依然是临床实验性治疗，成功率和长期疗效难以确定，同时存在安全性等问题。

（蔡晓明）

【复习思考题】

1. 遗传病的治疗手段包括哪些？药物治疗与饮食治疗有哪些需要注意的治疗原则？
2. 何谓基因治疗？简要说明基因治疗的策略和方法。
3. 举例说明基因治疗在临床上的运用和最新进展。

第十九章

遗传病的预防

遗传病的种类繁多，近年来相对发病比例上升，据统计，我国每年出生的严重(致愚、致残、致死性)遗传病患儿总数达33.5万，新增出生缺陷儿童100万例。大多数遗传病目前尚无有效治疗措施，有的即使能治疗，也由于费用昂贵难于普遍施行。因此，积极开展遗传病的预防，降低遗传病发病率，减少患者家庭及社会的压力、改进人类的遗传素质和健康水平具有重要的现实意义。遗传病的预防应主要从遗传病的普查、遗传咨询、携带者筛查、产前诊断等方面开展工作。

第一节　遗传病的普查

要预防遗传病的发生并控制其在群体中的流行，首先应对某一地区进行遗传病的抽样调查，以明确该地区遗传病的种类、遗传方式、分布特点、患者数量、危害程度等基本情况，并根据调查的数据计算出不同种类遗传病的发病率、携带者频率、突变率等。

遗传病的普查是一项多学科的综合性调查研究，应由医学遗传学工作者和临床各科医师共同参与进行，在此基础上，建立三级普查组织系统：一级组织主要由基层医务人员组成，二级组织为专业普查队，三级组织为专家组。普查的选点要有代表性，每一个调查点应包括该地区总人口的1‰至1%，至少包括10万人，并且应涵盖城市、农村、山区等不同区域的人群，以避免人为的选点误差。普查时首先要设计简明方便的遗传筛查表，其次制定明确统一的诊断标准，最大程度地保证普查资料的一致性和可靠性。并对遗传病患者进行详细的登记，以便进一步观察、研究与优生指导。登记内容主要包括：

1. *患者的病情资料和检出的主要依据*　病情资料包括姓名、性别、年龄、民族、籍贯、职业、现住址等；所患疾病名称、发病年龄、病情演变情况、现受累的器官和程度；检出依据主要包括面貌和体征、感觉和运动能力、语言障碍、智力水平、行为以及其他方面的变化及实验检查结果等。

2. *患者的发育史*　包括出生时体重身长、出生时父母年龄、胎次、分娩方式、产程是否顺利；母亲妊娠期是否有烟酒嗜好或服药、感染、射线接触史；婴儿期和儿童期是否有发育障碍等。

3. *婚姻和生育史*　包括配偶年龄、民族、籍贯、职业、健康状况，结婚年龄、妊娠和生育次数、子女数和健康状况；是否有过自发或人工流产、死产、早产。如果有过多次婚姻经历，均应按以上各项进行记录。

4. *亲属病情资料*　包括父母年龄、职业、是否近亲婚配；同胞数、婚育及子女健康状况；亲属所患疾病状况等。

5. *绘制系谱*　根据上述全面翔实的调查登记记录，对患者的家系绘制系谱图。

第二节　遗 传 咨 询

遗传咨询(genetic counseling)是遗传病患者或其家属与医生就某种遗传病的发生原因、再发风险和防治方面所面临的问题进行商谈交流的过程。在这一过程中，咨询医生对所涉遗传病进行全面遗传分析，估计亲属中该病的再发风险，提出可以选择的诊断、预防、治疗处理方案，供咨询者参考。通过遗传咨询，为患者及其家庭提供病情、病因相关信息，减轻他们身体负担和心理压力，协助制定正确的预防和治疗措施，减少遗传病患儿的出生，从而降低群体中遗传病的发病率，在遗传病预防中具有十分重要的意义。

一、遗传咨询的对象

一个人在婚姻或生育方面遇到问题，意识到可能面临遗传病的潜在风险，或者本人或其子女已患遗传病，都应该进行遗传咨询。通常需要进行遗传咨询的情况包括：① 夫妇之一患有遗传病或有遗传病家族史；② 生育过遗传病或先天畸形患儿；③ 夫妇一方已知或可能是遗传病致病基因携带者，或染色体平衡易位携带者；④ 具有不明原因的不孕不育史、复发性流产史和死胎史；⑤ 性器官发育异常者或行为发育异常者；⑥ 35岁以上的高龄孕妇；⑦ 近亲婚配的夫妇；⑧ 有环境有害因素接触史或孕期用药史。

二、遗传咨询的步骤

遗传咨询的全过程是复杂的，一般需要通过多次反复的调查分析，才能回答咨询者提出的有关遗传病诊断、再发风险、预后和治疗等各种问题，并对处理方法作出合适的抉择。有时还需要对咨询者进行随访，以了解咨询效果，改进工作。遗传咨询的步骤不是一成不变的，对不同的病例，在不同条件下可有不同的遗传咨询方案。一般按照以下几个步骤进行：

（一）明确诊断

正确的诊断结果对遗传咨询至关重要，是正确咨询的前提。通常咨询医生通过询问病史，体格检查及必要的实验室检查，尤其一些针对遗传病的特殊检查，如染色体分析等细胞遗传学检查、生物化学以及基因分析等，明确诊断所患疾病究竟是何种疾病。有些遗传病的病种很罕见，咨询医师可能未接触过，还应参阅相关的医学遗传学著作，作出相应的诊断。

在判定是否遗传病或是哪种遗传病时还应注意：① 区别后天因素引起的先天性疾病，如由于孕妇在妊娠期接触过射线、化学毒物、病毒感染或某些致畸药物的服用引起的先天畸形；② 无家族史不能排除遗传病，因为隐性遗传病可能家系样本较小而追溯不到家族史，也有可能患者为新发生的突变的受累者；③ 有些常染色体显性遗传病是迟发的，不同年龄的外显率有很大的差异，有的甚至带有致病基因但终生不表现出病症；④ 对有较高突变率的某些遗传病还要分析致病基因是新突变的还是遗传来的；⑤ 应尽量排除患者有意或无意对病情的保留和隐瞒，耐心充分地调查分析，以期获得正确的诊断。

（二）绘制系谱，确定遗传方式

有些遗传病的遗传方式是已知的，因此明确诊断后就可知道该病的遗传方式，但对于有遗传异质性和表型模拟的疾病，则需通过系谱分析才能确定遗传方式。通过询问家族史，搜集先证者家庭成员的发病情况，绘制出一份准确完整的系谱图。在收集家庭成员的发病情况时，咨询医生应耐心向咨询者说明获得完整、全面、真实的资料对正确诊断、治疗和预防的重要性，说服他们尽量配合以提供全面的、准确无误的资料。对那些由于先证者患了严重遗传病而心情抑郁或者不愿公开家庭隐私的患者或其家属，应先消除其思想顾虑。同时家系调查时不应满足于亲属的回顾性口述，必要时对家族中相关成员作一些补充检查。有了准确全面的系谱图，就可以根据系谱特征来确定先证者所患的遗传病属于哪一种遗传方式。

（三）估计再发风险

遗传方式确定后，利用遗传学原理对家系中有关成员进行分析，确定其基因型，估计遗传病在家系中的再发风险（详见后面内容），为遗传咨询提供依据。再发风险又称复发风险，是指患者所患的遗传病在家系家属中再次出现的概率，一般用百分率（%）或比例（1/2、1/4……）来表示。再发风险率一般分为三个等级：10%以上属于高度风险，1%～10%为中度风险，1%以下为低风险。再发风险的估计是遗传咨询的核心内容，也是遗传咨询有别于一般医疗门诊的主要特色。在遗传咨询中可根据遗传病的发病风险和病情严重程度对咨询者进行生育指导。

(四) 提出对策和措施

分析清楚了患者及其家庭的疾病情况,并估算出了再发风险率之后,咨询医师就可针对咨询者的问题,与咨询者共同商讨对策,并提出应对措施,供其参考与选择。这些对策包括劝阻结婚、避孕、绝育、人工流产、人工授精、产前诊断、积极治疗改善症状等措施。应特别强调咨询医生应只提出可供咨询者选择的若干方案,并陈述各种方案的优缺点,让咨询者本人作出抉择,医生不应代替咨询者作决定。这是因为在处理方法上往往存在多种选择,各有利弊,而这种选择又必须适应社会、家庭及个人的不同要求。对于我国婚姻法及优生法规中带有强制性的条例,咨询医生应说服咨询者按国家有关规定执行。

1. 婚姻指导　婚姻指导主要针对进行婚前咨询的未婚青年,他们往往一方或家庭成员中有怀疑或确诊是某种遗传病的患者。咨询医生在了解相关人员病因、病情、确定其遗传方式后,对其进行婚姻指导,提供的对策和措施主要包括:

(1) 近亲不宜结婚。我国婚姻法明确规定,直系血亲或三代以内的旁系血亲之间禁止结婚,这是因为除了常染色体隐性遗传病与近亲婚配有密切关系外,许多多基因病如精神分裂症、糖尿病、脊柱裂等患者的家庭成员,如果进行近亲婚配,则其子女患病的风险较非近亲为高,而且近亲婚配的流产率、新生儿和婴幼儿死亡率均有所增加。

(2) 常染色体显性遗传病能致死、致残、致患者,其患者后代发病风险高达50%,一般不宜结婚。如已结婚,应采取绝育或避孕措施,避免患儿出生。

(3) 常染色体隐性遗传病杂合子间的婚配是生育重型遗传病患儿的主要原因,因此不宜结婚。

(4) 严重得多基因遗传病患者可能携带更多的致病基因,后代易患性高,因此同种疾病患者之间不宜结婚。

(5) 婚配双方均患有重症智力低下者禁止结婚。

2. 生育指导　对已婚但后代有一定发病风险的夫妇,或曾生育过遗传病患儿,现又迫切希望有一个健康孩子的夫妇,应为其提供生育指导,最大限度地避免患儿的出生。具体措施有:

(1) 产前诊断:在先证者所患遗传病较严重且难于治疗,再发风险高,可通过产前诊断,进行选择性生育。

(2) 冒险再次生育:在先证者所患遗传病不太严重且只有中度以下风险时,可做此项选择。例如一对夫妇已生出一个单侧唇裂的患儿,经手术修复已能正常进食、说话,他们再次生育的再发风险约为4%,虽比一般群体高,但权衡利弊,可选择冒险再次生育。

(3) 不再生育:对一些危害严重、致残的遗传病,目前尚无有效疗法,也不能进行产前诊断,再次生育时的复发风险很高,应选择不再生育。

(4) 借助辅助生殖技术:对不育或不宜生育者,可采取领养子女、人工授精或借卵怀胎等措施。男性不育或致病基因、异常染色体来自男方,可选用另一正常男性的精子置入女方阴道、宫颈或宫腔,以达到妊娠目的。致病基因或异常染色体来自女方,可选用另一正常女子的卵子,与丈夫的精子在体外受精,经培养后再植入妻子的子宫内,可望得到一个健康的孩子。这两种方法既能避免患儿的出生,又能使亲代与子女间有半相同的遗传成分。

(五) 随访和扩大咨询

为了求证咨询者提供信息的可靠性,观察遗传咨询的效果和总结经验教训,有时需要对咨询者进行随访。有些咨询者对咨询医生提供的资料并无恰当的理解,回家后与亲属商议时产生了意见分歧,无法对未来的婚育计划作出明确的决定,这时咨询医生必须利用随访机会,进行耐心解释。如有需要和可能,还要进行扩大的家庭遗传咨询(expanded familial genetic counseling),在扩大的家庭成员中,就相关遗传病的传递规律、有效防治方法等方面,进行指导,同时进一步调查确认其他家庭成员是否患有遗传病,特别是查明家庭中的携带者,这将会更有效地预防遗传病在整个家族中的发生。

三、遗传病再发风险的估计

由于各类遗传病在发病过程中遵循不同的遗传规律，因此在再发风险的估计时选择不同的原则。

（一）单基因遗传病再发风险的估计

1. 亲代基因型已确定者 如果夫妇二人的基因型由已知情况可以确定，则子女的发病风险可根据遗传方式，按孟德尔遗传规律加以推算。

（1）常染色体显性遗传病（AD）：此类疾病的显性纯合子一般均在胎儿期或幼年死亡，因此临床上常见的患者绝大多数为杂合体。当夫妇一方患病时，子代再发风险为 1/2；在外显不全时，子代的再发风险为 1/2 乘以外显率；夫妇双方均为患者时，子代再发风险为 3/4。患者正常同胞（除外显不全和延迟显性外）的子女一般不会患病。

（2）常染色体隐性遗传病（AR）：此类疾病患者的基因型一定是隐性纯合子，其父母往往是表型正常的杂合子（携带者），因此，他们再生子女的发病风险是 1/4，3/4 为正常个体，但在正常个体中有 2/3 是携带者。如果夫妇一方为患者，另一方为携带者时，子代再发风险为 1/2，携带者的概率也是 1/2。如果夫妇一方为患者，另一方为正常显性基因的纯合子，后代不会出现患者，但都是携带者。常染色体隐性遗传病还表现出近亲婚配子女发病率明显升高的特点。

（3）X 连锁显性遗传病（XD）：此类疾病的发病率男女有所差别，因为男性是半合子，他的 Y 染色体只传给儿子，X 染色体传给女儿，因此，当父亲是患者，母亲正常时，儿子全部正常，女儿全部是杂合子患者。如果母亲是杂合子患者，而父亲正常，其儿女各有 1/2 发病风险。当夫妇双方均为患者时，女儿全部患病，而儿子只有 1/2 的发病风险。

（4）X 连锁隐性遗传病（XR）：此类疾病女性患者是隐性纯合子，男性患者为半合子。当父亲为患者，母亲正常（显性纯合子）时，女儿全部为杂合子（携带者），儿子全部正常。当母亲是患者，父亲正常时，儿子全部发病，女儿全为杂合子（携带者）。若母亲为携带者，父亲正常，则儿子发病风险为 1/2，女儿正常，但有 1/2 概率为携带者。如父亲为患者，母亲为携带者，其儿女发病风险均为 1/2。

2. 亲代基因型未能确定者 如果单基因病夫妇双方或一方的基因型根据家系所提供的信息不能肯定，而家系中又提供了其他信息，如正常子女数、个体年龄、疾病的外显率、实验室检查的有关数据等，这些信息都可否定或确定带有某种基因的可能性，这时估计子代发病风险要运用 Bayes 逆概率定理，计算出后代的发病风险。

（1）Bayes 逆概率定理：Bayes 逆概率定理是 Bayes 于 1963 年提出的一种确认两种相互排斥事件相对概率的理论，1975 年，Murphy 和 Chase 开始把它应用在遗传咨询中，80 年代以后成为国际上估计单基因病再发风险和携带者风险的通用方法。运用 Bayes 定理时，首先要确定前概率和条件概率，在此基础上计算出联合概率和后概率，从而得出子代发病的风险率。在特定的遗传情况下，要把基因型不能确定者的各种可能的基因型均考虑在内，因此，由它推算出的发病风险比仅根据遗传规律计算出的结果要精确得多。Bayes 逆概率定理中涉及的概念有：

前概率（prior probability）：列出相关成员可能有的基因型，按有关遗传病的遗传方式，根据孟德尔定律得出的各基因型的理论概率。例如常染色体显性遗传病中，患者子女是杂合子（Aa）的概率为 1/2，是隐性纯合子（aa）的概率为 1/2，即两种可能基因型的前概率均为 1/2。

条件概率（conditional probability）：由已知家庭成员的健康状况，如正常子女数、患儿数、发病年龄、实验室检查的阴性或阳性结果等，列出上述几种遗传假设下产生这种特定情况的概率。例如，一对夫妇都是常染色体隐性遗传病的携带者，则他们生一个正常孩子的概率是 3/4，假如他们连生了三个正常孩子，出现这种特定情况的条件概率就是 $3/4\times3/4\times3/4=27/64$。

联合概率（joint probability）：某种遗传假设下，前概率和条件概率所说明的两个事件同时发生的概率，即前概率和条件概率的乘积。

后概率（posterior probability）：某一假设条件下的联合概率除以所有假设条件下的联合概率的总和，即联合概率的相对概率。由于后概率的计算全面考虑了特定条件提供的信息，因此它比前概率更切合实际，是进行遗传咨询的主要依据。

在医学遗传学分析中，下列两种情况需使用 Bayes 定理：第一种是常染色体显性遗传疾病，因受年龄或其他因素的影响而呈现不同的外显率时；第二种情况是某人可能为常染色体隐性或 X 连锁隐性致病基因的携带者，有几个正常子女时，估计其为携带者的可能性。以下举例来说明如何应用 Bayes 定理准确推算出各种单基因遗传病的发病风险。

(2) 常染色体显性遗传病(AD)再发风险的推算：在常染色体不规则显性遗传病中，不完全的外显率将会影响患者亲属的发病风险。例如，多指(轴后Ⅰ型 A 型)为常染色体不规则显性遗传，外显率为 75%，图 19-1 是一个该病家系，$Ⅱ_1$表型正常，其父为该病患者，他与一个正常女性婚后，询问所生子女是否会患病。由系谱可知$Ⅱ_1$的基因型不能确定，因此需用 Bayes 定理来推算后代的发病风险。$Ⅱ_1$在父亲患病的情况下，可能是正常纯合子，也可能是致病基因携带者，即它可能有两种基因型(Aa 和 aa)，两种基因型的前概率都是 1/2 (0.5)。由于多指(轴后Ⅰ型 A 型)的外显率为 75%，即$Ⅱ_1$基因型是 Aa 但未发病的条件概率是 1−75%=25%，$Ⅱ_1$基因型是 aa 且不发病的条件概率为 1，由此可计算出两种基因型假设下的联合概率和后概率(表 19-1)。由 Bayes 定理推算出$Ⅱ_1$是杂合子 Aa 的概率为 0.2，所以她后代的发病风险为 0.2×1/2×75%=0.075。在此家系中，如果仅按遗传规律计算，$Ⅱ_1$后代的发病风险为 1/2×1/2=1/4(0.25)，二者相比，用 Bayes 定理推算出的发病风险，因考虑了外显不全的特定情况，所以明显低于按遗传规律估计的风险值，而且，随着$Ⅱ_1$年龄增长如仍不发病，则后代的发病风险也越来越小。

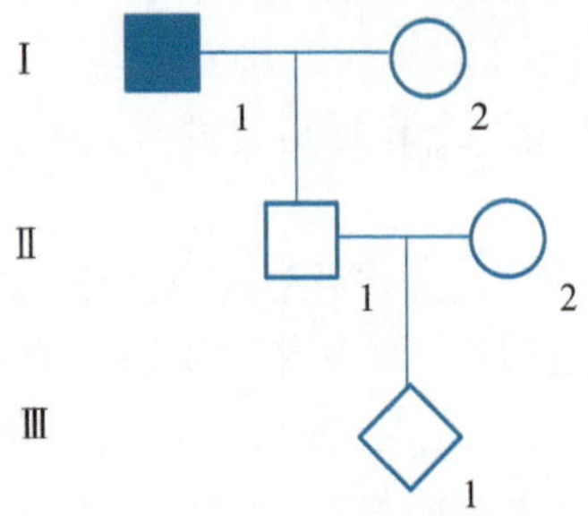

图 19-1 多指(轴后Ⅰ型 A 型)的系谱

表 19-1 多指(轴后Ⅰ型 A 型)家系中$Ⅱ_1$是杂合子的概率

概　　率	$Ⅱ_1$为 Aa	$Ⅱ_1$为 aa
前概率	0.5	0.5
条件概率	0.25	1
联合概率	0.5×0.25=0.125	0.5×1=0.5
后概率	0.125/(0.125+0.5)=0.2	0.5/(0.125+0.5)=0.8

延迟显性遗传病患者一般为杂合子，但出生时一般表型正常，当发育到一定年龄时才发病，因此对基因型不能推定者的发病风险估计时，发病年龄就成了一个特定的条件。例如，一个 20 岁青年的祖母患亨廷顿病，父亲现年 42 岁，尚无遗传性舞蹈病症状，这位青年来咨询他本人发病风险如何？亨廷顿病为常染色体延迟显性遗传病，据调查 20 岁以前发病者占 8%，43 岁以前发病者占 64%，对此家系绘制系谱图(图 19-2)，$Ⅱ_1$可能带有显性致病基因但 42 岁尚未发病，其有可能已将该致病基因传给了$Ⅲ_1$，但由于$Ⅲ_1$才 20 岁，尚未发病，所以$Ⅱ_1$和$Ⅲ_1$是否为杂合子不能肯定。使用两次 Bayes 定理，即可算出$Ⅲ_1$带有致病基因的概率。先计算$Ⅱ_1$是杂合子的概率，由于$Ⅰ_2$的基因型已知为杂合子，$Ⅱ_1$是 Aa 和 aa 的前概率均为 1/2 (0.5)，当$Ⅱ_1$是杂合子(Aa) 时，在 43 岁时未发病的条件概率是 1−64%=36%(0.36)，当$Ⅱ_1$的基因型为 aa 时，不会发病，即$Ⅱ_1$是 aa 时的条件概率为 1，按 Bayes 定理即可算出两种假设条件下基因型的联合概率和后概率(表 19-2)，有了$Ⅱ_1$杂合子的后概率，再按 Bayes 定理计算$Ⅲ_1$是杂合子的概率。按遗传规律$Ⅲ_1$是杂合子(Aa)的前概率为1/2×0.26=0.13，$Ⅲ_1$是隐性纯合子(aa)的前概率为 1−0.13=0.87，$Ⅲ_1$是杂合子(Aa)但在 20 岁未发病的条件概率是 1−8%=92%(0.92)，$Ⅲ_1$是隐性纯合子(aa)未发病的条件概率是 1，按 Bayes 定理算出两种基因型的联合概率和后概率(表 19-3)。

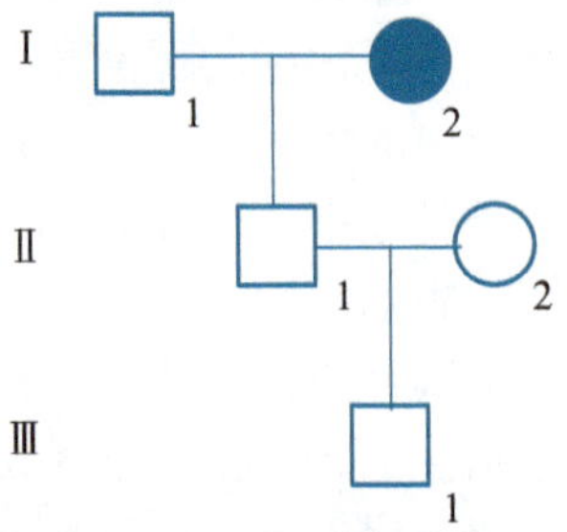

图 19-2 亨廷顿病的系谱

表 19-2 亨廷顿病家系中Ⅱ$_1$是杂合子的概率

概 率	Ⅱ$_1$ 为 Aa	Ⅱ$_1$ 为 aa
前概率	0.5	0.5
条件概率	1−0.64=0.36	1
联合概率	0.5×0.36=0.18	0.5×1=0.5
后概率	0.18/(0.18+0.5)=0.26	0.5/(0.18+0.5)=0.74

表 19-3 亨廷顿病家系中Ⅲ$_1$是杂合子的概率

概 率	Ⅲ$_1$ 为 Aa	Ⅲ$_1$ 为 aa
前概率	0.5×0.26=0.13	1−0.13=0.87
条件概率	1−0.08=0.92	1
联合概率	0.13×0.92=0.12	0.87×1=0.87
后概率	0.12/(0.12+0.87)=0.12	0.87/(0.12+0.87)=0.88

由计算结果可知，Ⅲ$_1$是杂合子(Aa)的概率为 0.12，即他目前的发病风险为 12%，如果随着Ⅱ$_1$和Ⅲ$_1$年龄增长仍不发病，Ⅲ$_1$的发病风险也越来越小。

(3) 常染色体隐性遗传病(AR)再发风险的推算：对基因型不能推定的常染色体隐性遗传和 X 连锁隐性遗传，在进行发病风险估计时，往往条件概率要从系谱中提供的信息来确定，如正常子女个数等。

例如，苯丙酮尿症Ⅰ型是一种常染色体隐性遗传病，图 19-3 是一个苯丙酮尿症Ⅰ型家系的系谱，Ⅲ$_2$是患者，她与其姑表哥婚后生了一个表型正常的儿子，他们再生孩子的发病风险有多大？

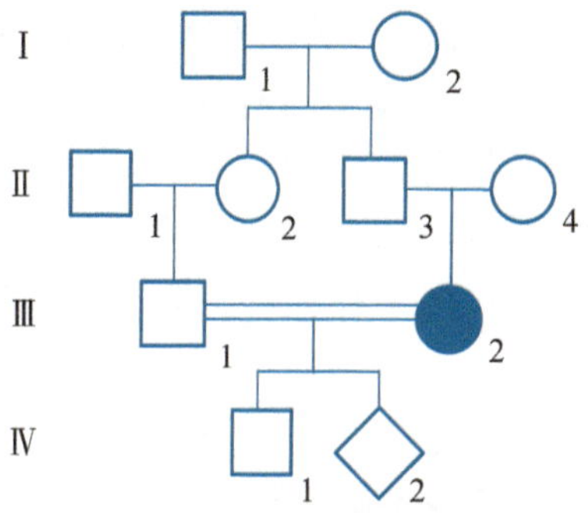

图 19-3 一个苯丙酮尿症的系谱

估算他们后代发病风险的关键在于要知道Ⅲ$_1$为杂合子的概率。由系谱提供的信息可知，由于Ⅲ$_2$是患者(aa)，所以Ⅱ$_3$肯定是携带者，Ⅱ$_2$是携带者的可能性为 1/2(兄妹之间基因相同的可能性是 1/2)，因此Ⅲ$_1$的基因型有两种可能：Ⅲ$_1$是携带者(Aa)的前概率为 1/2×1/2=1/4，Ⅲ$_1$是显性纯合子(AA)的前概率为 1−1/4=3/4。家系中又提供了他们已生有一个正常孩子的信息。因此，如果Ⅲ$_1$是携带者(Aa)，生出正常孩子的条件概率为 1/2，如果Ⅲ$_1$是显性纯合子(AA)，生出正常孩子的条件概率为 1，由此求出Ⅲ$_1$是携带者(Aa)的概率为 1/7(表 19-4)。

表 19-4 苯丙酮尿症家系中Ⅲ$_1$是杂合子的概率

概 率	Ⅲ$_1$ 为 Aa	Ⅲ$_1$ 为 AA
前概率	1/4	3/4
条件概率	1/2	1
联合概率	1/4×1/2=1/8	3/4×1=3/4
后概率	1/8/(1/8+3/4)=1/7	3/4/(1/8+3/4)=6/7

由于隐性纯合患者(aa)和携带者婚后出生患儿的风险为 1/2，所以Ⅲ$_1$和Ⅲ$_2$再生孩子是苯丙酮尿症的风险为 1/7×1/2。如果他们一旦生出患儿，即可确定Ⅲ$_1$就是携带者，此时他们出生患儿的风险就上升到 1/2。

(4) X 连锁隐性遗传病(XR)再发风险的推算：例如，Duchenne 型肌营养不良(DMD)是一种 XR 遗传病，图 19-4 是一个 DMD 的家庭，系谱中，Ⅲ$_2$的两个舅舅患此病，其后代发病风险如何？此家系咨询的关键是要知道Ⅲ$_2$为杂合子的概率，而此概率由Ⅱ$_3$决定。根据系谱，Ⅰ$_2$肯定是携带者，Ⅱ$_3$可能是携带者也可能是正常纯合体，即Ⅱ$_3$有两种可能的基因型：X^AX^A和 X^AX^a。根据遗传规律，在不考虑其他情况的条件下，Ⅱ$_3$是

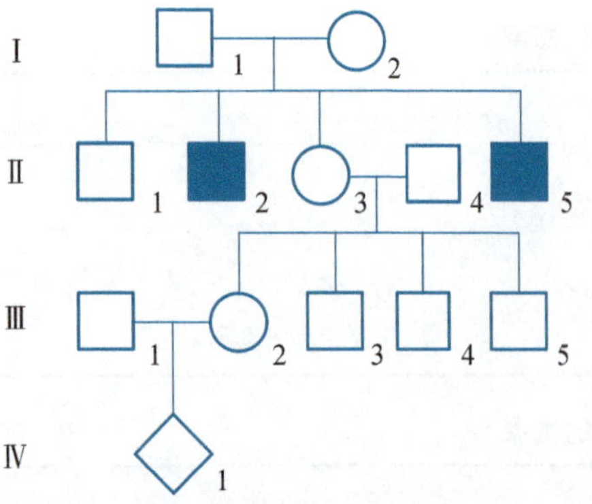

图 19-4 DMD 的系谱图

显性纯合子(X^AX^A)的前概率为 1/2,是携带者(X^AX^a)的前概率为 1/2。由系谱已知,她已生了三个正常的儿子,这是一个重要信息。当Ⅱ$_3$是显性纯合子(X^AX^A)时,所生子女都正常,因此三个儿子均正常的条件概率是 $1^3=1$,当Ⅱ$_3$是携带者(X^AX^a)时,每生一个正常男孩的概率为 1/2,因此三个儿子都正常的条件概率为 $(1/2)^3=1/8$。由此可计算出Ⅱ$_3$是携带者的最后概率为 1/9(表 19-5)。因此她的女儿Ⅲ$_2$是携带者的概率为 1/9×1/2=1/18,将来生育儿子的发病风险为 1/18×1/2=1/36。由上述计算可见,由于Ⅱ$_3$有三个正常儿子,因此她是携带者的概率大为降低,后代的发病风险也相应降低。

表 19-5 DMD 家系中Ⅱ$_3$是携带者的概率

概 率	Ⅱ$_3$ 为 X^AX^a	Ⅱ$_3$ 为 X^AX^A
前概率	1/2	1/2
条件概率	(1/2)3=1/8	14=1
联合概率	1/2×1/8=1/16	1/2×1=1/2
后概率	1/16/(1/2+1/16)=1/9	1/2/(1/2+1/16)=8/9

从以上几个例子可以看出,用 Bayes 定理计算发病风险时,由于考虑了家系所提供的全面的信息,因此更能反映出该家系的实际情况,通常按 Bayes 定理计算出的发病风险比仅按遗传规律计算的风险要低。

(二) 多基因遗传病再发风险的估计

多基因病是遗传因素和环境因素共同作用所致,因此不能像单基因病那样直接通过孟德尔定律来计算再发风险,而只能通过群体发病率、家系中患病个体的多少、病情的轻重及发病率的性别差异等方面来估计,这种估计概率称为经验概率,可利用 Edward 公式、阈值模式理论、Falconer 公式和 Smith 表格法来进行估算。

近年来,由于多基因病数学模型的建立和计算机的应用,多基因病的再发风险计算更趋准确,同时对多基因病遗传基础中的主基因的研究已取得很大进展,对于该类疾病的再发风险估算必将有较大突破。

(三) 染色体病再发风险的估计

染色体病一般为散发性,其畸变主要发生在亲代生殖细胞的形成过程中,而生殖细胞的发生过程变化较大,影响因素较多,因此染色体病再发风险的估计比较困难,但在以下几种情况下可作出推算:

(1) 夫妇双方核型正常,出生染色体病患儿的风险就是群体的发病率。而大多数三体综合征的发生与母亲年龄呈正相关,如果母亲年龄在 35 岁以上,则子女的再发风险将随年龄增大明显增高。

(2) 如果夫妇一方为同源罗伯逊易位携带者,不能生育正常的后代。

(3) 如果夫妇一方为非同源的罗伯逊易位携带者,其后代中有 1/6 正常、1/6 为与亲代类似的携带者,1/6为易位型三体患者,其余为流产或死产胚胎。

(4) 如果夫妇一方为相互易位携带者,则后代中 1/18 正常、1/18 为易位携带者,其余均由于部分三体和部分单体导致流产、死胎或畸形儿。

(5) 如果夫妇一方为倒位携带者,则后代中 1/4 正常、1/4 为携带者,其余均由于染色体部分重复或缺失导致早期流产、死胎或畸形儿,有些倒位携带者会出现婚后不育。

四、遗传咨询中的伦理问题

(一) 体察咨询者的心态

遗传咨询是咨询医生和咨询者的商讨过程,但这种商讨不同于普通的门诊,而且咨询者与一般患者也有很大的不同。因此,咨询医生除了应遵循一般医患之间的伦理道德原则外,还应特别关注咨询者的心态。咨询者通常包括如下几种人：① 疑为遗传病患者，要求确诊；② 已生下了一个患儿的夫妇，关心是否会再次生出患儿；③ 婚前男女，其中一方或其亲属为遗传病患者，他们关心婚后的子女是否会患病；而在一些迟发的遗传病，如 Huntington 舞蹈症，Becker 型肌营养不良等，还关心自身是否会发病；④ 亲属中有遗传病患者，他们关心自身及子女患病的可能性。此外，咨询者经常提出的问题还包括近亲可否结婚生育，肿瘤、精神病或其他常见病会不会遗传等。

由于遗传病的难治性和可遗传性，许多咨询者前来咨询时心存顾虑。这种心态源于：① 羞耻感。正如《遗传咨询》一书作者富尔曼等指出的那样，不少家庭对出现遗传性疾病就好像出了什么丑事，甚至像犯罪一样，想方设法隐瞒。配偶双方有时甚至为此相互指责；② 负罪感。尤其是生育了遗传病或先天畸形患儿的父母，他们认为是自己把疾病传给了子女，给他们带来了不幸。此外，还有一种对患病情况被宣扬出去的恐惧。

因此，咨询医生应体察这种心情，并设法减轻咨询者的羞耻感、负罪感和恐惧。通常的做法是：① 强调遗传病是疾病，不是性传播疾病，不必有羞耻感；② 强调不论是遗传病患者本人或是他们的父母都没有任何过错；即使致病基因确由父母传递，也是不以他们的意志为转移的；③ 它也不是一种惩罚（更不是什么因果报应），父母无须与自己的任何行为或过失联系在一起，自责或互相指责，或有任何道德或伦理方面的思想负担。

（二）遗传咨询时应遵循的原则

遗传咨询作为一种医学服务，除应体察咨询者的心态外，整个过程都应根据遗传咨询的特点贯彻医学伦理学的基本原则，包括：

1. 信任和保护隐私的原则　遗传咨询不宜在有无关人员在场的环境中进行。为个人的隐私权得到充分尊重，必要时咨询医生可以与前来咨询的夫妇、亲子分别谈话。因为除了信任医生以外，咨询者可能不愿其他人，甚至自己的配偶、子女知道自己和家人的情况。因此，咨询医生除尊重咨询人的隐私权，同时也应尊重有关亲属或成员的隐私权，为其保守秘密，避免为他人、单位、雇主和保险商等利用，以利于家庭的和谐与稳定。另外，由于电脑数据库存在信息安全隐患，DNA 样本的保存形式存在可索取机会，遗传信息的隐私权问题亦备受关注。

2. 自愿和知情同意的原则　遗传咨询本身应是自愿的。因此当咨询要求患者及其家系成员进行遗传学检查或临床化验时，也应贯彻自愿的，即知情同意（informed consent）的原则，让患者及有关人员充分了解检查的目的与必要性，并在合乎对患者或受检人有益无害的情况下，争取他们的主动配合。未经咨询者知情同意而进行的遗传学检查是不合法的。

3. 自主决定和非指令性（non-directive）原则　遗传咨询和检查的结果有可能证实遗传病的存在，或计算出疾病的再发风险。如已证实或高度怀疑胎儿为 21－三体综合征患者，此时咨询医生应当向其父母详细介绍疾病的原因、后果、预后、再发风险以及产前诊断的风险率，和各种可能的处理办法等。但咨询医生不应代替父母作出任何处理的选择或决定，包括是否继续怀孕，是否作产前诊断，或是否人工流产等。咨询医生即使提出建议，都应是非指令性的，决定权最终应属于父母。

总之，咨询医生在遗传咨询过程中，对咨询者应做到“亲切、畅言、守密”，有同情心和责任心，将咨询者的利益放在第一位，及时了解咨询者及其亲属对有关遗传病诊断的心理或情感上的反应，以取得咨询者及其家属的信任与合作，使交流能够顺利进行，并取得满意的效果。

第三节　遗传筛查

在遗传普查的基础上，对已明确的遗传病可通过遗传筛查（genetic screening）及早发现遗传病患者和致病基因携带者，以便尽早采取有效的预防或可能的治疗措施。根据筛查目的和对象的不同，遗传筛查可分为群体筛查、新生儿筛查、携带者筛查、产前筛查等。适合筛查的遗传病须符合下列条件：① 发病率较高；

② 有致死、致残、致愚的严重后果；③ 疾病早期缺乏特殊症状或体征；④ 有较准确且经济实用的筛查方法；⑤ 筛出的疾病有治疗措施。

一、新生儿筛查

新生儿筛查(neonatal screening)是对新生儿进行某些遗传病特别是先天性代谢病进行检查，是出生后预防和治疗某些遗传病的有效措施。选择筛检的项目应考虑下列因素：① 发病率较高；② 有致死、致残、致愚的严重后果；③ 有较准确而实用的筛查方法；④ 筛出的疾病早期治疗可以取得较好疗效；⑤ 符合卫生经济学效益。我国2009年6月施行的《新生儿疾病筛查管理办法》规定：新生儿疾病筛查病种包括先天性甲状腺功能减低症、苯丙酮尿症等遗传代谢病。有些省市还在此基础上增加了G6PD缺乏症、先天性肾上腺皮质增生症、半乳糖血症等病种。近年，将新生儿听力筛查也列入新生儿疾病筛查项目。新生儿筛查大多以静脉血或尿为材料，血样采集于出生72 h后至7 d内进行，采取脐血或足跟血至特制滤纸片上制成血斑，晾干后进行检验。新生儿筛查中必须有完善的遗传病登记；建立敏感准确的筛查方法；筛查出的新生儿应送至遗传咨询中心进一步确定诊断；对确诊的患儿提出治疗方案并定期随访。

1. 苯丙酮尿症的筛查　苯丙酮尿症临床常可导致智力发育异常，如能在新生儿期发现，可通过饮食控制等措施防止或减缓症状的出现和发展。临床一般用Guthrie细菌抑制法进行筛查。枯草杆菌能在基本培养基上生长，在培养基中加入一定量的β-2噻吩丙氨酸(抑制剂)后，枯草杆菌的生长便受到抑制，而这种生长抑制作用可因外界加入苯丙氨酸得以解除。采集出生后3天新生儿足跟血，滴于滤纸片上。在含有适当比例枯草杆菌及β-2噻吩丙氨酸的培养基表面，放上待检查的干滤纸血片标本，标本中的苯丙氨酸会渗入周围培养基中，只有当血片中苯丙氨酸的含量能中和β-2噻吩丙氨酸的抑制作用时细菌才能生长。37℃温箱中培养24小时后，观察干血片周围的细菌生长环，生长环的直径大小在一定范围内与血片中苯丙氨酸的含量成正比，此时将受检标本的细菌生长环与已知浓度的苯丙氨酸的生长环直径相比较，就可半定量分析标本中苯丙氨酸的浓度。血斑中的苯丙氨酸含量大于360 μmol/L时即可诊断为苯丙酮尿症。明确诊断后，应立即进行饮食治疗，减少苯丙氨酸的摄入。治疗至少持续到青春发育成熟期，提倡终生治疗。

2. 先天性甲状腺功能减低症的筛查　先天性甲状腺功能减低症多数是由于甲状腺发育异常所致。该病发病率高，早期治疗效果明显。患儿促甲状腺素(TSH)水平升高而游离甲状腺素(FT4)水平降低，因此可采用血斑滤纸的提取液以荧光分析法(Tr-FIA)、酶免疫荧光分析法(FEIA)或酶联免疫吸附法(ELISA)测定TSH和FT4含量。血TSH增高，FT4降低者，即可诊断为先天性甲状腺功能减低症。一旦明确诊断，立即服用甲状腺素治疗。

3. 半乳糖血症的筛查　将半乳糖通路阻断的大肠杆菌与琼脂相混加入培养皿中，在半乳糖存在的情况下，这种细菌对噬菌体溶解有抗性，血斑滤纸片周围细菌的生长情况与血中半乳糖的含量成正比，可依此做出诊断。患儿检出后，立刻停用乳类，改用豆浆、米粉等并辅以维生素、脂肪等营养必需物质加以喂养，并且宜终生在饮食中摒除半乳糖。

4. 新生儿听力测试　我国新生儿听力障碍发生率为3‰，中重度以上的占0.5‰。新生儿听功能筛查使用诱发电位技术、瞬态诱发耳声发射和畸变产物耳声发射技术。通常实行两阶段筛查：在孩子出生24小时以后出院前进行初筛，未通过者于28～42天进行复筛。复筛阳性的患儿，由听力检测机构进行听力学和耳鼻喉科的进一步检查，包括听觉脑干诱发电位、耳声发射、声阻抗、行为测听等，确诊听力损失之后还要进行医学和影像学评估，一般在6个月做出诊断。对听力缺陷患儿的后续临床干预包括药物或手术治疗、听力补偿或重建(配戴助听器或人工耳蜗植入)以及听觉-言语训练等。

二、携带者筛查

遗传携带者(genetic carrier)是指表型正常，但带有致病基因或异常染色体的个体。一般包括：隐性遗传病的杂合子；显性遗传病的未显者或迟发外显者；染色体平衡易位的个体。携带者筛查是指当某种遗传病在某一群体中有高发病率，为了预防该病在群体中的发生，采用经济实惠、准确可靠的方法，在群体中筛出表型正常的携带者后，对其进行风险评估和婚育指导。遗传携带者筛查对遗传病的预防具有积极的意义。因为人群中，虽然许多隐性遗传病的发病率不高，但杂合子的比例却相当高。对发病率高的遗传病，普查携带者效果显著。目前，携带者筛查主要应用于某些疾病发病率较高的特定人群。例如 Tay－Sachs 病是一种缺乏氨基已糖苷酶 Aα 亚单位的常染色体隐性遗传病，携带者在北欧犹太人中占 3%，患者在 2～4 岁死亡。可通过测量血或白细胞中氨基已糖苷酶 A 的活性来确定携带者的情况，对筛出的携带者进行婚育指导，有风险妊娠者进行产前诊断。通过携带者筛查，已是 Tay－Sachs 病在北欧犹太人中的发病率降低了 65%～85%。再如我国南方各省的 α、β－地中海贫血的发病率较高，因此检出双方同为 α 或同为 β－地贫杂合子的概率较高，这时，进行婚姻及生育指导，配合产前诊断，就可以从第一胎起防止重型患儿出生。染色体平衡易位携带者生育死胎及染色体病患儿的机会很大，对染色体平衡易位或倒位携带者的及时检出，配合产前诊断，减少反复流产和死胎的发生，可有效预防染色体病患儿出生。

携带者检出的方法可分为以下几类。

1. 系谱分析法　首先根据系谱图确定遗传病的遗传方式，然后根据遗传学规律分析家系中每个成员的基因型。有些成员的基因型容易确定，有些不能确定，为可疑携带者，必须进一步检查和估计风险。

2. 实验室检查　对可疑携带者进行实验室检测，以确定其基因型。目前实验室检查可从生化水平、细胞水平、分子水平等方面来进行。

（1）生化水平的检测：适用于隐性遗传病尤其是分子代谢病杂合子的检出，因为隐性基因的表达存在剂量效应，即杂合子基因产物的剂量介于显性纯合子和隐性纯合子之间，故可以采用酶活性测定或底物负荷试验来检测。例如半乳糖血症杂合子体内半乳糖－1－磷酸尿苷转移酶的活性只有正常人的一半左右。苯丙酮尿症携带者对苯丙氨酸的耐受能力介于正常人和患者之间。

（2）细胞水平的检测：主要包括染色体核型分析和组织学观察。例如通过染色体核型分析可检出平衡易位携带者，通过细胞学和组织学观察可检出红细胞呈轻度镰变的镰状细胞贫血症携带者。

（3）分子水平的检测：利用 DNA 或 RNA 分析技术直接检测突变基因，从而检出杂合子。此法快速、准确，特别适于对一些致病基因的性质和异常基因产物还不清楚的遗传病，或用一般生化方法不能准确检测的遗传病，例如，亨廷顿病、马方综合征、甲型和乙型血友病、Duchenne 型肌营养不良（DMD）、苯丙酮尿症等。

现阶段，随着高通量基因分型与测序技术，特别是 NGS 测序技术的发展，使得一次性准确筛查更多疾病类型成为可能。这种扩展性携带者筛查（expanded carrier screening）有别于传统的单一病种逐一检测方式，依托高通量基因分析新技术（如 NGS），通常采用致病基因集的组合测序（Panel）方式，筛查疾病种类多，超过 100 种遗传病，总体上筛检效率更高、成本也更低。

下表列举了一些遗传病携带者筛查的方法（表 19－6）。

表 19－6　一些遗传病携带者筛查的方法

遗　传　病	携带者筛查方法
镰状细胞贫血症、G6PD 缺乏症、血红蛋白病等	血液检查
染色体缺失、易位、倒位、脆性 X 综合征	染色体核型分析
半乳糖血症、Tay－Sachs 病、戈谢病	酶含量测定
苯丙酮尿症	氨基酸负荷试验
血友病、半乳糖血症、家族性黑朦性痴呆、苯丙酮尿症、家族性高胆固醇血症、肌营养不良、亨廷顿病、囊性纤维化、脊髓肌性萎缩症	DNA 分析
结节性硬化	X 线检查
DMD、强直性肌营养不良	肌电描记
X 连锁色素性视网膜炎	视网膜电描记
DMD、无脉络膜眼病、白化病	临床检查

三、产前筛查

产前筛查（prenatal screening）是指通过简便、经济和较少创伤的检测方法，从孕妇群体中发现某些怀疑有先天畸形和遗传性疾病胎儿的高危孕妇，以便进一步明确诊断。

1. *超声筛查* 染色体非整倍体胎儿在超声检查中往往会发现畸形和超声软指标的异常,因此,对有显著超声异常的胎儿应进行侵入性产前诊断。常见的超声异常包括心脏缺陷、膈疝、水囊瘤、唇裂或腭裂、巨脑室、食管闭锁、脐膨出等可提示胎儿为染色体非整倍体的风险增高。但并非所有非整倍体都会存在可检出的超声异常,有25%～30%的21-三体胎儿在孕中期的超声检查中可查出明显异常。除了明显的超声异常之外,染色体非整倍体,尤其是21-三体胎儿还可能存在一些超声软指标,包括颈背的褶皱增厚、鼻骨缺失或发育不全、心脏内强回声、肠强回声、股骨短、横贯掌等。这些超声软指标如果结合其他显著的超声异常同时存在,则提示胎儿为染色体非整倍体的风险增高,且软指标越多,风险越高。

2. *血清学产前筛查* 血清学筛查是指采取孕妇外周血,通过对血清中生化标记物进行检测,结合孕妇年龄、孕周、病史等其他相关因素,计算出胎儿患有唐氏综合征或其他染色体疾病的风险度,对其中高风险的孕妇进行进一步的产前诊断。通过该项检测可以筛查出21-三体、18-三体、13-三体和神经管畸形儿,由于主要筛查21-三体(唐氏综合征),又称唐氏综合征筛查,简称唐氏筛查。采用的生化标记物有妊娠相关蛋白A(PAPPA)、甲胎蛋白(AFP)、人绒毛膜促性腺激素(hCG)或人绒毛膜促性腺激素β-亚基(β-hCG)、非结合雌三醇(uE3)、抑制素A(Inhibin A)等。这些生化标记物在怀有唐氏综合征或其他染色体疾病胎儿孕妇的血清中可能会有不同程度的升高或降低。根据选用血清标记物的数量,分别将其称为二联、三联、四联筛查。根据不同的筛查策略,选用相应的标记物。

3. *无创产前筛查* 无创产前筛查(non-invasive prenatal test, NIPT)是指相对羊膜腔穿刺术、绒毛穿刺术而言,利用孕妇外周血中胎儿的DNA、RNA或胎儿细胞,进行胎儿遗传病检测的非侵入性产前检测。

1997年,香港中文大学的卢煜明教授首次发现孕妇血浆中含有胎儿游离DNA(cell free fetal DNA, cffDNA)。这些DNA片段主要有两个来源:一是胎儿细胞通过胎盘渗透到母血中,被母体免疫系统破坏,胎儿DNA残留下来;二是胎儿细胞、胎盘滋养层细胞凋亡后,DNA片段进入母血中。孕妇血浆中的游离DNA有5%～30%来源于胎儿,这些片段长度在150 bp左右,最早在孕4周即可存在于母体血浆中,并且半衰期较短,分娩后约2 h即无法检出。这一特点使上一胎儿的DNA不会影响到下一胎儿的检测。现阶段,结合高通量平行测序的二代测序技术以及生物信息学数据分析,可计算出胎儿为非整倍体异常的风险度。该方法在21-三体的检查上准确率较高,检出率可达99%以上,假阳性率低于0.5%,阳性预测值可达到97.94%。但由于这一方法目前从全世界范围来说,积累的临床信息还不够,因此并不能作为产前诊断的方法,而是被定义为高精度的产前筛查。如果发现阳性结果,还需进行羊水染色体检测以确诊。该方法取材便捷,易被接受,能够减少常规方法产生的98%以上的假阳性患者,使经唐氏筛查后需做羊水染色体检查的患者减少98%以上。同时,由于早至孕12周即可检查,极大地减轻了孕妇及家属的心理负担,尽早为家庭提供医学建议,尽早采取相应措施。目前,基于cffDNA的无创产前筛查仅限于21-三体、18-三体、13-三体,对于其他染色体数目异常,如性染色体数目异常等尚不能达到较高的检出率。同时,由于不能检出开放性神经管缺陷,所以传统的血清学筛查及产前超声检查也是暂时不能被取代的。

第四节 产 前 诊 断

产前诊断(prenatal diagnosis)又称宫内诊断或出生前诊断,是对胚胎或胎儿在出生前是否患有某种遗传病或先天畸形作出准确的诊断。遗传病的产前诊断最早出现在1966年,当时Steele和Breg发现胎儿的染色体组成可以通过羊水细胞的培养来进行分析,这一产前诊断技术对Down综合征来说非常重要。后来,随着物理学(超声诊断、影像诊断)、生物化学(生化分析)、分子生物学(DNA分析)技术的发展,产前诊断得到了越来越广泛的应用。在遗传咨询的基础上,对高风险的胎儿进行产前诊断和选择性终止妊娠是防止遗传病、先天畸形患儿出生的最有效而可行的方法,对于减少群体中致病基因频率和提高人口素质具有十分重要的意义。

一、产前诊断的对象

产前诊断适应证的选择原则是风险高、危害大、目前已建立产前诊断方法的遗传病。这些遗传病主要包括：① 染色体病；② 有明显形态改变的先天畸形；③ 特定酶缺陷所致的遗传性代谢病；④ 多基因遗传的神经管缺陷；⑤ 可进行 DNA 检测的遗传病。产前诊断的对象包括以下几类：

(1) 35 岁以上的高龄孕妇。这类妊娠使胎儿患有某种遗传病（特别是 Down 综合征）的比例大为升高，因此需要进行产前诊断。

(2) 夫妇双方有一人为染色体畸变（特别是平衡易位和倒位携带者），或曾生育过染色体异常患儿的孕妇。

(3) 曾生育过单基因遗传病患儿的孕妇、已知或推测为 AR 或 XR 遗传病携带者的孕妇。

(4) 曾生育过先天畸形（特别是神经管缺损）患儿的孕妇。

(5) 有原因不明的自然流产史、畸胎史、死胎及新生儿死亡史的孕妇。

(6) 具有遗传病家族史又系近亲婚配的孕妇。

(7) 丈夫在孕前及妻子在孕早期接触过致畸因素，如化学毒物、辐射、病毒感染等。

(8) 羊水过多、宫内生长发育迟缓或疑为严重宫内感染的孕妇。

值得注意的是，有些孕妇虽然具备了上述条件，但如果出现先兆流产、有出血倾向等情况，则不宜作产前诊断。

二、产前诊断技术及其应用

产前诊断主要以羊膜穿刺、绒毛取样和胎儿脐血穿刺等技术为手段，获取胎儿的组织，并以其为材料进行细胞遗传学检查、生化分析、基因诊断等，判断胎儿是否患有遗传病。

（一）产前诊断的取材方法

产前诊断需要采集孕妇和胎儿的一些相应体液、组织作为检测材料，包括羊水细胞、羊水上清液、绒毛、脐带血、孕妇外周血中的胎儿细胞、孕妇血清、尿液、受精卵、胚胎组织等。可靠的取材是产前诊断得以顺利实现的前提与保证，下面就产前诊断中常用标本采集方法进行介绍。

1. 绒毛吸取术　绒毛吸取术（chorionic villus sampling, cvs）是通过孕妇阴道从绒毛膜的绒毛中吸取获得胎儿的滋养层细胞。绒毛滋养层细胞是受精卵有丝分裂的衍生物，能准确反映胎儿的遗传特性，经短期培养后可进行染色体分析、生化检测和提取 DNA 作基因分析。

绒毛吸取术一般于妊娠 10～14 周进行，其方法是在超声引导下，用取样器经腹部（TA－CVS）或子宫颈（TC－CVS）进入子宫，其中前壁胎盘经腹部途径取材较容易，后壁胎盘或后屈位的子宫经宫颈途径取材较容易。针进入子宫后在子宫壁的胎盘绒毛叶处抽取 20 mg 左右的绒毛组织（图 19－5），经处理后即可进行各项检测。这种方法的最大优点是孕早期即可作出诊断，如需进行选择性流产，能采取更简单、安全的方法终止妊娠，对孕妇造成的损伤和痛苦较小。但由于绒毛取样是创伤性的方法，自然会有一定的风险，取样术后至孕 28 周前的流产率为 2%～3%。另外有研究报告指出 10 周之前的胎儿进行绒毛取样会增加胎儿肢体异常的风险。

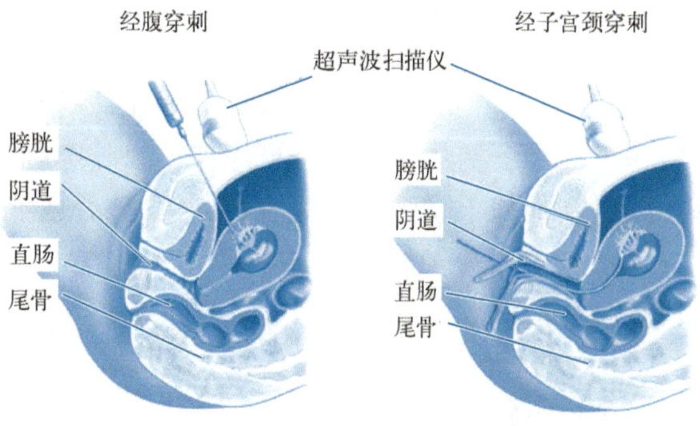

图 19－5　绒毛吸取术示意图

2. 羊膜穿刺术　羊膜穿刺（amniocentesis）亦称羊水取样，是最早开展、最常使用、安全性最高的侵入性产前诊断取材方法。羊水中有一定数量胎儿脱落细胞，多为成纤维细胞和上皮细胞，经体外培养后，可进行染色体分析、酶和蛋白质检测、性染色质检查和提取 DNA 作基因分析，也可不经培养，用微量技术作酶和蛋白质分析或直接提取 DNA 作基因诊断。

抽取羊水最佳时间是妊娠16～22^{+6}周，因为此时子宫已超出盆腔，且羊水量相对较多，羊膜腔空间相对较大，羊水中活细胞比例较高，胎儿浮动，穿刺成功率高。取材亦应在B超监视下进行，先嘱孕妇排空膀胱，用专用穿刺针经腹壁、子宫壁进入羊膜腔，抽取淡黄色清亮的羊水20～30 mL，如果抽取失败或有母血污染，可隔周后再行穿刺抽取羊水(图19-6)。该方法引起流产的风险为0.2%～0.5%，母体感染、Rh溶血和其他妇科合并症发生率则更低。

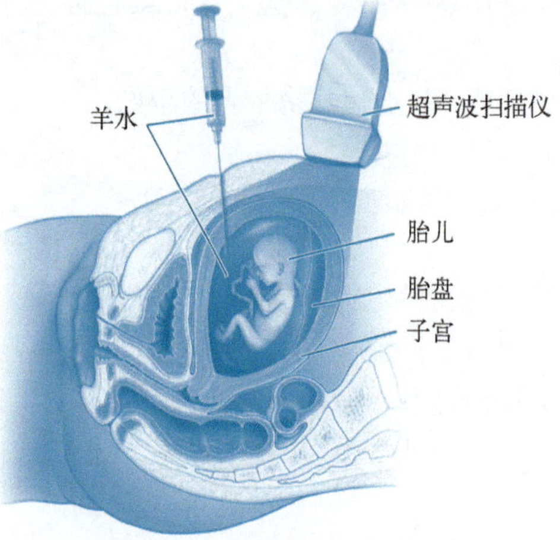

图19-6 羊膜穿刺术示意图

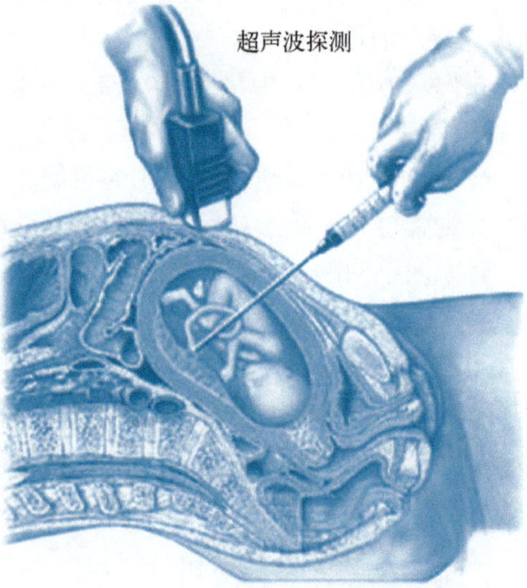

图19-7 脐带穿刺术示意图

3. 脐带穿刺术 脐带穿刺术(cordocentesis)又称经皮脐静脉穿刺取血术，在妊娠18周至分娩前均可进行，最适穿刺孕周为21～30周。具体方法为：对孕妇先行B型超声检查，了解胎儿发育状况及羊水、胎盘、脐带状况，脐静脉直径应在4 mm以上，并慎重选择脐带进针部位。穿刺在B超引导下进针至脐静脉后抽取适量脐静脉血，可进行染色体检查、各种生化检查、基因诊断或血液学各种检查(图19-7)。与孕中期羊膜腔穿刺相比，脐带穿刺术操作难度更大，流产率较高(0.5%～1%)，并发症更多，但由于可直接获取纯胎血，具有以下优势：① 因脐血细胞培养仅需48 h，染色体核型分析较羊水所需时间更短，成功率更高；② 可直接检测胎儿血液系统指标如凝血因子、感染相关抗体等；③ 适用于较大孕周。

4. 胎儿活体组织检查 随着分子诊断技术的快速发展，产前诊断领域需要胎儿特定组织取材来诊断的疾病越来越少，但仍有一些先天性代谢障碍和遗传病需要行特定组织采样，如大疱松懈症可进行皮肤活体组织检查，某些肝酶代谢障碍疾病可进行肝活体组织采样，基因检测不能诊断的杜氏假肥大性肌营养不良(DMD)可行肌肉活体组织检查等。胎儿活体组织检查有两种方式：胎儿镜下活体组织检查和超声引导下活体组织检查。由于20周以后羊水相对浑浊，窥视困难，因此胎儿镜下活体组织检查最好在妊娠16～20周进行，而超声引导下活体组织检查可参考羊膜腔穿刺术的取材时间。胎儿活体组织检查的流产发生率较高，达4%～8%，其他如羊膜腔内出血、宫内感染等并发症的发生率也较高。

(二) 产前诊断的检查方法

目前，产前诊断主要是通过胎儿形态学特征检查、染色体分析、生物化学检查和分子生物学检查来进行诊断。

1. 物理学诊断方法

(1) 超声波检查：是一项操作简便对胎儿和母体损伤极小的产前诊断方法。常用的超生诊断仪有A超、B超、超声多普勒及M型超声诊断仪，其中B型超声波的图像清晰分辨力强，应用最广。一般认为超声强度在20 mW/cm^2以下，持续时间不超过30 min，对孕早期3个月以内的胎儿是安全的。现该检查方法已广泛应用于神经管缺陷(如无脑儿、脑膨出、脊柱裂等)、内脏畸形(如多囊肾、肾盂积水、食管闭锁、肺发育不全、先天性心脏病等)、肢体短小残缺(如成骨发育不全、侏儒症)等200多种先天畸形的产前诊断。此外还可直接对胎心和胎动进行动态观察，并可摄像记录分析，亦可作胎盘定位，选择羊膜穿刺部位，引导胎儿镜操作、采集绒毛和脐带血标本等。

(2) 磁共振检查：妊娠 16 周后，胎儿四肢长骨、短骨和肋骨已经骨化，可通过磁共振显像。磁共振检查效果显著优于 X 线检查(X 线对胎儿有一定危害性，现已极少使用)，主要用于了解胎儿有无先天性畸形，如无脑儿、脑积水、骨骼畸形、侏儒、多指、短指或短肢、脊柱裂及胸廓畸形等。

2. 细胞遗传学检查　研究表明，80%以上的染色体异常为染色体数目异常，包括 21 -三体综合征、18 -三体综合征、13 -三体综合征、Turner 综合征及 Klinefelter 综合征等，染色体结构异常包括平衡易位和非平衡易位、染色体缺失/重复、倒位、标记染色体等，仅占产前诊断中染色体核型异常数量的极少部分。核型分析可以发现非整倍体和大于 5～10 Mb 的染色体结构异常，可对染色体病、某些脆性 X 染色体综合征、染色体断裂综合征以及某些与染色体异常有关的恶性肿瘤进行产前诊断。因此，目前孕早期培养绒毛细胞、孕中期培养羊水细胞、孕中晚期培养脐血细胞进行染色体核型分析是产前诊断的“金标准”，其中羊水核型分析准确率达 99.4%～99.8%，绒毛核型分析准确率达 97.5%～99.6%。

3. 生物化学方法　利用羊膜穿刺术采集的羊水上清液、羊水细胞和绒毛吸取术采集的绒毛细胞可进行相关生化检查。

(1) 甲胎蛋白(α - fetoprotein，AFP)和乙酰胆碱酯酶(acetylcholine esterase，AChE)的检测：胎儿神经管畸形时，羊水内 AFP 含量明显升高，可达 10 倍；胎儿其他畸形，如先天性肾病、先天性食道闭锁、脑疝、脑积水、囊性水肿、骶尾畸形瘤、糖尿病孕妇胎盘功能不足等，羊水 AFP 值亦升高。而 AChE 能特异性水解乙酰胆碱，胎儿期神经细胞未分化成熟，可溶性 AChE 进入脑脊液多，当胎儿有开放性神经管缺陷时，胎儿脑脊液与羊水间的通透性增强，使羊水中 AChE 显著升高，因此通过取羊水测定 AChE 诊断神经管畸形的准确率比 AFP 检测法更高。

(2) 血红蛋白分析：应用电泳、氨基酸序列分析及其他蛋白质生化分析方法对胎儿镜采集的胎儿血样进行分析，可检出胎儿是否患有珠蛋白生成障碍性贫血及其他异常血红蛋白分子病。

(3) 酶及代谢产物的检测：检测羊水或绒毛膜细胞中相关酶酶活性和代谢产物、底物的浓度，可检测遗传性代谢缺陷。目前已有一百多种的遗传代谢缺陷可以通过此法进行产前诊断。

利用羊水上清液还可测定激素、胆红素、肌苷、卵磷脂与鞘磷脂水平，虽不能据此诊断胎儿患某种遗传病，但有助于了解胎儿的肝、肾、肺的成熟度。

(4) 分子生物学方法：利用限制性酶切技术、分子杂交技术、各种 PCR 技术(巢式 PCR、多重 PCR 等)、Sourthern 印迹杂交、比较基因组杂交、基因芯片等分子生物学方法对绒毛细胞、羊水细胞或胎儿组织中提取的 DNA 进行基因分析诊断。目前已能对苯丙酮尿症、脆性 X 染色体综合征、α -地中海贫血、珠蛋白生成障碍性贫血、血友病等几十种遗传病作出可靠的产前基因诊断(表 19 - 7)。随着现代分子生物学技术的发展，将会有更多的遗传病通过产前基因诊断而检出。

表 19 - 7　可通过 DNA 分析法进行产前诊断的单基因病

遗传方式	遗 传 性 疾 病
AD	强直性肌营养不良、亨廷顿病、成人多囊肾、Ⅰ型神经纤维瘤、家族性乳腺癌、家族性淀粉样变多发性神经性损害
AR	囊性 纤维化、苯丙酮尿症、镰状细胞贫血、α -地中海贫血、β -地中海贫血、Tay - Sachs 病、α_1 -抗胰蛋白酶缺乏症、先天性肾上腺增生、脊髓性肌萎缩症
XR	甲、乙型血友病、脆性 X 染色体综合征、杜氏肌营养不良及 Becker 型肌营养不良、鸟氨酸转氨甲酰酶缺乏症

尽管核型分析被认定为产前染色体畸变诊断的“金标准”，但近年来随着高龄产妇的增加、产前筛查的普及，核型分析的局限性越来越明显，如培养与制片操作繁琐、报告时间长、受孕周限制、染色体畸变小于 5 Mb 时不易检测等。随着分子生物学技术的发展，现已创建了可在 1～4 d 内快速检测非整倍体异常的快速非整倍体检测技术(rapid aneuploidy testing，RAT)。目前快速非整倍体检测包括荧光原位杂交(fluorescence in situ bybridization，FISH)、多重定量荧光聚合酶链反应(quantitative fluorescence polymerase chain reaction，QF - PCR)、多重连接探针扩增法(multiplex ligation-dependent probe amplification，MLPA)、细

菌人工染色体标记-磁珠分离法(bacterial artificial chromosomes-on-beads, BACs-on-beads, BoBs™)、高分辨熔解曲线法(high resolution melting analysis, HRMA)等,针对常见的染色体数目异常进行检测,无须进行细胞培养,可以及早获得诊断结果,极大地缓解了孕妇的焦虑情绪,同时对异常结果可以及早终止妊娠。

(三) 植入前遗传学诊断

植入前遗传学诊断(preimplantation genetic diagnosis, PGD)是对体外受精胚胎的遗传物质进行分析,诊断胚胎是否有遗传异常,选择没有遗传学疾患的胚胎移植入子宫,从而获得正常胎儿的诊断方法。植入前诊断在于把遗传病控制在胚胎发育的最早阶段,避免了人工流产患病胎儿给孕妇带来的痛苦,不仅能排除患病胚胎,还可排除携带者胚胎,使有遗传病风险的夫妇得到完全健康的后代。

1990 年,英国 Handyside 等报道了世界首例经 PGD 的健康女婴,2 年后,他们又报道了 PGD 在常染色体隐性遗传病纤维囊性变的成功应用。随后,人们在多种遗传性疾病进行了 PGD 的尝试。目前文献报道进行 PGD 的单基因病多达 80 余种,但 80%的 PGD 集中于 10 种疾病,常染色体显性遗传病有 Huntington 舞蹈症、强直性肌营养不良和腓骨肌萎缩症;常染色体隐性遗传病有 β-地中海贫血、纤维囊性变、脊肌萎缩症、镰状细胞贫血;性连锁遗传病有脆性 X 染色体综合征、进行性肌营养不良和血友病等。

PGD 的取材主要有三种:极体、8~16 个细胞期卵裂球和囊胚期滋养层细胞。三种取材方法各有其优缺点及相应的适用范围。卵裂球活检是目前最常应用的方法,即在受精后第 3 日,正常卵裂期胚胎达 8~16 个细胞期,通过显微技术可取 1~2 个细胞进行分析。这种方法的优点在于此阶段每个细胞都是全能性的,活检 1~2 个细胞不会影响胚胎的进一步发育;缺点是材料少,只有 1~2 个细胞可供检测,而且卵裂阶段的胚胎嵌合体发生率很高,可能导致漏诊和误诊。在囊胚期活检滋养层细胞增加了可供诊断的细胞数,提高了 PGD 的准确性,且活检只取将来发育成胎盘的部分细胞,不影响胚胎的发育潜能。但囊胚活检的细胞是滋养层细胞,存在多倍体现象,不能完全代表内细胞团。而且囊胚期活检,由于胚胎必须在受精后 5~6 d 进行移植,使得诊断时间受到严格的限制。极体活检是另外一种较常用的方法,活检时间一般在受精后 9~22 h 内,第一极体亦可在受精前取出。第一极体是卵母细胞减数分裂的产物,携带与卵母细胞相同的遗传物质,极体取材原则上对卵母细胞没有损害,从而不影响受精及胚胎的发育,并且取材早,分析时间也较多,但不能分析父源性染色体异常和受精后胚胎的染色体异常。

目前应用于 PGD 的方法有聚合酶链反应(PCR)和荧光原位杂交(fluorescence in situ hybridization, FISH)。单基因遗传病 PGD 的主要诊断方法是通过单细胞 PCR 技术扩增致病基因。常用的 PCR 类型有巢式 PCR、多重 PCR、荧光 PCR、全基因组扩增技术(whole genomic amplification, WGA)等。2006 年来,有选择与致病基因在染色体的位置上紧密连锁的 STR 标记鉴别胚胎是否遗传了有致病基因的染色体来进行诊断,该方法又被称为植入前遗传学单倍型分析(preimplantation genetic haplotyping, PGH)。荧光原位杂交技术于 1994 年首先应用于胚胎性别的诊断,1998 年, FISH 开始应用于染色体平衡易位的 PGD 诊断。通过选择正常和平衡配子或胚胎,PGD 可显著降低染色体易位导致的反复自然流产率。还可通过性别检测防止无法进行基因诊断的性连锁疾病妊娠的发生。

PGD 作为一种更早期的产前诊断,给遗传病患者的生育带来了光明,但目前在技术上还面临层层挑战,包括如何安全有效地获得胚胎的遗传物质以供检测;如何克服极低样本量对诊断的准确性以及有效性的影响;如何开发适用范围更广的诊断方法等。近年来,比较基因组杂交技术(comparative genomic hybridization, CGH)和间期核转移等新技术已开始应用于 PGD,应用计算机辅助突变分析进行碱基对的微测序,可在不清楚特殊突变点和基因型的情况下进行,从而扩大了 PGD 的应用范围。另外,随着 DNA 芯片技术的进一步发展,将能从一个细胞内检测出上千种基因病,PGD 也许会成为一个常规的孕前诊断筛查技术。

小　结

绝大多数的遗传病都是很难治愈的,因此遗传病的预防是一种减少遗传病危害、提高人口素质的主动的、积极的措施。遗传病的预防工作主要包括遗传病的普查、遗传咨询、携带者筛查、产前诊断等。

遗传咨询是咨询医师应用医学和遗传学的基本原理，与咨询者就某种遗传病的发生原因、遗传方式、诊断、再发风险和防治方面所面临的问题进行商谈交流的过程。遗传咨询的整个过程都应根据遗传咨询的特点贯彻医学伦理学的基本原则。遗传筛查能够及早发现遗传病患者和致病基因携带者，以便尽早采取有效的预防或可能的治疗措施。遗传筛查可分为群体筛查、新生儿筛查、携带者筛查、产前筛查等，现已可利用孕妇外周血中胎儿的 DNA、RNA 或胎儿细胞，进行胎儿常见染色体异常的无创产前筛查。产前诊断是在遗传咨询的基础上，对胚胎或胎儿在出生前是否患有某种遗传病或先天畸形作出准确的诊断。产前诊断是预防遗传病患儿出生的重要措施，其常用的取材方法有绒毛吸取术、羊膜穿刺术和脐带穿刺术；检查方法则包括胎儿形态学特征检查、染色体分析、生物化学检查和分子生物学检查等。植入前遗传学诊断是对体外受精胚胎在植入子宫前进行遗传物质的分析，选择没有遗传学疾患的胚胎移植入子宫从而获得正常胎儿的诊断过程。

（税青林）

【复习思考题】

1. 遗传咨询的对象有哪些？一般包括哪些步骤？咨询医师应当注意哪些问题？
2. 目前有哪些遗传病适合进行遗传筛查？产前筛查的方法有哪些，各有什么优缺点？
3. 产前诊断适应证的选择原则是什么？染色体病的产前诊断应该怎样进行？

主要参考文献

孙树汉.医学遗传学.北京:科学出版社,2012.

税青林.医学遗传学(案例版).第2版.北京:科学出版社,2012.

陈竺.医学遗传学.第3版.北京:人民卫生出版社,2015.

左伋.医学遗传学.第6版.北京:人民卫生出版社,2014.

贺林,马端,段涛.临床遗传学.上海:上海科学技术出版社,2013.

张咸宁、左伋、祁鸣.医学遗传学.北京:北京大学医学出版社,2009.

药立波.医学分子生物学.第3版.北京:人民卫生出版社,2008.

傅松滨.医学遗传学.第2版.北京:北京大学医学出版社,2009.

陈浩明、薛京伦.医学分子遗传学.第3版.北京:科学出版社,2006.

梁素华,邓初夏.医学遗传学.第4版.北京:人民卫生出版社,2015.

傅松滨.医学遗传学.第3版.北京:北京大学医学出版社,2013.

周宏灏.遗传药理学.第2版.北京:科学出版社,2013.

Simpson JL, Elias S. 妇产科遗传学(原著第3版).郎景和,边旭明,高阳译.北京:人民卫生出版社,2005.

蔡绍京、李学英.医学遗传学.北京:人民卫生出版社,2006.

Robert P, John CD, Gerald EM. 行为遗传学.温暖,王小慧,杨彦平,刘晓陵译.上海:华东师范大学出版社,2007.

郑晓瑛等.提高中国出生人口素质的理论和实践——出生缺陷综合预防的理论框架研究.北京:北京大学出版社,2006.

Nussbaum RL, McInnes RR, Willard HF.医学遗传学(原著第7版).张咸宁,左伋,祁鸣编译.北京:北京大学医学出版社,2016.

中华人民共和国卫生部.中国出生缺陷防治报告(2012).2012.

Turnpenny P, Ellard S. Emery's Elements of Medical Genetics. 14th ed. Amsterdam: Elsevier press, 2010.

Mcgowan-Jordan J, Simons A, Schmid M. ISCN 2016: International System for Human Cytogenetic Nomenclature. Basel: Karger press, 2016.

Heim S, Mitelman F. Cancer Cytogenetics. 3rd ed. New Jersey: Wiley-Blackwell, 2009.

Wolfgang AS. Molecular Biology of Human Cancers (An Advanced Student's Textbook). New York: Springer, 2007.

The ENCODE Project Consortium. Identification and analysis of functional elements in 1% of the human genome by the ENCODE pilot project. Nature, 2007, 447(7146): 799-816.

Anderson S, Bankier AT, Barrdl BG, et al. Sequence and organization of the human mitochondrial genome. Nature, 1981, 290(5806): 457-465.

Wallace DC, LotT MT, Singh G, et al. Mitochondrial DNA mutation associated Leber's hereditary optic neuropathy. Science, 1988, 242(4884): 1427-1430

Akhabir L and Sandford AJ. Genome-wide association studies for discovery of genes involved in asthma. Respirology, 2011, 16(3): 396-406.

Harrison PJ and Weinberger DR. Schizophrenia genes, gene expression, and neuropathology: on the matter of their convergence. Mol Psychiatry, 2005, 10(1): 40-68.

Thomsen SF. Genetics of asthma: an introduction for the clinician. Eur Clin Respir J 2015, 2: 24643.

Zai G, Robbins TW, Sahakian BJ and Kennedy JL. A review of molecular genetic studies of neurocognitive deficits in schizophrenia. Neurosci Biobehav Rev , 2017, 72: 50-67.

Flegel WA. Wagner FF. Molecular genetics of RH. Vox Sang, 2000,78(2): 109-115.

Evans W E, Relling M V. Pharmacogenomics: translating functional genomics into rational therapeutics. Science, 1999, 286(5439): 487-491.

Relling M V, Evans W E. Pharmacogenomics in the clinic. Nature, 2015, 526(7573): 343-350.

Richards S, Aziz N, Bale S, et al. ACMG Laboratory Quality Assurance Committee.. Standards and guidelines for the interpretation of sequence variants: a joint consensus recommendation of the American College of Medical Genetics and Genomics and the Association for Molecular Pathology. Genet Med, 2015, 17(5): 405-424.

Nuffield Council on bioethics. Genetics and human behavior: the ethical context. http: //www.nuffieldbioethics.org . 2002.

在线人类孟德尔遗传(Online Mendelian Inheritance in Man). http: //www.omim.org.

单核苷酸数据库.http: //www.ncbi.nlm.nih.gov/snp.

DNA 变异数据库.http: //www.ncbi.nlm.nih.gov/dbvar.

疾病相关 DNA 变异数据库.http: //www.ncbi.nlm.nih.gov/clinvar.

基因检测网站.http: //www.ncbi.nlm.nih.gov/sites/GeneTests/.

人类基因突变数据库.http: //www.hgmd.org.

全基因组关联分析数据库.https: //www.gwascentral.org/.

人类基因变异协会.http: //www.hgvs.org/dblist/dblist.html.

基因治疗临床.http: //www.wiley.com/legacy/wileychi/genmed/clinical/.

索 引

D

E

F

G

H

J

K

L

M

N

P

Q

R

S

T

W

不同资源配置导向的战略联盟知识流动网络协同演化

赵健宇　著

国家自然科学基金青年科学基金项目（71602041）；黑龙江省社会科学基金项目（21GLB060）资助出版

科学出版社
北　京

内容简介

知识经济时代，战略联盟已承担实践创新驱动发展战略的重任。分析不同资源配置模式导向的战略联盟知识流动网络协同演化问题，是有限资源情境下指导战略联盟合理配置资源，明晰战略联盟创新系统“技术—社会”的协同作用关系，提高创新产出的核心途径，具有重要的研究价值。本书遵循复杂系统“机理分析—复杂性特征—动态规律”的研究脉络展开论证，初步形成基于资源基础观的战略联盟知识流动网络协同演化研究框架，为我国战略联盟的管理实践和可持续发展提供借鉴。

本书的研究内容可为从事战略管理、知识管理和复杂网络研究的学者提供跨学科的多元化视角、综合性的研究思路、优势互补的研究方法，以及前瞻性的建议，以实现理论拓展与实践应用的双重推进。

图书在版编目（CIP）数据

不同资源配置导向的战略联盟知识流动网络协同演化 / 赵健宇著. —北京：科学出版社，2022.5

ISBN 978-7-03-067327-5

Ⅰ. ①不…　Ⅱ. ①赵…　Ⅲ. ①知识管理-研究　Ⅳ. ①G302

中国版本图书馆 CIP 数据核字（2020）第 265067 号

责任编辑：陶　璇 / 责任校对：樊雅琼
责任印制：张　伟 / 封面设计：无极书装

科学出版社 出版
北京东黄城根北街 16 号
邮政编码：100717
http://www.sciencep.com
北京虎彩文化传播有限公司 印刷
科学出版社发行　各地新华书店经销

*

2022 年 5 月第　一　版　开本：720 × 1000　B5
2022 年 9 月第二次印刷　印张：8 1/4
字数：164 000

定价：86.00 元
（如有印装质量问题，我社负责调换）

序

“同床异梦”不仅仅是指生活中的现象，在经济与管理甚至政治生态中也会如此。核心的问题在于利益双方如何进行资源配置与利益分享。该书讨论的战略联盟也遇到了这个问题。

在知识经济时代，组织所拥有的资源和知识更需要由独占转向共享，战略联盟将以复杂网络的形式出现。联盟的各方希望通过交叉融合，获得自己所需要的资源，最终形成自己所需的竞争优势。在这种情况下，如何保持利益的均衡，减少“同床异梦”的现象并提高创新效率，就值得进一步研究。

当然，这已经不是一个新的研究问题了。一些人已经从交易成本理论的角度入手，探讨了机会成本驱动下的联盟问题。一些人还从制度理论的角度入手，探讨了文化认知对联盟的影响。凡此种种。

赵健宇老师撰写的《不同资源配置导向的战略联盟知识流动网络协同演化》一书，从资源配置模式导向入手，以知识流动网络的演化为研究对象，探讨战略联盟的问题，不愧为一种新的研究路径。

该书以战略联盟为主体，突破了单一视角的限制，以不同资源配置模式为切入点，按照“机理分析—复杂性特征—动态规律”的复杂性科学研究脉络展开分析，从多个角度对问题进行了探索。其中，不乏以战略联盟知识流动网络中技术网络与社会网络的协同演化机理、协同演化复杂性特征、协同演化规律作为主要研究内容，这为学者的后续探索提供了新思路、新方向。

该书综合战略管理、复杂网络等视角探究不同资源配置模式对战略联盟知识流动网络协同演化的差异化影响；从协同学与演化博弈视角分析不同资源配置模式导向下，战略联盟知识流动网络两个子网络（技术网络与社会网络）的协同演化机理；基于复杂性科学和纳什均衡理论识别战略联盟知识流动网络协同演化的序参量，揭示网络协同演化的复杂性特征及动态规律。

该书借鉴了相关研究领域中的组织理论与方法、协同学理论与方法、演化博弈理论与方法、价值分析理论与方法、创新网络理论与方法、基于主体建模理论与方法、数理仿真及智能体仿真理论与方法，可谓理论与方法并驾齐驱。掩卷而思，读者可以游弋于战略管理与复杂网络之间，从书中详尽地了解该领域目前的研究方向与趋势，甚至了解到现有研究的缺陷以及相应的解决方案。

总之，该书可以帮助相关研究者深入了解战略联盟知识流动网络的协同演化，为研究提供理论基础与思路方向，也可为实践管理者根据发展所需设计适宜的资源配置模式提供有力支持。学界和实践界能够各尽所需，更可以在该书中找到需要的思路与答案。

我与赵老师的相识，是通过他的老师王铁男教授。相识甚晚，相知不少。如此青年才俊肯在理论与实践上下功夫，定当有很好的前途。愿他能够用掌握的知识为国家与社会的战略服务，并带出更多、更好的学生们来！

徐二明

2020 年初冬于北京

前　　言

面对经济增长的各方压力，我国已经意识到扶持高效创新主体对于促进经济发展具有重要作用。以实践创新驱动发展战略为目标，一种用于应对环境不确定性和资源约束的全新组织经营活动模式——战略联盟逐渐成为我国经济发展和创新产出的骨干。《中国工业统计年鉴》和《中国统计年鉴》显示，截至 2016 年，我国不同产业、不同类型战略联盟的最终产品和服务价值已经超过国内生产总值的 62.36%，更有 80.33%的发明专利源自战略联盟。网络时代联盟组织各异的发展偏好和战略视角致使资源配置模型呈现多元化的发展态势。不同资源配置模式的形成要求联盟组织必须清晰、准确地识别每种资源配置模式对未来发展可能起到的导向作用，进而通过吸引异质合作对象，降低资源获取成本及创新面临的不确定风险。因此，在有限资源情境下，研究战略联盟资源配置模式导向问题，能够为联盟组织制定适宜的资源使用决策提供理论依据，且在不同资源配置模式间做出权衡，这对我国战略联盟的可持续发展具有重要的实践价值。

基于“技术—社会”交互作用的创新绩效，是有限资源情境下衡量战略联盟资源配置模式合理化程度，决定战略联盟发展方向的重要依据。由此，明晰战略联盟“技术—社会”的协同作用机理，亦成为知识经济时代创造新商业模式、提高资源利用效率、推进战略联盟转型升级的关键。考虑到知识流动对“技术—社会”关系的多元影响，加之战略联盟本身具有的跨时空网络特征，部分学者以“技术”为创新产出导向，将技术视为知识流动网络创新产出的第一要素，认为技术合作与创新是改变社会关系的前提，知识流动网络能够高效整合和聚集联盟内部的稀缺资源及技术创新的所需知识，实现资源及技术的共享与互补，帮助联盟组织在当今“不够完善”与“过于突出”的技术环境中达到提高创新产出的目标。而部分学者以“社会”为创新产出导向，强调如果战略联盟期望借助技术创新提高产出价值，那么社会关系不仅是知识流动网络形成的内驱动力，而且是影响技术创新成败的先决要素。虽然知识流动网络形成的条件是联盟组织间以“共同获益”为目标的合作决策，但在达成契约性质的合作关系前，联盟组织一定率先考虑自身与合作方的社会距离而非当前的技术地位。同时，环境的不确定性导致联盟组织随时可能根据契约的不完全性、信息的缺失及契约参考点的存在时刻等因素改变甚至中断技术合作关系，引发机会主义等不良行为，直接影响联盟知识流动网络的知识价值收益、技术合作的可能性及创新效益，故维持良好的社会关系对于提高知识流动网络的创新产出更加重要。针对现有学者的不同观点，要切实达到提升战略联盟创新绩效的目的，选择新视角、新方法全面审视战略联盟创新产出中“技术—社会”间的协同作用机理十分必要。但遗憾的是，现有研究多数存在思想先入为主、结论相对宽泛等缺陷。鉴于此，本书尝试将知识管理理论与复杂网络理论相融合，以知识流动的多样化作用为出发点，对战略联盟创新产出中“技术—社会”的协同作用机理进行全面而深入的解析，以纠正现有研究中先入为主及视角单一等偏颇倾向，进而拓展和丰富知识管理、创新价值及社会资本等相关理论。

与此同时，作为促进经济增长和推动组织发展的重要渠道，知识流动所形成的复杂网络协同演化可能涌现多种复杂特征。演化过程中自组织、自创生等现象的出现使得知识流动网络的演化周期缩短、过程急剧强化并产生强烈的波动，运用传统机械论或从纯粹结构主义的视角已经无法准确识别和解释知识流动网络协同的本质，导致组织很可能轻易陷入知识流动网络管理失控，或者无法发挥知识流动网络最大效用的困境。因此，将复杂性科学引入知识流动网络协同及其演化的研究中，可解释系统协同演化涌现的复杂性特征及演化特殊规律的过程，明确系统协同演化的内部作用机制。进一步地，知识流动网络可以形成技术网络与社会网络两种子网络形态，以知识的特性和知识流动的多样化作用为出发点，技术网络与社会网络的相互作用关系会对知识流动网络整体及战略联盟的发展产生重要影响，但如何完整剖析知识流动网络中技术网络与社会网络的协同演化却成为学术界的研究热点和难点。Nielsen（2005）及Gomes-Casseres等（2006）指出，探讨战略联盟中以知识流动为基础的网络协同复杂性特征及演化动态规律问题，不仅可对现有理论进行重要补充，而且可以在实践上为战略联盟制定管理决策提供借鉴。因此，从复杂性科学的角度，采用数理建模与仿真模拟的方法研究战略联盟知识流动网络的协同演化问题，对当前复杂经济环境中的管理实践具有指导意义。

本书将严格按照“理论基础—机理分析—复杂性特征—动态规律”的复杂性科学研究脉络展开分析，进而实现本书的研究初衷。

具体而言，第1章和第2章为本书的理论基础。首先，在对国内外现有成果予以综合性分析的基础上，科学界定资源配置模式和战略联盟知识流动网络的相关概念。其次，基于知识管理理论和资源基础观理论，解析战略联盟知识流动的对象，并对战略联盟知识流动网络的内涵和类型予以系统解析。最后，解释战略联盟知识流动网络协同演化的内涵和特征，围绕协同演化的初始条件以及涌现临界、涌现特征、涌现规律三个方面，构建本书的原理模型。

第 3 章为机理分析。首先，基于“刺激—反应”原理，对资源有限情境下，战略联盟知识流动网络协同演化的初始条件进行分析。其次，以初始条件为前提，遵从智能体仿真的研究思想，从 Agent 设计和仿真环境设计两个方面，构建协同演化的智能体仿真模型。最后，从初始形成、过程涌现和稳定集聚三个具有承接关系的演化阶段，明确临界涌现的机理。进一步地，结合属性标识、知识能力及价值水平的知识流动网络维度指标变化，系统解释战略联盟知识流动网络协同演化的临界涌现状态。

第 4 章为涌现特征。该章以技术创新理论和社会资本理论为核心，论证战略联盟不同资源配置模式的形成机理。引入演化博弈理论，建立分析战略联盟不同资源配置导向作用的演化博弈模型。在对模型复制动态方程予以推导，进而获得演化稳定策略的基础上，采用 Matlab 软件进行仿真实验，实现对不同资源配置模式主导作用及主导作用差异性的论证。进一步地，引入纳什均衡和协同学的方法，建立主导网络协同演化序参量的非对称协同博弈矩阵，选择 Mathematica 数学软件，对序参量的稳定性、密度分布和向量场波动状态进行仿真模拟，进而从路径突变与稳定性、偏好特性与协同共生、自发的对称性破缺三个方面，识别知识流动网络协同演化的涌现特征。

第 5 章为涌现规律。在复杂性特征分析的基础上，遵循复杂网络的分析范式，结合不同资源配置模式的导向作用，设计每种资源配置模式的网络连接规则。在此基础上，从网络的仿真参数设计，以及网络的仿真规则设计两个方面，建立分析不同资源配置模式导向下，战略联盟知识流动网络协同演化涌现规律的 multi-agent 仿真模型，并选择 NetLogo 软件进行智能体仿真实验。进而从协同演化的节点联结规律、临界分叉规律、网络收益规律及知识流动规律四个方面，揭示战略联盟知识流动网络协同演化的涌现规律。

本书采用的研究方法主要包括文献综合法、数理建模和仿真模拟。文献综合法方面，本书采用跟踪权威学者、跟踪权威学术机构、跟踪权威学术期刊的方法，识别文献间的逻辑关系，分析和探究现有文献的理论观点和研究分析，以完善本书的研究内容。

数理建模方面，本书的数学模型主要来源于协同学、演化博弈和复杂网络。其中，协同演化的涌现机理模型用来揭示战略联盟知识流动网络协同演化的发生条件（临界）；不同资源配置模式的导向作用模型建立在演化博弈基础上，目的是揭示以不同资源配置模式导向作用为前提，战略联盟中技术网络和社会网络的演化趋势，进而明确每种资源配置模式的差异化作用；序参量模型以纳什均衡思想为核心提出，目的是建立主导协同演化慢弛豫变量（序参量）的数学表达式，为识别战略联盟知识流动网络协同演化的涌现特征提供理论依据。

仿真模拟方面，本书采用了参数仿真和智能体仿真两种不同的方法。参数仿真方面，本书采用 Matlab 软件和 Mathematica 软件，对不同资源配置模式的导向作用，以及主导协同演化序参量的特征进行仿真实验，以揭示不同资源配置模式对战略联盟知识流动网络协同演化的差异化影响，明确战略联盟知识流动网络协同演化的复杂性特征及其内涵；智能体仿真方面，本书运用 NetLogo 软件，分别对战略联盟知识流动网络协同演化的涌现临界，以及涌现规律进行了智能体仿真，进而揭示协同演化的临界状态和动态规律。

本书的创新之处如下：首先，本书突破了现有文献单一的研究视角，从组织行为、战略愿景、组织地位、网络联结性等多个方面，探讨战略联盟不同资源配置模式的形成原理，以及其对知识流动网络协同演化的导向作用，实现对现有理论的凝练与升华，通过差异化的对比分析更为全面、深刻地剖析战略联盟资源配置模式的内在机理。

其次，本书正视已有研究的离散时间假设、倚重过往的经验总结等研究不足，以复杂性科学与复杂网络相结合的动态视角，对战略联盟知识流动网络协同演化的复杂性特征及动态规律进行研究，进而全面解读和揭示战略联盟知识流动网络的协同演化本质，实现对协同演化涌现特征和变化趋势科学性和价值性的论证，为以资源有限为前提的网络协同演化提供研究思路，为战略联盟的管理实践提供理论借鉴。

最后，区别于以往战略联盟知识流动网络协同演化研究中纯粹进行评价、关联分析和统计分析的事实，本书引入协同学等系统科学理论，建立以不同资源配置模式导向为前提，描述复杂系统动态协同演化的数理模型，采用国际前沿的计算机方法，分别进行复杂性特征及网络动态规律的仿真实验。这不仅实现了跨学科领域理论与研究方法的融合与升华，而且能够从动态的视角完整刻画战略联盟知识流动网络的协同演化过程，达到深刻揭示不同资源配置模式导向下，战略联盟知识流动网络协同演化本质的研究初衷。

目　　录

第 1 章　相关理论基础及研究趋势分析

1.1　战略联盟不同资源配置模式的研究现状

战略联盟资源配置模式是指联盟组织为达成创新目标，以最有效的方式分配现有或可控的物质要素，以期推动现有物质要素的高效利用和新要素的开发，同时对外部需求做出响应的组织运营方式。早期 Barney（1986，1991）提出的资源组合（resources bundling）、资源供给等重要思想是战略联盟资源配置模式研究的先声。近年来，资源利用率等相关研究的兴起，也为战略联盟资源配置模式的研究提供了思想借鉴。“定向资源”“资源整合与分配”“资源规划”等词已成为学术界与实践领域分析资源配置模式的通用语言（Das and Teng，2001），学者以产学研、知识密集型产业、研发或技术联盟、电子信息产业为研究对象，对战略联盟的资源配置模式问题进行了尝试性的探索（曹霞和刘国巍，2015）。

本书以战略联盟资源配置模式作为关键词对 ScienceDirect、Wiley InterScience、China National Knowledge Infrastructure 等数据库及 Institute for Scientific Information（ISI）检索平台 1985~2017 年的文献进行检索和严格筛选，得到与本书研究直接相关的文献共 69 篇，主要来源于 *Strategic Management Journal*（Gulati et al.，2000）、*Academy of Management Review*（Inkpen and Tsang，2005）、*Management Science*（Barney，1986）等综合类期刊，也有部分文献来自 *Research Policy*（Guan and Liu，2016）、*Organization Studies*（Das and Teng，2001）、*Technovation*（de Man and Duysters，2005），管理科学学报、管理评论等组织理论或创新管理类期刊，少部分源自《中国工业经济》等经济或商业类期刊。这些研究从战略管理、组织关系、创新网络、资源稀缺性等视角分析了战略联盟不同资源配置模式及相关问题。

1.1.1 战略联盟资源配置模式的研究脉络

从现有文献看，与本书相关的研究存在五条相对清晰的研究脉络，分别隶属于资源基础理论学派和网络创新理论学派的研究领域。

资源基础理论学派主要从资源导向和资源整合视角出发，关注资源在战略联盟中的价值等利用率等问题。第一条主线是以 Barney（1986）为代表的资源稀缺性研究脉络，他承袭了 Penrose 关于资源论的解释，提出了“理查德租金（Ricardian rents）增长源自联盟组织特殊资源稀缺程度”的重要理念。此后，围绕该理念的战略联盟资源配置延伸为当前主流的战略资源动机论，Badaracco（1991）认为扎根于联盟组织的资源是推动组织加入战略联盟的根本动力；Lei（1993）持类似的观点，他指出战略联盟形成的主要原因就是联盟组织为了获取其他组织的稀缺资源。Das 和 Teng（1998，2000）进一步将上述观点升华至联盟组织形式的高度，认为资源特点决定了联盟的属性，联盟组织投入的资源类型组合决定了联盟的资源配置形式。

第二条主线是以 Blodgett（1991）为代表的资源类型及规划研究脉络，他认为资源的划分与配置应围绕技术、组织的知识和营销技巧三个方面，Chi（1994）从知识范畴的视角完善了 Blodgett 的理论，指出技术、营销和管理竞争性是联盟组织制定资源配置模式的导向。Lyles 和 Reger（1993）的研究结论则成为目前资源配置模式选择的主流观点，他们认为资源配置模式的核心是研发能力、资金、技术专长、独立机构和地理位置。我国学者刘益等（2003）进一步总结了现有文献的观点，认为资源配置模式应基于金融资源、技术资源、物质资源和管理资源进行规划。

第三条主线是基于熊彼特租金（Schumpeter rents）的价值论观点，Hamel（1991）根据价值理论和组织能力理论，提出资源配置模式应该是映射联盟组织模仿甚至获取其他组织能力的运营方式，需围绕“认知和学习”的需求进行资源要素的规划。Madhok 和 Tallman（1998）则从资源价值的角度指出，资源配置模式是以战略创造为目标的要素整合与获取方式，联盟组织能力的构筑不仅是价值活动的体现，更是培育和配置资源的基础条件。而在市场机制导向下，市场的综合需求则是联盟进行资源配置的前提，好的资源配置模式应围绕技术需求、营销和服务，以及政府政策等方面展开。Ma 等（2012）也以我国企业新产品开发过程为研究对象，证实了战略联盟的资源配置是内外部资源由识别到整合的复杂过程，而高效的资源配置模式本身也是联盟能力的映射。

网络创新理论学派主要从战略网络和技术创新的价值网络角度出发，关注网络内联结主体的资源分布和网络资源整合等资源配置模式问题。第四条主线是以

Jarillo（1988）为奠基人的战略网络（strategic networks）研究脉络，他根据战略管理思想所提出的网络资源渠道论，成为后续学者从网络视角研究战略决策性质资源配置模式的重要基石。Gulati 等（2000）结合新经济社会学，交叉 Barney（1986）的资源基础理论完善了 Jarillo 对战略联盟网络资源配置模式的解读，明确指出战略联盟的资源配置模式不应仅以技术的发展为导向，更需要注重社会交往。以 Richter（1999）为代表的文艺学派则认为，知识是战略联盟网络资源配置的主导因素。以 Tomlinson 等（2000）为代表的生态观学派学者指出，基础资源配置模式围绕的是底层的物质要素，而高效适用的资源配置模式应以知识、关系组合和政府干预为中心。Inkpen 和 Tsang（2005）则将战略联盟描述为“网络化”的合作组织集群，内部蕴含的资源是多维度、多样化的要素结合，网络形成的初衷就是为了加快资源的整合速度，而资源配置模式应关注如何对多维度、多样化的要素予以高效整合与利用。Casanueva 等（2014）高度认可了 Inkpen 和 Tsang（2005）的观点，并指出战略联盟网络的资源及配置模式是网络内以知识为核心的稀缺资源借助流通与交换实现互补的动态运营手段。

第五条主线也是从复杂网络观点下衍生出的创新价值网络研究脉络。其中，代表学者 Granovetter（1985）从结构嵌入和关系嵌入两个方面暗示了探讨联盟网络资源配置问题的价值，并号召后续学者探索性地从联盟网络内包含的技术网络和关系网络两个维度，讨论知识的多样化作用对资源配置不可忽略的影响。但由于 Granovetter（1985）提出的观点是基于松散和紧密两种不同网络形式的冲突分析，因此，后续以 Granovetter（1985）观点为研究基础的其他理论学派对战略联盟网络资源配置模式关注点的理解存在差异。Williamson（1991）以结构嵌入为逻辑导向的交易费用理论学派学者认为，网络的形成降低了组织合作的交易费用，资源的配置应围绕提高组织利益进行设计规划。而 Powell（1990）等以关系嵌入为逻辑导向的成本理论学派学者认为，战略联盟的资源配置模式需将重点放在利用组织关系与联结的优势低成本获取非冗余、差异和多样化的知识。相比国外学者，我国学者多从价值论本身对战略联盟网络的资源配置模式问题进行分析，吴晓波等（2005）、张树义等（2006）均证实，基于网络结构进行资源配置是战略联盟提升创新产出价值的新途径，并将规划重点置于关系维系与技术合作的协调维护上。此类观点也与 Larsson 等（1998）的思想相吻合，即在注重关系导向和技术导向双重资源配置的基础上，实现网络内外资源配置模式的“握手”。而吴涛和胡新爱（2007）等基于价值链视角对网络信息资源配置方法的研究也为战略联盟资源整合的研究提供了新的方法。据此，本书总结战略联盟资源配置模式的发展脉络及代表性学者，如图 1.1 所示。

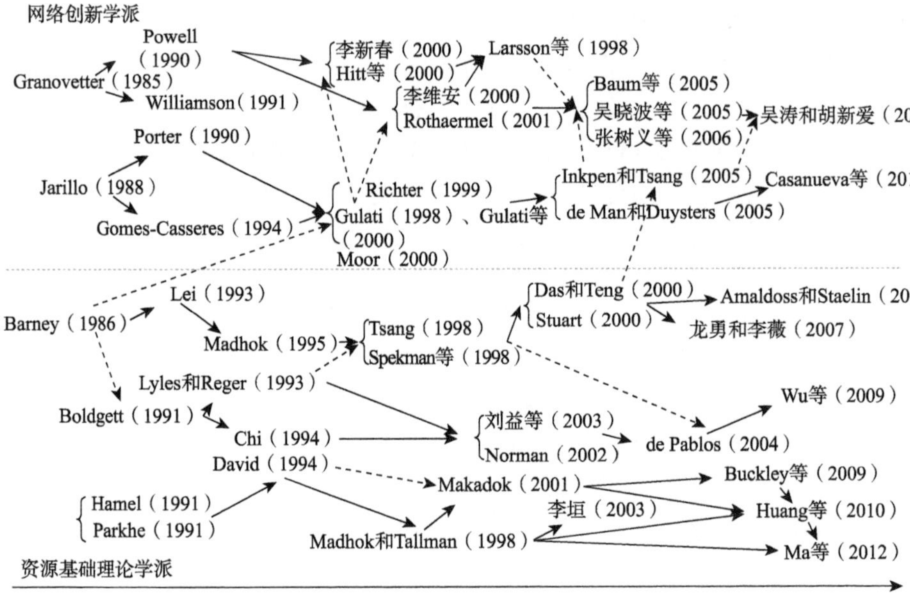

图 1.1 战略联盟资源配置模式的发展脉络及代表性学者

1.1.2 战略联盟资源配置模式导向作用的研究

复杂网络理论的兴起使得战略联盟资源配置模式研究范式的研究趋势发生了变化，传统上从有限性和市场机制角度分析资源配置模式的研究重心已经向基于网络主体位置、网络结构和网络关系的多样化、多维度方向发生倾斜。网络视角的丰富性和多元化颠覆了以往联盟组织一般性的资源配置模式研究思路。学者考虑的因素不仅局限在资源的稀缺程度上，资源配置模式的研究也逐步细致（Aarstad et al.，2010；钱锡红等，2010）。基于战略联盟资源配置模式的研究脉络，学者对战略联盟不同资源配置模式导向作用的研究主要集中在以下三个方面。

1. 战略联盟不同资源配置模式的成因

Harrigan 和 Newman（1990）指出，不同资源分配方案为战略联盟带来的收益是不同资源配置模式形成的主要诱因。类似地，Sampson（2005）在以技术联盟价值产出为核心问题的研究中认为，资源配置的不同模式决定了联盟组织发展的前景，因为适用性高的资源配置模式可能无限制地为技术研发提供一种或多种服务生产力和附加价值。Hitt 等（2000）强调，将资源置于不同技术或项目中所获得的预期收益是不同资源配置模式形成的根本原因。Dyer 和 Hatch(2006) 指出，资源互补性是设计不同资源配置模式的重要依据，因为这与合作所能创造的租金收入直接相关。Huang 等（2005）持类似的观点，他们认为联盟组织资源的互补程度决定了联盟的产出价值，各种资源配置模式均应建立在合作互惠的基础上，且联盟组织应始终培养根据关系变化调整当前资源配置模式的能力。Wittmann 等（2009）从关系角度解读成功战略联盟的必备要素时强调，不同资源配置模式的产生源于合作、竞争力、供求、当前的地位和管理者具备的素质。Klingebiel 和 Rammer（2014）的观点具有总结性意义，他们不仅认为在当前资源有限约束条件下，不同资源配置模式产生的根本在于联盟组织差异化的投资目标与配置前景，而且暗示一种适宜的资源配置模式应在加强技术战略意图的基础上，实现维系合作关系的目的，这对于降低技术风险，缓和联盟组织间的共生环境具有重要影响。

2. 战略联盟不同资源配置模式的影响因素

资源配置模式的影响因素研究演化自战略网络的观点，Gulati（1998）在其提出的正式契约结构演化中，将外生资源依赖与网络内生嵌入驱动视为网络视角下，分析资源配置模式影响因素的两个并行思路。根据目前的研究成果，不同资源配置模式的影响因素主要包括网络节点、网络联系和网络整体三个部分。网络节点方面，要素多样性和关系多样性是学者研究的主要内容，节点的活跃程度就成为联盟组织配置资源时需要参考的内容。Tsai（2001）指出，作为网络组织最基本的构成单位，联盟组织的位置与能动性将决定网络内资源的分布与配置模式。他们的观点启示了 Vapola 等（2010）的后续研究，联盟组织资源的分布和使用计划由节点间的扩散关系、节点间的紧密程度及节点自身的活性共同决定。此外，围绕网络节点进行战略联盟资源配置模式研究的学者发现，资源的合理配置不仅要考虑节点的自身特性，也要结合节点在战略联盟中所处的位置（池仁勇，2007）。

网络联系方面，组织理论在复杂网络中的应用使得学者从分析个体和个体的属性，过渡到关注个体间的联系及相关属性之中（Parkhe，1991）。Ahuja（2000）通过对化工产业战略联盟的分析，指出网络中节点间的直接关系与间接关系是影响资源配置模式趋势和偏好的重要因素。Abrahamson 和 Rosenkopf（1997）在花车效应（bandwagan effect）的仿真实验中也肯定了网络联系系数是联盟组织设计资源配置模式的影响因素。Klingebiel 和 Rammer（2014）提出，联盟组织设计配置资源模式时不仅要考虑技术合作，更要权衡资源投入对组织间网络关系的维持，这也是对组织权变理论不同形式的传承。

网络整体方面，网络整体的结构属性的不同导致其内部的资源分布形式及可支配性存在差异，进而对资源配置模式规划产生影响（Aarstad et al.，2010）。部分研究从网络异质性的角度展开，Powell（1990）指出不同资源配置模式对应的资源异质性是网络内社会关系出现差异的根本原因。Huang 等（2010）同样强调了联盟组织在设计和选择不同资源配置模式时应基于知识的稀缺性和需求程度。也有学者研究了复杂网络自身指标对资源配置模式的影响。Rosenkopf 和 Tushman（1998）通过建立网络资源的流动模型，证明了网络规模和平均路径长度是衡量不同资源配置模式合理化程度和效用的重要指标。Uzzi 和 Spiro（2005）发现，网络的小世界效应可以促进联盟组织制定更加合理分配、共享和使用资源的模式。Hansen 等（1999）验证了网络连通性与组织配置技术资源和社会资源的关系，指出连通性高和复杂程度高的网络联结可以间接提升组织对于社会资源的回报效率，加之网络结构本身具有高的资源整合度，故用于组织间技术合作的资源也可以更好地产生溢出效应。

3. 战略联盟不同资源配置模式间的差别

关于战略联盟不同资源配置模式对比的文献比较少，少数文献从资源配置模式作用和配置过程的战略主导逻辑方面研究了资源配置模式间的差别。目前，不同资源配置模式间的差别主要围绕三个方面展开讨论：一是联盟组织的战略愿景，这种愿景可能是基于自身发展的意图，也可能受到联盟发展趋势的影响。联盟组织必须认清在动态时间内，或在当前经济环境导向下自身迫切需要改善的问题。二是现有资源的稀缺程度，特别是异质性知识资源的稀缺程度。三是组织地位，这种地位既是联盟组织技术或核心竞争优势在市场中的领先程度，也是联盟组织在战略联盟网络中的社会尊重或认可程度，着重强调了与其他组织的关联性，一定意义上实现了对 Granovetter（1985）提出的强联结与弱联结矛盾的回应。在此基础上，Huang 等（2010）指出，战略联盟不同资源配置模式的分析可从组织之间构成的不同属性的网络紧密程度展开研究。例如，着重技术发展或产出价值的联盟组织，其资源配置模式一定偏好于技术改进与合作，由此形成的技术网络就会更加紧密。而对于倾向于提升社会关系的联盟组织，其社会关系网络的集聚程度更高，资源配置模式以社会资本投资为主导。这种观点与曹霞和刘国巍（2015）的观点不谋而合，在其提出的产学研合作网络协同演化路径模型中也对不同资源配置模式的内涵和差别进行了解读，认为相比传统的“结构嵌入型”与“关系嵌入型”，新经济时代的资源配置模式应更强调技术合作与社会关系的共同进步。Nielsen（2010）则酝酿了一个理论设想，通过分别对比现有文献中关于资源配置模式的研究，推断性地指出战略联盟资源配置模式的本质应围绕提升战略联盟的竞争力予以制定，这种竞争力既可能是以技术为代表的显性竞争优势，也可能是以社会关系为核心的隐性竞争优势。他提示后续学者应试图去选择多种视角将现有资源配置模式的本质予以识别、串联和归纳，并结合复杂网络的特点将其重新定义。强调这种研究对于升华现有理论，指导战略联盟发展具有重要的借鉴作用。

1.2　战略联盟知识流动网络的研究现状与态势

1.2.1　知识流动网络的研究脉络

近年来，一些发表在*Management Science*、*Journal of Business Research*、*Journal of Knowledge Management*、《管理科学学报》、《管理世界》、《南开管理评论》等高影响因子期刊上的重要文献，在知识管理、技术创新和组织管理等领域，着重审视并发掘了知识流动网络的理论意义与实践价值，开拓了若干有关知识流动网络研究的新方向。基于对文献梳理结果的综合性分析，知识流动网络主导逻辑和研究主题具有典型随时间变化的动态演化痕迹，经历了概念解读与辨析、内涵识别和网络测度三个阶段。

前期概念解读与辨析的主要研究价值是承接了Teece（1992）关于跨国公司技术转移中知识转移的思想，更加微观地对知识的交换及所形成网络的内涵及分类等方面进行了研究。最大的贡献在于将个体间的知识传递完全置于动态视角下，打破了传统单向式和离散式的环境假设，指出知识的双向传递对组织在不确定环境中的重要作用，为后续向正式化且具针对性的管理构念迈进奠定了基础。Gupta和Govindarajan（1994）、Boisot（1995）先后指出，知识流动是以知识为最小单位的技能和技术在组织单元之间传递的过程。随后，以Kalling（2003）为代表的学者考虑到主体间关联性具有典型的网络特质，从复杂网络的视角将知识流动定义为跨越地理距离和空间约束，在多个主体间按照特定的网络交互规则或流程的知识生产、传播、吸收与应用过程，一定意义上拉开了网络视角下知识流动的研究序幕。

中期内涵识别阶段，相关研究对知识流动网络的过程机制和影响因素进行了描述和划分。最大的贡献在于情境因素和其他组织管理理论的引入和结合为知识流动网络的研究范式提供了新的思路借鉴，也为后续进一步解读知识流动网络形成与演化的本质问题奠定了基石。Camagni（1991）从创新网络形成的角度对战略联盟知识交换与传递作用的分析是内涵识别阶段早期较具代表性的研究。Lam（1997）提出的知识内嵌性观点至今仍被广泛认可。Watson 和 Hewett（2006）认为网络个体的贡献意愿和知识吸收效率是影响知识流动网络绩效的关键因素。另一类研究是以组织间业务流程的关联性分析知识流动网络，Liu 和 Lin（2012）认为，业务流程中各关键驻点产生的知识有序组合是知识流动的方向和规则。这与余东华和芮明杰（2007）的观点类似，任务模块化为知识流动提供了网络平台，更利于促进知识流动和整合。在知识流动网络的影响因素研究方面，Zander 和 Kogut（1995）在理论层面提出的内隐特性和知识的因果模糊性观点得到学者的肯定。Hansen 等（1999）的知识特性与社会关系匹配性的思想也成为社会网络理论学派分析知识流动网络作用时的核心观点。魏江和王铜安（2006）从理论和实证角度提出的信任、人际关系、激励、态度、吸收能力等影响因素也备受学者关注。

在当前的网络测度阶段，无标度网络模型和小世界网络模型的引入是一个重要标志，知识流动网络也成为社会网络理论、复杂网络理论、知识管理理论和价值理论基础上的聚合概念。一方面，以合作为逻辑起点，Cowan 和 Jonard（2004）发现，知识流动网络中主体间的深入合作对提高知识流动效率和创新扩散具有促进效用。Schilling 和 Phelps（2007）从社会学的角度发现，提高合作动机会缩短网络的平均路径长度，对于知识流动和任务风险共担具有积极影响。Amaldoss 和 Staelin（2010）基于结构价值论的观点指出，行为选择是决定网络整体绩效的关键，增强合作意识是联盟组织间形成的知识流动网络得以演化的重要原因。另一方面，网络自身结构及指标变化的研究也对揭示知识流动网络的内涵起重要的补充作用。Choi 等（2010）指出，较短的平均路径长度更利于分享知识资源，进而提高知识流动网络的演化速率。孙耀吾和卫英平（2011）也认为减小网络平均路径长度，可以提高网络内的知识流动频率和知识扩散效率。王文平和张兵（2013）则发现随着关系强度的增强，知识流动网络会出现高流速、高平均的知识水平和低知识分布方差的演化涌现特征。Phelps（2010）以创新为导向，归纳性地提出了分析知识流动网络演化的 6 个重要指标：网络的度分布、集聚系数、主体间的社会关系、知识发送方的发送意愿、知识接收方的吸收能力及网络平均路径长度。由此，本书总结了基于代表性观点的知识流动网络研究发展脉络，如图 1.2 所示。

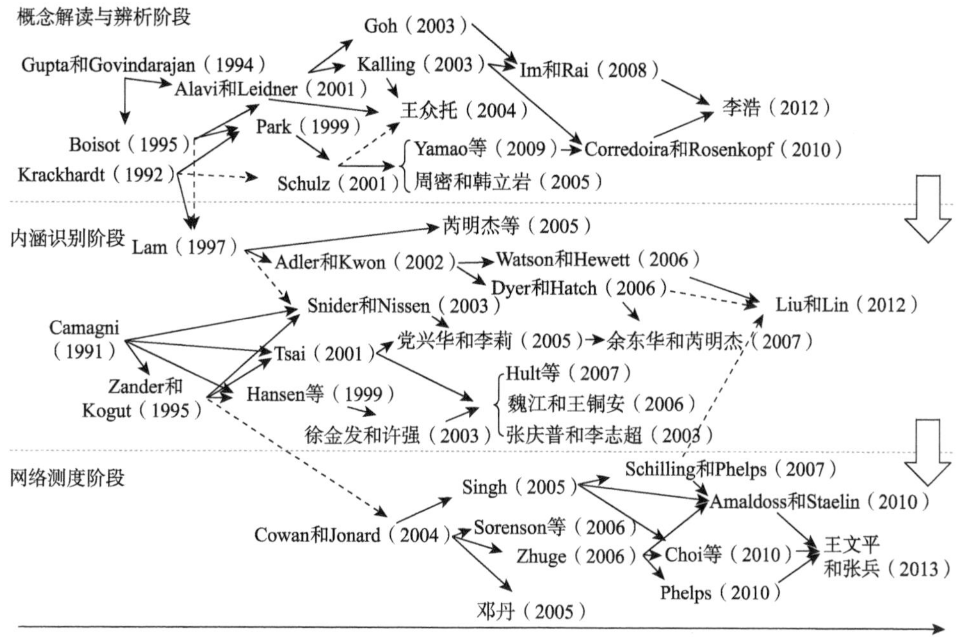

图 1.2 知识流动网络研究发展脉络

1.2.2 战略联盟知识流动网络的技术网络与社会网络

根据知识流动网络的发展脉络发现，在新近的知识流动网络相关文献中，学者多承接 Krackhardt（1992）和 Hansen 等（1999）关于正式网络和非正式网络的观点，从知识特性和知识流动作用多样化的角度，启发性地将知识流动网络分为技术网络和社会网络两种子网络（Murray，2002；Gomes-Casseres et al.，2006）。其中，技术网络的知识流动重视技术相关知识的传递，关注现有技术范式的改进、创新和应用等方面；社会网络则强调无形知识的作用，特别是知识在社会交往中发挥的作用，以及将默会知识转变为显性知识资源的动态过程。这就导致现有文献主要从创新层面和联盟组织间的社会情感层面分析知识流动网络的作用机理，这些分析有助于研究人员和管理者理解知识流动网络的本质，为组织在生产运营过程中发挥知识流动网络的作用提供了思维框架。更为重要的是，这些研究正在拟合跨领域的知识，逐步形成新的跨学科理论，开辟出若干新颖的研究热点。

1. 技术网络与战略联盟发展

根据早期 Gallupe（2001）的观点，以流动与交互为前提的知识网络系统可以消除技术知识在交换过程中的时间和空间障碍，便于主体对于编码特质的知识进行获取和吸收。Hansen 等（1999）也认为，知识流动网络中以技术为导向的创新网络使得联盟创新单元间彼此连接，创新单元可以借助知识流动尽可能获取所需的知识资源。池仁勇（2007）则提出，以技术创新为目的而产生的知识流动对于获取所需知识具有促进作用，且此类知识对于创新活动至关重要。Wang 等（2014）、Guan 和 Liu（2016）发现，以创新为导向的知识网络对于提高知识的复杂程度和实用性具有积极影响。网络中的知识流动越深入，知识的复杂程度越高，实用性知识在网络创新活动中的应用价值越突出。同时，知识流动网络的无边界结构也可以降低联盟组织的生产和交易成本并提高边界收益。复杂程度高的知识流动网络使得网络整体呈现多重均衡的稳定结构，这种结构对于创造时效性更高的知识单元，刺激创新活动的开展具有促进效用。Zhao 等（2015）进一步总结了以创新为导向的知识流动网络的作用，认为知识流动是节点间通过网络形式联结的创新过程，网络的跨度联结使知识链更加完整也愈加复杂，创新知识和构想的挖掘程度更深，进而刺激和支持战略联盟创新单元的技术创新活动。

2. 社会网络与战略联盟发展

基于网络内的社会关系，早期 Nahapiet 和 Ghoshal（1998）在分析关系嵌入时的研究中提出，社会网络是联盟组织稳定发展更为重要的前提，所涵盖的要点包括相互间的信任、感知到的亲密程度、团结、彼此认可等。在社会网络形成的初期，组织间尚处于磨合与适应阶段。随着网络演化的深入，主体间信任和默契程度逐渐提高，组织可能在相互的学习与合作上投入更多资源，伙伴间也不会对知识溢出采取特殊的控制手段（Reagans and McEvily，2003）。同时，以信任为前提的社会网络是提高战略联盟凝聚力的关键因素，也是传递复杂知识、完成艰巨创新任务的必要条件（Uzzi，1997）。张庆普和李志超（2003）的研究证实，由于更具价值的隐性知识具有高情境特性，因此不容易传递，但从操作层面看，社会网络提高了组织间的社会关系，良好的社会关系会促进隐性知识的流动。Tortoriello 和 Krackhardt（2010）进一步指出，非正式关系的社会网络拉近了主体间的社会距离，提高了战略联盟组织间的关系强度，进而无形传递和巩固一种信任和尊重的概念规范，更容易去约束和监督彼此的行为，减少交往与合作中的不确定性。

基于网络的资源获取，知识基础观认为，联盟组织形成知识流动网络的最终目的是知识应用和知识创造。知识资源的获取与组织内部的知识创造具有互补特性，互补程度则受到知识流动网络中社会网络的影响（Cassiman and Veugelers，2006）。Yayavaram 和 Ahuja（2008）认为，知识流动网络的无边界特性利于促进知识单元的融合和重组，联盟组织获取知识资源的可选择范围更大，组织间也在频繁的知识更迭过程中建立了信任。Yang 等（2010）持相似的观点，知识流动网络的无边界结构一定程度上克服了地理间隔造成的障碍，超越物理边界的组织间联系有助于激活跨组织的知识交换并提高彼此间的沟通效率，网络由此形成紧密联结的社会关系网络。薛靖和任子平（2006）在探讨个人外部关系资源与创新行为的研究中发现，知识流动在促进组织间建立基于平等、信任、和谐社会关系的同时，也为组织获取外部所需资源提供了更多的机会。

3. 技术网络与社会网络的交互关系

基于结构维度，Adler 和 Kwon（2002）认为，网络中主体间的联结是知识流动网络演化的基本要素。这种联结可能是基于技术合作的相互关联，也可能是基于社会关系的相互信任，更可能是两者的交叉，但无论是哪种联结，都是知识流动宝贵的获取知识资源的途径。同时，由于网络内主体的知识贡献与维系主体间的关系能够共同促进知识交换（Dyer and Hatch，2006），因此，加强技术合作及巩固社会关系都是网络主体的必然选择。而知识流动网络的作用在于，知识流动网络为主体提供了更多的知识交易和提高彼此信任的计划（李浩，2012），随着知识流动网络的演化，网络内部会出现交互更为复杂的技术网络和社会网络，在技术创新提高的同时，网络内也会形成一种容忍和接纳的关系文化。网络复杂程度的逐渐提高，网络中溢出的高水平技术，以及沉淀的社会资本价值越高，对主体间关系的调节作用越明显（边燕杰和丘海雄，2000），且随着情感距离的日益缩短，网络主体能够从其他主体处获取更多的知识（戴勇等，2011）。Wong 等（2008）将该现象隐喻为一种“特殊的力量”，并指出这种力量受到网络间彼此信任和依赖程度的影响。

基于认知维度，网络中主体在挑选合作伙伴时，会不自觉倾向于选择技术领先，或是社会关系良好、战略愿景相似和地位相仿的组织进行合作（Hult et al.，2004），这是基于联盟组织共同或同质性高的知识基础和认知产生的结构，一方面，这种基于认知的选择可以提高技术创新的成功率，加快技术网络的演化；另一方面，情感距离近的认知主体间合作可以提高知识互换的程度，使得知识能够被接受者学习和吸收。而知识流动网络的优势在于，即便网络中存在高信息不对称或认知差异较大的组织，但只要技术网络和社会网络同时存在，网络主体就能够逐渐在知识流动的过程中弥补认知差异，提升自身的知识吸收能力，缩短彼此间的情感距离，进而形成明确的共同目标和愿景。加之战略联盟的不断扩张，知识流动网络将不断产生新的联结，网络的复杂程度逐渐提高，网络整体的协同性将越来越明显（Corredoira and Rosenkopf，2010）。

基于关系维度，良好的社会关系会降低网络主体远距离进行知识搜索的成本，主体能够将更多资源用于技术合作创新的投资上。同时，社会网络拉近主体间的情感距离也为知识主体提供了更多技术创新的合作机会（Yamao et al.，2009），借助社会网络中主体间的相互联系和彼此作用形成的社会联结获取技术创新所需的稀缺资源，推动技术网络的深入演化，加速网络中高价值知识的溢出效应，实现技术和社会资本的双重积累，特别是对于战略联盟组织之间非自愿的知识交换，知识流动网络可以通过提升主体间的信任程度达成技术合作的战略共识。总结上述观点，作为构成知识流动网络重要的两个子网络，技术网络的形成与演化也为组织间借助技术合作创新提升社会资本的投资、维系和积累提供了机会和条件。对应地，良好的社会关系投资对于提升技术网络的知识交换效率和效果也具有积极的促进作用。

1.3 战略联盟知识流动网络的协同演化的研究现状与态势

在跨学科研究蓬勃发展的热潮中，复杂性科学由于对揭示系统演化复杂性特征和动态规律有极强的解释力而受到学者的高度认可。加之当前国际社会对于协同创新的日益重视，因此，运用复杂性科学剖析协同演化本质，借助协同效应实现协同创新的目标已经成为战略管理领域和知识管理领域学者正在思考的最新议题。战略联盟作为新知识经济时代创新产出的主要经营活动模式，分析以战略联盟为载体的知识流动网络协同演化对于提高创新的经济产出极具价值。在目前已开展的相关研究中，研究者从不同的角度界定了战略联盟知识流动网络的内涵，采用不同的方法对其进行了测度。

1.3.1 协同演化机理的研究

1. 基于演化效应论的协同演化机理

战略联盟知识流动网络的协同演化，其目的并不旨在借助破坏性或颠覆性创新实现战略联盟的经济突破，而是通过促进技术合作和缩短联盟组织的情感距离提高联盟发展的稳定性，调节联盟组织间的竞争与合作关系，定义新经济时代战略联盟的演化轨迹（Hansen et al.，1999；Szulanski，2000；Nielsen，2005）。意即，创新的核心思想并非新技术或产品的完整替代，而是基于“战略互补，互惠获益”的宗旨塑造联盟组织间新的价值主张，使“共同获益”成为联盟组织间共存的隐性文化，从而实现技术创新与关系进步的“双赢”。协同演化所实现的创造性创造（creative creation by co-evolution）是战略联盟创新系统得以创造更多社会和经济价值的关键。随着知识流动网络复杂程度的提高，主体间的合作程度加深，联盟内的社会氛围更健康，更多的联盟组织会被吸引到现有的知识网络中形成新的“技术—社会”双重价值网络。而原有价值网络的更新一定意义上也随新网络结构的诞生而产生创造性毁灭（creative destruction），主要的表现形式为原有联盟组织间的技术合作形式和社会秩序的更新。因此，在一定意义上，战略联盟知识流动网络的协同演化实现了创造性创造与创造性毁灭的共同作用，其中伴随着稀缺资源的吸纳与利用，导致新技术范式的产生与新社会关系的形成（Hansen et al., 1999；Nielsen，2010）。

2. 基于资源价值论的协同演化机理

根据资源基础观，战略联盟内的组织可以以“ricardian rents”的形式获得独特的、不可模仿和不可替代的稀缺资源与能力（Tsang, 1998；Barney, 1986, 1991），由此形成竞争优势并在环境中生存。租金的增长源自组织拥有特殊资源的稀缺程度，而非产品在市场中获得的经济利润。资源的稀缺性要求联盟组织要通过资源互换，特别是知识资源传递的形式共享异质性资源，进而创造出更高的价值使得双方获益。价值的创造不仅需要依托组织间借助知识流动实现战略联盟内现有技术的改进与创新，即动态技术网络的高效演化，更要借助组织间相互关系的转变与提升为其带来显著的促进，对应战略联盟网络中社会关系网络的演化（Nielsen, 2010）。其原因在于，组织间良好的社会关系（如信任、依赖、承诺等）可以帮助联盟组织进一步吸收和挖掘创新所需的知识资源，通过增加联盟组织间的联系产生互惠型相互依赖（reciprocal interdependence），由此创造和提高产品价值（Gulati et al.，2000）。因此，作为在知识流动作用下形成的两种不同网络形式，知识流动网络的协同演化也可理解为技术网络与社会网络交互存在于一个整体合作网络内且彼此影响，通过相互作用进一步完成稀缺资源价值创造的过程。

3. 基于系统论的协同演化机理

Wilden 等（2013）认为，具有流动状态的知识网络的共生性质演化可以看作是借助良好的社会关系放大合作创新效果的途径。在动态时间下的技术创新演化轨迹上，战略联盟的合作技术创新多属于渐变或微小的技术改进，虽然具有非线性的特点，但无论技术的改进难度和跨度有多大，战略联盟技术演化的改进轨道依然是以市场需求为导向，技术创新的轨道也基本遵循原有的技术创新路径（毛荐其，2007）。此时，如果联盟组织试图借助技术网络的复杂性特征摆脱传统的路径依赖，网络协同演化临界处的放大效应就显得尤为重要。正如 Sorenson 等（2006）

强调的，混沌是创新演化的关键，技术网络的演化并非一定可以完成由低到高阶有序的跃迁，必须借助阈值处的放大作用。此时，良好的社会关系对于技术网络协同演化的作用就会凸显。Quitzow（2015）也认为以高关系强度和相互信任为前提的社会关系是技术网络协同演化的动力，这种动力对于新技术范式的涌现具有放大效用。Buckley 等（2009）则指出，在知识流动网络中，良好的社会关系在促进联盟组织技术合作之余，可以使网络呈现高透明度，并且联盟组织实施机会主义行为的概率也会降低，这也是对技术网络演化的推动。

1.3.2　协同演化复杂特征的研究

在战略联盟知识流动网络协同的研究热潮中，似乎更多目光集中在协同演化机理上，然而，战略联盟知识流动网络在协同演化过程中涌现的一些复杂性特征也不能被忽略。尽管不确定性极高的外部环境和复杂多变的市场需求给战略联盟发展带来了更多困难，战略联盟可能因为机会主义、联盟文化刚性、合作惯例、资源依赖等现实问题而遇到发展瓶颈，但也可能借由知识流动网络协同演化的路径突变提出新的技术范式，根据网络协同演化的稳定性和复杂性特征调整有限资源配置（Kauser and Shaw，2004；Norman，2002），利用技术网络与社会网络交互的协同效应形成全新的价值创造方式（Szulanski，2000；Nielsen，2010），通过加强联盟间的合作突破发展瓶颈，形成新的战略联盟网络结构。事实上，并非每次知识流动网络的协同演化都必然会对战略联盟的发展产生促进作用并形成全新的复杂结构（Sorenson et al.，2006）。如果战略联盟无法准确把握协同演化涌现的复杂性特征，错失运用这些特征的机会，那么就完全有可能面临发展策略选择不当等现实问题，丧失通过“创造性积累”和“创造性实现”实现对动荡外部环境掌控的能力。鉴于战略联盟这一创新实体的特殊性，由协同演化引发的一系列复杂特征是联盟组织必须重视，并有针对性地进行加以分析和利用的关键，这些复杂特性可以用来总结以往的决策失误，并可能会对联盟组织间的合作关系、联盟原有的经营模式产生影响。Lopolito 等（2013）基于创新生态位视角强调，技术与社会关系的交互超越了以往演化经济学中的创新范式，其主要原因就在于两者的相互作用会使网络中涌现出一些新的特征，网络结构、演化路径等要素都会受到这些因素的影响。Zhao 等（2015，2018）从演化路径等方面实现了对战略联盟知识流动网络协同演化复杂性特征的初步探索，为后续研究的深入提供了理论基础，提出了一个直观且全面的理论框架。

1.3.3 协同演化动态规律的研究

Hansen 等（1999）最初提出从知识流动视角分析战略联盟问题时，主要考虑的是商业环境的变迁、联盟组织发展失败、技术变革不确定性等问题的影响。从质化的概念性分析到内在的本质性探索经历了较长的时间，学术界也迫切需要基于战略联盟知识流动网络协同演化本质的研究成果以指导组织进行实践。其中，最为关键的一点是需要揭示技术网络与社会网络协同演化的复杂性特征及演化所呈现的动态规律。在对协同演化动态规律的研究中，Zhao 等（2015）虽然基于资源分配视角的纵向研究提出了知识流动对技术创新和社会关系协同演化的分析要素，但该研究体系主要关注演化涌现的复杂性特征，缺少对动态规律分析的依据，这就导致无法对技术网络和社会网络的动态规律进行透视性的解读和进一步归纳。类似地，O'Dwyer 和 O'Flynn（2005）从知识价值的角度实现了对战略联盟知识流动网络动态规律的理论解读，但所获结论也只能从新技术涌现的角度分析协同演化的波动性及其原因，仍无法明确揭示技术网络和社会网络协同演化的动态演化规律。随后，Genç 和 İyigün（2011）从案例分析的角度尝试性地总结协同演化的动态规律，该项研究从管理实践出发，一定程度上证实了知识流动对合作技术创新，以及联盟组织间的社会关系变化具有双重作用，为知识流动网络协同演化的进一步解读提供了很好的借鉴与参考。但受制于样本数量和研究工具，该研究对于技术网络与社会网络协同演化动态规律可能缺少普适性。Srivastava 和 Gnyawali（2011）在 O'Dwyer 和 O'Flynn（2005）的研究基础上，以技术创新为切入点补充了知识流动对社会关系的促进作用，并基于两者交互关系的变化划分了协同演化阶段，基于协同演化阶段的分析结果指出揭示动态规律可能是降低战略联盟发展不确定性的重要途径。这也验证了早先 Szulanski（2000）在研究框架中所提出的设想，在战略联盟内部，“技术—社会”相互作用的共同演化一定会存在“有趣而又难以捉摸的规律”，如果能够明确这些规律，应当可以成为管理者做出战略决策的依据。

1.4 研究现状总体评述及研究趋势分析

以不同资源配置模式导向为前提的战略联盟知识流动网络协同演化作为战略管理、创新管理、知识管理、资源基础理论等领域的新近议题，学者选取不同视角和方法进行了理论解读与实证研究，取得了具有重要意义和实践价值的研究成果。但由于面向稀缺资源约束和不同资源配置模式为导向作用的战略联盟知识流动网络协同演化研究尚未成熟，因此，要揭示不同资源配置模式导向下的战略联盟知识流动如何协同演化，协同演化会呈现何种特征等问题，现有成果仍存在一些不足，以下三点有待拓展。

（1）战略联盟资源配置模式的研究呈现出新的发展趋势。尽管国内外学者对资源配置模式进行了较为全面的研究，但正如研究脉络梳理时所指出的，关于资源配置模式的研究涉及资源基础理论学派和网络创新学派，内容更包含价值理论、新地理经济学、创新体系理论等多个领域。不同学派和学者偏重各自的研究视角，致使既有的研究成果相对分割，研究间的对话与契合也较为匮乏。事实上，战略联盟的资源配置模式不仅取决于联盟组织的战略愿景，也与组织的偏好、组织在战略联盟中的地位等多个方面有关，加之战略联盟内不同组织选择的资源配置模式也可能存在差异，因此，即便有学者对资源配置模式研究体系中，诸如影响因素与配置机理问题进行了尝试性的识别与探讨，但鉴于视角局限性的约束，现有研究普遍存在模式设计单一、观点较片面或结论说服力不足等缺憾。可见，仅从单一学科领域研究战略联盟的资源配置模式，有“盲人摸象”之嫌，导致现有关于战略联盟资源配置模式的研究仍缺乏较为严格和统一的理论解释及可靠的研究框架，因此需要集成多视角，系统地对战略联盟的资源配置模式问题予以进一步审视和研究。

（2）完善战略联盟知识流动网络协同演化的理论体系尤为重要。从研究现状可以看出，对知识流动网络的研究价值和意义已得到国内外学者的广泛认同。但是，将知识流动网络置于资源有限性和不同配置模式下，从复杂性科学的角度阐述知识流动网络的内涵，揭示知识流动网络协同演化的本质却是一个崭新的课题。现有研究对知识流动网络协同的研究主要停留在理论层面的定性分析，或采用“假设—检验”等方式探讨维度间的作用路径。但基于协同演化机理分析协同演化涌现的复杂性特征，进而揭示协同演化动态规律的研究较少。同时，现有研究大多是分别讨论技术网络或社会网络对战略联盟的发展，也有少部分研究分析了技术网络与社会网络间的交互关系，但从知识流动网络整体出发，基于系统内子网络间交互机制研究网络协同演化机理的研究较少，因此有必要深入分析战略联盟知识流动网络的协同演化问题，进而完善知识流动网络的理论体系。

（3）建立不同资源配置模式导向下战略联盟知识流动网络协同演化的研究框架成为必然。近年来，以资源配置模式为研究情境或前提的战略联盟知识流动网络研究之所以受到欧美高水平期刊的青睐，主要包括两个原因：一是面对全球资源日趋紧张的客观事实，以有限稀缺资源配置为前提，从网络视角下剖析知识流动网络中的“技术—社会”关系的确可以解释战略联盟存在的许多现实问题；二是通过基于资源配置模式现状研究知识流动网络，可以融合复杂网络理论等多种理论的优势，全面打开协同演化本质的“黑箱”。但梳理文献后发现，现有研究多集中在知识流动网络对技术创新的推动，知识流动网络对资源获取效率的影响等领域，关于知识流动网络协同演化机理、复杂性特征及动态规律的研究仍处于起步阶段，尚未建立起成熟的研究框架。同时，现有研究多将单一的资源配置模式作为隐含假设，没有考虑不同资源配置模式存在的现实状况，导致关于知识流动网络协同演化的研究通常只以资源有限性为前提，没有意识到不同资源配置模式的导向作用可能使知识流动网络的协同演化呈现差异化结果。因此，需要建立全新的研究框架，全面、严谨、科学地对不同资源配置模式的导向作用下，战略联盟知识流动网络协同演化的本质进行分析，探究不同资源配置模式对网络协同演化造成的差异化影响。

第 2 章　不同资源配置导向下战略联盟知识流动网络协同演化的理论基础

2.1　资源配置模式的理论要点

2.1.1　资源的内涵

1. 资源基础理论

资源基础观（resource-based view）理论是学者用来解释组织特有异质性要素对其创新企业影响的研究视角。追溯资源基础观的理论演进可发现，早在 1959 年，Penrose 便在其著作 *Theory of the Growth of the Firm* 中，对企业如何基于资源开展实践活动进行了概括性的阐述，强调资源集合的异质性是造成组织竞争力和业绩差异的根本原因。他认为，组织内不同资源要素的交互“本质上是一个动态的资源组合过程，并随时间的推动和企业间相互学习的积累而出现剩余”。而正是由于组织剩余的存在，才令管理者萌生了追求更高效率、更好效果和更富效用自助决策权力的想法，进而推动企业的规模扩展。顺承 Penrose 的观点，Wernerfelt（1984）开创性提出的资源基础观点，标志着资源基础观理论的正式形成。他认为，组织是一个有形资源和无形资源的集合体。因此，组织的日常生产经营活动亦依赖于自身资源的丰富性及独特性。如果试图对组织的竞争优势予以衡量，不仅需要从产品和绩效的角度予以客观判断，同时也要考虑内部因素可能对其产生的影响。该思想与 Barney（1991）等学者的观点不谋而合，他们均主张组织的内部资源是影响组织行为方式，决定组织未来发展的关键。随后，以 Prahalad 和 Hamel

（1990）、Teece（1992）等为代表的学者从动态能力、创新实践等方面印证和拓展了资源基础理论在诸多管理实践活动中的应用和价值，并成为现代战略管理和组织管理等领域中剖析组织竞争优势的重要理论依托。

资源基础观最大的贡献在于该理论呼应了新古典经济学的效益假设思想，并与之形成了较为明显的优势互补。资源基础理论认为，组织是有形和无形资源所形成的共同集合体。组织之所以能够产生竞争优势，根本原因在于组织的资源禀赋与其所拥有资源存在的异质性，以及组织运用独特能力，对有限资源进行“印记式”配置（资源要素的组合方式）方面的差异性。资源基础理论强调，组织的竞争优势来源于组织控制和拥有的稀缺的、有价值的、独特的且难以模仿的异质性资源。理论上，由于信息不对称、不完全市场和资源差异的存在，组织资源的异质性具备典型的长效性，相对地，由其资源所塑造形成的特殊竞争优势便呈现可持续性的特点，且长期占有独特战略资源的组织将获得租金（rents）。因此，识别组织的优势资源并对其进行有效开发利用、培育、提升和保护便成为资源基础观理论的核心思想，至今仍是战略管理研究中重要的理论视角和探究内容。

2. 资源依赖理论

资源依赖理论（resource dependence theory）兴起于 20 世纪 40 年代中后期，该理论在萌芽阶段主张的观点是组织的发展和特征依赖于其所拥有的资源。随着该思想的逐步拓展与完善，在 20 世纪 70 年代后期，其被广泛应用到组织管理和组织关系的相关研究中，并与新制度理论共同成为探讨组织战略问题的重要基础。

资源依赖理论对于组织如何进行演化变迁活动具有极强的解释力。该理论认为，由于组织受到外部环境不确定性的威胁和资源有限性约束，加之竞争对手对市场和资源的瓜分，组织的生存环境和压力与日俱增。因此，为了实现争取更高市场份额及更多经济收益的商业目的，组织需要尽可能地获取和吸收更多稀缺、高价值的异质性资源，通过提高自身资源的丰富性和独特性，提升竞争力，进而一定程度上规避或减少环境变化可能带来的冲击。

因此，资源依赖理论认为，组织的核心竞争优势来源于其所拥有的资源的异质性（与其他组织相比）、隐匿性及不可模仿性。相应地，组织的管理者对于高价值、稀缺、难以复制，且不可替代的资源的理想识别和有效利用，就成为其推动组织发展，进而创造利润差异的关键要素。同时，资源依赖理论将组织的资源选择与配置定义为“组织管理者基于外部环境变化所指定的生产经营决策”，强调不同资源的选择和配置，对于组织的管理与成长有举足轻重的影响。相对地，资源的选择和配置能否定义和改变组织间的差异，就取决于不完善要素市场中，组织为防止关键资源被模仿以及替代所设置的壁垒与障碍。这些障碍阻止了竞争者或潜在竞争者获得或复制关键资源的能力，从而导致了不同组织间盈利能力和竞争优势存在差异。

2.1.2 资源配置理论

战略管理理论框架下，资源配置是指组织为了塑造持续竞争优势，在其生产运营的各项经济活动中，对现有资源进行不同方向的计划和分配（Grant，1996；Gulati，1998）。因此，资源配置的根本目的是组织从计划的角度，在实现有限资源效用最大化的同时，尽可能减少资源浪费的规划性战略行为，所采用的方式是将组织发展所需的资源要素进行有机的组合。

目前，推崇资源配置理论的学者以实现"帕累托最优"为目标，对资源配置的内涵进行广泛的研究，主要包括两个方面。一方面，以长期发展为目标，组织在制定战略时应率先对自身资源予以系统评估，这是因为组织当前及未来的发展战略选择可能受到以往资源配置的约束和影响，说明资源对于组织的发展和制定多元化战略具有特殊价值（Gulati，1998）。因此，资源配置就成为组织对异质性资源予以规划、分配和利用的生产实践方式。如果组织试图维持竞争优势的可持续性，那么对优势资源的合理配置就尤为关键。正如 Gulati 等（2000）所强调的，如何对组织拥有的异质性资源继续努力合理配置和规范，将成为组织如何创新产品，以及产品何时能够被创新的重要前提。另一方面，突出的资源配置是组织将其战略资本效用最大化的重要方式，这是因为租金不仅由资源的稀缺性决定，而且会受到资源配置合理化程度的影响，其主要原因在于组织在生产经营过程中存在剩余资源或能力，然而，在不完全市场竞争环境中，组织很难出售或出租难以分割或是高交易成本的组织冗余，这就要求他们在发展过程必须采用多元化战略，以最大限度地消除资源或能力的冗余。Cassiman 和 Veugelers（2006）的研究证实，拥有理想的租金，且能够借助创新的产品在市场中占据理想份额的组织，其在生产运营活动中存在的组织冗余往往很少，他们着重强调了合理资源配置对于组织发展的重要意义。虽然学者的切入视角存在差异，但其结论均指向同一核心，即作为各种异质性资源的集合体，组织的资源配置方式将决定其在所处市场环境中的地位和发展。

本书关注中观环境导向下的组织资源配置问题。以产业环境的变化为导向，各组织间的创新要素通过相互作用和联系组成了具有一定结构和功能的有机整体。每个组织基于不同的战略愿景，对其供需生产、商品和服务要素的均衡调配决定了其产品的创新程度。这就意味着资源配置的差异决定了不同组织个性化的创新发展策略。相对地，创新性的高低微观上直接反映了组织所拥有资源的价值性和稀缺性，组织的资源就由"无形的手"进行导向型的拉动配置，即组织的战略目的决定了资源的配置，组织间差异化的创新发展策略必然体现在各自差异化的资源配置上。理想情况下，组织的资源将最大限度地主动流向主要的配置方向，从而实现资源的充分利用，降低资源的非必要性浪费，达到最优资源配置的战略目的。然而，由于组织所处的外部环境一定不是理想的完全竞争环境，即存在显著的模糊性和市场失灵现象，因此，组织在资源配置过程中无法完全满足市场机制的假设条件，以及新古典经济学推崇的资源效益最大化。由此，合理地分配有限资源，准确地制定适宜的资源配置模式就成为组织提高创新效率的关键。

2.2　战略联盟知识流动网络的理论要点

2.2.1　战略联盟的定义

战略管理理论将战略联盟定义为不同组织为了达到一定（相同或接近）的战略目标，彼此间共同形成的，用以协同理解和处理不确定性的特殊经营活动模式（Spekman et al.，1998）。发轫于此观点，资源基础理论将战略联盟视为异质性的组织寻求资源整合的产物，是一种战略资源需求和社会资源机会驱动的结果，是组织寻求优势或互补资源联合，进而更好地实现资源价值，优化资源边界的尝试（Das and Teng，1998）。动态能力理论则强调，由于组织是截取整个价值链的某些阶段从事分工活动的实体，不可能拥有从事全部活动所必需的全部能力，同时受限于高额的成本、既定制度的约束、惯例桎梏导致的灵活性下降，以及资源依赖的暂时性等客观因素，组织按照理想模式进行内部扩大或外部购并同样不可取。因此，围绕资源互补与共生互惠建立联盟关系，并借助多样性的契约合作来实现价值创造的目标，就成为不同组织最为理想的选择和最有效的创新实践方式（Gulati et al.，2000）。

实际上，追溯至 20 世纪 70 年代中期，美国学者 Hopland 和 Nigel 已率先尝试性地提出了战略联盟的形成理念。他们认为，战略联盟类似于一种结构相对松散的组织利益共同体，其形成目的在于通过有效的资源交互和能力互补扩大联盟组织各自的市场占有率，并提升竞争优势，进而实现长期共同获益的互惠目标。从建立形式上分析，战略联盟主要通过正式或非常的契约和协议组建，涉及供应生产、技术许可、营销与服务等多个方面。在这种相对明确的责任划分和多边结构边界内，不同的异质性组织实现彼此在资源、能力、技术、服务等方面的优势互补，并形成一种风险共担和协同共生的内部氛围。Teece（2000）的观点较具代表性，他认为战略联盟是两个或两个以上组织建立的具有信任、承诺和保障的合作伙伴（利益相关者）关系。这种伙伴关系可以帮助合作双方在供应采购形式、研发合作协议、排他性的合作生产、技术成果互换以及共同营销等多个方面实现双赢，进而达到资源共享、优势互补的战略目标。Agarwal 等（2010）则将战略联盟界定为产业组织间基于资源有限情境所形成的协同发展共生结构，认为战略联盟的出现改变了传统产业生产结构的价值链条，组织间的沟通不仅局限在生产与销售业务的往来，更表现出典型的社会职能关联。该观点与 Gulati 等（2000）联盟网络研究中的观点相吻合，他认为战略联盟是一种为了实现不同组织间相同的生产协同目标，且具有社会网络特征和关联的主动性（自发性）组织经营结构。联盟组织间可以借助资源互补和优势互助的创新途径，逐渐建立稳固的排他性合作协议，从而建立战略联盟产业的行业壁垒。Adegbesan 和 Higgins（2011）将战略联盟形容为多个组织基于资源交互和共同开发的横向与纵向价值的集合体。联盟范围内，组织所追求的根本目标不再是过往的效益最大化，而是借助合作的优势技术与服务的互补创造更多的价值，并降低自身在联盟中的“租金”。Kale 和 Singh（2007）则从能力与学习的角度出发，认为战略联盟是一种组织为了借助相互交流与学习提升核心能力与竞争优势的空间结构，这种结构不仅打破了传统地理距离对组织学习与合作的制约，而且实现了跨时空的知识、能力与资源的非线性交互，是塑造组织新的竞争能力与优势，推动其快速发展的新途径。类似地，Schilke（2014）也将战略联盟界定为多个组织以提高动态能力和核心竞争优势为目的，借助正式或非正式契约关系所建立的利益共同体，强调这种关系所具有的自发性、社会性及互惠性对组织价值创造的意义。

梳理现有成果后发现，虽然学者基于不同的理论视角对战略联盟进行了定义，但其关注的核心内容均殊途同归地指向了以下 4 个核心方面。

（1）资源互补。意即认为战略联盟建立的初衷是组织以化解有限资源的约束为前提，其发展则是通过异质性资源的共享实现优势互补，达到提升效益和创造价值的目的。

（2）社会资本。此观点的学者认为，战略联盟不仅是建立在正式契约关系基础上的特殊组织经营结构，更是一种基于信任、承诺和关系嵌入建立的社会网络，着重强调组织间和谐的共生关系对于持续获益的重要作用。

（3）降低成本。遵从交易成本理论，以及 Richard rents 和 Schumpeter rents 的思想，认为战略联盟的建立是组织遵从成本效益最大化原则，为了降低组织之间资源交互及生产运营合作的交易成本，通过降低租金并达成互惠的一种协作共赢模式。

（4）契约结构。这种观点主要强调联盟的成员是一种超越传统市场交易但又区别于直接并购的特殊中观群体，并将战略联盟界定为借助具有签订协定买卖交易合同（正式契约）或稳定社会交互与共生（或非正式契约）而建立长期的组织协同形式。该形式引导并规范不同组织共同完成一系列追求共同经济利益的价值活动。

2.2.2 战略联盟的主要特征

1. 空间灵活性

战略联盟可能由不同地理区域、职能和主营业务的创新实体（组织）为了相同或相似的战略目标联合建立（Gulati et al.，2000；Das and Teng，1998）。该定义证实，战略联盟的结构具有典型的跨越地理性和空间多元性（网络化）。正是这种鲜明的特征帮助联盟内的不同组织建立了多边的利益相关关系。因此，战略联盟与一般集团企业最大的差别就在于，联盟组织间建立的无边界网络结构既帮助其克服了地理、区域等因素的限制，又为彼此提供了更加灵活的行动与交互空间。

2. 结构松散性

从构成形式上分析，战略联盟是由两个或多个组织为了达成共同目标所形成的全新生产运营方式。虽然参与联盟创新活动的组织受到契约和社会关系等多种共生形式的约束，但彼此在创新合作过程中能够保持相对独立。因此，联盟组织拥有根据自身需要解除合作关系，甚至退出联盟的自由和权利。相对地，新的创新活动同样可以吸引不同的组织形成基于共同目标的利益相关者关系。这种较为宽松的经营自由度决定了战略联盟是一个开放、动态，且相对松散的结构体系。

3. 竞合共存性

正是由于联盟组织具备相互独立从事生产经营活动的权利，因此，当部分组织的即时目的存在一致性，而其他组织产生利益争夺时，战略联盟就可能演变为竞争与合作共同存在的矛盾统一体。源于目标一致性的合作可以理解为联盟组织在价值链的上游，基于研究与发展（research and development，R&D）活动建立资源互补的合作关系，实现异质性资源的共享。而竞争则发生在价值链的下游，联盟组织为了更多地获取经济利益，占据更高的市场份额，势必将围绕产品和服务展开市场竞争。因此，竞争与合作关系在战略联盟中往往交织共存，这也是战略联盟具有的显著特征之一。

4. 地位平等性

不同组织间的互利协同是战略联盟得以持续、稳定发展的重要保障。这就要求联盟组织以互惠和尊重为原则，在相互信任、遵守承诺又彼此独立的基础上，尽可能有效地履行其在价值链中的分工与义务。平等的联盟地位是联盟组织主动贡献异质性资源，降低原有对知识泄露和被模仿的顾虑，推动联盟组织间建立长期、稳固创新合作关系的基本前提。此外，地位的平等对于降低联盟内部机会主义行为发生的概率，塑造联盟和谐的创新环境也将更为有利。

5. 利益冲突性

在战略联盟内部，作为具有相对独立属性的创新实体，联盟组织在追求创新目标和保持获得竞争收益的过程中，可能会由于价值诉求的差异而不断向共存伙伴甚至利益冲突者施加压力。虽然战略联盟推崇组织的合作、共赢与互惠（Teece，1992），但在资源有限的事实面前，部分联盟组织仍可能在实现战略目的的过程中，为了争取更多的收益，不可避免地会与其他联盟组织在合作形式、收入比例、知识产权等多个方面产生潜在的利益冲突。

6. 管理复杂性

由于战略联盟是由具有不同管理思想、经营文化、商业模式、研发途径的多个联盟组织联合形成的利益共同体，因此，在发展过程中，战略联盟内部势必存在必须解决的复杂联盟治理问题。相对地，联盟管理者和联盟领先组织的管理者需要借助适宜的激励机制和逐步统一的创新文化，降低联盟管理复杂性可能造成的不良后果。进而在调动联盟组织合作积极性的同时，提高联盟组织的自我奉献意识，营造稳定的联盟组织共生环境。

2.2.3 战略联盟知识流动的类型

知识管理理论认为，源于创新动机的知识资源交换与整合是个体进行知识流动的前提（Nonaka and Konno，1998）。对于战略联盟及其内部组织而言，资源有限背景下，无论是基于竞争关系，或是选择在价值链上游的合作，联盟组织都可能需要借助知识流动达到其获取知识资源，提升创新绩效的目的。本书根据联盟伙伴创新动机的差异，将战略联盟知识流动的类型分为两种。

（1）基于技术优势的合作型知识流动。此类联盟组织进行知识流动的目的是利用联盟伙伴拥有的资源、技术和能力等方面的独特优势，实现自身的知识资源交换与补充，进而借助高效的知识组合实现提高创新收益的目的。这种类型的知识流动多发生在组织不具备独立实现技术创新的能力，需要利用其他组织的优势知识资源共同进行创新开发的技术型联盟、知识密集型联盟或研发型联盟中。参与此类知识流动的联盟组织主要围绕技术创新展开合作，这种关系多建立在长期的协议契约基础上，但也可能存在单独技术开发短期合作的情况。相对地，知识流动的收益就体现在联盟组织创新收益的增加，知识资源交互和创新成本的减少，规模经济的实现，以及创新风险的规避和共担。

（2）基于关系的社会型知识流动。发生此类知识流动行为的联盟组织的根本目的是试图基于与其他伙伴建立长期、稳定的社会关系，抵消外部环境的不确定性，降低资源的交易成本。同时，良好的社会关系利于营造和谐的共生环境，可以间接抑制甚至消除联盟组织基于利己思想，滋生机会主义行为的倾向。围绕提升社会关系进行知识流动的联盟组织间可以借助长期的沟通与了解，逐渐形成信任和遵守承诺的行为准则，降低彼此合作索要支持的履约费用。即使联盟伙伴在生产运营过程中发生利益冲突，他们也可以通过社会性质的知识流动更有针对性地进行协商并加以解决，避免长期的诉讼和联盟瓦解的情况出现，这对于保持联盟稳定性将起到至关重要的作用。

2.2.4　战略联盟知识流动网络的内涵

知识基础观认为，知识是组织塑造核心竞争优势的一种关键的无形资产（Rodan and Galunic，2004；Hitt et al.，2000）。Shane（2000）认为，当知识被视为资源进行流动并加以复制和改进时，其在一定程度上就成为决定组织创造共同利益的条件和基础（Teece，2000）。不仅如此，知识也是组织生产运营活动中不断探索、积累和沉淀所形成的集合抽象产物。在无法将知识从资源链中独立拆分时，知识就表现为一种帮助组织创造竞争对手难以获得甚至无法模仿的一种能力（Teece，2000），即核心竞争能力。然而，由于任何组织所拥有的知识资源均具备有限性和异质性特征，因此，为了持续塑造并维持自身的竞争优势，组织必须与其他伙伴交换所需的知识资源，进而在周期性的创新活动实现自身知识库的更新和竞争优势的稳步提升（Grant，1996）。

知识流动是组织间知识及以知识为基础的技术进行相互传递的过程和方法。以组织的创新发展为导向，组织实施的知识管理措施涵盖知识的获取、共享和应用等多个方面。其中，如何借助知识的有效传播实现创新，即通过建立知识流动网络实现互惠双赢，是组织开展知识管理活动的核心任务。Liu 和 Lin（2012）认为，知识流动是发生在组织之间的微观知识交换过程，并且知识流动的效果与创新收益存在直接相关关系。其原因在于知识本身具有的跨空间分布和嵌入性特性使得知识流动依托于知识主体间的交互，并以网络形式存在。这种网络结构为不同组织之间有效的互动提供了保障和介质，加速了不同组织的知识的汇集、传播与创造等过程。

在战略联盟的发展过程中，知识流动网络的优势在于帮助联盟组织跨越空间边界，加快不同联盟组织间异质性知识资源的“水乳交融”，缩短合作创新周期，在通过风险共担降低单个组织创新不确定性的同时，减少组织间由于争夺有限知识资源而产生的过度竞争。而从知识本体的视角出发，知识流动网络同样具有拓宽战略联盟知识搜索和交换范围，降低知识交易成本的作用，是联盟组织之间突破空间限制，跨越组织地理边界的有效途径。正是基于上述优点，Zhao 等（2018）将知识流动网络定义为一种战略联盟内部，各个组织高效获取互补性知识资源的渠道。反过来，知识流动网络的形成使得组织间的知识交换轨道更加丰富，知识交换速度更快。同时，网络本身的开放性、知识在知识流动网络内的不断溢出和扩散同样还可以吸引新的合作伙伴积极加入联盟，从而帮助现有的联盟组织获取和进一步学习外部知识，保证联盟内部流动的知识始终存在异质性。这种观点从两个方面补充并完善了 Nonaka 和 Konno（1998）提出的统计年鉴，一方面，知识流动网络不仅符合 Ba 的存在条件，且不受地理或其他客观因素的限制，不仅有助于不同联盟组织间保持技术与社会性互动，而且便于对特定条件下联盟的内部关系进行测量。另一方面，Nonaka 和 Konno（1998）只提出了 Ba 的 4 种形式，但受研究条件制约无法对每种 Ba 在动态时间内的结构变化予以描述。而借助知识流动网络，管理者可以通过对网络复杂性特征和规律进行分析，识别联盟组织间在知识流动过程中存在的缺失与问题。正如 Murray（2002）所强调的，对知识流动形成的多维网络进行分析能够更加直观地发现组织在知识流动中的问题。据此，本节以合作创新为导向，认为知识流动网络使产业联盟成为一个具备收集、处理、转换、传播知识能力的完整架构，知识在网络中融合和反馈，并由此通过知识资源的互补，实现价值创造和提高创新产出的战略目的。因此，知识流动网络不仅是一个不同组织进行知识交换的工具，而且是提升产业创新绩效的新方法和空间环境。

2.2.5　战略联盟知识流动网络的构成

受 Hansen 等（1999）观点的启发，部分从事知识流动研究的学者考虑到知识作用的多样性，认为知识流动网络由技术知识流动网络和社会知识流动网络协同构成。其中，技术知识流动网络适用于联盟组织间的技术创新合作。在技术知识流动网络中，联盟组织能够借助契约、入股或合资的形式，选择性地将知识库内的核心知识，以及与创新合作相关的知识直接或间接地在联盟内部传播和分享（Szulanski，2000）。社会知识流动网络则注重组织间的社会沟通，意即联盟组织通过将知识资源投入到社会资本的建立、积累和维系中，加强与合作伙伴的关系强度，进而实现彼此的共生与协同发展。在战略联盟知识流动网络内，技术知识流动网络和社会知识流动网络总是相互依存式的同时存在。基于技术网络的知识流动实现了知识的转移与传播，关注技术、制度、应用和数据收集等方面。基于社会网络的知识流动更强调社会资本在创新合作中的价值，特别是通过发挥知识流动过程中的作用，最大限度地通过提升社会资本与互惠性降低知识交易的成本，从而实现协同共生的战略目的。

1. 技术知识流动网络

区别于以信息技术（Gallupe，2001）、应用模块（Gary，2009）等科技手段为核心的 World Wide Web（WWW）平台或 Internet 知识技术传播媒介，在战略联盟知识流动网络中，技术网络主要被隐喻为联盟组织进行编码化知识的传播及多元化异质性知识的整合，其作用主要体现在三个方面：第一，技术网络的形成在一定程度上可以消除联盟组织由知识编码化差异过大造成的合作障碍，意即联盟组织能够借助技术网络加强彼此间的技术沟通。第二，技术网络为联盟组织间高价值隐性知识的进一步交流提供了渠道，通过有效弥补由信息不对称、认知差异造成的技术合作创新障碍，改善联盟组织间的知识沟通效率。第三，技术网络的形成可以缩短联盟组织间的合作创新周期，加快联盟新技术的溢出，是提高联盟创新收益的重要方式。

也有学者从知识特性的角度解释了战略联盟中技术网络的作用：战略联盟建立基于知识流动的技术网络的作用和潜在价值是通过对现有显性知识的数据处理实现创新所需知识的重合和串联，进而在知识得以反复抽取的同时，达到平衡现有知识资源的目的。在此过程中，流动在技术网络中的知识得以有序地编码。相对地，联盟组织也可以从技术网络中获取自身所需的技术知识资源，并将其转化为自身的知识存量并应用于创新活动的生产实践。此时，技术网络实现了联盟组织围绕合作创新的双向知识流动。

此外，技术网络为联盟组织提供了更多接触彼此核心知识库和高价值异质性知识资源的机会。Larsson 等（1998）认为，技术网络本质上扮演了促进联盟组织进行隐性知识交流的作用。借助技术网络，联盟组织不仅节约了合作创新过程中知识获取和转换的时间与交易成本，而且能够最大限度地推动联盟组织间隐性知识的正式或非正式互换，为合作创新提供更为丰富的资源。Michailova 和 Mustaffa（2012）也持相似的观点，他们强调基于知识交互所形成的技术网络利于联盟组织将无法编码化的私有知识，以及分散和嵌入在联盟内不同角落的知识予以分享和整合，这对于实现隐性知识在联盟内部的传播和提高创新活动的效率将起到积极的促进作用。

2. 社会知识流动网络

社会网络代表战略联盟内部不同组织间的协同共生关系。对于以互惠为目的的联盟组织而言，良好的社会关系可能更利于其共同创造新的技术（Zhao et al.，2015，2018；Hansen et al.，1999）。这是因为在联盟组织的生产经营活动中，知识流动产生的社会交往使得联盟组织逐渐在技术范式、思考方式等方面逐步同质并彼此契合，从而为建立高质量的信任和承诺关系奠定了基础（Inkpen and Tsang，2005）。相应地，联盟内部将产生一些相互认可并乐于遵守的行为规则，令原本松散的随机群体逐渐趋向为固定的非正式联盟合作关系，即形成以和谐社会关系为主导的社会网络。

在社会网络中，联盟组织基于相互间的默契与信任，更愿意贡献自身的高价值异质性知识，进而快速增加联盟的创新产出。Granovetter（1985）用强联结和弱联结解释了社会网络中知识主体对创新的推动作用：如果联盟组织间存在强联结，则他们更容易在相互接触中建立彼此的尊重与认可。而弱联结则可以发挥桥梁作用，帮助联盟组织进一步实现多边的社会交流，达到获取以往难以接触知识的目的。因此，社会网络不仅利于联盟组织塑造和谐的共生环境，而且能够为知识主体的知识整合及知识创造提供思路。同时，对于联盟组织而言，社会网络可以有效降低联盟组织滋生机会主义的概率，并推动联盟组织形成知识创造风险共担的意愿。

2.3 不同资源配置导向下战略联盟知识流动网络协同演化的分析框架

2.3.1 协同演化的内涵

基于资源有限情境，战略联盟知识流动网络的不断壮大可视为一个知识载体（联盟组织）知识元素间富集交互所共同构成的复杂系统协同演化过程（Zhao et al.，2015，2018）。意即，联盟组织借助知识流动行为，克服由空间及隐性学习与内化造成的约束与限制，通过多元化知识单元间的碰撞与融合形成多种新的知识组合，进而达到提升创新收益的战略目的。遵从复杂系统的演化理念，战略联盟知识流动网络的协同演化代表构成知识流动网络的子系统（多种知识元素）凭借彼此的交互作用，推动网络“低阶—高阶”的转化过程。由于不同知识单元具有差异化的相关性和潜在组合机会(Wang et al., 2014; Yayavaram and Ahuja, 2008; Carnabuci，2010)，因此，在战略联盟内部的知识流动交互过程中，联盟组织能够基于自身的发展目标，通过与存在知识组合机会和知识组合潜力的其他联盟组织进行知识的交流及互换，创造满足需求的新知识结构（Carnabuci and Bruggeman，2009)，并将其应用于技术商业化活动中，达到价值创造和提高创新收益的目的。从该视角分析，战略联盟知识流动网络的协同演化又可看作是联盟组织对现有模式下，对现有知识组合的价值性、创造性、共有性的反复挑战与改革，是资源有限情境下知识流动网络借助知识组合非线性作用实现自稳定和自重组的复杂过程。据此，根据系统演化的思想，战略联盟知识流动网络协同演化应包括四个核心部分：①刺激的感知，即识别打破知识流动网络原有稳定状态的环境变化（创造新组织组合的需求），或将其解释为联盟组织基于环境变化形成的具有目的性的知识流动选择机制。②演化的目标，即联盟组织创造新知识组合的方向。资源基础观视角下，本书将协同演化的目标界定为联盟组织基于战略愿景的知识资源配置与组合方向。对于拥有差异性创新战略的联盟组织而言，准确、合理的知识组合目标决定了其知识流动的方向，进而影响联盟内部的知识流动结构关系，这对于网络协同演化的内生驱动力，以及演化的路径将产生根本性的影响。③知识簇群，即战略联盟知识流动网络中现有的知识组合结构与知识信息内容。知识簇群不仅定义了知识流动网络内部各子系统间的相互作用形式，而且决定了拥有不同技术范式、行为方式、社会关系的联盟组织之间通过创造新知识组合改变知识流动网络结构的可能性。此外，网络中流动和溢出的知识簇群将直接反映网络协同演化过程中涌现的复杂性特征，甚至主导网络协同演化的方向，这对于战略联盟知识流动网络协同演化的绩效至关重要。④变量间的相互作用关系。基于联盟组织差异化的发展目标，在知识流动网络的协同演化过程中，不同变量（状态变量和控制变量）间的相互作用是识别网络协同演化规律的关键途径。一定意义上，准确剖析战略联盟知识流动网络协同演化的规律，是打开协同演化运行机理的黑箱，推动协同演化稳定、快速、持续地进行的关键。

2.3.2　协同演化的特征

复杂系统理论认为，自组织系统形成高阶有序的原因在于系统自身复杂性的提高。因此，战略联盟知识流动网络从低阶有序逐步演化至高阶有序，再提升至混沌边缘的涌现是一个自组织现象频发、复杂程度逐步提高的过程。系统组分的复杂性越大，战略联盟知识流动网络内，知识单元间的相互作用程度越显著，现有知识组合的复杂程度越高。然而，考虑到知识自身具有的诸如默会性等特征，以及知识流动存在的双重作用，本书认为，分析不同资源配置模式导向下战略联盟知识流动网络的协同演化问题，不仅应涵盖自组织理论的核心要点，更须进一步立足复杂性科学的相关内容对其根源予以探寻和解释。由此，结合战略联盟的特点，本书在认同战略联盟知识流动网络协同演化具备自组织理论耗散结构等基本特征的同时，从复杂性科学的角度进一步将其特征总结为以下 6 点。

1. 多样性

多样性源于战略联盟内“非对称性”导致的网络中流动知识的差异，是战略联盟知识流动协同演化的突出特点。对于战略联盟而言，不同联盟组织承载的异质性知识信息内容，以及基于这些知识信息内容构成的独特知识组合决定了网络内部的知识具有高度的“异质性”。在知识流动网络的协同演化过程中，异质性导致在不同时间、不同需求等情境条件下，联盟组织间的知识交互方式、传输的知识量、彼此的共生关系、新知识组合的形式存在显著差异，从而令知识流动网络的协同演化呈现多样性。同时，战略联盟知识流动网络协同演化的多样性还反映在创新环境、文化氛围、主体关系甚至是联盟结构等多个方面。根本上，多样性的产生使新知识组合（领域）的开拓和知识间的“水乳交融”成为可能，如果战略联盟知识流动网络协同演化的多样性较低，说明联盟组织间难以围绕发展目标开辟新的知识交互渠道，且当前网络内知识元素的知识组合机会和知识组合潜力相对较低，导致网络协同演化的内生动力不足，演化临界处难以涌现新的知识（组合）。

2. 适应性

遵循适应造就复杂性的观点，本书认为战略联盟知识流动网络协同演化的适用性体现在结构适应性方面。当知识流动网络临界失稳开始演化后，凭借联盟组织间异质性知识的传递，知识流动网络内部会形成具有适应性的知识组合内部机制。内部机制的形成过程可隐喻为网络内异质性知识按照特定的组合方向和组合形式的动态交互过程（Brennecke and Rank，2017；Carnabuci and Bruggeman，2009）。相应地，联盟组织需要根据既定的知识流动与组合方向（配置知识资源），与其他伙伴建立知识流动关系。由此，知识流动网络内将形成基于不同发展目标的子系统（多种组合方向所形成的流动结构），子系统间通过相互作用形成新的知识组合，只有新知识组合造就的知识流动结构具有足够的适应性，知识流动网络的协同演化才可能深入地进行。

3. 交互性

系统科学理论指出，复杂系统的演化依托于子系统间的交互行为，因为交互行为所产生的非线性作用将直接决定系统是否产生涨落以及复杂性特征的涌现形式。由此推断，在有限资源约束背景下，当网络中不同的组分（有限的知识单元或不同形式的知识组合）相互连接于特定的关系，且网络内存在足够多知识单元（组合）的富集交互，能够促进网络进入涌现临界并发生涨落，战略联盟知识流动网络协同演化的复杂性特征才能得以彰显。

战略联盟知识流动网络的交互行为体现为不同资源导向下，单一知识单元（多种组织组合）基于其他知识单元的组合潜力，以及网络中的知识组合机会所产生的知识碰撞与整合。一般情况下，随着网络协同演化的深入，知识单元间的交互程度更深，知识组合的复杂程度越高，知识单元间（知识组合）的相互作用越大，这导致单位时间内彼此的交互效果越来越明显，演化临界的涌现概率增大。需要注意的是，知识单元本身可能存在于知识流动网络的技术子网络中，也可能嵌入在知识流动网络的社会子网络中，但无论以何种形式存在，知识单元的交互都可能产生新的知识组合，也会导致知识流动网络演化复杂程度的提升。

4. 标识

在战略联盟知识流动网络内部，庞大而分散的知识单元（知识组合）在联盟组织不同的资源配置导向下，借助知识流动彼此交互和融合，引发网络的临界涌现。如果将战略联盟发展的目标赋予一种可辨认的形式，这种形式就称为标识。微观视角下，这种标识就成为知识单元建立新知识组合的引导。标识帮助联盟组织在一些不易分辨的环境中进行更优选择，并建立相应的知识流动关系，进而促进网络内部异质性知识单元产生非线性的交互作用。

标识解释了战略联盟知识流动网络产生差异化演化结果的原因。由于联盟组织的发展需求不同，故其知识组合方向一定存在差异。在战略联盟知识流动网络的协同演化中，系统内可能存在一个或多个标识，便于联盟组织进行匹配对象的搜索，并建立相应的知识组合联结。因此，标识也可成为一种联盟组织间建立知识流动关系的说明：一方面，标识是吸引联盟组织产生知识集聚和交互的核心；另一方面，标识是微观视角下区分知识组合差异的方法。

5. 非线性

由于战略联盟知识流动网络跨越了组织边界和物理区域限制，其内部拥有足够大的知识空间，因此，联盟组织在知识单元的获取、转移、存储和共享等方面拥有更高的效率，知识的组合总是越来越快速地进行。知识流动网络协同演化依托于即时情境下，异质性知识为其提供条件的条件（网络中潜在的知识组合机会和知识单元具备的组合潜力）存在差异，上述两点原因导致战略联盟知识流动网络的协同演化存在非线性特征。非线性主要存在于网络内部知识交互中的反馈、时滞、经济和技术的锁定效应等方面。反映在联盟层面，战略联盟知识流动网络协同演化的非线性特点表现为对传统演化路径的依赖、网络自身的自组织等方面。

6. 流特性

正是由于知识本身具有可复制和转移的流动特征，因此流特性便成为战略联盟知识流动网络协同演化最重要的复杂性特征。战略联盟知识流动网络协同演化的流特性源于知识流动流特性导致的网络内部“质”和“量”的变化，即联盟组织通过知识单元（组合）间交互导致的知识流动网络在结构、特征、规律等方面发生的根本性改变。流特性特征使得战略联盟知识流动网络的协同演化更加复杂，这是因为知识流动网络中潜在的知识组合机会和知识单元的组合潜力可能随知识单元（组合）间联结关系的形成而产生瞬时变化（Wang et al., 2014；Guan and Liu, 2016）。也就是说，知识的流动导致网络内现有知识组合的价值和未来知识组合的机会存在显著的不确定性。因此，协同演化的流特性在联盟层面上表现为知识流动网络在时间和空间上演化的不可预测性和风险。

2.3.3　协同演化的理论模型

不同资源配置模式导向下，战略联盟知识流动网络协同演化是一个完整且开放的复杂过程。该过程历经外部环境的刺激、主导因素的干预、知识单元间富集交互产生的非线性作用，以及网络复杂性特征的涌现。相应地，其结果表现为知识流动网络整体结构、特征及规律的变化。为实现对战略联盟知识流动网络协同演化全面、深入的分析，根据复杂性科学中的系统演化原理，本节建立不同资源配置模式导向下，战略联盟知识流动网络协同演化的理论模型，如图 2.1 所示。

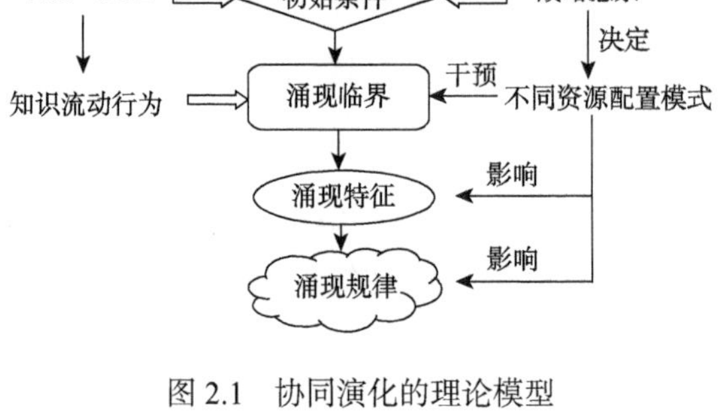

图 2.1　协同演化的理论模型

1. 协同演化的初始条件和涌现临界

考虑到知识自身的特殊性，以及知识流动的双重作用，战略联盟知识流动的一系列客观因素可能对网络完整形成协同演化状态的产生干扰，本节从协同演化的初始条件和涌现临界解释战略联盟知识流动网络协同演化的涌现机理，即以感知外部环境变化为前提，通过知识单元间的流动与交互，推动知识流动网络协同演化产生临界涌现的复杂过程。

对环境产生的“刺激”及时做出“反应”，是战略联盟知识流动网络协同演化的输入阶段，也是联盟组织针对性设计资源配置模式，引导知识单元间产生非线性交互的重要依据。基于复杂性科学的思想，环境变化可解读为战略联盟知识流动网络出现结构失稳的条件，也是联盟组织制定差异性资源配置战略的诱因。虽然部分学者强调环境的变化或扰动需要达到一定阈值后才能令复杂系统出现状态变化，但由于蝴蝶效应的存在，加之战略联盟知识流动网络本身具有较高的开放程度、较多的内部具有双向反馈作用的联盟组织数量，以及丰富的知识组合形态，因此，战略联盟知识流动网络对于环境变化的感知更加敏锐，其结构产生失稳的可能性更高。对应地，联盟组织为了适应环境变化的要求，需要更为积极地对自身的有限资源予以规划和配置，并将资源配置的结果作为引导知识单元建立新知识组合的依据。

资源的配置包括评估当前资源的分布、利用和稀缺程度，制定新的资源配置战略，以及对可能利于自身发展的战略方向进行资源编排。评估资源的分布、利用和稀缺性是满足知识流动网络协同演化持续进行的必要前提，对资源进行规划性的编排是对当前资源和自身情况充分评估后的结果。正如 Klingebiel 和 Rammer（2014）强调的，联盟组织需要对环境变化进行敏锐的判断，客观、合理地评估现有资源。正是由于组织的发展目标和需求存在差异，因此战略联盟内的资源配置模式总是呈现多元化的态势。

以环境“刺激”为先决条件，联盟组织通过针对地制订资源配置方案，引导异质性知识单元产生流动，并借助其交互与融合所产生的内生动力，推动知识流动网络自发地向临界状态演化。因此，知识流动亦扮演了促使知识流动网络进入涌现临界的诱因和决定因素的角色。知识流动的方向（目的性）以联盟组织各自资源配置的目标为方向，并受到自身知识学习、整合和改进能力的影响（Majchrzak et al.，2004；Markus，2001）。目标的多元化和能力的不同导致知识流动网络内交互的知识信息内容存在差异。当嵌入在网络内的异质性知识信息内容足够多时，源于知识单元组合产生的内生动力推动知识流动网络进入涌现临界状态。涌现临界是现有知识流动网络现有结构和知识信息内容发生急剧变化的区域，这一区域既足够稳定，又极具创造性，也可称其为混沌边缘。

涌现临界涉及战略联盟知识流动网络协同演化的两个重要过程——自稳定和自重组。自稳定过程是指联盟组织在原有路径引导下产生的知识流动行为，即演化产生分叉前，沿袭原有轨道进行的知识流动活动，表现为战略联盟知识流动网络协同演化的积累性和连续性。自重组过程是指新旧知识交替下的知识流动活动，即系统演化出现分叉后，新知识组合对原有知识内容的替代，表现为战略联盟知识流动网络系统演化的非连续性和创造性。一般情况下，战略联盟知识流动网络协同演化的自稳定过程能够帮助联盟组织明确知识流动的可接受性和预见性，主要起降低知识流动网络协同演化风险的作用。相比之下，自重组过程对应选择标准随环境变化发生的颠覆性创新，非连续性使得知识流动网络协同演化中某一随机涨落的未来情况充满不可预测性，虽然需要承担较高的风险，但能够从根本上丰富战略联盟知识流动网络内的知识组合类型，甚至对市场环境产生重大影响。

2. 协同演化的涌现特征

不同资源配置模式导向下，战略联盟知识流动网络是由非线性子系统构成的多层级、多目标及具备耦合作用性质的复杂系统。其中，以技术网络和社会网络为代表的子系统之间构成的协同演化结构与关系变化，决定了战略联盟知识流动网络协同演化的形式、未来状态，以及其在低阶有序向高阶有序的协同演化过程中出现的整体特征。

本质上，作为一个耦合系统，战略联盟知识流动网络的协同演化时刻在共时和历时的维度中被环境所规制，即开放的知识流动网络系统具有典型的物理层级性。在协同演化过程中，知识流动网络需要从外部汲取足够大的负熵，以抵消网络协同演化一定产生的熵增，这就是战略联盟知识流动网络必须适应外部环境刺激的根本原因。基于复杂性科学的思想，环境可隐喻为复杂，且存在层级性嵌套的异质系统，系统具备完整的内向反馈机制和向下的重组动因。以不同资源配置模式的导向作用为前提，战略联盟任何时期、阶段的知识流动网络协同演化都随时间和空间的推移而变化。无论环境的复杂程度如何，战略联盟知识流动网络总是可以借助协同演化的方式，自发地更新系统内的某些功能或结构，进而适应环境变化的需求。如果知识流动网络的协同演化动力充足，则满足环境规制的非参考知识单元（组合）使得网络可能跃迁至秩序更加优化、更高级的能级。相对地，如果战略联盟知识流动网络的内生动力不足以推动网络形成更高层级的系统形态时，知识流动网络在涌现临界处会产生方向性的分叉，每个分叉方向的网络演化态势均具备独立的特征和变革态势，即为战略联盟知识流动网络协同演化涌现的复杂性因果特征。

识别网络协同演化复杂性特征的作用在于，基于不同资源配置模式的导向作用，战略联盟知识流动网络协同演化是以微观知识单元（组合）的交互为前提，促使技术网络和社会网络产生复杂的相互作用，进而发生涌现的非线性过程。其中，技术网络和社会网络交织涌现的复杂性特征，是探讨演化稳定性、路径特征、偏好特性和组分共生关系，揭示战略联盟知识流动网络协同演化涌现效应，评判资源配置模式适用性的理论依据。

3. 协同演化的涌现规律

复杂性科学理论体系中，系统在演化过程中涌现的规律是揭示系统演化本质的关键指标。复杂系统在某种或多种不相关的规则下产生具有非线性、多样性和不确定性的交互作用，导致系统在周期性的演化过程中表现出错综复杂且不确定性较高的现象和规律。因此，明晰涌现规律的变化形式，是有效控制系统演化状态，放大演化临界效用，缩短演化周期的重要途径。

不同资源配置模式导向下，战略联盟知识流动网络是一个由技术网络和社会网络共同组成的交叉网络系统。知识流动网络由不同的活性节点（联盟组织）构成，由于每个节点承载的知识信息内容不同，因此节点间的联结存在多样性，并以非线性的方式分布和变化。节点间的联结代表联盟组织间基于知识的组合关系，反映了知识流动网络的结构、知识分布和指向性的知识关联。知识关联的复杂性决定了知识流动网络中，技术网络和社会网络一定存在大量的自主行动和彼此交叉影响的知识信息内容，加之子系统间的交互作用亦是一个知识流动网络内部作用机制主导的非线性过程，因此，知识流动网络在协同演化过程中，各系统变量间的相互非线性作用可能导致系统呈现出不同现象和特殊形式的涌现规律。因此，全面揭示不同资源配置模式导向下战略联盟知识流动网络协同演化的动态规律，对于打开子系统内主体间行动规则的黑箱，探究知识流动网络作用机制的本质具有重要意义。

第3章　资源有限情境下战略联盟知识流动网络的涌现机理研究

3.1　资源有限情境下战略联盟知识流动网络协同演化的初始条件

3.1.1　“刺激—反应”原理

复杂性科学理论体系中，CAS（complex adaptive systems）理论，即复杂适应系统理论是20世纪末叶兴起的以“适应性”为核心思想，探讨复杂系统演化变迁与环境之间契合原理的新兴系统科学理论。在该理论框架中，“刺激—反应”原理被用来解释适应性主体如何在环境发生变化，进而对其自身发展产生“刺激”的前提下，基于现有的“反应”能力，对环境变化做出响应的动态复杂过程（Holland，1995）。CAS理论框架下，“刺激—反应”原理的基本模型由探测器（detector）集合、IF/THEN规则集集合、效应器（effector）集合三部分构成。探测器负责感知与捕捉内外部环境变化对系统的刺激；规则集帮助联盟组织对环境的“刺激”进行分类，并基于IF/THEN的选择机制定义联盟组织对刺激做出的反应类型；效应器则是在经过探测器的感知与规则集的分类后，联盟组织借助相应的反应行为改变自身适应性的方法和途径。虽然“刺激—反应”原理为解释复杂适应系统的演化变迁提供了重要的理论证据，但由于该模型过度强调规则（IF/THEN）对于执行的引导和限制作用，忽略了主体本身固有的主动学习天性和能力，以及适应性调整结果对环境的影响，因此，纯粹发轫于Holland（1995）“适应性”思想的“刺激—反应”模型可能不具备解释主体如何以环境变化为导向，凭借相互学习产生适应性调整行为的条件，需要借鉴其他理论弥补模型的不足。在此情境下，由于知识管理理论中，以知识交互为前提的知识空间和知识流动网络理论对于探究以知识互换为前提的知识结构适应性演化原理问题具有极强的解释力（Brennecke and Rank，2017；Zhao et al.，2018），因而被本书引入基于具有“刺激—反应”特征的战略联盟知识流动网络协同演化研究之中。

本质上，知识流动网络的思想衍生自 Nonaka 和 Konno（1998）等提出的“Ba”理论，意指知识经历 SECI（socialization，externalization，combination，internalization）过程被创造的平台，一定意义上代表创新主体经由知识流动创造全新知识结构的复杂过程。随着知识管理研究的深入，Zhao 等（2015，2018）均认为，知识流动网络可以隐喻为多个异质性的知识单元通过交互、共生与演化等方式，导致现有知识组合结构与联结状态发生改变的地点和空间，是帮助网络系统在适应环境变化的同时，向外反馈自身信息的多维领域。因此，作为由存在特殊竞争与合作关系的战略联盟所构成的知识传播介质（Zhao et al.，2018），知识流动网络不仅为联盟组织稀缺知识资源的交换提供条件，更成为联盟组织提升自身与环境匹配程度的依托。考虑到联盟内部利益驱动、企业家精神、文化感染、创新驱动等多个方面具有典型的遗传和变异特质，部分学者将构成知识流动网络的最小单位——知识单元定义为知识流动中的知识基因，认为知识基因是战略联盟知识流动网络的构成密码，知识基因间的交互为战略联盟知识流动网络的演化提供内生动力。

根据知识网络思想和知识基因论的观点，基于知识基因（知识单元）相互作用的“刺激—反应”原理可解释为：以环境“刺激”为先决条件，联盟组织凭借具有方向性和针对性的知识流动“反应”行为，改变知识流动网络内知识基因的稳定状态。在此基础上，基于不同发展需求的知识基因通过复制、传递、重组和变异产生的非线性作用，促进战略联盟知识流动网络知识信息内容和知识组合结构更新与变化，进而对当前社会关系、技术范式和共生结构进行适应性调整，达到迎合环境变化的目的（图 3.1）。因此，战略联盟知识流动网络的协同演化变迁虽然属于“刺激—反应”过程，但并不完全局限在“刺激—反应”的机械逻辑上，需要考虑主体的需求，以及主体需求导致的知识基因方向性流动及其彼此间的非线性作用关系。同时，虽然适应性演化的涌现依赖于知识基因的协同交互及方向选择，但由于环境变化具有典型的波动性、不确定性、复杂性和模糊性特征，故基于知识基因交互作用的知识流动网络协同演化的结果必须经受环境检验，判断其是否具备“适应性”。

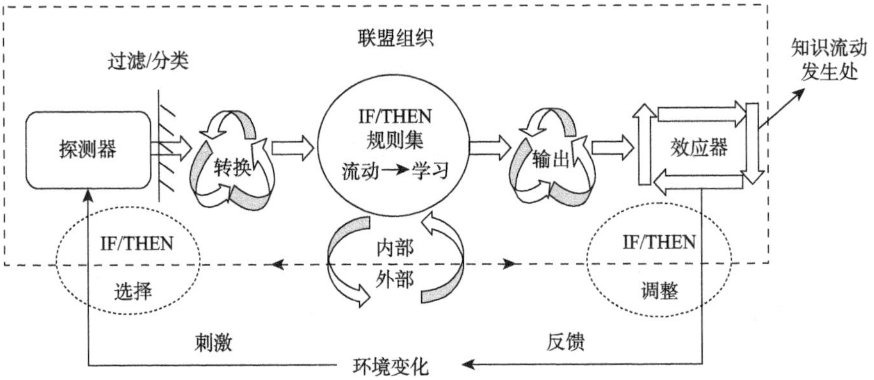

图 3.1　战略联盟知识流动网络协同演化的“刺激—反应”原理

探测器负责捕捉与感知战略联盟内外部环境变化对联盟组织产生的刺激。理论上，环境刺激主要源于市场、共生环境、政策和内部环境四个方面动荡所产生的结果。探测器是一个二进制感应装置，能够传递环境变化的比特信息，因此，探测器仅能根据刺激的限制条件做出“是”或“否”的信息判断，并将结果输入规则集。然而，由于环境变化具备典型的多元性及不可预测性特征，故为了更加准确地进行信息识别，战略联盟需要设置足够多的探测器对环境变化予以感知，以此保证信息过滤和传递的完整性和正确性。

规则集帮助联盟组织结合自身的发展需求对环境的“刺激”进行分类，并根据 IF/THEN 规则，定义联盟组织对刺激做出的反应类型，是精确刺激信息并根据战略联盟的实际需要进行信息转换与要素整合的工具。事实上，在对“刺激”进行处理和分配的阶段，由于适应性调整可能涉及的各个知识基因（单元）彼此之间存在潜在联系，加之沟通的客观存在使得联盟组织间始终保留相互学习的可能，故在规则集内，指导联盟组织交互行为的规则条目并非完全独立，彼此间仍存在阶段性的关联。同时，规则集具有记忆功能，即上个周期知识流动网络的协同演化行为能够对下一周期的演化产生影响，对应网络中知识组合的惯性。

效应器是基于环境“刺激”的“反应”系统。在经过探测器的感知与规则集的分类后，联盟组织确定了提高自身适应强度的方法，并以效应器为途径予以输出。根据回声模型的观点，调整所产生的适应性行为主要体现在联盟组织间自发地接触、利用自身属性标识针对性地互换知识资源，并不断地对规则进行比较、挑选或产生新的规则等多个方面。相应地，在战略联盟知识流动网络协同演化的过程中，效应器的输出是知识流动网络真正达到演化临界状态的原因，结果则体现在演化涌现的复杂性特征及结果被环境选择的过程。环境对于战略联盟反馈的探测器同样以二进制的比特信息进行，仅根据条件发出“是”或“否”的选择性信息，该信息仍然会作用于联盟组织，用以改变知识流动网络的现有知识结构和溢出的知识信息内容，使知识流动网络重新进入协同演化的反复循环中。

3.1.2　“刺激—反应”模型

基于“刺激—反应”原理，当环境发生变化时，联盟组织的知识流动行为会导致战略联盟知识流动网络的结构发生变化。为描述基于“刺激—反应”原理的战略联盟知识流动网络协同演化过程，并为后续的复杂性特征和规律研究提供理论依据，本书引入 CAS 系统演化的分析范式（Holland，1995），将战略联盟知识流动网络的协同演化隐喻为基于不同需求、目的和价值的知识基因交互影响的作用结果。根据研究需要，首先提出如下假设。

假设 1：“刺激—反应”作用的对象为有限理性且遵从规则集的内容。

假设 2：“刺激—反应”原理作用下，战略联盟知识流动网络结构发生变化的时间阶段为离散时间，即 $t=1,2,3,\cdots$。

假设 3：联盟组织具备根据环境“刺激”的分析结果产生知识流动“反应”行为的能力。

假设 4：战略联盟的知识流动网络结构 $k=(k_1,k_2,\cdots,k_n)$，其中第 i 位的知识基因存在等位基因 $k_i=\{k_{11},k_{12},\cdots,k_{1hi}\}$，$hi$ 代表第 i 位知识基因的等位基因数量。

由此得到所有知识基因组合形成的战略联盟知识流动网络结构：

$$n_j^i=\prod_{a=1,2}k_{i_a}^{\gamma}\tag{3.1}$$

原则上，“刺激—反应”模型由探测器、规则集和效应器组成。然而，随着 CAS 理论对复杂性科学观点的补充以及行为学理论观点的引入，有限理性主体根据环境变化产生适应性行为的反馈作用也被纳入基于“刺激—反应”原理的研究框架内（表 3.1），4 个系统组分直接控制环境变化“刺激”下联盟组织的“反应”行为，决定知识流动网络协同演化的结果。

表3.1　“刺激—反应”模型的构成

基因位置	结构名称	知识等位基因组合
1	探测器	内外环境所有信息的集合
2	规则集	联盟组织知识流动所需要素的条件、规则及规则组合
3	效应器	适应性行为的产生
4	反馈	与其他主体及环境的相互影响

基于所提出的研究假设及模型的构成模块，建立分析战略联盟知识流动网络协同演化的“刺激—反应”多层结构原理模型。在该模型中，离散时间下，不同节点的环境变化刺激强度，以及战略联盟组织的知识信息内容存在差异，故采用

集合的形式分析相关的信息变化和流量，相关指标的管理学意义如表 3.2 所示。

表3.2　“刺激—反应”多层结构原理模型的主要指标及对应含义

相关符号	对应含义
$k_i(t)$	战略联盟知识流动网络的知识结构函数
$m(t)$	战略联盟内外部环境变化的信息集合
$g(t)$	探测器感知的信息集合
$\chi(t)$	战略联盟组织进行的适应性改变
$h(t)$	基于规则集内容产生的知识流动流量
$\mu_i(t)$	战略联盟当前对环境的适应函数（ $\mu_i(t)\geqslant 0$ ）

基于规则集内容产生的知识流动流量由选择规则集 $h_c(t)$ 、学习规则集 $h_l(t)$ 和调整规则集 $h_a(t)$ 共同决定，记作 $h(t)=\{h_c(t),h_l(t),h_a(t)\}$ ，且 $g(t)\in m(t)$ 。根据“刺激—反应”原理，规定在离散时间 t 内，战略联盟组织凭借“刺激—反应”模型感知的信息集合 $g(t)$ ，自发产生适应性调整的知识流动行为 $\chi(t)$ ，通过知识交互产生一定的知识流动流量 $h(t)$ ，进而推动知识流动网络发生协同演化，形成新的知识流动网络结构 $k_i(t+1)$ ：

$$k_i(t+1)=\chi(t)\times k_i(t)\times h(t)\times g(t) \tag{3.2}$$

“刺激—反应”过程中，基于规则集内容产生的知识流动流量可根据环境变化及战略联盟的整体现状不断更新，得到：

$$h(t+1)=\chi\{h(t),g(t)\} \tag{3.3}$$

在规则集中，IF/THEN 语句包括环境刺激引发的一系列条件及每个条件对应一组信号。规则集的信号是一个有限集合，记作 $R=\{r_1,r_2,\cdots,r_n\}$ 。设定当 $k_i(t)=r_j$ （ j 为正实数），即认为联盟内知识流动流量足够大时，战略联盟知识流动网络进入协同演化的临界状态，达到临界阈值的概率写为

$$p(t)=\left\{p_{\alpha,\delta}(t)\middle|\sum_{\alpha=1}^{R}p_{\alpha,\delta}(t)=1\right\} \tag{3.4}$$

其中， $p(t)$ 表示战略联盟知识流动网络能够进入演化临界的概率； $p_{\alpha,\delta}(t)$ 表示动态时间下，战略联盟知识流动网络现有知识结构的变化概率。考虑战略联盟整体对环境变化的适应函数，秉承遗传算法的思想，运用适应性函数测量探测器感知的信息集合：

$$\begin{cases}g(t)=\mu_i\times k_i(t)\\ \mu_i(t)=k_i(t)\times m(t)\to A\end{cases} \tag{3.5}$$

其中， μ_i 表示在离散时间 t 中战略联盟当前知识流动网络 $k_i(t)$ 的适应程度。相对地，知识流动行为以环境变化为依据，并根据战略联盟内部组织间的知识势差逐渐产生，其表现形式写为

$$\chi(t+1)=k_i(t)\times m(t)\times h(t)\times g(t) \quad (3.6)$$

其中，$\chi(t+1)$ 表示知识流动网络协同演化临界的涌现结果。由于知识流动网络的协同演化可能产生系统分叉，故用 ϖ 表示分叉方向的集合，且 $\chi(t+1)\in\varpi$。在下一离散时间节点，当环境变化产生刺激时，战略联盟知识流动网络的适应性调整函数写为

$$\mu_i(t+1)=\mu_i\times k_i(t)\times g(t) \quad (3.7)$$

在基于“刺激—反应”多层结构原理模型的战略联盟知识流动网络协同演化过程中，将所有联盟组织共同形成的战略联盟知识流动网络的适应性函数写为

$$E(t)=\sum\nolimits_i^t \mu_i \quad (3.8)$$

联盟组织对环境的适应过程与可能产生的知识流动行为直接相关，故在知识流动行为序列 $b_\chi(t)=\{\chi_l(1),\chi_l(2),\cdots,\chi_l(t)\}$ 中，对式（3.8）进行改写：

$$E\{t,b_\chi(t)\}=\sum\nolimits_i^t \mu_i\{\chi_l(t)\} \quad (3.9)$$

知识流动可能提高战略联盟对动态环境的适应程度，但同样存在降低现有适应性的风险，由此考虑随机性的问题，将式（3.9）进行改写得到：

$$E(t)=\sum\nolimits_i^t\sum\nolimits_j^R \mu_i(r_j)\times p(t) \quad (3.10)$$

本书认为，知识流动网络的协同演化能够帮助联盟组织与环境形成最佳匹配，即适应性函数达到最优状态，由此将式（3.10）化简为

$$E(t)=\text{mix}\left\{E[b_\chi(t)]\right\} \quad (3.11)$$

根据式（3.11），我们认为当知识流动行为序列 $E[b_\chi(t)]$ 满足 $\lim\limits_{x\to\infty}E\left[h_\chi(t)/E(t)\right]=1$ 时，基于规则集产生的知识流动流量满足环境变化的条件，即规则集产生的知识流动流量有效（能够推动知识流动网络进入协同演化的临界）。同时，对于战略联盟所处环境的信息变化集合 $m(t)$，有 $m(t)=(m_1,m_2,\cdots,m_n)$。任意选取随机扰动信息 m_d，如果存在 $\lim\limits_{x\to\infty}E\left[h_\chi(t)/E(t)\right]\leqslant 1-m_d$，则判定基于规则集产生的知识流动改变了战略联盟知识流动网络当前的知识结构。将式（3.9）和式（3.11）联立得到提高联盟整体适应性的“刺激—反应”多层结构的数学方程表达式。需要说明的是，动态环境变化 $m(t)$ 一定非完全独立，而是起到战略联盟知识流动网络内知识流动方向的作用，且与知识流动流量直接相关。由此，将联盟组织适应性调整的结果函数写为

$$m(t+1)=\chi_t\left[k_i(t),g(t),h_m(t)\right] \quad (3.12)$$

通过式（3.12）可知，基于“刺激—反应”原理，战略联盟知识流动网络的协同演化不仅依托于探测器感知的环境变化对联盟组织的“刺激”，更要取决于联盟组织能否基于自身的发展需求，产生有效的知识流动“反应”行为，进而推动知识流动网络失稳并发生协同演化。其中，知识流量及知识流动对应的知识流动

网络协同演化方向，对适应性演化结果能否被环境接受具有至关重要的影响。

3.2 资源有限情境下战略联盟知识流动网络协同演化临界涌现的仿真设计

本节选用 NetLogo 软件对有限资源情境下，战略联盟知识流动网络协同演化的涌现过程进行仿真，主要原因包括：一方面，NetLogo 软件的智能体仿真设计原则与方法满足知识基因有目的性和方向性流动的“类智能体”特征；另一方面，运用 NetLogo 软件中的部分模块，可以对基于“刺激—反应”的多层结构原理模型予以补充和完善，在克服系统论和机械论可能存在的缺陷的同时，有望获得价值性的发现。

NetLogo 软件中，Agent 代表仿真的基本单元，具有相应的智能体属性和规则。不同数量的 Agent 以“刺激—反应”原理模型为情境，借助交互作用改变战略联盟的知识流动网络状态。知识流动网络协同演化的数字编码源于“刺激—反应”模型中的规则集限定，即联盟组织借由选择、学习和调整的知识流动行为改变，改变由知识基因构成的战略联盟知识流动网络的稳定性和态势，提高其整体的适应性。据此，本节承袭并改进 Lopolito 等（2013）的研究思路与模型设计方法，从主体和环境两个方面进行仿真设计。

3.2.1 Agent 设计

1. Agent 属性设计

采用 Gilbert 等（2007）等研究体系中知识基因的 Kene 思想，完善 Dawkins（1976）在 *The Selfish Gene* 论著中，构成知识基因最小单位的 Meme 概念，定义战略联盟的知识流动网络由具有三维知识结构的多个知识基因共同构成，每个维度对应知识基因不同的知识禀赋。因此，当联盟组织受到内外部环境变化的影响时，“刺激”所产生的数字编码和信息集合将作用于知识流动网络的不同维度，包括：①引导知识基因交互作用及自身演化变迁的属性标识维度，记作 knowledge capabilities；②排除环境噪声，更新自身知识信息内容的知识能力维度，记作 knowledge abilities；③代表知识基因的效用和专业价值的知识水平维度，记作 knowledge expertises。每个知识基因均相对独立且不可替代，是战略联盟知识流动网络的基本构成要素和协同演化的最小单元，用<CAE>表示。

2. Agent 规则设计

虽然基于“刺激—反应”原理的演化研发范式源自传统机械论，但战略联盟知识流动网络的协同演化并不能完全遵循“刺激—反应”的因果逻辑。CAS 理论、组织学习理论和知识基因理论均强调，在以“刺激—反应”为研究情境的复杂演化解释论中，主体间的交互作用影响依赖规则集内容的设定。承袭该观点，本节运用 CAS 理论体系中的“If…then…”语句对规则集的内容进行分层设计。限定规则集内，每层的规则均可以与不同层级的一条或多条规则同时发生联系，规则涉及的主体为受到内外部环境变化刺激的战略联盟知识流动网络的知识基因。据此，设定主体的行为规则如下。

1）选择规则集

If 环境要素变化，then 知识基因处于知识搜索状态。

If 属性标识匹配，then 选择知识能力接近者配对。

If 知识能力接近，then 选择价值水平接近者配对。

If 知识流动网络协同演化的结果被环境接受，then 知识基因的价值水平增加。

If 知识流动网络协同演化的结果被环境拒绝，then 知识基因的价值水平减少。

2）学习规则集

If 环境要素变化，then 知识基因处于知识流动状态。

If 属性标识匹配，then 知识基因中知识能力较低者改变。

If 知识能力接近，then 知识基因中属性标识较低者改变。

If 知识基因的现有范式被环境拒绝，then 知识基因中属性标识改变。

3）调整规则集

If 环境要素变化，then 知识基因处于知识反馈状态。

If 知识基因中属性标识的涌现结果相似，then 特定环境要素变化。

If 知识基因中知识能力的涌现结果相似，then 特定环境要素变化。

If 知识基因中价值水平的差值接近（<2），then 环境中知识基因的数量不再增加。

3. Agent 域设计

虽然战略联盟具有明显的跨时空特性，但联盟组织在知识流动对象的选择上具有主观的倾向和要求（Amaldoss and Staelin，2010），加之不同类型的环境变化及知识流动客观条件的制约，导致联盟组织间建立知识联结的选择范围和条件可能受到影响，故需要对仿真中知识流动对象的选择域进行设计。本节采用拓扑距离法设定邻域集合（Morone and Taylor，2004），依次从知识基因的属性标识、知识能力和价值水平进行择优选择，即一个单元时间内，每个 Agent 在重新连接时必须遵守属性标识优先匹配的连接机制。然后，为减少合作成本，降低联盟机会主义发生的概率，规定 Agent 只要在邻域内找到最少一个知识能力满足的对象时即可进行知识流动，且无须在邻域中找到效用最大或最小的对象。由此，将邻域集合 θ_i 的表达式写为

$$\theta_i = \left\{ n_i, n_j \in k_i(t) \middle| \text{Kene}(C > A > E) \right\} \tag{3.13}$$

4. 稳定性设计

考虑到战略联盟内不同知识基因的初始状态（知识价值的分布）（Wang et al.，2014）和交互状态（组合潜力）（Brennecke and Rank，2017）可能存在差异，加之知识单元现有知识存量同样可能随知识流动持续进行而产生变化（Yayavaram and Ahuja，2008），故借鉴 Kim 和 Park（2009）的研究，引入知识创造系数 $\Re_t$ 和知识衰减系数 λ 计算单个知识基因的知识存量。在此基础上，为准确判断知识流动网络适应性演化过程的稳定性，改进 NetLogo 软件中的信息喷流（informational cascades）模型，并对式（3.12）的部分变量进行改进，将战略联盟知识流动网络内的知识流动矢量视为演化的信息喷流矢量，并用 Q_t 表示：

$$Q_t = \text{Max}\left\{ \frac{q_i}{\text{Nexpertise}} [(1 + \Re_i q_i) - |\lambda| q_{i,t}] \right\} \tag{3.14}$$

对于式（3.14）中的 Nexpertise，规定仿真中主体间的最大距离为 Max(Dis)，知识流动双方的直线距离为 Dis，则产生知识流动主体间的空间距离表示为

$$\text{Nexpertise(现)=expertise(原)+}\frac{\text{Max(Dis)} - \text{Dis}}{\text{Max(Dis)}} \tag{3.15}$$

其中，$q_{i,t}$ 表示一个知识基因动态变化的知识存量。根据知识基因的维度设计，规定知识流动双方至少在一个维度上存在知识势差。同时，选择域内，距离越近的知识基因将以更高的概率产生较多的知识流动流量。当知识流动发生时，流量可表示为参与知识流动的两个或多个知识基因中 capability、ability 和 expertise 一个或多个数值的叠加。矢量值叠加后的知识流动网络状态对应式（3.13）中 $h_m(t)$ 的信息数量，用状态向量表示：

$$\text{SV}(Q_t) = \Pi\left\{ C_{Q_t}(\text{SV}(Q_t)), A_{Q_t}(\text{SV}(Q_t)), E_{Q_t}(\text{SV}(Q_t)) \right\} \tag{3.16}$$

由此，结合式（3.4）的战略联盟知识流动网络演化的概率 $p(t)$，得到离散时间假设情境下，战略联盟知识流动网络稳定性的表达式：

$$W = \text{SV}(Q_t) \times P_Q(t) \tag{3.17}$$

由于演化的稳定程度是相对变量，故借鉴 Sornette 的区分方法，以中值（0.5）为稳定性波动界限，并将式（3.17）转换为 Logo 语言代入 NetLogo 软件中的信息

喷流模型完成稳定性设计。

3.2.2　仿真环境设计

仿真环境是研究资源有限情境下，战略联盟知识流动网络演化的基本情境条件，可以通过一系列的数学表达式，以及 Agent 属性设计进行完整描述。本节以 Gilbert 等（2007）、袭希和孙冰（2015）等的研究体系为依据设计仿真环境。

（1）仿真中的 turtle 代表战略联盟知识流动网络内的知识基因。

（2）区别于现有研究的 CAE（capability，ability，expertise）设计，本节考虑到知识流动网络具有多维性以及“刺激”导向下的演化具有方向性，采用维度对称映射的方法：设定横轴代表知识基因的知识能力，纵轴代表知识基因的属性标识，视图方向从<CAE>的 Min 至 Max 方向延伸，即距离原点（左下）越远，数值越大。

（3）仿真环境为战略联盟的知识流动网络环境，设定仿真环境由 10 000 个 patch（瓦片，对应知识基因）共同构成。在空间内对每个独立知识基因的<CAE>进行随机赋值，其中，属性标识 capability$\in[0,20]$，知识能力 ability$\in[0,20]$，价值水平 expertise$\in[0,60]$。其中价值水平的视图方向沿 z 轴向最小值延伸，对应仿真中知识基因的适应强度，与知识基因的体积正相关。

（4）“刺激—反应”原理是控制和描述战略联盟知识流动网中，知识基因相互作用和影响的过程，故将式（3.1）~式（3.17）的变量关系转换为 Logo 语言设计环境。

（5）仿真阶段从战略联盟知识流动网络协同演化的初始状态开始，知识基因的数量为 $n\in[0,100]$。

3.3　资源有限情境下战略联盟知识流动网络协同演化临界涌现的仿真实验

3.3.1　基于演化阶段的涌现机理分析

首先进行 10 组随机赋值的仿真预测试，根据预测试结果，发现在界定的知识基因的赋值范围内，当仿真进行到步长为 55~70 时，战略联盟知识流动网络的协同演化基本完成，各指标趋于稳定状态且仿真不会出现随机崩溃的现象，因此，设定仿真步数为[0,70]。随后，进行正式的仿真试验操作，得到的结果如图 3.2 所示。其中，散点代表战略联盟知识流动网络内的知识基因，点的体积代表该时间节点知识基因的适应性。根据仿真中知识基因呈现的特点和态势，承袭 Lee 等（2016）在专利技术生命周期仿真的思想，将演化过程分为初始形成阶段[图 3.2（a）~图 3.2（c）]、过程涌现阶段[（图 3.2（d）~图 3.2（f）]和稳定集聚阶段[图 3.2（g）~图 3.2（i）]。

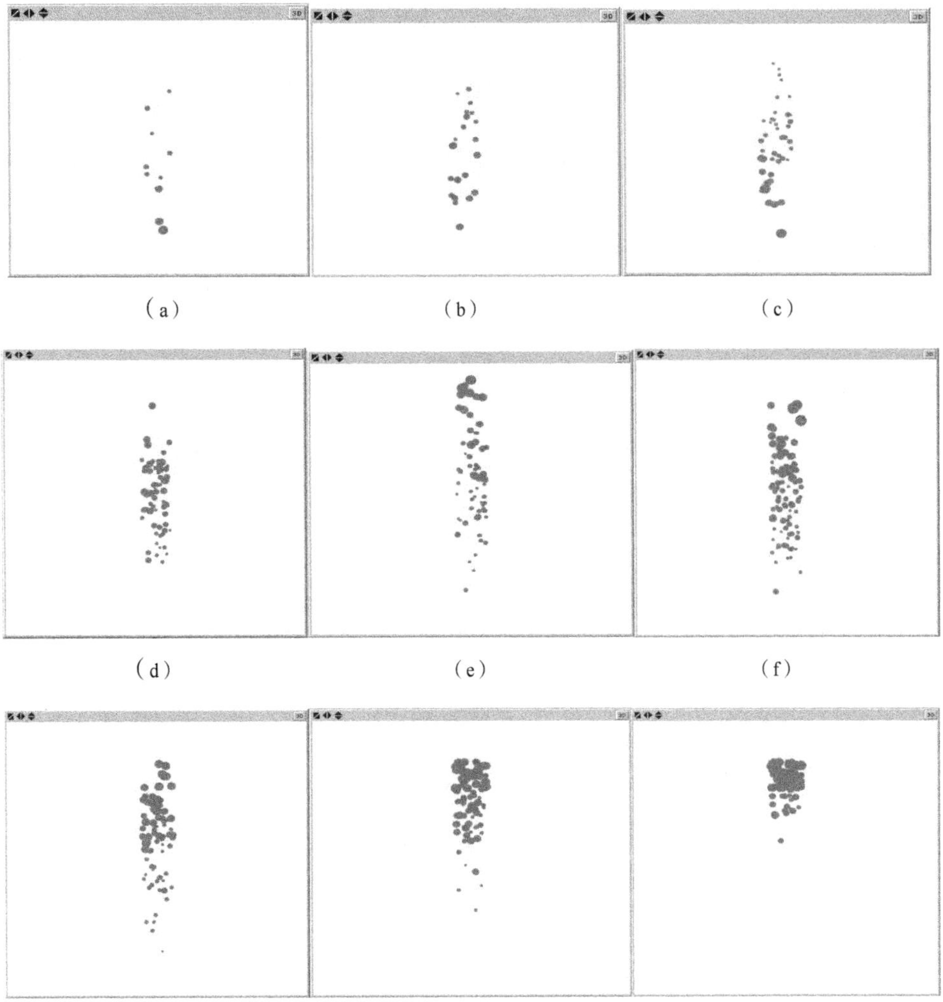

（a）　（b）　（c）　（d）　（e）　（f）　（g）　（h）　（i）

图 3.2　基于“刺激—反应”的战略联盟知识流动网络协同演化过程

1. 初始形成阶段

通过分析图 3.2（a）~图 3.2（c）可知，在知识流动网络协同演化的初始形成阶段，当环境发生变化对战略联盟产生“刺激”时，知识流动网络内知识基因的平衡关系被打破，一些对环境变化刺激产生反应的知识基因逐渐出现不稳定状态。观察并对比仿真视图发现，随着仿真步长的增加，知识基因增多并集中于仿真视图中下方，代表知识基因的属性标识普遍较低，说明此阶段知识流动网络与环境间的匹配程度较低。该结果说明，多数联盟组织不仅缺少明确的知识流动方向，而且对于借助知识流动改变现有的技术结构和社会关系持保守态度，现有技术类型主导的知识生产方式复杂程度低，联盟组织间的社会关系亦相对较差，战略联盟知识价值链的形成与利益分派也基本固定（Dussauge et al.，2000）。

仿真中有少数知识基因逐渐向属性标识较高的方向发展，此现象不仅揭示了随着部分联盟组织知识流动方向的逐渐明确，其产生了追求更高适应性的自发性需求和知识交互动机，而且证实了虽然环境变化具有不确定性和不可预测性，但联盟组织对环境的感知和预判，以及具有目的性的知识流动与交互可以推动知识流动网络更为有序地演化，说明基于“刺激—反应”的战略联盟知识流动网络协同演化并非完全随机。

2. 过程涌现阶段

首先，图 3.2（d）~图 3.2（f）清晰地显示，随着协同演化的进行，知识流动网络内活跃的知识基因呈快速增长趋势，知识基因集中的区域已经从空间的中下方移至中上方，不同知识基因间的空间距离逐步缩短，但整体上的集聚程度仍不够紧密。这种情况说明，在过程涌现阶段，联盟组织意识到环境变化“刺激”可能带来的机会与威胁，加之自我完善意识与提升适应性动机的增强，推动他们更积极、主动地加入到知识流动“反应”活动中，使得知识流动网络内不稳定知识基因的数量激增。凭借大量知识基因深度的非线性交互，联盟组织逐步感受到知识流动对自身发展、能力和知识水平的促进作用，继续顺延当前选择的属性标识方向开展以技术合作或社会资本投资为核心的知识流动活动（Zhao et al.，2015），知识基因在知识流动网络的集中区域向属性标识更大的方向移动。

其次，由于不同知识基因间的知识能力存在差异，故在知识流动的相互学习过程中，知识基因间的价值水平差距可能被拉大：一些知识能力较强的知识基因能够经历多次的环境检验完成试错，进而借助新的知识组合突破涌现临界，提升知识的价值水平；而知识能力较弱的知识基因可能在标识的筛选，或在与其他知识基因的相互作用过程中深陷演化困境，说明知识流动网络内的部分知识基因可能因较低的组合潜力和知识价值导致其在反应的初始阶段就被环境淘汰。对应地，知识水平差距的增大令战略联盟知识流动网络内产生明显的门槛效应，拥有价值水平高知识基因的联盟组织将扮演主导知识流动网络协同演化方向的角色。

最后，在协同演化的过程涌现阶段呈现了一种特殊现象：在图 3.2（e）中，属性标识数值较高区域的少量知识基因在步长更高的图 3.2（f）中消失。可能的原因是：①知识流动网络协同演化的结果（新知识组合）没有通过环境的检验。在此情况下，知识基因必须改变当前的演化标识，即联盟组织当前的知识流动方向或知识交互与组合的形式不够合理，致使联盟组织重新进入知识流动的学习与调整过程。②属性标识过高的知识基因可能面临 R&D 或知识组合的瓶颈；或社会关系过于突出，但技术能力过于落后的境地；或由于不愿“就低”选择知识流动对象，陷入无法组合形成新知识的尴尬境地。

3. 稳定集聚阶段

根据图 3.2（g）~图 3.2（i），在稳定集聚阶段，知识基因集中在仿真视图的上方，不同知识基因间产生了明显的集聚效应并形成了新的组合关系，知识流动网络也由此结束了一个周期的协同演化。这一结果说明在环境的“刺激”作用下，知识流动网络借助知识基因的选择、学习与调整“反应”方式，实现了由低阶向高阶的协同演化。此时，市场对知识流动网络中涌现的新知识组合的可接受程度，就成为评判协同演化结果的关键依据。

从演化主体与环境的互动关系分析，知识流动网络协同演化的结果需要接受环境的检验，倘若演化结果（新知识组合）没有被环境所接受，那么相关信息将反馈于知识流动网络内部产生新一轮“刺激”，致使网络内的不同知识基因重新进行选择、学习和调整的知识流动交互。如果协同演化的结果具备适应性，包括后续的资源配置模式、创新设施等外部环境因素将直接被影响，甚至当前的宏观政策制度也可能向其倾斜，激励战略联盟知识流动网络协同演化的可持续进行。

从战略联盟内部分析，经由环境检验后被认可的新知识（组合）提升了战略联盟知识流动网络中知识的复杂性和价值性，知识基因间的关联性和互补程度更高，未来知识流动的标识方向更多。同时，知识基因的显著集聚说明联盟组织间的“水乳交融”较以往而言更加紧密，战略联盟的社会关系也由此在知识基因交互过程中得到提升。这一结果说明，在战略联盟知识流动网络协同演化过程中，知识基因的交互作用与相互影响不仅可以有效推动联盟的技术进步，而且对组织间社会关系的提升也起到一定的促进作用。

3.3.2　基于网络维度指标变化的涌现机理分析

在知识流动网络协同演化趋于稳定后，截取网络构成维度的变化曲线，结果如图 3.3 所示。

（a）属性标识　（b）知识能力　（c）价值水平

图 3.3　基于“刺激—反应”的战略联盟知识流动网络维度变化

图中的横轴为演化的时间（步长），纵轴为每个知识基因中对应维度的变化

1. 属性标识变化分析

仿真图样中，横轴代表演化步长，纵轴代表<CAE>相应变量的绝对指标。图 3.3（a）显示，在战略联盟知识流动网络的一个协同演化周期内，属性标识曲线呈现了波动上升直至相对平缓的变化趋势。首先，在演化的初始阶段，属性标识出现了小幅的上下波动，可能的原因包括：①知识流动意愿间的竞争。当环境变化产生“刺激”时，部分对环境刺激更为敏感、具有明确知识流动方向的联盟组织活跃于战略联盟内，他们试图挑选符合条件的对象开展基于知识流动的知识基因交互，致使属性标识的数值上升。而一些对环境变化不敏感或持保守态度的联盟组织不愿承担机会主义的风险，故对环境“刺激”的“反应”行为持观望，甚至抵制知识流动的态度。在此情况下，知识流动网络内这些组织的知识基因很难识别可组合的对象，造成网络中有效的属性标识数值下降。②参与知识流动的联盟组织各自的知识基因具备较高的异质性，导致知识流动网络标识之间的竞争势必随联盟组织主导权利的产生而出现淘汰，属性标识在知识基因的相互竞争中产生波动。

在战略联盟知识流动网络协同演化的前中期，属性标识的增长速度极快，可能的原因是：①在战略联盟的成长阶段，知识流动的深入致使联盟组织对自身发展目标的认识更加清晰，具有组合潜力的知识基因的增加提高了知识的交互程度，知识流动网络协同演化可能面临更为丰富的方向选择。②相较于协同演化的初始阶段，网络内活跃的知识基因增多，导致网络中的知识组合机会呈显著上升趋势。在此情境下，一个知识基因可能同时拥有多个知识流动对象，进而导致属性标识的快速上升。

在协同演化的中后期，属性标识的演化非常平缓并逐渐趋于上限，可能的原因在于：①当知识流动网络内彼此交互的知识基因足够多时，无论是以技术合作为目的，还是以社会资本投资为初衷，都会使得网络内知识基因间的集聚程度增加。相应地，具有突出响应能力的联盟组织对环境“刺激”的感知和调整能力将大幅提升，知识流动网络协同演化的临界标识由此逐渐清晰，知识流动网络内不同知识基因的知识交互方向基本确定。②随着知识流动网络协同演化的进行，知识流动网络内知识基因所包含的信息内容可能趋于同质化，战略联盟的发展将围绕某一种或几种核心知识进行，导致联盟组织的知识流动方向逐渐固定。这种情况说明，在周期性的知识流动网络协同演化涌现过程中，虽然知识的复杂性和价值性随演化的深入而增加，但由于演化标识在知识基因的多次组合与适应性筛选后更明确，故属性标识的变化呈平缓趋势。

2. 知识能力变化分析

观察图 3.3（b）可知，随着战略联盟知识流动网络协同演化的进行，知识能力始终处于上升状态，说明知识能力随着知识基因的流动与交互得到提升，且不会受到演化不确定性等因素，以及知识同质化的过多影响或干扰。但需要注意的是，在协同演化的前期和中期，知识能力的提升速度较快，原因可能是：①联盟组织根据属性标识的方向，借助知识基因的流动与组合创造了新的知识组合，其知识能力也在知识基因的组合过程中快速提升。②随着知识流动网络协同演化的进行，联盟组织间的社会关系趋于稳固，组织间的空间距离逐步缩短，知识流动效率得以提升，由此进一步促进了知识流动活动的频繁开展，这对提升知识能力同样具有一定的推动作用。

在演化的中后期，知识能力的变化曲线逐步平缓，这是因为在战略联盟发展到一定阶段后，其技术范式已经基本确定，联盟组织也彼此熟识，联盟内的知识逐渐形成一致性水平。在此情境下，若没有新的组织加入战略联盟，对应新的知识基因出现在知识流动网络中，或联盟组织无法跨越联盟边界寻求新的知识流动对象，则联盟组织就可能无法获得快速提高自身能力的异质性知识基因。此时，知识能力的提升主要依托于联盟组织开展的生产实践活动，导致知识能力的平缓增长。

3. 价值水平变化分析

根据图 3.3（c），价值水平呈现了先下降后上升的近“U”形变化形式，这是一个非常有价值的现象，对应的管理学含义也是目前学者争论的焦点。目前，知识管理的知识效用论学派一直推崇知识流动能够提升联结主体知识水平和知识价值的观点。但社会资本理论与战略创新理论学派则对此持怀疑态度，认为知识流动并非一直对知识水平和知识价值起到促进作用（Inkpen and Tsang，2005）。而本节获得的价值水平变化曲线一定程度上可以对两种相悖的观点予以解释。

一方面，根据知识效用论，知识流动对战略联盟技术创新、社会关系以及联盟组织协同发展的作用必须被承认。但在协同演化的初期，知识流动网络内的知识基因比较分散，说明联盟组织间存在较大的技术差距和明显的社会距离，加之联盟组织知识流动方向的不明确，以及知识基因分布不均衡、信息不对称性等问题，导致此阶段知识流动网络内知识基因的组合潜力较低，网络内的知识组合机会少，联盟整体的知识水平亦因此出现下降。随着协同演化的进行，多边的知识流动联结提高了网络内知识基因的流动效率与流量。加之联盟整体性的提升以及战略层面上共同认知的形成，联盟组织参与知识流动的动机发生转变。他们更倾向于共同推动知识流动网络协同演化的临界涌现，对应仿真模型中联盟的知识水平和知识价值的提升。

另一方面，技术演化理论认为，联盟技术的发展存在路径依赖，已经被认可的技术产生突破性创新的概率很低。这是由于在联盟技术演化的轨迹上，创新多属于渐变或微小的改进。虽然演化临界的非线性放大作用能够推动技术变革，但改进的轨道多遵循原有的路径。加之在演化初期，联盟组织源于认知有限的创新短视、相对陌生的社会关系，以及对突破性创新潜在风险的担忧和抵触，因此，即便参与知识流动的联盟组织分享了可能推动突破性创新的高价值异质性知识基因，也可能因其他组织较大的社会距离、错误的主观臆断和创新惯性，判定此类知识并不适用于现有的技术改进，导致知识出现了错误的“贬值”。但随着市场需求变化周期的缩短，联盟组织意识到为了应对环境变化及资源趋紧的制约，必须借助高价值异质性知识基因的流动与交互摆脱原有的路径依赖。由此，知识流动的价值便被凸显，联盟组织不仅试图借助知识流动达到合作创新的共同获益，更期望通过知识流动对社会关系的推动作用，共同实现突破性创新。知识流动网络内更多知识基因的价值被认可，对应网络中知识组合机会显著增加，加之突破性创新本身也会大幅提升联盟的知识水平和价值，故在协同演化的中后期，价值水平得到提升。

第4章　不同资源配置导向下战略联盟知识流动网络协同演化的涌现特征研究

4.1　不同资源配置模式的形成机理

当战略联盟知识流动网络产生系统失稳后，受外部具有目的性主体因素的干扰，加之演化本身具有的自发性和多样性特征，导致知识流动网络将可能存在不同形式和方向的演化趋势。因此，分析知识流动网络演化的涌现特征不仅需要探讨系统失稳的先决条件，而且要明确主体因素对于网络演化的干扰与导向作用。由于战略联盟组建知识流动网络的初衷是应对资源的有限制约，故本书将战略联盟可能采用的资源配置模式视为影响知识流动网络协同演化临界涌现最为重要的外部干扰因素。

基于“技术—社会”的交互效应观点，任何形式的知识流动网络中组织（知识主体）拥有的资源均具备典型的有限特征，这些资源不仅要应用以知识创造为基础的技术创新合作活动，也要用于社会资本的投入和维持（Hansen et al., 1999）。考虑到战略联盟内组织间多元化的合作模式，不同规模、类型的组织都会在参加技术合作活动和社会资本投资之间权衡分配有限资源。如果组织在合作过程中更加关注社会关系的建立与维护，那么网络中知识主体的重心就更加倾向于相互认知知识资源的积累，此时组织就偏重社会资本的投资。而如果组织试图将现有资源应用在以知识创造为主的技术研发合作活动中，以此提高自身在商业生态环境中的核心竞争优势，则其将更倾向于将有限资源投入到更具效率的技术合作创新活动中。可见，不同类型的组织在合作过程中将按照各自实际的发展需求和创新战略部署配置资源。相应地，战略联盟内各组织间基于知识流动所形成的技术网络和社会关系网络之所以具有协同演化的特质，其根本原因就在于联盟组织在对有限资源进行配置决策时，知识的多元化作用导致决策结果一定会对技术合作和社会关系同时造成影响。例如，如果组织试图将有限资源投入到技术的合作创新中，则投资于社会资本的资源势必较少。然而，在以知识流动为前提的合作创新过程中，组织间在推进技术合作进程的同时，其社会关系势必也会随着合作程度的加深而发生变化。意即，技术合作创新与社会资本积累势必存在相互影响的协同特性变化（Zhao et al.，2018），而组织在战略联盟中选择的决策行为就取决于他们根据发展需求侧重于在哪个方面投入更多的资源。在此背景下，战略联盟知识流动网络的协同演化就可理解为战略联盟内的多个知识主体（组织）根据自身现状，基于不同资源配置模式的差异化导向作用，对技术合作创新策略与社会资本投资策略进行选择后，所形成的协同决策关系导致的技术网络和社会网络的交叉影响与共同演进。据此，本节建立参与技术合作与社会资本投资的协同决策矩阵（图 4.1），以此完整诠释知识流动网络内有限资源配置、社会资本投资策略以及技术合作策略三者间的互动关系。

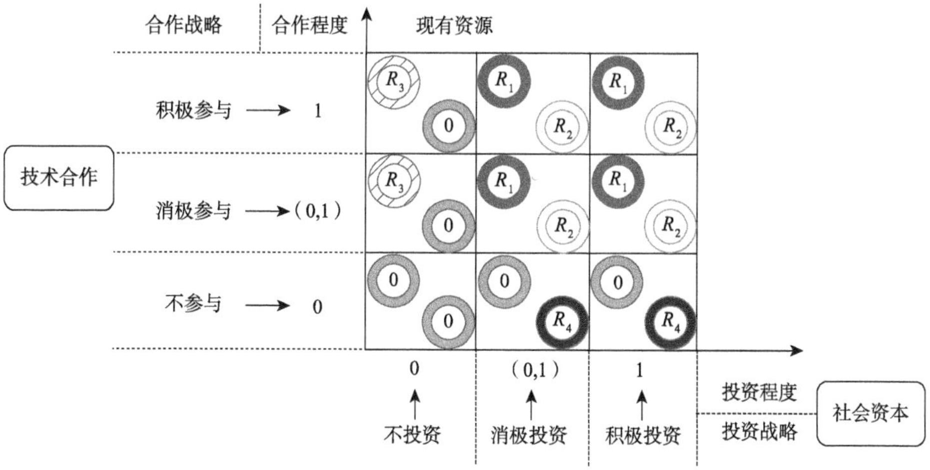

图 4.1　技术合作与社会资本投资的协同决策矩阵

图 4.1 展示了以有限资源为前提，联盟组织根据实际需求对技术合作和社会资本进行投资的协同决策矩阵。$R_j(j=1,2,3,4)$ 表示联盟组织根据发展需求所投入的资源。根据图 4.1 中构建的不同技术合作创新和社会资本投资混合策略下组织资源配置的关系分布，假定参与技术合作创新的预期收益以及投资社会资本获得的预期收益固定不变，根据知识基础观对社会资本投资类型的划分，以及有限资

源配置约束下影响知识流动合作创新的主要因素（Nielsen，2005；Zhuge，2002，2006；Gilsing and Nooteboom，2005），本节将战略联盟知识流动网络的资源配置模式总结为以下 4 种类型。

（1）随机导向型。该种资源配置模式是指战略联盟知识流动网络内各个组织（知识主体）认为，技术合作创新策略与社会资本投资策略的相互选择没有直接关系或影响。以此为情境，联盟组织在随机挑选一方策略的情况下，考虑或选择另一方策略必将消耗更多的资源。这种关系在协同决策矩阵中具体表示为 $R_3 < R_1$ 且 $R_4 < R_2$。

（2）关系导向型。该类型资源配置模式中，参与知识流动的联盟组织认为参与基于知识流动的技术合作创新活动不影响自身社会资本的积累和投资，即两种策略的演化均相对独立，故联盟组织的资源配置更加偏好于社会资本的投资，设定 $R_4 > R_2$。对应地，参与知识流动的技术合作创新就在社会资本的投资与积累中进行，即联盟组织间的技术合作创新依托于社会资本的投资与积累，并实现逐步深化。此情境下，推动技术网络演化的资源配置偏好于在已经积累或未来会持续投资，且已经建立相对稳定社会关系的组织间产生，因此得到 $R_3 < R_1$。理论层面上，关系导向型的资源配置模式更有可能被网络内已经存在弱联结的组织间所采用。

（3）合作导向型。区别于关系导向型，合作导向型资源配置模式是指联盟组织认为社会资本的投资与积累不会影响技术合作创新的持续推进。意即，技术网络的资源配置源于联盟直接采用多种形式参与基于知识流动的技术合作创新，由此设定 $R_3 > R_1$。相应地，社会资本则是在联盟组织开展技术合作创新的过程中逐步实现累积，设定 $R_4 < R_2$。理论层面上，当核心组织已经占据网络“结构洞”位置（Wasserman and Faust，1994），并以中介的“桥接”推动作用促进其他联盟组织间开展技术合作创新时，更有可能采用合作导向型资源配置模式。

（4）知识嵌入型。借鉴 Nielsen（2005）的思想，知识嵌入型资源配置模式是指网络内各组织基于信任或互惠的强联结而进行基于知识流动的技术合作创新（Amaldoss and Staelin，2010；Schilling and Phelps，2007；Singh，2005）。参与知识流动的联盟组织认为，技术合作创新与社会资本投资会对彼此产生积极的正向影响，即技术合作参与策略与社会资本投资策略相互依托且逐步深化。在此背景下，进行知识流动的联盟组织的资源呈无明显的配置偏好，在协同决策矩阵中表现为 $R_3 > R_1$ 和 $R_4 > R_2$。

4.2　不同资源配置模式导向作用的演化博弈模型

4.2.1　模型的基本假设

战略管理理论认为，战略联盟是一种不完全协议下组织之间追求共同利益目标的共生产物（Barney，1986，1991；Baum et al.，2005）。因此，从技术合作创新的角度分析，对于处于高度不确定性环境中的战略联盟各组织而言，如果他们试图借助合作关系的知识流动方式弥补自身不足，那么自身的资源禀赋将起到关键作用（Stuart，2000）。知识资源的互补对于联盟组织间通过技术合作创新，创造具有显著竞争优势就显得尤为重要（Madhok and Tallman，1998）。Hitt 等（2000）证实，联盟组织间异质且互补的稀缺知识资源不仅能够帮助组织确立范围经济，而且可以加快网络内组织间的学习和创新，从而更为有效地推动战略联盟开发出新的技术和技能（Lavie et al.，2012）。由此，若想达到提升核心竞争优势的目的，联盟组织势必需要根据自身知识资源的特点寻找互补的伙伴，建立基于知识流动的技术合作创新关系（Parkhe，1991）。

另外，社会资本是改变战略联盟组织间的关系密切程度和信任程度的核心因素。Uzzi（1997）等均指出，良好的社会关系对于拉近组织间的心理距离和知识距离，进而改变组织间的共生关系，提升合作绩效具有积极的促进作用。同时，社会资本的投入与积累可以帮助战略联盟内组织以更低的成本和更高的效率，追求共同利益，并据此形成战略的相互依赖和组织间的协同共演。这种良好的社会关系也为知识的有效流动提供了更多的机会（Rothaermel，2001）。

进一步地，战略联盟知识流动网络的形成源于不同组织采用诸如契约、股权转让、非正式转移等多种形式产生的知识交换（Zhuge，2002，2006；Sorenson et al.，2006）。知识理论认为，联盟组织进行知识流动的根本目的是借助知识资源的互补与融合实现知识创造，并将创造的新知识应用于新产品的研发及其后续商业化活动之中，以此形成其他组织难以模仿的、独有的核心竞争优势（Nonaka and Konno，1998）。当联盟组织建立了基于知识的联结关系时，知识流动网络由此形成。网络中每个节点代表一个联盟组织，联盟组织基于不同程度的知识流动意愿（积极或消极）参与彼此间的合作。如果联盟组织能够通过与合作伙伴的交流获得稀缺资源并达到预期收益，那么该组织参与知识流动的意愿就会更加强烈，其行为亦愈发积极主动。相应地，倘若联盟组织认为参与知识流动可能导致自身核心知识的泄露或无法获取当前发展所需的资源，那么该组织的知识流动意愿便可能是保守甚至是较为消极。然而，只要合作关系形成，那么在知识流动网络中，无论知识主体的知识流动意愿如何，他们在进行以“战略互补，互惠获益”为目标的技术合作创新活动时必然会进行反复的接触与磨合，由此形成以创新为宗旨的强联结，并在试图与更多组织建立合作关系的过程中形成网络中纷繁复杂的弱联结（Granovetter，1985），技术合作创新的效率和效果就会在组织间联结关系的变化中得到提升（Cowan and Jonard，2004）。

同时，由于针对社会关系所进行的投资会使知识流动网络在演化过程中积累并形成新的社会资本，通过吸引更多组织加入合作关系提高合作网络内部隐性知识的转移程度，改善组织间的关系强度和信任（Madhok and Tallman，1998），对于提升知识流动网络的稳定性和知识流动效率将起到积极的促进作用。因此，联盟组织在参考技术合作创新绩效和组织现有资源配置的前提下，也会根据合作关系和自身情况分析社会资本的潜在影响，权衡决定是否进行社会资本的投资（主动投资、保守投资、不投资）。可见，技术合作的参与和社会资本的投资在战略联盟知识流动网络中存在一定程度上的策略协同决策现象。考虑到知识流动网络包括以交互形式整合稀缺资源，通过技术改进和创新提高创新效率的技术网络，以及以社会资本为核心构成要素的社会关系网络（Hansen et al.，1999；Sorenson et al.，2006；Szulanski，2000），故推断技术合作创新的知识资源互补性和社会资本的投资与积累对战略联盟知识流动网络的协同演化具有本质上的影响，技术进步与社会资本积累的协同决策必然会导致知识流动网络出现技术合作网络与社会关系网络的协同演化。

综上所述，为对战略联盟知识流动协同演化的涌现特征进行分析，首先围绕知识资源互补性与社会资本投资提出如下假设。

假设 1：战略联盟知识流动网络内，联盟组织间的知识资源互补属性是技术网络演化的序参量，社会资本是社会网络演化的序参量。

假设 2：战略联盟知识流动网络协同演化的博弈双方分别为技术网络中知识主体的知识资源互补属性，以及社会网络中知识主体的社会资本属性两类。

假设 3：根据图 4.1，在战略联盟知识流动网络中，技术网络的知识资源互补属性使得技术合作具有参与和不参与两种策略，社会网络的社会资本属性导致社会资本具有投资和不投资两种策略，由此形成{（参与,投资），（参与,不投资），（不参与,投资），（不参与,不投资）}的策略集合。

4.2.2　复制动态方程与演化稳定策略

根据假设，我们建立以不同资源配置为前提的战略联盟知识流动网络协同演化支付矩阵，如表 4.1 所示。

表4.1　演化支付矩阵

		社会资本	
		投资	不投资
技术合作	参与	C_b-R_1，I_b-R_2	C_b-R_3，0
	不参与	0，I_b-R_4	0，0

支付矩阵中，C_b、I_b、$R_j(j=1,2,3,4)$ 为正实数且满足 3 个条件：$R_4<R_3$，$0<R_1+R_2<R$，$0<R_j<R$。R 表示联盟组织当前的资源集合；C_b 表示连续时间内联盟组织参与技术合作创新的预期收益；I_b 表示连续时间内联盟组织社会资本投资的预期收益；R_j 表示不同策略选择下付出的成本。理论层面上 $C_b>R_3$，$I_b>R_4$。

假设战略联盟知识流动网络内的各联盟组织（知识主体）选择“参与”策略的博弈比例为 x（$0<x<1$），x 值对应技术网络的规模，则采用“不参与”策略的比例为 $1-x$。同时，假设在知识流动网络中，博弈群体选择“投资”策略的博弈比例为 y（$0<y<1$），y 值对应社会网络的规模，则采用“不投资”策略的比例为 $1-y$。由此得到收益矩阵，如表 4.2 所示.

表4.2　演化收益矩阵

技术合作创新的期望收益		社会资本投资的期望收益	
参与	$\Phi_c=y(C_b-R_1)+(1-y)(C_b-R_3)$	投资	$\Phi_i=x(I_b-R_2)+(1-x)(I_b-R_4)$
不参与	$\Phi_{nc}=y\cdot 0+(1-y)\cdot 0=0$	不投资	$\Phi_{fi}=x\cdot 0+(1-x)\cdot 0=0$
期望收益	$\bar{\Phi}_c=x\Phi_c+(1-x)\Phi_{nc}=x\Phi_c$	期望收益	$\bar{\Phi}_i=y\Phi_i+(1-y)\Phi_{fi}=y\Phi_i$

“技术合作创新”与“社会资本投资”的复制动态方程为

$$\frac{\mathrm{d}x}{\mathrm{d}t}=x(\Phi_c-\bar{\Phi}_c)=x(1-x)\Phi_c=x(1-x)[C_b-R_3+y(R_3-R_1)] \tag{4.1}$$

$$\frac{\mathrm{d}y}{\mathrm{d}x}=y(\Phi_i-\bar{\Phi}_i)=y(1-y)\Phi_i=y(1-y)[I_b-R_4+x(R_4-R_2)] \tag{4.2}$$

对式（4.1）求解，当 $\frac{\mathrm{d}x}{\mathrm{d}t}=0$ 时，可得采用参与策略的技术网络演化稳定策略（evolutionary stable strategy，ESS）为 $x^*=0$ 或 $x^*=1$。根据演化博弈理论的要求（Simth and Price，1973），对式（4.1）求导：

$$\frac{\mathrm{d}^2 x}{\mathrm{d}t^2} = (1-2x)[C_b - R_3 + y(R_3 - R_1)] \tag{4.3}$$

对式（4.3）进行讨论，若 $C_b - R_3 + y(R_3 - R_1) > 0$，则在 $x^* = 1$ 时，式（4.3）满足 $\frac{\mathrm{d}^2 x}{\mathrm{d}t^2} < 0$ 的演化策略分析条件，故 $x^* = 1$ 为唯一的演化稳定状态。若 $C_b - R_3 + y(R_3 - R_1) < 0$，则在 $x^* = 0$ 时，式（4.3）满足 $\frac{\mathrm{d}^2 x}{\mathrm{d}t^2} < 0$ 的演化策略分析条件，故 $x^* = 0$ 为唯一的演化稳定状态。若 $C_b - R_3 + y(R_3 - R_1) = 0$，可得 $y = \frac{R_3 - C_b}{R_3 - R_1}$，则式（4.3）中所有的 x 均为演化稳定状态。如果 $y \neq \frac{R_3 - C_b}{R_3 - R_1}$，由于假设规定 $C_b > R_3$，故存在以下两种情况。

（1）情况 1：如果 $R_3 - R_1 < 0$，则通过 $C_b - R_3 + y(R_3 - R_1) > 0$，可得 $y < \frac{R_3 - C_b}{R_3 - R_1}$，此时 $x^* = 1$ 为唯一的演化稳定状态；当 $y > \frac{R_3 - C_b}{R_3 - R_1}$ 时，$x^* = 0$ 为唯一的演化稳定状态。

（2）情况 2：如果 $R_3 - R_1 > 0$，则通过 $C_b - R_3 + y(R_3 - R_1) > 0$，可得 $y > \frac{R_3 - C_b}{R_3 - R_1}$，此时 $x^* = 1$ 为唯一的演化稳定状态；当 $y < \frac{R_3 - C_b}{R_3 - R_1}$ 时，$x^* = 0$ 为唯一的演化稳定状态。

同理，对式（4.2）求解，当 $\frac{\mathrm{d}y}{\mathrm{d}t} = 0$ 时，可得采用投资策略的社会网络演化稳定策略为 $y^* = 1$ 或 $y^* = 0$。对式（4.2）求导：

$$\frac{\mathrm{d}^2 y}{\mathrm{d}t^2} = (1-2y)[I_b - R_4 + x(R_4 - R_2)] \tag{4.4}$$

对式（4.4）进行讨论，若 $I_b - R_4 + x(R_4 - R_2) > 0$，则在 $y^* = 1$ 时，式（4.4）满足 $\frac{\mathrm{d}^2 y}{\mathrm{d}t^2} < 0$ 的演化策略分析条件，故 $y^* = 1$ 为唯一的演化稳定状态。若 $I_b - R_4 + x(R_4 - R_2) < 0$，则在 $y^* = 0$ 时，式（4.4）满足 $\frac{\mathrm{d}^2 y}{\mathrm{d}t^2} < 0$ 的演化策略分析条件，故 $y^* = 0$ 为唯一的演化稳定状态。若 $I_b - R_4 + x(R_4 - R_2) = 0$，可得 $x = \frac{R_4 - I_b}{R_4 - R_2}$，则式（4.4）中所有的 y 均为演化稳定状态。如果 $x \neq \frac{R_4 - I_b}{R_4 - R_2}$，由于假设规定 $I_b > R_4$，故存在以下两种情况。

（1）情况 1：如果 $R_4 - R_2 < 0$，则通过 $I_b - R_4 + x(R_4 - R_2) > 0$，可得 $x < \dfrac{R_4 - I_b}{R_4 - R_2}$，此时 $y^* = 1$ 为唯一的演化稳定状态；当 $x > \dfrac{R_4 - I_b}{R_4 - R_2}$ 时，$y^* = 0$ 为唯一的演化稳定状态。

（2）情况 2：如果 $R_4 - R_2 > 0$，则通过 $I_b - R_4 + x(R_4 - R_2) < 0$，可得 $x > \dfrac{R_4 - I_b}{R_4 - R_2}$，此时 $y^* = 1$ 为唯一的演化稳定状态；当 $x < \dfrac{R_4 - I_b}{R_4 - R_2}$ 时，$y^* = 0$ 为唯一的演化稳定状态。

根据上述分析，建立技术网络与社会网络的 ESS 分布矩阵，如表 4.3 所示。

表4.3　ESS分布矩阵

资源配置模式	判断依据	阈值条件		ESS 点分布	
随机导向型	$R_1 - R_3 > 0$	$y > (C_b - R_3)/(R_1 - R_3)$	$y < (C_b - R_3)/(R_1 - R_3)$	$x^* = 0$	$x^* = 1$
	$R_2 - R_4 > 0$	$x > (I_b - R_4)/(R_2 - R_4)$	$x < (I_b - R_4)/(R_2 - R_4)$	$y^* = 0$	$y^* = 1$
合作导向型	$R_1 - R_3 < 0$	$y > (C_b - R_3)/(R_1 - R_3)$	$y < (C_b - R_3)/(R_1 - R_3)$	$x^* = 1$	$x^* = 0$
	$R_2 - R_4 > 0$	$x > (I_b - R_4)/(R_2 - R_4)$	$x < (I_b - R_4)/(R_2 - R_4)$	$y^* = 0$	$y^* = 1$
关系导向型	$R_1 - R_3 > 0$	$y > (C_b - R_3)/(R_1 - R_3)$	$y < (C_b - R_3)/(R_1 - R_3)$	$x^* = 0$	$x^* = 1$
	$R_2 - R_4 < 0$	$x > (I_b - R_4)/(R_2 - R_4)$	$x < (I_b - R_4)/(R_2 - R_4)$	$y^* = 1$	$y^* = 0$
知识嵌入型	$R_1 - R_3 < 0$	$y > (C_b - R_3)/(R_1 - R_3)$	$y < (C_b - R_3)/(R_1 - R_3)$	$x^* = 1$	$x^* = 0$
	$R_2 - R_4 < 0$	$x > (I_b - R_4)/(R_2 - R_4)$	$x < (I_b - R_4)/(R_2 - R_4)$	$y^* = 1$	$y^* = 0$

通过对 ESS 的分析可以发现，技术网络和社会网络的演化稳定策略均分为 2 种不同的情况存在，因此很难直接求得博弈双方的稳定策略组合（x^*, y^*）。本节综合考虑上述博弈双方演化稳定策略的不同情况，结合 4 种类型的资源配置模式及相关判断依据，统计战略联盟知识流动网络内，选择技术合作“参与”策略、社会资本“投资”策略的各组织稳定策略变化方向，即 ESS 点分布，得到 4 组两群体复制动态和稳定性图示，如图 4.2 所示。

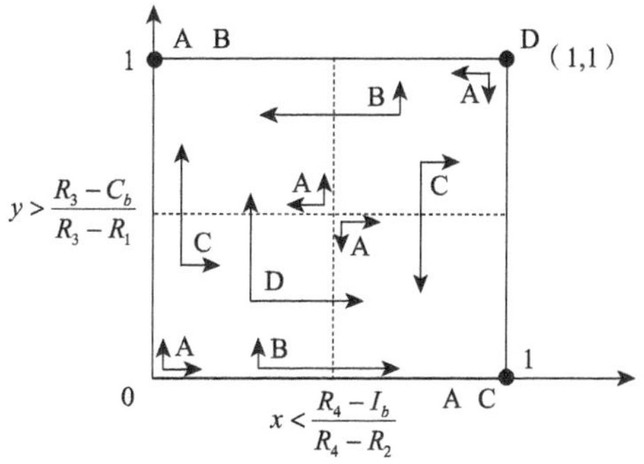

图 4.2　基于不同资源配置模式的战略联盟技术网络与社会网络演化稳定点

根据图 4.2 可知，在随机导向型资源配置模式下，由于无法明确战略联盟知识流动网络内联盟组织的资源配置偏好，故多数联盟组织极有可能跟随核心组织的资源配置偏好而进行有限资源的分配，导致战略联盟知识流动网络逐步演化为纯粹的技术网络或社会网络。在关系导向型资源配置模式作用下，战略联盟知识流动网络内，联盟组织虽然基于弱联结，建立了以知识流动为前提的技术合作创新关系，但由于各节点的资源配置偏好于社会资本的投资，故在技术合作投入及参与程度不够的情况下，战略联盟知识流动网络可能因合作创新的失败而演化为社会网络。在合作导向型资源配置模式的作用下，战略联盟知识流动网络内，联盟组织间虽然能借助占据“结构洞”位置核心组织的中介作用建立知识流动关系，但考虑到联盟组织的资源配置偏好于技术合作创新，故在社会资本积累及维护不够充分的情况下，战略联盟知识流动网络同样可能因忽视社会关系的维系而演化为技术网络。最后，在知识嵌入型资源配置模式的作用下，战略联盟知识流动网络内的联盟组织能够基于强联结建立合作关系，加之各节点的资源配置无偏好，即社会资本的积累与技术合作创新彼此积极影响，故战略联盟知识流动网络更有可能借助全面参与的技术合作创新，以及稳定的社会关系演化为技术网络和社会网络交织的协同网络。

4.3 不同资源配置对战略联盟知识流动网络协同演化的导向作用

4.3.1 研究的限定条件

基于 4.1 节的分析，本节同样采用演化博弈理论与方法对战略联盟的资源配置模式问题予以进一步探索，进而揭示不同资源配置模式对战略联盟知识流动网络协同演化的导向作用。为满足演化博弈理论的研究要求，首先提出研究的限定条件。

（1）条件 1：在根据市场环境、联盟环境和自身发展需求配置资源的过程中，联盟组织均为有限理性。同时，由于联盟组织的资源配置决策会随环境的变化而改变，因此，采用不同资源配置模式的多个联盟组织间的知识流动无法一次获得最优策略，他们需要多次进行策略的调整和改变，最终得到利于战略联盟知识流动网络系统演化稳定的策略。

（2）条件 2：博弈双方为将资源投入到技术合作创新，以及将资源投入到社会资本积累的两种不同资源配置策略。

（3）条件 3：联盟组织存在两种资源配置方向的 4 种选择，包括技术合作创新的参与策略（概率为 x）和不参与策略（概率为 $1-x$），以及社会资本的投资策略（概率为 y）和不投资策略（概率为 $1-y$），在博弈中形成战略行为类型{（参与,投资），（参与,不投资），（不参与,投资），（不参与,不投资）}。

（4）条件 4：对于选择将有限资源投入到社会资本的联盟组织，设定基于资源投入的社会资本积累为 S，社会资本转化为收益的系数为 α，则联盟组织通过社会资本投资获得的收益为 αS。对于选择将有限资源投入到技术合作创新的联盟组织，设定基于资源投入的技术合作创新成果为 T，技术合作创新转化为收益的系数为 β，则联盟组织借助技术合作创新获得的收益为 βT。

（5）条件 5：规定联盟组织在没有进行技术合作创新投入和社会资本投资的情况下，借助技术优势和社会关系获得的初始收益分别为 A 和 B。同时，考虑发生机会主义的情况，如果某一联盟组织制定了技术合作创新的投资策略，那么设定基于机会主义行为的另一联盟组织可以获得的机会主义收益为 K_1。类似地，如果某一联盟组织选择将资源投入到社会资本的积累中，那么设定基于机会主义行为的另一联盟组织获得的机会主义收益为 K_2。

根据提出的假设，进一步完善前文提出的战略联盟知识流动网络资源配置的演化支付矩阵，如表 4.4 所示。

表4.4　博弈演化支付矩阵

		社会资本			
		投资		不投资	
技术合作	参与	$\alpha S+B-R_1$	$\beta T+A-R_2$	$B-R_3$	$A+K_1$
	不参与	$B+K_2$	$A-R_4$	B	A

演化博弈过程分为两部分，分别是社会资本的演化博弈和技术合作创新的演化博弈，首先对战略联盟知识流动网络中社会资本的演化博弈过程进行分析：投资社会资本的策略的收益为 U_1，不投资社会资本的策略的收益为 U_2，两种策略的平均收益为 $\overline{U}$。根据表 4.4 得到：

$$
\begin{aligned}
&U_1 = x\left(\beta T + A - R_2\right) + (1-x)\left(A - R_4\right)\\
&U_2 = x\left(A + K_1\right) + (1-x)A\\
&\overline{U} = yU_1 + (1-y)U_2
\end{aligned}
\tag{4.5}
$$

则社会资本投资策略的复制动态方程写为

$$\frac{\mathrm{d}y}{\mathrm{d}t}=y\left(U_1-\bar{U}\right)=y(1-y)U_1=y(1-y)\left[x\left(\beta T+R_4-R_2-K_1\right)-R_4\right] \quad (4.6)$$

设定 $\frac{\mathrm{d}y}{\mathrm{d}t}=0$，得到式（4.6）的稳定点为 $y_1^*=0$，$y_2^*=1$。根据演化博弈理论的要求，对式（4.6）求导，得到：

$$\frac{\mathrm{d}^2 y}{\mathrm{d}t^2}=(1-2y)\left[x\left(\beta T+R_4-R_2-K_1\right)-R_4\right] \quad (4.7)$$

由于演化稳定点需要满足 $\frac{\mathrm{d}^2 y}{\mathrm{d}t^2}<0$，因此，对式（4.7）进行分析得到：当 $x\left(\beta T+R_4-R_2-K_1\right)-R_4>0$ 时，$y^*=1$ 为演化稳定状态；当 $x\left(\beta T+R_4-R_2-K_1\right)-R_4<0$ 时，$y^*=0$ 为演化稳定状态；当 $x\left(\beta T+R_4-R_2-K_1\right)-R_4=0$ 时，得到 $x=\frac{R_4}{\beta T+R_4-R_2-K_1}$，所有 y 均为演化稳定状态；当 $x\left(\beta T+R_4-R_2-K_1\right)-R_4\neq 0$ 时，得到 $x\neq\frac{R_4}{\beta T+R_4-R_2-K_1}$，由于资源投入 $R_4>0$，因此存在以下两种情况。

（1）情况 1：如果 $\beta T+R_4-R_2-K_1<0$，$R_4<R_2+K_1-\beta T<R_2$ 恒成立，得到 $\frac{R_4}{\beta T+R_4-R_2-K_1}<0$。因此当 $x>\frac{R_4}{\beta T+R_4-R_2-K_1}$ 时，$y^*=0$ 为演化稳定状态。

（2）情况 2：如果 $\beta T+R_4-R_2-K_1>0$，得到 $R_4>R_2+K_1-\beta T$。此时存在两种情况：$\begin{cases}R_2>R_4>R_2+K_1-\beta T\\ R_4>R_2>R_2+K_1-\beta T\end{cases}$。

如果 $\frac{R_4}{\beta T+R_4-R_2-K_1}>1$，得到 $R_2>\beta T-K_1$，那么 $x<\frac{R_4}{\beta T+R_4-R_2-K_1}$，$y^*=0$ 为演化稳定状态。

如果 $0<\frac{R_4}{\beta T+R_4-R_2-K_1}<1$，得到 $R_2<\beta T-K_1$，那么当 $x>\frac{R_4}{\beta T+R_4-R_2-K_1}$ 时，$y^*=1$ 为演化稳定状态；当 $x<\frac{R_4}{\beta T+R_4-R_2-K_1}$ 时，$y^*=0$ 为演化稳定状态。

对战略联盟知识流动网络中技术合作创新的演化博弈过程进行分析：投资技术合作创新的策略的收益为 E_1，不投资技术合作创新的策略的收益为 E_2，两种策略的平均收益为 $\overline{E}$。根据表 4.4 得到：

$$\begin{aligned}E_1&=y\left(\alpha S+B-R_1\right)+(1-y)\left(B-R_3\right)\\E_2&=y\left(B+K_2\right)+(1-y)B\\\overline{E}&=xE_1+(1-x)E_2\end{aligned} \quad (4.8)$$

则技术合作创新的投资策略的复制动态方程写为

$$\frac{\mathrm{d}x}{\mathrm{d}t}=x\left(E_1-\overline{E}\right)=x(1-x)E_1=x(1-x)\left[y\left(\alpha S+R_3-R_1-K_2\right)-R_3\right] \quad (4.9)$$

设定 $\frac{\mathrm{d}x}{\mathrm{d}t}=0$，得到式（4.9）的稳定点为 $x_1^*=0$， $x_2^*=1$。根据演化博弈理论的要求，对式（4.9）求导，得到：

$$\frac{\mathrm{d}^2x}{\mathrm{d}t^2}=(1-2x)\left[y\left(\alpha S+R_3-R_1-K_2\right)-R_3\right] \quad (4.10)$$

由于演化稳定点需要满足 $\frac{\mathrm{d}^2x}{\mathrm{d}t^2}<0$，因此，对式（4.10）进行分析得到：当 $y\left(\alpha S+R_3-R_1-K_2\right)-R_3>0$ 时， $x^*=1$ 为演化稳定状态；当 $y\left(\alpha S+R_3-R_1-K_2\right)-R_3<0$ 时， $x^*=0$ 为演化稳定状态；当 $y\left(\alpha S+R_3-R_1-K_2\right)-R_3=0$ 时，得到 $y=\frac{R_3}{\alpha S+R_3-R_1-K_2}$，所有 x 均为演化稳定状态；当 $y\left(\alpha S+R_3-R_1-K_2\right)-R_3\neq 0$ 时，得到 $y\neq\frac{R_3}{\alpha S+R_3-R_1-K_2}$，由于资源投入 $R_3>0$，因此存在以下两种情况。

（1）情况 1：如果 $\alpha S+R_3-R_1-K_2<0$， $R_3<R_1+K_2-\alpha S<R_1$ 恒成立，得到 $\frac{R_3}{\alpha S+R_3-R_1-K_2}<0$。因此当 $y>\frac{R_3}{\alpha S+R_3-R_1-K_2}$ 时，$x^*=0$ 为演化稳定状态。

（2）情况 2：如果 $\alpha S+R_3-R_1-K_2>0$，得到 $R_3>R_1+K_2-\alpha S$。此时存在两种情况：$\begin{cases}R_1>R_3>R_1+K_2-\alpha S\\R_3>R_1>R_1+K_2-\alpha S\end{cases}$。

如果 $\frac{R_3}{\alpha S+R_3-R_1-K_2}>1$，得到 $R_1>\alpha S-K_2$，那么 $y<\frac{R_3}{\alpha S+R_3-R_1-K_2}$，$x^*=0$ 为演化稳定状态。

如果 $0<\frac{R_3}{\alpha S+R_3-R_1-K_2}<1$，得到 $R_1<\alpha T-K_2$，那么当 $y>\frac{R_3}{\alpha S+R_3-R_1-K_2}$ 时， $x^*=1$ 为演化稳定状态；当 $y<\frac{R_3}{\alpha S+R_3-R_1-K_2}$ 时，$x^*=0$ 为演化稳定状态。

根据对社会资本投资和技术合作创新投资两种策略的演化博弈过程的分析，得到了 5 个均衡点，分别为 $(x,y)=\left\{(0,0),(1,0),(0,1),(1,1),\left(x^*,y^*\right)\right\}$，其中，

$$\begin{cases} x^* = \dfrac{R_4}{\beta T + R_4 - R_2 - K_1} \\ y^* = \dfrac{R_3}{\alpha S + R_3 - R_1 - K_2} \end{cases} \tag{4.11}$$

本书借鉴雅可比矩阵的局部稳定分析方法，对均衡点的稳定性进行分析，设定 $F_1 = F(x) = \dfrac{\mathrm{d}x}{\mathrm{d}t}$，$F_2 = F(y) = \dfrac{\mathrm{d}y}{\mathrm{d}t}$，得到雅可比矩阵：

$$J = \begin{pmatrix} \dfrac{\partial F_1}{\partial x} & \dfrac{\partial F_1}{\partial y} \\ \dfrac{\partial F_2}{\partial x} & \dfrac{\partial F_2}{\partial y} \end{pmatrix}$$

$$= \begin{pmatrix} (1-2x)\left[y(\alpha S + R_3 - R_1 - K_2) - R_3\right] & x(1-x)(\alpha S + R_3 - R_1 - K_2) \\ y(1-y)(\beta T + R_4 - R_2 - K_1) & (1-2y)\left[x(\beta T + R_4 - R_2 - K_1) - R_4\right] \end{pmatrix}$$

行列式：

$$|J| = \begin{vmatrix} \dfrac{\partial F_1}{\partial x} & \dfrac{\partial F_1}{\partial y} \\ \dfrac{\partial F_2}{\partial x} & \dfrac{\partial F_2}{\partial y} \end{vmatrix}$$

$$= \begin{vmatrix} (1-2x)\left[y(\alpha S + R_3 - R_1 - K_2) - R_3\right] & x(1-x)(\alpha S + R_3 - R_1 - K_2) \\ y(1-y)(\beta T + R_4 - R_2 - K_1) & (1-2y)\left[x(\beta T + R_4 - R_2 - K_1) - R_4\right] \end{vmatrix}$$

迹：

$$\mathrm{Tr}(J) = \frac{\partial F_1}{\partial x} + \frac{\partial F_2}{\partial y}$$

$$= (1-2x)\left[y(\alpha S + R_3 - R_1 - K_2) - R_3\right] + (1-2y)\left[x(\beta T + R_4 - R_2 - K_1) - R_4\right]$$

同时，根据演化稳定策略点的相关定义，只有当以下两个条件均满足时，均衡点才是演化稳定策略点：

$$\mathrm{Det}(J) = |J| > 0$$

$$\mathrm{Tr}(J) < 0$$

在运用演化博弈理论与方法对战略联盟知识流动网络资源配置策略予以求解后，我们对每种资源配置模式演化策略的变化趋势进行仿真，达到识别 4 种资源配置模式对战略联盟知识流动网络导向的差异化作用的研究目的。

4.3.2 仿真实验

1. 随机导向型

根据演化博弈的推导结果，得到随机导向型资源配置模式在不同均衡点下的稳定性，如果表 4.5 所示。

基于随机导向型资源配置模式稳定性的均衡点分布，结合策略组合决策矩阵（图 4.1），即当 $R_3 < R_1$ 且 $R_4 < R_2$ 时，主导战略联盟发展的资源配置模式为随机导向型。根据演化博弈模型的求解结果，存在以下 9 种情况。

情况 1：当 $R_4 < R_2 + K_1 - \beta T < R_2$ 且 $R_3 < R_1 + K_2 - \alpha S < R_1$ 时，演化稳定策略为（0,0）。这种结果表明，如果联盟组织选择将资源投入到社会资本的积累，那么他们能够获得的额外收益较小，且可能需付出消耗过多资源的代价（因为策略演化至稳定状态需要较长时间）。相应地，如果联盟组织决定选择技术合作创新的资源配置策略，那么机会主义行为将导致联盟组织的额外收益和资源投入代价间存在较高的风险，即技术合作创新更可能造成组织面临巨大的损失。

情况 2：当 $R_4 < R_2 + K_1 - \beta T < R_2$，$R_1 > R_3 > R_1 + K_2 - \alpha S$ 且 $R_1 > \alpha S - K_2$ 时，演化稳定策略为（0,0）。这种结果说明，虽然社会资本策略所需的资源成本较低，但额外收益也同时较低，因此，原本希望将资源投入到社会资本的联盟组织最终仍倾向于保留有限资源而不进行投入。相对地，对于试图进行技术合作创新的联盟组织而言，资源投入所获得的额外收益依然无法抵消机会主义行为可能存在的风险，因此这些联盟组织同样也会放弃此时技术合作创新的资源配置。

情况 3：当 $R_4 < R_2 + K_1 - \beta T < R_2$，$R_1 > R_3 > R_1 + K_2 - \alpha S$ 且 $R_1 < \alpha S - K_2$ 时，演化稳定策略为（0,0）。这种结果说明，虽然部分联盟组织意识到采用技术合作创新的资源配置策略能够获得较高的额外收益，但机会主义行为存在的潜在风险仍然不足以令其将资源投入到技术合作创新中。相比之下，由于投资社会资本的额外收益并不能达到预期，因此，对于试图通过提升社会关系来维持自身优势的联盟组织而言，资源配置无法取得期望收益的可能性很大。最终，联盟组织将放弃资源投入。

情况 4：当 $R_2 > R_4 > R_2 + K_1 - \beta T$，$R_2 > \beta T - K_1$ 且 $R_3 < R_1 + K_2 - \alpha S < R_1$ 时，演化稳定策略为（0,0）。本书认为造成这种结果的原因与情况 2 的类似，但区别在于，虽然演化稳定策略的演化曲线证实，将资源投入到技术合作创新更有可能帮助联盟组织获得更高的额外收益，但他们也势必需要消耗更多的资源，加之策略演化至稳定状态的周期较长，最终，联盟组织选择退出技术合作创新。而社会资本的额外收益仍然不足以驱使网络内企业持续进行资源投入，因此，联盟组织

表4.5 随机导向型资源配置模式的稳定性分析

均衡点	情况 1			情况 2			情况 3			情况 4			情况 5		
	Det(*J*)	Tr(*J*)	结果	Det(*J*)	Tr(*J*)	结果	Det(*J*)	Tr(*J*)	结果	Det(*J*)	Tr(*J*)	结果	Det(*J*)	Tr(*J*)	结果
O（0,0）	+	–	ESS	+	–	ESS	+	–	ESS	+	–	ESS	+	–	ESS
A（1,0）	–	不确定	鞍点	–	不确定	鞍点	–	不确定	鞍点	–	不确定	鞍点	+	+	不稳定
B（0,1）	–	不确定	鞍点	–	不确定	鞍点	+	+	不稳定	–	不确定	鞍点	–	不确定	鞍点
C（1,1）	+	+	不稳定	+	+	不稳定	–	不确定	鞍点	+	+	不稳定	–	不确定	鞍点
D（x^*,y^*）															

均衡点	情况 6			情况 7			情况 8			情况 9		
	Det(*J*)	Tr(*J*)	结果	Det(*J*)	Tr(*J*)	结果	Det(*J*)	Tr(*J*)	结果	Det(*J*)	Tr(*J*)	结果
O（0,0）	+	–	ESS	+	–	ESS	+	–	ESS	+	–	ESS
A（1,0）	–	不确定	鞍点	+	+	不稳定	–	不确定	鞍点	+	+	不稳定
B（0,1）	–	不确定	鞍点	–	不确定	鞍点	+	+	不稳定	+	+	不稳定
C（1,1）	+	+	不稳定	–	不确定	鞍点	–	不确定	鞍点	+	–	ESS
D（x^*,y^*）										–	0	鞍点

也同样拒绝进行有限资源的配置。

情况 5：当 $R_2 > R_4 > R_2 + K_1 - \beta T$ ，$R_2 < \beta T - K_1$ 且 $R_3 < R_1 + K_2 - \alpha S < R_1$ 时，演化的稳定策略为（0,0）。这种结果说明，较高的资源投入成本和机会主义风险令联盟组织在技术合作创新的资源投入时存在顾虑，并最终放弃将资源投入到技术合作创新活动中。相对地，如果联盟组织试图将资源投入到社会资本积累中，那么他们可能需要持续进行资源的投入，且耗费较长的时间来维系这种社会关系，因为当前社会资本资源投入的额外收益较低。因此，联盟组织同样选择放弃社会资本的投入。

情况 6：当 $R_2 > R_4 > R_2 + K_1 - \beta T$ ，$R_2 > \beta T - K_1$ 且 $R_1 > R_3 > R_1 + K_2 - \alpha S$ 时，演化稳定策略为（0,0）。这种结果说明，无论联盟组织选择技术合作创新的资源配置策略，还是社会资本积累的资源配置策略，他们获得的额外收益都无法抵消资源成本的过度消耗，以及机会主义行为的潜在风险，最终，联盟组织将放弃资源投入。

情况 7：当 $R_2 > R_4 > R_2 + K_1 - \beta T$ ，$R_2 < \beta T - K_1$ 且 $R_1 > R_3 > R_1 + K_2 - \alpha S$ ，$R_1 > \alpha S - K_2$ 时，演化稳定策略为（0,0）。这种情况说明，联盟组织可能倾向于将资源投入到社会资本积累的相关活动中，并以此获取额外收益，因为技术合作创新的机会主义风险仍然较高，且额外收益明显低于社会资本投资的额外收益。然而，由于社会关系的维系同样需要较长的时间，因此，联盟组织仍然不愿进行社会资本的资源投入。

情况 8：当 $R_2 > R_4 > R_2 + K_1 - \beta T$ ，$R_2 > \beta T - K_1$ 且 $R_1 > R_3 > R_1 + K_2 - \alpha S$ ，$R_1 < \alpha S - K_2$ 时，演化稳定策略为（0,0）。区别于情况 7，技术合作创新较高的额外收益更吸引联盟组织选择这种资源配置策略，然而，考虑到机会主义行为的风险较高，联盟组织在制定资源配置战略时仍很犹豫，最终趋向于选择不投入资源的策略。同样，对于社会资本投资策略，由于额外收益无法抵消机会主义行为造成的损失，故联盟组织同样拒绝将资源投入到社会资本维系中。

情况 9：当 $R_2 > R_4 > R_2 + K_1 - \beta T$ ，$R_2 < \beta T - K_1$ 且 $R_1 > R_3 > R_1 + K_2 - \alpha S$ ，$R_1 < \alpha S - K_2$ 时，演化稳定策略为（0,0）和（1,1）。在此情境下，无论联盟组织将资源投入到技术合作创新抑或是社会资本积累，获得的预期收益均高于资源成本的消耗，以及机会主义行为的潜在损失。因此，联盟组织乐于制定适用于自身发展偏好的资源配置战略。然而，如果战略联盟内部出现机会主义行为，导致当前的平衡关系破裂，那么两种策略将快速稳定在不进行资源投入的（0,0）点。相对地，如果战略联盟内部不会产生机会主义行为，联盟组织将持续进行技术合作创新或社会资本积累的资源投入，演化策略在（1,1）点趋于稳定。

2. 关系导向型

根据演化博弈的推导结果，得到关系导向型资源配置模式在不同均衡点下的稳定性，结果如表 4.6 所示。

表4.6　关系导向型资源配置模式的稳定性分析

均衡点	情况 1			情况 2			情况 3			情况 4			情况 5			情况 6		
	Det(J)	Tr(J)	结果	Det(J)	Tr(J)	结果	Det(J)	Tr(J)	结果	Det(J)	Tr(J)	结果	Det(J)	Tr(J)	结果	Det(J)	Tr(J)	结果
O（0,0）	+	−	ESS	+	−	ESS	+	−	ESS	+	−	ESS	+	−	ESS	+	−	ESS
A（1,0）	−	不确定	鞍点	+	+	不稳定	−	不确定	鞍点	−	不确定	鞍点	+	+	不稳定	+	+	不稳定
B（0,1）	−	不确定	鞍点	−	不确定	鞍点	−	不确定	鞍点	+	+	不稳定	−	不确定	鞍点	+	+	不稳定
C（1,1）	+	+	不稳定	−	不确定	鞍点	+	+	不稳定	−	不确定	鞍点	−	不确定	鞍点	+	−	ESS
D（x^*,y^*）																−	0	鞍点

基于关系导向型资源配置模式稳定性的均衡点分布，结合策略组合决策矩阵（图 4.1），即当 $R_3 < R_1$ 且 $R_4 > R_2$ 时，主导战略联盟发展的资源配置模式为关系导向型。在此情境下，根据演化博弈模型的求解结果，存在以下 6 种情况。

情况 1：当 $R_4 > R_2 > R_2 + K_1 - \beta T$ ，$R_2 > \beta T - K_1$ 且 $R_3 < R_1 + K_2 - \alpha S < R_1$ 时，演化稳定策略为（0，0）。这种结果说明，虽然在关系导向型资源配置模式作用下，联盟组织将社会资本的积累与投资视为提升竞争优势和收益最重要的核心途径，但在当前的不等式约束关系中，如果联盟组织选择将资源投入到社会资本的积累中，那么虽然资源的投入成本会随演化的持续进行而有所下降，但其对应的额外收益也并不高，最终，联盟组织选择不进行社会资本的投入。相应地，对于试图通过技术合作创新提升竞争优势的联盟组织而言，关系导向型资源配置模式无法满足他们的预期收益，加之其更倾向于与已经建立良好社会关系的组织开展技术合作创新，忽视与更多联盟组织的关系资本维系，导致自身面临的机会主义潜在风险逐渐增加。因此，这些组织最终也会放弃技术合作创新策略。由此，技术合作创新策略与社会资本投资策略趋于（0,0）处稳定。

情况 2：当 $R_4 > R_2 > R_2 + K_1 - \beta T$ ，$R_2 < \beta T - K_1$ 且 $R_3 < R_1 + K_2 - \alpha S < R_1$ 时，演化稳定策略为（0,0）。与情况 1 不同的是，在此不等式的约束关系中，联盟组织能够借助社会资本的积累获得较高的额外收益，加之资源投入的成本并不高，因此他们初期倾向于进行社会资本投资，以试图充分发挥关系导向型资源配置模式的优势。然而，随着演化的持续进行，较高的机会主义收益可能令联盟组织忌惮持续进行社会资本的投资，且随着机会主义收益的增加，联盟组织间可能出现相互提防和猜忌的情况，不利于社会关系的发展，因此，他们最终仍会选择放弃投资。相比之下，技术合作创新的预期收益，以及高额的机会主义潜在损失导致联盟组织不愿进行技术合作创新的投入，故技术合作创新的演化策略同样趋于（0,0）处稳定。

情况 3：当 $R_4 > R_2 > R_2 + K_1 - \beta T$ ，$R_2 > \beta T - K_1$ 且 $R_1 > R_3 > R_1 + K_2 - \alpha S$ ，$R_1 > \alpha S - K_2$ 时，演化稳定策略为（0,0）。这种不等式关系的解释与情况 1 类似，即联盟组织在无法借助社会资本投资获得较高额外收益的前提下，不仅会对社会资本的投入产生怀疑并最终放弃投入资源，而且也可能导致技术合作创新无法取得进展（因为关系导向型资源配置模式下，技术合作创新需建立在良好社会关系的基础上）。因此，两种策略最终趋于（0,0）处稳定。

情况 4：当 $R_4 > R_2 > R_2 + K_1 - \beta T$ ，$R_2 > \beta T - K_1$ 且 $R_1 > R_3 > R_1 + K_2 - \alpha S$ ，$R_1 < \alpha S - K_2$ 时，演化稳定策略为（0,0）。这种情况说明，虽然技术合作创新策略为联盟组织获得较高的额外收益提供了机会，但由于关系导向型资源配置模式要求联盟组织的技术合作创新依托于良好的社会关系，因此，联盟组织间的社会关

系就成为彼此间能否开展技术合作创新的首要前提。然而，在当前的不等式约束关系中，较低的社会资本额外收益说明联盟组织间的关系可能并不融洽，这一结果导致他们很难开展技术合作创新，最终，联盟组织不仅不愿进行社会资本的投资，而且这种相对较差的社会关系还会影响技术合作创新的开展，进而导致两种演化策略趋于（0,0）处稳定。

情况 5：当 $R_4 > R_2 > R_2 + K_1 - \beta T$，$R_2 < \beta T - K_1$ 且 $R_1 > R_3 > R_1 + K_2 - \alpha S$，$R_1 > \alpha S - K_2$ 时，演化稳定策略为（0,0）。这种结果说明，由于前期联盟组织能够借助社会资本投资获得可观的额外收益，因此他们最初可能倾向于采用社会资本投资的资源配置策略。然而，由于技术合作创新的资源成本和机会主义行为的风险较高，联盟组织意识到社会资本的额外收益并不能抵消其持续的资源投入和潜在的损失，故他们最终将选择放弃社会资本投入。相应地，技术合作创新的额外收益也会受到社会资本投入减少的影响而降低，由此，联盟组织更倾向于选择观望策略而不再进行资源投入，导致演化策略趋于（0,0）处稳定。

情况 6：当 $R_4 > R_2 > R_2 + K_1 - \beta T$，$R_2 < \beta T - K_1$ 且 $R_1 > R_3 > R_1 + K_2 - \alpha S$，$R_1 < \alpha S - K_2$ 时，与其他 5 种情况不同，这种情况的演化稳定策略为（0,0）和（1,1）。说明在以社会资本为主导的关系导向型资源配置模式作用下，如果联盟组织能够以较低的成本获得知识资源（资源成本投入低），且机会主义行为的潜在损失明显低于社会资本积累的额外收益，则联盟组织间有望借助社会资本投入建立稳定的社会关系。同时，这种优质的社会关系利于组织间开展更多技术合作创新活动，使得联盟组织获得“事倍功半”的投资收益，进而推动两种演化策略稳定在（1,1）点。反之，如果消耗的资源成本，以及机会主义行为的损失超过了社会资本带来的额外收益，那么联盟组织将直接退出社会资本投资，技术合作创新同时也将受到社会关系转恶的不利影响，最终导致两种策略趋于（0,0）点稳定。

3. 合作导向型

根据演化博弈的推导结果，得到合作导向型资源配置模式在不同均衡点下的稳定性，结果如表 4.7 所示。

基于合作导向型资源配置模式稳定性的均衡点分布，结合策略组合决策矩阵（图 4.1），即当 $R_3 > R_1$ 且 $R_4 < R_2$ 时，主导战略联盟发展的资源配置模式为合作导向型。在此情境下，根据演化博弈模型的求解结果，存在以下 6 种情况。

情况 1：当 $R_4 < R_2 + K_1 - \beta T < R_2$，$R_3 > R_1 > R_1 + K_2 - \alpha S$ 且 $R_1 > \alpha S - K_2$ 时，演化稳定策略为（0,0）。这种结果说明，虽然在合作导向型资源配置模式的主导下，倡导技术合作创新的联盟组织在资源配置方面具有先动优势（资源投入成本较低），但在当前的不等式约束关系中，这些企业依靠技术合作创新的额外收益也

表4.7　合作导向型资源配置模式的稳定性分析

均衡点	情况 1			情况 2			情况 3			情况 4			情况 5			情况 6		
	Det(*J*)	Tr(*J*)	结果	Det(*J*)	Tr(*J*)	结果	Det(*J*)	Tr(*J*)	结果	Det(*J*)	Tr(*J*)	结果	Det(*J*)	Tr(*J*)	结果	Det(*J*)	Tr(*J*)	结果
O（0,0）	+	−	ESS	+	−	ESS	+	−	ESS	+	−	ESS	+	−	ESS	+	−	ESS
A（1,0）	−	不确定	鞍点	−	不确定	鞍点	−	不确定	鞍点	+	+	不稳定	−	不确定	鞍点	+	+	不稳定
B（0,1）	−	不确定	鞍点	+	+	不稳定	−	不确定	鞍点	−	不确定	鞍点	+	+	不稳定	+	+	不稳定
C（1,1）	+	+	不稳定	−	不确定	鞍点	+	+	不稳定	−	不确定	鞍点	−	不确定	鞍点	+	−	ESS
D（x^*,y^*）																−	0	鞍点

没有达到预期。因此，即便他们前期采取技术合作创新的资源配置策略，后期也会因收益持续较低而改变决策。相对地，对于试图提升社会资本的联盟组织而言，较低的预期收益和较高的投入成本导致他们同样不愿在当前的约束关系中投入资源。最终，两种策略在（0,0）点趋于稳定。

情况 2：当 $R_4 < R_2 + K_1 - \beta T < R_2$，$R_3 > R_1 > R_1 + K_2 - \alpha S$ 且 $R_1 < \alpha S - K_2$ 时，演化稳定策略为（0,0）。与情况 1 不同的是，在当前的不等式约束关系中，由于联盟组织能够借助社会资本的资源配置策略获得较高的额外收益，因此他们在前期可能具有较高的社会资本投资意愿。然而，考虑到较高的机会主义损失对社会资本投资收益的显著影响，故联盟组织最终将不会选择社会资本投资策略。相对地，对于技术合作创新的资源配置策略，由于机会主义行为的潜在损失始终高于技术合作创新的额外收益，因此联盟组织为了规避风险，也不愿将资源投入到技术合作创新活动中。最终，两种策略在（0,0）处趋于稳定。

情况 3：当 $R_2 > R_4 > R_2 + K_1 - \beta T$，$R_2 > \beta T - K_1$ 且 $R_3 > R_1 > R_1 + K_2 - \alpha S$，$R_1 > \alpha S - K_2$ 时，演化稳定策略为（0,0）。这种结果说明，虽然技术合作创新主导战略联盟的资源配置方向，但技术合作创新策略为联盟组织带来的额外收益没有达到资源配置的预期，可能的原因是市场技术同质化的日趋严重削减了技术合作创新的边际收益。因此，联盟组织对于更倾向于对技术合作创新进行投资持保守的观望态度。同样，不等式关系证明，社会资本投资的资源配置策略也无法为联盟组织带来足够的额外收益，加之机会主义行为损失的威胁及资源成本持续消耗的影响，最终，联盟组织将选择不进行资源投入，演化策略在（0,0）点趋于稳定。

情况 4：当 $R_2 > R_4 > R_2 + K_1 - \beta T$，$R_2 < \beta T - K_1$ 且 $R_3 > R_1 > R_1 + K_2 - \alpha S$，$R_1 > \alpha S - K_2$ 时，演化稳定策略为（0,0）。这种结果说明，在技术合作创新策略原本就无法为联盟组织带来可观预期收益的前提下，机会主义行为又可能造成联盟组织蒙受较大的损失。因此，为了规避技术合作创新的风险，联盟组织将快速放弃技术合作创新决策。相对地，如果联盟组织选择社会资本投资的资源配置策略，那么他们在初期可能获得预期的额外收益。但由于社会关系的维系需要联盟组织持续投入资源成本，进而导致额外收益的下降，故最终联盟组织同样会放弃社会资本投资策略。由此，演化策略在（0,0）处趋于稳定。

情况 5：当 $R_2 > R_4 > R_2 + K_1 - \beta T$，$R_2 > \beta T - K_1$ 且 $R_3 > R_1 > R_1 + K_2 - \alpha S$，$R_1 < \alpha S - K_2$ 时，演化稳定策略为（0,0）。这种情况说明，多数联盟组织更可能在初期选择技术合作创新的资源配置策略，可能的原因是技术更迭及市场需求的变化为技术合作创新提供了机会，使得联盟组织能够借助技术合作创新获得较高的额外收益。然而，随着技术合作创新的深入，机会主义、技术同质化和市场需求饱和等因素令技术合作创新的收益下降，导致联盟组织最终放弃技术合作创新的

资源配置策略。相对地，由于在技术合作创新主导的战略联盟内，社会资本的积累主要集中在已经开展合作的联盟组织间，因此，当技术合作创新策略被逐步放弃后，联盟组织源于社会资本投资的额外收益也势必开始降低。最终，联盟组织将不再进行资源投入，对应演化策略在（0,0）点趋于稳定。

情况 6：当 $R_2 > R_4 > R_2 + K_1 - \beta T$ ，$R_2 < \beta T - K_1$ 且 $R_3 > R_1 > R_1 + K_2 - \alpha S$ ，$R_1 < \alpha S - K_2$ 时，演化稳定策略为（0,0）和（1,1）。这种结果说明，在以技术合作创新为资源配置导向的战略联盟内部，多数联盟组织能够意识到技术合作对于降低租金和获得额外收益的价值，因此他们乐于将资源投入到技术合作创新活动中。此时，如果技术合作创新的成果比较乐观（收益高于成本与机会主义损失之和），那么联盟组织的社会关系势必更加融洽，需要投入到维护社会关系的资源成本也将逐渐降低。良好的技术合作创新前景和社会共生关系使得联盟组织的资源配置策略在（1,1）点趋于稳定。然而，在技术合作创新主导的联盟内部，如果合作的任意一方出现机会主义行为，就会严重影响技术合作创新的稳定性，联盟组织由此可能蒙受严重的损失，导致他们迅速撤出资源，并直接异化原有的社会关系，故演化策略将更为快速地在（0,0）点趋于稳定。

4. 知识嵌入型

基于知识嵌入型资源配置模式稳定性的均衡点分布（表 4.8），结合策略组合决策矩阵（图 4.1），即当 $R_3 > R_1$ 且 $R_4 > R_2$ 时，主导战略联盟发展的资源配置模式为知识嵌入型。在此情境下，根据演化博弈模型的求解结果，存在以下 4 种情况。

表4.8　知识嵌入型资源配置模式的稳定性分析

均衡点	情况 1			情况 2			情况 3			情况 4		
	Det(*J*)	Tr(*J*)	结果	Det(*J*)	Tr(*J*)	结果	Det(*J*)	Tr(*J*)	结果	Det(*J*)	Tr(*J*)	结果
O（0，0）	+	−	ESS	+	−	ESS	+	−	ESS	+	−	ESS
A（1，0）	−	不确定	鞍点	−	不确定	鞍点	+	+	不稳定	+	+	不稳定
B（0，1）	−	不确定	鞍点	+	+	不稳定	−	不确定	鞍点	+	+	不稳定
C（1，1）	+	+	不稳定	−	不确定	鞍点	−	不确定	鞍点	+	−	ESS
$D(x^*, y^*)$										−	0	鞍点

情况 1：当 $R_4 > R_2 > R_2 + K_1 - \beta T$ ，$R_2 > \beta T - K_1$ 且 $R_3 > R_1 > R_1 + K_2 - \alpha S$ ，$R_1 > \alpha S - K_2$ 时，演化稳定策略为（0,0）。这种结果说明，由于知识嵌入型资源配置模式能够使得技术合作创新策略和社会资本积累策略产生相互促进作用，因此，无论联盟组织选择哪种资源配置模式，他们投入的资源成本都会逐渐降低。然而，在目前的不等式约束关系中，联盟组织采用技术合作创新和社会资本积累都无法

获得预期的额外收益，在此情境下，机会主义行为就成为影响联盟组织制定资源配置决策的关键依据。如果联盟内部发生机会主义行为，那么对于联盟组织将产生重大的打击，他们不仅要面临技术合作创新的失败，而且可能需要承担社会关系破裂造成的损失。因此，联盟组织在对机会主义的潜在风险予以评估后，决定不进行资源投入，故演化策略在（0,0）点趋于稳定。

情况 2：当 $R_4 > R_2 > R_2 + K_1 - \beta T$ ，$R_2 > \beta T - K_1$ 且 $R_3 > R_1 > R_1 + K_2 - \alpha S$ ，$R_1 < \alpha S - K_2$ 时，演化稳定策略为（0,0）。这种结果说明，虽然较少的技术合作创新成本为联盟组织获得较高的额外收益提供了机会，但社会资本投资的策略却始终无法帮助他们获得预期的额外收益。由此可见，在知识嵌入型资源配置模式的导向作用下，如果联盟组织采用技术合作创新策略无法形成对社会资本的促进，或者联盟内部出现了机会主义行为，那么原本的技术合作创新关系就会被破坏，甚至可能产生技术所有权的纠纷。相应地，联盟组织为了避免这种情况的出现，将逐渐放弃资源投入，因此，演化策略在（0,0）点趋于稳定。

情况 3：当 $R_4 > R_2 > R_2 + K_1 - \beta T$ ，$R_2 < \beta T - K_1$ 且 $R_3 > R_1 > R_1 + K_2 - \alpha S$ ，$R_1 > \alpha S - K_2$ 时，演化稳定策略为（0,0）。与情况 2 不同的是，在当前的不等式约束关系中，联盟组织能够借助社会资本投资获得较高的预期收益，但社会资本的积累并没有为技术合作创新提供充足的支持（技术合作创新的成本较高），说明即便联盟组织建立了良好且稳定的社会共生关系，他们仍需要在投入较多资源成本的前提下，开展额外收益并不可观的技术合作创新活动。在此情况下，过多的成本消耗，以及机会主义行为的威胁等因素将导致联盟组织直接放弃技术合作创新资源配置策略，社会关系也将在技术合作创新破裂后发生变化。最终，联盟组织将不再进行资源投入，对应演化策略在（0,0）点趋于稳定。

情况 4：当 $R_4 > R_2 > R_2 + K_1 - \beta T$ ，$R_2 < \beta T - K_1$ 且 $R_3 > R_1 > R_1 + K_2 - \alpha S$ ，$R_1 < \alpha S - K_2$ 时，演化稳定策略为（0,0）和（1,1）。这种结果说明，联盟组织能够借助知识嵌入型资源配置模式的作用，降低资源的投入成本并且获得足够的额外收益。对于注重社会资本的联盟组织，他们可以在保持良好社会关系的前提下，与组织达成技术合作创新，而且消耗的资源要远低于独立开展技术创新活动。对于渴望实现技术合作创新的联盟组织，知识嵌入型资源配置模式能够帮助他们缩短新产品开发的进程，并且借助技术合作创新对社会关系的积极影响，提高异质性知识在组织间的流动效率，达到提升技术合作创新额外收益的目的。因此，联盟组织最终选择资源投入战略，演化策略趋于（1,1）点稳定。但同时，如果联盟内部出现了机会主义行为，那么知识嵌入型资源配置模式的双重作用将会放大机会主义行为的不利影响，演化策略将会迅速趋于（0,0）点。

4.3.3　结果讨论

根据仿真结果可知，不同的资源配置模式会对战略联盟的发展产生不同的影响，这是因为联盟组织的正常收益、额外收益、机会主义收益与资源消耗之间的多种关系导致资源配置模式的作用出现更精细的分化，使得资源配置模式变得更加复杂，这些复杂的情况导致了仿真结果的差异化，并为分类讨论提供了依据。

随机导向型资源配置模式一共存在 9 种情况，是所有资源配置模式中最多的。这是因为随机导向型资源配置模式作用下，联盟组织不仅没有明确的资源配置偏好，而且与其他组织的联结关系也并不稳定（无论是技术合作创新还是社会资本积累）。相对地，资源投入与额外收益间存在较大的不确定性，导致多种资源投资情况的出现。通过对 9 种情况的不等式约束关系进行分析后发现，额外收益的大小成为影响随机导向型资源配置模式作用的关键变量。有 8 种约束条件导致演化策略的稳定点为（0,0），证明联盟组织最终制定了放弃随机导向型资源配置的决策。这说明基于随机导向型资源配置模式，联盟组织势必会非常谨慎地处理资源投入与收益间的关系。因此，他们对额外收益非常敏感（利益导向），且只要受到机会主义行为的威胁，或者额外收益与资源投入的关系没有达到既定的理想状态，他们都将制定不投入资源的决策。对于出现两个稳定策略（0,0）和（1,1），说明只有当联盟组织获得的预期收益远高于资源成本的投入和机会主义行为的损失时，他们彼此间才可能产生基于利益驱动的知识交互。此外，随机导向型资源配置模式作用下，技术合作创新策略和社会资本投资策略均需要较长的演化时间才能趋于稳定，说明当前战略联盟的发展方向和共生结构并不稳定。在此情境下，一旦受到细微的不确定因素的扰动，或者联盟内出现核心组织占据“结构洞”位置的情况，那么战略联盟将可能迅速转型为具有鲜明特点和结构特征的结构，证明在随机导向型资源配置模式作用下，战略联盟很容易受到外部环境冲击和内部关系变化影响。如果源自外部的干扰，或嵌入到联盟内部的核心组织引导其他企业投资技术合作，则战略联盟将成为专业性技术互补的技术型战略联盟。相对地，如果联盟组织选择社会资本的投资与积累，则战略联盟将转变为注重社会关系和信息沟通与交流的社会型战略联盟。

关系导向型资源配置模式作用下，社会资本积累主导联盟组织的资源分配。通过对约束条件的逐一分析，得到了 6 种情况，这些情况代表联盟组织的资源成本、机会主义和额外收益间的多种组合。分析后发现，资源投入成本是影响关系导向型资源配置模式作用的关键变量。根据稳定性分析和仿真结果可知，联盟组织对社会关系的投资更敏感，且以良好社会关系为前提的技术合作创新必须在机会主义行为发生概率较低的环境中进行，才能创造更多的额外收益。本书认为，造成这种结果的主要原因是社会资本投资本身的风险。首先，战略联盟内优质的社会关系以降低资源成本，以及为知识转移和知识学习提供更多机会的社会协调机制为特征（Uzzi，1997；Yli-Renko et al.，2001）。然而，亲密社会关系的培养需要经历较长的时间，在这段时间内，联盟组织的声誉、知识资源的交易价格和诚意，以及最重要的因素——机会主义行为都可能改变联盟组织间的社会共存现状，进而导致当前资源投入和预期收益的平衡发生变化，并形成新的社会资本投资风险，最终令联盟组织退出社会资本投入。其次，由于良好的社会关系能够帮助联盟组织以低于资源市场控制的价格获取所需资源(Barney,1991;Hansen et al.，1999；Zhao et al.，2015），达到资源互补的目的，因此，社会资本的积累一定程度上可以提高战略联盟的运营效率。然而，这种资源配置的实施需要以联盟组织足够的社会关系嵌入为前提（Granovetter，1985）。考虑到基于社会关系嵌入的联盟组织可能缺乏强制的契约机制保障，加之联盟的某些联结结构可能增加联盟组织获取异质性资源的成本，因此，联盟组织在无法建立明确的社会关系保障措施前，对于社会资本投资仍然较为保守，从而导致联盟的结构逐渐松散，甚至形成孤岛现象。相比之下，稳定策略（1,1）的出现，说明如果联盟组织能够通过长期的承诺加强彼此的信任，建立互惠性依赖，那么他们就可以借助共性语言或技术工具在一定程度上消除不稳定的交易成本波动和机会主义行为的有害影响。这不仅利于联盟组织保持并建立更多的社会联结关系，而且可以获得反哺于技术合作创新的附加价值。

合作导向型资源配置模式作用下，技术合作创新资源配置策略主导联盟组织的资源投入，并形成了基于资源投入、创新风险（损失）和技术价值的 6 种不同的组合结果。稳定性分析及仿真结果证实，在以满足市场需要的技术创新资源投入情境中，创新风险是影响合作导向型资源配置模式作用的关键变量。具体而言，联盟组织在顾客需求变化的前提下，受到市场环境、竞争对手的行动，以及潜在的机会主义行为的影响，对技术合作创新的投入较为谨慎，这也是仿真结果出现 5 次稳定策略为（0,0）的主要原因。首先，虽有证据表明，相较于社会资本投资，将资源投入到技术合作创新能够更为直接地为联盟组织带来可观的额外收益，但这种资源投入必须以足够可行的技术增量项目为前提。然而，如果技术市场存在信息不对称或反馈效率低等问题，那么联盟组织试图通过技术合作创新实现价值获取和创造可能相对困难，其主要原因在于环境的模糊性导致联盟组织几乎无法准确判断一个技术合作创新项目的商业化前景（特别是这种不确定性可能伴随技术合作创新的全过程）。在此背景下，联盟组织很难，甚至不愿意通过拓展技术合作创新的项目来提升创新的“命中率”，进而造成技术合作创新的额外收益无法抵消投入的资源成本，导致联盟组织陷入创新的收益困境，并最终放弃技术合作创新的资源投入。其次，随着创新资源竞争的加剧，联盟组织进行技术合作创新的意愿可能降低。一方面，技术合作创新势必涉及异质性资源的流动与交互，虽然这种行为利于联盟组织实现快速的资源互补，但同样面临核心知识泄露的风险。由于在动荡的商业生态环境中，核心技术决定了组织在战略联盟中需要支付的租金及自身的竞争优势，其更是吸引其他组织建立技术合作关系的基本前提（Hagedoorn，1993）。因此，如果核心技术存在泄露的风险，那么联盟组织势必迅速采取相应的保护措施，并撤出技术合作创新的资源投入。另一方面，知识的复杂性和知识黏性可能增加技术合作创新过程的复杂程度。如果联盟组织间的技术合作创新由于知识交互和扩散程度不深入，导致技术转化率没有达到预期，那么联盟组织就可能产生不满（因为他们可能认为对方缺乏知识交换的“诚意”），做出对方不愿意分享有价值知识的错误判断，进而改变技术合作创新的初衷，并迅速退出资源投入。相比之下，稳定策略（1,1）的出现说明，当联盟组织能够达成完整契合的技术合作创新目标时，明确的创新动机和较强的创新意愿使得联盟组织的技术合作创新更具针对性。这不仅降低了技术合作创新失败的风险，而且利于联盟组织协同突破当前技术创新的瓶颈。此外，深入的技术合作创新能够正向影响联盟组织间的社会关系，利于他们树立彼此认同的合作价值理想，并有效降低合作创新过程中机会主义行为的发生概率。但是，如果在技术商业化前景更明朗的后期，联盟组织间技术合作创新的额外收益无法达到预期，或创新风险始终较高，那么联盟组织为了保留自身的创新资源势必退出资源投入。

知识嵌入型资源配置模式作用下，联盟组织呈现兼顾的分散型资源配置偏好。与其他 3 种不同，稳定性分析与仿真实验得到了 4 种不同的组合结果，额外收益是影响知识嵌入型资源配置模式作用的关键变量。研究结果证实，知识嵌入型资源配置模式具有更高的稳定性，而且额外收益不足导致联盟组织放弃资源投入的情况更少（无论是选择技术合作创新策略还是社会资本投资策略）。对于 3 次演化策略均在（0,0）点趋于稳定的结果，主要的原因可能是，首先，在知识嵌入型资源投资偏好的作用下，联盟组织可能受到缺乏战略重点的不利影响。意即，如果联盟组织选择增加资源配置的宽度（即兼顾技术合作创新和社会资本投资），那么这种分散式的资源分配结果可能导致联盟组织在短期内无法获得可观的预期收益，从而选择放弃当前的资源配置模式而转向针对某一方面进行资源分配。其次，虽然知识嵌入型资源配置模式利于联盟组织更为有效地提升竞争优势，但在技术合作创新和社会关系提升的过程中，任何一方的机会主义行为都可能令联盟组织蒙受巨大的损失，导致联盟组织改变原本的资源投入意愿，放弃兼顾型资源配置模式。相对地，稳定策略（1,1）的出现说明，知识嵌入型资源配置模式实现了技术合作创新和社会资本的交互影响，联盟组织的共生结构更加完善，联盟形成了协作共赢的局面。然而，如果在技术合作创新和社会关系的提升过程中，联盟组织无法获得预期收益，或者产生机会主义行为（特别是这种行为可能造成技术流失和社会关系破裂的双重严重后果），则联盟组织将迅速撤出资源投入，稳定策略也迅速回落至（0,0）。

对比 4 种资源配置模式作用下，联盟组织资源分配的多种不确定情况，可以发现一些有价值的结论：第一，从长期发展的角度来看，兼顾型分散式资源分配（知识嵌入型资源配置模式）至少增加了投资成功的概率（更稳定地获得额外收益）。这是因为市场的不确定性、联盟的复杂性、战略的动态性、缺乏积极性和相对短视的投资决策者都可能导致联盟组织在针对性的资源配置时面临更大的风险。相对地，鉴于信息不对称和环境变化的不可预测性，分散的资源配置可以显著提高决策的稳定性，分担资源投入的风险。第二，在联盟形成稳定结构前，增加资源投资的宽度比提高资源投入的强度更重要，即选择知识嵌入型资源配置比随机导向型、关系导向型和合作导向型更利于联盟组织的发展。仿真结果说明，在随机导向型、关系嵌入型和合作导向型 3 种资源配置模式的作用下，如果联盟内部存在较高的机会主义风险，或者技术转换率和关系转换率较低，那么联盟组织面临的资源投入成本和机会主义损失就会持续增加。相比之下，由于在形成联盟稳定结构前，针对性资源投入的收益前景相对较低，因此，在战略联盟发展的前期，制定分散的资源投入决策可能更有价值。第三，在战略联盟发展的后期，由分散式的资源配置转向针对性的资源配置，对联盟组织持续获得额外收益和提高竞争优势更有利。根据不等式的约束关系可知，随着商业可行性的逐渐明确，联盟组织通过对当前资源投入决策的评估，至少可以将部分资源从令人失望的编排方向中转移到更有前途的项目中。同时，在日益复杂的联盟环境内，将分散的资源配置决策改为针对性强的资源编排方案，不仅是一种必要的可用资源保护行为，而且也会更便于决策者提高专注力，用以改善核心竞争优势的资源分配模式。

4.4　不同资源配置模式导向作用的差异性分析

进一步地，为对比和分析不同资源配置模式导向作用的差异性，本节同样采用 4.3 节中的参数设置，将 4 种资源配置模式纳入同一框架进行仿真。设定初始时间为 $t=0$，演化时间为 $t=60$。同时，设定初始状态 $x_0=0.5$，$y_0=0.5$，结果分别如图 4.3 和图 4.4 所示。

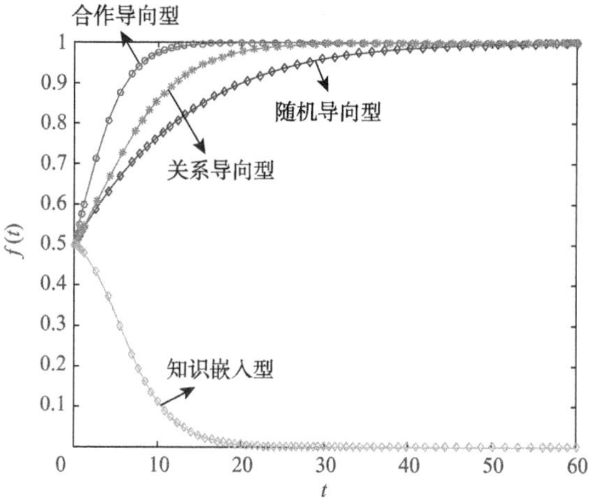

图 4.3　不同资源配置模式导向下战略联盟技术网络的演化趋势

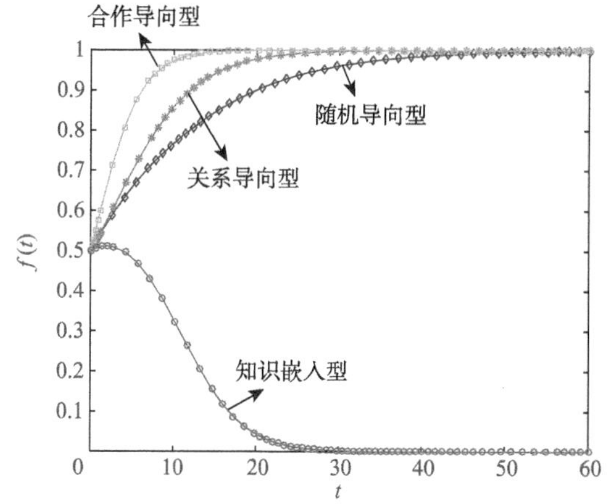

图 4.4　不同资源配置模式导向下战略联盟社会网络的演化趋势

图 4.3 显示，在仿真达到 $t = 20$ 时，相比随机导向型、合作导向型及知识嵌入型资源配置模式，采取社会资本投资资源配置模式的联盟组织选择直接放弃技术合作创新，另外 3 种不同资源配置模式则导致技术网络演化至稳定状态的时间出现了较大的差别。以技术合作创新为导向的资源配置模式对于技术网络演化的推动效果最显著，在仿真接近 $t = 15$ 时，技术网络基本趋于稳定状态。知识嵌入型次之，在接近 $t = 25$ 时完成了一个周期的演化。随机导向型资源配置模式较慢，在该仿真进行至 $t = 40$ 后才逐渐稳定。

图 4.4 说明，随着演化的持续进行（ $t = 15$ ），采取合作导向型资源配置模式的联盟组织逐渐开始将有限资源投入到技术合作创新中，在仿真进行到 $t = 30$ 时，知识流动网络的协同演化将完全由技术网络主导。在最终结果为联盟组织选择投

资社会资本策略的情境中，随机导向型、关系导向型和知识嵌入型 3 种资源配置模式导致社会网络演化至稳定状态所耗费的时间同样产生差异。其中，关系导向型资源配置模式在仿真接近 $t = 20$ 时达到稳定状态，知识嵌入型在接近 $t = 30$ 时才趋于稳定，随机导向型则相对较慢，在仿真进行至约 $t = 50$ 时逐渐稳定。

综合对比图 4.3 和图 4.4，本书认为，以市场的不确定和模糊性为前提，联盟组织间在合作初期对未来发展的目标和方向并不能准确把握，且不同联盟组织间的资源能力水平和资源投入水平往往也存在差异。因此，对于小微型联盟组织而言，他们可以借助随机导向型资源配置模式演化周期较长的特点，与更多的联盟组织进行结合并相互熟悉，并在合作的过程中调整自身策略，最终达到获取竞争优势的目的。因此，随机导向型更利于小微型联盟组织的互惠合作。

在以倡导技术合作创新（合作导向型）与推崇社会资本投资（关系导向型）的资源配置模式的导向作用下，技术网络和社会网络分别到达稳定的速率相对最快。由此推断，如果联盟组织对伙伴的资源稀缺性和价值性、知识能力、知识分布层级、发展意图和现阶段地位等情况已经相对了解，或对自身及合作方的优势形成相对完整和清晰的认知时，他们可能更适合针对性地挑选技术合作创新或社会资本积累进行资源投入，尽早与联盟伙伴建立知识流动联结，共同创造联盟价值。在此情境中，合作导向型和关系导向型资源配置模式因演化速率相对知识嵌入型更快的特征而更适用于联盟组织的发展。

由于知识的共享与获取往往需要借助人员的协作、技术的交流、资源的共享等系列活动的开展与进行，加之知识转化为产品或技术的产出同样需要经历一个漫长的过程，因此，知识嵌入型资源配置模式相对于合作导向型、关系导向型资源配置模式演化稳定的周期稍长，但如果联盟组织（特别是具有一定规模的大型组织和知识密集型组织）拥有较为充足的资源，则知识嵌入型资源配置模式非常有助于促进联盟组织的长期发展和保持战略联盟的稳定。

4.5 不同资源配置导向下战略联盟知识流动网络协同演化的复杂性特征

4.5.1 序参量模型的建立

作为复杂系统演化过程的核心变量，序参量是分析不同资源配置模式导向下战略联盟知识流动网络协同演化的动态过程，识别网络协同演化复杂性特征的关键变量。因此，为了充分揭示战略联盟知识流动网络内技术网络与社会网络规模的协同演化机理，根据已确定的稳定策略组合解（图 4.2），借鉴协同学和纳什等价博弈的思想求取影响战略联盟知识流动网络协同演化的核心序参量，利用其深入明晰战略联盟知识流动网络协同演化的本质。

根据基本假设所得的支付矩阵，得到战略联盟知识流动网络内技术网络与社会网络的非对称博弈矩阵：

$$\vartheta=\begin{bmatrix} C_b-R_1,I_b-R_2 & C_b-R_3,0 \\ 0,I_b-R_4 & 0,0 \end{bmatrix} \tag{4.12}$$

根据演化博弈理论，为形成两策略对称博弈 ϑ'，引入协同参数 β、δ（$\beta\in[0,1]$，$\delta\in[0,1]$）。β 表示技术网络的协同程度，δ 表示社会网络的协同程度，即对应知识流动网络内联盟组织参与技术合作创新、进行社会资本投资的积极性。同时提出约束条件。

限定条件：战略联盟知识流动网络的协同演化与两个子网络的协同程度正相关，即存在 $\beta\to x$ 及 $\delta\to y$ 的单调投影映射。

将协同参数 β、δ 代入，得到战略联盟知识流动网络协同演化的对称博弈矩阵 ϑ'：

$$\vartheta'=\begin{bmatrix} \beta(C_b-R_1)+\delta(I_b-R_2) & \beta(C_b-R_3) \\ \delta(I_b-R_4) & 0 \end{bmatrix} \tag{4.13}$$

规定对称博弈矩阵 ϑ' 具有一个纳什等价均衡博弈矩阵 $\Re$：

$$\Re=\begin{bmatrix} \cos\theta & 0 \\ 0 & \sin\theta \end{bmatrix}=\begin{bmatrix} \cos(\arctan\sigma) & 0 \\ 0 & \sin(\arctan\sigma) \end{bmatrix} \tag{4.14}$$

其中，$\sigma=\tan\theta=\dfrac{0-\beta(C_b-R_3)}{\beta(C_b-R_1)+\delta[(I_b-R_2)-(I_b-R_4)]}=\dfrac{R_3-C_b}{(C_b-R_1)+(R_4-R_2)\times\dfrac{\delta}{\beta}}$。接着，建立区间变量的纳什均衡矩阵，如表 4.9 所示。

表4.9　协同演化的纳什均衡矩阵

分布区间	纳什均衡点		
$0<\theta<\frac{\pi}{2}$	（1，1）	（0，0）	$\left(\frac{1}{1+\cot\theta},\frac{1}{1+\cot\theta}\right)$
$\frac{\pi}{2}<\theta<\pi$		（0，0）	
$\pi<\theta<\frac{3\pi}{2}$	（0，1）	（1，0）	$\left(\frac{1}{1+\cot\theta},\frac{1}{1+\cot\theta}\right)$
$\frac{3\pi}{2}<\theta<2\pi$		（1，1）	

表 4.9 说明，变量 $\theta=\arctan\sigma$（ϑ' 中的多个影响变量转化为 $\Re$ 中的单一变量 θ）影响并决定纳什均衡的分布，对应演化博弈中技术网络与社会网络 ESS 稳定策略的分布。根据协同学对序参量的界定，θ 满足复杂系统演化中序参量的形成及作用特征，故判断 $\theta=\arctan\sigma$ 是战略联盟基于知识流动的技术合作创新和社会资本投资的预期收益与有限资源成本变量聚集整合而成，决定且影响战略联盟知识流动网络协同演化的核心变量——序参量。

进一步地，由于 θ 是 σ 的因变量，故 $\sigma=\dfrac{R_3-C_b}{(C_b-R_1)+(R_4-R_2)\times\dfrac{\delta}{\beta}}$ 可作为协同演化的序参量。同时，为了维持 σ 的结果且满足假设条件 $C_b>R_3$，规定 $\psi=-\sigma$，得到技术网络和社会网络协同演化的序参量，可写为

$$\psi=\frac{C_b-R_3}{(C_b-R_1)+(R_4-R_2)\times\dfrac{\delta}{\beta}} \tag{4.15}$$

考虑到式（4.15）的非线性，借鉴 Cowan 和 Jonard（2004）的研究思路，严格将复杂网络非指数参数的取值区域限制在[0,1]之内。同时，遵循 Choi 等（2010）的网络参数设定原则，参考 Kim 和 Park（2009）关于影响网络演化的仿真参数设计，对式（4.15）中的变量进行初始赋值。进一步地，为使结果更具说服力和一般性，在对区间内不同参数的赋值结果进行 100 组预测试后，选择知识流动网络协同演化达到稳定状态后的参数组合的平均数进行最终的参数设定，如表 4.10 所示。

表4.10　知识流动网络协同演化序参量的参数赋值

资源配置模式	参数分布					
随机导向型	$C_b=1$	$R=0.5$	$R_1\in[0,0.4]$	$R_2\in[0,0.4]$	$R_3\in[0,0.2]$	$R_4\in[0,0.2]$
关系导向型	$C_b=1$	$R=0.5$	$R_1\in[0,0.4]$	$R_2\in[0,0.2]$	$R_3\in[0,0.2]$	$R_4\in[0,0.4]$
合作导向型	$C_b=1$	$R=0.5$	$R_1\in[0,0.2]$	$R_2\in[0,0.4]$	$R_3\in[0,0.4]$	$R_4\in[0,0.2]$
知识嵌入型	$C_b=1$	$R=0.5$	$R_1\in[0,0.2]$	$R_2\in[0,0.2]$	$R_3\in[0,0.4]$	$R_4\in[0,0.4]$

4.5.2　序参量的仿真实验

采用 Mathematica 数学软件在不同参数设置情况下进行仿真，以便直观观察协同演化序参量的仿真效果（图 4.5）。

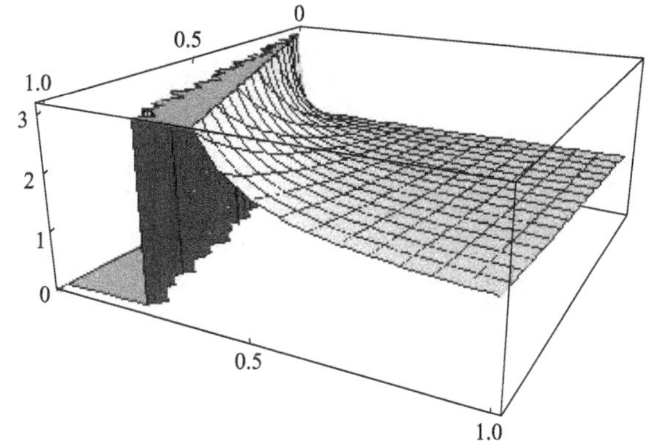

（a）随机导向型

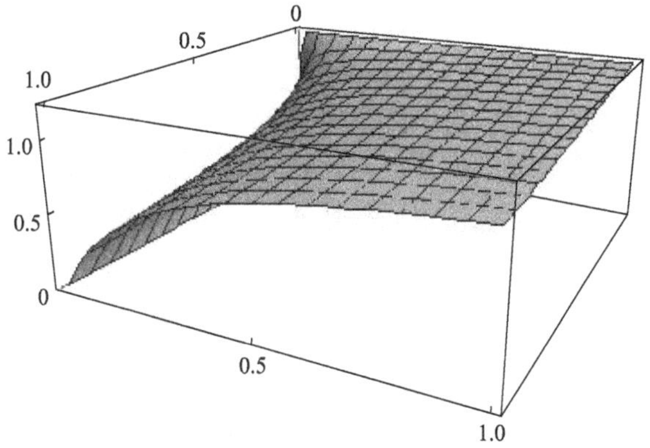

（b）关系导向型

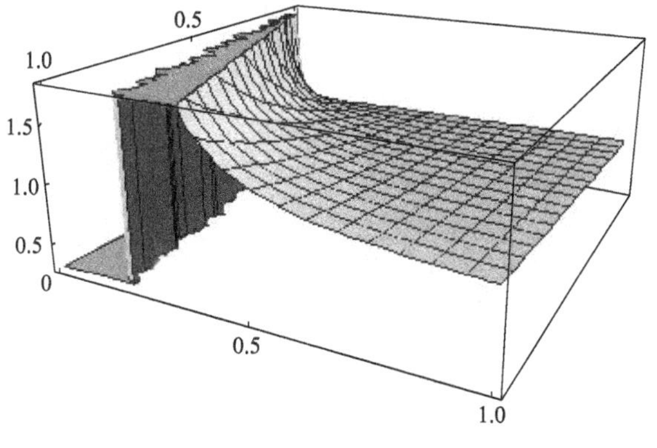

（c）合作导向型

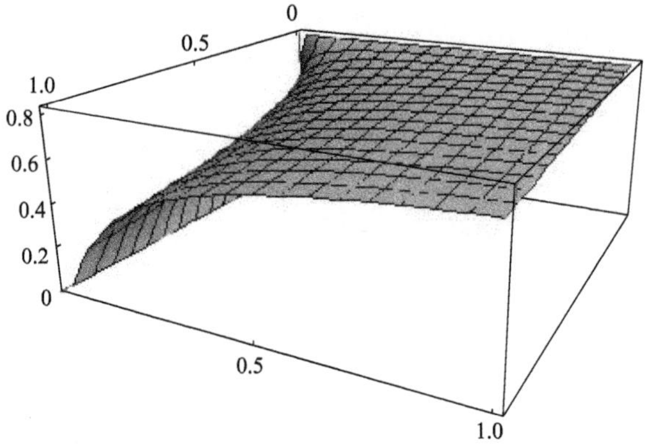

（d）知识嵌入型

图 4.5　不同资源配置模式下战略联盟知识流动网络协同演化的序参量仿真效果

协同演化的支配变量——序参量ψ的仿真效果一定程度上解释了不同资源配置模式导向下，战略联盟知识流动网络中技术网络与社会网络协同演化的宏观过程。由于本书采用对称矩阵求解序参量，故为了更加明确地突出不同资源配置模式导向下技术网络与社会网络的协同演化差别，对不同模式导向下的协同演化序参量三维仿真结果进行二维投影，并引入函数密度和向量场两个概念对序参量的演化规律予以考察。通过对函数密度和向量场数值分布区域及变化的分析，总结战略联盟知识流动网络内，技术网络与社会网络协同演化的复杂性特征。其中，函数密度反映了本书提出的 4 种资源配置模式导向下序参量的分布情况，区域较深的部分数值较高，表明该区域的演化速率相对较快，见图 4.6。

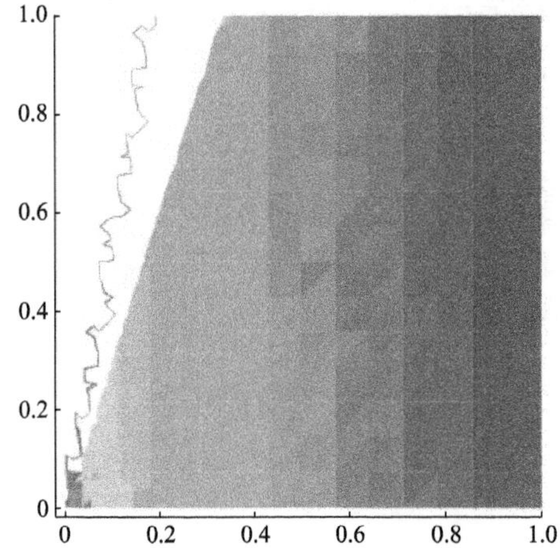

（a）随机导向型

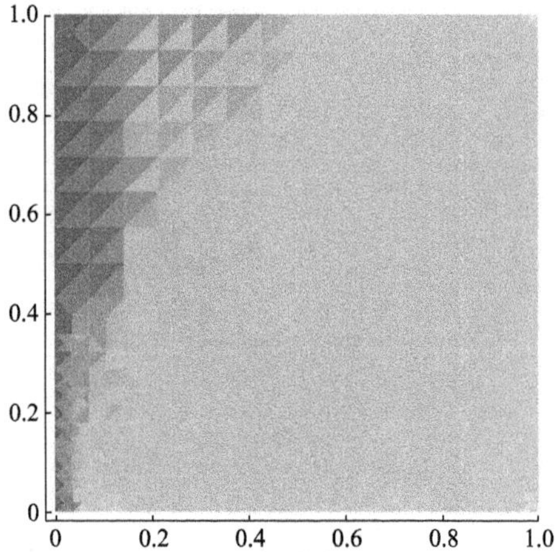

（b）关系导向型

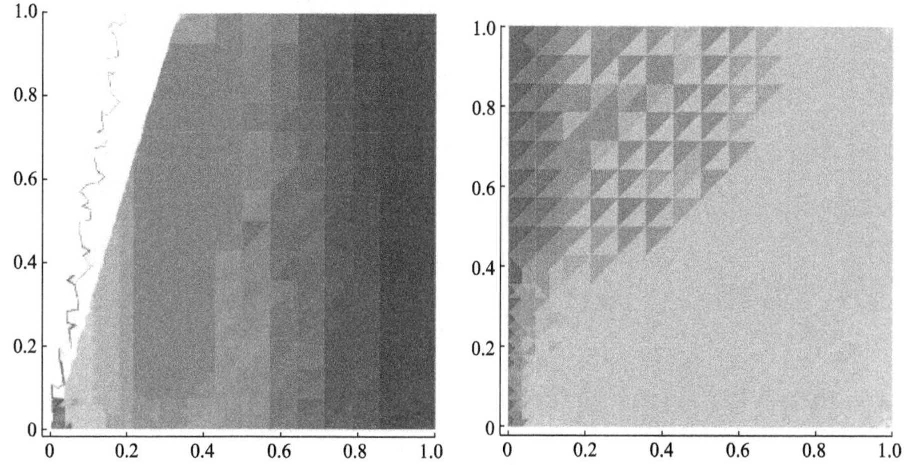

（c）合作导向型　　（d）知识嵌入型

图 4.6　不同资源配置模式下战略联盟知识流动网络协同演化的密度分布

基于表 4.10 的参数分布，将战略联盟知识流动网络协同演化的序参量ψ代换为由β、δ两个协同参数构成的复杂系统。通过建立ψ关于协同参数β、δ偏导数的向量场，考察不同资源配置模式导向下技术网络与社会网络协同演化趋近于演化稳定解的动力方向，得到图 4.7。

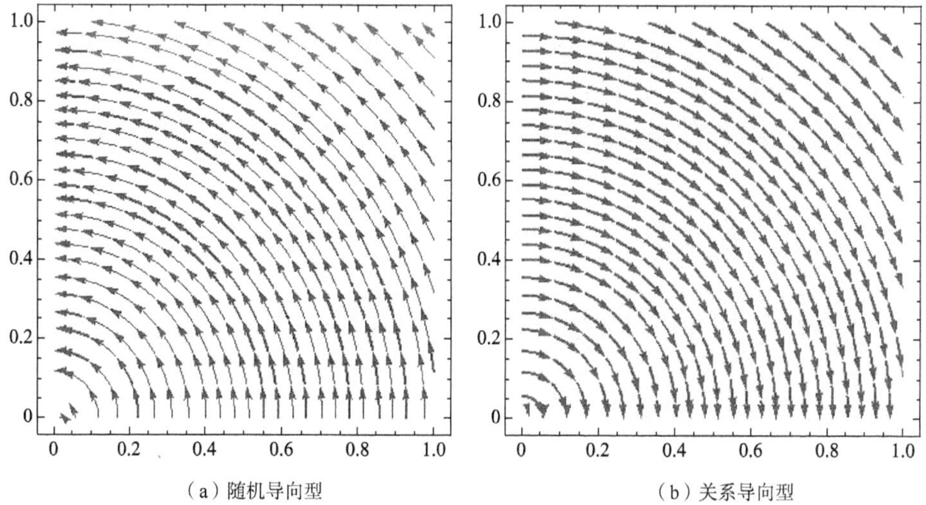

（a）随机导向型　　（b）关系导向型

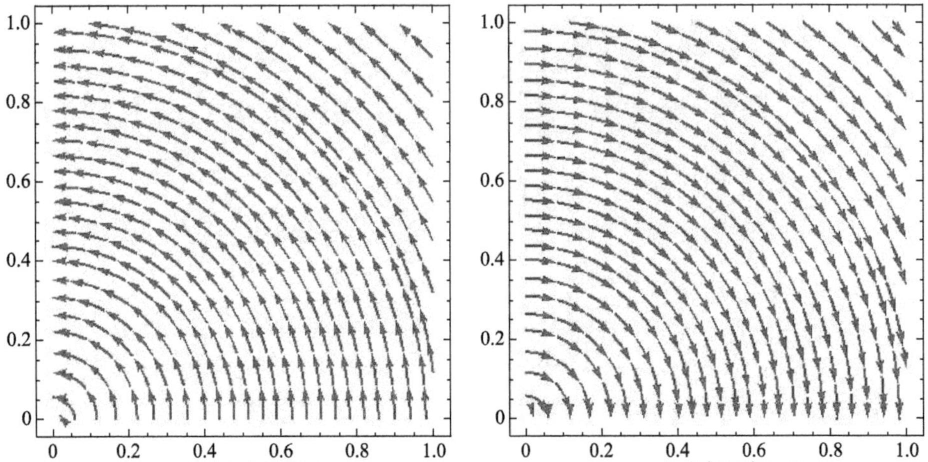

（c）合作导向型　　（d）知识嵌入型

图 4.7　不同资源配置模式下战略联盟知识流动网络协同演化的向量场分布

以技术网络和社会网络的演化稳定策略分布为基础，考虑并结合序参量的函数密度及向量场的仿真结果，得到不同初始点分布（ P_1,P_2,P_3 ）的战略联盟知识流动网络协同演化特征，如图 4.8 所示。

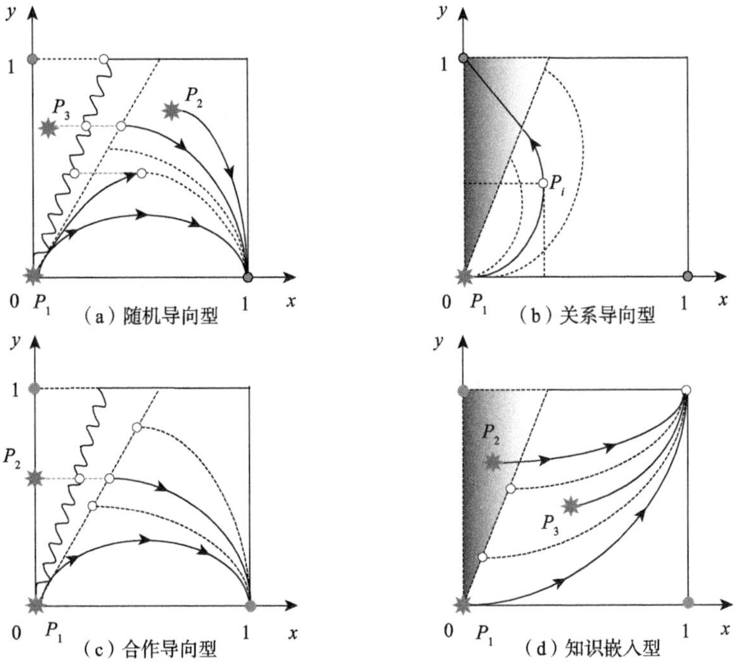

（a）随机导向型　　（b）关系导向型

（c）合作导向型　　（d）知识嵌入型

图 4.8　不同资源配置模式下战略联盟知识流动网络协同演化的路径

图中的 P 点表示协同演化的不同初始分布点，箭头指向的实线表示该点存在的序参量演化方向，虚线表示协同演化中可能存在的方向，圆圈对应不同资源配置模式导向下的密度绝对数

4.5.3　涌现的复杂性特征识别

1. 路径突变特征

路径突变一直是复杂系统演化的重要特征之一。观察图 4.8 不难发现，虽然在 4 种资源配置模式的导向作用下，战略联盟知识流动网络协同演化的活跃区域存在差异，但总体上，网络的协同演化轨迹均呈现跳跃形态，说明网络的协同演化路径存在突变特征。首先，关系导向型和知识嵌入型的三角阴影区域对应仿真密度的分布，表示序参量的高分布区域，该区域内的协同演化效率更为突出且趋于线性分布。随机导向型和合作导向型三角区域内的曲线则表示此区域内序参量的效率低分布区域，出现间断型的非线性特征。而 4 种资源配置模式的梯形区间代表序参量的演化数值分布较为均匀，即变比型非线性特征。可见，4 种资源配置模式导向下，战略联盟知识流动网络协同演化路径的速率变化要经历线性和非线性的组合，具有典型复杂系统演化的路径突变特征。其中，随机导向型和关系导向型资源配置模式以间断型非线性和变比型非线性的突变组合为主，关系导向型和知识嵌入型资源配置模式则以线性和变比型非线性的突变组合为主。

通过分析，本书认为造成这种现象的主要原因在于，虽然在战略联盟知识流动网络内部，知识存量总是随新知识组合的增多而循序渐进地增长，但在联盟组织间的知识流动过程中，异质性知识单元的多元化交互关系与形式决定了网络新知识组合发生质变的概率。如果联盟组织间流动的知识单元具有较高的异质性，那么知识单元间的交互就越复杂。其中，占据网络“结构洞”位置的组织的知识种类，或是高层级知识单元的类别就会影响并控制网络中一般知识单元的类别。正是由于知识流动网络内的知识单元存在这种层级性的控制关系，因此，高层级知识单元的推陈出新一定引致低层级知识单元的内容发生质变，但一般情况下该情况较少发生，所以经用新知识组合实现颠覆性创新的频率较低。相对地，在知识流动网络内部，普遍发生的是对低层级模式、方法、表象看法的改变或出现新的观点而形成的新知识组合，反映在路径上，演化就表现为渐进的连续过程，即渐进式创新。但当下层知识单元的积累程度达到阈值并引起高层级知识单元的质变时，知识流动网络内核心组织或溢出的高层级知识单元就可能产生重大的创新或突破，此时演化路径将以突变轨迹呈现。因此，战略联盟知识流动网络协同演化产生的路径突变是源于核心组织的知识单元类型的改变，或知识流动网络内高层级知识单元的质变。

理论上，协同演化的路径突变特征刻画了战略联盟知识流动网络协同演化的独特性，并决定演化的稳定程度。以网络的联结形式为逻辑起点，对于期望建立弱联结的联盟组织而言，关系导向型资源配置模式为他们更为广泛地搜索和整合高价值的知识单元提供了机会，这对于加速知识流动网络中颠覆式创新的涌现将发挥一定的积极影响。同时，借助关系导向型资源配置模式持续积累社会资本也可以帮助联盟组织通过建立更多的弱联结关系，推动知识的扩散和溢出，从而吸引新的组织加入战略联盟知识流动网络。相比之下，对于试图建立强联结的联盟组织而言，选择知识嵌入型资源配置模式更利于他们深入地了解伙伴的知识编码规则和资源信息渠道，这对于联盟组织建立共性语言和通用的技术工具，以及形成一致的价值取向将起到一定的积极作用。相应地，知识流动网络内隐性知识的流动程度得以提升，联盟组织亦可有效且持续地吸收和整合价值性高的知识单元，并借助组织学习的协调机制保持协同演化的稳定性。

2. 偏好特性与演化的协同共生

根据复杂性科学的研究框架，偏好特性是分析系统协同演化涌现特征的关键指标。图 4.6 显示，4 种资源配置模式导向下，战略联盟知识流动网络的梯形区域内，序参量的数值分布都比较均匀。然而，受到各自向量场的影响，序参量均表现出一定的凸非线性偏好特质。意即，在联盟组织一定程度上偏好于对立策略的前提下，知识流动网络的变比型非线性协同演化特征将导致网络变为纯粹的技术网络或社会网络。根据 4 种资源配置模式的形成机理（图 4.1），选择合作导向型和关系导向型资源配置模式的联盟组织更倾向于独立策略，而选择随机导向型和知识嵌入型资源配置模式的联盟组织则分别偏好于投资社会资本和技术合作创新。在此前提下，当联盟组织对技术合作创新和社会资本的认知处于较为模糊甚至陌生的状态时（如合作关系尚未建立的演化初级阶段），他们可能更愿意独自建立和维护社会关系，或独立进行技术创新。此时，联盟组织间的协同效率低下。部分透明度低和具有利己倾向的联盟组织就可能产生机会主义行为，而表现为高透明度（transparency）和良好合作意愿的“好的合作伙伴（good partner）”便会成为机会主义行为的作用对象（Hamel，1991；Buckley et al.，2009）。相对地，联盟组织开展技术合作创新的意愿将会显著降低（Gulati et al.，2000），彼此间的社会共生关系也将急剧恶化，知识流动网络的协同演化就可能失败。

反之，倘若联盟组织能够感知且充分意识到技术合作创新和社会资本投资对其发展的重要作用及潜在的协同效应时，他们就会倾向于建立并维护这种基于知识流动的多边联结关系，即通过形成互惠型的相互依赖来达到互惠共生的目的。实际上，对于联盟组织而言，如果他们能够采用契约、技术入股、共建研发联合体等多种方式确立正式合作关系，便可能孕育并推动基于知识流动的技术网络发展。同时，如若联盟组织意识到良好的社会关系对其降低交易成本和实现和谐共生的突出作用，他们也能够凭借交往和互助过程中的逐渐相互依存，建立非正式合作关系，进而形成社会网络。正如 Gulati 等（2000）所言，正式合作关系与非正式合作关系是战略联盟内各组织间持续进行知识流动的两种渠道。其中，正式合作关系利于联盟组织实现知识资源的互补，进而提高联盟组织间技术合作创新的成功概率。而非正式合作关系则帮助联盟组织逐步形成基于信任、承诺和关系嵌入的空间依赖关系（Lavie et al.，2012），促进了知识流动网络中现有合作的持续深入和新合作的开展。因此，偏好特性显示了战略联盟知识流动网络中，技术网络与社会网络不存在边界演化的情况，即技术网络和社会网络共生于战略联盟知识流动网络的协同演化过程中。

3. 自发的对称性破缺

通过对比图 4.6 和图 4.7 中序参量的数值发现，序参量的演化特征决定了战略联盟知识流动网络协同演化存在自发的对称破缺。自发性的对称破缺是指复杂系统内在受到内部动力的作用下持续演变，从某一个阶段的稳定状态到达另一个阶段的稳定状态。在战略联盟知识流动网络的协同演化过程中，同样存在自发的对称破缺，具体表现为在 4 种不同资源配置模式导向下，战略联盟知识流动网络协同演化路径断点的跃迁现象。根据图 4.8 可知，协同演化可从初始点的稳定状态出发，到达演化策略的 ESS 稳定状态。当战略联盟知识流动网络处于形成初期的稳定态 P_1 时，系统处于基态，对应演化的最低能级且不具备对称性。然而，倘若战略联盟知识流动网络在形成时已经具有较高对称性，或吸收能量不断演化，知识流动网络处于激发态甚至高能态（如 P_2、P_3）时，网络内存在或受到任何对称性的微扰，且微扰不断被放大并对联盟组织产生的行为产生显著影响时，知识流动网络的协同演化会出现明显的内部合作不对称性特征，即出现协同演化的自发对称破缺。

虽然联盟组织间的决策以“共同获益”为目标，然而，战略联盟本身存在不确定性，加之联盟组织在知识流动过程中，随时可能由于契约的不完全性、信息的可能缺失、契约参考点的变化等客观因素改变原有的决策行为，并影响彼此间的社会关系（Das and Teng，2001）。因此，如果联盟组织采取如退出、背叛等即时策略，又或者是当前“竞争”与“合作”的共生结构发生变化，就将直接改变知识流动网络的价值收益（Nielsen，2005，2010；Kauser and Shaw，2004）。由此可见，在联盟组织的知识流动过程中，经由这一系列破缺发展到行为破缺再到收益破缺，战略联盟知识流动网络的状态势必发展转移，对应自发对称性破缺的产生。

不能忽略的是，虽然共存结构变化或机会主义行为等因素可能影响战略联盟知识流动网络协同演化的有序程度，但战略联盟知识流动网络仍然能够借助内部动力的推动作用，实现由原有稳态到新稳态的演进。主要原因在于：知识流动网络不仅实现了联盟组织间跨时空的知识转移与组合，而且直接缩短了战略联盟多种技术的创新周期，进而令联盟内持续不断地涌现多种复杂的新知识。加之知识流动网络本身具有的开放性特征允许新组织加入网络参与创造新知识组合的活动，导致联盟组织间的知识流动范围愈加宽泛，知识的交互程度亦逐渐加深。因此，参与知识流动的联盟组织能够更为高效地创造多种异质性知识组合，进而形成充足的内生动力打破网络原有的平衡状态，驱使知识流动网络跃迁到一个稳定且共存关系更加合理的新有序态，新知识组合的知识信息内容也得以在网络中进行有效扩散（Cowan and Jonard，2004）。据此推断，战略联盟知识流动网络不仅具有典型的自组织特性，使其在无第三方外力的作用下自发地演化，而且无论网络处于何种稳态，只要发生协同演化，网络就一定产生自发的对称破缺。这种自发的对称破缺也对应性地描述了战略联盟知识流动网络协同演化的自组织过程。因此，战略联盟知识流动网络在无第三方外力的作用下会自发协同演化至新的稳定态。

第 5 章　不同资源配置导向下战略联盟知识流动网络协同演化的涌现规律研究

5.1　不同资源配置模式的联结规则设计

系统科学理论认为，揭示复杂系统演化所涌现的特殊规律是控制复杂系统演化、论证系统演化本质的重要依据。对于战略联盟知识流动网络来说，正是由于联盟组织选择的资源配置模式存在差异，导致战略联盟知识流动网络体现了充分的演化多样性。因此，本章根据第 4 章中提出的引导战略联盟知识流动网络协同演化的 4 种资源配置模式，建立联盟组织在知识流动网络中的资源配置联结规则，分别为随机型资源配置联结、关系择优型资源配置联结（社会资本投资优先）、实力择优型资源配置联结（技术合作创新优先）及组合型资源配置联结（技术创新合作与社会资本投资兼顾）。

5.1.1　随机型资源配置联结

根据第 4 章中对不同资源配置模式的界定，随机型资源配置联结代表联盟组织没有明确的发展方向，说明此类联盟组织资源配置的无偏好现状，知识流动的联结没有目的性。根据空间网络的接近性原则（Baum et al.，2010），设定此类联盟组织与网络中空间距离最近且期望收益比高于损失比的联盟组织建立知识流动联结。同时，借鉴拓扑距离法，设定一个邻域集合（Cowan and Jonard，2004；Morone and Taylor，2004），将采用随机联结的联盟组织 x_i 的拓扑距离小于知识流动网络平均路径长度的其他联盟组织视为 x_i 的领域。因此，联盟组织 x_i 与另一个组织 x_j 建立知识流动网络联结可用公式表述为

$$\text{ties}=\begin{cases}1, & \{x_i, x_j \in V \mid d_{ij} < d\} \\ 0, & \text{others}\end{cases} \tag{5.1}$$

5.1.2 关系择优型资源配置联结

关系择优型资源配置联结代表联盟组织以社会资本投资作为资源配置的首要目标。根据社会网络中“边”的联结原则（Uzzi，1999；Shriver et al.，2013），采用节点度对联盟组织的社会结构资本进行测度：规定在战略联盟知识流动网络中，联盟组织的节点度越高，建立的联结关系越多，在战略联盟中的社会地位越重要。相对地，其他联盟组织也更倾向于在拓扑距离内，选择节点度大的组织建立基于社会资本积累的知识流动关系，我们将这种联结形式用式（5.2）表示，其中 $f(q)$ 表示节点度的函数，用以计算知识流动网络的节点度：

$$\text{ties}=\begin{cases}1, & \text{Max}f(q) \\ 0, & \text{others}\end{cases} \tag{5.2}$$

5.1.3 实力择优型资源配置联结

实力择优型资源配置联结代表联盟组织以技术合作创新作为资源配置的首要目标。根据创新网络的扩散与溢出原则（Singh，2005），采用收益对联盟组织的技术合作创新投资进行测度：规定在战略联盟知识流动网络中，联盟组织的收益越高，其拥有的技术创新实力越强，在战略联盟中的技术创新优势越突出。相对地，其他联盟组织也更倾向于在拓扑距离内，选择实力最强的组织建立基于技术合作创新的知识流动关系。我们将这种联结形式用式（5.3）表示，其中 $S(q)$ 表示联盟组织的实力函数，用以计算节点的收益：

$$\text{ties}=\begin{cases}1, & \text{Max}S(q) \\ 0, & \text{others}\end{cases} \tag{5.3}$$

5.1.4　组合型资源配置联结

组合型资源配置联结代表联盟组织认为技术创新投入和社会资本投资两者间具有相互促进的积极作用。根据复杂网络的嵌入性原则（Nielsen，2005，2010；Uzzi，1999），知识流动既可能推动联盟组织间的技术合作创新，也对提升组织间的社会关系具有正向影响。因此，利用社会资本择优联结和技术优势择优联结的组合，描述知识嵌入型资源配置导向下的知识流动网络联结规则。设定采用社会资本择优的概率为 P_{TR}，采用技术优势择优的概率为 P_{TS}，且 $P_{TR}+P_{TS}=1$。同时，为了说明对于选择组合型资源配置联结的联盟组织来说，社会资本择优联结和技术优势择优联结同时存在且都很重要，设定两种概率的分布区间为[0.45,0.55]。

5.2　不同资源配置导向下战略联盟知识流动网络协同演化涌现规律的仿真设计

5.2.1　知识流动网络的仿真参数设计

根据 Gulati（1998）的研究，参与知识流动的联盟组织的策略性行为可能受到部分客观存在的属性变量的影响，对应知识流动网络的基本特征，如节点密度（Baum et al.，2010）、空间距离（Schilling and Phelps，2007）、边密度（Gilsing and Nooteboom，2005）、连通性（Uzzi and Spiro，2005）等。属性变量是决定网络结构和网络收益的重要指标，能够影响联盟组织间的协同效应（Gulati，1998）。

节点密度由知识流动网络的节点数量和节点的联结偏好共同决定，是衡量战略联盟知识流动网络联结机制，评判联盟组织知识获取和交互效果的重要标准（Uzzi and Gillespie，2002）。一方面，稠密网络的联结机制更加复杂和完善，这也为联盟组织频繁和多元进行知识流动提供了先决条件。相应地，网络中的节点密度大意味着联盟组织可以借助多边的知识流动联结，提高知识单元的交换与组合速度，进而更具效率地实现互惠互利的联盟组建宗旨（Reagans and McEvily，2003）。另一方面，联盟组织战略目标的差异导致他们采用的资源配置模式一定各不相同（Hitt et al.，2000），多种资源配置模式决定了联盟组织存在不同的联结偏好，进而对知识单元交换对象的选择、知识交换的形式产生影响（Zhao et al.，2015）。每种资源配置模式对应的节点数量，代表该种资源配置模式作用下网络联结机制的动态变化程度。我们采用时间 t 的函数建立节点密度联结机制的表达式：$N(t)=\text{sum}(q)$，其中 $\text{sum}(q)$ 表示网络节点的求和函数。

边密度也称为网络平均节点度，是影响知识流动网络创造性溢出的重要指标。社会网络理论认为，网络平均节点度通过改变网络的集聚程度和社会关系联结，影响新技术的涌现。对于战略联盟知识流动网络，网络的平均节点度越高，越利于新知识的涌现和扩散。随着网络复杂程度的提高，网络的平均节点度开始提升，网络的中心性逐渐显著，联盟组织间的社会地位产生差距。拥有较高社会地位的联盟组织拥有更多的知识流动伙伴，能够获取更丰富的知识资源，以及主导网络协同演化方向的非正式权力，从而创造更有价值的新知识，并推动新知识在网络中传播和溢出（Lavie et al.，2012）。本节用时间 t 的函数描述战略联盟知识流动网络的平均节点度，由于网络的最小完全图最少由两个联盟组织组成，因此网络的平均节点度 $D(t)=2\times\frac{\text{sum}(e)}{\text{sum}(q)}$，其中 $\text{sum}(e)$ 表示网络联结边数的求和函数。

空间距离代表战略联盟中参与知识流动活动的联盟组织间的关系强度。根据 Granovetter（1985）的观点，复杂网络中，不同节点间的联结形式会改变原有的关系强度，并对网络的收益持续造成影响：强联结通过加强联盟组织间知识单元的交互效率与深度，提高网络知识创造和知识扩散的实际效益，这不仅会改善联盟组织间可能并不稳固的社会关系，而且直接影响战略联盟探索式创新活动的开展。相比之下，弱联结可以帮助联盟组织建立更多的桥接关联，扩大知识的搜索和流动范围，进而缩短组织间的空间和社会距离（Gilsing and Nooteboom，2005），并推动创新活动的广泛开展。由此可知，虽然联结形式存在差异，但强联结和弱联结都会对网络主体间获取异质知识单元，缩短社会距离，以及创造和溢出更具价值的知识，提高网络的收益产生积极影响（Tortoriello and Krackhardt，2010；Singh，2005）。因此，我们采用时间 t 的函数表示网络的关系强度 $r(t)=\frac{\text{sum}(r_{ij}(t))}{\text{sum}(e)}$，其中 $r_{ij}(t)$ 表示在时间 t 时刻，联盟组织 i 与联盟组织 j 的社会关系距离，$\text{sum}(r_{ij}(t))$ 为关系强度的求和函数。

连通性代表网络内有效联结的数量，用以描述和分析既定网络结构的知识流动频率。复杂网络理论认为，在网络结构优化的情况下，节点间的连通性不仅定义了网络的拓扑距离，而且对联盟组织间的知识交流集中度、知识资源交换的频次，以及网络的创新收益也会造成影响（Schilling and Phelps，2007）。战略联盟知识流动网络内的有效联结越多（连通性越高），越可能在局部形成密集的联结集群，从而改变联盟组织间的空间联结结构，接触、组合和利用嵌入性知识的范围，以及网络的知识创造潜力，最终影响网络的收益（Uzzi and Spiro，2005）。我们采用时间 t 的函数表示知识流动网络的连通性 $n(t)=\text{sum}(n)=r(t)\times\dfrac{\text{sum}(e)}{N(t)}$，$\text{sum}(n)$ 表示有效联结的求和函数，知识流动频率取决于网络的连通性。同时，借鉴 Leenders 等（2003）对交流集中度的分析结论，将知识流动频率用时间 t 的函数表示为 $f(t)=\dfrac{\varepsilon}{n(t)}$，其中，$\varepsilon$ 表示常数。

网络收益是衡量战略联盟知识流动网络能否创造的新知识组合，以及将新知识组合推向市场后，取得技术创新收益（经济效益）和社会资本收益（社会效益）的关键指标（Wassmer and Dussauge，2011；Gulati，1998；Stuart，2000）。为了降低网络收益产生的过度指数增长对研究结果的影响，我们参考并整合测量网络收益的指标（专利、新产品数量、利润率等），将战略联盟知识流动网络中所有节点收益增加的加权平均数的对数代表网络收益，即新知识组合的价值。采用时间 t 的函数进行表示，得到 $b(t)=\log\left[\sum_{i\in N}\left(\dfrac{b_i(t)}{\sum_{i\in N}b_i(t)}\right)\times b_i(t)\right]$，其中，$b_i(t)$ 表示 t 时刻知识流动网络中，联盟组织 i 凭借新知识组合获得的收益。

5.2.2　知识流动网络的仿真规则设计

根据第 3 章的分析内容可知，以知识单元间的互补与组合为知识流动目的的战略联盟知识流动网络协同演化具备复杂适应系统理论提出的系统演化条件和特征（Holland，1995）。意即，当环境发生变化时，主体（联盟组织）能够根据环境变化产生的“刺激”，主动调整自身的状态，借助具有针对性的“反应”行为，适应新的环境。一方面，战略联盟知识流动网络由具有不同资源配置偏好的多个联盟组织构成，每个联盟组织代表不同发展诉求的知识流动节点，节点的属性具备显著的 multi-agent 结构及多样性特征。另一方面，联盟组织能够根据环境变化产生相应的反应（知识流动）行为，通过知识单元的交互与组合产生内生动力，推动网络的协同演化以适应新的环境。这种典型的社会性、自适应性，以及自发演化至新稳定态的自组织特性（Zhao et al.，2015），符合基于 multi-agent 的复杂系统演化模式与特征（Alelord，1997）。因此，本节基于 multi-agent 的属性结构，考虑联盟组织不同的资源配置偏好，围绕联盟组织间的知识流动联结机制，建立战略联盟知识流动网络协同演化的仿真模型，运用仿真技术实现对演化规律的分析。

本节采用 Netlogo 软件，分析不同资源配置模式导向下，战略联盟知识流动网络协同演化的涌现规律。首先，利用 Netlogo 的 Interface 界面设计功能，遵照 Agent 仿真的设计原则中独立 Agent 的基本属性分布，设计每种资源配置模式导向下，战略联盟知识流动网络协同演化的仿真界面。其次，运用 Netlogo 软件的 procedure 界面程序开发功能，设计基于 Agent 仿真框架设计研究的宏观模型（图 5.1），进行仿真设计。

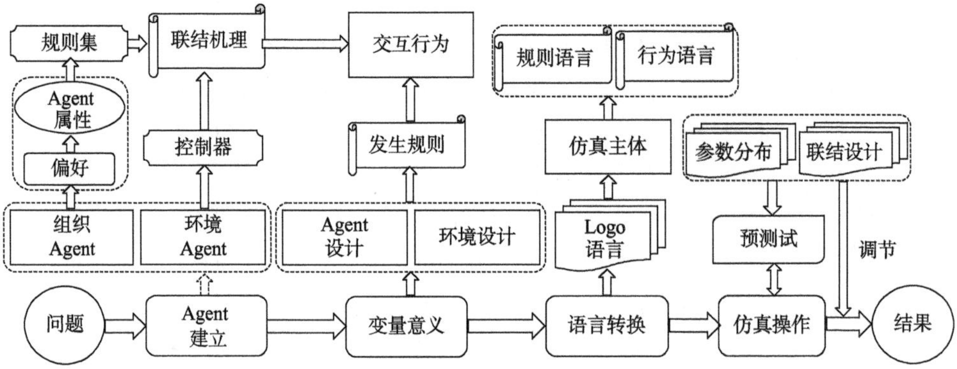

图 5.1 仿真的宏观模型

根据复杂网络的拓扑结构设计要求，将仿真主体分为具有 4 种资源配置偏好的联盟组织（节点）和组织间建立的知识流动联结（边）。在遵循“刺激—反应”原理的战略联盟知识流动网络 multi-agent 仿真模型中，主体类型应包括随机导向资源配置偏好、关系导向资源配置偏好、合作导向资源配置偏好，以及知识嵌入导向资源配置偏好的多个仿真 Agent，每两个 Agent 间建立的知识流动联结构成网络的一条边。同时，由于任何复杂系统的演化都要以环境变化为前提，因此在战略联盟知识流动网络协同演化过程中，所有 Agent 的基本属性，以及联盟组织间的联结状态变化都源自环境变化的影响。此外，本节采用环境 Agent 来控制环境变化对战略联盟知识流动网络协同演化的作用，代表随演化的深入，具有不同资源配置偏好的 Agent 会随环境变化而与其他 Agent 建立知识流动联结关系。

在建立分析演化规律的 Agent 后，须设计 multi-agent 仿真模型的变量及变量关系。其中，不同的资源配置模式作为战略联盟知识流动网络协同演化的控制器，起到引导 multi-agent 建立联结的作用，包括随机型资源配置联结、关系择优型资源配置联结、实力择优型资源配置联结，以及组合型资源配置联结 4 种形式。环境 Agent 作为战略联盟知识流动网络协同演化的控制器，核心功能是控制多主体的属性分布，以及知识流动网络联结的设计和调整。网络收益（ b ）表示 t 时刻所有联盟组织在基于自身资源配置偏好，建立相应的知识流动联结后，网络整体的能量值（网络收益）。网络平均节点度 D（ $D>0$ ）表示战略联盟知识流动网络“边”的密集程度。期望收益比 PE（ $\mathrm{PE}\in[0,1]$ ）表示联盟组织增加的能量比。同时，考虑机会主义行为对战略联盟知识流动网络协同演化收益的影响（Das and Teng，2001；Gulati et al.，2000），设定基于机会主义和利己思想的网络收益损失比 PL（ $\mathrm{PL}\in[0,1]$ ），表示联盟组织减少的能量比。知识流动网络节点间的拓扑距离 L（ $L>0$ ）表示联盟组织建立知识流动联结的空间长度。资源成本 R（ $R>0$ ）表示联盟组织建立和维持知识流动网络联结所付出的代价。临界阈值 T（ $T>0$ ）表示在一定的知识流动网络联结条件下，战略联盟知识流动网络积累的能量值（网络收益）引发演化临界质变（新知识组合涌现）的临界值。此外，对于已经建立联结的联盟组织，计算两个联盟组织下一次知识流动交互的期望收益比和资源成本。如果资源成本高于期望收益，那么联盟组织将断开现有联结，反之，当期望收益高于资源投入成本时，现有的知识流动联结得以维持。仿真实验中，设定单位仿真步长内，每个 Agent 最多断开一条联结，以保证知识流动网络协同演化的有序进行，防止网络协同演化的突然衰退和意外崩溃。

为了将上述 multi-agent 属性与仿真设计转化为计算机仿真模型，运用 Logo 语言编写基于每种资源配置导向偏好的网络联结，以及 multi-agent 属性值的仿真程序，完成模型初始化工作。同时，根据 Netlogo 仿真的权威文献中关于 multi-agent 的设计方法（Gilbert et al.，2007；Lopolito et al.，2013），以及战略联盟实证研究，知识网络、知识转移实证研究论文中个体数量的选择规律（Schilling and Phelps，2007；Lavie et al.，2012），对仿真的基本参数予以设计，结果如表 5.1 所示。

表5.1　仿真参数设计

参数名称	设定数据
知识流动网络的节点数	$N=100$
节点的知识能量初始分布	$E\in[0,2]$
知识流动网络的平均节点度	$D=8$
期望收益比	$\mathrm{PE}=0.5$
收益损失比	$\mathrm{PL}=0.3$
拓扑距离	$L=0.35$
资源成本	$R=8.5$
临界阈值	$T=6.4$
频率常数	$\varepsilon=1$

基于仿真的初始值设计，进行仿真预测试（共 40 次），满足 Gilbert 等（2007）提出的 multi-agent 仿真预测试的要求。根据预测试的结果，选择所有预测试的仿真结果均达到稳定的仿真步长（ $\mathrm{SS}=275$ ）为正式实验的仿真步长，并进行正式实验。

5.3　不同资源配置导向下战略联盟知识流动网络协同演化涌现规律的仿真实验

图 5.2 模拟了不同资源配置模式导向下，战略联盟知识流动网络协同演化的宏观空间网络结构，每个网络的完全图最少由两个联盟组织构成。根据图 5.2 可知，随着演化的深入，网络的复杂程度提高。其中，关系导向型和知识嵌入型资源配置模式作用下，知识流动网络联结的边密度明显更大，说明联盟组织间的知识流动更加活跃。在合作导向型资源配置模式和知识嵌入型资源配置模式作用下，网络部分区域的联结更密集，说明在这两种资源配置模式下，联盟组织间的推拉作用使得知识流动网络更容易产生集聚效应。

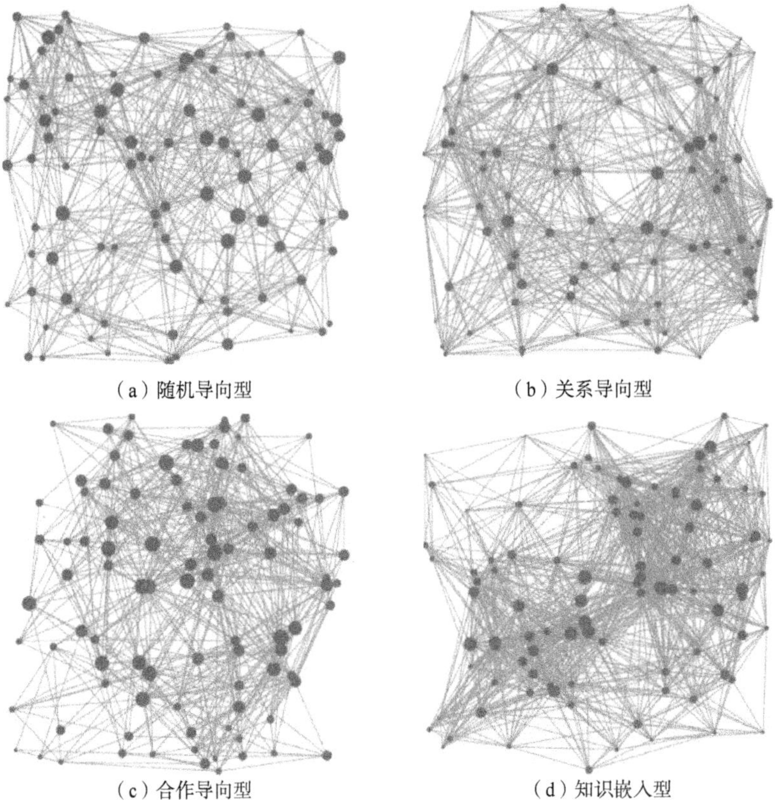

（a）随机导向型　（b）关系导向型　（c）合作导向型　（d）知识嵌入型

图 5.2　不同资源配置模式下战略联盟知识流动网络的结构仿真

作为典型的复杂系统，复杂网络的协同演化具有随时间变化产生系统状态转移的特征。North 和 Macal（2007）指出，探讨复杂系统的演化问题，应以动态时间的主体偏好作为基本前提，进而通过分析构成系统的重要变量间的相互作用关系及其变化形式，发现和归纳系统演化的客观规律。承袭其观点，本节为了揭示以资源配置模式为情境，战略联盟知识流动网络协同演化过程中状态变量与控制变量的相互影响，进而明确在动态时间域内，基于变量间相互作用导致的战略联盟知识流动网络涌现规律，借鉴 Barabási 和 Albert（1999）的复杂网络研究设计要求，将知识流动网络中随时间变化的被观察变量设为状态变量，将可以进行调整（仿真参数变化）的网络属相变量设为控制变量。同时，本节将在不同资源配置模式导向作用下，战略联盟知识流动网络 Netlogo 仿真实验结果的基础上，采用复杂网络协同演化中的相轨道理论，解释变量间的作用形式、特征及涌现规律，进而得出一些有价值的结论。

5.3.1　协同演化的节点联结规律

图 5.3 显示了以不同资源配置模式为控制变量（x轴），战略联盟知识流动网络的节点联结机制为状态变量（y轴），战略联盟知识流动网络协同演化的节点联结分布产生状态和趋势的差异。其中，随机导向型资源配置模式作用下的战略联盟知识流动网络表现为前期增长速度较慢，但后期增长十分快速的趋势。本书认为其主要原因是基于随机导向型资源配置模式，联盟组织由于没有明确的资源配置偏好，短期内只有少量联盟组织间建立了知识流动联结。然而，一旦某一联盟组织确立了其在联盟中的主导地位，其他组织就会产生趋同效应，即跟随核心组织的引导作用，迅速建立多边的知识流动联结，致使节点联结呈现极快的增长趋势。

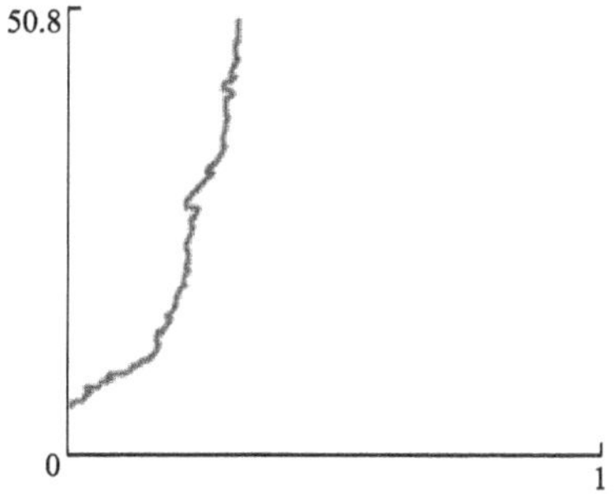

（a）随机导向型

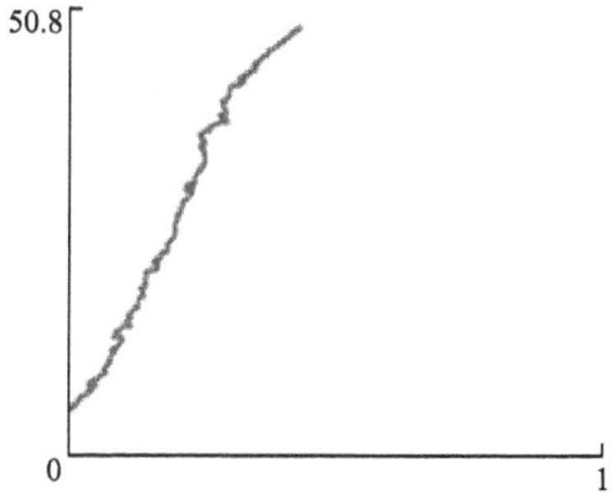

（b）关系导向型

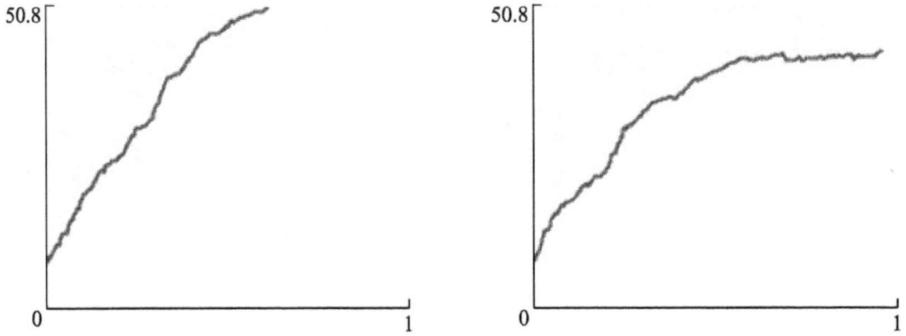

（c）合作导向型　　（d）知识嵌入型

图 5.3　不同资源配置模式下战略联盟知识流动网络的节点联结机制仿真图样

关系导向型资源配置模式和合作导向型资源配置模式作用下，战略联盟知识流动网络的节点联结增长趋势相似，说明基于两种具有明显资源配置偏好的资源配置模式，战略联盟知识流动网络协同演化的节点联结数量以联盟组织的投资偏好为主导，呈逐步增长的态势。同时，受各自资源投资偏好的影响，联盟组织的联结倾向将更加明显（专注于社会资本的积累或技术的合作创新），导致知识流动网络整体的属性会随节点联结的增多而向某一种特定方向演化，直至演变为纯粹的网络形式。此外，关系导向型资源配置模式作用下的知识流动网络节点联结速度更快，说明注重与合作伙伴保持良好社会关系的联盟组织增多，并按照“社会资本优先于创新实力”的原则在网络内主动与其他组织建立多边的知识流动联结。

知识嵌入型资源配置模式作用下，知识流动网络协同演化的节点联结呈现先快速增长，后期相对平缓直至饱和的态势。说明在技术创新和社会资本兼顾的情境下，联盟组织无论是以创新为目的的技术合作，还是以维系社会关系为前提的社会资本投入，均提高了知识流动网络的节点联结数量。当联结相对稳定后，知识流动网络将更有可能形成一致的价值取向和成熟的组织学习协调机制，联盟组织也倾向于维系当前这种同时利于社会资本积累和技术创新合作的联结状态，从而在一定区域内形成门槛效应。

进一步地，图 5.3 显示，虽然基于 4 种不同资源配置模式，战略联盟知识流动网络形成了不同的节点联结演化趋势，但总体上仍呈现一种近似对数增长的特性。由此，根据演化的相轨道理论，将不同资源配置模式导向下战略联盟知识流动网络的节点联结概率（p），以及推动知识流动网络协同演化的动力系数（K）用对数关系进行描述，可以得到 $K=\log_a p+K_0$ 的近似关系。其中 K_0 为知识流动网络协同演化动力的初始值，a 为增长系数。增长系数越小，知识流动网络协同演化节点联结形成的相轨道越陡峭，对知识流动网络的协同演化越不利。通过图 5.3 可知，在随机导向型资源配置模式作用下的知识流动网络中，节点联结分布的相轨道最陡峭。相对地，知识嵌入型资源配置模式导向下知识流动网络协同演化的节点联结相轨道最平缓，节点联结所产生的内生动力对网络协同演化的促进作用越显著。该现象说明，随着参与知识流动的联盟组织数量的增多，内部节点联结数量持续上升，联结分布也势必更加不均匀。相应地，如果联盟组织想要长期发挥知识流动网络在知识单元交互与组合方面的优势，那么他们应借助知识流动促进技术合作与社会资本的相互影响，为知识流动网络的协同演化提供充足的内生动力。

5.3.2　协同演化的临界分叉规律

由图 5.4 可知，虽然联盟组织存在不同的资源配置偏好，但以知识流动网络的平均节点度为控制变量（x轴），战略联盟知识流动网络的收益为状态变量（y轴），两者相互作用的仿真曲线出现了明显的拐点，这种现象意味着战略联盟知识流动网络的协同演化存在临界的分叉现象。根据复杂网络协同演化的分叉原理，知识流动网络协同演化的临界分叉由鞍结分叉和跨临界分叉共同组成。其中，鞍结分叉的产生代表平均节点度的增加与网络收益存在负相关关系；跨临界分叉的产生代表平均节点度与网络收益存在正相关关系。这说明知识流动网络平均节点度的改变对网络收益具有两种不同的效果。

（a）随机导向型

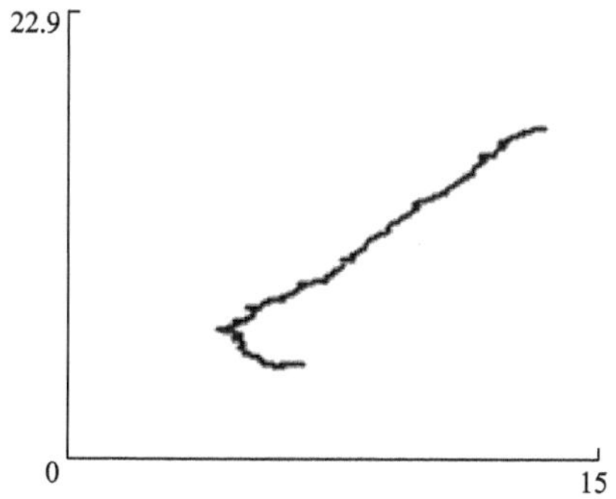

（b）关系导向型

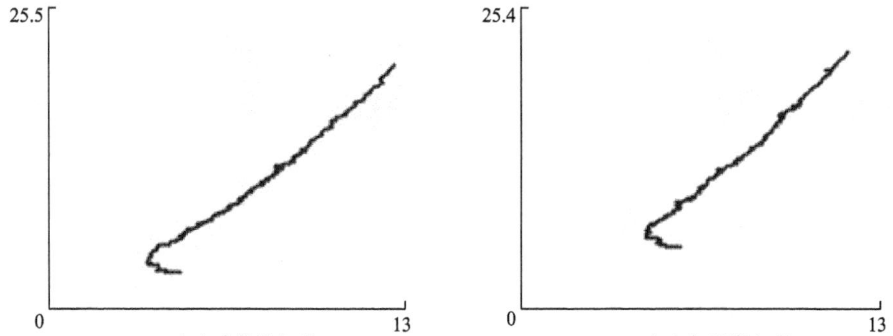

（c）合作导向型　　（d）知识嵌入型

图 5.4　不同资源配置模式下战略联盟知识流动网络的临界分叉仿真图样

随机导向型资源配置模式作用下，当战略联盟知识流动网络协同演化处于涌现临界时，网络的平均节点度数值最大，鞍结分叉的区域较大。这种现象说明，当知识流动网络的平均节点度小于演化阈值时，网络内联盟组织建立的联结数量越多，有效联结数量越少，越可能造成网络收益降低的不利局面。

关系导向型资源配置模式作用下的战略联盟知识流动网络，其协同演化临界的鞍结分叉区域与随机导向型资源配置模式相似，但平均节点度更小，本书认为可能的原因在于，以社会资本积累为偏好，联盟组织在网络的协同演化初期将更多精力和资源投入到社会关系的维护上，导致知识流动网络内虽然边密度较高，但基于新知识组合的收益增长并不显著。然而，一旦联盟组织建立了稳固的社会关系，较短的社会距离将利于他们接触和获取知识流动网络内更多零散和嵌入的隐性知识，从而缩短新知识组合的创新周期，进而快速形成网络平均节点度与网络收益的正相关关系。

对比其他 3 种资源配置模式可知，基于合作导向型资源配置模式的战略联盟知识流动网络，其协同演化临界的鞍结分叉区域相对较小，且能够在平均节点度和网络收益均较低的情况下产生跨临界分叉。这种现象证明，相比关系导向型资源配置模式，如果联盟以技术合作创新为知识流动的联结机制，那么他们能够更为快速地开展技术合作。相应地，异质性知识单元的深度交互与融合有效地推动了新知识组合的产生，说明战略联盟的发展更可能以技术创新为导向。虽然在知识流动的初期，创建新知识组合的效率和后续收益可能受到联盟组织原有的知识黏性、知识创造的时滞及知识扩散效应较低的影响而略有降低。但随着知识流动网络协同演化的深入，网络内的知识黏性降低，联盟组织的知识流动效率和效果将有所提升。当新的知识组合被创建后，复杂程度更高、更具价值、更加多元化的知识组合将可能形成积极的创新反馈，加快以技术合作创新为导向的知识流动网络更快地获得收益。

基于知识嵌入型资源配置的战略联盟知识流动网络，虽然其鞍结分叉的区域较小，但当协同演化触及临界阈值时，平均节点度和网络收益均高于合作导向型资源配置模式。主要原因可能在于，在兼顾形式的资源投资偏好导向下，联盟组织需要一定的时间完成技术合作创新与社会资本投资的资源匹配，导致在短期内，联盟组织切实有效的知识流动联结相对较少，进而影响了协同演化的网络收益。相对地，当资源分配方案建立，并引导联盟组织建立足够多的知识流动联结时，网络内将逐步形成技术合作创新与社会资本积累的协同效应，从而实现联结边数对网络收益的有效促进，推动协同演化产生跨临界分叉，且这种协调作用可能在演化后期帮助战略联盟知识流动网络保持更高的协同演化稳定性。

进一步地，我们根据 Lyapunov 稳定性理论，对战略联盟知识流动网络协同演化的分叉原理进行分析。将网络平均节点度与网络收益形成的鞍结分叉进行近似描述，记作 $\overset{n}{B}=(B-B_m)^2-Q_m$。其中，$\overset{n}{B}$ 表示战略联盟知识流动网络协同演化的分叉效应；B 表示新知识组合带来的网络收益；B_m 表示鞍结分叉曲线对应 y 轴的实数；Q_m 表示鞍结分叉曲线对应 x 轴的实数。理论上，在无不可抗力因素的干预下，战略联盟知识流动网络的协同演化能够持续进行，由此得到两个不动且稳定的点 $B_1=B_0-\sqrt{Q_t}$，$B_2=B_0+\sqrt{Q_t}$。对于跨临界分叉，协同演化的动力学方程可表示为 $\overset{n}{B}=(Q_n+2B_n)B-B^2-(Q_n+B_n)B_n$，其中 B_n 表示稳定点 B_2 对应 y 轴的实数，Q_n 表示跨临界分叉曲线对应 x 轴的实数。在此情况下，知识流动网络协同演化同样存在两个不动点 $B_1=B_n$、$B_3=Q_n+B_n$。如果 $Q_n+2B_n>0$，则 B_1 不稳定，B_3 稳定；相反，如果 $Q_n+2B_n<0$，则 B_1 稳定，B_3 不稳定。然而，由于 $Q_n+2B_n>0$，且 B_2 为稳定点，故可知协同演化的跨临界分叉一定存在。根据推导结果，我们认为，由于 B_1 不稳定，因此，战略联盟知识流动网络协同演化对应的阈值越低，协同演化的不稳定性越高，提升网络平均节点度正向作用的效率越高。

5.3.3　协同演化的网络收益规律

图 5.5 说明，在 4 种不同资源配置模式的导向作用下，以战略联盟的关系强度为控制变量（x 轴），战略联盟知识流动网络的网络收益为状态变量（y 轴），仿真曲线均呈现出相似的类指数增长趋势。其中，基于随机导向型资源配置模式的知识流动网络收益增长速率最慢且收益最低，说明在缺少明确资源配置偏好的前提下，联盟组织可能需要长期处于相互磨合与尝试性的接触阶段，很难准确选择适宜的伙伴建立知识流动联结。在此情境下，联盟组织间的拓扑距离始终较大，

彼此间的集聚程度较低，知识单元间很难形成高质量的交互与组合成果。进而导致网络的收益并不乐观。然而，随着联盟组织间接触的深入，以及主导网络协同演化的核心组织的产生，联盟组织间的知识流动路径和方向将逐渐清晰，网络收益开始上升。

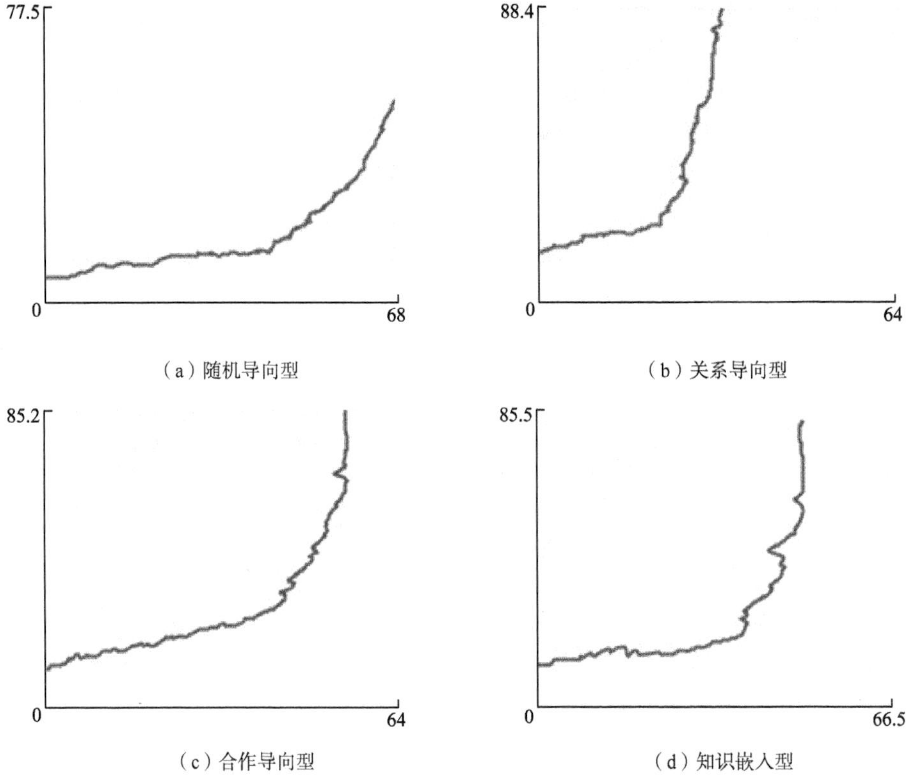

图 5.5　不同资源配置模式下战略联盟知识流动网络关系强度与网络收益的仿真图样

关系导向型资源配置模式作用下，社会资本与网络收益的仿真曲线在短期内快速上升。该现象说明，以社会资本投资与积累为资源配置偏好，战略联盟知识流动网络能够借助和谐的社会共生关系，提升彼此间的信任和依赖程度，从而促使知识流动网络内形成大量隐性知识的流动、扩散与溢出，这对于提升知识流动网络的收益将起到积极的促进作用。同时，相比于关系导向型资源配置模式作用下战略联盟知识流动网络收益的仿真曲线，在以技术合作创新为偏好的合作导向型资源配置模式作用下，知识流动网络的网络收益在后期迅速提高，造成该现象的原因在于，虽然合作导向型资源配置模式能够起到加快产品创新周期、提高创新收益的作用，但在联盟组织真正建立和谐共生的关系前，受制于知识黏性和知识保护性，他们很难真正实现彼此的信任，知识流动网络虽然能够获得收益但价值却普遍较低。随着技术合作的进行，社会资本得以在已经开展技术合作创新的组织间提升，联盟组织亦形成基于技术实力的彼此认可与尊重，进而更为主动地贡献自身的异质性知识，推动知识流动网络的收益在后期快速提高。

由于知识嵌入型的资源配置兼顾技术创新合作和社会资本积累，因此，联盟组织知识流动的目的性及获得的回馈效果可能更显著，特别是当联盟组织充分感知并形成基于知识流动的共同认知后，战略联盟内部将建立复杂交错的技术合作创新与社会资本投资交叉共存的知识流动联结，致使网络收益在短期内呈现快速增长的态势。同时，仿真曲线也说明，虽然知识嵌入型资源配置模式的导向作用能够同时促进技术合作创新与社会关系的共同进步，但实施这种资源配置模式的知识流动网络可能存在网络收益的时滞。因此，对于具有充足资源成本的联盟组织，他们需要在网络协同演化的初期就快速意识并充分发挥知识流动的双重作用。

进一步地，图 5.5 证明，不同资源配置模式的导向作用下，虽然战略联盟知识流动网络协同演化的网络收益均呈类指数增长的态势，但幅度存在差异。我们将关系强度（ r ）与网络收益（ b ）的类指数增长进行演化关系的近似描述，记作 $b = b_0 \times \mathrm{e}^{s \times r}$ 。其中，b_0 为网络收益的初始值，s 为仿真曲线的增长幅度。增长幅度越大，代表关系强度增加对网络收益的促进作用越明显，仿真的相轨道演化曲线凹度越显著。由图 5.5 可知，在关系导向型资源配置模式的作用下，关系强度与网络收益间的凹度最大，说明关系强度的增加对网络收益增长的促进作用最显著。相对地，采用随机导向型资源配置模式的知识流动网络，其网络收益与关系强度的凹度不明显，代表两者间相互促进的敏感性较低，关系强度提升对网络收益的增长作用并不显著。

5.3.4　协同演化的知识流动规律

知识流动频率反映了单位时间联盟组织间发生知识流动的次数，是衡量主体创新能力和知识扩散效果的重要变量。图 5.6 的仿真曲线说明，在 4 种不同资源配置模式的导向作用下，以战略联盟知识流动网络的连通性为控制变量（ x轴 ），网络的知识流动频率为状态变量（ y 轴 ），两者存在显著的负相关关系。其中，在随机导向型资源配置模式的作用下，战略联盟知识流动网络的知识流动频率随连通性的增加而下降到最小值。该现象表明，虽然联盟组织通过建立知识流动联结，在一定程度上可以提高网络的连通性，但鉴于多数联盟组织缺少统一的战略愿景和清晰的发展方向，知识流动网络不仅可能出现知识流动的循环断层，而且在单位时间内网络的冗余联结增多，进而导致联盟组织间无法建立促使知识高效流动、扩散和溢出的渠道。相对地，知识流动的频率将出现快速下降。

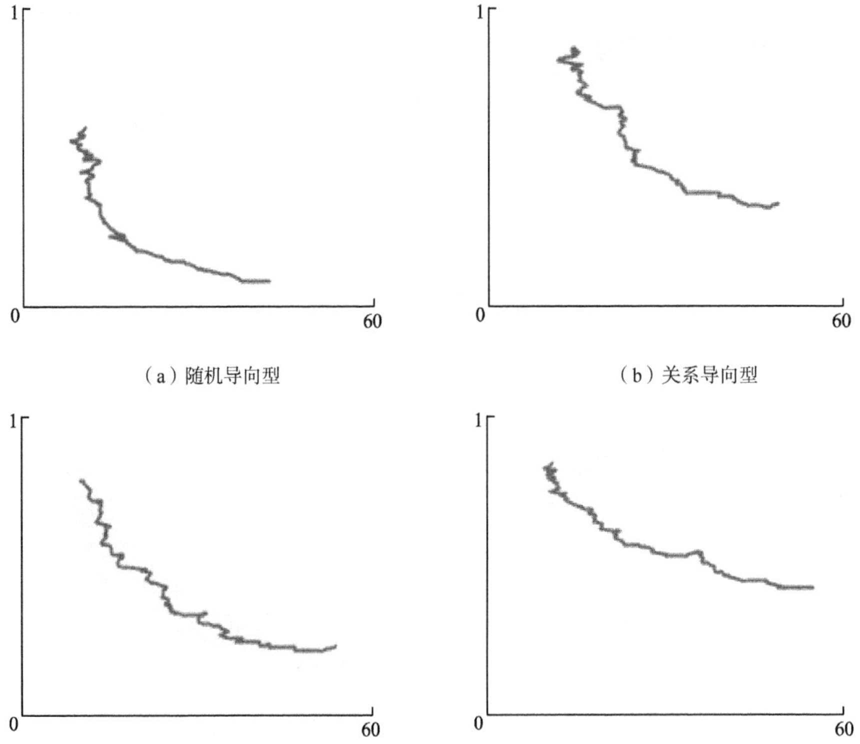

（a）随机导向型　　（b）关系导向型

（c）合作导向型　　（d）知识嵌入型

图 5.6　不同资源配置模式下战略联盟知识流动网络连通性与知识流动频率的仿真图样

基于关系导向型资源配置模式的导向作用，知识流动频率与连通性的仿真曲线说明，以社会资本积累为择优机制，联盟组织在知识流动网络协同演化的前期为了缩短彼此的社会距离，呈现了交流集中、知识流动频率较高的态势。然而，当参与知识流动的联盟组织形成了相互信任和彼此依赖的社会关系后，知识流动网络的连通性的增加会改变当前已经稳定的社会联结拓扑结构，间接减缓联盟整体的知识传播频率。主要原因在于联盟组织偏好于社会资本投资的倾向迫使他们在关系处理上投入更多的时间、精力和资源，可能导致在社会关系稳定的联盟组织间反而缺少基于统一技术范式的知识流动工具，使得网络的知识流动频率开始降低。

对于合作导向型资源配置模式作用下的战略联盟知识流动网络协同演化，网络连通性的增加导致网络知识流动频率的明显下降。分析认为，随着以技术创新合作为宗旨的知识流动网络协同演化的深入，以创新能力为择优机制的联盟组织的技术合作关系已相对稳定。在此情境下，占据“结构洞”位置的核心组织将开始全面主导网络内流动知识的类型，进而导致联盟组织嵌入到网络的知识单元内容逐渐趋同，技术范式亦更加接近。在这种情况下，联盟组织可能很难再借助知识流动获得实现突破性创新的异质知识单元，导致网络知识流动频率的大幅下降。

与其他 3 种资源配置模式导向的战略联盟知识流动网络知识流动频率相比，基于知识嵌入型资源配置模式的导向作用，其知识流动频率随网络连通性的增加呈缓慢减小的态势。说明在资源配置兼顾技术合作创新与社会资本积累的前提下，联盟组织能够借助知识流动的双重作用，在缩短组织间社会距离的同时，推动技术创新合作的深度开展，实现技术创新合作与社会关系提升的双赢，从而有效避免由缺少知识交流工具、技术范式趋同、知识同质化等缺陷导致的知识流动频率快速下降。

进一步地，虽然基于 4 种不同资源配置模式，战略联盟知识流动网络的知识流动频率与网络连通性均呈现了近似幂函数的相互作用形式（只要存在联结，网络一定产生连通性，说明 $x > 0$），但影响程度仍有存在一些差异。根据相轨道理论，我们将知识流动网络连通性（ n ）与知识流动频率（ f ）的作用关系进行演化的近似描述，记作 $f = \mathrm{e}^b/(n - n_0)$ 。其中，n_0 表示知识流动网络连通性的初始值，b 表示仿真曲线的减小系数。减小系数越小，仿真曲线（相轨道）的凹度越大，导致在相同的网络连通性条件下，知识流动频率越低。根据图 5.6，基于知识嵌入型资源配置模式导向作用的战略联盟知识流动网络，其网络连通性的增加与知识流动频率提升的仿真曲线（相轨道）凹度最小，说明连通性对知识流动频率的影响较小。相对地，在合作导向型资源配置模式的作用下，战略联盟知识流动网络的连通性增加与知识流动频率所形成的相轨道凹度最大，说明在以技术合作创新为主导的战略联盟知识流动网络内，连通性的增加使得网络内高同质化程度的组织增多，导致联盟成员间的创新观念趋同，可能对联盟组织的创新能力产生影响（Leenders et al.，2003）。

参 考 文 献

边燕杰，丘海雄. 2000. 企业的社会资本及其功效[J].中国社会科学，（2）：87-99.

曹霞，刘国巍. 2015. 资源配置导向下产学研合作创新网络协同演化路径[J]. 系统管理学报，24（5）：769-777.

池仁勇. 2007. 区域中小企业创新网络的结点联结及其效率评价研究[J]. 管理世界，（1）：105-112，121.

戴勇，朱桂龙，肖丁丁. 2011. 内部社会资本、知识流动与创新——基于省级技术中心企业的实证研究[J]. 科学学研究，29（7）：1046-1055.

党兴华，李莉. 2005. 技术创新合作中基于知识位势的知识创造模型研究[J]. 中国软科学，（11）：143-148.

李浩. 2012. 社会资本视角下的网络知识管理框架及进展研究[J]. 管理世界，（3）：158-169.

李维安. 2000. 信息与组织革命的产儿——网络组织[J].南开管理评论，（3）：1.

李新春. 2000. 高新技术创新网络：美国硅谷与128号公路的比较[J]. 中外科技信息，（1）：63-71.

刘益，李垣，杜旖丁. 2003. 基于资源风险的战略联盟结构模式选择[J]. 管理科学学报，6（4）：34-42.

龙勇，李薇. 2007. 竞争性双寡头的联盟绩效研究[J]. 中国管理科学，（5）：119-125.

毛荐其. 2007. 技术创新进化过程与复杂性[J]. 科学学研究，25（1）：168-172.

钱锡红，杨永福，徐万里. 2010. 企业网络位置、吸收能力与创新绩效——一个交互效应模型[J]. 管理世界，（5）：118-129.

芮明杰，胡金星，张良森. 2005. 企业战略转型中组织学习的效用分析[J]. 研究与发展管理，17（2）：99-104.

孙耀吾，卫英平. 2011. 高技术企业联盟知识扩散研究——基于小世界网络的视角[J]. 管理科学学报，14（12）：17-26.

王文平，张兵. 2013. 动态关系强度下知识网络知识流动的涌现特性[J]. 管理科学学报，16（2）：1-11.

王众托. 2004. 知识系统工程[M]. 北京：科学出版社.

魏江，王铜安. 2006. 个体、群组、组织间知识转移影响因素的实证研究[J]. 科学学研究，24（1）：91-97.

吴涛，胡新爱. 2007. 基于价值链过程的网络信息资源配置方法研究[J]. 管理科学，20（6）：93-97.

吴晓波，杜健，韦影. 2005. 基于价值网络的战略联盟研究[J]. 科学学研究，23（1）：59-63.

袭希，孙冰. 2015. 群落演替观点下产业技术的演化模型[J]. 系统管理学报，24（4）：569-579.
徐金发，许强. 2003. 在购并与战略联盟之间选择：企业选择外部成长战略的分析框架和决策模型[J]. 科研管理，24（1）：92-97.
薛靖，任子平. 2006. 从社会网络角度探讨个人外部关系资源与创新行为关系的实证研究[J]. 管理世界，（5）：150-151，157.
余东华，芮明杰. 2007. 基于模块化网络组织的知识流动研究[J]. 南开管理评论，10（4）：11-16，28.
张庆普，李志超. 2003. 企业隐性知识流动与转化研究[J]. 中国软科学，（1）：88-92.
张树义，雷星晖，李晓龙. 2006. 从网络战略联盟到战略联盟网络：企业战略联盟的演进路径及其对我国企业的启示[J]. 管理评论，18（8）：33-39，64.
周密，韩立岩. 2005. 知识流的 Petri 网模型[J]. 计算机工程与设计，26（8）：2149-2152.
Aarstad J，Haugland S A，Greve A. 2010. Performance spillover effects in entrepreneurial networks：assessing a dyadic theory of social capital[J]. Entrepreneurship Theory and Practice，34（5）：1003-1019.
Abrahamson E，Rosenkopf L. 1997. Social network effects on the extent of innovation diffusion：a computer simulation[J]. Organization Science，8（3）：289-309.
Adegbesan J A，Higgins M J. 2011. The intra-alliance division of value created through collaboration[J]. Strategic Management Journal，32（2）：187-211.
Adler P，Kwon S W. 2002. Social capital：prospects for a new concept[J]. Academy of Management Review，27（1）：17-40.
Agarwal R，Croson R，Mahoney J T. 2010. The role of incentives and communication in strategic alliances：an experimental investigation[J]. Strategic Management Journal，31（4）：413-437.
Ahuja G. 2000. Collaboration networks，structural holes，and innovation：a longitudinal study[J]. Administrative Science Quarterly，45（3）：425-455.
Alavi M，Leidner D E. 2001. Knowledge management and knowledge management systems：conceptual foundations and research issues[J]. MIS Quarterly，25：107-136.
Alelord R M. 1997. The Complexity of Cooperation：Agent-based Models of Competition and Collaboration[M]. Princeton：Princeton University Press.
Amaldoss W，Staelin R. 2010. Cross-function and same-function alliances：how does alliance structure affect the behavior of partnering firms? [J]. Management Science，56（2）：302-317.
Badaracco Jr J L. 1991. The Knowledge Link：How Firms Compete Through Strategic Alliances[M]. Boston：Harvard Business School Press.
Barabási A L，Albert R. 1999. Emergence of scaling in random networks[J]. Science，286：509-512.
Barney J B. 1986. Strategic factor markets：expectations，luck，and business strategy[J]. Management Science，32（10）：1231-1241.
Barney J B. 1991. Firm resources and sustained competitive advantage[J]. Journal of Management，17（1）：99-120.
Baum J A C，Cowan R，Jonard N. 2010. Network-independent partner selection and the evolution of innovation networks[J]. Management Science，56（11）：2094-2110.

Baum J A C，Rowley T J，Shipilov A V，et al. 2005. Dancing with strangers：aspiration performance and the search for underwriting syndicate partners[J]. Administrative Science Quarterly，50（4）：536-575.

Blodgett L L. 1991. Partner contributions as predictors of equity share in international joint ventures[J]. Journal of International Business Studies，22：63-78.

Boisot M H. 1995. Is your firm a creative destroyer? Competitive learning and knowledge flows in the technological strategies of firms[J]. Research Policy，24（4）：489-506.

Brennecke J，Rank O. 2017. The firm's knowledge network and the transfer of advice among corporate inventors — a multilevel network study[J]. Research Policy，46（4）：768-783.

Buckley P J，Glaister K W，Klijin E，et al. 2009. Knowledge accession and knowledge acquisition in strategic alliances：the impact of supplementary and complementary dimensions[J]. British Journal of Management，20（4）：598-609.

Camagni R. 1991. Innovation Networks：Spatial Perspectives[M]. London：Belhaven-Pinter.

Carnabuci G. 2010. The ecology of technological progress：how symbiosis and competition affect the growth of technology domains[J]. Social Forces，88（5）：2163-2187.

Carnabuci G，Bruggeman J. 2009. Knowledge specialization，knowledge brokerage and the uneven growth of technology domains[J]. Social Forces，88（2）：607-641.

Casanueva C，Gallego A，Castro I，et al. 2014. Airline alliances：mobilizing network resources[J]. Tourism Management，44：88-98.

Cassiman B，Veugelers R. 2006. In search of complementarity in innovation strategy：internal R&D and external knowledge acquisition[J]. Management Science，52（1）：68-82.

Chi T. 1994. Trading in strategic resources：necessary conditions，transaction cost problems, and choice of exchange structure[J]. Strategic Management Journal，15：271-290.

Choi H，Kim S H，Lee J. 2010. Role of network structure and network effects in diffusion of innovations[J]. Industrial Marketing Management，39（1）：170-177.

Corredoira R A，Rosenkopf L. 2010. Should auld acquaintance be forgot? The reverse transfer of knowledge through mobility ties[J]. Strategic Management Journal，31：159-181.

Cowan R, Jonard N. 2004. Network structure and the diffusion of knowledge[J]. Journal of Economic Dynamics and Control，28（8）：1557-1575.

Das T K，Teng B S. 1998. Resource and risk management in the strategic alliance making process[J]. Journal of Management，24（1）：21-42.

Das T K，Teng B S. 2000. A resource-based theory of strategic alliances[J]. Journal of Management，26（1）：31-61.

Das T K，Teng B S. 2001. Trust，control and risk in strategic alliances：an integrated framework[J]. Organization Studies，22（2）：251-283.

Dawkins R. 1976. The Selfish Gene[M]. Oxford：Oxford University Press.

de Man A P，Duysters G. 2005. Collaboration and innovation：a review of the effects of mergers，acquisitions and alliances on innovation[J]. Technovation，25（12）：1377-1387.

de Pablos P O. 2004. The importance of relational capital in service industry：the case of the Spanish banking sector[J]. International Journal of Learning and Intellectual Capital，1（4）：431-440.

Dussauge P，Garrette B，Mitchell W. 2000. Learning from competing partners：outcomes and durations of scale and link alliances in Europe，North America and Asia[J]. Strategic Management Journal，21（2）：99-126.

Dyer J H，Hatch N W. 2006. Relation-specific capabilities and barriers to knowledge transfers：creating advantage through network relationships[J]. Strategic Management Journal，27：701-719.

Gallupe B. 2001. Knowledge management systems：surveying the landscape[J]. International Journal of Management Reviews，3（1）：61-77.

Gary P H. 2009. The effects of knowledge management system on emergent teams：towards a research model[J]. Journal of Strategic Information Systems，9（2/3）：175-191.

Genç N，İyigün N O. 2011. The role of organizational learning and knowledge transfer in building strategic alliances：a case study[J]. Procedia-Social and Behavioral Sciences，24：1124-1133.

Gilbert N，Ahrweiler P，Pyka A. 2007. Learning in innovation networks：some simulation experiments[J]. Physica A：Statistical Mechanics and Its Applications，378：100-109.

Gilsing V，Nooteboom B. 2005. Density and strength of ties in innovation networks：an analysis of multimedia and biotechnology[J]. European Management Review，2（3）：179-197.

Goh S C. 2003. Improving organizational learning capability：lessons from two case studies[J]. The Learning Organization，10（4）：216-227.

Gomes-Casseres B. 1994. Group versus group：how alliance networks compete[J]. Harvard Business Review，72（4）：62-66.

Gomes-Casseres B，Hagedoorn J，Jaffe A B. 2006. Do alliances promote knowledge flows?[J]. Journal of Financial Economics，80（1）：5-33.

Granovetter M. 1985. Economic action and social structure：the problem of embeddedness[J]. American Journal of Sociology，91（3）：481-510.

Grant R M. 1996. Prospering in dynamically-competitive environments：organizational capability as knowledge integration[J]. Organization Science，7（4）：375-387.

Guan J C，Liu N. 2016. Exploitative and exploratory innovations in knowledge network and collaboration network：a patent analysis in the technological field of nano-energy[J]. Research Policy，45：97-112.

Gulati R. 1998. Alliances and networks[J]. Strategic Management Journal，19（4）：293-317.

Gulati R，Nohria N，Zaheer A. 2000. Strategic networks[J]. Strategic Management Journal，21（3）：203-215.

Gupta A K，Govindarajan V. 1994. Organizing for knowledge flows within MNCs[J]. International Business Review，3（4）：443-457.

Hagedoorn J. 1993. Understanding the rationale of strategic technology partnering：interorganizational modes of cooperation and sectoral differences[J]. Strategic Management Journal，14（5）：371-385.

Hamel G. 1991. Competition for competence and interpartner learning within international strategic

alliances[J]. Strategic Management Journal，12（S1）：83-103.
Hansen M T，Nohria N，Tierney T. 1999. What's your strategy for managing knowledge?[J]. Harvard Business Review，77（2）：106-116，187.
Harrigan K R，Newman W H. 1990. Bases of interorganization co-operation：propensity，power，persistence[J]. Journal of Management Studies，27（4）：417-434.
Hitt M A，Ireland R D，Lee H. 2000. Technological learning，knowledge management，firm growth and performance：an introductory essay[J]. Journal of Engineering and Technology Management，17（3/4）：231-246.
Holland J H. 1995. Hidden order：how adaptation builds complexity[J]. Artificial Life，（3）：333-335.
Huang J J，Chen C Y，Liu H H，et al. 2010. A multiobjective programming model for partner selection-perspectives of objective synergies and resource allocations[J]. Expert Systems with Applications，37（5）：3530-3536.
Huang J J，Tzeng G H，Ong C S. 2005. Motivation and resource-allocation for strategic alliances through the DeNovo perspective[J]. Mathematical and Computer Modelling，41（6/7）：711-721.
Hult G T M，Ketchen D J，Arrfelt M. 2007. Strategic supply chain management：improving performance through a culture of competitiveness and knowledge development[J]. Strategic Management Journal，28（10）：1035-1052.
Hult G T M，Ketchen D J，Slater S F. 2004. Information processing，knowledge development，and strategic supply chain performance[J]. Academy of Management Journal，47（2）：241-253.
Im G，Rai A. 2008. Knowledge sharing ambidexterity in long-term interorganizational relationships[J]. Management Science，54（7）：1281-1296.
Inkpen A C，Tsang E W K. 2005. Social capital，networks，and knowledge transfer[J]. Academy of Management Review，30（1）：146-165.
Jarillo J C. 1988. On strategic networks[J]. Strategic Management Journal，9（1）：31-41.
Kale P，Singh H. 2007. Building firm capabilities through learning：the role of the alliance learning process in alliance capability and firm-level alliance success[J]. Strategic Management Journal，28（10）：981-1000.
Kalling T. 2003. Organization-internal transfer of knowledge and the role of motivation：a qualitative case study[J]. Knowledge and Process Management，10（2）：115-126.
Kauser S，Shaw V. 2004. The influence of behavioural and organisational characteristics on the success of international strategic alliances[J]. International Marketing Review，21（1）：17-52.
Kim H，Park Y. 2009. Structural effects of R&D collaboration network on knowledge diffusion performance[J]. Expert Systems with Applications，36（5）：8986-8992.
Klingebiel R，Rammer C. 2014. Resource allocation strategy for innovation portfolio management[J]. Strategic Management Journal，35：246-268.
Krackhardt D. 1992. The strength of strong ties：the importance of philos in organizations[C]//Nohria N，Eccles R. Networks and Organizations：Structure，Form，and Action. Boston：Harvard Business School Press.
Lam A. 1997. Embedded firms，embedded knowledge：problems of collaboration and knowledge

transfer in global cooperative ventures[J]. Organization Studies, 18 (6): 973-996.

Larsson R, Bengtsson L, Henriksson K, et al. 1998. The interorganizational learning dilemma: collective knowledge development in strategic alliances[J]. Organization Science, 9 (3): 285-305.

Lavie D, Haunschild P R, Khanna P. 2012. Organizational differences, relational mechanisms, and alliance performance[J]. Strategic Management Journal, 33 (13): 1453-1479.

Lee C, Kim J, Kwon O, et al. 2016. Stochastic technology life cycle analysis using multiple patent indicators[J]. Technological Forecasting and Social Change, 106: 53-64.

Leenders R Th A J, van Engelen Jo M L, Kratzer J. 2003. Virtuality, communication, and new product team creativity: a social network perspective[J]. Journal of Engineering and Technology Management, 20 (1/2): 69-92.

Lei D. 1993. Offensive and defensive uses of alliances[J]. Long Range Planning, 26: 32-41.

Liu D R, Lin C W. 2012. Modeling the knowledge-flow view for collaborative knowledge support[J]. Knowledge-Based Systems, 31: 41-54.

Lopolito A, Morone P, Taylor R. 2013. Emerging innovation niches: an agent based model[J]. Research Policy, 42 (6/7): 1225-1238.

Lyles M A, Reger R K. 1993. Managing for autonomy in joint ventures: a longitudinal study of upward influence[J]. Journal of Management Studies, 30: 383-404.

Ma C Q, Yang Z, Yao Z, et al. 2012. The effect of strategic alliance resource accumulation and process characteristics on new product success: exploration of international high-tech strategic alliances in China[J]. Industrial Marketing Management, 41 (3): 469-480.

Madhok A. 1995. Revisiting multinational firms' tolerance for Joint ventures: a trust-based approach[J]. Journal of International Business Studies, 26 (1): 117-137.

Madhok A, Tallman S B. 1998. Resources, transactions and rents: managing value through interfirm collaborative relationships[J]. Organization Science, 9 (3): 326-339.

Majchrzak A, Cooper L P, Neece O E. 2004. Knowledge reuse for innovation[J]. Management Science, 50 (2): 174-188.

Makadok R. 2001. Toward a synthesis of the resource based and dynamic capability views of rent creation[J]. Strategic Management Journal, 22 (5): 387-401.

Markus L M. 2001. Toward a theory of knowledge reuse: types of knowledge reuse situations and factors in reuse success[J]. Journal of Management Information Systems, 18 (1): 57-93.

Michailova S, Mustaffa Z. 2012. Subsidiary knowledge flows in multinational corporations: research accomplishments, gaps, and opportunities[J]. Journal of World Business, 47 (3): 383-396.

Morone P, Taylor R. 2004. Knowledge diffusion dynamics and network properties of face-to-face interactions[J]. Journal of Evolutionary Economics, 14 (3): 327-351.

Murray F. 2002. Innovation as co-evolution of scientific and technological networks: exploring tissue engineering[J]. Research Policy, 31: 1389-1403.

Nahapiet J, Ghoshal S. 1998. Social capital, intellectual capital, and the organizational advantage[J]. Academy of Management Review, 23 (2): 242-266.

Nielsen B B. 2005. The role of knowledge embeddedness in the creation of synergies in strategic alliances[J]. Journal of Business Research，58（9）：1194-1204.

Nielsen B B. 2010. Strategic fit，contractual，and procedural governance in alliances[J]. Journal of Business Research，63：682-689.

Nonaka I，Konno N. 1998. The concept of "Ba"：building a foundation for knowledge creation[J]. California Management Review，40（3）：40-54.

Norman P M. 2002. Protecting knowledge in strategic alliances：resource and relational characteristics[J]. The Journal of High Technology Management Research，13（2）：177-202.

North M J，Macal C M. 2007. Managing Business Complexity：Discovering Strategic Solutions with Agent-Based Modeling and Simulation [M]. New York：Oxford University Press.

O'Dwyer M，O'Flynn E. 2005. MNC-SME strategic alliances — a model framing knowledge value as the primary predictor of governance modal choice[J]. Journal of International Management，11（3）：397-416.

Parkhe A. 1991. Interfirm diversity，organizational learning，and longevity in global strategic alliances[J]. Journal of International Business Studies，22（4）：579-601.

Phelps C C. 2010. A longitudinal study of the influence of alliance network structure and composition on firm exploratory innovation[J]. Academy of Management Journal，53（4）：890-913.

Porter M E. 1990. The competitive advantage of nations[J]. Harvard Business Review，68（2）：73-93.

Powell W W. 1990. Neither market nor hierarchy：network forms of organization[J]. Research in Organizational Behavior，12：295-336.

Prahalad C K，Hamel G. 1990. The core competence of the corporation[J]. Harvard Business Review，68（3）：79-91.

Quitzow R. 2015. Dynamics of a policy-driven market：the co-evolution of technological innovation systems for solar photovoltaics in China and Germany[J]. Environmental Innovation and Societal Transitions，17：126-148.

Reagans R，McEvily B. 2003. Network structure and knowledge transfer：the effects of cohesion and range[J]. Administrative Science Quarterly，48（2）：240-267.

Richter F J. 1999. Business Networks in Asia：Promises，Doubts，and Perspectives[M]. Westport：Quorum Books.

Rodan S，Galunic C. 2004. More than network structure：how knowledge heterogeneity influences managerial performance and innovativeness[J]. Strategic Management Journal，25（6）：541-562.

Rosenkopf L，Tushman M L. 1998. The coevolution of community networks and technology：lessons from the flight simulation industry[J]. Industrial and Corporate Change，7（2）：311-346.

Rothaermel F T. 2001. Incumbent's advantage through exploiting complementary assets via interfirm cooperation[J]. Strategic Management Journal，22（6/7）：687-699.

Sampson R C. 2005. Experience effects and collaborative returns in R&D alliances[J]. Strategic Management Journal，26（11）：1009-1031.

Schilke O. 2014. On the contingent value of dynamic capabilities for competitive advantage：the nonlinear moderating effect of environmental dynamism[J]. Strategic Management Journal，35（2）：

179-203.

Schilling M A, Phelps C C. 2007. Interfirm collaboration networks: the impact of large-scale network structure on firm innovation[J]. Management Science, 53 (7): 1113-1126.

Schulz M. 2001.The uncertain relevance of newness: organizational learning and knowledge flows[J]. Academy of Management Journal, 44 (4): 661-681.

Shane S. 2000. Prior knowledge and the discovery of entrepreneurial opportunities[J]. Organization science, 11 (4): 448-469.

Shirver S K, Nair H S, Hofstetter R. 2013. Social ties and user-generated content: evidence from an online social network[J]. Management Science, 59 (6): 1425-1443.

Singh J. 2005. Collaborative networks as determinants of knowledge diffusion patterns[J]. Management Science, 51 (5): 756-770.

Smith J M, Price G R. 1973. The logic of animal conflict[J]. Nature, 246: 15-18.

Snider K F, Nissen M E. 2003. Beyond the body of knowledge: a knowledge-flow approach to project management theory and practice[J]. Project Management Journal, 34 (2): 4-12.

Sorenson O, Rivkin J W, Fleming L. 2006. Complexity, networks and knowledge flow[J]. Research Policy, 35 (7): 994-1017.

Spekman R E, Forbes T M, Isabella L A, et al. 1998. Alliance management: a view from the past and a look to the future[J]. Journal of Management Studies, 35 (6): 747-772.

Srivastava M K, Gnyawali D R. 2011. When do relational resources matter? Leveraging portfolio technological resources for breakthrough innovation[J]. Academy of Management Journal, 54 (4): 797-810.

Stuart T E. 2000. Interorganizational alliances and the performance of firms: a study of growth and innovation rates in a high-technology industry[J]. Strategic Management Journal, 21 (8): 791-811.

Szulanski G. 2000. The process of knowledge transfer: a diachronic analysis of stickiness[J]. Organizational Behavior and Human Decision Processes, 82 (1): 9-27.

Teece D J. 1992. Competition, cooperation, and innovation: organizational arrangements for regimes of rapid technological progress[J]. Journal of Economic Behavior & Organization, 18 (1): 1-25.

Teece D J. 2000. Strategies for managing knowledge assets: the role of firm structure and industrial context[J]. Long Range Planning, 33: 35-54.

Tomlinson W H, Murdick R G, Moor R C. 2000. Business Policy and Strategy: an Action Guide[M]. Boca Raton: CRC Press.

Tortoriello M, Krackhardt D. 2010. Activating cross-boundary knowledge: the role of simmelian ties in the generation of innovations[J]. Academy of Management Journal, 53 (1): 167-181.

Tsai W P. 2001. Knowledge transfer in Intraorganizational networks: effects of network position and absorptive capacity on business unit innovation and performance[J]. Academy of Management Journal, 44 (5): 996-1004.

Tsang E W K. 1998. Motives for strategic alliance: a resource-based perspective[J]. Scandinavian Journal of Management, 14 (3): 207-221.

Uzzi B. 1997. Social structure and competition in interfirm networks：the paradox of embeddedness[J]. Administrative Science Quarterly，42（1）：35-67.

Uzzi B. 1999. Embeddedness in the making of financial capital：how social relations and networks benefit firms seeking financing[J]. American Sociological Review，64（4）：481-505.

Uzzi B，Gillespie J J. 2002. Knowledge spillover in corporate financing networks：embeddedness and the firm's debt performance[J]. Strategic Management Journal，23（7）：595-618.

Uzzi B，Spiro J. 2005. Collaboration and creativity：the small world problem[J]. American Journal of Sociology，111（2）：447-504.

Vapola T J，Paukku M，Gabrielsson M. 2010. Portfolio management of strategic alliances：an international business perspective[J]. International Business Review，19（3）：247-260.

Wang C L，Rodan S，Fruin M，et al. 2014. Knowledge networks，collaboration networks，and exploratory innovation[J]. Academy of Management Journal，57：484-514.

Wasserman S，Faust K. 1994. Social Network Analysis: Methods and Applications[M]. Cambridge：Cambridge University Press.

Wassmer U，Dussauge P. 2011. Value creation in alliance portfolios：the benefits and costs of network resource interdependencies[J]. European Management Journal，8（1）：47-64.

Watson S，Hewett K. 2006. A multi-theoretical model of knowledge transfer in organization：determinants of knowledge contribution and knowledge reuse[J]. Journal of Management Studies，43（2）：141-173.

Wernerfelt B. 1984. A resource-based view of the firm[J]. Strategic Management Journal，5（2）：171-180.

Wilden R，Gudergan S P，Nielsen B B，et al. 2013. Dynamic capabilities and performance：strategy，structure and environment[J]. Long Range Planning，46（1/2）：72-96.

Williamson O E. 1991. Comparative economic organization：the analysis of discrete structural alternatives[J]. Administrative Science Quarterly，36（2）：269-296

Wittmann C M，Hunt S D，Arnett D B. 2009. Explaining alliance success：competences，resources，relational factors，and resource-advantage theory[J]. Industrial Marketing Management，38（7）：743-756.

Wong S S，Ho V T，Lee C H. 2008. A power perspective to interunit knowledge transfer：linking knowledge attributes to unit power and the transfer of knowledge[J]. Journal of Management，34（1）：127-150.

Wu W Y，Shih H A，Chan H C. 2009. The analytic network process for partner selection criteria in strategic alliances[J]. Expert Systems with Applications，36（3）：4646-4653.

Yamao S，Cieri H D，Hutchings K. 2009. Transferring subsidiary knowledge to global headquarters：subsidiary senior executives' perceptions of the role of HR configurations in the development of knowledge stocks[J]. Human Resource Management，48（4）：531-554.

Yang H Y，Phelps C，Steensma H K. 2010. Learning from what others have learned from you：the effects of knowledge spillovers on originating firms[J]. Academy of Management Journal，53（2）：371-389.

Yayavaram S，Ahuja G. 2008. Decomposability in knowledge structures and its impact on the usefulness of inventions and knowledge-base malleability[J]. Administrative Science Quarterly，53：333-362.

Yli-Renko H，Autio E，Sapienza H J. 2001. Social capital，knowledge acquisition，and knowledge exploitation in young technology based firms[J]. Strategic Management Journal，22（6/7）：587-613.

Zander U，Kogut B. 1995. Knowledge and the speed of the transfer and imitation of organizational capabilities：an empirical test[J]. Organization Science，6（1）：76-92.

Zhao J Y，Li B Z，Xi X，et al. 2018. Research on the characteristics of evolution in knowledge flow networks of strategic alliance under different resource allocation[J]. Expert Systems with Applications，98：242-256.

Zhao J Y，Xi X，Yi S. 2015. Resource allocation under a strategic alliance：how a cooperative network with knowledge flow spurs co-evolution[J]. Knowledge-Based Systems，89：497-508.

Zhuge H. 2002. A knowledge flow model for peer-to-peer team knowledge sharing and management[J]. Expert Systems with Applications，23（1）：23-30.

Zhuge H. 2006. Knowledge flow network planning and simulation[J]. Decision Support Systems，42（2）：571-592.

附　　录

表A-1　物理量名称及符号表

符号	管理学名称
t	时间变量
$k_i(t)$	战略联盟知识流动网络的知识结构函数
$m(t)$	战略联盟内外部环境变化的信息集合
$g(t)$	探测器感知的信息集合
$\chi(t)$	战略联盟组织进行的适应性改变
$h(t)$	基于规则集内容产生的知识流动流量
$\mu_i(t)$	战略联盟当前对环境的适应函数
R_i	有限资源集合
C_b	连续时间内联盟组织参与技术合作创新的预期收益
I_b	连续时间内联盟组织社会资本投资的预期收益
R_j	不同资源投资策略选择下付出的成本
x	技术网络规模
y	社会网络规模
Φ_c	期望收益函数
β	技术网络的协同程度（参与技术合作创新的积极性）
δ	社会网络的协同程度（参与社会资本投资的积极性）
ϑ'	战略联盟知识流动网络协同演化的对称博弈矩阵
$\Re$	纳什等价均衡博弈矩阵
ψ	战略联盟知识流动网络协同演化的序参量
P_i	协同演化的不同初始分布点
d_{ij}	联盟组织 i 与联盟组织 j 间的拓扑距离
$f(q)$	战略联盟知识流动网络的节点度函数
$S(q)$	联盟组织的实力函数
P_{TR}	联盟组织采用社会资本择优的概率
P_{TS}	联盟组织采用技术优势择优的概率
$N(t)$	战略联盟知识流动网络的节点联结数量

续表

符号	管理学名称
$\mathrm{sum}(q)$	战略联盟知识流动网络节点的求和函数
$D(t)$	战略联盟知识流动网络的平均节点度
$\mathrm{sum}(e)$	战略联盟知识流动网络联结边数的求和函数
$r(t)$	战略联盟知识流动网络的关系强度
$\mathrm{sum}(r_{ij}(t))$	战略联盟知识流动网络关系强度的求和函数
$n(t)$	战略联盟知识流动网络的连通性
$\mathrm{sum}(n)$	战略联盟知识流动网络有效联结的求和函数
$f(t)$	战略联盟知识流动网络的知识流动频率
ε	常数项
$b(t)$	战略联盟知识流动网络的网络收益
PE	战略联盟知识流动网络的期望收益比
PL	战略联盟知识流动网络的期望损失比
T	演化的临界阈值
p	战略联盟知识流动网络的节点联结概率
K	战略联盟知识流动网络协同演化的动力值
a	演化动力的增加系数
$\overset{n}{B}$	战略联盟知识流动网络协同演化的分叉效应
B_m	鞍结分叉曲线对应 y 轴的实数
Q_m	鞍结分叉曲线对应 x 轴的实数
B_t	演化分叉对应的稳定点
Q_n	跨临界分叉曲线对应 x 轴的实数